主　编：叶　青

副主编：王　戬　张　栋　王晓华

撰稿人：（按编写章节顺序）

　　　　叶　青　吴思远　程　衍　陈邦达

　　　　苗梅华　封安波　王　涛　邓晓霞

　　　　陈　赛　胡子涵　韩东成　徐明敏

·高等学校法学教学参考用书·

刑事诉讼法学教学研究资料汇编

第四辑:2016—2020年

叶 青 主编

图书在版编目(CIP)数据

刑事诉讼法学教学研究资料汇编. 第四辑,2016—2020 年/叶青主编. —北京:北京大学出版社,2023.6
高等学校法学教学参考用书
ISBN 978-7-301-33837-7

Ⅰ. ①刑… Ⅱ. ①叶… Ⅲ. ①刑事诉讼法—法学—中国—高等学校—教学参考资料 Ⅳ. ①D925.201

中国国家版本馆 CIP 数据核字(2023)第 046327 号

书　　　名	刑事诉讼法学教学研究资料汇编（第四辑：2016—2020 年） XINGSHISUSONGFAXUE JIAOXUE YANJIU ZILIAO HUIBIAN (DI-SI JI：2016—2020 NIAN)
著作责任者	叶　青　主编
责任编辑	徐　音　吴康文
标准书号	ISBN 978-7-301-33837-7
出版发行	北京大学出版社
地　　　址	北京市海淀区成府路 205 号　100871
网　　　址	http：//www.pup.cn　　新浪微博：@北京大学出版社
电子信箱	sdyy_2005@126.com
电　　　话	邮购部 010-62752015　发行部 010-62750672　编辑部 021-62071998
印　刷　者	天津中印联印务有限公司
经　销　者	新华书店
	730 毫米×980 毫米　16 开本　37 印张　704 千字 2023 年 6 月第 1 版　2023 年 6 月第 1 次印刷
定　　　价	118.00 元

未经许可，不得以任何方式复制或抄袭本书之部分或全部内容。
版权所有，侵权必究
举报电话：010-62752024　电子信箱：fd@pup.pku.edu.cn
图书如有印装质量问题，请与出版部联系，电话：010-62756370

编写说明

作为北京大学出版社和上海人民出版社联合推出的"新世纪法学教材"之一的《刑事诉讼法学(第四版)》，经过华东政法大学诉讼法学研究中心刑事诉讼法教研室团队同仁们的多年努力建设，2021年已获批为首批上海高等教育精品教材。

本书作为"新世纪法学教材"《刑事诉讼法学(第四版)》的配套教辅资料，是继2007年、2011年、2017年分别由北京大学出版社作为"高等学校法学教学参考用书"出版的《刑事诉讼法学教学研究资料汇编》(第一辑：2000—2005年、第二辑：2006—2010年、第三辑：2011—2015年)后的第四辑，收录了2016—2020年所有公开出版发行的由中国刑事诉讼法学学者和司法实务工作者撰写的有关中外刑事诉讼法学的主要代表性论文、专著、译著、教材和典型性案例汇编。它也是华东政法大学法学学科作为上海市一流学科建设重点创新团队"依法行政与公正司法的中国进路研究"的教学研究方面的阶段性成果之一，同时，它还是教育部2020年首批国家级一流本科课程"刑事诉讼法学"的建设成果之一。

本书的编写体例一如既往，为编章节结构，共由五编28章组成，分别为刑事诉讼法学基本理论问题、审前程序、审判程序、特别程序与刑事执行程序、刑事证据法学。每编专设一章为本编参考书目，其余各章均下设三节，分别为本章观点综述、核心期刊论文摘要和案例精解。特别需要说明的是：其一，因2016—2020年公开发表的有关域外刑事诉讼程序方面的研究论著较少，故本书不再设专编予以汇编，而将有关论著放在相关的编章中予以介绍；其二，各编所收录的论文均为中国法学创新期刊网所列的核心期刊及其扩展版期刊论文，以体现专业性、代表性的汇编主旨；其三，有关公开出版的专著、教材、译著、资料汇编、案例集等均集中以索引的形式与2016—2020年间的中国刑事诉讼法学研究会年会观点综述一起放在附录部分。总的编辑原则仍是力求与通用教材相配套，力求为刑事诉讼法学课程的教学与研究提供较为权威和完整的学术资讯方面的支持与帮助。尤其是在信息化、数据化的当下，人们通过某一数据库可以轻易查找到有关文献资料，但是，我们为广大同仁与读者提供一本纸质的、随手可翻可触摸的案头参考书之初心不变。

本书由华东政法大学诉讼法学研究中心主任叶青教授担任主编，华东政法大学诉讼法学研究中心的王戬教授、张栋教授、王晓华博士担任副主编。华东政法大学诉讼法学研究中心的邓晓霞副教授、封安波副教授、苗梅华副教授、陈邦达副教授、王涛博士、程衍博士、吴思远博士,以及韩东成博士生、陈赛博士生、徐明敏博士生、胡子涵博士生分别撰写了各编章节的内容及附录中的年会综述。全书由主编与副主编共同统稿,由主编最终定稿。2018年10月26日,十三届全国人大常委会第六次会议通过了《全国人民代表大会常务委员会关于修改〈中华人民共和国刑事诉讼法〉的决定》,这也是《中华人民共和国刑事诉讼法》的第三次修正,新法增加了18条,共计308条。本次修正的主要内容是:(1)完善与《中华人民共和国监察法》的衔接机制,调整人民检察院侦查职权;(2)在第五编特别程序中增加"缺席审判程序",以加强反腐败国际追逃追赃的工作力度;(3)完善刑事案件认罪认罚从宽制度,并在第三编第二章第一审程序中增加"速裁程序",以深化与司法体制改革密切相关的内容。为此,刑事诉讼法学教材相应作了扩容与改写,相关理论研究成果自然也随之增多。限于我们编著人员的学术视野与编写水平,面对如此丰富的文献资料,工作量很大,难免挂一漏万,还望各位同仁和广大读者多多谅解与指正。

最后,我要代表编写组的各位撰稿人,向本书所摘(收)录到其论文(论点)、文章(综述)、案例的所有专家学者表示诚挚的谢意和崇高的敬礼;向为本书出版给予精心指导与真诚帮助的北京大学出版社王业龙等编辑表示衷心的感谢。同时,我们也要感谢上海市教育委员会高水平地方大学一流法学学科重点创新团队建设计划的经费资助。

叶 青

2022年9月19日

目　录

第一编　刑事诉讼法学基本理论问题

第一章　回避与管辖制度 ……………………………………………… （1）
　　第一节　本章观点综述 ………………………………………… （1）
　　第二节　核心期刊论文摘要 …………………………………… （6）
　　第三节　案例精解 ……………………………………………… （13）

第二章　认罪认罚从宽制度 …………………………………………… （17）
　　第一节　本章观点综述 ………………………………………… （17）
　　第二节　核心期刊论文摘要 …………………………………… （28）
　　第三节　案例精解 ……………………………………………… （102）

第三章　律师与辩护制度 ……………………………………………… （106）
　　第一节　本章观点综述 ………………………………………… （106）
　　第二节　核心期刊论文摘要 …………………………………… （119）
　　第三节　案例精解 ……………………………………………… （134）

第四章　刑事附带民事诉讼制度 ……………………………………… （138）
　　第一节　本章观点综述 ………………………………………… （138）
　　第二节　核心期刊论文摘要 …………………………………… （140）
　　第三节　案例精解 ……………………………………………… （146）

第五章　刑事诉讼法与监察法衔接问题 ……………………………… （152）
　　第一节　本章观点综述 ………………………………………… （152）
　　第二节　核心期刊论文摘要 …………………………………… （159）
　　第三节　案例精解 ……………………………………………… （180）

第六章　本编参考书目 ………………………………………………… （184）

第二编 审前程序

第一章 立案与侦查程序 ·· (188)
    第一节 本章观点综述 ·· (188)
    第二节 核心期刊论文摘要 ·· (190)
    第三节 案例精解 ·· (221)

第二章 刑事强制措施 ·· (225)
    第一节 本章观点综述 ·· (225)
    第二节 核心期刊论文摘要 ·· (227)
    第三节 案例精解 ·· (235)

第三章 检察权基本理论问题 ·· (239)
    第一节 本章观点综述 ·· (239)
    第二节 核心期刊论文摘要 ·· (242)
    第三节 案例精解 ·· (249)

第四章 侦检关系理论问题 ·· (254)
    第一节 本章观点综述 ·· (254)
    第二节 核心期刊论文摘要 ·· (256)
    第三节 案例精解 ·· (260)

第五章 检察体制改革问题 ·· (264)
    第一节 本章观点综述 ·· (264)
    第二节 核心期刊论文摘要 ·· (266)
    第三节 案例精解 ·· (272)

第六章 本编参考书目 ·· (275)

第三编 审判程序

第一章 审判程序与审判原则 ·· (276)
    第一节 本章观点综述 ·· (276)
    第二节 核心期刊论文摘要 ·· (288)
    第三节 案例精解 ·· (318)

第二章 一审程序……(321)
第一节 本章观点综述……(321)
第二节 核心期刊论文摘要……(330)
第三节 案例精解……(349)

第三章 二审程序……(352)
第一节 本章观点综述……(352)
第二节 核心期刊论文摘要……(355)
第三节 案例精解……(360)

第四章 死刑复核程序……(362)
第一节 本章观点综述……(362)
第二节 核心期刊论文摘要……(364)
第三节 案例精解……(366)

第五章 审判监督程序……(368)
第一节 本章观点综述……(368)
第二节 核心期刊论文摘要……(370)
第三节 案例精解……(374)

第六章 本编参考书目……(377)

第四编 特别程序与刑事执行程序

第一章 刑事执行程序……(379)
第一节 本章观点综述……(379)
第二节 核心期刊论文摘要……(381)
第三节 案例精解……(384)

第二章 未成年人刑事诉讼程序……(387)
第一节 本章观点综述……(387)
第二节 核心期刊论文摘要……(395)
第三节 案例精解……(405)

第三章 当事人和解的公诉案件诉讼程序……(408)
第一节 本章观点综述……(408)
第二节 核心期刊论文摘要……(416)

第三节 案例精解……………………………………………………（423）

第四章 缺席审判程序……………………………………………………（426）
    第一节 本章观点综述……………………………………………（426）
    第二节 核心期刊论文摘要………………………………………（437）
    第三节 案例精解……………………………………………………（446）

第五章 犯罪嫌疑人、被告人逃匿、死亡案件违法所得没收程序……（448）
    第一节 本章观点综述……………………………………………（448）
    第二节 核心期刊论文摘要………………………………………（449）
    第三节 案例精解……………………………………………………（452）

第六章 依法不负刑事责任的精神病人强制医疗程序………………（455）
    第一节 本章观点综述……………………………………………（455）
    第二节 核心期刊论文摘要………………………………………（457）
    第三节 案例精解……………………………………………………（459）

第七章 本编参考书目……………………………………………………（462）

第五编 刑事证据法学

第一章 刑事证据法学理论问题…………………………………………（464）
    第一节 本章观点综述……………………………………………（464）
    第二节 核心期刊论文摘要………………………………………（472）
    第三节 案例精解……………………………………………………（507）

第二章 刑事证明论………………………………………………………（511）
    第一节 本章观点综述……………………………………………（511）
    第二节 核心期刊论文摘要………………………………………（516）
    第三节 案例精解……………………………………………………（542）

第三章 本编参考书目……………………………………………………（549）

附件一 2016—2020年刑事诉讼法年会综述…………………………（552）

附件二 刑事诉讼法学教材与资料汇编索引（2016—2020年）………（585）

第一编 刑事诉讼法学基本理论问题

第一章 回避与管辖制度

第一节 本章观点综述

我国刑事诉讼中的管辖是指公安司法机关在直接受理刑事案件范围上的分工,以及人民法院组织系统内部对第一审刑事案件的分工。刑事诉讼中的管辖分为两个层次:第一层次是立案管辖,一般而言,由公安机关立案侦查比较重大、复杂的刑事案件,由监察机关立案调查、人民检察院立案侦查涉及国家机关工作人员职务犯罪的刑事案件,由人民法院立案审理不需要侦查的轻微刑事案件;第二层次是审判管辖,由纵向的级别管辖和横向的地域管辖组成,地域管辖又可分为一般地域管辖与特殊地域管辖,当地域管辖出现争议时,法律规定了优先管辖、移送管辖和指定管辖三个解决管辖争议的办法。刑事诉讼中的回避,是指侦查、检察、审判人员等同案件或案件的当事人有法定的利害关系或者其他可能影响案件公正处理的关系,不得参与办理该案件或者参与该案的其他诉讼活动的行为。

近年来,学术界对我国刑事诉讼中的管辖与回避制度的讨论不多,争议之处较少。不同学者主要围绕刑事管辖异议之诉、管辖错误、异地管辖、互联网法院管辖刑事案件等热点问题展开讨论及深入的研究。笔者将围绕刑事诉讼管辖与回避制度近五年司法实践中遇到的重大理论问题和实践难题,对不同学者的观点进行罗列与分析,在充分肯定过往学术成果的同时,对相关热点问题提出相关思考。

一、关于互联网法院管辖刑事案件的问题

随着信息网络技术的高速发展,网络犯罪刑事案件频繁出现,社会危害性增大。网络犯罪一般具有跨地域的特点,因而犯罪地的确定等刑事管辖问题逐渐突出,学者们开始对网络犯罪刑事案件的管辖制度展开讨论。有的学者通过对典型案例的剖析,揭示跨地域网络犯罪地的管辖冲突问题,即犯罪地的扩大解释会带来更多的管辖冲突,指定管辖的行政化倾向也会影响管辖方的相关权益,网络犯罪刑事案件的并案侦查加剧了管辖的内在冲突。他认为应当完善网络犯罪刑事案件的管辖制度设计,对跨地域网络犯罪地的管辖实施监督。[①] 有的学者通过分析问卷调查与实地调研的数据,认为互联网法院作为跨区集中管辖专门法院的典型样本,其管辖网络犯罪刑事案件,不仅有良性实践场域,也符合审判管辖的诉讼原理。现阶段的司法实践可采取渐进式的改革路径,从部分拓展至全部,以管辖部分简单网络犯罪刑事案件为突破口,谨慎跨出第一步,以互联网法院的专业化、智能化、职业化为前提,实现迈向管辖全部网络犯罪刑事案件的预想。[②] 有的学者认为当前网络犯罪刑事案件的管辖存在不少冲突现象,传统刑事管辖规定已经无法适应网络犯罪的特性,以法律专项立法确定管辖权困难重重,究其原因,与犯罪地的不断扩张解释、"主要犯罪地"难以确定有关。司法实践中可以实际危害地法院管辖优先,结合犯罪案件的实际控制确定管辖权,同时网络犯罪刑事案件管辖设计应兼顾司法效率,建立管辖报告和参与制度以完善相关救济措施,最后要扩大我国普遍管辖权的适用范围,涉外网络犯罪刑事案件管辖可以寻求国际司法协助,以消解我国网络犯罪刑事案件的刑事管辖冲突。[③]

二、关于跨行政区划管辖刑事案件的问题

党的十八届四中全会将探索设立跨行政区划的法院确立为司法改革的一项重要举措,目前试点探索已有初步成效,职能管辖基本确定。有的学者针对跨行政区划法院刑事案件管辖问题展开研究,提出跨行政区划法院管辖的刑事案件具有案件跨地区、案情重大、易受干扰等特点,跨行政区划法院的刑事管辖方式主要有集中管辖、提级管辖、指定管辖,而当前跨行政区划法院刑事案件管辖存在案件管辖标准不明确、案件具体范围界定不清晰、案件受理不均衡、刑事二审

---

① 陆栋:《跨地域网络案件的刑事立案管辖问题研究》,载《甘肃政法学院学报》2016年第6期。
② 自正法:《互联网法院管辖网络刑事案件的可能与限度》,载《宁夏社会科学》2020年第3期。
③ 田圣斌:《互联网刑事案件管辖制度研究》,载《政法论坛》2021年第3期。

功能缺失等问题。针对跨行政区划法院刑事案件管辖存在的问题，他们认为应当明确跨行政区划法院刑事案件管辖的划分原则、探索完善跨行政区划法院管辖的刑事案件类型、推进跨行政区划法院刑事管辖范围法定化、扩大现有试点法院的司法管辖区域、探索设立跨行政区划基层法院。[1] 当前跨行政区划法院试点工作仍在探索中，应当立足于跨行政区划法院刑事审判功能的定位，改善当前案件受理不均衡的现状，充分发挥跨行政区划法院的特殊案件管辖功能，以完善我国的刑事诉讼管辖制度。

三、关于刑事案件异地管辖的问题

"异地管辖"是指将刑事案件从依据我国刑事诉讼法和相关司法解释等确立的原本有管辖权的"本地"转移到原本无管辖权的"异地"进行管辖的一种管辖模式。2012年《中华人民共和国刑事诉讼法》（以下简称《刑事诉讼法》）明确规定由异地侦查机关实施侦查辩护人涉嫌犯罪案件，是我国刑事诉讼法对"异地管辖"模式的首次明确规定。关于异地管辖的争议历来持续不断，有的学者认为刑事案件"异地管辖"实际上是"指定管辖"和"管辖权转移"两种制度结合的产物，是对刑事案件"地域管辖"和"级别管辖"原则的变通，一切可能影响案件公正审理的因素都有可能导致"异地管辖"的适用。"异地管辖"的适用应当在遵循"三分模式"的前提下，合理确定被指定管辖机关，明确被指定管辖机关的权利和义务，以减少争议，提高诉讼效率。[2] 有的学者则提出当前刑事案件"异地管辖"存在乱象，如启动主体无序、实务操作混乱、异议申请困难、程序难以正当、司法裁决失衡、必要程序减损，而乱象产生的缘由则在于立法规定空白、司法解释模糊，程序规定重视不够、程序正义不足，存在地域差异、量刑程度不统一。为规制乱象，有必要通过立法明确规定异地管辖制度，同时保障诉权对司法权的制约，扩大巡回法庭受案范围，以完善"异地管辖"制度。[3]

四、关于解决刑事诉讼管辖权争议的问题

当刑事案件地域管辖出现争议时，优先管辖、移送管辖和指定管辖可以解决管辖争议。关于移送管辖，有学者提出我国传统的法院分案制度存在弊端，过分追求分案过程中的形式公正而忽视案件处理结局上的实质公正。对于可移送审判管辖的刑事案件，人民法院可以采用立案庭随机分案为主与刑庭庭长指定分

---

[1] 史立梅、杨超：《跨行政区划法院刑事案件管辖问题研究》，载《法律适用》2017年第21期。
[2] 胡伟超、曾友祥：《我国刑事案件"异地管辖"模式探析》，载《政法学刊》2015年第6期。
[3] 余为青、陈义龙：《刑事异地管辖的乱象与规制》，载《安庆师范大学学报（社会科学版）》2018年第5期。

案为辅相结合的分案选择,此种模式符合我国刑事案件的实际状况,同时加强上级法院对下级法院的监督和业务指导,赋予当事人就可移送审判管辖刑事案件的请求权,以完善可移送审判管辖刑事案件法院分案制度。① 关于管辖制度的价值,有的学者提出我国存在对管辖制度价值的误解,司法实践中管辖规范过于原则化,指定管辖泛滥,引发了刑事诉讼管辖的不确定危机。管辖制度应当是一种"纯粹的程序正义",指定管辖的制度定位应当依据解决管辖争议、转移管辖权而分别厘清,且指定管辖的适用前提为一般法定管辖规则失灵,只能针对单一个案适用于地域管辖。② 关于并案管辖的适用,有的学者提出并案管辖制度的出现对刑事诉讼法的适用产生了冲击,"体系化打击"刑事犯罪的追求在及时审判与查明全案事实、控制案件办理风险与刑事诉讼证明方式、案件办理期限计算基点方面产生内在冲突,其原因在于刑事诉讼的效率与公正原则具有二律背反的性质,而且公正也需要满足公众的认知要求。为解决冲突,应当秉持实用主义的理念,考虑建构远程联合取证制度,适当控制并案管辖案件的规模,同时,案件办理期限应当以最先到期者的时间为计算基点。③ 关于刑事二审指定管辖的问题,有的学者提出刑事指定管辖应当适用于刑事二审审级,且只适用于"不宜继续审理"的情形,刑事二审指定管辖的程序需要当事人化,赋予检察机关二审指定管辖的建议权,增加指定管辖制度的诉讼性,落实检察机关的法律监督职责,使指定管辖制度当事人化,发挥公权力调和的作用。④

五、关于刑事管辖错误的问题

管辖错误,指案件管辖因公权力机关没有遵守管辖制度的相关规范而形成的一种错位状态。公权力机关在发现管辖错误后如何作进一步程序处理? 有的学者提出,管辖错误不应在规范上得到过于宽松的对待,可依不同情形分别处理,区分明显错误与非明显错误、审判阶段与审前阶段、公诉案件与自诉案件,以及职能管辖之错误、地区管辖之错误、级别管辖之错误。基于我国刑事程序的现实构造,有必要建立管辖权的"复合性"审查机制,并通过"明显错误"规则评定管辖错误的程序效力,以强化刑事管辖的合法性审查。⑤ 有的学者提出,可从诉讼

---

① 孙燕山:《可移送审判管辖刑事案件法院分案制度研究》,载《学术论坛》2017年第4期。
② 王一超:《刑事诉讼管辖的"不确定"危机及矫正——兼对管辖制度价值的检讨》,载《财经法学》2016年第1期。
③ 彭剑鸣:《效率下的公正:并案管辖的刑事诉讼法适用——以"体系化打击"为视角》,载《江西警察学院学报》2016年第2期。
④ 单子洪:《刑事二审指定管辖问题研究——以吉林省辽源市中院"整体回避案"为切入》,载《西部法学评论》2019年第3期。
⑤ 张曙:《刑事诉讼中的管辖错误及其处理》,载《法学家》2020年第3期。

效率、实体错误与否、违法程度、程序权利侵害程度等方面对职能管辖错位程序规制展开多元化考量,应当准确适用并案管辖制度,避免职能管辖错位,对于职能管辖错位的案件应当退回原办案机关,要求有管辖权的办案机关重新作出诉讼行为,要明确这种"退回"不会对实体正义产生巨大影响,明确职能管辖错位期间的部分诉讼行为无效,搜集的言词证据无效,对职能管辖错位应当采取相对排除规则,赋予办案机关一定的裁量权。①

"恶意管辖",指刑事案件受理机关对立案线索进行审查后,对于自己是否对案件拥有管辖权不甚明朗,或明知自己没有管辖权,出于某种考虑而仍然"抢立案""强立案"的情形。"恶意管辖"在我国当前的刑事诉讼法规定中处于空白地带,相关立法规定及理论研究极少。为规制"恶意管辖"的现象,有的学者提出,对于"恶意管辖"取得的证据,应当兼顾诉讼公正与诉讼经济两个原则,对于原始证据、实物证据,应当维持其效力,对于言词证据、传来证据,如有需要并且条件允许的情况下可以重新制作,若不需要重新制作,或诉讼期限不允许,应通过一定的程序和方式进行合理的证据转化。同时,对于"恶意管辖",立法上应当出台相应管辖救济制度救济诉之利益受损的主体,包括公安机关、检察院和犯罪嫌疑人(被告人),以纠正违法等法律监督的形式解决"恶意管辖"问题。②

六、关于管辖异议之诉的问题

首先需要明确,相比于民事、行政案件,我国《刑事诉讼法》尚未赋予当事人提出管辖异议的权利,虽然立法层面暂无相关规定,但司法层面不仅大量存在当事人提出管辖异议的情形,而且一审法院对此的处理方式也不尽统一。有学者提出,正是因为制度设计的缺失,加剧了司法实践中刑事管辖异议裁判方式的混乱。具体言之,法院对管辖异议,或者置之不理,或者在实体裁判中一带而过,少有几例以刑事裁定单独处理管辖异议的案例还面临着被上级法院撤销的风险,刑事管辖异议的现实需求、裁判模式的混乱现状、保障当事人诉讼权益的必然要求,以及刑事诉讼发展完善的内在驱动,已然使得刑事管辖异议成为一个不能被继续忽视的问题。③ 当前我国处理刑事管辖异议主要有四种模式,分别是不予回应、书面答复、判决说理和单独裁定。在未来若要构建刑事管辖异议制度,第

---

① 谢小剑:《刑事职能管辖错位的程序规制》,载《中国法学》2021年第1期。
② 樊华中:《刑事诉讼中恶意管辖的诉讼规制》,载《天津法学》2016年第4期。
③ 李雪松:《刑事管辖异议的裁判乱象——一种经验观察的视角》,载《山西警察学院学报》2018年第1期。

一步是要克服指定管辖的制度障碍,其次要确立两项基本原则,即坚持诉权原则与先行调查原则,对于具体的制度构建,要从授权、受理、审查、明确适用条件、附理由裁决与权利救济六方面进行努力。① 有的学者则认为,当前我国处理刑事管辖异议的主要模式可分为三种:第一种是法院对管辖权异议问题单方、行政职权式的处理态度,可称为"口头决定"模式;第二种是在裁判文书的判决理由部分对被告人提出的管辖权异议进行较为详细的回应,可称为"判决理由"模式;第三种是对被告人提出的管辖权异议以裁定形式制作单独的裁判文书,可称为"中间裁定"模式。其认为"中间裁定"模式是最佳的处理管辖异议的模式,该模式通过管辖权与诉权的互动消除实践中存在的办案机关错误管辖或不适当管辖的行为,值得推广。②

第二节 核心期刊论文摘要

刑事诉讼管辖的"不确定"危机及矫正——兼对管辖制度价值的检讨

王一超

《财经法学》2016年第1期,人大复印报刊资料转载

关键词:诉讼管辖 审判管辖 指定管辖 纯粹的程序正义 法定法官原则

摘要:我国存在对管辖制度价值的误解,管辖规范过于原则,指定管辖泛滥,这引发了刑事诉讼管辖的不确定危机。管辖制度乃"纯粹的程序正义"。它并非旨在追求裁判公正,而是以确定性为制度价值目标。管辖确定是法定法官原则的直接要求。此外,管辖权确定还有助于维护法院独立,贯彻平等原则,是控辩双方武器平等的前提,并有效率价值。为了实现对管辖制度的确定性矫正,应严格依照管辖规范确定管辖权,排斥于法不合的不确定因素。同时必须正视管辖制度中存在的不可避免的不确定因素,并应予以克服。通过确立原则性的管辖权顺序规范,克服级别管辖、地域管辖及并案管辖中的不确定性,并遵循管辖恒定原则,维持审判过程中管辖法院的稳定性。指定管辖不应颠覆管辖制度的确定性价值,应谦抑适用,只适用于有必要解决管辖争议或转移管辖权的例外情形,且必须满足严格的前提条件。

---

① 李雪松:《刑事管辖异议的处理模式与未来选择》,载《郑州航空工业管理学院学报(社会科学版)》2017年第4期。
② 桂梦美:《刑事诉讼管辖异议之诉的模式选择》,载《政法论坛》2018年第6期。

刑事案件地域管辖相关问题研究

史宝伦　徐光岩

《辽宁公安司法管理干部学院学报》2015年第4期,人大复印报刊资料转载

关键词:刑事案件　地域管辖　竞合管辖　牵连管辖

摘要:2012年《刑事诉讼法》修改后出台的一系列配套的司法解释,使我国的地域管辖制度逐渐完善。根据地域管辖制度的相关规定,结合实践中的认识和做法,对地域管辖涉及的犯罪地管辖、被告人居住地管辖、竞合管辖、牵连管辖等加以探讨分析,以期对司法实务部门发挥一定的参考作用。

我国刑事案件"异地管辖"模式探析

胡伟超　曾友祥

《政法学刊》2015年第6期,人大复印报刊资料转载

关键词:刑事案件　"异地管辖"模式　"异地法官本地审"

摘要:刑事案件的"异地管辖"模式突破了刑事诉讼法对本地管辖的原则性规定,改由异地侦查、起诉或者审判机关实施管辖,目的在于消除本地侦查、起诉或者审判对案件审理公正性的不良影响,从而实现刑事诉讼实体公正和程序公正的双重目的。2012年《刑事诉讼法》第42条第2款在关于辩护人涉嫌犯罪案件的侦查机关的选择上明确规定由异地侦查机关实施侦查,开创了我国刑事诉讼领域对"异地管辖"模式的首次确认。但是,我国刑事诉讼法并未针对"异地管辖"模式在其他种类案件的适用方面作出原则性、一般性的规定,各地的司法实践标准不一致。同时,"异地管辖"模式的实施伴随着司法成本的提高、诉讼效率的降低和公民旁听权的侵害等问题。因此,"异地管辖"模式必然需要在未来的司法实践过程中进行进一步的改革与完善。

效率下的公正:并案管辖的刑事诉讼法适用——以"体系化打击"为视角

彭剑鸣

《江西警察学院学报》2016年第2期,人大复印报刊资料转载

关键词:并案管辖　效率　公正　冲突　解决路径

摘要:"体系化打击"刑事犯罪产生了及时审判和查明全案事实、控制案件办理风险和刑事诉讼证明方式、案件办理期限计算基点的内在冲突,冲突的原因是刑事诉讼的效率与公正具有二律背反的性质、公正需要满足公众的认知要求、案件办理的规模较大。以公正价值和人权保障价值为指针,参酌既往的刑事司法经验,解决冲突的路径可能是:建立远程联合取证制度、适度控制办案规模、以被采取强制措施最先到期者的时间为全案办理的最后期限。

刑事诉讼中恶意管辖的诉讼规制
樊华中

《天津法学》2016年第4期,人大复印报刊资料转载

关键词:刑事诉讼　恶意管辖　诉讼规制

摘要:恶意管辖是指刑事职能管辖机关对立案线索审查后,明知自己没有管辖权或者知道自己可能没有管辖权,出于某种考虑而仍然"抢立案""强立案"的情形。恶意管辖在目前刑事诉讼法规定中属于空白地带,理论研究也较少,恶意管辖属于故意管辖范畴,可以根据认识与意志因素进行类型化分析。要防范恶意管辖对诉讼当事人的权利侵害,对于已经恶意管辖的诉讼,要区分情形看其是否违反一事不再理,其取得的证据在处理上要兼顾诉讼公正与诉讼经济,恶意管辖的相关责任人应当承担内部行政或司法责任,对于诉之利益受损的主体应当规定相应的管辖救济制度。

跨地域网络案件的刑事立案管辖问题研究
陆　栋

《甘肃政法学院学报》2016年第6期,人大复印报刊资料转载

关键词:网络案件　管辖　跨地域　犯罪地

摘要:随着网络信息技术的发展,网络犯罪案件的种类和数量越来越多,社会危害性越来越大。全国各地公安机关普遍感到立案难、取证难、认定难。特别是跨地域网络案件的犯罪地的确定等刑事管辖问题越来越突出。为此,本文通过典型案例的剖析,一是揭示跨地域网络犯罪地的管辖冲突问题;二是分析中外跨地域网络犯罪地的管辖标准,完善网络案件的刑事管辖的设计;三是对跨地域网络犯罪地的管辖实施监督。由此,构成一个完整的跨地域网络案件的刑事管辖制度体系。

刑事管辖异议的处理模式与未来选择
李雪松

《郑州航空工业管理学院学报(社会科学版)》2017年第4期,人大复印报刊资料转载

关键词:刑事管辖异议　不予回应　书面答复　判决说理　单独裁定　模式选择

摘要:我国刑事诉讼法尚未赋予当事人提出管辖异议的权利,这不仅有别于国际趋势,也与我国的民事、行政诉讼法截然不同。但立法层面的空白并未反映出司法层面的真实面貌,实践中不仅大量存在当事人提出管辖异议的情形,而且一审法院的处理方式不尽统一,具体可以概括为不予回应、书面答复、判决说理

和单独裁定四种模式。总体而言,裁判权在管辖异议问题上处于绝对控制的地位,当事人的诉权难以得到最低标准的程序保障,未来的改革仍需克服制度障碍,秉持两项原则从六个方面予以完善。

可移送审判管辖刑事案件法院分案制度研究

孙燕山

《学术论坛》2017年第4期,人大复印报刊资料转载

关键词:随机分案为主　指定分案为辅　移送审判管辖　保障措施　当事人分案请求权

摘要:囿于我国传统的法院分案制度存在的弊端,人民法院正在进行的各种方式的分案制度改革,存在着过分追求分案过程中的形式公正,而忽视案件处理结局上的实质公正不够的现象,尤其是疑难复杂案件,致使此类案件判决的司法公信力仍有提升空间;针对我国基层法院法官队伍现状以及不同案件审理需求,对可移送审判管辖刑事案件,需要在确立立案庭随机分案为主的法院分案改革成功经验同时,保留刑庭庭长必要的案件指定分案权,落实案件移送审判管辖制度,加强典型案例指导,赋予当事人可移送审判管辖案件的请求权。

跨行政区划法院刑事案件管辖问题研究

史立梅　杨超

《法律适用》2017年第21期,人大复印报刊资料转载

关键词:跨行政区划法院　刑事案件管辖　集中管辖　跨区划基层法院

摘要:目前跨行政区划法院的试点探索在我国已经进行了两年多,试点工作取得了阶段性成效,职能管辖范围基本确定,案件办理步入正轨。由于跨行政区划法院的管辖重点在行政案件和民商事案件,相比之下,刑事管辖较为薄弱,在实践中仍然存在着管辖标准不明、案件范围界定不清、案件受理不均衡、刑事二审功能缺失等问题。欲完善跨行政区划法院刑事案件的管辖,需遵循一定的原则,并在这些原则指导下适当扩充其管辖的具体案件类型,同时探索设立跨区划基层法院,以完善跨区划法院管辖体系,优化配置司法资源,充分发挥跨行政区划法院的功能。

刑事管辖异议的裁判乱象——一种经验观察的视角

李雪松

《山西警察学院学报》2018年第1期,人大复印报刊资料转载

关键词:中国裁判文书网　刑事管辖异议　特征　裁判模式　经验研究

摘要:我国的刑事诉讼法一直没有确立管辖异议制度,司法实践中各个法院对这一问题的裁判方式也十分混乱。具体而言,在经验层面上,刑事管辖异议的

裁判模式主要有不予回应、在裁判理由中予以回应、单独作出裁定、单独作出书面答复等四种类型。但是,由于缺乏明确的制度规范,不仅当事人提出管辖异议欠缺权利基础,法院不同的处理方式也难以立判正误。客观存在的刑事管辖异议与制度空白以及法院裁判模式的乱象之间形成了强烈的反差,使得刑事管辖异议成为一个亟须规范和解决的重要问题。

刑事异地管辖的乱象与规制

余为青　陈义龙

《安庆师范大学学报(社会科学版)》2018 年第 5 期,人大复印报刊资料转载

关键词:刑事异地管辖　程序正义　平级上诉　法律规制

摘要:我国刑事异地管辖在发挥维护司法正义、保证独立审判、克服权力干扰等独特功能的同时,亦存在乱象,具体表现为启动主体无序、异议申请困难、司法裁决失衡等。乱象产生的缘由主要有立法规定空白,司法解释模糊;程序规定重视不够,程序正义不足;地域存在差异,量刑程度不统一。应立法规定异地管辖制度,保障诉权对司法权的制约性,将刑事上诉案件纳入巡回法庭受案范围,建立最高法院平级上诉制度。

刑事诉讼管辖异议之诉的模式选择

桂梦美

《政法论坛》2018 年第 6 期

关键词:刑事诉讼　管辖异议　模式选择　中间裁定　程序正义

摘要:刑事诉讼管辖制度承载惩罚犯罪与保障人权之目的,宣示程序公正与实体公正和谐统一之价值。作为诉讼公正的入口,犯罪嫌疑人、被告人对管辖制度利益的错误分配,应当依法享有最基本的救济性权利。实践中存在当事人向办案机关提起管辖权异议之事实与"口头决定""判决理由""中间裁定"等三种对待模式,但因我国立法对刑事诉讼管辖异议的条文处于空白状态,当事人提出管辖异议的基本诉求与权利救济未能获得尊重。诉讼理论基本内涵与程序正义的分配,使得诉权导入刑事诉讼管辖异议制度有其正当性和现实性。新时期我国刑事诉讼法需要构建管辖异议之诉,选择"中间裁定"模式,回归管辖纠纷程序性救济功能,实现管辖利益程序性保护的诉讼价值。

刑事二审指定管辖问题研究——以吉林省辽源市中院"整体回避案"为切入

单子洪

《西部法学评论》2019 年第 3 期,人大复印报刊资料转载

关键词:"整体回避案"　刑事二审指定管辖　日本刑事诉讼

摘要:由近期发生的吉林省辽源市中院"整体回避案"衍生出的刑事二审指

定管辖的实践创举受到了刑事诉讼理论界与实务界的关注,由此产生了对立的理论观点。参照日本刑事诉讼的管辖制度,并结合刑事诉讼的基本理论和我国现实因素,对刑事二审指定管辖的实践操作应当予以肯定,且应以此案为契机,确立刑事二审指定管辖规则。具体而言,必须明确《刑事诉讼法》中的指定管辖制度适用于二审审级,且要明确启动刑事二审指定管辖的具体情形。最后,二审指定管辖的程序应该当事人化。

刑事诉讼中的管辖错误及其处理

张 曙

《法学家》2020 年第 3 期

关键词:管辖错误 管辖权 审查机制 程序规范

摘要:作为刑事诉讼管辖权运行的非常态现象,管辖错误既破坏了管辖秩序,亦侵犯了被追诉人的法定管辖权利。我国现行的管辖错误审查机制主要以解决司法机关自身管辖权为目的指向,以程序补救为功能依归,忽视了管辖权作为程序合法性要件的波及效力。管辖权的审查机制应当从"单一性"转向"复合性",并通过"明显错误"规则,对管辖错误情形下的程序效力作出合理判定。应当在区分管辖类别、案件性质及其所处的诉讼阶段之基础上,对管辖错误的后续程序处理作出不同的规范建构。

互联网法院管辖网络刑事案件的可能与限度

自正法

《宁夏社会科学》2020 年第 3 期,人大复印报刊资料转载

关键词:互联网法院 网络刑事案件 专属性 跨区集中管辖

摘要:互联网法院作为司法主动适应互联网技术发展的产物,其跨区集中管辖不仅打破了以传统地域为主的审判管辖模式,而且符合"网上案件网上审理"的理念,体现了专门法院审判专业性案件的现实需求。现阶段,互联网法院主要管辖网络民事和行政案件,以及检察机关提起的网络公益诉讼等 11 类案件,管辖范围可否拓展至网络刑事案件,从问卷调查和实地调研的数据可知,互联网法院作为跨区集中管辖专门法院的典型样本,管辖网络刑事案件既有良性实践场域,又符合审判管辖的诉讼原理。可采取渐进式路径,从部分网络刑事案件逐步拓展至全部案件。第一步以管辖部分网络刑事案件为突破口,即管辖事实清楚、证据确实充分且可能判处三年有期徒刑以下刑罚的简单网络刑事案件。第二步则可管辖全部网络刑事案件,是否采取线上庭审或线下庭审,则根据案件情况、被告人和被害人意愿等因素综合评估决定。

刑事职能管辖错位的程序规制
谢小剑
《中国法学》2021 年第 1 期
关键词:职能管辖　监察委员会　程序性制裁　管辖错位
摘要:对于侦查机关之间的职能管辖错位,现行法律在查办阶段采取"直接移送规则",审查起诉阶段采取"实体判断＋及时移送模式",审判阶段采取"单一审查地域管辖模式",并未形成完备的程序规制规则。监察体制改革后,职能管辖错位可能对被调查人的辩护权产生较大影响,损害监察体制改革目标。2019年《人民检察院刑事诉讼规则》第 357 条采取"二元论",对涉监察委员会管辖的案件创设了"实体＋听取意见双重审查模式",以监察机关的意志决定程序走向,不利于司法制约以及保障被调查人权利。实际上,职能管辖错位是否需要程序制裁应当权衡诉讼效率、实体错误与否、违法程度、权利损害程度四个方面。如果监察委员会查办了侦查机关管辖的案件,对于恶意违法的应当否定该职能管辖错位行为的法律效力,而不是以办案机关的意见作为后续程序处理的标准。我国应当完善制裁职能管辖错位的程序,对于恶意的职能管辖错位应当退回办案机关,否定阶段性终结决定的效力,之前取得的实物证据作为瑕疵证据处理,否定言词证据的证据能力。

互联网刑事案件管辖制度研究
田圣斌
《政法论坛》2021 年第 3 期
关键词:互联网犯罪　刑事管辖权　管辖
摘要:随着互联网技术的发展,"互联网＋"与其他产业深入融合,很多新兴事物、新营销方式不断出现。互联网技术的发展推动了现代社会经济发展与社会进步,然而也产生了负面效应,衍生出如网络毒品犯罪、色情犯罪、电信诈骗、洗钱等犯罪行为。这些犯罪行为因互联网传播范围广、证据收集难、受害者众多等特点,对传统管辖制度构成巨大的挑战。在互联网时代,传统刑事管辖制度已无法满足现实需要,正确处理互联网犯罪案件管辖冲突,应确定以实际危害优先、兼顾司法效率的原则,同时应加强国际司法合作。

第三节 案例精解

冷某寻衅滋事案
——刑事诉讼中法院整体回避的管辖权变更[①]

一、案情介绍

2019年12月14日凌晨1时30分许至2时30分许,被告人冷某为发泄不满情绪,先后窜至中国铁路沈阳局集团有限公司丹东站、沈阳铁路公安局丹东公安处、丹东铁路运输法院、丹东铁路运输检察院办公楼门前,采取用汽油焚烧的手段,任意损毁上述单位牌匾,并用随身携带的斧头将丹东市文化旅游和广播电视局立于中国铁路沈阳局集团有限公司丹东站办公楼院门前的刻有"满铁安东地方事务所"字样的文物保护标志石碑损坏。损毁财物价值共计6266.67元。被告人冷某于2019年12月14日被公安机关抓获归案。到案后,被告人冷某自愿如实供述自己的罪行,并主动赔偿了被害单位损失,取得部分被害单位谅解。

丹东铁路运输法院以其为本案受害人为由申请回避,请求上级法院将本案指令其他法院审理。沈阳铁路运输中级法院受理该疑请案件后,遂向辽宁省高级人民法院报送疑请报告。沈阳铁路运输中院认为丹东铁路运输法院作为本案受害人继续审理此案,属于做自己案件的法官,有损害公正审判、影响法院声誉的因素存在,法院的审判过程和判决结论也很难产生公信力,请求确认丹东铁路运输法院整体回避,由省法院指定其他法院管辖。辽宁高院复函同意丹东铁路运输法院回避,要求由中院指定辖区内其他铁路运输法院审理。沈阳铁路运输中院决定将冷某寻衅滋事一案指定由沈阳铁路运输法院审理。

二、案件争议

本案的焦点是作为受害人的丹东铁路运输法院是否应予回避,由此便产生了溯源性问题:我国立法究竟有没有确立整体回避制度?对于辽宁高院函复所称"法院回避"应作何理解?另外,在司法实务中,应如何把握法院整体回避情形?

[①] 李钢:《冷某寻衅滋事案——刑事诉讼中法院整体回避的管辖权变更》,载《人民司法(案例)》2021年第20期。

三、案件分析

关于第一个问题，当前的答案是否定的。在学理上讲，司法活动上的回避是指司法工作主体在法定事由条件下对执行其司法权限内的司法事务的避忌。根据回避主体的单复数不同，回避可分为个体回避与整体回避。这里个体回避是指回避主体为个人，而整体回避是与个体回避相对而言的，指的是回避主体为以独立法人单位为主的集体，例如某个公安机关、检察院、法院、检察委员会、审判委员会、合议庭等法定组织。分析我国现行刑事诉讼法中回避的专章规定，结合最高人民法院、最高人民检察院和公安部等机关相关规范文件关于回避的规定来看，申请回避的对象只能是正在办理案件的审判人员、检察人员、侦查人员、书记员、翻译人员及鉴定人员等个人。[①] 换句话说，我国现行刑事诉讼回避主体，主要限定于经办案件或与案件办理有关系的司法工作人员个人。就现有回避相关条文而言，申请上述办案机关、合议庭等法定组织回避，缺乏法律依据。

既然现行相关回避立法中没有对整体回避作出明确规定，那么否定的答案似乎就显而易见，但是办案单位成为受害人等情形可能影响公正处理同样显而易见，关于集体应列入回避范畴的实务要求和立法呼声不绝，其基础性理由在于司法回避制度是自然公正原则即"任何人都不得在与自己有关的案件中担任法官"内容的具体表现。现行宪法和刑事诉讼法授权公安机关、检察院和法院等机关以独立的工作机构或工作组织的名义对社会承担经办刑事案件的工作事项，并对办案的后果承担责任。为确保司法公正，不仅要通过排除办案人员个人与案件的关联性来保证整个司法活动应有的中立性，还需要排除可能对个人的行为及能力均有影响的机构或组织与案件具有的关联性。在刑事诉讼活动中，缺乏对行使侦查、起诉、审判等司法权的办案机关的整体回避规定，体现了我国回避制度的缺陷。

关于第二个问题，要理清其思路，首先必须认识到我国立法上虽然没有明确规定整体回避制度，但是并没有罔顾办案单位与案件存在利害关系的情形，而是重点考虑到法院作为裁判机关的特殊性，提供了另外一条救济路径，即将法院的整体回避问题隐含在不宜行使管辖权的情形之中，采取变更管辖权的方式加以解决。具体而言，依据2021年新修订的最高人民法院《关于适用〈中华人民共和国刑事诉讼法〉的解释》（以下简称《刑诉法解释》）第18条（原第16条）规定，有管辖权的人民法院因案件涉及本院院长需要回避或者其他原因，不宜行使管辖权的，可以请求移送上一级人民法院管辖；上一级人民法院可以管辖，也可以指

---

① 参见《中华人民共和国刑事诉讼法（2018年修正）》第29条。

定与提出请求的人民法院同级的其他人民法院管辖。该条款的主旨是解决因多种原因导致原本有管辖权的法院且已受理案件的法院不宜再行使管辖权的情形,由上级审查后进行变更管辖权处理。分析不宜行使管辖权的情形,可分为两类,一类是客观上不能行使管辖权或者行使管辖权进行审判困难很大,比如因地震、洪灾、疫情等不可抗力致使案件超审限或者被告人超期羁押,而上一级人民法院或者与本院同级其他法院的人员可以进行审理的;另一类是因存在可能影响法院公正审理进而影响法院公信力的情形,从该条列举表述"因案件涉及本院院长需要回避或者其他原因",足见此类情形属于该条突出要适用的内容,实践中还包括有因审判人员需要回避使得无法组成合议庭或者确定独任审判员的,本院工作人员及其近亲属是刑事案件的当事人等。由此可见,在立法没有规定整体回避的背景下,最高人民法院司法解释考虑到因影响法院公正审理而造成法院应予回避的情况,以不宜行使管辖权情形将其包含其中,以变更管辖的角度从实质意义上解决类似的问题。至于违反该类情形本应申请上级法院变更管辖而未申请的,如果案件经一审已裁判,因现有法律没有明确规定,实务中可以考虑在二审时适用刑事诉讼法第238条第5项"其他违反法律规定的诉讼程序,可能影响公正审判的"兜底规定,裁定撤销原判,发回原审人民法院重新审判,再由原审法院提请或者由上级法院依职权直接变更管辖权。

立足于最高人民法院司法解释和现行立法对整体回避问题内在互补的制度设计,沿着变更管辖权这一实质路径分析,本案需要判断的是丹东铁路运输法院作为案件被害人,是否属于其不宜行使管辖权的情形?上级法院审查后,如果认为符合变更管辖条件,则可由上一级法院管辖或者指定与原受理法院同级的其他法院管辖。实际上,丹东铁路运输法院悬挂的牌匾是国家法院的重要标志,被告人胆大妄为,故意将其焚毁,该行为既是毁坏法院财物,更是一种严重挑战司法权威、伤害法院工作人员职业感情的犯罪行为。所以,无论从该院整体意义上,还是该院各位法官个人意义上,这种犯罪行为与之都有不能否认的利害关系,根据"任何人都不得在与自己有关的案件中担任法官"的回避法理要求,包括院长在内该法院所有法官都需要予以回避,当然属于不宜行使管辖权的情形。

基于上述分析,对辽宁高院函复所称"法院回避",对照司法解释,应当解读为本案中丹东铁路运输法院作为受害人属于不宜行使管辖权的情形。更进一步关注中院疑请和高院函复的上述用词,司法实务对于法院整体回避就是变更管辖一个重要原因的态度是明确的,整体回避虽然隐身于《刑诉法解释》第18条广义变更管辖的条件之中,但是它作为尚没有法定名分的司法事实是客观存在且不容忽视的。

关于第三个问题,如上所述,所谓法院整体回避虽尚未被我国现行立法直接肯定，但实务过程中以其作为司法事由变更管辖权的案件多有发生。所以，有必要对此类整体回避情形加以归纳总结，以更好地服务于其作为变更管辖事由的准确适用。

笔者认为，基于兼顾刑事诉讼活动公正与效率有机统一的原则，法院整体回避作为变更管辖的重要事由，应当限定为法院审理的具体刑事案件存在涉及本单位内部人员或整体事务等事实或法律原因，可能影响案件审理公正性的情形。司法实务中，应重点把握以下内容：

第一，当事人一方或者刑事诉讼中的被告人是法院正副院长或其他决策人。这就导致法院的具体办案人员都可能因所在单位领导与案件的利害关系而影响案件公正办理。因此，此类当事人与被告人所在单位对案件的审理应该整体回避。

第二，法院作为一方当事人参与诉讼，或者刑事案件的发生与本单位一定范围的工作人员有利害关系而对办案人员可能造成影响的。比如，冷某寻衅滋事一案，受理法院本身就是受害人，且被告人损害了法院司法形象和权威。

第三，有其他明显可能严重影响法院公正审理案件的情形，比如案件需要提交本院审判委员会讨论，而本院的审判委员会可能因部分审判委员不宜参加而无法召开，或者存在导致整个审委会难以保持公正性的其他情形。

第二章 认罪认罚从宽制度

第一节 本章观点综述

党的十八届四中全会通过的《中共中央关于全面推进依法治国若干重大问题的决定》提出,"完善刑事诉讼中认罪认罚从宽制度"。经中央深改组研究、全国人大常委会授权,2016年11月,"两高三部"印发《关于在部分地区开展刑事案件认罪认罚从宽制度试点工作的办法》,在北京等18个城市开展工作试点;2018年10月,《刑事诉讼法》第三次修正,在立法上正式确立了认罪认罚从宽制度[①];2019年10月,"两高三部"印发《关于适用认罪认罚从宽制度的指导意见》(以下简称《指导意见》),对认罪认罚从宽制度的原则、适用范围、程序运行、权利保障等问题作出了较为详细的规定;2020年10月15日,全国人大常委会听取了最高检的专项报告,对报告内容给予充分肯定,并提出了完善意见。

认罪认罚从宽制度作为一项极为重要的司法改革举措,从提出到试点、从"入法"到实践运用,始终都是理论界和实务界共同关注的焦点。2016年至2020年间,学者们围绕该制度展开了激烈的讨论以及深入的研究,各种观点碰撞的同时不断加深着人们对该制度的理解与思考。笔者将围绕认罪认罚从宽制度实施中遇到的重大理论问题和实践难题,对不同学者的观点进行深入系统的梳理。在充分肯定以往成就的同时,也会对相关问题提出相关思考。

一、关于认罪认罚从宽制度的基础理论问题

首先,从概念上看,"认罪"作为制度适用的开始,准确界定何为"认罪"就显得十分重要。而关于这一概念的理解和认定标准,理论和实践中均存在较大争议。例如,有的学者认为自愿如实供述犯罪事实即为认罪,无须其他附加条件[②];有的学者认为被追诉人应当如实供述自己的罪行,即"行为加犯罪",才能构成"认罪"[③];也有学者认为认罪不只要求被追诉人承认被指控的犯罪事实,还

---

① 《刑事诉讼法(2018年修正)》第15条规定:"犯罪嫌疑人、被告人自愿如实供述自己的罪行,承认指控的犯罪事实,愿意接受处罚的,可以依法从宽处理。"
② 张建伟:《认罪认罚从宽处理:内涵解读与技术分析》,载《法律适用》2016年第11期。
③ 朱孝清:《认罪认罚从宽制度的几个问题》,载《法治研究》2016年第5期。

需要承认指控的罪名①;还有学者认为上述观点均未能揭示认罪的完整内涵,对其理解应当从实体法、程序法和证据法意义上进行解释,只有同时符合实体法、程序法和证据法要求的"认罪",才属于认罪认罚从宽制度语境中的"认罪"。②"认罚"作为"从宽"的前提之一,同样也存在着较大争议。主要有以下几种观点:第一种观点认为"认罚"是指被追诉人在认罪基础上自愿接受实体法上的刑罚后果③;第二种观点认为"认罚"是被追诉人对于可能刑罚的概括意思表示,其在不同阶段有不同的表现形式④;第三种观点认为"认罚"表现为被追诉人自愿接受刑罚后果,积极退赃退赔,且还要最终表现为接受法院判处的刑罚,判决后上诉的不是真正的"认罚"⑤;第四种观点认为"认罚"存在广义和狭义之分,狭义的"认罚"指被追诉人同意量刑建议,签署具结书,广义的"认罚"就是"以狭义认罚为基础的民事赔偿和解"⑥;第五种观点认为对于"认罚"的理解应充分考虑其行为的动态性、多样性,兼顾实体公正、程序从简、权利保障等多种需求。⑦"从宽"是认罪认罚从宽制度的落脚点,学界关于其具体内容的理解虽然不尽相同,但大都认为"从宽"应包括实体从宽和程序从简两个方面。⑧ 但也有学者认为"从宽"不具有任何程序上的意义,仅指实体处理上从宽,所谓"强制措施从宽"的说法与我国的立法精神、司法实践以及我国认可的相关国际准则均不相符,不宜延续。⑨

其次,从制度定位上看,学界对该问题的研究大致可以区分为三种视角。第一种视角是从认罪认罚从宽制度的属性切入。一部分学者主张认罪认罚从宽制度是在新的历史条件下,生发于实体法的一种特殊的制度。如熊秋红教授认为"认罪认罚从宽"滥觞于"坦白从宽、抗拒从严"和"宽严相济"的刑事政策,是在新的历史条件下对其中宽缓一面的发展。⑩ 而另一部分学者主张认罪认罚从宽制

---

① 赵恒:《认罪及其自愿性审查:内涵辨析、规范评价与制度保障》,载《华东政法大学学报》2017年第4期。
② 孙长永:《认罪认罚从宽制度的基本内涵》,载《中国法学》2019年第3期。
③ 陈卫东:《认罪认罚从宽制度研究》,载《中国法学》2016年第2期。
④ 陈光中、马康:《认罪认罚从宽制度若干重要问题探讨》,载《法学》2016年第8期。
⑤ 朱孝清:《认罪认罚从宽制度中的几个理论问题》,载《法学杂志》2017年第9期。
⑥ 黄京平:《认罪认罚从宽制度的若干实体法问题探讨》,载《中国法学》2017年第5期。
⑦ 孙长永:《认罪认罚从宽制度的基本内涵》,载《中国法学》2019年第3期。
⑧ 参见陈光中:《认罪认罚从宽制度实施问题研究》,载《法律适用》2016年第11期;顾永忠、肖沛权:《"完善认罪认罚从宽制度"的亲历观察与思考、建议——基于福清市等地刑事速裁程序中认罪认罚从宽制度的调研》,载《法治研究》2017年第1期;孔令勇:《教义分析与案例解读:读解刑事诉讼中的"认罪""认罚"与"从宽"》,载《法制与社会发展》2018年第1期等。
⑨ 孙长永:《认罪认罚从宽制度的基本内涵》,载《中国法学》2019年第3期。
⑩ 熊秋红:《认罪认罚从宽的理论审视与制度完善》,载《法学》2016年第10期。类似观点还可参见卢建平:《刑事政策视野中的认罪认罚从宽》,载《中外法学》2017年第4期;秦宗文:《认罪认罚从宽制度实施疑难问题研究》,载《中国刑事法杂志》2017年第3期等。

度兼有程序和实体双重属性。如王敏远教授认为完善刑事诉讼中的认罪认罚从宽制度,不仅需要从实体法角度进行探讨,也需要从程序法角度进行深入、系统的研究,对其中的疑难问题更应从刑事程序的独特情况出发,以程序公正为基本要求展开研究。[1] 第二种视角是从认罪认罚从宽制度的价值入手。一部分学者主张认罪认罚从宽制度的核心价值取向是效率。如王瑞君教授认为认罪认罚从宽具有优化刑事案件的分流机制和司法资源配置的程序价值,认罪认罚从宽制度改革应以不侵犯刑罚裁量正义为底线,实现司法效率的最大化。[2] 另一部分学者则主张认罪认罚从宽制度具有多元价值。该观点以叶青教授为代表,他认为认罪认罚从宽制度是程序分流科学化的法定进路、诉讼程序多元化的积极追求、刑事政策人文化的具体表现、协商司法制度化的有益尝试。[3] 第三种视角则是以认罪认罚从宽制度的内在逻辑为起点。如有的学者认为认罪认罚从宽制度本质上是权力主导的程序加速机制,国家权力强力主导诉讼进程、强调被追诉人的悔过态度和以公权力保障查明事实真相。[4] 但是也有学者认为认罪认罚从宽制度是集实体规范与程序规范于一体的综合性法律制度,其核心规则是一种控辩合意程序。[5]

最后,从制度的正当性基础上看。这个问题主要针对的是基于何种正当理由对认罪认罚的被追诉人予以从宽处理,它的解决对于正确把握改革方向来说极其重要。经过梳理,笔者发现当前学界关于认罪认罚从宽制度正当性的论证主要有以下三种观点:第一种观点认为给予被告人优惠待遇的原因在于被告人通过认罪认罚节约了司法成本,提高了诉讼效率。[6] 这个观点存在一个严重的问题,那就是"节约成本、提高效率"本应是制度改革的预期目标之一,将目的作为制度正当性基础存在因果颠倒之嫌。第二种观点认为被追诉人认罪认罚就意味着其人身危险性大幅降低,其再犯可能性和改造的难度都会随之减少,因而获得从宽处罚合情合理。[7] 该种观点的不足之处在于其无形中赋予了国家随意决

---

[1] 王敏远:《认罪认罚从宽制度疑难问题研究》,载《中国法学》2017年第1期。类似观点还可参见陈卫东:《认罪认罚从宽制度试点中的几个问题》,载《国家检察官学院学报》2017年第1期;曾国东:《刑事案件认罪认罚从宽制度的定位分析——基于检察视域的实证研究》,载《东方法学》2017年第6期等。
[2] 王瑞君:《"认罪从宽"实体法视角的解读及司法适用研究》,载《政治与法律》2016年第5期。
[3] 叶青、吴思远:《认罪认罚从宽制度的逻辑展开》,载《国家检察官学院学报》2017年第1期。
[4] 秦宗文:《认罪认罚从宽制度的效率实质及其实现机制》,载《华东政法大学学报》2017年第4期。
[5] 陈卫东:《认罪认罚从宽制度的理论问题再探讨》,载《环球法律评论》2020年第2期。
[6] 魏晓娜:《完善认罪认罚从宽制度:中国语境下的关键问题展开》,载《法学研究》2016年第4期。类似观点,还可参见陈卫东:《认罪认罚从宽制度研究》,载《中国法学》2016年第2期;朱孝清:《认罪认罚从宽制度的几个问题》,载《法治研究》2016年第5期等。
[7] 熊秋红:《认罪认罚从宽的理论审视与制度完善》,载《法学》2016年第10期。

定处遇优惠的权力,被追诉人将处于相对被动的境地。① 第三种观点认为对被追诉人从宽处罚的正当性来源于被追诉人合法、自愿地放弃部分诉讼权利的承诺。② 这种观点实质上忽略了我国认罪认罚从宽制度的特殊性,我国的"认罪认罚从宽"不同于国外的"辩诉交易",它并不是基于契约原理而构建起来的。将给予被追诉人优惠待遇视为其放弃权利的对价不仅违背认罪认罚从宽制度的初衷,而且可能会导致实践中乱象丛生。③ 正是由于上述学说在论证认罪认罚从宽制度正当性基础上的不足,越来越多的学者开始对既有观点展开反思并进行新的探索。如有的学者提出"在完善认罪认罚从宽制度的进程中,应当首先反思认罪协商的正当性困境,以'权力—权利交互说'重构其理论依据,证成被告人获得协商利益的正当性"④。

二、关于认罪认罚从宽制度中的量刑建议

作为实现从宽预期的主要机制,检察机关的量刑建议是构建认罪认罚从宽制度的关键。⑤ 近年来,随着司法改革的推进,理论界和实务界围绕该问题展开了激烈的讨论,其中也不乏争议与分歧。就讨论的具体内容而言,主要有以下几个方面:

第一,关于量刑建议的效力。对该问题的探讨,不同学者采取的视角有所不同。有的学者从量刑建议发挥效力的场域入手,将其区分为两个层面,认为一方面量刑建议对指控方、被追诉方、裁判方均应具有相应的约束效力;另一方面审判阶段应当是发挥量刑建议效力的主要场域。⑥ 有的学者从量刑建议的特征切入,认为量刑建议具有定位上的激励性、内容上的合意性以及程序上的枢纽性。这些鲜明特质决定了认罪认罚案件的量刑建议应当产生对量刑裁判更强的制约力。⑦ 也有学者从量刑建议的属性展开,不过关于其属性的讨论也存在一定分歧。部分学者认为量刑建议仅仅是一项程序性权力,既不会直接造成实体后果,

---

① 吴思远:《我国重罪协商的障碍、困境及重构——以"权力—权利交互说"为理论线索》,载《法学》2019年第11期。
② 赵恒:《论从宽的正当性基础》,载《政治与法律》2017年第11期。
③ 卞建林、谢澍:《职权主义诉讼模式中的认罪认罚从宽——以中德刑事司法理论与实践为线索》,载《比较法研究》2018年第3期。
④ 所谓"权力—权利交互说"是指在被告人主体地位获得国家尊重与认可的前提下,被告人与国家通过一系列交互行为达成合意,国家基于这一交互关系的理性而兑现被告人所应获得的利益。参见吴思远:《我国重罪协商的障碍、困境及重构——以"权力—权利交互说"为理论线索》,载《法学》2019年第11期。
⑤ 陈卫东:《认罪认罚案件量刑建议研究》,载《法学研究》2020年第5期。
⑥ 卞建林、陶加培:《认罪认罚从宽制度中的量刑建议》,载《国家检察官学院学报》2020年第1期。
⑦ 闫召华:《论认罪认罚案件量刑建议的裁判制约力》,载《中国刑事法杂志》2020年第1期。

也无涉犯罪嫌疑人、被告人基本权利的干预。它应当是一种请求权,与法院具有决定性质的裁判权明显不同。① 但是也有学者认为检察机关起诉裁量权已经上升到了一个前所未有的高度和强度,通过量刑建议制度,公诉活动将直接决定裁判结果。② 另外,还有实务界人士着眼于法律条文的解释。如胡云腾大法官认为,"一般应当"体现了对"合意"的尊重,但并不是"照单全收",法院仍应该严格审查,对明显不当的情形要依法处理③;但是陈国庆副检察长则认为"一般应当"的规定一定程度上就是将法官自由裁量权部分让渡于检察机关,实现司法资源优化配置。④

第二,关于量刑建议的形成机制。在以往的司法实践中,量刑建议通常表现为控诉方的单方意思表示⑤,但是在认罪认罚从宽制度法定化之后,其形成机制发生了较大的变化。有学者认为从刑事诉讼法关于认罪认罚从宽制度的整体定位来看,量刑从宽偏重法定从宽;但从该制度的实践发展来看,越来越强调量刑建议形成过程中的控辩协商。⑥ 有学者更是明确指出,在认罪认罚从宽制度下,应当避免检察官依职权单方面提出量刑建议,而应充分尊重当事人及其辩护人、诉讼代理人意见,让量刑建议成为"凝聚控辩合意的重要载体"。⑦ 由此可见,"控辩协商""诉讼合意"在量刑建议形成过程中的地位已经越来越重要。但不容忽视的是,当前认罪认罚案件量刑建议的形成机制也存在不少问题。有学者就指出我国认罪认罚从宽制度中控辩失衡问题突出,控辩协商存在"信息不对称"和"资源不对等"等特征,并形成了"结构性风险"。⑧

第三,关于量刑建议的具体形式。量刑建议应否精准化,应否以确定刑为原则一直都是理论界和实务界争论的一个焦点,特别是随着认罪认罚从宽制度正式法定化之后,对这个问题的讨论变得更加激烈。经过梳理,笔者发现学界关于该问题的讨论主要围绕以下几个方面展开:一是针对精准量刑建议与量刑协商。有学者认为量刑建议越具体,被追诉人对处罚结果的预期越清晰,被追诉人与检察机关协商的动力也就越大。⑨ 但是也有学者对此持质疑态度,认为出于协调审判权与公诉权关系的考虑,对控辩合意的尊重似乎并不能上升为实质约束力,

---

① 陈卫东:《认罪认罚案件量刑建议研究》,载《法学研究》2020年第5期。
② 赵恒:《论检察机关的刑事诉讼主导地位》,载《政治与法律》2020年第1期。
③ 胡云腾:《正确把握认罪认罚从宽 保证严格公正高效司法》,载《人民法院报》2019年10月24日。
④ 陈国庆:《量刑建议的若干问题》,载《中国刑事法杂志》2019年第5期。
⑤ 卞建林、陶加培:《认罪认罚从宽制度中的量刑建议》,载《国家检察官学院学报》2020年第1期。
⑥ 熊秋红:《认罪认罚从宽制度中的量刑建议》,载《中外法学》2020年第5期。
⑦ 陈国庆:《量刑建议的若干问题》,载《中国刑事法杂志》2019年第5期。
⑧ 龙宗智:《完善认罪认罚从宽制度的关键是控辩平衡》,载《环球法律评论》2020年第2期。
⑨ 陈国庆:《刑事诉讼法修改与刑事检察工作的新发展》,载《国家检察官学院学报》2019年第1期。

反而可能导致量刑建议形式化的后果。① 二是针对精准量刑建议与审判权。在认罪认罚案件中,有关量刑权的行使问题,理论和实践、检察院和法院之间似乎陷入了脱节和悖反的紧张关系。② 有观点认为公诉权为求刑权,审判权为裁判权,相较于精准型量刑建议,幅度型量刑建议才符合诉讼规律和司法实践的真正需求。③ 但是也有观点认为法院对量刑裁判权的主导并没有发生根本变化,其仍然是量刑建议的最后把关者和决定者。④ 三是针对精准量刑建议与审判中心主义。有学者认为精确化的量刑建议、"一般应当"的法律要求,难免使检察官僭越自身职权,如此一来,"以审判为中心"的刑事诉讼制度框架会发生动摇。⑤ 然而也有学者对此表示反对,认为精准量刑建议并不会影响审判中心主义,量刑建议越精准,庭审对量刑的审理和确认就越高效,进而就越能实现分流,节省更多司法资源。⑥

第四,关于量刑建议的调整规则。2018 年新修订的《刑事诉讼法》对量刑建议的调整作出了相应的规定⑦,但是也由此产生了一些争议。其中最主要的争议点是在量刑建议明显不当或辩方对其提出异议的情况下,法院能否越过检察机关量刑建议调整程序直接作出判决。有观点认为调整量刑建议是法律赋予检察机关的权力,如果量刑建议明显不当或者辩方提出了异议,法院应当告知检察机关先行调整,不得直接不予采纳。⑧ 但是也有学者认为从法律规定上看,检察机关调整量刑建议并非法院判决前的必经程序,不过考虑到量刑建议体现了控辩合意,法院认为不应当采纳时可以让检察机关先行调整,尽量避免跳过量刑建议直接判决。⑨

三、关于认罪认罚从宽制度中的证明标准问题

2012 年《刑事诉讼法》第 53 条规定了我国刑事案件的证明标准,即"案件事实清楚,证据确实、充分",2018 年新修订的《刑事诉讼法》第 55 条仍然沿用了该

---

① 赵恒:《量刑建议精准化的理论透视》,载《法制与社会发展》2020 年第 2 期。
② 董坤:《认罪认罚案件量刑建议精准化与法院采纳》,载《国家检察官学院学报》2020 年第 3 期。
③ 臧德胜:《科学适用刑事诉讼幅度型量刑建议》,载《人民法院报》2019 年 8 月 29 日。
④ 董坤:《认罪认罚案件量刑建议精准化与法院采纳》,载《国家检察官学院学报》2020 年第 3 期。
⑤ 陈卫东:《认罪认罚案件量刑建议研究》,载《法学研究》2020 年第 5 期。
⑥ 李勇:《量刑建议"精准化"的原理与路径》,载《检察日报》2019 年 9 月 17 日。
⑦ 《刑事诉讼法》第 201 条第 2 款规定,人民法院经审理认为量刑建议明显不当,或者被告人、辩护人对量刑建议提出异议的,人民检察院可以调整量刑建议。人民检察院不调整量刑建议或者调整量刑建议后仍然明显不当的,人民法院应当依法作出判决。
⑧ 卞建林、陶加培:《认罪认罚从宽制度中的量刑建议》,载《国家检察官学院学报》2020 年第 1 期。
⑨ 熊秋红:《认罪认罚从宽制度中的量刑建议》,载《中外法学》2020 年第 5 期。

规定①,并未对认罪认罚案件作出例外补充。然而自从认罪认罚从宽制度试点以来,关于是否应当降低认罪认罚案件证明标准的讨论就从未停止过。

学界对认罪认罚案件应当适用何种证明标准仍存在较大的话语分歧。从整体上看,主要形成了证明标准降低说和证明标准同等说两种泾渭分明的观点。②

持第一种观点者(证明标准降低说)在论证时主要通过以下几个视角展开:一是以简易或速裁程序为例,认为证明标准可以适当降低,甚至其降低还具有"不可避免性"。③ 二是从证明方法的变化入手,认为由于新修订的《刑事诉讼法》对认罪认罚案件证据调查程序的严格性作出了不同要求,实质上造成了程序条件放宽之后证明标准的隐形降低。④ 三是从认罪认罚案件的特殊性谈起。认为在认罪认罚案件中,被告人自愿选择认罪是其在查阅全案证据材料后无法反驳指控而为了获得最佳利益作出的选择,因此对于此类案件证明标准的要求可适当低于普通程序的要求。⑤

持第二种观点者(证明标准同等说)虽然最终结论一致,但论证逻辑却存在一定差异。主要有以下五种观点:一是主张应当坚持"案件事实清楚,证据确实、充分"这一严格要求⑥,在当前我国司法办案水平仍有待提高的情况下,事实清楚、证据充分仍是检查办案质量、防范冤假错案发生的重要标准。⑦ 二是主张在认罪认罚案件中,虽然控方证明责任有所减轻,但并不意味着降低证明标准或者取消庭审程序。我国刑事司法仍须坚持"案件事实清楚,证据确实、充分"的证明标准。⑧ 三是主张应坚持"案件事实清楚,证据确实、充分"的证明标准,但并不要求一些次要的事实、情节也要达到此种程度,同时在认罪认罚案件中适用相关证据规则时可以从简。⑨ 四是主张定罪证明标准不能降低,但量刑事实的证明可以低于法定最高证明标准,从而为量刑协商预留必要幅度,保障检察官必要的

---

① 《刑事诉讼法(2018年修正)》第55条规定,对一切案件的判处都要重证据,重调查研究,不轻信口供。只有被告人供述,没有其他证据的,不能认定被告人有罪和处以刑罚;没有被告人供述,证据确实、充分的,可以认定被告人有罪和处以刑罚。证据确实、充分,应当符合以下条件:(一)定罪量刑的事实都有证据证明;(二)据以定案的证据均经法定程序查证属实;(三)综合全案证据,对所认定事实已排除合理怀疑。
② 肖沛权:《论认罪认罚案件的证明标准》,载《法学杂志》2019年第10期。
③ 高通:《刑事速裁程序证明标准研究》,载《法学论坛》2017年第2期。
④ 孙远:《论认罪认罚案件的证明标准》,载《法律适用》2016年第11期。
⑤ 樊崇义、李思远:《认罪认罚从宽制度的理论反思与改革前瞻》,载《华东政法大学学报》2017年第4期。
⑥ 王敏远:《认罪认罚从宽制度疑难问题研究》,载《中国法学》2017年第1期。
⑦ 樊崇义、李思远:《认罪认罚从宽程序中的三个问题》,载《人民检察》2016年第8期。
⑧ 陈卫东:《认罪认罚从宽制度研究》,载《中国法学》2016年第2期。
⑨ 陈光中、马康:《认罪认罚从宽制度若干重要问题探讨》,载《法学》2016年第8期。

自由裁量权。① 五是主张在协商程序中的证明标准并没有降低,只不过对被告人有罪的证明从严格证明转变为自由证明,不再恪守普通程序中的程序规则,尤其是直接言词原则。法庭在讯问被告人的基础上,结合案卷、其他证据作出判决。②

四、关于检察机关在认罪认罚从宽制度中的主导责任

检察机关在刑事诉讼中不仅全程参与,而且承上启下,其职能的发挥直接影响刑事诉讼功能的实现效果。③ 特别是在认罪认罚从宽制度改革以来,检察机关在程序启动、量刑协商、提出量刑建议等方面发挥着十分重要的作用,其主导地位更加凸显。④ 近年来,学界关于该问题的探讨也越来越深入。

首先,从检察机关主导地位的正当性上看。有学者认为之所以赋予检察机关主导地位,既与"检察官法官化"之权力转移的国际趋势有关,也取决于我国的刑事诉讼构造、专门权力配置和检察机关的特殊定位。⑤ 也有学者认为检察机关的主导地位由宪法赋予、由刑事诉讼制度设计所决定,同时也是现代刑事诉讼制度发展所孕育的结果。⑥ 还有学者认为认罪认罚从宽制度对现行刑事诉讼模式以及检察机关在刑事诉讼中的职权产生了重要影响,使得检察机关的程序分流权、羁押审查权、起诉裁量权以及量刑请求权更加凸显,在一定程度上体现了检察机关在认罪认罚案件中的主导地位。⑦

其次,从检察机关主导地位的体现上看。有观点认为检察机关在认罪认罚从宽制度中的主导作用体现在程序和实体两个层面。程序上表现为主导认罪认罚案件的启动、程序选择、类型选择以及协商程序;实体上表现为主导认罪、主导认罚以及主导定罪和量刑。⑧ 也有观点认为检察机关在认罪认罚从宽制度中扮演着国家追诉的执行者、案件移转的过滤者、诉讼程序的分流者、合法权益的保障者、诉讼活动的监督者五重角色,而每一重角色的背后都体现着检察机关的主导地位。⑨ 还有观点认为可以将认罪认罚具结、量刑建议和酌定不起诉作为审视检察机关刑事诉讼主导地位的三个维度,透过这三个维度可以发现,检察机关

---

① 陈瑞华:《认罪认罚从宽制度的若干争议问题》,载《中国法学》2017年第1期。
② 魏晓娜:《完善认罪认罚从宽制度:中国语境下的关键词展开》,载《法学研究》2016年第4期。
③ 汪海燕:《认罪认罚从宽制度中的检察机关主导责任》,载《中国刑事法杂志》2019年第6期。
④ 张军:《关于检察工作的若干问题》,载《国家检察官学院学报》2019年第5期。
⑤ 闫日华:《检察主导:认罪认罚从宽程序模式的构建》,载《现代法学》2020年第4期。
⑥ 贾宇:《认罪认罚从宽制度与检察官在刑事诉讼中的主导地位》,载《法学评论》2020年第3期。
⑦ 曹东:《论检察机关在认罪认罚从宽制度中的主导作用》,载《中国刑事法杂志》2019年第3期。
⑧ 同上。
⑨ 贾宇:《认罪认罚从宽制度与检察官在刑事诉讼中的主导地位》,载《法学评论》2020年第3期。

在办理认罪认罚案件过程中具有的实质影响乃至决定案件结果的特定权力尚缺乏足够的理论基础和制度支持。①

最后,关于检察机关主导责任的限度。有学者认为检察主导的程序模式在实施中面临着权力失序的风险,需要建立起相应的风险防控机制。包括从严把握制度适用条件、淡化量刑建议的刚性制约、灵活选择量刑建议的形式以及建立健全对检察主导权的内外监督制约机制。② 也有学者认为控审双方应当在彼此尊重的基础之上,加强认罪认罚案件定罪量刑的双向沟通,以达到检察主导与审判中心的交融调和。进而避免"求刑权与量刑权""实体性权力与程序性权力""检察主导作用与以审判为中心"的三维冲突。③ 另外,还有学者认为认罪认罚从宽制度是对刑事诉讼制度的丰富与完善,而不是重塑与颠覆,其并没有改变控辩审三方的法律关系与构造格局。应认识到主导并不是包办代替,主导的过程中更应加强责任制约,并且主导的结果必须体现在办案质量上。④

五、关于认罪认罚案件被告人上诉权问题

上诉权作为被告人应当享有的一项诉讼权利,对于保护其合法权益来说十分重要。近年来学界关于该问题的讨论十分激烈,但关注的焦点也相对集中,主要侧重于以下两个问题:

第一,认罪认罚从宽制度是否应当限制被告人上诉权?对于这一问题,学者们观点不一,甚至由于新法的模糊规定,这场论战变得更加混乱。总的来说,主要有以下几种观点:一是废除说,即应当废除认罪认罚案件被告人的上诉权。有学者认为认罪认罚从宽制度与被告人上诉之间存在着天然的对立关系,被告人上诉违背了司法诚信原则。⑤ 也有学者认为设置认罪认罚从宽制度的初衷就是节约司法资源,可是如果被告人提起上诉,二审的法院与检察院又必须重复投入资源与精力对案件重新进行处理,这不仅无法节省司法资源,甚至存在浪费司法资源的风险。⑥ 二是保留说,即应当保留认罪认罚案件被告人的上诉权,不应加以限制。有学者主张认罪认罚从宽制度的运行充斥着职权主义,甚至强职权主义色彩。在完全实现审前正当程序保障、一审庭审实质化之前,我国二审程序功

---

① 赵恒:《论检察机关的刑事诉讼主导地位》,载《政治与法律》2020 年第 1 期。
② 闫召华:《检察主导:认罪认罚从宽程序模式的构建》,载《现代法学》2020 年第 4 期。
③ 闵丰锦:《检察主导抑或审判中心:认罪认罚从宽制度中的权力冲突与交融》,载《法学家》2020 年第 5 期。
④ 曹东:《论检察机关在认罪认罚从宽制度中的主导作用》,载《中国刑事法杂志》2019 年第 3 期。
⑤ 董坤:《认罪认罚从宽案件中留所上诉问题研究》,载《内蒙古社会科学》2019 年第 3 期。
⑥ 王洋:《认罪认罚从宽案件上诉问题研究》,载《中国政法大学学报》2019 年第 2 期。

能的发挥,将仍遵循"职权主义自我修正"的逻辑主线,全面保障被追诉人的上诉权仍有必要。① 也有学者持类似观点,认为我国认罪认罚从宽制度的运行条件与域外不同,现阶段不宜对认罪认罚案件的上诉权进行限制。② 三是区分说,即根据上诉的理由决定是否限制被告人的上诉权,实行区别对待。有学者认为应对被告人的上诉进行区分,如果属于正当行使辩护权利的上诉,就应当予以保障;而如果是技术性上诉,则可对此进行惩罚。③ 有学者甚至明确提出对于认罪认罚案件应当实行上诉理由审核制。如此一来,既能确保被告人有机会获得上诉救济,也有助于防止滥行上诉、控制案件数量并维护第一审程序的中心地位。④

第二,在认罪认罚案件中被告人上诉后应当如何处理?在实践中,面对被告人认罪认罚后又上诉的情况,检察机关常常借助抗诉的方式予以应对。但是针对这一做法的正当性,学界也有不同的看法。有学者认为被告人反悔上诉是对"上诉不加刑"原则的滥用,违背了司法诚信原则以及诉讼效率的制度初衷,上诉行为表明其不再自愿认罪认罚,因此基于认罪认罚作出的一审判决量刑畸轻,有必要通过抗诉予以回应。⑤ 但是也有学者对此表示反对,认为此种做法并不可取。一方面,抗诉的做法有规避"上诉不加刑"原则之嫌,有违现行法抗诉权的启动规则;另一方面,所谓"上诉便意味着不再认罪认罚"的判断经不起"认罪""认罚"具体内涵的检验论证。⑥

六、关于认罪认罚从宽的适用风险与制度完善

认罪认罚从宽制度作为当前我国司法改革的重要举措,在促进社会和谐稳定、有效惩治犯罪、提升刑事诉讼效率以及保障当事人权利等方面发挥着无可替代的作用。其全面实施以来,整体运行顺畅,但是由于尚处起步阶段,工作中还存在不少问题和困难。⑦ 而这些问题的背后则潜藏着制度性风险,需要妥善应对,及时处理。

---

① 郭烁:《二审上诉问题重述:以认罪认罚案件为例》,载《中国法学》2020 年第 3 期。
② 孙长永:《比较法视野下认罪认罚案件被告人的上诉权》,载《比较法研究》2019 年第 3 期。
③ 卫跃宁、刘鎏:《认罪认罚从宽制度的上诉程序研究》,载《安徽师范大学学报(人文社会科学版)》2020 年第 5 期。
④ 牟绿叶:《我国刑事上诉制度多元化的建构路径——以认罪认罚案件为切入点》,载《法学研究》2020 年第 2 期。
⑤ 周新:《论认罪认罚案件救济程序的改造模式》,载《法学评论》2019 年第 6 期。
⑥ 郭烁:《二审上诉问题重述:以认罪认罚案件为例》,载《中国法学》2020 年第 3 期。
⑦ 张军:《最高人民检察院关于人民检察院适用认罪认罚从宽制度情况的报告》,载《检察日报》2020 年 10 月 17 日。

关于制度适用风险的问题,近年来学界多有讨论,但所采取的视角各有不同。第一,从认罪认罚案件中开展控辩协商的正当性入手。有学者认为,在改革试点中,认罪认罚协商机制并没有成为制度试点实践的主要方向,协商机制的缺位导致认罪认罚从宽制度缺乏内生动力。应注重搭建协商平台、完善机制、激发各方积极性,同时也要吸取国外经验教训。① 第二,从认罪认罚的自愿性展开。有学者提出在我国刑事司法强职权主义的传统下,需要注意避免在"认罪认罚从宽"名义下基于屈从型自愿而达成的认罪具结,确立认罪认罚程序下的"供述失权规则"具有现实意义。② 也有学者主张犯罪嫌疑人、被告人必须在无任何外在压力下,对适用认罪认罚从宽有着明知和理智的认识。因此需要对犯罪嫌疑人、被告人的诉讼权利设置倾斜性的保护政策,赋予这些主体更多的自由,促进控辩平衡,维护司法公正。③ 还有学者认为要预防因制度的缺失而导致"自愿性"被侵犯的现实风险,必须明确"自愿"的实质要求,相对明晰地勾勒出"自愿"的边界。④ 第三,从控辩平衡切入。有学者认为协商性司法的"信息不对称"和"资源不对等"特征易造成控辩不平等的"结构性风险"。认罪认罚从宽制度完善的关键在于实现诉讼资源配置的控辩平等,包括实现有效辩护,改善值班律师制度的运行;强化当事人知情权,改善协商程序;实施有效的司法审查和司法救济等机制防范风险。⑤ 第四,从被追诉人权利保护出发。有学者提出认罪认罚案件律师全覆盖有助于保障被追诉人的基本权利,但律师保障认罪认罚的自愿性、明知性的核心作用尚未能充分发挥,存在值班律师制度被异化为见证制度等风险。应完善律师在认罪认罚从宽制度中的定位,推动围绕有效辩护展开的律师深度参与和值班律师法律帮助的实质化,实现律师辩护和法律帮助的有效衔接与融合。⑥ 第五,着眼于刑事正当程序。有学者指出认罪认罚从宽制度的适用使刑事正当程序的部分内容出现疏离,适用认罪认罚从宽制度要坚守刑事正当程序,确保认罪认罚的自愿性和具结书内容的真实性、合法性。⑦

---

① 王飞:《论认罪认罚协商机制的构建——对认罪认罚从宽制度试点中的问题的检讨与反思》,载《政治与法律》2018年第9期。
② 郭烁:《认罪认罚背景下屈从型自愿的防范——以确立供述失权规则为例》,载《法商研究》2020年第6期。
③ 钱春:《认罪认罚从宽制度的检视与完善》,载《政治与法律》2018年第2期。
④ 杨帆:《认罪自愿性的边界与保障》,载《法学杂志》2019年第10期。
⑤ 龙宗智:《完善认罪认罚从宽制度的关键是控辩平衡》,载《环球法律评论》2020年第2期。
⑥ 胡铭:《律师在认罪认罚从宽制度中的定位及其完善——以Z省H市为例的实证分析》,载《中国刑事法杂志》2018年第5期。
⑦ 朱孝清:《刑事正当程序视野下的认罪认罚从宽制度》,载《法学》2020年第8期。

第二节 核心期刊论文摘要

认罪认罚从宽制度研究

陈卫东

《中国法学》2016年第2期

关键词:认罪 认罚 从宽 司法审查

摘要:认罪认罚从宽制度改革具有特定的时代背景和价值取向,是建立在公诉机关指控被追诉人有罪的基础上的一种制度延伸,适用于任何案件性质、诉讼程序类型,广泛存在于刑事诉讼过程中,在性质上兼具实体与程序双重属性,且明显有别于域外辩诉交易制度。本文在科学界定认罪、认罚、从宽内涵的前提下,提出该制度应当坚持以被追诉人自愿性选择为基础,强调控辩双方协商并经由法院最终司法审查确认。围绕参与主体及其权限、案件范围、诉讼阶段流程、从宽处理原则及其界限幅度等基本内容,探讨了认罪认罚从宽处理制度的框架体系。

完善认罪认罚从宽制度:中国语境下的关键词展开

魏晓娜

《法学研究》2016年第4期

关键词:认罪认罚从宽 简易程序 速裁程序 审前分流

摘要:随着刑法立法观日益转向积极,刑法修正案不断增加罪名、降低入刑门槛,刑事案件数量持续增长,案多人少矛盾日益突出。速裁程序试点和认罪认罚从宽制度的完善,均以解决上述问题为出发点。从内在逻辑看,对认罪认罚的行为人从宽处理,具有客观和主观两个方面的依据。从外在价值上说,简易程序和速裁程序的适用,均需要被告人认罪认罚作为正当化机制,而被告人认罪认罚反过来需要以从宽处理作为动力机制。随着速裁程序的试点,我国刑事审判已形成"普通程序—简易程序—速裁程序"的三级"递简"格局。但这一格局存在以下问题:着眼于简化审判程序的改革无法有效控制进入审判程序的案件总量;三种程序之间的繁简分化程度不足;简易程序和速裁程序适用率偏低。完善认罪认罚从宽制度,应从以下三个方面着手:构建有效的审前分流机制,实现对审判案件总量的控制;进一步分化审判程序,引入协商程序,改进速裁程序;引入程序激励机制。

"认罪认罚从宽"改革的理论反思——基于刑事速裁程序运行经验的考察

陈瑞华

《当代法学》2016 年第 4 期

关键词: 刑事速裁　认罪认罚从宽　认罪自愿性　认罪协商　量刑程序

摘要: 在全面推行"认罪认罚从宽"改革的过程中,有必要总结和参考刑事速裁程序的试点经验,做出一些既有必要性也有可行性的制度安排。改革者有可能面临"认罪"与"认罚"的同步性、认罪认罚的自愿性、控辩协商的幅度、未决羁押制度的制约、法庭审理的对象、被害人赔偿问题的处理等一系列新的难题。对于这些难题,可以参考刑事速裁程序的经验和教训,提出新的改革思路。

"认罪从宽"实体法视角的解读及司法适用研究

王瑞君

《政治与法律》2016 年第 5 期

关键词: 认罪从宽　刑罚裁量　认罪的判断　从宽的幅度

摘要: "认罪从宽""认罪认罚从宽"作为一项刑事诉讼改革的重大举措,具有优化刑事案件的分流机制、优化司法资源配置的程序价值。然而,"认罪从宽""认罪认罚从宽"如果变为"认罪当然从宽",就会出现刑罚正义与诉讼效率的矛盾,二者之间的矛盾彰显的是"认罪从宽"在实体法与程序法价值追求上的矛盾。解决二者之间的矛盾或者不兼容,原则上应以不侵犯刑罚裁量正义为底线,在此基础上,实现司法效率的最大化。为此,具体个案中,要以认罪的真实性为主要标准,兼顾被告人罪行的轻重,运用恰当的判断方法,以掌握实体上的刑罚裁量从宽与否及其幅度。

关于"完善认罪认罚从宽制度"的几个理论问题

顾永忠

《当代法学》2016 年第 6 期

关键词: 认罪认罚从宽制度　以审判为中心的诉讼制度　辩诉交易　审判程序

摘要: 认罪认罚从宽制度是指在刑事诉讼中,从实体和程序上鼓励、引导、保障确实有罪的犯罪嫌疑人、被告人自愿认罪认罚,并予以从宽处理、处罚的由一系列具体法律制度、诉讼程序组成的集合性法律制度。认罪认罚从宽制度与以审判为中心的诉讼制度之间实质上是刑事诉讼中对办案机关及办案人员办理案件的实然需要与应然要求的关系;认罪认罚从宽不等于辩诉交易,后者只是一项具体的诉讼制度,不可能与我国的认罪认罚从宽制度相提并论;认罪认罚从宽制度同样适用于侦查阶段;认罪认罚从宽制度既适用于简易程序、速裁程序,也适用于普通程序。

认罪认罚从宽制度若干重要问题探讨

陈光中　马　康

《法学》2016 年第 8 期

关键词：认罪认罚从宽　案件范围　程序阶段　证据问题　具体适用设计

摘要：认罪认罚从宽制度是我国"宽严相济"刑事政策从宽一面的体现。该制度虽然已实行于现有刑事司法中，但需要进一步制度化、体系化。详言之，该制度原则上适用于包括可能判处死刑在内的所有案件，贯穿于侦查、审查起诉、审判阶段。其证明标准应坚持"案件事实清楚，证据确实、充分"，但证据规则可以适度从简。在具体适用的设计上，建议认罪认罚从宽作为一项基本制度载入《刑事诉讼法》总则，应当建立公安司法机关同被追诉人协商的制度，从宽处理不受被害人意见的约束；可能判处徒刑以上刑罚的认罪认罚案件纳入法律援助范围，可考虑设立认罪认罚案件的上诉审查程序。

认罪认罚从宽程序中的三个问题

樊崇义　李思远

《人民检察》2016 年第 8 期

关键词：认罪认罚从宽　辩诉交易　证明标准　效率与公正

摘要：认罪认罚从宽程序是我国给予认罪、悔罪的被告人从轻、从宽处理的程序，前提是被告人必须自愿认罪、接受处罚，且对适用的法律无异议，体现了很强的职权主义色彩，最为关键的是认罪认罚从宽不能动摇"事实清楚，证据确实、充分"的证明标准。我国在进行认罪认罚从宽程序试点的同时，可以吸收辩诉交易制度的合理内核，但要审慎对待，紧密结合我国的国情。

认罪认罚从宽的理论审视与制度完善

熊秋红

《法学》2016 年第 10 期

关键词：认罪认罚从宽　量刑折扣　程序分流　正当性保障　量刑协商

摘要："认罪认罚从宽"滥觞于"坦白从宽、抗拒从严"和"宽严相济"的刑事政策，是在新的历史条件下对其中宽缓一面的发展。认罪认罚从宽在我国刑法和刑事诉讼法中已有较为充分的体现，但尚存在进一步完善的空间。在刑法中，可考虑将其作为一项原则予以规定，并对现有法律及司法解释中的规定进行整合，对从宽的幅度予以必要的限制。在刑事诉讼法中，因被告人认罪认罚而带来程序简化，其正当性来源是被告人自愿放弃正式审判，它需要以被告人认罪认罚的自愿性、真实性、明知性等作为支撑条件。在当前的司法环境下,量刑协商制度的引进潜藏着司法不公的巨大风险。以被追诉者认罪认罚为前提构建程序分流机制,在审前程序中应侧重于通过起诉便宜主义强化程序分流功能。在审判程序中则需依据案件轻重、难易程度不同,构建多元化的简易速裁程序。在我国关于完善认罪认罚从宽制度的讨论中,需要少一些实用主义、多一些理性分析,坚持将尊重司法规律作为改革的首要原则,在政策立法化或立法政策化的过程中,恪守刑事法治的底线要求,以避免因程序过于松弛而造成冤假错案。

论认罪认罚案件的证明标准

孙 远

《法律适用》2016 年第 11 期

关键词: 认罪认罚 证明标准 实体 程序 心证

摘要: 我国《刑事诉讼法》第 53 条第 2 款规定的"证据确实、充分"这一证明标准包含实体条件、程序条件与心证条件 3 个要素。在被告人认罪认罚的案件中,实体条件与心证条件不得予以缩减或降低,但对于程序条件可以做出与被告人不认罪案件不同的要求,从而实现认罪认罚案件中证明标准的隐性降低。但此种做法的正当性应以强化被追诉人审前权利保障为前提。

认罪协商程序:模式、问题与底线

胡 铭

《法学》2017 年第 1 期

关键词: 认罪认罚从宽 辩诉交易 协商程序 底线正义

摘要: 我国正在以顶层设计的方式推动认罪认罚从宽制度的完善。从刑事诉讼程序创新的角度来看,需要构建中国式的认罪协商程序,但理论层面的共识和技术层面的准备是不足的。从实践来看,我国刑事司法早已自下而上地践行认罪协商,并呈现为四种典型模式。认罪协商程序并非一种完美的制度,其可能与正当法律程序出现激烈冲突,在底线正义理念之下,应当在尊重我国职权主义传统的基础上,审慎对待认罪协商的模式选择和认罪认罚从宽制度的具体构建。

认罪认罚从宽制度疑难问题研究

王敏远

《中国法学》2017 年第 1 期

关键词: 认罪认罚 权利保障 职权制约

摘要: 完善刑事诉讼中的认罪认罚从宽制度,不仅需要从刑事实体法的角度对相关问题进行探讨,而且,也需要从刑事程序法的角度对此进行深入、系统的研究,对其中的疑难问题来说,更应当从刑事程序的独特情况出发,以程序公正为基本要求展开研究。完善刑事诉讼中的认罪认罚从宽制度,若只是局限于认罪认罚的实体法意义上的从宽、程序法意义上的从简,许多疑难问题解决不了。应当以认罪认罚在刑事程序中的证据价值为基础,坚持无罪推定、权利保障、职权规制等原则,研究解决完善刑事诉讼中的认罪认罚从宽制度之相关疑难问题,包括权利保障问题,刑事诉讼中的认罪认罚从宽制度所涉及的职权部门之间的制约问题,刑事证明要求在认罪认罚从宽制度中的问题等,以求有助于推动刑事诉讼中的认罪认罚从宽制度的完善,预防、避免刑事诉讼中的认罪认罚从宽制度中可能出现的问题。

认罪认罚从宽制度的若干争议问题

陈瑞华

《中国法学》2017年第1期

关键词:刑事速裁　认罪认罚从宽　值班律师　控辩协商　全流程简化

摘要:随着刑事速裁程序试点的初步成功,认罪认罚从宽制度的试点工作得到进一步展开。在未来的制度构建中,那种推行书面审理方式、降低证明标准和确立一审终审制的建议不仅是不可行的,而且是一种危险的制度选择。要保障被告人有效地行使辩护权,避免可能的刑事误判,还需要将现行的"值班律师"制度改造成真正的指定辩护制度,确保每个被告人获得律师辩护的机会,有效行使会见、阅卷和调查的权利,并与公诉方进行平等的协商和对话。与此同时,有必要确立全流程简化诉讼程序的改革思路,对被告人认罪认罚的案件,采用跳过中间诉讼程序和简化内审批环节的办法,以加快刑事诉讼的流程。

法国庭前认罪协商程序之借鉴

吕天奇　贺英豪

《国家检察官学院学报》2017年第1期

关键词:庭前认罪协商　认罪认罚从宽　控辩关系　控审分离　诉讼分流

摘要:庭前认罪协商程序是法国立足自身刑事诉讼实践之现实需求和主动移植英美法系国家辩诉交易制度后建立的新型诉讼程序,具有案件管理精细化、庭前认罪程序推进程式化、专业化以及监督机制严密化等优点,但也存在司法参与单一化、程序引导被动化以及程序推进载体不足等弊端。我国应积极借鉴法国庭前认罪协商程序的实践经验,从刑事诉讼司法观念更新转变、刑事诉讼制度整合对接以及刑事司法模式转型升级等方面构建中国特色的认罪认罚从宽制度。

认罪认罚从宽制度试点中的几个问题

陈卫东

《国家检察官学院学报》2017年第1期

关键词：认罪认罚从宽　程序从简　实体从宽　诉讼构造　诉讼效率

摘要：认罪认罚从宽制度正处于试点运行阶段，需要从程序从简和实体从宽两个维度推进，正确认识认罪认罚从宽程序运行对控辩审职能的影响，同时着力解决好特殊情况下的撤案、被害人权利保障以及检察机关量刑建议的法律效力等问题，以进一步促进认罪认罚从宽制度的完善。

认罪认罚从宽制度的逻辑展开

叶青　吴思远

《国家检察官学院学报》2017年第1期

关键词：认罪认罚从宽　认罪协商　辩诉交易　宽严相济　协商性司法

摘要：认罪认罚从宽制度是程序分流科学化的法定进路、诉讼程序多元化的积极追求、刑事政策人文化的具体表现、协商司法制度化的有益尝试。构建这一制度需要达到司法公正与诉讼效率、权力主张与权利诉求、探究真实与定分止争、域外借鉴与本土资源之间的价值平衡。作为一项具有中国特色的刑事司法制度，认罪认罚从宽制度区别于辩诉交易制度，其正当性在于划清制度底线、保证平等协商、确保充分自愿、实现公平对价。

认罪认罚自愿性判断标准及其保障

孔冠颖

《国家检察官学院学报》2017年第1期

关键词：认罪认罚从宽　自愿性　明知性　律师辩护　撤回权

摘要：认罪认罚从宽制度是当前司法改革的重点问题。做好试点工作，积极推行认罪认罚从宽制度，需要慎重解决被告人认罪认罚自愿性、律师辩护和被告人撤回权等问题。为确保被告人认罪认罚的自愿性，应明确自愿性和明知性的客观判定标准，以权利告知书和证据开示制度强化被告人知悉权，以律师参与及法院审查保障被告人自愿认罪认罚；对于律师辩护，应发挥现有值班律师制度的作用，明确值班律师以法律帮助人的身份协助被告人认罪认罚，设置辩护律师在认罪认罚程序中提出错误建议导致被告人不利益的救济机制；对于被告人认罪认罚的撤回权，应将其区分为自由撤回、限制撤回及例外撤回三类，并明确其行使程序等问题。

美国有罪答辩的事实基础制度对我国的启示
史立梅
《国家检察官学院学报》2017 年第 1 期
关键词:有罪答辩　事实基础　认罪认罚从宽　速裁程序　简易程序
摘要:为防止无辜被告人被定罪,美国有罪答辩制度不仅要求被告人作有罪答辩应出于自愿、理智、明知,而且要求有罪答辩必须具备事实基础,但对事实基础的审查无须采用对抗制方式,其证明程度也无须达到审判定罪的要求。这充分体现了有罪答辩制度为尽量平衡公正价值与效率价值所作出的努力。我国认罪认罚从宽制度也将法院的判决建立在被告人认罪的基础之上。为保证有罪判决的正确性,需要建立相应的确保被告人认罪真实性的保障机制,包括区分被告人认罪审查程序和量刑程序、在自愿性和明知性要求之外增加被告人认罪需具备事实基础的要求、对认罪事实基础的审查需要达到排除合理怀疑的心证程度、赋予被告人撤回认罪或者提起上诉的权利等。

刑事速裁程序证明标准研究
高　通
《法学论坛》2017 年第 2 期
关键词:刑事速裁程序　证明标准　庭审虚化
摘要:刑事速裁程序证明标准在规范和实践中出现分离,司法实践中的刑事速裁证明标准实质上低于规范中的证明标准。这种分离与庭审虚化带来的证明方法不足、公诉证明标准的扩张适用以及不当的司法改革政绩追求有关。刑事速裁程序证明标准的降低具有不可避免性。设置分层次的刑事速裁证明标准,对被告人供述自愿性的证明须达至"排除合理怀疑"的程度,其他犯罪事实和量刑事实证明达至"大致的心证"即可。

认罪认罚何以从宽:误区与正解——反思效率优先的改革主张
左卫民
《法学研究》2017 年第 3 期
关键词:认罪认罚从宽　司法改革　辩诉交易
摘要:完善认罪认罚从宽制度是当下司法改革的重要议题之一。有关这一制度如何在实践中落地,目前存在着将提高诉讼效率作为改革的主要目的、在参考美国辩诉交易制度的基础上构建认罪认罚后从快处理的刑事程序等认识误区。这些认识误区源于论者对我国刑事司法实践所面临的问题的本质,和对美国辩诉交易制度的产生背景及制约因素的误读。认罪认罚从宽制度改革应致力于解决被追诉人认罪认罚却得不到适当、有效从宽处理的实践难题。因此,这一改革应主要从实体法层面着手,明确认罪认罚后从宽处理的具体规则;在程序法方面则应完善认罪认罚从宽案件审理的程序构造,更好地保障实体从宽的实现;相应地,要防止相关改革设计与相关举措过度追求效率。

认罪认罚从宽制度中的被害人权利保护研究

刘少军

《中国刑事法杂志》2017年第3期

关键词: 认罪认罚　从宽　被害人　程序运作主体　诉讼权利

摘要: 认罪认罚从宽制度试点是当前司法改革的重要组成部分。其突出体现了优化配置司法资源、对案件实行繁简分流、进一步提高诉讼效率的基本思想。然而,其中存在着未充分关注被害人合法权利保护的问题。对认罪认罚从宽案件中的被害人合法权利予以保护是尊重与保障人权、保持刑事诉讼程序、制度的一致性与合理性以及防范严重诉讼风险出现的必然要求。加强被害人权利保护首先应当明确被害人在认罪认罚从宽案件中具有程序运作主体的地位,并辅之以与其主体地位相适应的知情权、发表意见权、提出异议权、获得法律帮助权以及救济权等基本诉讼权利。

论从宽处理的基本原则及其类型——基于刑事速裁程序试点的分析

周　新

《政治与法律》2017年第3期

关键词: 从宽　认罪认罚　量刑　刑事速裁程序

摘要: 目前,尚处于试点阶段的刑事速裁程序中系统、合理的从宽处理制度呈缺位状态。对"从宽"规定的理解,应当坚持从宽符合刑事政策、刑责相适应和区别化等原则。在程序层面的从宽应当以诉讼阶段节点为标准,在侦查阶段缩短办案期限、加强非羁押性强制措施的适用;在审查起诉阶段加强不起诉制度的适用;在审判阶段凸显程序审理的量刑化和书面化。在量刑层面的从宽制度设计实际上包括审前阶段的量刑协商和审判阶段的量刑审查两个维度,当下需要以从宽类型为标准着眼于量刑从宽制度的系统化设计,从而推动认罪制度改革的深化发展。

认罪认罚从宽制度实施疑难问题研究

秦宗文

《中国刑事法杂志》2017年第3期

关键词: 认罪　认罪认罚　从宽　刑事速裁

摘要: 认罪认罚从宽制度是对宽严相济刑事政策中"宽"的一面的强调,以推动自首、立功等从宽制度更好地实施,而不是在现有从宽基础上再予以额外的从宽。除可能判处死刑、无期徒刑的案件，对选择刑事速裁或其他简化程序的被追诉人，应以独立的实体性从宽措施补偿其程序保障的减损。补偿力度应与程序简化程度成正比。应限制被害人谅解对认罪认罚从宽制度实施的影响力，其不应作为选择刑事速裁或其他简化程序的影响因素；在刑罚适用上，应拒绝被害人绑架司法的行为。从被追诉人能力、辩护人能力与尽职情况及律师独立辩护理论的妥当性考虑，律师无权否定被追诉人的认罪认罚，律师异议不影响认罪认罚从宽制度的适用。

认罪认罚从宽制度的建设路径——基于刑事速裁程序试点经验的研究
刘方权
《中国刑事法杂志》2017年第3期
关键词：刑事速裁　认罪认罚从宽　控辩协商
摘要：刑事速裁程序作为认罪认罚从宽制度建构的重要内容，以提升刑事诉讼程序效率为重要价值取向，包含着实体上（刑罚）从轻、程序上从简的制度安排，同时在一定程度上以控辩协商为先决条件。从这一实践价值出发，可以将刑事速裁程序试点视为完善认罪认罚从宽制度的先行试验，刑事速裁程序试点过程中积累的经验与教训在制度安排与试点方案上对于认罪认罚从宽制度的完善具有重要参考价值。认罪认罚从宽的制度设计应当重视控辩双方关系的协商性，并通过提升犯罪嫌疑人、被告人的协商能力以确保其认罪认罚的自愿性。法院对认罪认罚案件的审理重点也将从对案件事实与证据的审查转向对被告人认罪的自愿性、控辩协商的合法性之维度，继而将提高公众对中国司法的信任度作为衡量试点是否成功的根本尺度。

德国刑事协商制度的新发展及其启示
高　通
《环球法律评论》2017年第3期
关键词：德国宪法法院　协商制度　职权主义　认罪认罚　诉讼效率
摘要：德国联邦宪法法院于2013年3月19日就协商制度合宪性作出判决，肯定了协商制度的合宪性，同时，对《德国刑事诉讼法》中的协商制度条款作出大量解释。这一判决在若干方面推动了德国协商制度的新发展，例如，明确法官发现实质真实义务的宪法渊源、强化了法官的职权调查制度、进一步限定协商制度的适用范围以及扩充法院承担透明和记录义务的内容。德国联邦宪法法院对协商制度也作出了若干方面的限制，理由在于该制度违反职权主义原则、违反透明和记录义务，协商量刑实践亦有违法律规定等。在我国建构认罪认罚从宽制度时，可在法官职权调查原则、记录和透明义务、防范量刑"剪刀差"以及上诉机制等方面借鉴德国协商制度的经验。

刑事政策视野中的认罪认罚从宽

卢建平

《中外法学》2017 年第 4 期

关键词：认罪认罚从宽　坦白从宽　宽严相济　刑事政策　实体法根据

摘要：认罪认罚从宽制度的试点工作目前正在开展当中。本文立足刑事政策的立场，探讨认罪认罚从宽的政策定位及其与坦白从宽政策、宽严相济刑事政策的关系，着力揭示认罪认罚从宽的政策意涵及其实体法根据，以期为认罪认罚从宽的制度试点提供理论指导。

认罪认罚案件中的有效辩护

闵春雷

《当代法学》2017 年第 4 期

关键词：认罪认罚　有效辩护　值班律师　阅卷权　量刑协商　无效辩护

摘要：律师的有效辩护是保障认罪认罚案件程序公正的理论前提，唯有有效辩护才能保障被告人认罪的自愿性、程序选择的自主性及量刑建议的公正性。在认罪认罚从宽制度中，应强化值班律师制度的落实与完善，明确其辩护人的定位、肯定值班律师的阅卷权及量刑协商等权利，保障其尽职尽责履行辩护职责，使其成为认罪认罚程序积极有效的参与者而非消极的"见证人"。对于辩护律师存在明显的工作缺欠并导致被告人失去程序选择机会的，构成无效辩护，应当强化法庭对认罪认罚活动的司法审查，明确被告人辩护权的救济机制，完善认罪案件中被告人"反悔"时的救济程序。

认罪认罚从宽制度的地方样本阐释——L、S、H 三个区速裁试点规则的分析

林喜芬

《东方法学》2017 年第 4 期

关键词：认罪认罚　速裁程序　试点规则　程序角色

摘要：速裁程序试点是我国进一步推进认罪认罚从宽制度的经验基础。我国刑事速裁程序的试点背景可归结为"普通程序趋于正当化，挤占司法资源""简易程序适用范围增加，导致简者不简""刑法典新一轮修正，导致刑法圈扩张"，以及"后劳动教养时代的司法圈拓展"四个方面。在司法实务中，我国地方性刑事司法规则表明基层试点的速裁程序在启动要件、运行流程、权利保障等环节具有多元复杂性的特质，进步与局限共存。从中长期讲，如何避免过度简化而导致程序不公，有赖于一系列配套机制的完善，如注意区分公安机关的合理取证与非法诱供行为,完善当事人和解和审前社会调查制度,推行更精密化的量刑建议实践。

认罪及其自愿性审查:内涵辨析、规范评价与制度保障
赵　恒
《华东政法大学学报》2017 年第 4 期
关键词:认罪　自愿性　刑罚目的　规范评价　制度保障
摘要:认罪是认罪认罚从宽制度适用的核心前提之一,现阶段理论界和实务界对认罪的认识有待更新。认罪不只要求被追诉人承认被指控的犯罪事实,还可能需要承认指控的罪名。认罪因诉讼程序类型的不同而有差异性,认罪有别于自首、自白和坦白。司法机关判断认罪的核心是满足自愿性,且须符合刑罚目的。目前关于认罪的观点可分为"主观标准"和"客观标准",我国改革宜采用规范评价的标准,司法机关确信"认罪"应满足四项基本条件。实现认罪及其自愿性还有赖于健全证据开示制度、从宽处理制度、律师实质参与制度以及法院审查与救济制度等保障措施。

认罪认罚从宽制度的效率实质及其实现机制
秦宗文
《华东政法大学学报》2017 年第 4 期
关键词:认罪认罚从宽制度　认罪认罚从宽　认罪认罚　证明标准
摘要:认罪认罚从宽制度本质上是权力主导的程序加速机制。国家权力对诉讼进程的强力主导、强调被追诉人的悔过态度和强调以公权力保障查明事实真相,使其根本上有别于辩诉交易。认罪认罚从宽制度下办案效率的提升,有两条主要路径。一是单位工作量的压缩。提高诉讼效率应通过简化程序环节、压缩单位案件工作量来实现,而不应单纯压缩诉讼时间。二是降低部分认罪认罚案件的证明标准。对适用速裁程序的案件,在坚守"排除合理怀疑"主观标准的同时,降低对"证据确实、充分"的客观性要求。对其他案件,应坚守通用的证明标准,但适用简易程序处理的案件,"证据确实、充分"的实际把握可能会有所降低。

认罪认罚从宽的程序性推进
王　戬
《华东政法大学学报》2017 年第 4 期
关键词:认罪认罚　从宽协商　程序
摘要:认罪认罚从宽顶层设计和制度推进的关键在于让一线办案人员有现实选择的标准和可供切实操作的程序指引。不能将认罪认罚概括为一个原则或制度名称,将其简单地糅合到既有的程序当中去。相较于已有的规定和程序,认罪认罚从宽应着重强调其特质性内容并一以贯之地进行技术规则的补充完善。一方面应按照认罪与不认罪进行程序区分,另一方面在整体设计上应体现程序的逐渐简化内容,从而使繁简分离于具体程序的选择和运行中。中国式认罪认罚的构建要注意制度背景差异和实践运行效果要求,同时要避免可能产生的程序疏漏,在律师实质辩护的制度保障下,真正实现其繁简分流的价值取向与立法任务。

认罪认罚从宽制度的理论反思与改革前瞻

樊崇义　李思远

《华东政法大学学报》2017年第4期

关键词:认罪认罚从宽　自由证明　自愿性　证据裁判　繁简分流

摘要:在不降低证明标准的前提下,被告人的"认罪认罚"使得定罪问题不再具有严格的证明意义,因此对于认罪认罚案件可以采用自由证明的方法,以提高诉讼效率;"认罪"与"认罚"究竟是捆绑还是分离,是否"认罪即可从宽",不仅关系到被告人认罪认罚的自愿性,还与被告人认罚后刑罚的执行问题息息相关;坚持认罪认罚从宽中的证据裁判原则,就是应当将审判的重点落在量刑的问题上,凸显庭审中量刑的作用与功能,同时也能与证明方法相衔接;对于认罪认罚从宽的案件也应当繁简分流,设置微罪、轻罪和重罪划分的实体标准与程序标准,进一步优化诉讼程序。

论从宽处理的三种模式

赵　恒

《现代法学》2017年第5期

关键词:从宽　认罪认罚　量刑　量刑指南　刑罚

摘要:规范严谨的从宽处理体系是维持认罪认罚从宽制度适用合法性的基础条件之一。解读域外代表性国家的认罪案件从宽处罚规范,可分为美国的"无限制模式"和英国、德国的"比例模式",不同模式的界分与该国认罪案件快速处理程序的多样性特点紧密相连。在对比和借鉴的基础上,我国未来改革宜建立从宽处理的混合体系模式,以配合多元化繁简分流机制的适用,满足刑事司法领域优化职权配置、减轻办案负担的迫切需要。改革方案应当适当丰富从宽处罚的内涵与类型,在科学地设计从宽比例及其限度的同时,规范检察权与审判权在刑罚从宽自由裁量方面的互动影响,突显司法审查与监督的关键作用,平衡控辩双方和被害人等主体的权利义务及其参与关系,既需调动认罪积极性又应保障刑罚威慑力。

认罪认罚从宽程序中的潜在风险及其防范
史立梅
《当代法学》2017年第5期
关键词：认罪认罚从宽程序　风险防范　非自愿认罪　虚假认罪
摘要：认罪认罚从宽程序以犯罪嫌疑人、被告人认罪为基础，以诉讼程序简化为特征，其正当性取决于认罪是否具有自愿性和真实性。然而现阶段我国认罪认罚从宽程序面临着较高的非自愿认罪风险和虚假认罪风险。导致非自愿认罪风险存在的原因包括非法侦查讯问行为的存在、律师帮助权的缺位和证据先悉权的缺陷等；导致虚假认罪风险存在的原因则包括被追诉人的主观原因、审讯策略和技术的运用、无罪判决率畸低、无效的律师帮助等。欲有效防范这些风险的发生，需要在审前阶段确立反对强迫自我归罪特权、建立律师有效帮助机制、保障认罪前的证据先悉权，也需要在审判阶段建立专门的认罪审查程序、确立判决前的反悔机制以及完善上诉制度。

认罪认罚从宽制度的若干实体法问题
黄京平
《中国法学》2017年第5期
关键词：认罪认罚　从宽量刑　事实约束力
摘要：从宽处理，是兼具实体法和程序法意义的法律术语。从宽处理的依据，包括既有法律规定和准立法性质的特别规定。作为实体从宽依据的量刑规则，除具有法律约束力的规范外，主要是具有事实约束力的地方量刑细则或地方特别细化规则。认罪的成立，以"如实供述"不影响司法机关的定罪量刑判断为基本标准，"认事服判"成立最狭义的认罪。宣告缓刑和免予刑事处罚应作为控辩协商的内容，并适当提高适用率。狭义的认罚，不必获得过多的量刑减让，甚至不必单独给予量刑减让；广义的认罚，由不同形式、不同程度的民事赔偿和解构成，具有实现案结事了的功能，对从简程序的适用和从宽幅度的选择具有决定性影响。

认罪认罚从宽制度中的证明标准——推动程序简化之关键所在
谢澍
《东方法学》2017年第5期
关键词：认罪认罚从宽　证明标准　证明难度　证明准备　程序简化
摘要：当前理论界关于认罪认罚从宽制度中的证明标准是否降低存有分歧，但认罪认罚案件大多因被告人自愿认罪而事实清楚、证据扎实，这类案件因达到证明标准的难度较低而程序相应简化，并非因程序简化而可以降低证明标准。

在认罪认罚从宽制度中,应当强化审前"证明准备"使得证据组合接近,甚至达到证明标准,藉此在刑事诉讼之纵向构造上启动程序简化。而在庭审中,需要在控方完成"他向"之"司法证明"的基础上,着重审查被告人认罪的自愿性、明智性和明知性。

以宪法之名回归法律文本:德国量刑协商及近期的联邦宪法判例始末
印 波

《法律科学(西北政法大学学报)》2017 年第 5 期

关键词:量刑协商　认罪认罚从宽　辩诉交易　《认罪协议法》　合宪性审查

摘要:在职权主义语境中,德国式辩诉交易是法庭主导下的认罪供述与量刑协商合意,而不包含指控交易和罪状交易。法庭需要查证所有相关的证据方可对被告人定罪量刑。在三起合并审理的宪法诉讼中,联邦宪法法院认定原判违宪,但是否决对《认罪协议法》的合宪性质疑。宪法法院加强对量刑协商的控制力度,强调法庭澄清义务和罪责原则,追加"附条件的无罪宣告"条款。我国在探索和实践具有"控辩协商"因素的认罪认罚从宽制度时,应借鉴德国宪法判例,认真对待既定法律文本,严肃对待诉讼传统,考虑通过合宪性审查逐案统一法律与实践,并在判决中留有废除法律的余地。

认罪认罚从宽制度若干证据问题研究
吕　瑶　王永强　陈　成

《证据科学》2017 年第 5 期,《新华文摘(纸质版)》2018 年第 5 期转载

关键词:认罪认罚从宽　证据能力　证明责任　证明标准　证明模式

摘要:认罪认罚从宽制度中的证据问题亟待研究和讨论。认罪认罚从宽制度的核心要义应当是及时正当获取"认罪"证据,有效惩治犯罪。被追诉人认罪的自愿性是认罪认罚从宽制度适用的前提,需要相关机制予以保障。我国认罪认罚从宽制度并未免除控诉机关的控诉证明责任。当前,理论界和实务界对认罪认罚从宽制度的证明标准存在不同认识。认罪认罚从宽制度应当坚持常规证明标准,并对"从宽"的量刑证明标准予以完善。我国认罪案件证明模式可以归纳为"以被告人供述为中心的简单(形式)印证模式",认罪认罚案件证明模式改革需要做好"一个强化"和"一个转变"两项工作。

刑事案件认罪认罚从宽制度的定位分析——基于检察视域的实证研究
曾国东

《东方法学》2017 年第 6 期

关键词:认罪认罚从宽　检察制度试点改革　司法改革　刑事政策法律化

摘要:刑事案件认罪认罚从宽制度包含实体上"从轻"和程序上"从快"两方

面含义,既存在于刑法适用定罪量刑过程中,同时也存在于刑事诉讼不同程序以及程序的不同阶段中。党的十八届四中全会通过的《中共中央关于全面推进依法治国若干重大问题的决定》对认罪认罚从宽制度的要求是"完善"而非"建立",这要求落实制度时要统筹协调与之相关的制度和程序,发掘这一制度的内在潜力,并补充部分内容使之系统化,并与现有法律规定对接。在实践中,应当明确参与主体、扩展案件适用范围、确定从宽方式和量刑建议,并在一定程度上补充救济途径。认罪认罚从宽制度的主要目的既包括提高效率、优化司法资源,也包括个别预防、促进公正。在运行时,应当加强监督审查,避免司法人员独断专行和腐败;充分发挥程序的效率价值,实现案件繁简分流;保障最低限度的公正,避免损害当事人合法权益。同时,在探索与推行认罪认罚从宽制度时,应当兼顾程序正义和诉讼经济两方面目标,力争实现办案的法律效果和社会效果的有机统一。

刑事被告人答辩制度之构建

欧卫安

《法学研究》2017 年第 6 期

关键词:被告人答辩 罪状认否 有罪答辩 程序分流 认罪认罚从宽

摘要:罪状认否意义上的被告人答辩制度尚未在我国刑事诉讼中设计完成,而认罪认罚从宽制度框架下的程序分流机制令庭前被告人答辩制度之构建成为必要。被告人答辩制度应为庭前会议的一种制度配套,其所依赖的程序空间应与庭前会议合二为一。在认罪认罚从宽制度改革背景下,被告人答辩的对象已经不再局限于公诉事实,而是扩大到了量刑建议。被告人答辩的基本功能在于程序分流,其本质上区别于具有证据属性的被告人供述与辩解。有罪答辩并不免除控方的证明责任,亦不能限制法院的实体裁判权,因此与民事诉讼中的自认形相近而实相远。在标准化的基础上,可将我国被告人答辩的类型分为认罪答辩、无罪答辩、拒绝答辩、轻罪答辩以及承认案件事实的答辩。对被告人的有罪答辩,应当进行前提性的事实基础审查,并确保被告人答辩的自愿性与正当性。

认罪认罚程序中值班律师的角色与功能

姚 莉

《法商研究》2017 年第 6 期

关键词:认罪认罚从宽制度 有效辩护 值班律师 自愿性

摘要:如何有效保障被告人认罪认罚的真实性和自愿性,是认罪认罚从宽制度改革成败的关键,而值班律师制度是其中非常重要的保障措施。值班律师角色定位不清,严重限制了值班律师制度功能的发挥。应赋予值班律师以"准辩护人"的身份,突出其"量刑结果协商者"及"诉讼程序监督者"而非"司法机关合作者"的功能定位,合理解决值班律师角色定位与协商功能、监督功能与"站台效应"、诉讼功能与制度激励之间的矛盾。

认罪自愿性的实证考察

李洪杰

《国家检察官学院学报》2017 年第 6 期

关键词:自愿性　量刑诱惑　认罪协商　辩护权

摘要:自愿认罪有两个标准:一是客观方面,被追诉人在诉讼阶段的权利是否受到了明显的不法侵害;二是主观方面,被追诉人是否对自己的行为性质及认罪后果有充分了解。实证考察表明,被追诉人与法律职业人对"认罪"的理解基本相同,但是在群体内部对认罪的理解又有不同。被追诉人可能为了量刑优惠而违心认罪,在认罪的情况下对证据审查和辩护律师的作用不够重视。被追诉人认罪的自愿性是困扰司法实践的一个难题。由于适用的诉讼程序不同,法律职业群体对认罪自愿性的关注程度有所不同,对认罪认罚案件证明标准的把握也出现了不一致。违心认罪有三个原因:被追诉人基于量刑诱惑违心认罪,司法机关偏离认罪认罚从宽试点的目标进行操作,被追诉人的辩护权不能得到有效落实。因此,应当建立权利告知制度,赋予被追诉人程序选择权,设立值班律师制度,建立程序回转机制。

认罪认罚从宽语境下职务犯罪案件协商机制的构建

李　辰

《法学杂志》2017 年第 9 期

关键词:认罪认罚　职务犯罪　协商从宽　机制构建

摘要:在司法体制和监察体制改革叠加的框架内,构建职务犯罪认罪协商机制是效率与公正的客观需要,是完善认罪认罚从宽制度的重要选择,是监察体制改革语境下实现审前分流与分化的必然要求,符合现行法律规定的精神,也有域内外的实践可资借鉴。检察机关针对职务犯罪案件开展认罪认罚协商前,要厘清制度定位、证明标准适用等前置问题,以认罪、认罚为基本前提要件,将监察委员会移送至检察机关审查起诉的涉嫌职务犯罪案件纳入协商程序。破除案件性质和罪行轻重的范围限制,从程序启动、认罪认罚、权利义务、风险防范等具体事项切入,对职务犯罪认罪认罚协商机制的基本方面进行建构,使该制度能够实现法、理与实践上可操作性的有机统一,以顺应提高打击职务犯罪效率、节约司法资源的现实需要。

认罪认罚从宽制度中的几个理论问题
朱孝清
《法学杂志》2017年第9期
关键词：认罪认罚　控辩协商　以审判为中心
摘要：办理认罪认罚案件要求检察机关就量刑建议等事项听取犯罪嫌疑人意见并在其同意的前提下签署具结书，这是"认罚"的必然要求，是犯罪嫌疑人认罪认罚自愿性和真实性的程序保证，也是落实控辩平等原则的重要措施。认罪认罚从宽制度包含了控辩协商，但该种协商与美国的辩诉交易又有本质区别，司法实践中尤其应正确把握。办理认罪认罚案件仍应坚持"以审判为中心"。

论从宽的正当性基础
赵　恒
《政治与法律》2017年第11期
关键词：从宽　认罪认罚　权利放弃对价说　量刑
摘要：目前我国理论界对认罪认罚从宽制度改革中"为何给予从宽"的解释主要有四种观点，分别为"节约资源说""人身危险性降低说""节约资源且危险性降低并存说"和"赎罪说"。应采用"权利放弃对价说"阐释认罪认罚从宽制度的正当性来源，以被追诉人自愿放弃若干权利作为国家简化乃至省略程序环节以及施予从宽处罚的合法化理由，将弃权行为可能带来的若干类效益与从宽处理体系的类型、幅度联系起来。同时，需要明确放弃权利的限度，如不得为了换取不当从宽结果而放弃申请排除非法证据权利、上诉权利等。"权利放弃对价说"的适用可以为我国建构科学规范的从宽处理体系提供启发。

侦查阶段是否可以适用认罪认罚从宽制度
朱孝清
《中国刑事法杂志》2018年第1期
关键词：侦查阶段　认罪认罚　认罪协商　正确适用
摘要：侦查阶段适用认罪认罚从宽制度（包括其中的认罪协商），不仅客观存在，而且有明确的准法律规范依据。它是由我国现阶段的侦查水平决定的，也是实现认罪认罚从宽制度"及时有效惩治犯罪、维护社会和谐稳定"和"优化司法资源配置、提升司法公正效率"这两大价值目标的需要。为了保证侦查阶段正确适用认罪认罚从宽制度，应当明确调查取证与认罪认罚的关系，把侦查着力点放在调查取证上；规范认罪协商行为，坚持依法讯问、依法从宽、信守承诺，并划清正当的引诱欺骗谋略与非法引诱欺骗的界限；强化律师辩护和法律帮助，确保认罪认罚的自愿性；认真落实严格排除非法证据规定，强化检、法对侦查阶段认罪认罚案件的审查。

认罪认罚案件的证明标准

孙长永

《法学研究》2018 年第 1 期

关键词：认罪认罚　证明标准　答辩交易　认罪协商

摘要：我国实务界和理论界围绕应否降低认罪认罚案件的证明标准产生了一定争议，而多数试点地区出台的实施细则实际上降低了证明标准。在美国的答辩交易制度下，因法官对有罪答辩"事实基础"的司法审查过于宽松，导致一些没有实施犯罪的被告人受到有罪判决。德国关于认罪协商的立法和判例并未降低定罪证明标准，但实践中有法官基于司法便利忽视对被告人当庭认罪真实性的审查核实。在认罪认罚案件中，检察机关法庭上的举证责任及其证明标准被显著降低，但法院认定被告人有罪的心证门槛不能降低。坚持法定证明标准并不妨碍检察机关就证据较为薄弱的案件与犯罪嫌疑人及其辩护人进行认罪认罚协商，也不意味着法院不可以根据案件特点、证明对象的不同进行灵活把握，更不意味着可以将法庭审判阶段的证明标准简单地适用于审前阶段。法庭应当一并审查认罪认罚的自愿性、合法性与真实性，确保法定证明标准得到落实。

我国刑事诉讼程序类型体系化探究——以认罪认罚从宽制度的改革为切入点

周　新

《法商研究》2018 年第 1 期

关键词：认罪认罚从宽制度　速裁程序　简易程序　普通程序　体系化

摘要：我国现有刑事诉讼程序在司法实践中呈现出法定范围相对笼统、各程序之间相互冲突的局面，很有必要对其进行专门研究。要体系化地推动我国刑事诉讼程序的改造和衔接，应当以认罪认罚从宽制度的改革为契机，注重整体布局和通盘考虑，优化内部设计和配置，规避不必要的损耗。应准确把握认罪认罚从宽制度的程序内涵对刑事诉讼程序体系的深刻影响；从三类基本程序的层级构建方面着手，厘清普通程序、简易程序以及速裁程序之间的界分与衔接，适当关注简化审理程序的补充意义；在比较认罪案件处理程序与非认罪案件处理程序差异的基础上，关注审前协商活动对各类程序适用的影响，并与从宽处理幅度相结合；还应留意诉讼程序改造与司法职权变化的关系以及繁简分流程序体系的整体完备。

论从宽的幅度

周　新

《法学杂志》2018 年第 1 期

关键词：从宽　认罪认罚　量刑　幅度　刑罚

摘要：认罪认罚从宽制度中从宽的核心在量刑，未来改革重点之一即是围绕量刑设计科学的从宽体系。坚持问题导向，理解从宽的幅度应当坚持"面"与"点"的双重视角。"面"侧重国家施予从宽的可能区间，为国家公权力与被追诉方的协商划定某一范围；"点"侧重从宽的最高限度以及不同诉讼节点对应的从宽比例的各自限度，有高低之分，为不同主体的协商划定不可超出的"红线"。认罪认罚影响下的"面"与"点"的关系，应当成为从宽幅度设计体系化的理论基础：从宽的"面"有多种内涵，可划分为不同类型，其设置应恪守刑罚理念，符合刑事制裁与预防的目的；从宽的"点"体现在比例设定的合理性，被追诉人在不同诉讼节点认罪认罚获得的从宽限度呈层级性特征。"面"与"点"的理论研究和规则应用的目的都是为了维持认罪认罚从宽制度的生命力。

教义分析与案例解说：读解刑事诉讼中的"认罪""认罚"与"从宽"

孔令勇

《法制与社会发展》2018 年第 1 期

关键词：刑事速裁程序　认罪认罚从宽制度　法教义学　司法案例

摘要："认罪""认罚"与"从宽"是刑事诉讼中的基础概念，但并未随着相关制度试点的展开而获得足够重视。切入刑事速裁程序与认罪认罚从宽制度，并对相关文本进行教义学分析可知：认罪的构造兼具"理解"与"作出"之要件，外化为"心素"与"体素"之要素，被告人在审判阶段作出并由法官裁断的是"法律意义上的认罪"，有别于"自然意义上的认罪"。认罚是对可能判处之刑罚的认同，包含法定与酌定两种形式，前者是启动特定程序的必要条件，后者是被告人悔罪意愿的具体表现。但认罚不具有使被告人被从宽处罚或者阻却其上诉的绝对效力。从宽分为实体性从宽与程序性从宽两种模式。撤销案件、不起诉、变更强制措施、减少审前羁押期限等从宽形式均具有存在的正当性。从宽模式目前正处于开放发展的状态。法教义学研究结论表明，"认罪""认罚"与"从宽"蕴含着未被发现的丰富学理内涵。

认罪认罚从宽协商程序的独立地位与保障机制

樊崇义

《国家检察官学院学报》2018 年第 1 期

关键词：认罪认罚从宽　诉讼程序独立　混合式诉讼体系　保障机制

摘要："两高三部"关于开展认罪认罚从宽制度试点文件并未确立认罪认罚

从宽诉讼程序的独立地位。基于宽严相济刑事政策的程序法定化需要，考虑到国外认罪协商诉讼程序的普遍独立化趋势，特别是我国刑事诉讼程序正朝多元层次性发展，应建构我国独立的认罪认罚从宽诉讼程序，避免"嵌用"模式的司法弊端。认罪认罚从宽诉讼程序首先是认罪认罚案件与不认罪认罚案件分流后的产物，在认罪诉讼简化程序体系中有别于简易程序、和解程序与刑事速裁程序，是我国混合式诉讼程序体系中的独立部分，而轻罪诉讼体系是其未来的发展方向。为确保认罪认罚从宽诉讼的程序正义，应坚持认罪认罚自愿性的基础地位并强化审查机制，突出控辩量刑协商的关键意义并完善协商程序，规范法院庭审方式等以避免庭审完全流于形式。

认罪认罚从宽制度的检视与完善
钱　春
《政治与法律》2018 年第 2 期
关键词：认罪认罚　诉讼公正　自愿　协商　具结书
摘要：认罪认罚从宽制度的改革正在我国进行，对司法实践中呈现的问题时有争议，故学理上的深度探究依然具有必要性。如何在认罪认罚从宽制度中保障被追诉人协商时的自愿性，确保被追诉人具备充分的协商能力，并将协商结果最终体现在具有公法契约性质的具结书中，这三个基本问题能否解决共同决定了认罪认罚从宽制度改革是否具有合理性与科学性，因此是相关制度改革与机制构建中的重中之重。

论协商性司法的价值立场
吴思远
《当代法学》2018 年第 2 期
关键词：协商性司法　刑事协商　认罪认罚从宽　辩诉交易
摘要：协商性司法的价值立场是从根本上探讨这种全新司法范式的价值导向或目标追求究竟为何。效率是当前认罪认罚从宽制度改革的主流追求，基于效率的价值立场，被告人认罪认罚后程序的快捷性被盲目夸大了，改革存在着控辩协商形式化、律师角色边缘化、法官履职过场化等缺憾。效率也是美国辩诉交易制度的本质偏好，尽管联邦最高法院于近年来作出多个开创性判例，似有推动辩诉交易制度规范化发展之意，但仍然暴露出了对效率价值的偏好，如对检察官过大权力的纵容、对法官干预与介入的忽视、被害人及公众参与的欠缺，制约了改革的效果。因此，应扬弃效率至上观，以防协商沦为纯粹由国家主导的高效治罪手段。基于人权保障立场看待协商性司法，应克服我国片面强调国家权力机关利益需求的改革思路，将被追诉人的权利保障与制度获益放在首要位置考量。

认罪认罚从宽制度试点的实践性反思
周　新
《当代法学》2018 年第 2 期
关键词：认罪认罚从宽制度　审前协商　量刑建议　值班律师
摘要：认罪认罚从宽制度的试点在摸索中前进，成效与争议并存。结合实践做法，部分试点地区推行该项改革存在"三有限"的现象，分别为诉讼程序简化力度有限、值班律师提供权利保障程度有限、对主要参与方的激励机制作用有限。"三有限"现象在很大程度上严重地制约了该制度达到预期改革目标。对此，未来改革者应当有针对性地设计破解方案，包括但不限于规范量刑协商、集中庭审后进一步简化裁判文书、提升值班律师法律帮助的有效性、丰富调动参与主体积极性的激励机制类型以及其他重要配套机制，等等。

"认罪认罚从宽"应警惕报复性起诉——美国辩诉交易中的报复性起诉对我国的借鉴
赵旭光
《法律科学(西北政法大学学报)》2018 年第 2 期
关键词：认罪认罚从宽　辩诉交易　报复性起诉　起诉裁量
摘要："认罪认罚从宽"与"辩诉交易"有类似之处，检察起诉裁量权得以扩张，这在辩诉交易实践中产生了"报复性起诉"，并针对这种违反正当法律程序条款的恶意起诉发展出了"报复性起诉抗辩"。"认罪认罚"制度客观上存在着报复性起诉的土壤，检察机关全程主导、控辩双方地位和信息不平等，存在报复拒绝认罪的被告人的危险。目前尚不存在建立司法审查制度的条件，但可以从启动"协商"的时间以及限制起诉裁量出发，从程序上予以制约。

层级性：认罪认罚制度的另一个侧面
郭　烁
《河南大学学报(社会科学版)》2018 年第 2 期，人大复印报刊资料转载
关键词：认罪认罚　诉讼经济　刑事速裁　从宽处理
摘要：诉讼经济与人身危险性是决定刑罚从宽与否的重要依据。认罪认罚从宽制度根植于实体刑罚从宽制度，主要通过程序的进一步简化来达致诉讼经济，并以此作为从宽的依据。程序的分流与简化主要应归功于简易与速裁程序本身的作用，与认罪认罚并无直接的关联性，但认罪认罚从宽制度却规定了较其他从宽制度更"宽"的从宽范围与幅度。认罪认罚存在着"认不认"与"认多少"的层级性，应以诉讼经济与人身危险性为量度建立整体性的认罪制度，以进一步完

善我国的诉讼制度。

认罪认罚从宽制度中的控辩平衡问题研究
曾亚
《中国刑事法杂志》2018年第3期
关键词：认罪认罚从宽　控辩协商　控辩平衡　商谈理论
摘要：认罪认罚从宽制度确立了认罪案件的协商式刑事纠纷处理机制。对试点实践考察后发现，协商中存在控辩失衡问题，控诉方掌控协商话语权，被告方则明显处于被动和劣势地位。制度改革中的"路径依赖"、程序参与者的"个人倾向"以及制度设计的谨慎和制度准备的不足是造成控辩失衡的主要原因。《中华人民共和国刑事诉讼法（修正草案）》中有诸多涉及控诉方权力义务与被告方权利保障的规定。为正确理解和适用刑事诉讼法修改内容，促进控辩关系平衡发展，应从控辩地位平等、信息对称、对话能力相当、对话规则公平的要求出发，对修改条文进行解读，以期未来控辩双方通过理性商谈形成纠纷解决的共识。

司法诚信视野下的认罪认罚从宽制度
刘泊宁
《政法论坛》2018年第3期
关键词：认罪认罚从宽　合意　司法诚信　公正与效率
摘要：司法诚信理念在认罪认罚从宽制度的构建中具有重大作用。在认罪认罚从宽制度中秉持司法诚信具有正当性基础：司法诚信是合意的源泉，是公正与效率价值的平衡，是司法伦理的精髓和程序法定的灵魂，也是证明标准下降的保障。在启动、协商、审查、确认、效力各个环节中，认罪认罚从宽制度构建体现了司法诚信精神，也面临着可能性障碍及其克服。

职权主义诉讼模式中的认罪认罚从宽——以中德刑事司法理论与实践为线索
卞建林　谢澍
《比较法研究》2018年第3期
关键词：认罪认罚从宽　刑事协商制度　职权主义　实体从宽　程序从简
摘要：近年来，职权主义与当事人主义在具体制度的选择上体现出一定程度的趋同走向，其中认罪协商制度即是典型，尽管这一制度与职权主义之间的矛盾和冲突始终是理论界与实务界的争论焦点。我国当前试点的认罪认罚从宽制度和德国刑事协商制度在参与主体、适用阶段、适用条件、协商范围、制度属性等方面既存在相同之处，又存在不同之处。对我国而言，职权主义传统下的德国刑事协商制度具有理论和制度层面的借鉴意义，可以在对其经验进行理论反思的基础上,抽象出其中的合理因素,进而完善认罪认罚从宽制度。具体包括厘清"实体从宽""程序从简"的正当性基础,明确认罪认罚从宽制度中参与主体之角色,探索进一步简化诉讼程序的可能。

值班律师制度的源流、现状及其分歧澄清
张泽涛
《法学评论》2018 年第 3 期
关键词:值班律师　法律帮助　认罪认罚从宽制度　辩护人身份
摘要:值班律师制度作为法律援助制度的重要组成部分,起源于英国,且为加拿大、日本、澳大利亚、我国香港地区等国家、地区所吸收和确认。值班律师制度在我国经历了从单一地区试点到全面发展的过程。从我国刑事辩护制度的理论发展与现实需要以及联合国刑事司法准则的要求来看,应当赋予值班律师辩护人的地位;值班律师制度不仅适用于轻罪案件,而且应当适用于重罪案件;在认罪认罚案件中,值班律师的职责应当是围绕犯罪嫌疑人、被告人是否了解认罪认罚的内涵及其法律后果,认罪认罚案件是否具有事实依据,犯罪嫌疑人、被告人是否自愿认罪认罚以及如何进行量刑协商等问题提供辩护。与此同时,应采取有效措施切实保障值班律师的诉讼权利,并保障值班律师的经济补助。

认罪认罚从宽处理机制的完善:企业犯罪视角的展开
李本灿
《法学评论》2018 年第 3 期
关键词:企业犯罪　认罪认罚从宽　合规计划
摘要:认罪认罚从宽处理机制旨在构建繁简分明的程序机制。企业犯罪更具复杂性,耗费更多司法资源,而且处罚较自然人犯罪显著轻微,因而更应当适用认罪认罚从宽处理机制。尤其是,认罪认罚从宽处理机制中的缓起诉制度也可以适用于企业犯罪:一则可以提升效率,节约司法资源;二则可以改变企业内部治理机制,有效预防企业犯罪;三则可以有效克服因刑事追诉产生的"安达信效应"。认罪认罚从宽处理机制中企业缓起诉制度的构建,关键在于标准的确立。具体来说,应当以不法行为事实为根据,结合企业犯罪历史、高层参与犯罪的程度、犯罪后的合作态度、是否存在合规管理系统、刑事追诉是否会产生严重的负外部效应等因素综合考量。对于企业缓起诉可能产生的处罚不均、个人处罚不足等问题,需要通过加强检察权的司法控制的方式加以解决。

我国认罪认罚从宽制度的两难困境及其破解

向　燕

《法制与社会发展》2018 年第 4 期

关键词：认罪认罚　效率　法治原则　协商性司法

摘要：我国认罪认罚从宽制度的两年试点期限即将届满，当前试点的司法实践面临着提高司法效率与遵守法治原则的两难困境。只有深刻把握认罪认罚从宽制度"协商性司法"的本质，从协商性司法的共同逻辑出发进行制度构建，才能妥善解决二者的矛盾。比较协商性司法"效率型"与"规范型"这两大基本模式可以发现，我国认罪认罚从宽制度的构建应采取法规范型的协商程序，但借鉴的过程不可忽略协商性司法"利益共享"的核心要素。根据我国刑事诉讼的结构特征与新时期刑事诉讼面临的新问题，我国应继续推进轻罪案件"去羁押化""去层级化"与"扩大审前分流"三项改革，并在坚持法治原则底线的前提下构建有限度的控辩协商程序，以完善具有中国特色的认罪认罚从宽制度。

认罪认罚从宽制度中的程序性问题探析

陈海锋

《政治与法律》2018 年第 4 期

关键词：认罪认罚从宽　证明标准　权力调整　权利保障

摘要：在我国，由于法律授权的过于原则化和实施细则的模糊性，认罪认罚从宽制度中存在不少程序性问题需要明确。作为构建多层次简化程序的重要措施，认罪认罚从宽制度应当是包含其被确立之前各类简化程序的统合性制度。在认罪认罚从宽制度下，从宽的内涵不应包括程序的从简从快，适用简化程序应当确立为认罪认罚下的强制义务；证明标准无法保持法定的要求，应当有所降低；公安机关、检察机关、审判机关的权力调整虽有需要，但应依法予以规范；对犯罪嫌疑人、被告人的有效法律帮助应当建立在确立值班律师讯问在场权的基础上，同时应逐步建立规范律师辩护的质量控制体系。

认罪认罚从宽案件证明标准研究

汪海燕

《比较法研究》2018 年第 5 期

关键词：认罪认罚从宽　证明标准　以审判为中心　严格证明　证明要求

摘要：证明标准的定位关乎认罪认罚从宽案件办理的质量。在推进以审判为中心的诉讼制度改革进程中，认罪认罚从宽制度并不因程序分流而处于附属地位，更不意味着可以游离于庭审实质化的要求之外。相反，认罪认罚从宽与以审判为中心具有理论交织中的耦合性，其适用的证明标准与其他案件并无实质性差异,只是基于被告人认罪认罚证明程序或要求相应简化。由于证明标准具有指引和规范作用,降低认罪认罚案件的证明标准,很可能产生多米诺骨牌效应,导致实然层面侦查和审查起诉质量的下降,也会引发侦查中心和口供中心的回潮。为了回归以审判为中心下证明标准的本质定位,速裁程序应当避免书面审理之倾向,口供应在简化且有限的程序空间中接受有效的严格证明审查。

认罪认罚从宽制度之反思——兼论《刑事诉讼法修正案(草案)》相关条款
王恩海
《东方法学》2018 年第 5 期

关键词: 认罪认罚从宽　自首　认罪态度好　值班律师　量刑规范化

摘要: 认罪认罚从宽制度是被告人在自愿认罪的基础上与检察机关就量刑展开的协商,是量刑情节的一种,其与自首、坦白量刑情节可以累加适用,但吸收了被告人认罪态度好这一量刑情节。侦查机关不应该是该制度的适用主体,如何保证被告人认罪认罚的自愿性是该制度得以顺畅运行的前提和基础,为此应赋予值班律师阅卷权,降低审前羁押率,适用的罪名限于量刑规范化改革的罪名,刑罚限于有期徒刑、拘役,法庭审理的重点在量刑而非事实认定。

认罪认罚从宽与台湾地区刑事协商之比较研究
卞建林　谢澍
《法学研究》2018 年第 5 期

关键词: 认罪认罚从宽　刑事协商程序　积极性　自愿性　值班律师

摘要: 我国台湾地区在接受"改良式当事人进行主义"后,又于 2004 年 4 月引进了刑事协商程序。大陆地区当前试点之认罪认罚从宽制度与我国台湾地区刑事协商程序在适用范围、当事人权利保障及具体程序运作等方面存在差异。对于认罪认罚从宽制度而言,刑事协商程序有可借鉴之处,但更要总结其经验教训。为避免出现理论根基不稳、实践效果不彰的现象,认罪认罚从宽制度应当充分调动控辩双方积极性、强化对犯罪嫌疑人及被告人的认罪自愿性审查、明确值班律师的定位。

律师在认罪认罚从宽制度中的定位及其完善——以 Z 省 H 市为例的实证分析
胡铭
《中国刑事法杂志》2018 年第 5 期

关键词: 认罪认罚从宽制度　辩护律师　值班律师　控辩协商

摘要: 我国的认罪认罚从宽制度尝试建立辩护律师和值班律师二元分立的模式,并在 2018 年《刑事诉讼法(修正草案)》中予以确认。以试点城市 Z 省 H 市为例,认罪认罚案件律师全覆盖有助于保障被追诉人的基本权利,但律师保障认罪认罚的自愿性、明智性的核心作用尚未能充分发挥,存在值班律师制度被异化为见证制度等风险。完善律师在认罪认罚从宽制度中的定位,应推动认罪认罚案件中围绕有效辩护展开的律师深度参与和值班律师法律帮助的实质化,实现律师辩护和法律帮助的有效衔接与融合,构建控辩协商的正当程序。

刑事检察制度改革实证研究

卞建林　谢　澍

《中国刑事法杂志》2018 年第 6 期

关键词:侦查监督　检察介入侦查　审查逮捕诉讼化　庭审实质化　认罪认罚从宽

摘要:党的十八届四中全会以来,检察机关探索和试点了一系列有利于推进"以审判为中心"的刑事检察制度改革,取得了积极成效。在检察机关提前介入侦查中,对于介入的案件类型范围、主要职责和介入方式加以创新;但部分地区提前介入侦查案件数量比重仍然较小,缺乏足够的制度保障并且介入效果不明显。在公安派出所侦查活动监督中,探索出派驻检察官办公室、定期或不定期巡查、集中监督等模式;但也存在信息共享不畅、监督刚性不强、监督力量欠缺、工作规范不足等问题。在审查批准逮捕程序诉讼化改造中,对于公开审查的案件范围和具体程序设置加以明确,但部分检察官掌控听证的能力需要提升,律师与侦查机关的配合不足,侦查秘密与听证审查的关系有待平衡。在公诉因应庭审实质化的改革中,以强化客观性证据审查、参与庭前会议解决程序性问题并整理争点,保障证人、鉴定人、侦查人员出庭为主要举措,但实践中片面依赖口供的现象仍然存在,庭前会议制度在实践中面临诸多争议,证人出庭率仍然不高。在检察环节贯彻认罪认罚从宽制度中,部分地区建立了侦查、起诉、审判、执行为一体的认罪认罚案件快速办理机制,实行案件分类、人员分组,在保障被追诉人自愿性的同时,调动被追诉人及办案人员积极性;但部分检察机关在试点中一味求"快",却忽视了制度本身的正当性基础,并且检察机关量刑建议的效力需要进一步明确。

认罪认罚从宽制度立法化的重点问题研究

周　新

《中国法学》2018 年第 6 期

关键词:认罪认罚　从宽　自愿性审查　上诉

摘要:在认罪认罚从宽制度被写入《刑事诉讼法》的背景下,立法者亟须解决该制度在试点期间存在的概念不清、规则不明等突出问题。厘清该项改革的内核,应当区别于自首、坦白和如实供述,"认罪"必然要承认指控事实和罪名,"认罚"是包含量刑建议在内的刑法评价后果,并在此前提下建构动态从宽体系;审判阶段认罪自愿性审查机制的构建应当从保障被追诉人知悉权、强调实质审查等方面着手;适当减轻负担,调整工作方式,以提高公安机关适用该制度的积极性;律师参与认罪认罚从宽制度的形式化问题突出;部分地区面临高上诉率的难题,其致因包括过高心理预期值、普通上诉制度缺乏针对性等,较之于突破"上诉不加刑"原则,适当限制上诉权是可取方案。

浅谈值班律师的定位与发展
侯东亮　李艳飞
《国家检察官学院学报》2018 年第 6 期
关键词：值班律师　辩护人　有效辩护　认罪认罚
摘要：修改后的《刑事诉讼法》对值班律师的"法律帮助"地位作了明确规定。我国的值班律师制度是在认罪认罚从宽制度改革的背景下展开的,有别于域外值班律师生成的特殊制度背景与实践进路。从制度功能和规范解释上看,我国语境下的值班律师有制度发展空间。值班律师是否可以发展为辩护人地位,赋予其相关权利并完善相关配套措施有待思考。

检察机关认罪认罚从宽制度改革试点实施情况观察
国家检察官学院刑事检察教研部课题组(负责人:孙锐)
《国家检察官学院学报》2018 年第 6 期
关键词：检察机关　认罪认罚从宽　值班律师　量刑建议　刑事诉讼法
摘要：各地检察机关为推进认罪认罚从宽制度的适用采取了一些积极举措,但试点工作发展很不平衡,值班律师制度和量刑建议制度还有待完善,其他一些具体的程序性问题也有待解决。对认罪认罚从宽制度的完善应从整个刑事诉讼系统入手,完善配套制度,以凸显该制度的功能;律师介入的时机应当提前,方式应当优化;量刑建议应当综合考虑各方面因素,有限参考被害人建议,在预期能够为法院采纳的前提下尽可能明确;庭审重点应予调整,强化法官的告知和审查义务,防止不必要的反悔与上诉。

论认罪认罚协商机制的构建——对认罪认罚从宽制度试点中的问题的检讨与反思
王飞
《政治与法律》2018 年第 9 期
关键词：认罪认罚从宽　控辩协商　量刑建议　制度风险
摘要：认罪认罚协商在宏观上有利于实现认罪认罚从宽制度试点改革追求的效率目标和国家法治的进步,在个案中也能实现刑罚目的,而且并不损害公正价值,是当前完善认罪认罚从宽制度的重要突破口。检视 A 市和全国各地的认罪认罚从宽制度改革试点情况可以发现,认罪认罚协商机制并没有成为该项制度试点实践的主要方向。认罪认罚协商的缺位导致了制度缺乏内生动力,招致批评与非议。当前既要注重搭建认罪认罚协商平台,完善工作机制,激发各方参与认罪认罚协商的积极性,也要注意吸取国外控辩协商制度的教训,防范和控制风险。

认罪认罚从宽制度理解与适用
杨立新
《国家检察官学院学报》2019 年第 1 期
关键词:认罪认罚从宽　自愿性保障　量刑协商　量刑建议效力　证明标准
摘要:2018 年修改后的《刑事诉讼法》将认罪认罚从宽确立为一项重要的诉讼原则,并对认罪认罚从宽制度进行了系统完善。认罪认罚从宽制度是在吸纳先行试点经验基础上成功立法的典范,准确理解适用认罪认罚从宽,必须进一步厘清试点过程中反映出来的实体认定与程序适用方面的问题。严格依法认定认罪、认罚与从宽,改进值班律师制度、规定程序转化机制以确保认罪认罚自愿性,正确把握量刑建议的性质、完善量刑协商程序,优化审查起诉模式,确保证明标准不降低等,对于认罪认罚从宽制度的准确适用具有重要意义。

被追诉人的权利处分:基础规范与制度构建
郭　松
《法学研究》2019 年第 1 期
关键词:权利处分　程序选择　处分限度
摘要:被追诉人处分权利是现代刑事诉讼维系协商性乃至行政式案件处理方式正当性的关键机制。我国在制度层面明确确立被追诉人权利处分机制,既有现实必要,也有理论根据。当然,认可被追诉人处分权利,并不等于任何条件下的权利处分都具有正当性,更不意味着权利处分可以不受任何限制。相反,被追诉人处分权利必须满足特定的程序与实体要件,并受他人权利、法律优位与公共利益等因素的制约。鉴于权利处分必然减损被追诉人受法律保护的程度,再加上我国保障被追诉人权利处分合法性的相关机制存在较多疏漏,当前在制度构建方面最为紧要的工作是明确权利处分的构成要件与可处分的权利范围,并确立必要的核查机制,以防止被追诉人的权利处分沦为公权力主体实现特定目的的工具。

认罪认罚从宽视域下刑事简化审理程序的本土化省察

步洋洋

《法学杂志》2019年第1期

关键词：认罪认罚从宽　简易程序　速裁程序　48小时快速结案模式

摘要：我国当下以简易程序和速裁程序为内容的二元"递简"式简化审理体系有其特定的形成、发展脉络及类型特征，突出表现在程序类型单一且层次化不足，程序与程序之间衔接不够顺畅、程序设计缺乏一体化机制安排等多个方面。为进一步理顺简化审理程序体系内部的程序梯度关系，推动刑事审判程序的层级化改造，刑事简化审理程序一方面应当以认罪认罚从宽的全程性特征为依托，吸收刑拘直诉以及部分地区试点实行的48小时快速结案模式的有益经验，统筹审前程序与庭审程序的平衡塑造，最大限度地实现简化审理程序的"全程"提速；另一方面则应当以被告人是否认罪为基准在审判环节设计两种不同的庭审模式，就法庭调查和法庭辩论作出差异化明显的内容安排，并通过重新界定简化审理程序的各自适用范围、增设处罚令程序等方式，实现体系内部程序在规范层面与实践层面的顺畅衔接，重构出认罪认罚从宽视域下中国式刑事简化审理程序的完整轮廓及繁简格局。

认罪认罚等级体系的构建与运用

狄小华

《学海》2019年第1期，人大复印报刊资料转载

关键词：认罪认罚　等级　程序分流　量刑

摘要：构建认罪认罚等级体系，不仅是完善理论基础的重要内容，更是指导司法实践的现实需要。根据悔罪程度的大小，认罪认罚可分为悔罪型、混合型和功利型三个等类；根据司法资源节约的多少，认罪认罚又可分为侦查前阶段、侦查阶段、审查起诉阶段和审判阶段四个级别。三等四级认罪认罚等级体系的划分有利于反映被告人的人身危险性和再犯可能性，同时还能反映出司法效益的高低，在实务中可以直接运用到程序分流和刑罚衡量上。

结构视角下的认罪认罚从宽制度

魏晓娜

《法学家》2019年第2期

关键词：认罪认罚从宽　宏观结构　控辩关系　值班律师

摘要：本轮《刑事诉讼法》修改，吸收了试点中的认罪认罚从宽制度。但修改《决定》设计的条文导致认罪认罚从宽制度在宏观结构上出现问题，具体包括："具结书"仅是对犯罪嫌疑人、被告人的约束，检察机关在审判过程中可以调整量

刑建议,造成控辩双方之间权力(利)、地位不对等;要求审判主体"一般应当"采纳人民检察院指控的罪名和量刑建议,触动人民法院依法独立行使职权原则;公安机关被不当赋予撤销案件的裁量权;值班律师地位、权利不明朗。认罪认罚从宽制度以"自愿性"为生命线,然而在刑事诉讼法中,保证犯罪嫌疑人、被告人自愿认罪的程序机制却严重不足。犯罪嫌疑人、被告人在认罪认罚制度中的脆弱地位,是中国刑事诉讼中缺失一系列重要权利保障的现状的投影。在控辩地位严重不对等前提下的认罪认罚制度,可能会招致一些特殊的风险。只有在健康的诉讼环境下才能有健康的认罪认罚从宽制度。

认罪认罚从宽案件上诉问题研究

王 洋

《中国政法大学学报》2019 年第 2 期

关键词: 认罪认罚从宽　刑事速裁　上诉　量刑建议

摘要: 针对认罪认罚从宽实践中出现的认罪认罚的被告人获得从宽后上诉谋取二次利益,以及"技术性上诉"问题,一些地方采取检察院抗诉和二审法院快速处理等方式予以应对,但是这些方法存在合法性和正当性不足的问题。为了将司法实践中的有益探索和尝试予以规范化和制度化,应当在保留被告人上诉权的前提下,以认罪认罚从宽具结书为依据对上诉和抗诉进行限制。如果法院判决的刑罚未超出检察机关的量刑建议,且属于三年有期徒刑以下的刑罚,被告人提起上诉,则需要对上诉理由进行审查,决定是否准予上诉。同时对所有认罪认罚从宽的案件中检察机关提起抗诉的权力进行限制,如果法院是在认罪认罚从宽具结书、起诉书所提出的指控和量刑建议内判决且被告人没有提出上诉,检察机关就不能提起抗诉。最后,为了保障这一制度的顺利推行,还应当完善值班律师制度、同步录音录像制度、完善具结书和判决书的签署和内容、规范量刑建议以及保障被告人反悔的权利等。

认罪认罚从宽制度的根基、困惑与走向

吕泽华　杨迎泽

《国家检察官学院学报》2019 年第 3 期

关键词: 认罪　分配正义　诉讼效率　审判中心主义

摘要: 认罪认罚从宽制度完善改革离不开刑事司法理念上的革新与发展:分配正义、宽严相济刑事政策、诉讼效率、诉讼认识论、实用主义等可为其提供理论、政策支撑但也会产生与罪刑相适应、无罪推定、实体真实诉讼目的、反对强迫自证其罪等基本理论原则的冲突问题,并有解构诉讼构造、消弭法官独立调查事实的可能性;可从坚守罪刑相适应原则基本内涵,依靠罪刑法定、证据裁判、反对

强迫自证其罪原则,确保审判中心主义改革要义等方面实现理论协调与发展。

认罪认罚从宽制度的宪法界限
韩大元　许瑞超
《国家检察官学院学报》2019 年第 3 期
关键词:认罪认罚从宽制度　宪法界限　人权保障　法治原则
摘要:认罪认罚从宽制度具有优化司法资源配置与保障人权、体现国家保护义务等宪法意义。同时,认罪认罚从宽制度存在与个人罪责原则相冲突、自愿性保护不足等问题。为此有必要把人权保障作为认罪认罚从宽制度合宪性控制的基础,并将法治原则作为自愿性的判断标准,从而确保犯罪嫌疑人、被告人的认罪认罚在保障辩护权、知情权的基础上进行。在犯罪嫌疑人、被告人与人民检察院的协商过程中,应确保协商双方的对等性、协商程序的正当性。认罪认罚从宽制度的展开,应符合宪法关于法检公三机关相互制约原则,合理协调法检公三机关在认罪认罚从宽制度中的不同功能。

比较法视野下认罪认罚案件被告人的上诉权
孙长永
《比较法研究》2019 年第 3 期
关键词:认罪认罚　上诉权　合理限制
摘要:英美法对认罪的被告人的上诉权进行了极其严格的限制,但对其不服量刑的上诉权仍然给予保障,大陆法系的意大利、德国等也分别通过立法或者实践对认罪协商案件中的上诉权进行了限制。我国认罪认罚从宽制度的运行条件与域外不同,现阶段不宜对认罪认罚案件的上诉权进行限制。但从发展方向看,对认罪认罚被告人的上诉权进行一定的限制,乃是完善刑事诉讼中认罪认罚从宽制度的内在要求,也符合以审判为中心的刑事诉讼制度改革的趋势和刑事司法规律。在立法模式上,可以借鉴域外立法经验,对允许上诉的理由进行列举性规定;在立法修改以前,司法机关可以开展通过协议限制被告人上诉权的试点工作,但应提供必要的程序保障。

认罪认罚从宽制度的基本内涵
孙长永
《中国法学》2019 年第 3 期
关键词:认罪认罚　从宽处理　刑事诉讼法
摘要:对于认罪认罚从宽制度的基本内涵,法学界和法律实务界均存在不同的认识。基于该制度的规范目的,兼顾实体公正、诉讼经济和权利保障等多种需求,对"认罪"应当从实体法、程序法和证据法意义上进行解释,只有同时符合实体法、程序法和证据法要求的"认罪",才属于认罪认罚从宽制度语境中的"认罪";"认罚"应当同时包含肯定性行为和禁止性行为两方面的内容,它除了要求被追诉人"同意量刑建议"以外,还要求其同意案件适用简化的诉讼程序,一般还要求被告人接受法院最终判处的刑罚,但并不禁止被告人对有罪判决的量刑部分提出上诉;"从宽"处理应当是指在对案件的实体处理上予以从宽,不具有任何"程序从宽"的含义;所谓"强制措施从宽"的说法与我国的立法精神、司法实践以及我国认可的相关国际准则均不相符,不宜延续。

被告人认罪认罚自愿性的界定及保障——基于"被告人同意理论"的分析
孔令勇
《法商研究》2019 年第 3 期
关键词:被告人同意理论 刑事速裁程序 认罪认罚从宽制度 自愿性
摘要:如何界定及保障被告人认罪认罚的自愿性是近期我国刑事诉讼法学界谈论的热门话题,但该问题并未随着我国刑事速裁程序与认罪认罚从宽制度的试点以及 2018 年《刑事诉讼法》的修正得到解决,因此需要借助新的刑事诉讼理论加以分析。"被告人同意理论"是对刑事诉讼中被告人同意行为的抽象,由同意的功能、同意的对象、同意能力的界定以及同意能力的保障构成。在这一理论中,被告人认罪认罚是对指控事实及罪名的同意,属于被告人同意的对象之一;认罪认罚的自愿性则是评价认罪认罚同意能力的重要指标,由于其关涉被告人重大实体性权利和程序性权利,因此需要按照自愿性、明智性及事实基础的标准进行界定;对认罪认罚自愿性的保障实际上是对认罪认罚同意能力的保障,可以从审前保障、庭审保障及司法证明保障三个方面具体展开。"被告人同意理论"不仅可以适用于妥当解决被告人认罪认罚自愿性的界定及保障问题,而且还可以拓展适用于解决其他同意对象之同意能力的界定及保障问题。

论检察机关在认罪认罚从宽制度中的主导作用
曹 东
《中国刑事法杂志》2019 年第 3 期
关键词:认罪认罚 主导作用 检察机关 量刑建议
摘要:2018 年《刑事诉讼法》第三次修改完善了刑事案件认罪认罚从宽制度,明确了检察机关在认罪认罚从宽制度中的地位和作用,即检察机关从程序和实体两个层面主导着认罪认罚案件。新时代检察机关做优刑事检察工作要体现在严格证明标准、提高量刑建议精准度等办案质量上。

认罪认罚从宽制度证明标准差异化的实证研究

李小东

《中国刑事法杂志》2019 年第 3 期

关键词： 证明标准　实践形式　证明对象范围　证据查证方式

摘要： 在效率观念的引导下，刑事案件速裁程序和认罪认罚从宽制度两项试点工作围绕证明标准差异化进行探索。"证明标准"在法律上由证明对象范围、证据查明方式和定罪辅助性标准三个要素构成，因而具有差异化的可能性。全国绝大多数的试点地区是在坚持排除合理怀疑的定罪辅助性标准前提下，对证明对象范围和证据查明方式进行差异化探索的。这些探索只是降低了实现"证据确实、充分"证明目标即"排除合理怀疑"的现实难度，而并未实质地降低法定的证明标准。广东省广州和深圳两个地区的试点案件总体情况表明，认罪认罚案件差异化的证明标准不会导致案件质量降低或者造成司法不公。

认罪认罚案件的二审程序——从上诉许可制展开的分析

牟绿叶

《中国刑事法杂志》2019 年第 3 期

关键词： 认罪认罚　速裁程序　上诉许可制　裁量型上诉　二元上诉结构

摘要： 对 268 份速裁案件的二审裁决书的分析表明，80% 以上的被告人都以量刑过重为由提起"空白上诉"。为了防止滥用上诉权、保障认罪认罚制度的效率价值，我国应建立二元上诉结构，即在速裁程序中引入裁量型上诉和上诉许可制，在普通程序和简易程序中，沿用《刑事诉讼法》第 227 条规定的权利型上诉。在速裁程序中，被告人应首先向二审法院申请上诉许可，法院认为具有合理理由并符合上诉条件的，才启动正式的二审程序。由于上诉许可制限制了上诉权，我们应在法官告知义务、律师有效辩护和检察官抗诉等方面充分保障被告人的权利。上诉理由包括定罪、量刑问题和无效辩护，上诉审查范围也因权利型或裁量型上诉的不同而分别适用全面审查或"一部上诉"原则。

认罪认罚从宽程序解释和适用中的若干问题

万　毅

《中国刑事法杂志》2019 年第 3 期

关键词： 刑事诉讼法修正案　认罪认罚从宽　认罪认罚具结书　被告人上诉

摘要： 2018 年《刑事诉讼法（修正案）》总结吸收了前期试点工作的经验，正式增设了认罪认罚从宽制度，明确了刑事案件认罪认罚可以依法从宽处理的原则,并完善了刑事案件认罪认罚从宽的程序规定。然而,由于前期试点时间以及立法准备周期过短,关于认罪认罚从宽制度在立法设计层面的诸多技术问题未及充分反映和反馈,使得《刑事诉讼法(修正案)》通过后,实务部门在解释、适用认罪认罚从宽制度时普遍产生了一些困惑和问题,包括:认罪认罚从宽程序的性质及其适用范围;控、辩双方在签署具结书后还能否撤回;认罪认罚从宽程序的合法性瑕疵是否影响其效力;认罪认罚案件法院如何开庭审理;发生《刑事诉讼法》第201条的情形,程序上如何处理;一审判决作出后被告人上诉,程序上如何处理;认罪认罚具结书是否可以在本案或他案中作为证据使用。

认罪认罚与刑事和解的衔接适用研究

赵　恒

《环球法律评论》2019年第3期

关键词:认罪认罚　刑事和解　被害人参与　合作性司法　恢复性司法

摘要:在认罪认罚从宽制度已被写入《刑事诉讼法》的背景下,立法者亟需关注认罪认罚与刑事和解的矛盾样态。之所以出现被害人难以参与认罪认罚案件的现象,浅层致因是"影响效率说",即被害人的介入会损害案件办理效率。深层致因是"理念冲突说",即合作性司法理念与恢复性司法理念之间的张力关系。为了保证认罪认罚从宽制度与刑事和解程序的顺畅衔接,立法者应当遵循以下完善思路:第一,把握认罪认罚与和解在成立要件层面的"概念交叉"关系,肯定二者均具有独立的量刑意义,但须避免重复评价;第二,审慎界定认罪认罚从宽制度与刑事和解程序中被害人地位的差异性,赋予被害人有效参与的特定权利,并妥善处理被害人提出不当诉求的难题;第三,在具体规则领域,还需要提升不同诉讼程序类型的层级性,区分认罪认罚与和解在自愿性、合法性方面的审查标准,以及设计层级化的量刑从宽规则。

论刑法与认罪认罚从宽制度的衔接

周光权

《清华法学》2019年第3期

关键词:认罪认罚从宽　司法效率　实体权利供给　预防刑　刑法修改

摘要:2018年最新修订的《刑事诉讼法》增设了认罪认罚从宽制度,其基本价值追求是给予被告人更多实体上的优待,提高刑事司法效率仅是伴随效果或次要目标。为此,刑法必须及时与认罪认罚从宽制度相衔接,为程序改革提供实体法支撑,防止量刑时面对"下不了手"的难办案件突破实体法的量刑限制,同时使参与协商的被追诉人内心有底数。就刑法立法的宏观考虑而言,从给予被追诉人处罚优待的角度看,实体法上对认罪认罚的"宽大"存在边界;从量刑论切人,认罪认罚仅影响预防刑;刑法应建构立体性的认罪认罚从宽量刑制度。就立法的微观考虑而言,应当明晰认罪、认罚的种类,并对从宽的幅度而非具体比例作出规定,同时将认罪认罚影响责任刑的内容增加到《刑法》第61条关于量刑原则的一般规定之中。

认罪认罚从宽案件中留所上诉问题研究

董 坤

《内蒙古社会科学(汉文版)》2019年第3期

关键词: 认罪认罚从宽 速裁程序 上诉 留所服刑 损失时间指令

摘要: 认罪认罚从宽案件中被告人为留看守所服刑而提出上诉的做法不利于提高诉讼效率和节约司法资源,且有违司法诚信。随着新修改刑事诉讼法的通过,认罪认罚从宽制度将在全国范围推行,这使得被告人的留所上诉问题存在蔓延扩大的隐忧,因而这一问题需要引起改革者和一线办案人员的足够重视。当前,针对这一现象的理论应对主要包括实行一审终审、检察院抗诉、取消上诉不加刑以及进一步压缩罪犯留所服刑的余刑刑期等方案。但这些方案在立法衔接、正当性依据以及可操作性上均存在不足。未来可考虑实行有因上诉制度与损失时间指令制度、二审书面审查机制相配套的办案模式,不仅可以有效抑制认罪认罚从宽案件中被告人为留所服刑而投机上诉,也可确保该类案件中被告人上诉权的充分行使及合理运用。

附条件不起诉扩大适用于成年人案件的新思考

何 挺

《中国刑事法杂志》2019年第4期

关键词: 认罪认罚从宽 宽严相济刑事政策 少年司法 起诉裁量 附带条件

摘要: 附条件不起诉与认罪认罚从宽制度在价值功能方面具有契合性,认罪认罚从宽制度为附条件不起诉扩大适用于成年人案件提供了制度空间,附条件不起诉则为认罪认罚案件提供了新的非犯罪化的处理方式。成年人与未成年人案件附条件不起诉在指导思想与立法目的、适用案件范围及相应起诉裁量权大小、附带条件的性质与内容、社会调查是否前置以及暂缓起诉期限的确定方式上都存在差异,这些差异以及相应的二元化立法设计在域外立法中亦有体现。应当对接认罪认罚从宽制度,参考未成年人案件附条件不起诉的已有实践经验,基于二元化设计的理念,对我国成年人案件附条件不起诉制度进行设计。

毒品犯罪案件适用认罪认罚从宽制度状况研究

陈 伟

《法商研究》2019 年第 4 期

关键词：毒品犯罪　认罪认罚从宽　毒品再犯　宽严相济

摘要：毒品犯罪案件认罪认罚从宽制度适用率低是司法实践反映出的客观现实。为顺应全面推进认罪认罚从宽制度的司法改革潮流，这一状态应有所改变。尽管从严惩治毒品犯罪的刑事政策与认罪认罚从宽制度之间并不一致，但就认罪认罚从宽制度的理论根基与适用范围来看，毒品犯罪案件并不属于排斥适用认罪认罚从宽制度的范围。对毒品犯罪案件适用认罪认罚从宽制度仍须坚持理性，不能随意降低构罪的证明标准，不能为追求认罪认罚目标而刻意从宽，应防止对毒品犯罪案件中未认罪认罚的行为人毒品犯罪案件进行报复性惩罚，毒品再犯认罪认罚的应明确告知附随后果，对其从宽的幅度应与认罪认罚的主观意愿难易程度相适应。

认罪案件证明标准层次化研究——基于证明标准结构理论的分析

秦宗文

《当代法学》2019 年第 4 期

关键词：认罪　认罪认罚从宽　印证　证明标准　排除合理怀疑

摘要：认罪认罚从宽制度下，以控辩对抗为根基构建的传统证明标准理论面临挑战。证明标准僵化是历次程序简化改革效果不彰的根本因素，司法责任制改革事实上又不断推高证明标准，从历史经验看，能否正确对待证明标准问题，将很大程度上影响着新《刑事诉讼法》确立的认罪认罚从宽制度的实践成效。认罪在一定范围内要求被告人责任自负，也要求重新认识口供依赖问题，加之利益衡量与错案风险的评估、证明标准的差异化在实践中的现实运作，及国外认罪案件证明标准差异化的经验，有必要检讨我国一元化的刑事证明标准。由于缺乏对证明标准结构的解析，以往讨论证明标准层次化的主张面临司法伦理与可行性难题。证明标准包含主客观两个方面，二者并不完全对应，存在主线与辅线之别。我国证明标准的主线应从客观方面转为主观方面，这是探讨证明标准层次化的基本前提。在坚持主观确信"不变"的同时，在认罪与不认罪案件、轻重不同的认罪案件及特别类型的认罪案件中，对客观方面的证据印证程度应区别对待，即证明标准层次化仅是客观方面的层次化。通过类型化走向精准化，应是证明标准的未来之路。

认罪认罚具结书的内涵、效力及控辩应对

刘 原

《法律科学(西北政法大学学报)》2019 年第 4 期

关键词：认罪认罚具结书　平等协商　公诉权　法律帮助

摘要：具结书是我国司法改革进程中出现的新生事物，处于认罪认罚从宽制度中的核心地位。具结书的契约本质属性，决定其形成过程应放弃讯问模式而采用充分的控辩平等协商方式。具结内容应包括指控犯罪事实和罪名，起诉书的指控内容应与其保持一致。失效的具结书不得用于指控。着眼于控辩应对途径，具结书文本的结构和内容应作重新设计，以体现认罪认罚从宽的"契约精神"和控辩平等协商的基本原则。此外，本文对公诉权的未来发展思路以及有效法律帮助的实现途径进行了相应探索。

值班律师参与认罪认罚案件的实践性反思

周 新

《法学论坛》2019 年第 4 期

关键词：认罪认罚　值班律师　协同性司法　协同性法律帮助

摘要：在 2018 年《刑事诉讼法》已经明确区分值班律师与辩护律师的前提下，针对试点实务中暴露出的若干难题，立法者应当摆正值班律师与被追诉人的关系。考虑到一般意义的辩护理论很难被直接套用到值班律师制度中，我们可以借鉴协同性司法理念中的沟通、合作因素，进一步拓宽协同性辩护的应用范围，探讨协同性法律帮助的适用性，在充分保证被追诉人自主行使辩护权的积极性的基础上，确定值班律师负有协助被追诉人了解、理解认罪认罚从宽制度及其法律后果的职能定位，引导辩方内部进行及时有效的互动并形成一致的意见，实现认罪认罚案件的有效法律帮助。

论"交涉性辩护"——以认罪认罚从宽作为切入镜像

李奋飞

《法学论坛》2019 年第 4 期

关键词：认罪认罚从宽　对抗性辩护　交涉性辩护

摘要：随着认罪认罚从宽制度改革的深入推进，特别是 2018 年《刑事诉讼法》的贯彻实施，刑事案件的办理在中国开始被区分为认罪认罚案件与不认罪认罚案件两种类型。与不认罪认罚案件中控辩双方在法庭上进行"唇枪舌剑""你来我往"式的平等对抗有所不同，认罪认罚案件的辩护则更多地体现在审前程序，尤其是审查起诉环节中与检察机关的沟通、协商、对话。如果说不认罪认罚案件中的辩护样态可被概括为"对抗性辩护"，则认罪认罚案件中的辩护样态可

被称为"交涉性辩护"。作为一种较为崭新的辩护样态,"交涉性辩护"所追求的诉讼目标是,通过与检察机关积极地沟通、协商和对话,说服其在被追诉人自愿认罪认罚后及时终结诉讼,或在提起公诉的情况下可以向法庭提出较为轻缓的量刑建议,从而让被告人获得更为有利的诉讼结果。"交涉性辩护"的形塑,除了与认罪认罚从宽制度的推行有关外,还与值班律师的角色嵌入和"对抗性辩护"的内在局限性有着紧密的联系。目前,"交涉性辩护"还面临着交涉对象过于强势、交涉能力极为有限以及交涉机制严重缺失等诸多瓶颈因素。其出路或在于,实现检察官的司法官化,提升辩护方的交涉能力,以及持续改善交涉环境。

刑事诉讼的公力合作模式——量刑协商制度在中国的兴起
陈瑞华
《法学论坛》2019年第4期
关键词:认罪认罚从宽制度　量刑协商　实质的程序正义　值班律师　司法审查
摘要:通过引入量刑协商机制来对被告人认罪认罚发挥激励作用,是我国认罪认罚从宽制度改革的主要创新之处。这一机制在吸引被告人认罪认罚和接受速裁程序,促进被告人认罪案件得到快速处理等方面发挥了积极的作用,但也存在着检察官滥用权力、被告人被迫认罪、值班律师无法提供有效法律帮助以及法官司法审查流于形式等一系列制度缺憾。在关注这一制度进一步改革的同时,还应对控辩协商制度在我国所面临的观念障碍给予足够的重视。而正是这些价值观念上的冲突和困扰,才使得我国的量刑协商机制只能在较小范围内发挥作用。

"认罪认罚从宽"内涵再辨析
赵　恒
《法学评论》2019年第4期
关键词:认罪　认罚　从宽　量刑情节　如实供述
摘要:在认罪认罚从宽制度已被写入《刑事诉讼法》的背景下,通过反思实务状况,立法者需从基本概念着手,实现认罪、认罚、从宽之内涵的"破"与"立"。第一,建立与程序类型相适应的认罪成立标准。原则上,在速裁程序中,认罪须同时承认指控事实、承认犯罪、接受指控罪名。在简易程序、普通程序中,认罪主要偏重承认指控事实、承认犯罪,但不排斥被追诉人承认更多事项。第二,认罪与自首等相近情节之间存在概念交叉关系,其共同要件是如实供述,"概括认罪""认事服判"不是认罪,但可能构成其他情节。第三,认罚以接受量刑建议为核心,包括接受刑罚与非刑罚的处罚结果,也包括对适用简化诉讼程序的同意,但不必然包括退赃退赔。第四,针对认罪认罚语境下的从宽体系,立法者需审慎破解"重复评价量刑情节"的难题,并辨明关于从宽处罚的若干问题。

听取意见式司法的理性建构——以认罪认罚从宽制度为中心
闫召华
《法制与社会发展》2019 年第 4 期
关键词:听取意见　认罪认罚从宽　辩诉交易　协商　司法模式
摘要:认罪认罚从宽制度采取的是以听取意见为基础的职权从宽模式,即由被追诉人通过认罪认罚来争取从宽处理,专门机关则在吸收被追诉人等之合理意见的前提下依法确定认罪认罚利益。听取意见模式具有独特的程序结构,既不是辩诉交易制度的翻版,也不同于认罪协商。在司法实践中,大多数所谓的协商在本质上其实是听取意见模式。较之于协商模式,听取意见模式更加契合我国的司法传统和诉讼构造,更能在追求效率的同时确保司法公正,在保障被追诉人权利、满足被害人诉求、兼顾公共利益、增强裁判社会认可度等方面也具有无可比拟的优势。但是,该模式在听取意见的有效性、不一致意见的处理、被害人意见的影响限度、专门机关的权能调整等问题上隐藏着一定风险,对此,亟待通过制度完善予以克服。听取意见模式是基于我国当前刑事司法场域的现实选择,没有必要也不应该以协商模式替代之。

关于检察工作的若干问题
张　军
《国家检察官学院学报》,2019 年第 5 期
关键词:理念　主导责任　检察理论研究　案-件比
摘要:学习贯彻习近平新时代中国特色社会主义思想特别是习近平总书记全面依法治国新理念新思想新战略,要在落细落实上下功夫,在具体检察工作中进一步学懂弄通做实。更新办案理念、发挥好检察官的主导责任、加强检察理论研究、构建检察业务质量评价指标体系,对做好当前和今后一个时期内的检察工作具有重要意义,要持之以恒地推进。

公安机关办理认罪认罚案件的实证审思——以 G 市、S 市为考察样本
周　新
《现代法学》2019 年第 5 期
关键词:认罪认罚从宽制度　刑拘直诉　社会危险性
摘要:在认罪认罚从宽制度的适用过程中,公安机关在侦查阶段的工作是不可或缺的一环。根据调研结果,允许公安机关适用认罪认罚从宽制度的方案有利于提高侦查效率和保障诉讼权利,已经取得了一定的实践成效,但同时也出现

了一些障碍和困扰：前者是指多层程序下的案件压力与办案时间的无形分割压缩；后者则是被倒逼的高羁押率与虚假认罪的风险。以上因素都使得认罪认罚从宽制度的实践效果难以达到预期目标。对此，破解之路在于，应当精简办案程序、改革"刑拘直诉"制度、搭建认罪认罚与取保候审的联动机制、设置从宽规则的层级化体系、构建虚假认罪的判断与预防机制等。

量刑建议的若干问题

陈国庆

《中国刑事法杂志》2019年第5期

关键词：量刑建议　精准化　认罪认罚从宽

摘要：量刑建议对于规范量刑活动、促进量刑公正，进而实现现代国家治理和法治国家建设具有重要的价值，更是认罪认罚从宽制度的适用基础。认罪认罚从宽的制度设计暗含了量刑建议精准化方向，越具体明确的量刑建议越利于控辩合意的达成，越有利于制度的适用并增强稳定性，符合制度的价值目标。为凸显认罪认罚从宽制度的价值，认罪认罚应当作为单独量刑情节予以评价，并根据认罪认罚的不同诉讼阶段设置阶梯化从宽幅度。当前检察机关量刑建议的精准化水平仍不高，应当通过完善量刑规范和指导意见、应用大数据智能辅助系统、加强学习培训等方式提升检察机关量刑建议的能力和水平。

比较法视野下的认罪认罚从宽制度——兼论刑事诉讼"第四范式"

熊秋红

《比较法研究》2019年第5期

关键词：认罪认罚从宽　放弃审判制度　刑事诉讼范式　正当程序

摘要：我国2018年修改后的《刑事诉讼法》确立了认罪认罚从宽制度，如何理解、适用和完善该制度，是理论界和实务界关注的重要议题。关于认罪认罚从宽制度的立法定位以及发展方向的研讨，有必要放在比较法视野下加以审视。从世界范围来看，"放弃审判制度"近些年来得到迅猛发展，其原因包括提高诉讼效率、增加有效定罪、推进刑事司法改革、保护被害人利益等方面的考虑，该制度形态多样，优势与风险并存。围绕认罪认罚从宽制度，存在着诸多的争议，可以在综合考量其他国家和地区相关做法的基础上，结合我国的具体国情作出适当的选择。从历史发展的角度看，包括认罪认罚从宽制度在内的"放弃审判制度"的盛行，标志着刑事诉讼"第四范式"的形成，它意味着刑事司法的结构性变革。与一些法治发达国家相比，我国是在刑事诉讼"第三范式"发育尚不充分的情况下迈向刑事诉讼"第四范式"，尤其应当注意防范可能产生的风险，通过系统性、综合性改革，重塑符合公正原则要求的法治秩序，保障认罪认罚从宽制度健康发展。

认罪认罚从宽制度中的检察机关主导责任

汪海燕

《中国刑事法杂志》2019 年第 6 期

关键词：审判中心　认罪认罚从宽　主导责任　协商　酌定不起诉

摘要：认罪认罚从宽程序并没有背离以审判为中心，只不过相对于其他案件，检察机关的主导责任更加凸显。在诉审关系中，除法律规定的例外情形，检察机关的指控罪名和量刑建议对法院具有拘束力。在诉辩关系中，检察机关应当尊重被追诉人的主体地位，就认罪认罚从宽的内容与被告方充分协商，同时还应对其履行关照职责。在诉侦关系中，法律应当明确认罪认罚的从宽幅度，并在此基础上进一步完善检察机关的起诉裁量权，拓展酌定不起诉的适用空间。

直面认罪协商制度的"复杂性"——《庭审之外的辩诉交易》之方法论启示

谢 澍

《政法论坛》2019 年第 6 期

关键词：辩诉交易　认罪协商　认罪认罚从宽　社会科学知识　方法论

摘要：毕贝斯在《庭审之外的辩诉交易》中由"庭审阴影模型"出发，借助社会科学知识，从结构性因素和心理学因素两个层面勾勒出辩诉交易制度背后的"复杂性"，进而运用"结构—心理学视角"作出富有解释力的理论尝试。这不仅能为完善认罪认罚从宽制度提供知识参考，还可以被视为社会科学方法介入刑事诉讼法学研究的一个范本，给予方法论启示：刑事诉讼法学研究应当至少具备"实践样态的充分把握""社科知识的合理运用"以及"理论模式的谨慎提炼"三方面要素，方能收获足以直面"复杂性"的理论推进。

认罪认罚从宽制度适用的基本问题——《关于适用认罪认罚从宽制度的指导意见》的理解和适用

苗生明　周 颖

《中国刑事法杂志》2019 年第 6 期

关键词：宽严相济　认罪认罚从宽　确定刑量刑建议　一审程序　二审程序

摘要：办理认罪认罚案件，应当坚持宽严相济的刑事政策和罪责刑相适应原则、证据裁判原则、配合制约原则，确保认罪认罚从宽制度依法规范适用。认罪认罚从宽制度适用于各类刑事案件的侦查、起诉、审判等不同阶段。对从宽的把握，原则上主动认罪优于被动认罪，早认罪优于晚认罪，彻底认罪优于不彻底认罪，稳定认罪优于不稳定认罪。人民检察院办理认罪认罚案件，一般应当提出确定刑量刑建议。被告人在侦查、审查起诉阶段没有认罪认罚,但当庭认罪,愿意接受处罚的,可以适用认罪认罚从宽制度。被告人在第一审程序中未认罪,在第二审程序中认罪认罚的,可以适用认罪认罚从宽制度,但从宽幅度应当与第一审程序认罪认罚有所区别。

认罪认罚案件中口供判断的若干问题

纵　博

《中国刑事法杂志》2019 年第 6 期

关键词: 认罪认罚　口供自愿性　口供真实性　口供补强规则　印证方法

摘要: 在认罪认罚案件的证明中,口供是处于核心地位的证据,口供的真实性直接决定了指控证据体系的可靠性。口供的自愿性与真实性是不同层次的标准,不应相互混淆或替代;口供补强规则是对定罪的限制,而非对口供真实性判断的限制;认罪认罚案件以口供的真实性为证据调查的重心不会导致证明标准实质上降低。口供的真实性判断标准包括口供本身的真实性标准和口供的印证标准,在判断口供真实性时需综合运用这两类标准。口供本身的真实性标准又包括口供内容在经验上的合理性、口供是否包含隐蔽性信息、口供的产生和变化过程、被告人的动机和个人状况。以印证方法判断口供真实性时需注意不能使用同源证据;应根据先供后证和先证后供两种不同情形对口供的印证情况进行判断;要注意识别过度印证、片面印证、偏见印证、可疑印证等虚假印证情况。口供补强规则应当同样适用于所有认罪认罚案件,且同样要排除合理怀疑才能定罪,只不过可以根据口供与补强证据的具体情况而灵活判断。在日后我国认罪认罚制度的完善中,可以考虑采取以下几种口供真实性判断的辅助措施:完善讯问录音录像制度;加强其他判断口供真实性的方法;精神检查、心理测试及测谎技术的辅助运用。

认罪认罚从宽中的特殊不起诉

董　坤

《法学研究》2019 年第 6 期

关键词: 认罪认罚从宽　特殊不起诉　重大立功　国家重大利益　协商性司法

摘要: 2018 年《刑事诉讼法》增设了特殊不起诉,其适用条件之一"重大立功"应比照酌定不起诉中作为免除刑罚情节的"重大立功"作限缩解释,限定为特别重大立功。这种情形下的不起诉在理论上可视为基于利益权衡原理对域外追诉协助型污点证人制度的引入。特殊不起诉的另一适用条件"案件涉及国家重大利益"则是对我国起诉便宜实践的扩展,可比照《刑法》第 63 条第 2 款"案件的特殊情况"的规定厘清其内涵。特殊不起诉的核准机关是最高人民检察院。最高的审批层级、极少的案件量以及审慎的决定程序，限制了特殊不起诉的事后救济渠道和制约路径。值得注意的是，特殊不起诉中选择性起诉的规定折射出协商性司法中"罪数协商"、以刑事案件为刑事诉讼客体在我国立法和司法中的发展和深化。

认罪认罚案件中量刑从宽的实践性反思

周　新

《法学》2019年第6期

关键词：认罪认罚　从宽　量刑　量刑指南

摘要：关于认罪认罚案件的量刑从宽，我国不少试点单位探索出一些值得总结的经验，同时也反映出若干共同的特点。借助多种实证研究方法，进一步总结认罪认罚前提下量刑从宽的实践状况，尤其是反思其中的不足，包括检察机关提出量刑建议的从宽事由比较单一、律师对从宽结果的影响程度偏低，等等。通过分析与认罪认罚相关的积极因素、消极因素，立法者需要从以下方面着手来完善认罪认罚案件的量刑从宽规则：第一，确定认罪、认罚、从宽的基本内涵，综合分析各种从宽、从重处罚的情节；第二，确立层级化的梯度从宽体系，适应侦查、审查起诉、审判、执行四大阶段的实践需要；第三，由公检法司共同参与制定适应的量刑指南，注重规范性与灵活性相结合。

论认罪认罚案件救济程序的改造模式

周　新

《法学评论》2019年第6期

关键词：认罪认罚案件　救济程序　检察院抗诉模式　限制上诉权模式　突破上诉不加刑原则模式

摘要：认罪认罚从宽制度在推行之初就彰显着在维护公正的基础上提高诉讼效率的价值追求，而司法实践中被告人滥用上诉权的现象却未得到有效缓解，增加了司法负担，消解了认罪认罚从宽制度在提高诉讼效率、优化资源配置等方面的重要作用。为此，理论界与实务界提出了检察院抗诉模式、限制上诉权模式和突破上诉不加刑原则模式，以期破解部分地区上诉率较高的难题，然而这三种不同的救济程序改造模式均有其局限性。认罪认罚案件救济程序的改造需要考虑公正与效率的平衡，注重人权保障的实现，可以在选择程序简化模式的同时，完善值班律师制度、控辩协商程序以及司法责任制，从而保障认罪认罚案件救济程序的良性运行。

认罪认罚案件"程序从简"的路径

李 勇

《国家检察官学院学报》2019 年第 6 期

关键词：认罪认罚　程序从简　分类递进简化　证据标准（规则）差异化

摘要："程序从简"是认罪认罚从宽制度在程序上的基本特征，但实践中"简易不简""速裁不速"的难题始终难以解决。"简易不简""速裁不速"的原因在于简化仅局限于庭审环节、证据标准机械僵化、内部审批程序过多、文书重复繁琐。按照比例原则，建构分类递进简化模式是程序从简的有效路径，在普通程序简化审—简易程序—速裁程序三级递进的基础上，进一步分类简化。跳出简化庭审的单一模式，实现从侦查到起诉、再到审判的全流程简化；在区分证明标准与证据标准（证据规则）的基础上，探索类案证据标准（规则）的差异化；淡化行政审批促进决策的"扁平化"，对各种文书进行"并减"。

论认罪认罚案件的证明标准

肖沛权

《法学杂志》2019 年第 10 期

关键词：认罪认罚　证明标准　定罪要求　事实清楚，证据确实、充分

摘要：对证明标准的正确理解与把握是防止认罪认罚案件发生冤错案件的重要保障。认罪认罚案件从定罪要求来说不仅要求制定科学的、反映诉讼客观规律的证明标准，而且要求在实践中坚守法定的证明标准。法律界对认罪认罚案件应适用何种证明标准存在较大分歧，形成了证明标准降低说与证明标准同等说两种泾渭分明的观点。认罪认罚促使程序的推进方式发生了变化，但这并非降低证明标准。基于职权主义的诉讼价值追求，认罪认罚案件的证明标准应当坚持法定证明标准，而不能因为庭审程序简化而降低。这是确保认罪认罚符合客观真相的关键所在，也是证明标准一元化的客观需要，同时也是与简易程序及速裁程序证明标准相协调的体现。

认罪自愿性的边界与保障

杨 帆

法学杂志 2019 年第 10 期

关键词：认罪认罚　自愿性　边界保障

摘要：认罪的自愿性是认罪认罚程序的灵魂与基石，直接关乎制度运作的效能与价值实现。要预防因制度的缺失而导致"自愿性"被侵犯的现实风险，必须明确"自愿"的实质要求，相对明晰地勾勒出"自愿"的边界。在此基础上通过经验积累、制度构建、程序完善，为边界扎上制度的藩篱，建立认罪"自愿性"的法治

化保障。通过上述努力,最终达到统一裁判尺度、丰富认罪认罚制度之内涵,促进其成熟化发展之目的。

认罪认罚从宽制度立法目的的波动化及其定位回归
张泽涛
《法学杂志》2019年第10期
关键词:认罪认罚从宽　立法目的　波动化　繁简分流　宽严相济
摘要:从认罪认罚从宽制度出台,到《刑事诉讼法》最终确立,各类规范性文件中对认罪认罚从宽制度的立法目的规定呈现明显的波动化:由一元化的"繁简分流,提升诉讼效率"到"及时有效惩罚犯罪,维护社会稳定""落实宽严相济刑事政策,加强人权司法保障"的多元化并存,再到2018年修改《刑事诉讼法》时不予提及,作模糊化处理。认罪认罚从宽制度立法目的的波动化导致了诸多理论弊端,也造成了一些实践困境。对认罪认罚从宽制度的立法目的应该进行再定位,将其立法目的划分为三个层次:第一层次的立法目的是繁简分流,提升诉讼效率;第二层次的立法目的是保障程序和实体处理上的宽严相济;第三层次的立法目的是探索推进实质性的控辩协商。

我国重罪协商的障碍、困境及重构——以"权力—权利交互说"为理论线索
吴思远
《法学》2019年第11期
关键词:重罪案件　认罪认罚从宽　认罪协商　协商性司法　权力—权利交互说
摘要:认罪认罚从宽制度在目标及构造等方面的偏差,导致其自身未能充分凸显协商之本质特征,故对重罪协商设置了制度性障碍,成为制约我国重罪协商适用及其发展的原因。追根溯源,认罪协商之正当性基础长期未能予以厘清,即为何协商达成后应给予被告人处遇优惠。在完善认罪认罚从宽制度的进程中,应当首先反思认罪协商的正当性困境,以"权力—权利交互说"重构其理论依据,证成被告人获得协商利益的正当性;进而转变改革思路,完善程序设计,健全保障机制,夯实公众基础,探索重罪协商的"权力—权利交互"模式。

三重悖离:认罪认罚从宽程序中值班律师制度的困境
汪海燕
《法学杂志》2019年第12期
关键词:认罪认罚从宽　值班律师　困境　改革
摘要:值班律师制度的设立是认罪认罚从宽制度完善的内在要求,对于保障认罪认罚从宽的自愿性、认罪认罚具结的真实性与合法性起到重要作用。然而,

该制度在法律和实践层面存在诸多问题。法律将值班律师定位为法律帮助者与权利保障人，但在实践中其往往蜕变为认罪认罚从宽程序合法性的见证人与背书者；法律要求值班律师发挥程序选择建议、对案件处理提出意见等重要作用，却没有赋予其必要的诉讼权利予以支撑；同时，值班律师的职责与收益、风险等严重悖离。究其根由，是值班律师作为权利保障者与权力配合者角色定位交织，值班律师与辩护人的职能混同，本应政府承担的法律援助责任转为律师义务。法律除了应明确界定值班律师的身份、功能外，还应赋予其支撑功能的具体诉讼权利，并完善相关的法律援助体制。

回归权利：认罪认罚从宽制度的适用困境及理论反思
闵春雷
《法学杂志》2019年第12期
关键词：认罪认罚权利　实体从宽与程序从简　合作式诉讼模式
摘要：2018年《刑事诉讼法》将认罪认罚从宽作为基本原则予以确立，意味着认罪认罚在刑事诉讼中应得到普遍适用。但从该制度的适用情况看，存在着适用范围局限、值班律师虚置、量刑建议单方决定等问题，究其原因是对该制度的法律性质缺乏明晰认识，将认罪认罚当作司法机关的权力看待，使认罪认罚成为办案机关对被追诉人的"恩赐"。故应回归权利，将认罪认罚作为被追诉人的重要权利加以明确和保障。认罪认罚权利是程序权利与实体权利的统一，作为程序性权利包含被追诉人的知悉权、程序选择权、反悔权及上诉权；在实体上则是通过认罪认罚应当获得从宽处理的权利。与此相对应，司法机关应为认罪认罚权利提供必要的保障和救济，应以权利为基点确立新型合作式诉讼模式，探索构建独立的认罪认罚程序以提高程序的公正性。

论量刑建议制度的规范结构与模式——从《刑事诉讼法》到《指导意见》
林喜芬
《中国刑事法杂志》2020年第1期
关键词：量刑建议　认罪认罚从宽　规范结构　制度模式
摘要：在认罪认罚从宽制度改革中，《刑事诉讼法》和《指导意见》对量刑建议的提出和采纳模式虽文字表述类似，但规范结构却显得不同。前者是"单向相对确定式"提出模式和"推定接受型"采纳模式的综合体，而后者是"协商全面精准式"提出模式和"审查接受型"采纳模式的混合物。从检法实践上讲，检察机关提倡通过精准式的量刑建议实现主导责任，但法院系统为了规避担责可能会采取审查接受的方式。量刑建议制度改革虽微观，却决定着未来中国刑事司法的宏观走向，今后应充分重视工作负担、考核管理和责任风险对模式选择的影响作用。

我国控辩协商模式的困境及转型——由"确认核准模式"转向"商谈审查模式"

吴思远

《中国刑事法杂志》2020 年第 1 期

关键词：控辩协商　量刑建议　认罪认罚从宽　协商性司法　权力—权利交互说

摘要：当前认罪认罚从宽制度的规范性框架已经成就了控辩协商的做法，司法实践逐步形成了"确认核准模式"。然而，现有模式留给控辩双方的协商余地较小，权力与权利的不平等关系弱化了认罪认罚从宽制度的协商性色彩，难以充分展现控辩协商的本质内涵。随着新型犯罪案件的不断增加以及人工智能在司法实践中的推行与运用，这一模式可能会进一步拉大控辩双方于协商中的不平等关系，最终有损认罪认罚从宽制度的正当性。为了化解当前控辩协商模式所面临的双重困境，应当由"确认核准模式"转向"商谈审查模式"，充分彰显控辩协商的内在道德；遵循以被告人权利保障为核心、以控辩的实质交互为基础、以严格的司法审查为支撑的转型路径，指引我国控辩协商法治化，促成认罪认罚从宽制度的良性发展。

检察官视角下确定刑量刑建议实务问题探析

李　刚

《中国刑事法杂志》2020 年第 1 期

关键词：量刑建议　确定刑量刑建议　量刑标准　量刑能力

摘要：《关于适用认罪认罚从宽制度的指导意见》确认了确定刑量刑建议在认罪认罚从宽案件中的基础性地位，对刑事诉讼产生了深远影响，并给控、辩、审三方都带来了挑战。确定刑量刑建议在司法实践中面临缺乏明确量刑标准、量刑裁量范围过宽、检察官提出确定刑量刑建议的能力有待提高、控辩双方就量刑建议达成一致难度增加、部分法官一定程度上抵触与不理解等困难。针对这些问题，应合理制定确定刑量刑建议的工作目标，分阶段、分案件类型实施；通过培训学习、应用智能量刑辅助系统，提高、强化检察官的量刑能力与协商能力；与法院系统和法官进行充分沟通，争取法官正确认识确定刑量刑建议，给予充分尊重；研究出台更为精细、规范的量刑方法和量刑标准，增强量刑过程的精准化和透明度。

论认罪认罚案件量刑建议的裁判制约力

闫召华

《中国刑事法杂志》2020 年第 1 期

关键词：认罪认罚　量刑建议　量刑裁判　采纳率　柔性制约

摘要：定位上的激励性、内容上的合意性以及程序上的枢纽性是认罪认罚从宽程序中量刑建议的鲜明特质。这决定了认罪认罚案件的量刑建议应当产生对量刑裁判更强的制约力。实践中,不管是对量刑建议采纳率的过分强调,还是"贴底量刑"现象,均在一定程度上导致了量刑建议的功能异化。当务之急,应通过畅通控辩双方的异议途径,增强量刑沟通的公开性,以及强化量刑裁判的说理,构建"刚柔并济"并以柔性制约为核心的量刑建议增效机制,进而实现认罪认罚从宽程序中求刑权与量刑权的良性互动。

诉讼分流背景下刑事速裁程序评判:以德国刑事处罚令为参照

李　倩

《中外法学》2020 年第 1 期

关键词: 刑事速裁程序　刑事处罚令　书面审理　程序分流

摘要: 在认罪认罚从宽原则指导下,以效率为指向的刑事速裁程序的设置存在体系性缺失,不具有独立性品格。一方面,实务中有用其取代认罪认罚从宽制度的倾向;另一方面,它与刑事简易程序的适用界限不清、规则不明。德国的刑事处罚令制度承担了刑事诉讼程序中大量的分流功能,它以"书面审"的模式快速处理轻微刑事案件,强调检法两家意见的一致性,法院不得更改检察院的处刑建议。伴随着我国较重行政违法行为逐步入罪化的实体法处理模式的兴起,有必要借鉴德国刑事处罚令的有益经验,打造我国轻罪刑事案件的"书面审"速裁模式,让其"合法地"大量分担刑事诉讼程序繁简分流的功能,并以此助推实体法中轻重罪案件的划分及分层级的值班律师指定辩护制度的建立。

认罪认罚被追诉人权利保障问题实证研究

周　新

《法商研究》2020 年第 1 期

关键词: 认罪认罚从宽制度　自愿性　明知性　被追诉人　从宽处罚　上诉权

摘要: 在认罪认罚案件中,保障被追诉人诉讼权利的关键在于保障被追诉人的知情权,确保其认罪认罚的自愿性和明知性。虽然办案单位通过多方告知、律师参与、全程留痕等方式来维护被追诉人的诉讼权利,但是也存在告知流于形式、律师参与"门面化"、不当限制上诉权等问题,其原因是多方面的,包括立法者对被追诉人权利减损程度认知不明、司法机关消极参与认罪认罚程序、律师说理作用得不到发挥等。在《刑事诉讼法》修改的背景下,立法者意欲保障认罪认罚案件被追诉人的诉讼权利,应当充分重视审前程序的作用,保证律师的有效参与,并且辅之以入所体检、录音录像、建立统一的案件处理平台以及制定统一的量刑指南等配套措施。

认罪认罚案件上诉问题研究

赵 菁

《法学论坛》2020 年第 1 期

关键词：认罪认罚从宽制度　上诉权　权利保障　自愿性

摘要：我国 2018 年修改后的《刑事诉讼法》未对认罪认罚案件的上诉问题作出具体规定。鉴于认罪认罚案件可能包含被告人对权利的放弃等原因，应对其是否设置上诉权、上诉权的范围、上诉审查及二审如何处理进行法律完善。参考域外认罪协商类制度上诉权的范围以及被告人权利保障、司法风险、效率等价值之间的平衡，我国应限缩认罪认罚案件的上诉权。应基于被告人上诉的真实动因进行分类，设置有条件的上诉权。认罪认罚案件上诉的审查方式为基于被告人认罪自愿性的审查，宜引入无效辩护概念；二审处理中应增加违背意愿认罪情形等的规定。

认罪认罚从宽制度中的量刑建议

卞建林　陶加培

《国家检察官学院学报》2020 年第 1 期

关键词：认罪认罚从宽　量刑建议　精准与幅度　量刑建议效力　量刑建议异议程序

摘要：从世界范围看，量刑建议愈渐具有重要地位是当下刑事司法制度公力协商模式悄然风靡的结果。随着我国认罪认罚从宽制度的确立，检察机关量刑建议的重要性也日益彰显，成为牵动认罪案件诉讼程序运行的关键部分。认罪认罚案件中量刑建议制度产生了较多新的实质变化。新形势下，精准刑与幅度刑在认罪案件量刑建议中均具有了新的价值意义，以精准为主、幅度为辅是较为妥当的量刑建议内容模式。量刑建议的效力问题是落实认罪认罚从宽的关键所在，对于《刑事诉讼法》第 201 条的规定，应当要有较为清晰的认知，包括量刑建议的效力场域、辅助参考到主要依据的转变、一般应当的规范表述、调整量刑建议的规范缘由、量刑建议异议处理程序。对这些问题的充分有效探讨有助于指导认罪认罚从宽制度实践。

认罪认罚从宽制度中的认罪答辩撤回：从法理到实证的考察

郭 松

《政法论坛》2020 年第 1 期

关键词：认罪认罚从宽　认罪答辩撤回　制度建构　程序滥用

摘要：被追诉人撤回认罪答辩具有救济非真实认罪与平衡控辩双方不对等利益结构的功能。虽然认罪答辩撤回是自我决定权的一种体现，被追诉人并不因此而承担不利后果,但也不能随意撤回。被追诉人能否撤回认罪答辩,现行刑事诉讼法并未作出明确规定。在前期的试点过程中,地方司法机关对被追诉人撤回认罪答辩做了一些有益探索,但明显不够,且对很多问题的认识存在差异。在认罪认罚从宽制度的后续改革中,既要明确认可被追诉人有权撤回认罪答辩,最大限度地释放认罪答辩撤回的潜在功能,也要防范被追诉人随意甚至滥用撤回认罪答辩,避免产生不必要的程序耗费。

论检察机关的刑事诉讼主导地位

赵 恒

《政治与法律》2020 年第 1 期

关键词: 检察机关主导地位 认罪认罚从宽制度 检察权裁判 量刑建议 不起诉

摘要: 立足刑事诉讼多元化繁简分流体系,检察机关的刑事诉讼主导地位有广义和狭义之分,前者是指检察机关在办理全部案件过程中发挥主导作用,后者是指检察机关在办理认罪认罚案件过程中具有实质影响乃至决定案件结果的特定权力。借鉴描述大陆法系和英美法系检察权扩张现象的"检察权裁判"理论,狭义的检察机关主导地位才是未来合作式诉讼中检察职权演进的应有之义。审视体现我国检察机关刑事诉讼主导地位的认罪认罚具结、量刑建议和酌定不起诉三个维度,可以发现,目前确立狭义的检察机关主导地位,尚缺乏足够的理念基础与制度支持。未来,随着合作性司法理念渗透至我国刑事诉讼主要领域,立法机关可以前瞻性地从辨析检察权时代内涵、明确认罪认罚从宽制度功能、推进具结准诉讼化改造以及提升内外部监督质量和效果等方面出发,推动狭义的检察机关刑事诉讼主导地位的巩固与发展。

完善认罪认罚从宽制度的关键是控辩平衡

龙宗智

《环球法律评论》2020 年第 2 期

关键词: 刑事程序 认罪认罚从宽 控辩平衡 司法公正

摘要: 协商性司法存在"信息不对称"和"资源不对等"等特征,并形成"结构性风险",侦控方具有压制被追诉人克服诉讼障碍的动因。美国辩诉交易制度及德国量刑协商制度均存在协商性司法异变问题。由于缺乏有效辩护,被追诉人缺乏知情权,认罪认罚在辩护未介入时过早开启且鼓励早认,特有的侦讯制度与羁押制度,以及诉审"配合"等因素,使得我国的控辩失衡更为突出,并产生一系列负面后果。目前应针对制度弊端调整、完善,尽力推动综合配套改革,关键是诉讼资源配置的控辩平衡,配套措施需重点改革侦查审讯制度及审前羁押制度,完善刑事辩护制度。该程序本身的完善,有以下路径:第一,实现有效辩护,改善值班律师制度的运行;第二,强化当事人知情权,改善协商程序;第三,适当把握证据标准,实现质量与效率的统一;第四,实施有效的司法审查和司法救济,同时对共同犯罪案件适用作出一定限制。

协同型司法:认罪认罚从宽制度的诉讼类型分析
张建伟
《环球法律评论》2020 年第 2 期

关键词:协同型司法　认罪认罚从宽　非对抗性诉讼　自由意志　程序利益

摘要:我国传统的司法模式是非对抗性司法模式(压制型司法),当代司法改革受英美对抗制诉讼的影响,诉讼对抗性有所提高,近年来的一个明显变化是,立法与司法转而寻求一种新的非对抗性司法类型(协同型司法)。认罪认罚制度在这一转变中应运而生。本文描述了这一诉讼类型转变的轨迹,揭示认罪认罚从宽制度从概念到实体所蕴含的特定司法需求和深层结构原因,并就协同型司法在实践中的形成机理与相关的维持协同型司法的实践问题做出分析。

职务犯罪案件认罪认罚从宽制度研究
汪海燕
《环球法律评论》2020 年第 2 期

关键词:职务犯罪　认罪认罚从宽　刑事证据　证明标准　监察制度

摘要:《监察法》规定了职务犯罪案件调查阶段认罪认罚从宽制度,但在价值取向、适用条件和具体适用程序等方面与刑事诉讼认罪认罚从宽制度有较大的差异。从总体上看,职务犯罪案件调查阶段认罪认罚制度呈现出更为浓厚的职权色彩。为充分发挥认罪认罚从宽制度的功能,实现《监察法》与《刑事诉讼法》的有效对接,在实体标准层面,应遵循认罪认罚从宽条件一体化思路;在证据层面,需要在坚守法定证明标准的前提下,完善口供补强规则,落实疑罪从无原则,并在吸收认罪认罚从宽原则精神的基础上,设立污点证人作证制度等;在程序层面,调查阶段应当构建保障被追诉人知悉权规则、值班律师制度以及多层次限制人身自由的强制性措施体系,同时还应规范相关文书的适用。

认罪认罚从宽制度的理论问题再探讨
陈卫东
《环球法律评论》2020 年第 2 期

关键词:认罪认罚从宽　控辩合意　法定从宽　控辩协商　审判中心

摘要:从概念上看,认罪认罚从宽具有政策、原则和制度三重维度的含义,三者之间具有一定的内在逻辑关系。制度维度下的认罪认罚从宽是集实体规范与程序规范于一体的综合性法律制度,其核心规则是一种控辩合意程序,目的是以一个相对公开、规范的程序平台落实"职权式从宽"和"法定从宽",其"协商"意义比较有限,既难以被解释为认罪协商,也不能简单推定为量刑协商。认罪认罚从宽的研究应放在审判中心的视野之下,两者之间的"关系论"既关乎整个刑事诉讼格局的逻辑自洽问题,也关乎一些具体制度规定和实践运作的合理性问题。立足于中国式控辩合意程序的核心定位,对认罪认罚从宽制度进行符合当下制度定位和司法背景的规范化、正当化的调整,意义更为明显。

契约模式抑或家长模式?——认罪认罚何以从宽的再反思

高童非

《中国刑事法杂志》2020年第2期

关键词: 认罪认罚从宽　法律家长主义　职权主义　契约理论　协商性司法

摘要: 近年来学界围绕认罪认罚从宽制度的立法目的、正当性基础以及制度建构模式展开了争论,不少学者采用契约理论解释当前的制度。契约模式虽然具备较为成熟的体系并且被一些国家作为合作型司法的建构模式采用,但是难以用于解释我国的认罪认罚从宽制度,若将其用于建构我国认罪认罚从宽制度将遇到理论障碍。我国认罪认罚从宽制度实际上呈现出的是家长模式,这是在对立法样态进行观察后总结出的足以形成逻辑自洽的理念和体系,并且在司法实践中得到检验。家长模式以被追诉人的悔罪为核心,在诉讼关照、权利保障等方面具有一定优势。该模式可以为解决当前诸多实践中的争议提供理论支撑,并且推动认罪认罚从宽制度建构思路的统一和制度内部的系统融贯。

改革开放以来我国被追诉人认罪案件处理之图景

贺小军

《中国刑事法杂志》2020年第2期

关键词: 认罪　程序处理　实体处理　权力驱动　权利主导

摘要: 改革开放以来,我国被追诉人认罪案件之处理图景经历了几番变更:从认罪从重从快到认罪从宽,再到认罪从宽与认罪认罚从宽的二元处理。经过40多年来的反思与实践,我国被追诉人认罪案件处理逐步接近法治化,基本形成程序优越、实体跟进的权力驱动型认罪案件处理格局。然而,此种权力驱动型的认罪案件处理既存在程序低效之弊端,也有被追诉人权利保障不足的问题。未来我国应当对权力驱动型的认罪案件处理模式进行法治化改造,即在制度设计理念上,应遵循体系化处理的原则;在技术路径上,应从程序效率与权利保障两方面双管齐下。

我国刑事上诉制度多元化的建构路径——以认罪认罚案件为切入点
牟绿叶
《法学研究》2020 年第 2 期

关键词：上诉权　上诉理由审核制　认罪认罚　审级制度

摘要：世界主要国家和国际公约为保障被告人的上诉权,确立了权利型上诉和裁量型上诉两种上诉制度。上诉权的本质是要求国家保障被告人获得上一级法院审查的机会,两种上诉制度都体现了保障审查机会的核心要求。上诉理由审核制是裁量型上诉的重要特征,它体现了被告人申请权和法院决定权的分离,既能确保被告人有机会获得上诉救济,也有助于防止滥行上诉、控制案件数量并维护第一审程序的中心地位。目前,在我国部分认罪认罚案件中,确立裁量型上诉和上诉理由审核制具有正当性和必要性。未来,我国应综合考虑案件类型、刑罚轻重、认罪与否、一审程序等因素以及二审程序的价值取向和功能预期,探索构建二元或多元上诉结构,在上诉阶段进一步推进案件繁简分流和司法资源优化配置。

德国认罪协商制度的历史嬗变和当代发展
李倩
《比较法研究》2020 年第 2 期

关键词：认罪协商　二审程序　上诉权放弃　法律救济　程序性义务

摘要：通过对德国联邦最高法院若干上诉判决的分析,我们可以了解德国认罪协商制度下存在大量程序上的非正义,而这种程序上的非正义必须在现行刑事诉讼体系中找到合理的解决路径。德国联邦最高法院自 2015 年起的若干最新判决,展示出其基于刑事诉讼法的教义对认罪协商制度作出的新解释。其强化上诉审对认罪协商合法性的审查,颠覆我们对协商性司法简化诉讼程序、提升司法效率的基本认知。在共同的职权主义诉讼模式背景下,对我国适用认罪认罚从宽的案件而言,上诉权不可协商放弃,法院应在庭审中承担程序性主导义务,二审法院可采"自我拘束观点"适用一审认罪认罚下的自白,同时保障被告人辩护权的有效行使及被害人实质性地参与认罪认罚全过程。

认罪认罚从宽制度中的协议破裂与程序反转研究
马明亮
《法学家》2020 年第 2 期

关键词：认罪认罚　具结书　反悔　撤回　司法公信力　预期利益　程序反转

摘要：认罪认罚从宽制度的一个显著特征是存在一纸认罪认罚具结书。在法律属性上,该具结书不宜简单理解为保证书或者证明材料,应当视为一种刑事协议。它有破裂的多种可能性:被追诉人的反悔、检察官的变更起诉或者法官的不予采纳。协议破裂是认罪认罚从宽制度中典型的"肥尾风险",发生概率很小但影响很大,处理不当将会引发难以估量的反噬风险。未来的制度完善,应以司法公正、司法公信力与正当预期利益的平衡为原则,构建协议破裂与程序反转的正当规则。被追诉人的反悔权应当有所限制,分为正当反悔与不正当反悔,并适用不同的反转程序;检察官应遵循禁止违反承诺原则;法官不采纳具结书应遵循"事先告知、听取意见与可撤回"的正当程序。唯此,认罪认罚从宽制度才不至于让被追诉人误读为获取有罪供述、打击犯罪的一种精巧安排,该制度才能走得更远。

量刑建议精准化的理论透视

赵 恒

《法制与社会发展》2020 年第 2 期

关键词:量刑建议精准化 认罪认罚从宽 合作性司法 诉讼真实观 检察机关主导

摘要:在"认罪认罚从宽"原则被正式写入《刑事诉讼法》的背景下,量刑建议精准化的改革方案备受人们的关注。理论上,量刑建议受到合作性司法理念的影响,它不仅承载控辩双方的合意,而且拘束法院的审判活动。量刑建议的发展趋于精准化,它的发展直接体现检察机关在决定案件处理结果方面的权力变化。但有别于域外实践,我国开展的量刑建议精准化改革面临诸多争议与难题。其中,固守实质真实主义的诉讼真实观,以及未能真正形成司法权力配置关系中的检察机关主导地位,是两个深层次原因。展望未来,我们应当从把握公诉权演变规律等角度出发,划定量刑建议精准化改革方案的合理范围,并为之提供必要的制度配套。

域外企业缓起诉制度比较研究

李本灿

《中国刑事法杂志》2020 年第 3 期

关键词:企业缓起诉 合规计划 认罪认罚从宽处理机制 公司犯罪治理

摘要:企业缓起诉制度可以有效克服刑事追诉带来的负外部效应,促进公司合规建设,因而在国外被广泛适用。美国的系列政策性文件和典型个案逐步理性化,呈现出理性与非理性共存的制度现状。美国之外,其他国家的立法更加明确、强调权力制衡,但企业的全球影响力使得缓起诉协议审查有形式化风险。未来的制度引介中,应注意以下几点:基于实体法上企业犯罪责任归属模式以及法律文化的差异,缓起诉制度的引入应有限度;企业缓起诉制度应由检察院主导,但检察权应受到法院审查的制约,公安机关以及被害人也应当被赋予参与缓起诉协议协商的权利以及对协议内容或缓起诉决定不服时的救济权;检察官决定是否暂缓起诉时,不能过分重视合作以及公共利益要素,而应当以犯罪行为为基准,综合考量是否必须起诉,同时,缓起诉的适用范围可以从刑罚量与犯罪类别两个维度加以限缩;缓起诉的协议条款应当围绕财产处罚或补偿以及与公司未来行为有关的系列防控措施展开;现有制度体系中的酌定、法定、存疑、特殊不起诉以及认罪认罚从宽处理机制附加检察建议的方式可以被合理运用,以实现企业缓起诉制度的部分功能。

作为犯罪治理方式的企业合规
马明亮
《政法论坛》2020 年第 3 期
关键词:企业合规　犯罪治理　刑事责任　特殊预防　认罪认罚从宽
摘要:企业合规如果与刑事追诉相结合,可以视为犯罪治理方式。其理念是直接追诉并强化个人刑事责任,以合规计划为条件暂缓或放弃追诉企业。从外在运行路径来看,它是一种协商治理模式,从内在原理上则体现了特殊预防理论。虽然我国刑事立法与实践中不乏企业合规的端倪,但远不成体系。立法者如果不进行系统化构建,会造成企业犯罪治理中的低能、无效甚至反法治现象。因此,需要重新评价与重构我国企业犯罪的法律和程序,构建以合规为导向的企业刑事责任体系,将合规计划融入认罪认罚从宽制度,并附合规导向的证据法规则。企业合规正当发挥犯罪治理功能的前提是,合规计划自身必须有效,实施过程中必须体现司法公正。惟此,企业合规才会拥有司法的生命力,而不是止步于公司内部的一种治理方式。

二审上诉问题重述:以认罪认罚案件为例
郭　烁
《中国法学》2020 年第 3 期
关键词:认罪认罚从宽　上诉权　二审程序　职权主义　对抗制
摘要:认罪认罚从宽制度实践中,有公诉机关以"抗诉加刑"应对被告人"反悔上诉",此种变相剥夺被告人上诉权的做法于法无据,且有违"上诉不加刑"等基本原理。"应否限制认罪认罚被告人上诉权"的问题,需要在考量我国上诉审运作逻辑和认罪认罚从宽制度的实施状况基础上得出结论。结合上诉权理论以及若干比较法经验,应明确认罪协商之基石在于"对抗基础上的合意",需有一系列制度安排予以保障;而认真观察我国认罪认罚从宽制度的立法渊源及司法实践,不难发现该制度运行充斥着职权主义,甚至强职权主义色彩。在完全实现审前正当程序保障、一审庭审实质化之前,我国二审程序功能的发挥,将仍遵循"职权主义自我修正"的逻辑主线——全面保障被追诉人的上诉权是题中之义。

刑事诉讼中积极赔偿对量刑的影响及其合理控制研究

王 芳

《法学论坛》2020年第3期

关键词: 民事赔偿 量刑 认罚从宽 量化分析

摘要: 刑事诉讼中的民事赔偿是一个制度集合概念,并与量刑密切相关。以5072份故意伤害罪判决为样本进行量化分析发现,通过和解、刑事附带民事诉讼判决结案等不同途径实现的民事赔偿对量刑的影响力存在明显差别。其原因在于被害人满意程度是量刑阶梯设计的重要标准,而恢复正义为被害人满意作为量刑标准提供了正义基础。司法实践中应对刑事诉讼中积极赔偿对量刑的影响进行合理控制,降低不同类型民事赔偿对量刑影响的差异,推动"同案同判"的量刑公正。

认罪认罚从宽制度与检察官在刑事诉讼中的主导地位

贾 宇

《法学评论》2020年第3期

关键词: 认罪认罚从宽制度 捕诉一体 角色定位 检察主导 刑事检察

摘要: 作为一项重大诉讼制度改革,富含中国特色的认罪认罚从宽制度被正式确立,影响意义深远。检察机关在该项制度中扮演着国家追诉的执行者、案件移转的过滤者、诉讼程序的分流者、合法权益的保障者、诉讼活动的监督者五重角色,检察官在刑事诉讼中的主导地位愈发凸显。新时代刑事检察工作应以此为契机,加快更新检察办案理念,深入推进捕诉一体改革,着力提升量刑建议质量,积极推动科技与办案融合,持续优化诉讼监督格局,切实做优刑事检察法律监督体系和法律监督能力现代化建设。

虚假的忏悔:技术性认罪认罚的隐忧及其应对

闫召华

《法制与社会发展》2020年第3期

关键词: 认罪认罚从宽 真诚悔罪 技术性认罪认罚 识别 规制

摘要: 要求被追诉人悔罪是我国认罪认罚从宽制度的一大特色。但在实践中,相当一部分被追诉人作出的认罪认罚只是没有悔罪的技术性认罪认罚。技术性认罪认罚的泛滥不仅影响到认罪认罚从宽制度的法律效果与社会效果,而且可能从根本上动摇该制度的价值导向和思想基础。技术性认罪认罚现象的出现与我国认罪认罚制度的内在强迫性、专门机关对认罪认罚的形式化理解、真诚悔罪的判断难、激励机制的"过度调整"以及报应刑观念的根深蒂固等因素密切相关。鉴于此,应在突破技术性认罪认罚识别困境的基础上,实现认罪认罚的悔罪内涵及其识别原则的法定化,通过多元沟通机制督促真诚悔罪,强化对认罪认罚真诚性的审查,明确技术性认罪认罚的法律后果,系统构建技术性认罪认罚的防控机制。

论"确认式庭审"——以认罪认罚从宽制度的入法为契机

李奋飞

《国家检察官学院学报》2020 年第 3 期

关键词:确认式庭审　实质化庭审　认罪认罚从宽制度

摘要:随着司法改革的深入推进,中国刑事庭审将日益呈现出两种互为补充的功能样态,即"实质化庭审"和"确认式庭审"。与"实质化庭审"迥然不同,"确认式庭审"的主要特质体现在审理形式的简约性、裁判生成的即时性以及程序周期的精练性,其形塑机理既在于前置条件的实体化,也在于审查对象的特定化,更在于裁判结论的耦合化趋势。"确认式庭审"的隐患根源在于,其无法对认罪认罚的自愿性和具结书的真实性、合法性进行有效的审查,不仅可能导致自愿认罪认罚的被告人无法得到应有的从宽处理,也有可能发生量刑结果畸轻畸重的情况,甚至还会增加刑事误判的风险。因而,需要立足于审、控、辩三个维度,对"确认式庭审"进行持续优化。

认罪认罚从宽制度的新发展——《关于适用认罪认罚从宽制度的指导意见》解析

王敏远　杨帆

《国家检察官学院学报》2020 年第 3 期

关键词:认罪认罚　量刑建议　值班律师　权利强化　职权细化

摘要:2019 年 10 月《关于适用认罪认罚从宽制度的指导意见》的出台,标志着我国认罪认罚从宽制度的新发展。《指导意见》进一步明确了认罪认罚从宽制度的一些内容,包括认罪认罚从宽制度的重大意义,认罪认罚从宽制度的四项基本原则,认罪认罚从宽制度适用范围、适用条件等。《指导意见》强化了权利保护的规定,提出了"有效法律帮助"的要求,在强化被追诉人权利的同时也加强了对被害方权益的保障。此外,《指导意见》还细化了职能部门的职权,填补了相关制度的若干空白。《指导意见》的出台推动了认罪认罚从宽制度的发展,但其不是发展的终结,在认罪认罚从宽制度新发展的基础上,仍存在一些需要研究解决的问题。

认罪认罚案件量刑建议精准化与法院采纳

董　坤

《国家检察官学院学报》2020 年第 3 期

关键词：认罪认罚从宽制度　量刑建议精准化　法院采纳量刑建议　控审关系

摘要：精准化的量刑建议契合认罪认罚案件的特点和速审要求，有利于诉讼的稳定性和裁判的安定性。在认罪认罚案件中，法院的量刑裁判权没有根本改变，但量刑建议是控辩协商的合意，具有司法公信力，对法院的裁判形成一定的拘束：一是除法定例外情形，法院应当采纳量刑建议；二是即使量刑建议有些许偏差，但非明显不当，法院也需保有宽容度和容错性，采纳量刑建议；三是对于认罪认罚案件中量刑建议明显不当的，法院仍需受到程序性约束，不能直接裁判，而是建议检察机关先行调整量刑建议。未来，法院应更新认识、转变观念，自觉接受认罪认罚案件中量刑建议的必要约束。同时，检察机关也应与法院协同推进量刑指导意见的罪名扩充和内容完善；保障辩方权利，增强量刑协商中控辩双方的对等性，确保协商的有效性；加强量刑建议的文书说理；不断提升量刑建议的质量和公信力，以增加法院的认可度和采纳率。

控辩主导下的"一般应当"：量刑建议的效力转型

郭　烁

《国家检察官学院学报》2020 年第 3 期

关键词：认罪认罚　量刑建议　协商性司法　控辩主导

摘要：认罪认罚从宽制度正式写入刑事诉讼法典带来诸多结构性的问题，有关量刑建议的效力是其中重要争点之一。控辩主导下的量刑建议效力转型与审判权统一归属法院并不矛盾，对《刑事诉讼法》第 201 条"一般应当"的理解，主要体现在没有法律规定事由，法院不得在量刑建议的建议刑期之上进行量刑。以协商性司法的转型角度观察量刑建议的确定效力，进而理解"一般应当"的规范意蕴，是在以审判为中心的诉讼制度改革背景下符合制度逻辑的研判思路。

刑事诉讼模式转型下的速裁程序

樊崇义　何东青

《国家检察官学院学报》2020 年第 3 期

关键词：诉讼模式转型　速裁程序　轻罪诉讼体系　认罪认罚从宽

摘要：速裁程序是轻罪案件落实认罪认罚从宽的程序载体，是构建轻罪诉讼体系的有效抓手。随着认罪认罚从宽立法化、制度化，中国刑事诉讼的模式正由对抗式向合作式转型，由权利保障型向协商合意型转化，由单一模式化向多元体系化发展。在诉讼模式转型背景下推进速裁程序发展完善,要转变诉讼理念,找准制度基点,把握发展方向,从轻罪诉讼分流全程化、制度设计层次化、配套保障体系化三个维度,进一步激发速裁程序内生动力,有效整合司法资源,更好发挥制度优势。

一般不应抗诉:认罪认罚后"毁约"上诉的检察谦抑

闵丰锦

《河南财经政法大学学报》2020年第3期,人大复印报刊资料转载

关键词: 上诉　抗诉　谦抑性　认罪认罚

摘要: 认罪认罚被告人在一审宣判后以量刑过重为由提起上诉,在认罪认罚从宽制度的实践中时有发生,检察院能否以被告人不再认罚为由同步抗诉争议较大,实践中各地情况也大相径庭。因上诉而抗诉既有司法"霸凌"之嫌,也有"违法"之嫌,存在一定的操作盲区。应当重新认识上诉制度的重要价值,辩证看待认罪认罚又上诉现象,充分把握抗诉制度着力点,确立检察机关对认罪认罚被告人上诉"一般不应抗诉"的谦抑行权原则,以走出"抗上诉"的审判监督误区。

审判阶段适用认罪认罚从宽制度相关问题研究

董　坤

《苏州大学学报(哲学社会科学版)》2020年第3期,《新华文摘(纸质版)》2020年第19期转载

关键词: 审判阶段　认罪认罚从宽　协商主体　量刑明显不当　发回重审不加刑

摘要: 从减少社会对抗、化解社会矛盾、提升社会治理能力、推进国家治理体系和治理能力现代化的根本价值出发,即使被告人当庭或在二审期间认罪认罚,法院也可根据情况适用认罪认罚从宽制度,同时法院应认真审查被告人认罪认罚背后的悔罪真意,在从宽幅度上体现出应有的差别。被告人审判阶段认罪认罚的,仍宜由控辩双方协商,法官应恪守协商审查把关者的角色,不宜作为协商主体。当然,控辩协商时,法官可进行必要的参与和引导,适度简化协商程序。对于刑诉法规定的量刑建议明显不当的认识,须从罪刑相适应的底线原则出发,全面考虑各种量刑明显不当的因素,避免量刑畸重畸轻。对于被告人以速裁案件事实不清、证据不足为由上诉的,二审法院经审查后应撤销原判发回重审,但发回重审适用普通程序审理的案件,由于不再按认罪认罚案件从宽处理,立法宜将此类情形认定为审判的重新开始,不再受"发回重审不加刑"的限制。

以审查起诉为重心：认罪认罚从宽案件的程序格局

李奋飞

《环球法律评论》2020 年第 4 期

关键词： 审查起诉　认罪认罚从宽　量刑协商　量刑建议　诉讼关照

摘要： 随着"以审判为中心"、认罪认罚从宽制度等司法改革的深入推进，刑事案件的办理方式日益呈现两个"互斥共存"的程序格局，即"以庭审为重心"和"以审查起诉为重心"。其中，认罪认罚从宽案件就是"以审查起诉为重心"的典型。这一程序格局体现在：认罪认罚从宽制度的实施以审查起诉环节为重要依托。其核心要旨在于有效地量刑协商，且作为控辩协商一致之产物的量刑建议一般应当被法院采纳。其正当根据既在于司法资源的合理配置，又在于审查起诉处于承前启后的中间环节，还在于检察机关承担着诉讼关照义务。当然，"以审查起诉为重心"的程序模式目前仍存在着若干隐忧，因而需要通过检察官切实履行诉讼关照义务，着力提升被追诉人的诉讼主体地位，以及努力提高量刑建议的精准化水平等路径予以合理规制。

认罪认罚从宽制度相关制度机制的完善

朱孝清

《中国刑事法杂志》2020 年第 4 期

关键词： 认罪认罚从宽制度　值班律师　裁量不起诉　量刑建议

摘要： 自刑事诉讼法规定认罪认罚从宽制度以来，认罪认罚从宽制度实施工作进展顺利、成效初显。同时也发现与该制度相关的一些制度、机制还不能适应该制度的需要。欲把该制度的实施推向纵深，提质增效，就需要在立法和司法上完善这些制度、机制，具体内容为：完善值班律师制度、裁量不起诉制度、上诉抗诉制度，制定量刑指导意见、量刑建议程序规范和速裁程序审理规范，规范控辩协商程序，规定"建议在法定刑以下量刑"的核准制度。

检察视角下中国刑事合规之构建

李　勇

《国家检察官学院学报》2020 年第 4 期

关键词： 企业犯罪　合规计划　刑事合规　认罪认罚

摘要： 我国企业犯罪形势日益严峻，合规计划的匮乏已经严重制约我国企业在国际上的生存和发展。单纯介绍和移植已经无法满足新时代的需要，构建中国式刑事合规迫在眉睫。认罪认罚从宽制度是构建中国式刑事合规的绝佳契机和重要突破口。刑事合规与认罪认罚从宽都属合作型司法模式，均因预防必要性降低而得以从宽，均是诉讼经济的产物，二者在理论基础上具有同源性。认罪认从宽制度可以作为我国刑事合规的基本法律依据,在此基础上,以检察机关为主导,通过建立单位犯罪量刑指导意见、涉罪企业合规承诺、单位犯罪附条件不起诉等制度,构建中国式的刑事合规,重塑检察机关预防企业犯罪的角色,推动检察职能由注重事后、消极预防向事前、积极预防转变,成为企业治理结构变革的推动者,丰富检察权内涵,进而推动检察权在国家治理体系中角色的重大变革。

涉罪企业认罪认罚从宽制度研究

赵 恒

《法学》2020 年第 4 期

关键词:企业犯罪 认罪认罚从宽制度 刑事合规计划 附条件不起诉

摘要:随着 2018 年《刑事诉讼法》确立"认罪认罚从宽"原则,为了顺应营造法治化营商环境的政策趋向,在企业犯罪治理领域推行认罪认罚从宽制度,而非直接引入域外的刑事合规计划,具有特定的制度优势,同样能够产生多维法治价值。目前,我国涉罪企业认罪认罚从宽制度的实务探索主要涉及四种案件类型,分别是轻微罪犯案件、生态环境犯罪案件、涉疫情犯罪案件和涉及整改的少数犯罪案件。相关试点工作也暴露出若干亟待解决的一般性问题。未来,完善涉罪企业认罪认罚从宽制度的总体方案包括:明确认罪认罚成立标准;健全从宽处罚体系尤其是附条件不起诉制度;明确检察机关的主导职能;构建和丰富风险防范机制。

认罪认罚从宽制度适用中的职权性逻辑和协商性逻辑

杜 磊

《中国法学》2020 年第 4 期

关键词:以审判为中心 认罪认罚从宽 职权性逻辑 协商性逻辑

摘要:我国认罪认罚从宽制度适用中存在着职权性逻辑和协商性逻辑。这两种不同逻辑各自支配了认罪认罚从宽制度适用中的不同领域,形成了一种职权性逻辑占主导的认罪认罚从宽模式。这种模式的形成与认罪认罚从宽制度的定性、功能以及职权主义诉讼体制密切相关。这种模式存在着一些风险,如容易导致认罪认罚从宽制度适用的混乱、审判机关的权力被不当限缩、检察机关的权力不当扩张以及被追诉人诉讼地位的恶化等。下一步的改革方向是:立足于认罪认罚从宽制度的程序性制度定位,承认其合意性本质;重置职权性逻辑和协商性逻辑,去除合意过程和合意结果形成中的职权性逻辑,限缩合意对外的形式和效力中的协商性逻辑,发挥审判机关的实质性审查作用;对认罪认罚从宽制度进行权利化改造,将"以审判为中心"的改革作为推动刑事诉讼制度综合性改革的支点。

认罪认罚从宽制度的体系化解读

吴宏耀

《当代法学》2020 年第 4 期

关键词：认罪认罚从宽制度　轻罪治理程序　程序选择　量刑减让

摘要：认罪认罚从宽制度是我国犯罪治理程序的一次重要变革。作为 2018 年《刑事诉讼法》新增的一项诉讼法基本原则和具体诉讼制度，认罪认罚从宽制度的适用应当置于刑事诉讼制度体系之下予以整体性考量。在认罪认罚从宽制度中，犯罪嫌疑人、被告人认罪认罚不仅具有实体法上的量刑减让功能，同时还肩负着构建多层次刑事审判体系、推动轻微刑事案件审判程序分流的重要程序法功能。因此，有关认罪认罚的法律激励机制，应当兼顾实体法与程序法两个面向。其中，在程序层面，应当以构建积极有效的轻罪治理程序为导向，根据轻微犯罪案件的特点建立必要的程序性激励机制。在实体层面，稳定的量刑预期是促使犯罪嫌疑人认罪认罚的重要激励机制。为此，立法者对量刑权配置进行了实质性调整。但是，总体而言，我国认罪认罚从宽制度对于推动轻罪案件的程序分流还缺乏有效的制度设计，因而还难以推动轻罪治理程序的根本性变革。

量刑建议的实践机制：实证研究与理论反思

左卫民

《当代法学》2020 年第 4 期

关键词：认罪认罚从宽　量刑建议　实证研究　司法公正　司法效率

摘要：实证研究表明，检察机关在认罪认罚案件中推行精准量刑建议的效果已经显现，逐渐成为主流。其通过主动学习量刑知识、与法院沟通及与被告人交涉等实践机制确保精准量刑建议的接受度和采纳率。关于量刑建议的若干认识分歧需要澄清与归正。应当注意到精准量刑建议并非公诉或审判权的减让，在推行精准量刑建议的基础上允许幅度量刑的存在。同时，应当认识到量刑建议的推行可能并不会显著提升司法公正与司法效率，如何通过量刑建议实现效率与公正，在未来仍需进一步思考。

检察主导：认罪认罚从宽程序模式的构建

闫召华

《现代法学》2020 年第 4 期

关键词：认罪认罚从宽　检察主导　替代程序　审核制　以审判为中心

摘要：与世界范围内刑事司法权力的结构性变革相呼应，伴随着认罪认罚从宽制度的建立健全，我国也出现了"检察官法官化"的权力转移现象，并在实质上形成了一种检察主导的刑事案件处理模式。该模式由控辩沟通机制、从宽兑现机制、案件速办机制和审查监督机制四个基本要素构成。不管最终适用何种审判程序,其"公安记录、检察建议、法院核准"的程序内核具有普适性。检察主导的程序模式既可以充分发挥我国层层把关诉讼模式的优势,又可以尽早实现繁简分流,推动认罪认罚案件的高效处理,但其在实施中也面临着权力失序的潜在风险。检察主导程序模式的构建不是否定审判中心,恰是要维护审判中心诉讼结构的有效运作。

在自愿与真实之间:美国阿尔弗德答辩的启示

郭 烁

《当代法学》2020 年第 4 期

关键词: 阿尔弗德答辩 辩诉交易 认罪认罚 自愿性 真实性

摘要: 毋庸讳言,中国认罪认罚从宽制度的诸多灵感来自于美国辩诉交易的实践。自 1966 年米兰达案半个多世纪以降,美国刑事司法一直在辩诉交易带来的高效率和保障辩诉交易的自愿性与真实性之间寻找平衡点,其中 1970 年北卡罗来纳州诉阿尔弗德一案判决具有标志性意义。质言之,通过"接受有罪答辩但不承认犯罪"的阿尔弗德式答辩,美国几乎将辩诉交易中自愿性审查的重要性推崇至极致,其引发的巨大争议迄今未绝。自 2019 年起,中国认罪认罚从宽制度通过行政手段大规模推广适用,带来诉讼效率提升的同时,更应当注意认罪认罚的自愿性及真实性问题,尤其是在正当程序尚有太多可待完善之处的情形下。阿尔弗德式答辩于中国立法之上没有存在空间,实践之中更需避免。

认罪答辩视域下的刑事合规计划

赵 恒

《法学论坛》2020 年第 4 期

关键词: 刑事合规计划 认罪答辩 认罪认罚从宽制度 附条件不起诉

摘要: 刑事合规计划内在地兼具实体法与程序法两个方面的属性。以认罪答辩为视角考察域外刑事合规计划的立法与实践,可以发现,刑事合规计划类似于辩诉交易或者认罪协商,均受到合作性司法理念的深刻影响。它包含四种合作面向,分别是合作预备、合作调查、合作履诺与合作治理。刑事合规计划的认罪答辩方案使得检察机关获得权能扩张的机会。对此,既要审慎地借鉴美国的刑事合规计划,又要合理地确定引入合规计划的刑事法路径。2018 年修改后的《刑事诉讼法》正式确立"认罪认罚从宽"原则,率先为我国推行刑事合规计划提供了法律依据和制度依托。因此,在未来一段时期,可以从认罪认罚标准、从宽处罚体系、检察主导地位以及改革发展前景等方面,探讨中国式刑事合规计划的可行方案。

协商性刑事司法错误:问题、经验与应对
王迎龙
《政法论坛》2020 年第 5 期
关键词:认罪认罚从宽 协商性司法 辩诉交易 司法错误 法教义学
摘要:协商性刑事司法错误是产生于协商性司法场域中的一种新型错案。与传统对抗性司法中冤假错案呈现出的控辩双方激烈对抗不同,协商性刑事司法错误具有协商性、自愿性等内涵与特点。协商性刑事司法错误以无辜者错误认罪为典型样态,其发生原因既有宏观价值层面的影响,也与协商性司法中权力(利)制约机制失衡有关。我国认罪认罚从宽制度已全面推行,但实践中因认识错误、顶罪等错误认罪问题始终存在,未决羁押率高、无罪判决率低等问题也未有效改善,势必催生协商性刑事司法错误。有效应对方法是在完善"以审判为中心"的教义体系前提下,统筹认罪认罚从宽制度的适用与发展,使两者相互促进而非背离。

性质、内容及效力:完善认罪认罚具结书的三个维度
刘少军
《政法论坛》2020 年第 5 期
关键词:认罪认罚具结书 受限合意 权力(利)义务 法律效力
摘要:认罪认罚具结书是认罪认罚从宽制度中的一个基础问题。其将审前程序中控辩双方关于嫌疑人罪责与程序问题的协商内容予以固定,同时作为审前程序的记载在后续的审判过程中成为法院审判的对象,因而在认罪认罚案件中居于承上启下的地位。而无论在理论还是实践层面,认罪认罚具结书均存在一些问题需要解决。完善认罪认罚具结书可以从三个基本维度入手。首先,认罪认罚具结书的性质在宏观层面可以界定为外具控辩双方协商表象下的受限合意,在微观层面则应理解为证明认罪认罚自愿性、真实性与合法性的过程证据。其次,具结书的内容应当包括控辩双方的主体身份、协商的结果、控辩双方的权力(利)义务、其他事项及具结书对控辩双方的法律效力五方面。最后,在法律效力上,认罪认罚具结书对于控诉机关具有拘束且禁止任意撤回的法律效力,对于被追诉人是允许反悔但应严格限制的法律效力,而对于审判机关则是预决但相对的法律效力。

"一般应当采纳"条款适用中的"检""法"冲突及其化解——基于对《刑事诉讼法》第 201 条的规范分析
闫召华
《环球法律评论》2020 年第 5 期
关键词:认罪认罚 一般应当采纳 "检""法"冲突 实质审查
摘要:《刑事诉讼法》第 201 条在一定程度上明确了认罪认罚案件中指控权

对裁判权的限制,但该条文并未改变人民检察院和人民法院分工、配合、制约的基本格局。不管是在罪名选择、事实认定,还是在量刑方面,"一般应当采纳"的要求意味着法院需要奉行有所侧重的实质审查理念,从宽进行实体性判断,尽量尊重得到辩方认可的控诉意见,避免"检""法"冲突。而当冲突不可避免时,法院只有在案件不符合认罪认罚从宽制度基本适用条件或者指控意见明显不当时,才可以不受量刑建议的限制,依法作出判决。第 201 条适用中"检""法"冲突的形成,与二者不适应认罪认罚从宽制度改革带来的角色转变,以及二者对认罪认罚及其认定权的认识差异和对量刑标准或从宽幅度的不同理解等因素有关。

解构与重建:论酌定不起诉从宽的困境消解

刘甜甜

《中国刑事法杂志》2020 年第 5 期

关键词:认罪认罚 酌定不起诉从宽 轻微罪 逮捕 附条件不起诉

摘要:酌定不起诉作为轻微刑事案件中的重要从宽类型,适用现状却与其理想效能相距较大。一方面,限制酌定不起诉程序运行的固有障碍尚未消除,检察机关酌定不起诉适用率仍处于较低状态。因此,应当实现轻微刑事案件的非羁押化、构建不服酌定不起诉的司法审查程序并出台科学的程序适用指南,从而为酌定不起诉营造适宜的运行空间。另一方面,以量刑从宽为中心设计的认罪认罚程序与酌定不起诉型从宽并不完全兼容。为弥合两者的罅隙,应当明确酌定不起诉虽具有程序终止效果,但仍可作为认罚的客体。而且,应当明确认罪认罚作为一项独立的量刑情节,为"犯罪情节轻微"与"免于刑罚"的判断注入了新的内涵。此外,还应构建成年人附条件不起诉制度,以丰富酌定不起诉从宽内部结构的层次性。

"从宽"系谱中认罪认罚从宽的位序与程序安排

郭 华

《中国刑事法杂志》2020 年第 5 期

关键词:认罪认罚 从宽系谱 要件构成 位序安排 程序选择

摘要:我国认罪认罚从宽制度作为"从宽"系谱中一种新的从宽类型,既不同于自首、坦白等实体法上的从宽,也有异于刑事诉讼其他程序中的从宽。因其从宽与"其他从宽"在实体与程序上的构成要件存在重叠,在适用上不仅需要完善其自身的从宽程序,也需要对原有的从宽位序进行调整,以保证不同类型和不同程序的从宽能够协同共存。在实体上,需要厘清其与自首、坦白等从宽在构成要件上的位序关系;在程序上,需要重新安排其与自首、坦白等构成要件以及刑事诉讼其他程序中的从宽在适用上的程序选择。这些问题的解决既需要坚持禁止重复评价原则和从宽有利于犯罪嫌疑人、被告人的激励机制,也应当按照从宽的构成要件理论在从宽系谱中对从宽适用作出先后顺序的调整,以体现认罪认罚制度兼有实体和程序双重从宽的意义,尤其是在宽严相济刑事政策下保证多重"从宽"独立性的同时获得合理位序,使其从宽得到合理的减让,进而维护认罪认罚从宽作为诉讼制度的基本立场和程序上的统领地位。

轻罪刑事政策下认罪认罚从宽制度的司法适用程序若干问题研究

叶 青 韩东成

《中国刑事法杂志》2020年第5期

关键词:认罪认罚从宽制度 轻罪刑事政策 适用程序完善

摘要:轻罪刑事政策与认罪认罚从宽制度之间存在密切关系,前者为后者提供了重要的理论支撑,后者则是前者在新时期得以实现的重要制度载体。以轻罪刑事政策为视角,认罪认罚从宽制度在侦查、审查起诉和审判等不同阶段的程序理解与适用上仍存在一定问题。未来,需要以轻罪刑事政策为指引,在侦查阶段探索轻罪案件侦查阶段"轻缓化"制度体系建构;在审查起诉阶段解决检察机关"是否当"与"如何能"两个基本问题;以及在审判阶段从"是否违背自愿性、是否超出诉讼合意"两个层面合理限定被追诉人的上诉权问题。

认罪认罚案件量刑建议研究

陈卫东

《法学研究》2020年第5期

关键词:认罪认罚 量刑建议 量刑权

摘要:作为实现从宽预期的主要机制,检察机关的量刑建议是构建认罪认罚从宽制度的关键。量刑建议仅具取效性质,无任何直接的实体效力。虽然2018年《刑事诉讼法》第201条第1款的"一般应当"只能解释为"应当",但将该条第2款的"量刑建议明显不当"与第1款的"其他可能影响公正审判的情形"相关联,仍可维持审判机关在量刑中的决定地位。量刑建议的形成需注重辩方意见,辩护的有效性与量刑建议的公正性关系密切。量刑建议以"确定刑为原则,幅度刑为例外"的命题无法得到整全论证,在缺乏精细化量刑指南的当下,仅宜对简单、轻微案件提出确定刑量刑建议。量刑建议的调整存在四种情形,量刑建议是否"明显不当"取决于审判机关的认识,审判机关也无通知检察机关事先调整量刑建议的法定义务。

被追诉人认罪认罚的撤回

汪海燕

《法学研究》2020年第5期

关键词:认罪认罚 撤回 上诉不加刑

摘要:认罪认罚从宽具结内含协商与合意的因素,但其权利品性不应被忽视。允许被追诉人撤回认罪认罚是保障认罪认罚自愿性的内在要求,符合无罪推定之精神,契合诉讼运行规律,也是有效防范相关制度风险的需要。撤回认罪认罚的对象,可以分为撤回认事、认罪、认罪名和认罚等不同层次;撤回理由包括有因撤回和无因撤回。被追诉人行使认罪认罚撤回权之后,具结书的认罪内容不应再作为被追诉人有罪供述的证据使用,也不能因撤回认罪认罚而作出对被追诉人不利的推定;撤回的效果是"恢复原状",但撤回认罪认罚对强制措施的适用、不起诉决定、审理程序和量刑等均可能产生影响。当前语境下,不应剥夺认罪认罚案件中被告人的上诉权,也不应以各种方式限制"上诉不加刑"原则的适用。

认罪认罚"从宽"裁量模式实证研究:基于部分城市醉酒型危险驾驶罪的定量研究

吴雨豪

《中外法学》2020 年第 5 期

关键词: 认罪认罚从宽　依附性　量刑情节　被害人保护

摘要: 由于认罪认罚与其他量刑情节之间存在重合,一种观点认为,认罪认罚的"从宽"适用需要依附于自首、坦白、积极赔偿等实体性的从宽情形。另一种观点认为,认罪认罚的"从宽"适用具有独立性和专属性,应当在其他量刑情节之外适用额外的从宽。通过采集自 2016 年认罪认罚从宽试点以来六个城市法院裁判的 30129 份醉酒型危险驾驶罪的判决书进行实证研究发现:首先,司法实践中对认罪认罚从宽的适用部分依附于被告人的犯罪情节、自首、坦白以及对被害人的"积极赔偿"行为,但是相较于前两个影响因素,"积极赔偿"这一情节对于从宽适用的影响较弱。其次,在运用倾向得分匹配方法控制了相关情节之后,认罪认罚的被告人仅在自由刑的裁量上受到了较低幅度的从轻处罚,在罚金刑和非强制措施的适用上均没有获得显著和普遍意义的从宽。最后,各个城市在从宽的范围、模式和幅度上差距悬殊。

冲突与融合:认罪认罚从宽制度的本土化

魏晓娜

《中外法学》2020 年第 5 期

关键词: 认罪认罚从宽　量刑建议　量刑协商　诉讼模式

摘要: 2019 年北京市两级法院判决的"余金平交通肇事案"揭示出认罪认罚从宽制度全面施行后法院、检察院之间的冲突。从表象上,这种冲突实质上是检、法两家对认罪认罚案件量刑主导权的争夺。其根源在于立法态度暧昧不明,没有明确区分两种不同的"从宽"逻辑。立法者之所以不肯明确承认量刑协商,是因为看到了"协商"背后隐藏的系统性风险。在以调查模式和层级模式为建构原则的中国刑事诉讼框架下,"协商"承载的是与之不相容的纠纷模式和同位模式的基本逻辑。因此,认罪认罚从宽制度存在进一步本土化的问题。对此有两种处理方案,一是管控冲突的烈度,重新定位认罪认罚从宽制度的性质与功能,使之实现从"案件处理机制"到"案件查明机制"的转型;二是管控冲突的范围,为"协商"施加适用范围上的限制。

认罪认罚从宽制度中的量刑建议

熊秋红

《中外法学》2020 年第 5 期

关键词: 认罪认罚从宽　量刑建议　量刑协商　量刑公正

摘要: 在传统的"刑事诉讼第三范式"之下,量刑很大程度上属于法官的职权范围,在一些国家,检察机关提出量刑建议是司法实践的产物;关于量刑建议的理论争议,其根本点在于是否应当赋予检察机关量刑建议权。在"刑事诉讼第四范式"之下,量刑建议主要存在于协商性司法当中,并且量刑建议的实质从检察机关的求刑权转化为控辩双方之间的合意,但是保留了法官对量刑协议进行司法审查的权力。量刑建议制度的正当性基础应当从量刑公正、均衡、合理、效率等几个维度加以审视。围绕认罪认罚从宽制度中的量刑建议,我国理论界和实务界在量刑建议的性质、形成机制、提出方式、调整机制、效力等方面存在争议,这与刑罚制度的多元化价值目标有关,也涉及检察权与审判权之间的制衡机制。认罪认罚案件中量刑建议制度的具体建构,应当避免僵化的量刑规范、不充分的量刑信息来源、低标准的证据规则以及形式化的量刑建议审查机制所带来的结构性风险,应当保持量刑建议机制必要的开放性和量刑结果的可预测性,并且严守量刑公正的底线,尽量减少不必要的量刑偏差。

论量刑协商的性质和效力

陈瑞华

《中外法学》2020 年第 5 期

关键词: 量刑协商　认罪认罚具结书　形式审查　实质审查　程序反悔

摘要: 通过确立认罪认罚从宽制度,我国刑事诉讼法引入了一种颇具特色的量刑协商机制。根据律师参与这一程序的方式,量刑协商可分为消极的量刑协商模式和积极的量刑协商模式,前者属于一种最低限度的量刑协商,后者则属于可产生积极效果的协商模式,有待于通过必要的制度保障而加以激活。嫌疑人签署的认罪认罚具结书属于控辩双方量刑协商的结果,具有量刑协议书的属性,对于检察官和被告人都具有法律约束力,但对于法官的裁判则不具有必然的法律效力。目前我国法律确立了法官形式审查为主、实质审查为辅的司法审查方式,未来有必要通过对不同程序的分流和幅度型量刑建议的推行,逐步完善法院的司法审查方式。对于法院采纳量刑建议的裁决,被告人提出上诉的,要根据控辩双方量刑协议的内容来确定是否构成程序反悔。律师当庭作无罪辩护的,不影响控辩双方量刑协议的效力。

重罪案件适用认罪认罚从宽程序问题研究
汪海燕
《中外法学》2020 年第 5 期
关键词: 重罪案件　认罪认罚　价值　律师参与　证据
摘要: 认罪认罚从宽制度适用范围呈扩展趋势,重罪案件所占比例逐步提升。然而,认罪认罚从宽制度的程序设计具有同质化的特征,未能有效识别重罪案件适用的特殊性。重罪与轻罪案件适用认罪认罚从宽程序的价值取向应有所区别,前者着眼于落实宽严相济的刑事政策,鼓励引导被追诉人自愿如实供述等,但其节约司法资源、提升诉讼效率的价值受限。在律师参与、证据制度、量刑建议和庭审程序等方面,重罪案件认罪认罚从宽程序应呈现一定的独特性或有其侧重关注点,具体内容上应趋向于人权保障和错案风险防范。当前,重罪案件认罪认罚从宽制度适用范围扩大与制度供给明显不足之间的矛盾日益凸显,这也意味着需要在案件类型化基础上对认罪认罚从宽程序进行改革。

检察主导抑或审判中心:认罪认罚从宽制度中的权力冲突与交融
闵丰锦
《法学家》2020 年第 5 期
关键词: 检察主导　审判中心　权力冲突　量刑建议　认罪认罚从宽
摘要: 以量刑建议"一般应当采纳"的新刑诉法规定为标志,认罪认罚从宽制度中的控审权力产生了一定的结构性冲突,直接体现为量刑建议采纳率的"断崖式"下降。检察院抗诉法院未采纳认罪认罚量刑建议的有关数据显示,控审双方对认罪认罚案件量刑建议的程序及内容存在分歧。为了充分尊重控辩双方"合作"后达成的协商合意,认罪认罚从宽制度运行中的法检权力此消彼长,产生了"求刑权与量刑权""实体性权力与程序性权力""检察主导作用与以审判为中心"的三维冲突。控审双方应当在彼此尊重的基础之上,加强认罪认罚案件定罪量刑的双向沟通,以达到检察主导与审判中心的交融调和。

辩护冲突中的意见独立原则:以认罪认罚案件为中心
闫召华
《法学家》2020 年第 5 期
关键词: 辩护冲突　意见独立原则　认罪认罚　独立辩护　有效辩护
摘要: 我国辩护制度本身已暗含有疏解不同辩护主体意见冲突的基本思

路——意见独立原则,即辩护人在经过充分沟通仍与被追诉人无法达成共识时,只要被追诉人不选择退出机制,就可坚持不同的辩护意见。意见独立原则同样适用于认罪认罚案件辩护。辩护人在认罪认罚等问题上提出不同意见,不仅不会侵犯被追诉人自主认罪认罚的权利,还更加有利于实现认罪认罚案件的有效辩护。对于认罪、认罚、程序选择等不同议题,意见独立原则有不同的实施机制和法律效果。当前,意见独立原则的践行尚面临认罪认罚劝说失当、辩护人及值班律师立场异化、辩护效果失控等几种潜在风险,需要进一步明确底线,完善防控机制。

认罪认罚从宽制度的体系性反思与建构
王志祥　融昊
《法学杂志》2020 年第 5 期
关键词:认罪认罚从宽制度　程序法　刑罚裁量制度　从宽量刑情节　重复评价

摘要:虽然认罪认罚从宽制度是在我国《刑事诉讼法》中得以正式确立的,但《刑事诉讼法》中涉及此制度的具体规定又都是操作层面的。据此,认罪认罚从宽制度的合理性并不能得以阐释。而依据我国《刑法》,对认罪认罚从宽制度的合理性则可以从形式逻辑、实质逻辑以及价值理念三个维度予以充分证成。由此可知,认罪认罚从宽制度本质上系《刑法》中的一种刑罚裁量制度,认罪认罚本质上是法定的从宽量刑情节。在定罪层面,犯罪嫌疑人、被告人只需自愿承认不法事实系其所为,即构成"认罪",而无须准确评价自身行为的法律性质并准确识别具体罪名;在量刑层面,"认罚"考察的重点是犯罪嫌疑人、被告人的悔罪态度和悔罪表现。应当通过刑法立法的方式将认罪认罚从宽制度与自首制度、坦白制度部分重叠地整合在一起,以避免"概念混同""重复评价"的错误倾向。

认罪认罚案件二审实践的逻辑与反思——以 4799 份二审裁判文书为样本
张　青
《环球法律评论》2020 年第 6 期
关键词:认罪认罚从宽　上诉　抗诉　二审程序

摘要:通过对相关案件二审裁判文书的实证分析显示,认罪认罚从宽制度在实践中面临适用范围有限、被告人实际获得的"从宽"效果甚微、控审对"认罪"标准的把握形式化以及程序异化与对抗性扩张等现实困境。究其原因,除具有统一性和权威性的实施细则付之阙如、程序从宽不足加剧对实体从宽的"正向制约"效应、认罪协商不充分等规范与程序本身的局限外,还受到刑事实体法上以自由刑为中心的刑罚结构的限制。认罪认罚从宽制度应从以下两方面进一步完善:一方面,在规范层面亟需由"两高三部"出台更具操作性的实施细则;另一方面,需立足中国司法语境并适当结合域外经验,从厘清认罪认罚从宽适用案件范围与程序羁束力,确保控辩协商的充分性和实体从宽之实现等方面加以系统化重塑。

认罪认罚案件中的证据开示制度
鲍文强
《国家检察官学院学报》2020 年第 6 期

关键词:认罪认罚 证据开示 检察主导 知悉权 认罪自愿性

摘要:现有"强阅卷弱开示"证据信息交换机制下,由于阅卷权利、动力与能力的多重不足,认罪认罚案件中被追诉方的证据知悉权难以得到切实保障,严重影响其认罪认罚的自愿性,促生在该类案件中探索证据开示制度的必要。认罪认罚案件中的证据开示由检察机关主导,其承担在审查起诉阶段向被追诉方开示证据的职责。证据开示有利于控辩双方对定罪量刑结果形成准确预判,强化被追诉人认罪认罚自愿性的同时,为实质化控辩协商提供依据。法院应将证据开示作为审查认罪认罚自愿性的重要内容,以防范冤错案件的产生,促进认罪认罚从宽制度价值的实现。

论认罪认罚自愿性判断标准
杜 磊
《政治与法律》2020 年第 6 期

关键词:认罪认罚从宽 认罪认罚自愿性 供述自愿性 判断标准

摘要:认罪认罚自愿性判断标准是确保认罪认罚从宽制度规范运行的一项重要内容。认罪认罚自愿性包括实质认罪自愿性、形式认罪自愿性和认罪自愿性,三者密切相关,不能将三者割裂开来并设置不同的判断标准。认罪认罚自愿性和供述自愿性不同,不能采用自白任意性标准,宜参照非法言词证据规则所确立的标准,同时允许法官裁量判断认罪认罚的自愿性。认罪认罚从宽的制度特性给认罪认罚自愿性判断标准的适用带来了困难,需要从规则上明确不认罪认罚将面临严重刑罚、认罪认罚将获得较轻刑罚、许诺适用非羁押措施和缓刑措施、对第三人的宽容等情形是否违背了认罪认罚的自愿性,以实现认罪认罚从宽制度的规范化运行。

认罪认罚背景下屈从型自愿的防范——以确立供述失权规则为例
郭 烁
《法商研究》2020 年第 6 期

关键词:认罪认罚 屈从型自愿 证据开示制度 供述失权规则

摘要:虽然行政主导下的认罪认罚从宽制度的适用率在大幅提高,但是其中隐含着诸多制度性风险。在我国刑事司法强职权主义的传统下,需要特别注意避免在"认罪认罚从宽"名义下基于屈从型自愿而达成的认罪具结。除此之外,轻罪羁押率高、及时证据开示制度阙如以及值班/辩护律师的作用不能实质性发挥都或多或少地成为影响屈从型自愿形成的因素。尽快确立认罪认罚程序下的"供述失权规则"极具现实意义。

合意式刑事诉讼论

王新清

《法学研究》2020 年第 6 期

关键词:合意式刑事诉讼　对抗式刑事诉讼　认罪认罚从宽

摘要:随着我国刑事诉讼法相继确立刑事和解程序、速裁程序和认罪认罚从宽制度,一种新的刑事诉讼形式——合意式刑事诉讼,成为一种显性存在。学者们对此进行了理论概括,给予了不同的命名。与"合作式刑事诉讼""协商性刑事诉讼"等名称相比,"合意式刑事诉讼"的名称更为贴切。合意式刑事诉讼的内容包括合意式刑事诉讼行为和合意式刑事诉讼程序。2018 年《刑事诉讼法》搭建了合意式刑事诉讼的基本框架,但仍需对合意式刑事诉讼进行体系化建构,包括确立合意式刑事诉讼的专门原则,界定合意式刑事诉讼中当事人的诉讼权利,完善合意式刑事诉讼的起诉程序和审判程序。

幅度刑量刑建议的相对合理性——《刑事诉讼法》第 201 条的刑法意涵

黄京平

《法学杂志》2020 年第 6 期

关键词:量刑建议　幅度刑　确定刑　有效规制　效率规则

摘要:在提出和采纳量刑建议应遵循的规则体系中,量刑建议有效规则是基础规则,其主旨为量刑建议适当是采纳量刑建议的法定实体标准;量刑建议效率规则是派生规则,其核心内容是量刑建议必须具有适当的弹性,应将量刑建议与最终量刑的差距限制在合法的范围内。量刑建议适当(不包括一般不当)是采纳标准;量刑建议基本适当是备选标准;量刑建议明显不当是调整标准。幅度刑量刑建议是达到备选标准的基本方式,是使司法建议权与司法裁定权恰当协调的最优方式,能够兼顾量刑建议权的约束力与量刑建议采纳权的权威性。立法上,不存在对审判机关具有法律约束力的一般应当采纳规则;司法中,规范文件也不认可具有司法约束力的一般应当采纳规则。量刑建议明显不当是采纳量刑建议的唯一法定除外情形;其他法律明定情形,排斥继续适用认罪认罚审理程序。

"一般应当采纳"条款的立法失误及解释论应对

孙 远

《法学杂志》2020 年第 6 期

关键词：一般应当采纳　量刑建议　论证义务　程序选择权

摘要：《刑事诉讼法》第 201 条的"一般应当采纳"条款,在立法论上存在明显失误,对控审分离这一刑事诉讼基本原则造成了相当程度的冲击。为化解立法带来的不利影响,应在解释论层面探索适用该条款的妥善方案。一方面,允许法官在提供特别论证的基础上,不采纳检察机关的量刑建议,并通过上诉审的事后审查机制敦促法官善尽论证义务。另一方面,当法院决定不采纳指控罪名与量刑建议做判决时,应充分保障被告人的程序选择权,并探索在审判阶段适用认罪认罚从宽制度的具体方式。

刑事正当程序视野下的认罪认罚从宽制度

朱孝清

《法学》2020 年第 8 期

关键词：认罪认罚从宽制度　刑事正当程序　疏离　坚守

摘要：由于借鉴了辩诉交易的合理元素,加之实务运作的某些不足,我国认罪认罚从宽制度引发了一些疑虑和担忧。从刑事正当程序的特点和内容来看,认罪认罚从宽制度实质上并未疏离刑事正当程序,而是对刑事正当程序基本精神和主要原则、制度的坚守,是对刑事正当程序的丰富和发展。当然,为了防止认罪认罚从宽制度违反刑事正当程序,影响司法公正,有必要在司法上采取系列措施规范该制度的适用。

认罪认罚从宽制度中司法承诺之考察

刘泊宁

《法学》2020 年第 12 期

关键词：司法承诺　认罪认罚　兑现　司法公信力

摘要：司法承诺是认罪认罚从宽制度的重要组成部分,亦是影响控辩合意自愿性、真实性、稳定性的关键要素。然而,我国对司法承诺的法律规定和司法解释尚不尽完善。规范层面的模糊不清导致司法实践中司法承诺的适用混乱和争议不断。因此,亟须对司法承诺的相关问题进行研究。明晰司法承诺的内涵及基本特征是研究的前提和基础,限定司法承诺的主体资格、明确承诺权限是保护被追诉人权益的必然要求;而全面考察司法实践中承诺权误用、滥用的现象,提炼总结出司法承诺的三种实践样态,有助于完善相关制度层面的建构,增强控辩协商过程的规范性与透明度。司法承诺的规范化是提升司法公信力、推进认罪认罚从宽制度良性发展的重要基础。

论认罪认罚程序中的被追诉人同意
董林涛
《法学杂志》2020 年第 9 期
关键词：认罪认罚　被追诉人同意　同意能力　知情权　自愿性
摘要：在我国，认罪认罚并非控辩协商的结果，而是被追诉人对指控事实、量刑建议及程序适用的同意。将认罪认罚界定为同意的价值有三：凸显被追诉人的诉讼主体地位；维护被追诉人的合法利益；增强被追诉人应对多元复杂程序的能力。被追诉人有效同意需要同时具备四个要件：一为同意能力，被追诉人应当具有理解、评判、决策与沟通能力；二为知情同意，被追诉人的同意应当建立在对案件信息的全面了解与掌握之上；三为自愿同意，被追诉人认罪认罚的意思表示应当是自由作出的；四为同意意向性，被追诉人认罪认罚的意向在于获得从宽处理。以此标准审视，为保障被追诉人同意有效性，尚需要从三个方面进行调整与完善：进一步规范检察机关的权利告知程序；在审查起诉环节建构证据开示程序；为值班律师提供更为宽松、便利的履职环境。

论认罪认罚"从宽"中的司法适用
迟大奎
《法学杂志》2020 年第 11 期
关键词：认罪认罚　从宽理由　法条关系　悔罪　降低诉讼成本
摘要：认罪认罚从宽与坦白从宽、自首从宽、和解从宽之间存在复杂的法条关系，导致从宽适用有些混乱。解决这一问题的基本思路在于，对"从宽事由"和"行为要素"进行规整，确定它们之间是否存在包含关系、交叉关系以及中立关系，解决这些条文之间是择一适用、叠加适用还是限制叠加适用的问题。在对条文关系进行解析的过程中，可以总结出一项基本原则：独立从宽理由的数量决定了从宽的次数。"悔罪""降低诉讼成本"以及"修复社会关系"都可以成为独立的从宽理由。

论值班律师参与量刑建议的协商
程　滔　于　超
《法学杂志》2020 年第 11 期
关键词：值班律师　量刑建议　认罪认罚从宽　量刑协商程序
摘要：研究值班律师必须立足于我国的国情。在认罪认罚从宽的案件中，值班律师负有特殊的职责，2018 年修改后的《刑事诉讼法》增加了值班律师对案件处理提出意见等内容。在认罪认罚从宽案件中值班律师提供的是最低限度的辩护服务,值班律师应实质性地参与量刑建议的形成。在认罪认罚案件中,量刑建议的形成是控辩双方的合意,量刑建议的预判性要得到裁判的保障。为了值班律师能够有效地参与、对量刑建议的形成产生实质影响,值班律师必须以会见和阅卷为基础,保障量刑建议形成过程公开与透明,争取检察官作出确定刑的建议。值班律师与被追诉人之间应形成委托关系,设立量刑协商程序,并完善程序性制裁。

第三节 案例精解

贾隆宝寻衅滋事案
——认罪认罚案件中上诉权的行使及限制①

一、案情介绍

2017年7月24日,被告人贾隆宝等人与被害人贺元波在重庆市云阳县"皇家酒吧"门口相遇并发生争执,被告人贾隆宝以扇耳光、脚踢的方式殴打贺元波,随后持折叠弹簧刀捅伤贺元波。经鉴定,贺元波的损伤程度系轻伤二级。2017年10月17日,贾隆宝因涉嫌犯寻衅滋事罪被公安机关抓获,并于同月31日被执行逮捕,后案件移送云阳县检察院审查起诉。在审查起诉阶段,贾隆宝认罪认罚并签署具结书,云阳县检察院适用认罪认罚从宽制度提起公诉。

云阳县人民法院适用简易程序于2018年3月14日作出一审判决,以寻衅滋事罪判处被告人贾隆宝有期徒刑1年3个月,并赔偿附带民事诉讼原告人贺元波误工费、医药费等损失共计15290.35元。

一审判决后,贾隆宝不服,以原判定罪错误、量刑过重为由向重庆市第二中级人民法院提出上诉。云阳县检察院认为,被告人贾隆宝在审查起诉阶段认罪认罚,云阳县法院支持检察院的指控并采纳了量刑建议,依法作出了判决。贾隆宝以原判定罪错误、量刑过重为由提出上诉,不再认罪认罚,导致量刑情节发生变化,量刑畸轻,故提出抗诉。重庆市人民检察院第二分院支持云阳县检察院的抗诉意见和理由。

在二审审理过程中,被告人贾隆宝申请撤回上诉。重庆二中院经审理后认为,原判定罪准确,量刑适当,贾隆宝自愿撤回上诉符合法律规定,应予以准许。关于检察院的抗诉意见,由于贾隆宝在二审中表示服从原判,自愿撤回上诉,故检察机关的抗诉已经没有事实依据。据此,重庆二中院于2018年7月5日作出二审裁定,驳回云阳县检察院的抗诉,维持原判刑事部分,并准许上诉人贾隆宝

---

① 沈平、胡胜:《认罪认罚案件中上诉权的行使及限制》,载《人民司法(案例)》2020年第2期。

撤回上诉。

二、案件争议

本案争议焦点有二：

一是认罪认罚案件中被告人是否有权上诉？

二是被告人针对认罪认罚的内容提出上诉后,二审法院应当如何处理？

三、案件分析

关于第一个问题,可以从三个方面来回答。

首先,从规范层面来看,现行刑事法律并未对认罪认罚案件上诉作出任何限制性规定。上诉制度是刑事诉讼法规定的基本诉讼制度,按规定,任何刑事被告人都享有上诉权。根据《刑事诉讼法》第 227 条第 3 款之规定,对被告人的上诉权,不得以任何借口加以剥夺。① 尽管新修订的《刑事诉讼法》第 15 条以基本原则的形式明确了认罪认罚从宽的基本概念及适用条件②,但此外并未作出其他规定,因而原则上就应当认为认罪认罚从宽制度并不是对上诉制度的否定。由此,在现行制度设计层面,认罪认罚案件中被告人理应享有上诉权。

其次,从上诉的具体内容来看,被告人上诉并非意味着必然拒绝认罪认罚。根据刑事诉讼法的相关规定,被告人不服第一审判决、裁定的,有权向上一级人民法院上诉,对于上诉理由,法律并未作出限制。③ 在实践中,被告人仍可以原判未保障辩护权、违反法定程序(即程序性规定)或出现新证据等为由提出上诉。当被告人以原判认定事实有误、适用法律错误或量刑过重为由提出上诉时,由于认罪认罚的内容在于承认指控的犯罪事实并愿意接受处罚,此时可认为其系对认罪认罚的反悔。但当以原判违反程序性规定等为由提出上诉时,则显然不在此类。不仅如此,不排除上诉理由只是被告人的借口,而不是其真实意思表示。从以往的司法实践情况来看,对认罪认罚案件中被告人适用的刑罚大都较轻,刑期往往较短。根据 2012 年新修订的《中华人民共和国监狱法》(以下简称《监狱法》)之规定,罪犯在被交付执行刑罚前,剩余刑期在 3 个月以下的,由看守所代

---

① 《刑事诉讼法》第 227 条规定,"被告人、自诉人和他们的法定代理人,不服地方各级人民法院第一审的判决、裁定,有权用书状或者口头向上一级人民法院上诉。被告人的辩护人和近亲属,经被告人同意,可以提出上诉。附带民事诉讼的当事人和他们的法定代理人,可以对地方各级人民法院第一审的判决、裁定中的附带民事诉讼部分,提出上诉。对被告人的上诉权,不得以任何借口加以剥夺"。

② 《刑事诉讼法》第 15 条规定,"犯罪嫌疑人、被告人自愿如实供述自己的罪行,承认指控的犯罪事实,愿意接受处罚的,可以依法从宽处理"。

③ 参见《刑事诉讼法》第 227 条。

为执行。① 这些被判处短期自由刑的被告人，为留在看守所执行剩余刑期，便倾向于寻找各种理由上诉，试图利用诉讼规则拖延时间。此时其所谓的上诉理由，则纯粹只是借口，而并非对认罪认罚的反悔。因此，从上诉内容来看，被告人的上诉及上诉理由并非就等于拒绝认罪认罚。

最后，从适用后果层面来看，上诉与认罪认罚从宽制度设立的目标并不相悖。两高三部《关于适用认罪认罚从宽制度的指导意见》明确指出，适用认罪认罚从宽制度，对准确及时惩罚犯罪、强化人权司法保障、推动刑事案件繁简分流、节约司法资源、化解社会矛盾、推动国家治理体系和治理能力现代化，具有重要意义。为此，《指导意见》在办案程序、办案周期等方面都做了相应简化。应当说，认罪认罚从宽制度极大地提高了第一审程序效率，通过第一审程序，认罪认罚从宽制度基本已实现其立法目的，而与上诉不存在太大关系。一方面，认罪认罚案件从检察院审查起诉到人民法院作出裁判的整个过程，都是依认罪认罚程序办理，其提高了一审办案效率是既成事实，与被告人是否上诉无关。另一方面，即使被告人提出上诉，但只要上诉不是针对业已认罪认罚的否定，二审法院就不必在一审认罪认罚的内容上浪费时间，此时认罪认罚节约司法资源、提高办案效率的功效继续得以发挥。在这个意义上，上诉后果与认罪认罚从宽制度的立法目的并不冲突，只要妥当理解认罪认罚的实质内涵，上诉制度与认罪认罚从宽制度完全可以而且也应当并存。

本案中，虽然被告人在一审中认罪认罚，一审法院据此对其从宽处理，但上诉权是法律赋予被告人的基本权利，司法机关无权阻止贾隆宝依法上诉。与此同时，被告人贾隆宝以原判定罪错误、量刑过重为由提出上诉，从形式上来看，其显然系对认罪认罚的反悔。此时不论被告人是出于何种意图，人民检察院都无法先行探求其真实意思，故人民检察院根据上诉内容认定被告人拒绝认罪认罚进而提起抗诉亦无不可。

关于第二个问题，尽管上诉权是被告人的基本权利，认罪认罚从宽案件的被告人亦可以任何理由提出上诉，不过需要注意的是，基于认罪认罚从宽制度的立法目的及特有实质内涵等因素的考量，认罪认罚的态度应及于二审程序。

从程序上来看，作出一审判决后，认罪认罚的效果以一审判决书的形式暂时得以确认，但在法定期限内上诉或抗诉的，则判决并未生效。此时若被告人对业已认罪认罚的内容提出异议，事实上是对认罪认罚的反悔，原判可能因此丧失认罪认罚的事实基础。不仅如此，从被告人人身危险性以及节约司法成本这一立法目的来看，当被告人在二审中对认罪认罚内容提出异议时，不仅表明其并无悔

---

① 参见《监狱法》第 15 条。

改之心,而且也会导致二审法院重新就事实问题等方面进行审查,导致不必要的司法资源浪费。因此,被告人在一审、二审程序中自始认罪认罚,是认罪认罚从宽制度的应有之义。

于此,笔者以为,在审理认罪认罚上诉案件过程中,应在对上诉理由进行实质性审查后,在未出现足以影响定罪量刑的其他新证据的情况下,根据情况分别处理:(1)被告人并未对认罪认罚内容提出异议的,上诉系其基本权利,人民法院不得以上诉为由加重刑罚(作为普通上诉案件处理即可)。(2)被告人就认罪认罚的内容提出上诉的,人民检察院原则上也会提出抗诉,此时人民法院不能简单根据上诉理由就认定被告人拒绝认罪认罚,而应当在庭审过程中进一步探寻被告人真实意图。若其是出于留在看守所执行剩余刑期等目的改变上诉理由,或主动申请撤回上诉的,应视为继续认罪认罚。若其坚持上诉理由,则应当认定被告人拒绝认罪认罚,可视情况支持人民检察院抗诉意见。(3)被告人以其他理由提出上诉,但在审理过程中自始就认罪认罚内容有异议的,应当认定被告人拒绝认罪认罚。此时若原判认定事实确有错误的,应当依法改判或发回重审;若原判认定事实正确,但据认罪认罚程序量刑稍有过重的,则可维持原判;若原判认定并无不当,此时被告人拒绝认罪认罚,则原判因出现新证据而丧失事实基础,二审可撤销原判。

本案中,被告人贾隆宝以原判定罪错误、量刑过重为由提出上诉,从形式上来看确系对认罪认罚的反悔。不过,就法院而言,必须在审理过程中积极探寻上诉人的真实意图。通过二审开庭讯问被告人获悉,其对原判并无任何异议,上诉不过是出于拖延诉讼时间,以便在看守所执行剩余刑期,且其当庭申请撤回上诉。基于上诉人在二审中继续认罪认罚,法院裁定驳回云阳县检察院的抗诉,维持原判刑事部分,并准许上诉人贾隆宝撤回上诉。

第三章　律师与辩护制度

第一节　本章观点综述

律师与辩护制度是刑事诉讼法学研究的重点内容,也是实务界改革频发的热点。中国政法大学的顾永忠教授长期关注刑事辩护的实证问题,他对刑事辩护的实践样态、困境与完善路径研究透彻,为我国辩护制度的发展发挥极大的推动作用,当然这与他早年间成功的执业律师经历密不可分。2016 年顾永忠教授在《中国法学》发表《以审判为中心背景下的刑事辩护突出问题研究》(截至 2021 年 9 月 5 日,本文知网下载量达到 7518 次,引用量为 238 次)一文,独到、深刻地分析了刑事辩护的困境与出路,认为应当从认识上和法律上处理好以审判为中心的诉讼制度的应然要求与实然需要之间的关系,以应然要求为基础和保障,以实然需要为依据确定刑事案件适用何种程序。我国法律援助资源还不充足,在法院建立法律援助值班律师制度,是一项投入少、队伍稳定、覆盖面广、成效明显的法律援助方式,值得深入研究,重点扶持,全面推广。我国交叉询问制度存在一些问题,其中适用范围不明确、询问顺序未体现交叉询问的精髓、询问行为的诉讼属性不清楚、禁止诱导询问规则不利于交叉询问进行质证。需要对其进行完善以适应庭审实质化的要求。[①] 2019 年,顾永忠教授再次从实证的研究视角出发,回顾了中国刑事辩护制度的改革发展与实践现状,认为刑事辩护制度的整体发展值得肯定,但实践中仍存在问题,当前庭审实质化改革及与其配套的刑事辩护制度的改革相对滞后,"繁案精办"在实践中尚未充分体现出来,不少案件仍表现为"形式审判""形式辩护"的状况。为实现刑事案件律师辩护全覆盖,应该充分认识实现刑事案件律师辩护全覆盖的艰巨性和长期性,着力扶持、培养一支素质优良、业务熟练的刑事辩护律师队伍,积极协调、营造有利于律师辩护全覆盖的司法和社会环境,并重视值班律师在律师辩护全覆盖中的地位和作用。[②]

北京大学的陈瑞华教授极大地推动了刑事辩护的理论深化发展,提出了刑事辩护的类型化理论、程序性辩护理论、协同性辩护理论等。同时他还长期致力于研究律师职业伦理,深刻影响了学术界。陈瑞华教授在 2019 年发表的《刑事

[①] 顾永忠:《以审判为中心背景下的刑事辩护突出问题研究》,载《中国法学》2016 年第 2 期。
[②] 顾永忠:《刑事辩护制度改革实证研究》,载《中国刑事法杂志》2019 年第 5 期。

辩护制度四十年来的回顾与展望》一文中梳理了我国刑事辩护的发展脉络,其认为在 40 年的发展历程中,我国刑事辩护制度既取得了长足的进步,也存在深层的制度问题,更存在着进一步改革和发展的空间①,其中的回顾与反思值得学习。

中国政法大学吴宏耀教授致力于推动我国法律援助制度的发展。2021 年 8 月 20 日《中华人民共和国法律援助法》(以下简称《法律援助法》)的正式出台,与国家法律援助研究院的不懈努力有着直接关系。《法律援助法》的出台推动了我国刑事辩护制度的大发展,从人权保障的层面助力实现由被追诉人有权辩护到有人辩护的飞跃。

可见学界对律师与辩护制度一直是高度关注,相关的研究成果亦是丰富,而且研究呈逐步细化的过程,涉及刑事辩护理论与实践的多方面问题,主要涵盖以下内容。

一、刑事辩护的类型化理论

陈瑞华提出了刑事辩护的理论分类,根据辩护所要达到的具体目标,律师界将刑事辩护划分为五种形态:无罪辩护、量刑辩护、罪轻辩护、程序性辩护和证据辩护。他认为受司法制度的种种限制,律师很难完全独立地从事某一类型的辩护活动,而不得不在辩护实践中进行一定的妥协。在逻辑上,有些辩护形态相互间存在着一定的重合或交叉造成冲突。鉴于"五形态分类法"的局限性,还可以根据律师辩护的经验,设定一些新的辩护形态分类理论,比如实体性辩护与程序性辩护;无罪辩护、量刑辩护与程序性辩护;消极辩护与积极辩护;对抗性辩护与妥协性辩护。②

陈瑞华同时就程序性辩护这一种在诉讼法领域的特殊研究内容进行了论述。他认为说服法官采纳自己的辩护观点,对侦查程序的合法性作出否定评价,并进而将非法证据排除于法庭之外,是程序性辩护的主要目的。法院唯有为被告人、辩护人的程序性辩护提供较为理想的司法环境,被告方才能获得程序性辩护的基本空间,并将其辩护纳入诉讼程序的正常轨道中来。程序性辩护的困境主要体现在四个方面:"非法证据"的范围存在极大的不确定性;程序性裁判与实体性裁判的关系混乱;公诉方垄断了证据调查资源以及相关证据规则缺失。③

顾永忠和娄秋琴续接了程序性辩护的主题,就程序性辩护所涉及的理论与

---

① 陈瑞华:《刑事辩护制度四十年来的回顾与展望》,载《政法论坛》2019 年第 6 期。
② 陈瑞华:《论刑事辩护的理论分类》,载《法学》2016 年第 7 期。
③ 陈瑞华:《程序性辩护的理论反思》,载《法学家》2017 年第 1 期。

实践问题进行了细化研究。他们认为程序性辩护是一个在逻辑上与实体性辩护相对应、从属于一般刑事辩护概念的下位概念,在法律实践上则是与实体性辩护活动相并列、在辩护的具体根据、内容、方式、目的和作用上互不相同的另一类辩护活动。程序性辩护可以分为:请求型程序辩护、要求型程序辩护、抗辩型程序辩护、救济型程序辩护。程序性辩护不是孤立存在的,势必涉及与实体性辩护的关系、与被追诉人的关系以及程序性辩护适度与否的问题。在我国刑事辩护实践中的问题既需要完善立法,也需要改善司法,还需要辩护律师不断钻研业务,提高程序性辩护的专业素质和执业能力。①

李奋飞结合认罪认罚从宽制度改革,提出了"交涉性辩护"的理论概念,他认为"交涉性辩护"的意涵包括认罪伏法的意愿表达、起诉程序的资源优化、刑罚裁断的目标集聚。目前认罪认罚从宽基本上沦为纯粹由控方主导的高效治罪手段,"交涉性辩护"样态在司法实践中也未能达到预期的诉讼效果,甚至可以说陷入了困境。要让"交涉性辩护"取得较为理想的效果,推进有效辩护,应实现交涉对象即检察官的司法官化;提升辩护方的交涉能力;继续推进以审判为中心的诉讼制度改革,为"交涉性辩护"的展开营造良好的外部环境。② 李奋飞同时还批评了"唯庭审主义"的辩护模式,这一模式的基本特征是,律师重视审判环节特别是庭审环节的辩护,却忽视审前程序的辩护,甚至把刑事辩护变成了刑事庭审环节的辩护。在唯法庭主义的辩护模式中,律师只作"消极辩护",即在没有提交任何证据的情况下,仅仅通过攻击、反驳控方证据漏洞的方式来削弱、动摇裁判者的内心确信。他认为要让中国律师逐渐走出"唯庭审主义"的辩护模式,至少还应从检察机关的审前定位和办案方式改革、律师权利的增设与保障、刑事法律援助的质量监管和值班律师的定位等方面,对中国刑事辩护制度乃至司法制度进行改革和完善。③

欧卫安提出了一种新的辩护事实的分类方法,他认为有效辩护原则要求案件事实的发现或者证明应该反映出被告人的参与,令案件真相由一个纯粹的事实发现过程转变为包括被告方有效参与的过程。辩护事实的范围包括大陆法系国家所说的"违法阻却事由和责任阻却事由"或者英美法系国家所说的"积极抗辩"事由、有罪推定情形下的抗辩事实以及证据责任转移下的被告人抗辩事实等实体法事实。被告人之形式举证责任仅需达到"无罪的合理怀疑"或该有利事实

---

① 顾永忠、娄秋琴:《程序性辩护的理论发展与实践展开》,载《国家检察官学院学报》2020年第3期。
② 李奋飞:《论"交涉性辩护"——以认罪认罚从宽作为切入镜像》,载《法学论坛》2019年第4期。
③ 李奋飞:《论"唯庭审主义"之辩护模式》,载《中国法学》2019年第1期。

具有存在的可能性即可,无须举证证明至确实无罪的程度。①

陈肇新从麦考密克法律论证理论视角出发进行了辩护权的研究,他提出辩护权是宪法上的公民权利,辩护权的范围乃是追求融贯性法律论证的结果。因为辩护权的规范性被辩护行为所证实且赋予规范效力,刑事诉讼法中的辩护权概念是规范的权利而不是一项事实性权利。辩护权作为制度事实,体现了社会秩序中的法治因素,即符合"在面对国家权力前,所有为法律所管辖的当事人都有获得与国家权力相称的对抗权利"这样一条承认规则。我国辩护权规则在运作中面临的困境是辩护权在受到妨害时缺乏完备的规范救济渠道,并且在个案中受到了不同程度的事实性妨害。②

二、有效辩护

近年来辩护制度研究最为火热的主题之一可以说是有效辩护,众多学者从不同的角度展开论述。陈瑞华从原理出发提出了有效辩护的一系列理论问题,包括有效辩护的概念、有效辩护与无效辩护的关系、有效辩护的衡量标准等,他认为有效辩护的具体标准很难进行准确界定,但有效辩护的理念可以从以下四个方面得到贯彻和体现:合格称职的辩护律师;为辩护所必需的防御准备;与委托人进行的有效沟通和交流;有理、有据、精准、及时的辩护活动。为了实现有效辩护,除了建立惩罚性和救济性的无效辩护制度外,还可以考虑对刑事辩护业务设立特殊的资格要求、对律师服务内容进一步精细化、确立辩护最低服务质量标准等。③

魏晓娜结合以审判为中心的诉讼制度改革研究了审判中心视角下的有效辩护问题,提出无论从工具主义还是非工具主义的视角出发,成就审判核心地位的关键要素,都是"形成判决基础的信息有机会得到反驳性检验"。而"形成判决基础的信息有机会得到反驳性检验",反过来依赖于一个独立、有效的辩护力量的存在。对于完善有效辩护制度可以考虑确立并保障被告人的质证权,落实律师的调查取证权。制度保障层面的有效辩护制度,恰恰是推进"以审判为中心"的最终落脚点。④ 熊秋红关注了相同的主题,但其侧重点在于提出认罪认罚从宽等案件繁简分流改革对审判中心和有效辩护的影响,提出推进案件繁简分流机制改革对律师辩护带来一系列影响,比如律师协助犯罪嫌疑人、被告人作出程序选择变得更为重要,犯罪嫌疑人、被告人认罪认罚的自愿性、真实性、明智性有

---

① 欧卫安:《辩护事实论要——案件事实的一种新分类》,载《法商研究》2019年第5期。
② 陈肇新:《麦考密克法律论证理论视角下的辩护权》,载《国家检察官学院学报》2017年第5期。
③ 陈瑞华:《有效辩护问题的再思考》,载《当代法学》2017年第6期。
④ 魏晓娜:《审判中心视角下的有效辩护问题》,载《当代法学》2017年第3期。

赖于通过律师的帮助加以保障，程序简化也压缩了律师的辩护空间。值班律师与辩护律师在会见权、调查权、阅卷权等方面有着明显区别，并且值班律师不能出庭辩护，这将导致值班律师在刑事诉讼中所能发挥的作用难以与辩护律师相提并论。在庭审实质化改革中，尤其需要保障辩护律师申请证人出庭的权利、调取新证据的权利以及在必要时申请重新鉴定的权利。①

张中将视角放在审前阶段，他研究了侦查阶段的有效辩护问题，提出由于存在侦查中心主义的传统、侦查程序的封闭性、侦查程序的行政化等问题，侦查阶段律师辩护具有极端重要性。但实践中还存在着刑辩率过低、辩护难、律师执业风险大、辩护效果不佳等问题。因此有必要进一步明确侦查阶段有效辩护的标准，为律师营造宽松的辩护环境，保障律师调查取证权、申请鉴定权、申请证据保全等权利，完善律师培训制度和律师惩戒制度，有限引入无效辩护制度进行程序制裁，从而提高侦查阶段辩护质量。②

印波着眼于死刑这一特殊类型案件的有效辩护问题，他认为我国刑事诉讼程序具有浓厚的职权主义传统，刑事辩护未必可以完全决定案件成败，但是死刑案件中律师辩护的有效度与错案率之间无疑存在着反向的关联。死刑案件辩护的最佳状态是资深律师认真为被告人进行辩护。然而，办案经费的短缺使得法援律师的资质和态度都无法得到保障，严重制约了死刑案件的辩护质量。侦查机关的强势地位、有罪推定观念的盛行、律师取证难、律师介入死刑复核难等都限制了死刑辩护的有效性，加剧了冤假错案发生的可能。因此有必要调整死刑案件法律援助费用、提高死刑案件辩护律师资质、保障死刑案件执业律师的权利。③ 杨亮和刘璐同样关注死刑案件的有效辩护问题，但是更集中于法官的作用层面，他们通过对 2014 年 6 月至 2015 年 6 月 B 市中级法院审理的死刑案件的部分被告人、律师进行问卷调查发现，死刑案件普遍存在着指定辩护比例高、辩护介入时间不统一、庭前辩护作用不理想、庭审中行使辩护权不积极等问题。实现死刑有效辩护，法官应有所作为，这是程序监护人理论的必然要求，也是防范冤假错案的有利选择。法官可以通过对律师进行资格审查、召开庭前会议、建立死刑案件辩护质量反馈机制对死刑案件无效辩护进行司法引导。④

贾志强关注了认罪认罚从宽制度改革所引发的有效辩护问题，他提出在认罪认罚从宽改革如火如荼进行的同时，学界对于认罪认罚案件的辩护问题研究缺位，其根源在于我国尚未形成认罪认罚案件中的有效辩护理念。从刑事速裁

---

① 熊秋红：《审判中心视野下的律师有效辩护》，载《当代法学》2017 年第 6 期。
② 张中：《论侦查阶段的有效辩护》，载《当代法学》2017 年第 6 期。
③ 印波：《死刑案件辩护有效性研究：状况、困境与出路》，载《法学杂志》2018 年第 3 期。
④ 杨亮、刘璐：《死刑案件有效辩护中法官的作用》，载《国家检察官学院学报》2017 年第 4 期。

程序试点到认罪认罚从宽制度试点,如果被追诉人无法获得有效的律师帮助,那么整个认罪认罚从宽制度将可能存在较大风险,此项改革的正当性将会受到质疑。被追诉人的认罪、认罚合意消解了控辩双方之间就定罪量刑问题的对抗,推动了刑事冲突的解决,被追诉人选择或同意诉讼程序的简化意味着其本人对部分公正审判权的自主处分。完善并落实值班律师制度是确保认罪认罚案件被追诉人获得有效辩护的核心。①

汪家宝从国家公权力与被追诉人辩护权(私权利)的关系切入,讨论了辩护的有效性问题,提出"辩护权绝对私权化"和"权力(利)关系对立化"的思维方式,不仅造就了形式辩护,而且也阻碍了其通向实质辩护之路。从形式辩护立场看来,国家公权力与辩护权之间处于此消彼长的"零和关系"。辩护权与国家公权力走向"零和关系"还是"共赢关系",取决于其所共存的法律环境;没有共赢关系,有效辩护权绝对不会被公权力所容忍。有效辩护的生存条件在于控审分离、权力制衡、无罪推定、控辩平等。②

蔡元培提出了应当如何对待辩护意见,以保证辩护效果的问题。他认为"辩护难"的核心问题在于辩护意见采纳难。我国《刑事诉讼法》在如何对待辩护意见这一问题上确立了一项"意见听取规则",但较为粗疏,缺少对"前因"和"后果"的规定,导致对司法者缺少实质性制约。意见是事实认定和法律适用的前提,诉讼程序本质上是一个表达意见、听取意见、处理意见的过程。司法者通过审阅案卷所了解到的并不是事实,仅仅是关于事实和法律的单方意见,只有充分听取和吸收辩护意见,才能抵御控诉意见对司法者造成的先入为主的影响。诉讼是一场信息战,没有信息,意见就很难有说服力,意见表达以获知信息为必要前提。听取意见不能仅局限于"聆听"或"记录",还应当包括司法者对辩护意见正面、充分、及时的回应。司法者未依法听取意见需要承担不利程序性后果,包括诉讼行为瑕疵及纠正、诉讼行为无效及撤销两种类型。③

三、刑事辩护中律师与被追诉人相互关系

陈学全提出了在律师与被追诉人辩护关系中,被告人能否拒绝指定辩护问题。他提出域外对于刑事被告人能否拒绝指定辩护的问题存在三种不同模式:独立辩护主导模式、强制辩护主导模式、附条件的独立辩护主导模式,其各自的理论基础在于对被告人自治权的尊重、辩护人的司法机关属性、多元诉讼价值平

---

① 贾志强:《论"认罪认罚案件"中的有效辩护——以诉讼合意为视角》,载《政法论坛》2018年第2期。
② 汪家宝:《论刑事被追诉人的有效辩护权》,载《政治与法律》2016年第4期。
③ 蔡元培:《刑事诉讼如何对待辩护意见?》,载《法学》2021年第8期。

衡观。在我国讨论刑事被告人能否拒绝指定辩护的问题，应考虑到我国刑事辩护律师的角色定位、我国刑事辩护法律援助质量总体不高的现状。以案件是否可能判处无期徒刑、死刑为标准，区分必要指定辩护和非必要指定辩护，进一步精细化地平衡被告人的自治权与审判公正的关系。①

王永杰以著名的"杭州保姆纵火案"为切入研究了辩护权法律关系的冲突与协调，他认为辩护律师的独立辩护权，其权源还是来自于被追诉人与辩护律师之间的委托关系，因而辩护律师的辩护活动应以获得被追诉人的授权或者同意为前提，并以最大限度实现被追诉人利益为目标。辩护律师退庭只是表达抗议的一种诉讼手段，其高明与否以及是否违反法庭纪律等姑且不论，至少法院并没有权力将辩护律师退庭的行为视为拒绝辩护。不论指定辩护还是委托辩护，其本质都在于维护刑事诉讼被告人的辩护权利。在处理退庭事件时，应当将保障被追诉人利益作为最重要的考量因素。②

方柏兴提出了一种协调被告人与辩护律师关系的新思路——辩护冲突中的权利保留原则。他认为对于实践中辩护律师与被告人就辩护意见和辩护策略冲突的现象，运用"独立辩护人"理论进行解释存在逻辑缺陷，因此有必要引进一种新的思路——权利保留原则，即被告人作为辩护权的权利主体，对直接影响自身关键性权益和道德自由的保留性权利享有最终的决定权。权利保留原则的正当性在于其不仅是被告人作为诉讼主体的要求，也是被告对个人事务具有自我决定权的表现。当被告人和辩护律师发生冲突时，可以根据权利的性质不同分别适用被告人主导模式和协商解决模式。③

闫召华就辩护关系意见冲突的解决提出了意见独立原则，他认为辩护人的辩护意见独立于被追诉人的意见，二者即使发生冲突也有其内在合理性，如果通过沟通不能达成一致，只要被追诉人没有选择退出机制，辩护人就可坚持自己的辩护意见。在我国，辩护冲突并非权利归属之争，只是意见冲突。意见独立原则重视的是辩护人的意志独立，而不是辩护人对辩护权行使的绝对主导。意见独立原则的践行尚面临认罪认罚劝说失当、辩护人及值班律师立场异化、辩护效果失控等几种潜在风险，需要进一步明确底线，完善防控机制。④

韩旭研究了被追诉人自行辩护的问题，包括权利配置与运行机制等。具体

---

① 陈学权:《被告人能否拒绝指定辩护问题研究》，载《当代法学》2021年第1期。
② 王永杰:《论辩护权法律关系的冲突与协调——以杭州保姆放火案辩护律师退庭事件为切入》，载《政治与法律》2018年第10期。
③ 方柏兴:《论辩护冲突中的权利保留原则——一种协调被告人与辩护律师关系的新思路》，载《当代法学》2016年第6期。
④ 闫召华:《辩护冲突中的意见独立原则:以认罪认罚案件为中心》，载《法学家》2020年第5期。

而言,他认为由于当前背景下律师辩护未能对所有刑事案件实行"全覆盖",以及考虑到自行辩护的权利属性、自行辩护的效果、巩固被追诉人诉讼主体地位的需要,有必要通过提高自行辩护的质量,使自行辩护在一定程度上弥补律师辩护之不足。通过赋予被追诉人以会见权、阅卷权、申请调查取证等权利对被追诉人自行辩护进行保障。同时为了对自行辩护和律师辩护的冲突进行协调,辩护律师应当树立"以被追诉人为中心"的辩护观念,与被追诉人及时进行"辩护协商"。①

郭名宏同样研究了被诉人自主性辩护的问题,他提出"有效果辩护"在保障被追诉人合法权益、提升律师职业伦理水平、促进司法公正、全面实现和形成司法公正社会认同等方面都具有非常积极的意义。但这并不意味着可以为了追求诉讼效果而不择手段。辩护律师可以结合案件情况合理选择一些辩护策略来实现有效果辩护,比如解构指控证据体系中的某些环节或内容,使法官对案件事实产生怀疑;多采用柔性辩护,少采用对抗性辩护等。对于辩护权保障问题,应遵循一种"共容主义"的立场,即尽职辩护与有效果辩护对于保障辩护权都具有非常重要的作用。②

四、辩护权利的内容、方式与技巧研究

黄士元从理论角度出发,研究了刑事辩护权利的解释原理。他认为,刑事诉讼的这一特性,决定了原则上刑事诉讼规范的解释应禁止扩张国家权力,而不禁止在有正当理由的情况下扩张公民权利。辩护律师的自行调查取证权在性质上主要是防御权,即"免于国家支配的自由",而辩护律师的申请调查取证权是"对国家的请求",属于受益权,要求国家积极作为,承担给付义务。无论立法是否完善,对法条的解释都是必要的。毕竟,法条是要在实践中适用的,而不经解释,法律很难适用。为了将法规范解释得协调、公正,解释者还要注重体系解释,并将对法条的解释置于法律原则、法学理论、后果考量、司法实践所形成的场域之中。③

韩旭就律师核实证据的权利进行了深入研究,他提出对于律师核实有关证据,目前具有代表性的观点主要有三种:阅卷权说、客观证据说、不一致证据说。"不一致证据说"特别强调对与被追诉人陈述不一致的证据进行核实,可以说是抓住了"核实证据"的本质属性,但该观点对需要核实的证据种类和范围语焉不

---

① 韩旭:《自行辩护问题研究》,载《当代法学》2021年第1期。
② 郭名宏:《论被诉人自主性辩护的价值及实现》,载《法学评论》2016年第1期。
③ 黄士元:《刑事辩护权利的解释原理》,载《中外法学》2018年第2期。

详。辩护律师核实证据可能会面临纪律风险和法律风险。即便有了"会见不被监听"的法律规定,情况依然如此。证人证言、被害人陈述作为重要的人证,对定案往往起到关键的证明作用,如果不允许辩护律师进行核实,核实证据的制度功能将大打折扣。①

蔡元培提出了辩护律师的程序异议权利问题,并设计了异议提出的机制。他发现律师就程序问题向法庭提出异议在实践中面临双重困境:一方面,律师的异议权过小,程序异议的效果十分有限,律师很难通过程序异议这一机制对法官形成强有力的制约;另一方面,部分律师在行使异议权时容易超越法律的边界,导致辩审冲突激化。他认为程序异议的正当性基础主要体现在三个方面:辩护权是权利基础、公正审判是制度基础、程序法定是共生基础。实践中,辩护律师提出异议主要有三种途径:一是根据具体的权利条款和程序条款直接向法庭提出异议;二是通过刑事诉讼中的复议制度提出异议;三是通过程序性上诉制度提出异议。②

陈学权从律师与法官的关系视角出发研究了辩护律师法庭地位,他认为辩护人在法庭的地位本身既是审判模式的重要内容,又在一定程度上决定着某种审判模式能否健康运行,厘清辩护律师的法庭地位对于构建和谐辩审关系具有重要的实践意义。导致我国辩审冲突的原因极为复杂,但法官和律师对辩护人法庭地位认识的模糊不能不说是其中的重要原因。当前确立我国辩护律师地位之理论根据需要考虑如下因素:我国对律师的管理及定位、我国刑事司法追求实体真实主义的诉讼传统、我国刑事审判模式的职权主义传统及未来的改革走向。辩护人是法官准确办案的协助者也是法官依法办案的监督者。③

冯俊伟以域外取证为例研究了跨境追诉中的辩护权保障问题。他认为,在国际刑事司法协助深陷辩护权保障不足危机的背景下,在控制犯罪与权利保障之间达致有效平衡、构建跨境追诉中的被追诉人辩护权保障的标准、有效保障跨境被追诉人的辩护权并提升涉外案件审判的正当性,对于我国跨境追逃工作的有效展开,推动国际规则的制定具有重要意义。在跨境追诉中,由于部分被告人或部分证据可能在另一国家,各国刑事诉讼法的规定有所不同,这导致司法实践中出现请求国和被请求国辩护权规定相冲突的局面。应承认跨境被追诉人的主体地位,明确司法机关的辩护权保障责任,采取多项配套措施,保障辩护权的有

---

① 韩旭:《辩护律师核实证据问题研究》,载《法学家》2016年第2期。
② 蔡元培:《辩护律师程序异议机制初探》,载《法学杂志》2020年第10期。
③ 陈学权:《论辩护律师的法庭地位——以律师与法官的关系为视角》,载《法学杂志》2020年第1期。

孙杨俊研究了刑事辩护的技巧,提出一种"反向"适用的方式。"反向"适用的路径与方式包括四个方面的环节:从犯罪嫌疑人或被告人无罪或罪轻的结论出发,确定辩护的目标;反驳控方小前提;倒推出利己大前提;对法官的定罪量刑产生影响,成功实现辩护目标。辩护人"反向"适用法律方法实质上亦是一个"控辩相长"的过程,这种相互促进"控辩相长"的过程将不断促使法律职业共同体的形成与融合。另外,刑事辩护中法律方法"反向"适用的价值判断和利益权衡,与控方及法官的价值判断和利益权衡明显不同。②

郭自力从比较法的视野切入,借鉴美国法讨论了精神病辩护的问题,他提出应借鉴英美法中对于精神病辩护发展出的麦克诺顿规则、不能控制规则、德拉姆规则、实际能力规则。关于刑事责任能力的具体判断,涉及两个问题:如何理解辨认能力和控制能力;如何确认行为人陷入了不能够辨认或控制自己行为的状态。并不存在抽象的"不能够"的判断标准,必须同具体的构成要件相关联才能够正确地判断行为人是否陷入了"不能够"的程度。刑事责任能力的认定不但是一个事实问题,更是一个规范判断问题或者说是法律问题,对于法律问题的解决而言,原则上应该由法官决定,并不适合交由司法鉴定机构来决定。③

陶朗逍研究了未成年人自主性辩护权行使问题,他认为法定代理人与未成年被追诉人的关系如何定位,出现意见分歧时如何处理等问题,相关的法律规定没有予以回答,适用一般的法律解释方法也不能合理地填补空白,理论和实践中存在较大争议。刑事诉讼中的控辩双方实力悬殊,被追诉人涉及的诉讼更加复杂,因此自然人具备了对民事权利的独立处置能力,不一定就具备了在刑事诉讼中有效辩护的能力。与"法定代理"相比,"诉讼监护"更能准确描述未成年被追诉人与其监护人在刑事诉讼中的关系。应当直接用"监护人"替代"法定代理人",并构建完整的诉讼监护制度。④

赖早兴提出了文化辩护这一概念,并借鉴美国法律进行了深入研究。文化辩护反对论者认为:不知道法律不是宽恕的理由、文化辩护违反了平等原则、文化辩护可能被滥用、文化辩护不利于实现刑法目的。文化辩护赞成论者认为:"不知法律不是宽恕的理由"并不是一个绝对规则、文化辩护是实质平等的要求、文化辩护是保持文化多元的需要、文化辩护的滥用可以预防并且文化辩护不会

---

① 冯俊伟:《论跨境追诉中的辩护权保障——主要以域外取证为例的分析》,载《中国刑事法杂志》2019年第4期。
② 孙杨俊:《论刑事辩护中法律方法的"反向"适用》,载《东方法学》2018年第5期。
③ 郭自力:《论刑法中的精神病辩护规则——以美国法为范例的借鉴》,载《法学》2016年第1期。
④ 陶朗逍:《未成年人自主性辩护权行使问题研究》,载《北方法学》2019年第5期。

妨碍刑法目的的实现。如何在刑事诉讼的过程中充分考虑不同民族、种族的文化对行为人价值观念、行为方式等方面的影响,是理论研究必须深思的问题。①

五、律师辩护全覆盖

2017年10月,最高人民法院、司法部联合出台了《关于开展刑事案件律师辩护全覆盖试点工作的办法》(以下简称《辩护全覆盖办法》)。根据该规定,在所有适用普通程序审理的一、二审案件以及再审案件中,假如被告人没有委托辩护人的,人民法院应当通知法律援助机构指派律师为其提供辩护。在所有适用简易程序、速裁程序审理的案件中,假如被告人没有辩护人的,人民法院应当通知法律援助机构派驻的值班律师为其提供法律帮助,否则即成为二审法院撤销原判发回重审的理由。改革一出,一时间成为学界研究的重点问题。

詹建红提出律师辩护全覆盖的实现必须依靠完善的值班律师制度,但是当前我国值班律师制度的运行存在着一定的问题:值班律师角色异化、值班律师提供法律帮助的流程不畅、值班律师服务质量监督措施的实效性较差。为推进刑事案件律师辩护全覆盖,应从以下三个方面加强辩护律师的功能发挥:推动辩护律师提供有效辩护、扩大法律援助的范围、增加法律援助经费投入及规范经费使用。国家应积极发挥委托辩护律师、法律援助辩护律师和值班律师的"三驾马车"作用,推广值班律师覆盖至所有刑事案件中辩护律师提供辩护前的"空档期",来实现刑事案件律师辩护全覆盖。②

左卫民和张潋瀚分析了经济水平对律师辩护率的影响,通过对四川省内大量案件为样本的整体辩护率分析,在实证层面再次证实了我国刑事辩护率偏低的判断。四川省上网案件的刑事辩护率在辩护性质、法院层级、审理程序、犯罪类型、地区等方面存在显著差异。而法院在刑事法律援助资源的分配上,较为向暴力型重罪案件倾斜;对于被告人能够从犯罪活动获取收益的案件,则较少分配指定辩护资源。律师在不同地区的数量、地区间的流动也可能影响辩护率。尽管辩护率的差异受到诸多因素影响,但相关分析显示经济因素是最为显著的因素之一。③

陈光中和张益男对影响律师辩护全覆盖实现的问题进行了综合性的分析,认为通过值班律师制度来进一步完善法律援助制度,对被追诉人的权利保障确

---

① 赖早兴:《美国刑法中的文化辩护及其启示》,载《现代法学》2016年第3期。
② 詹建红:《刑事案件律师辩护何以全覆盖——以值班律师角色定位为中心的思考》,载《法学论坛》2019年第4期。
③ 左卫民、张潋瀚:《刑事辩护率:差异化及其经济因素分析——以四川省2015—2016年一审判决书为样本》,载《法学研究》2019年第3期。

实起到了一定的作用,但是值班律师不同于辩护律师,其不享有阅卷、取证以及出庭辩护等核心性的辩护职权。《辩护全覆盖办法》推进为更多的犯罪嫌疑人、被告人提供辩护,并从衔接程序、律师权利以及保障措施方面同步进行了完善,这对加强我国人权司法保障具有较大的意义。在社会律师主导的模式中创新公设辩护人模式,兼采政府购买服务的模式,将有利于刑事辩护法律援助的全覆盖及其质量的提高。完善法律援助质量的监督体系,进行事前审查、事中控制、事后评价能够促进法律援助有效进行。①

王迎龙提出了刑事法律援助的中国模式,并基于此设想了刑事辩护"全覆盖"的实现路径,他认为2012年《刑事诉讼法》关于法律援助的修改并没有达到预期目的,法律援助辩护率并没有大幅度的提高,实践中刑事辩护率及法律援助率依然低迷。实现刑事辩护"全覆盖",必须通过改革法律援助制度,提高法律援助率来完成,我国目前已经具备了一定的制度基础。多元化的刑事法律援助模式能够更好地适应社会需求,帮助地方政府根据地方特点综合利用法律援助形式,具有灵活性,能节省司法资源。除是否认罪认罚外,应将案件的严重程度即可能判处的刑罚作为是否进行法律援助的考量因素。②

六、律师职业伦理

陈瑞华提出了律师职业伦理的转型问题,他认为围绕着辩护律师与委托人的关系问题,我国确立了一种辩护律师职业伦理的"双中心模式"。这一模式混淆了辩护律师与检察官、法官的职业伦理,造成辩护律师职业定位混乱,陷入"独立辩护"的误区,甚至将国家利益置于委托人利益之上,无法有效担当辩护人的角色。在对"双中心模式"进行反思的基础上,有必要确立一种"单一中心模式",在对忠诚义务进行重新解释的前提下,将维护委托人利益、尊重委托人意志确立为辩护律师唯一的职业伦理规范,并将公益义务视为忠诚义务的必要保障和外部边界。坚持这一"单一中心模式",符合律师作为法律代理人的职业定位,有助于实现程序正义和实体正义,符合抗辩式审判方式改革的原理,有利于实现律师的有效辩护。在接受"单一中心模式"的情况下,我国的辩护律师职业伦理规范将得到重新塑造和建构。③

蔡元培提出了当事人中心主义与法庭中心主义调和模式下我国辩护律师职业伦理,他认为如果要求辩护律师应当对法律负责,维护法律的正确实施,就

---

① 陈光中、张益南:《推进刑事辩护法律援助全覆盖问题之探讨》,载《法学杂志》2018年第3期。
② 王迎龙:《论刑事法律援助的中国模式——刑事辩护"全覆盖"之实现径路》,载《中国刑事法杂志》2018年第2期。
③ 陈瑞华:《辩护律师职业伦理的模式转型》,载《华东政法大学学报》2020年第3期。

必然会冲击辩护律师作为"当事人法律服务者"的职业定位,伦理义务冲突也就不可避免。法庭中心主义的伦理模式在一定程度上克服了当事人中心主义的缺陷:它强化了律师的道德责任,有效缓解了社会公众对律师的压力和谴责。将调和模式作为我国辩护律师职业伦理的调整方向,具有正当性和可行性。对于律师的三大责任,不应有所取舍,而应通过更加精细的规则与技术予以兼顾。①

李扬提出了辩护律师的公益义务及其限度,他发现我国司法实践中对辩护律师公益义务的要求已经高于对侦查人员、检察人员的衡量标准,辩护律师公益义务的泛化可能直接加剧我国刑事诉讼控辩失衡。辩护律师公益义务的基本类型主要包括:"依据事实"进行辩护、不以不当方式干扰司法活动、对重大现行犯罪行为及时报告。从诉讼角色分担的角度来看,刑事诉讼中的公诉人方承担"积极的真实义务",辩护律师则至多承担"消极的真实义务"。②

李奋飞提出了辩护律师忠诚义务的三个限度,他认为长期以来,由于不少辩护律师深受"独立辩护人"理论的影响,缺乏对当事人意志的充分尊重,以至于常常引发与被告人在辩护意见和策略上的矛盾,从而影响辩护效果。《中华人民共和国律师法》(以下简称《律师法》)并没有将维护当事人利益作为律师执业活动的唯一目标,而是要求律师在执业活动中实现三个目标,"执业目标"上的限制构成了辩护律师忠诚义务的宏观限度。律师要和委托人保持适度的距离,守住基本的法律底线,既不能有损司法的廉洁,也不应挑战司法的尊严。辩护律师实际上承担了过多的"真实义务",尤其体现在立法关于保密义务、拒绝辩护等例外的安排不够合理,导致律师有时不得不牺牲忠诚义务。③

刘译矾提出了律师忠诚义务的三种模式,她认为作为辩护律师的首要职业伦理,忠诚义务是指辩护律师既要维护当事人的利益,又要尊重当事人的意志。在比较法的视野下,美国、德国和日本律师职业伦理中呈现出三种不同的忠诚义务模式,分别是"完全的忠诚义务"模式、"不完全的忠诚义务"模式和"混合的忠诚义务"模式。在这三种模式下,律师在辩护权的行使、利益冲突的处理、退出辩护的自由以及执业行为的边界上呈现出不同的特征。这三种模式的形成与律师的身份定位、刑事诉讼模式、律师职业发展传统以及法律人才的培养方式等因素存在紧密联系。我国有必要借鉴域外经验,引入一种"受限的忠诚义务"模式,一方面强调律师要在法律不禁止的范围内承担积极的维护利益义务和消极的尊重

---

① 蔡元培:《当事人中心主义与法庭中心主义的调和:论我国辩护律师职业伦理》,载《法制与社会发展》2020年第4期。
② 李扬:《论辩护律师的公益义务及其限度》,载《华东政法大学学报》2020年第3期。
③ 李奋飞:《论辩护律师忠诚义务的三个限度》,载《华东政法大学学报》2020年第3期。

意志义务,另一方面也要求律师承担有限的公益义务。①

第二节 核心期刊论文摘要

被告人能否拒绝指定辩护问题研究
陈学权
《当代法学》2021年第1期
关键词:被告人 拒绝指定辩护 强制指定辩护 独自辩护
摘要:域外对于刑事被告人能否拒绝指定辩护的问题存在三种不同模式:独立辩护主导模式、强制辩护主导模式、附条件的独立辩护主导模式,其各自的理论基础在于对被告人自治权的尊重、辩护人的司法机关属性、多元诉讼价值平衡观。在我国回答刑事被告人能否拒绝指定辩护的问题,应考虑到我国刑事辩护律师的角色定位、我国刑事辩护法律援助质量总体不高的现状。以案件是否可能判处无期徒刑、死刑为标准,区分必要指定辩护和非必要指定辩护,进一步精细化地平衡被告人的自治权与审判公正的关系。

审判中心视角下的有效辩护问题
魏晓娜
《当代法学》2021年第3期
关键词:审判中心 有效辩护 对质权 调查取证权
摘要:无论从工具主义还是从非工具主义的视角出发,成就审判核心地位的关键要素,都是"形成判决基础的信息有机会得到反驳性检验"。而"形成判决基础的信息有机会得到反驳性检验",反过来依赖于一个独立、有效的辩护力量的存在。对于完善有效辩护制度可以考虑确立并保障被告人的质证权,落实律师的调查取证权。制度保障层面的有效辩护制度,恰恰是推进"以审判为中心"的最终落脚点。

论辩护冲突中的权利保留原则——一种协调被告人与辩护律师关系的新思路
方柏兴
《当代法学》2016年第6期
关键词:辩护关系 独立辩护 权利保留 有效辩护 被告人
摘要:对于实践中辩护律师与被告人就辩护意见和辩护策略冲突的现象,运

---

① 刘译矾:《辩护律师忠诚义务的三种模式》,载《当代法学》2021年第3期。

用"独立辩护人"理论进行解释存在逻辑缺陷,因此有必要引进一种新的思路——权利保留原则,即被告人作为辩护权的权利主体,对直接影响自身关键性权益和道德自由的保留性权利享有最终的决定权。权利保留原则的正当性在于其不仅是被告人作为诉讼主体的要求,也是被告对个人事务具有自我决定权的表现。当被告人和辩护律师发生冲突时,可以根据权利的性质不同分别适用被告人主导模式和协商解决模式。

审判中心视野下的律师有效辩护
熊秋红
《当代法学》2017年第6期

关键词: 审判中心　庭审实质化　基本证据标准指引　有效辩护

摘要: 推进案件繁简分流机制改革对律师辩护带来一系列影响,比如律师协助犯罪嫌疑人、被告人作出程序选择变得更为重要,犯罪嫌疑人、被告人认罪认罚的自愿性、真实性、明智性有赖于通过律师的帮助加以保障,程序简化也压缩了律师的辩护空间。值班律师与辩护律师在会见权、调查权、阅卷权等方面有着明显区别,并且值班律师不能出庭辩护,这将导致值班律师在刑事诉讼中所能发挥的作用难以与辩护律师相提并论。在庭审实质化改革中,尤其需要保障辩护律师申请证人出庭的权利、调取新证据的权利以及在必要时申请重新鉴定的权利。

论侦查阶段的有效辩护
张　中
《当代法学》2017年第6期

关键词: 侦查阶段　有效辩护　标准　评价指标　保障措施

摘要: 由于存在侦查中心主义的传统、侦查程序的封闭性、侦查程序的行政化等问题,侦查阶段律师辩护具有极端重要性。但实践中还存在着刑辩率过低、辩护难、律师执业风险大、辩护效果不佳等问题。因此有必要进一步明确侦查阶段有效辩护的标准,为律师营造宽松的辩护环境,保障律师调查取证权、申请鉴定权、申请证据保全等权利,完善律师培训制度和律师惩戒制度,有限引入无效辩护制度进行程序制裁,从而提高侦查阶段辩护质量。

有效辩护问题的再思考
陈瑞华
《当代法学》2017年第6期

关键词: 有效辩护　无效辩护　违约责任　纪律惩戒　法律援助

摘要: 有效辩护的具体标准很难进行准确界定,但有效辩护的理念可以从以下四个方面得到贯彻和体现：合格称职的辩护律师，为辩护所必需的防御准备，与委托人进行的有效沟通和交流，有理、有据、精准、及时的辩护活动。为了实现有效辩护，除了建立惩罚性和救济性的无效辩护制度外，还可以考虑对刑事辩护业务设立特殊的资格要求、对律师服务内容进一步精细化、确立辩护最低服务质量标准等内容。

自行辩护问题研究

韩　旭

《当代法学》2021 年第 1 期

关键词： 自行辩护　委托辩护　法律援助　刑事辩护全覆盖　辩护冲突

摘要： 由于当前背景下律师辩护未能对所有刑事案件实行"全覆盖"，以及考虑到自行辩护的权利属性、自行辩护的效果、巩固被追诉人诉讼主体地位的需要，有必要通过提高自行辩护的质量，使自行辩护在一定程度上弥补律师辩护之不足。通过赋予被追诉人以会见权、阅卷权、申请调查取证等权利对被追诉人自行辩护进行保障。同时为了对自行辩护和律师辩护的冲突进行协调，辩护律师应当树立"以被追诉人为中心"的辩护观念，与被追诉人及时进行"辩护协商"。

论刑事辩护中法律方法的"反向"适用

孙杨俊

《东方法学》2018 年第 5 期

关键词： 刑事辩护　法律方法　"反向"适用　法律职业共同体

摘要： 法律方法的"反向"适用的路径与方式包括四个方面的环节：从犯罪嫌疑人或被告人无罪或罪轻的结论出发，确定辩护的目标；反驳控方小前提；倒推出利己大前提；对法官的定罪量刑产生影响，成功实现辩护目标。辩护人"反向"适用法律方法实质上亦是一个"控辩相长"的过程，这种相互促进"控辩相长"的过程将不断促使法律职业共同体的形成与融合。另外，刑事辩护中法律方法"反向"适用的价值判断与利益权衡，与控方及法官的价值判断与利益权衡具有明显不同。

辩护事实论要——案件事实的一种新分类

欧卫安

《法商研究》2019 年第 5 期

关键词： 辩护事实　积极抗辩　交往共识　自由证明　合理怀疑

摘要： 有效辩护原则要求案件事实的发现或者证明应该反映出被告人的参与，令案件真相由一个纯粹的事实发现过程转变为包括被告方有效参与的过程。辩护事实的范围包括大陆法系国家所说的"违法阻却事由和责任阻却事由"或者英美法系国家所说的"积极抗辩"事由、有罪推定情形下的抗辩事实以及证据责任转移下的被告人抗辩事实这些实体法事实。被告人之形式举证责任仅需达到"无罪的合理怀疑"或该有利事实具有存在的可能性即可,无须举证证明至确实无罪的程度。

论刑法中的精神病辩护规则——以美国法为范例的借鉴
郭自力
《法学》2016 年第 1 期

关键词:精神病辩护规则　辨认能力　控制能力　构成要件关联性

摘要:在英美法中对于精神病辩护发展出麦克诺顿规则、不能控制规则、德拉姆规则、实际能力规则。关于刑事责任能力的具体判断,涉及两个问题:如何理解辨认能力和控制能力和如何确认陷入了不能够辨认或控制自己行为的状态。并不存在抽象的"不能够"的判断标准,必须同具体的构成要件相关联才能够正确地判断行为人是否陷入了"不能够"的程度。刑事责任能力的认定不但是一个事实问题,更是一个规范判断问题或者说是法律问题,对于法律问题的解决而言,原则上应该由法官决定,并不适合交由司法鉴定机构来决定。

论刑事辩护的理论分类
陈瑞华
《法学》2016 年第 7 期

关键词:刑事辩护　无罪辩护　量刑辩护　罪轻辩护　程序性辩护　证据辩护

摘要:根据辩护所要达到的具体目标,律师界将刑事辩护划分为五种形态:无罪辩护、量刑辩护、罪轻辩护、程序性辩护和证据辩护。受司法制度的种种限制,律师很难完全独立地从事某一类型的辩护活动,而不得不在辩护实践中进行一定的妥协。而在逻辑上,有些辩护形态相互间存在着一定的重合或交叉造成冲突。鉴于"五形态分类法"的局限性,我们还可以根据律师辩护的经验,提出一些新的辩护形态分类理论,比如实体性辩护与程序性辩护;无罪辩护、量刑辩护与程序性辩护;消极辩护与积极辩护;对抗性辩护与妥协性辩护。

中国律师分布不均衡的表现与影响——从北京刑事辩护市场切入
侯　猛
《法学》2018 年第 3 期

关键词:律师分布均衡　职业分化　外地办案　巡回法庭

摘要:中国的律师业务已经出现了集聚效应,律师越来越集中在大中城市特别是东部沿海地区。北京拥有更多的政治和文化资本,这种资源集中的优势对刑辩律师具有相当明显的影响。中国律师分布的不均衡,强化了像北京这样的特大城市律师市场的高度竞争和职业分化,从而引起更多的律师失范行为等问题。改善律师分布不均衡的状况,不仅需要实现东中西部地区的经济均衡发展,更需要通过政策加以引导调控。

辩护冲突中的意见独立原则：以认罪认罚案件为中心
闫召华
《法学家》2020 年第 5 期

关键词：辩护冲突　意见独立原则　认罪认罚　独立辩护　有效辩护

摘要：辩护人的辩护意见独立于被追诉人的意见,二者即使发生冲突也有其内在合理性,如果通过沟通不能达成一致,只要被追诉人没有选择退出机制,辩护人就可坚持自己的辩护意见。在我国,辩护冲突并非权利归属之争,只是意见冲突。意见独立原则重视的是辩护人的意志独立,而不是辩护人对辩护权行使的绝对主导。意见独立原则的践行尚面临认罪认罚劝说失当、辩护人及值班律师立场异化、辩护效果失控等几种潜在风险,需要进一步明确底线,完善防控机制。

辩护律师核实证据问题研究
韩　旭
《法学家》2016 年第 2 期

关键词：辩护律师　核实证据　内容　范围　方式

摘要：对于律师核实有关证据,目前具有代表性的观点主要有三种：阅卷权说、客观证据说、不一致证据说。"不一致证据说"特别强调对与被追诉人陈述不一致的证据进行核实,可以说是抓住了"核实证据"的本质属性,该观点对需要核实的证据种类和范围语焉不详。辩护律师核实证据可能会面临纪律风险和法律风险。即便有了"会见不被监听"的法律规定,情况依然如此。证人证言、被害人陈述作为重要的人证,对定案往往起到关键的证明作用,如果不允许辩护律师进行核实,核实证据的制度功能将大打折扣。

程序性辩护的理论反思
陈瑞华
《法学家》2017 年第 1 期

关键词：程序性辩护　非法证据排除　侦查程序合法性　庭前会议　正式调查程序

摘要：说服法官采纳自己的辩护观点,对侦查程序的合法性作出否定评价,并进而将非法证据排除于法庭之外,这才是程序性辩护的主要目的。法院唯有为被告人、辩护人的程序性辩护提供较为理想的司法环境，被告方才能获得程序性辩护的基本空间，并将其辩护纳入诉讼程序的正常轨道中来。程序性辩护的困境主要体现在四个方面：" 非法证据"的范围存在极大的不确定性；程序性裁判与实体性裁判的关系混乱；公诉方垄断了证据调查资源以及证据规则的缺失。

论"交涉性辩护"——以认罪认罚从宽作为切入镜像

李奋飞

《法学论坛》2019 年第 4 期

关键词：认罪认罚从宽　对抗性辩护　交涉性辩护

摘要："交涉性辩护"的意涵包括认罪伏法的意愿表达、起诉程序的资源优化、刑罚裁断的目标集聚。目前认罪认罚从宽基本上沦为纯粹由控方主导的高效治罪手段，"交涉性辩护"样态在司法实践中也未能达到预期的诉讼效果，甚至可以说陷入了困境。要让"交涉性辩护"取得较为理想的效果，推进有效辩护，应实现交涉对象即检察官的司法官化；提升辩护方的交涉能力；继续推进以审判为中心的诉讼制度改革，为"交涉性辩护"的展开营造良好的外部环境。

刑事案件律师辩护何以全覆盖——以值班律师角色定位为中心的思考

詹建红

《法学论坛》2019 年第 4 期

关键词：律师辩护全覆盖　值班律师　法律援助　体系结构

摘要：目前我国值班律师制度存在以下问题：值班律师角色异化、值班律师提供法律帮助的流程不畅、值班律师服务质量监督措施的实效性较差。为推进刑事案件律师辩护全覆盖，应从以下三个方面加强辩护律师的功能发挥：推动辩护律师提供有效辩护、扩大法律援助的范围、增加法律援助经费投入及规范经费使用。国家应积极发挥委托辩护律师、法律援助辩护律师和值班律师的"三驾马车"作用，推广值班律师覆盖至所有刑事案件中辩护律师提供辩护前的"空档期"，来实现刑事案件律师辩护全覆盖。

论被诉人自主性辩护的价值及实现

郭名宏

《法学评论》2016 年第 1 期

关键词：自主性辩护　正当性　价值　实现

摘要："有效果辩护"在保障被追诉人合法权益、提升律师职业伦理水平、促进司法公正全面实现和形成司法公正社会认同等方面都具有非常积极的意义。但这并不意味着我们可以为了追求诉讼效果而不择手段。辩护律师可以结合案件情况合理选择一些辩护策略来实现有效果辩护，比如解构指控证据体系中的某些环节或内容,使法官对案件事实产生怀疑,多柔性辩护、少对抗性辩护等。对于辩护权保障问题,应遵循一种"共容主义"的立场,即尽职辩护与有效果辩护对于保障辩护权都具有非常重要的作用。

刑事辩护率:差异化及其经济因素分析——以四川省 2015—2016 年一审判决书为样本

左卫民　张潋瀚

《法学研究》2019 年第 3 期

关键词: 刑事辩护率　经济因素　指定辩护

摘要: 以四川省内大量案件为样本的整体辩护率分析,在实证层面再次证实了我国刑事辩护率偏低的判断。四川省上网案件的刑事辩护率由于辩护性质、法院层级、审理程序、犯罪类型、地区的不同,存在显著差异。在刑事法律援助资源的分配上,可能较为向暴力型重罪案件倾斜;而对于被告人能够从犯罪活动获取收益的案件,则较少分配指定辩护资源。律师在不同地区的数量、地区间的流动也可能影响辩护率。尽管辩护率的差异受到诸多因素影响,但相关分析显示经济因素是最为显著的因素之一。

辩护律师程序异议机制初探

蔡元培

《法学杂志》2020 年第 10 期

关键词: 辩护律师　程序异议　程序性辩护　退庭

摘要: 律师就程序问题向法庭提出异议在实践中面临双重困境:一方面,律师的异议权过小,程序异议的效果十分有限,律师很难通过程序异议这一机制对法官形成强有力的制约;另一方面,部分律师在行使异议权时容易超越法律的边界,导致辩审冲突激化。程序异议的正当性基础主要体现在三个方面:辩护权是权利基础、公正审判是制度基础、程序法定是共生基础。实践中,辩护律师提出异议主要有三种途径:一是根据具体的权利条款和程序条款直接向法庭提出异议;二是通过刑事诉讼中的复议制度提出异议;三是通过程序性上诉制度提出异议。

论辩护律师的法庭地位——以律师与法官的关系为视角

陈学权

《法学杂志》2020 年第 1 期

关键词: 辩护律师　法庭地位　理论基础　辩审关系

摘要: 辩护人在法庭的地位本身既是审判模式的重要内容,又在一定程度上决定着某种审判模式能否健康运行。厘清辩护律师的法庭地位对于构建和谐辩审关系具有重要的实践意义。导致我国辩审冲突的原因极为复杂,但法官和律师对辩护人法庭地位认识的模糊不能不说是其中的重要原因。当前确立我国辩护律师地位之理论根据需要考虑如下因素:我国对律师的管理及定位、我国刑事司法追求实体真实主义的诉讼传统、我国刑事审判模式的职权主义传统及未来的改革走向。辩护人是法官准确办案的协助者也是法官依法办案的监督者。

死刑案件辩护有效性研究:状况、困境与出路
印　波
《法学杂志》2018 年第 3 期
关键词: 死刑案件　刑事辩护　辩护的有效性　法律援助　全覆盖
摘要: 我国刑事诉讼程序具有浓厚的职权主义传统,刑事辩护未必可以完全决定案件成败,但是死刑案件中律师辩护的有效度与错案率之间无疑存在着反向的关联。死刑案件辩护的最佳状态是资深律师认真为被告人进行辩护。然而,办案经费的短缺使得法援律师的资质和态度都无法得到保障,严重制约了死刑案件的辩护质量。侦查机关的强势地位、有罪推定观念的盛行、律师取证难、律师介入死刑复核难等都限制了死刑辩护的有效性,加剧了冤假错案发生的可能。因此有必要调整死刑案件法律援助费用、提高死刑案件辩护律师资质、保障死刑案件执业律师的权利。

推进刑事辩护法律援助全覆盖问题之探讨
陈光中　张益南
《法学杂志》2018 年第 3 期
关键词: 刑事辩护　法律援助　全覆盖　死刑复核
摘要: 通过值班律师制度来进一步完善法律援助制度,对被追诉人的权利保障确实起到了一定的作用,但是值班律师不同于辩护律师,其不享有阅卷、取证以及出庭辩护等核心性的辩护职权。"试点办法"推进为更多的犯罪嫌疑人、被告人提供辩护,并从衔接程序、律师权利以及保障措施方面同步进行了完善,这对加强我国人权司法保障具有较大的意义。在社会律师主导的模式中创新公设辩护人模式,兼采政府购买服务的模式,将有利于刑事辩护法律援助的全覆盖及其质量的提高。完善法律援助质量的监督体系,进行事前审查、事中控制、事后评价能够有效促进法律援助有效进行。

当事人中心主义与法庭中心主义的调和:论我国辩护律师职业伦理
蔡元培
《法制与社会发展》2020 年第 4 期
关键词: 辩护律师　职业伦理　当事人中心主义　法庭中心主义　调和
摘要: 如果要求辩护律师应当对法律负责,维护法律的正确实施,就必然会冲击辩护律师作为"当事人法律服务者"的职业定位,伦理义务冲突也就不可避免。法庭中心主义的伦理模式在一定程度上克服了当事人中心主义的缺陷:它强化了律师的道德责任,有效缓解了社会公众对律师的压力和谴责。将调和模式作为我国辩护律师职业伦理的调整方向,具有正当性和可行性。对于律师的三大责任,不应有所取舍,而应通过更加精细的规则与技术予以兼顾。

程序性辩护的理论发展与实践展开

顾永忠　娄秋琴

《国家检察官学院学报》2020 年第 3 期

关键词: 刑事辩护　程序性辩护　实体性辩护　程序违法

摘要: 程序性辩护是一个在逻辑上与实体性辩护相对应、从属于一般刑事辩护概念的下位概念,在法律上和实践上则是与实体性辩护活动相并列、在辩护的具体根据、内容、方式、目的和作用上互不相同的另一类辩护活动。程序性辩护可以分为:请求型程序辩护、要求型程序辩护、抗辩型程序辩护、救济型程序辩护。程序性辩护不是孤立存在的,势必涉及与实体性辩护的关系、与被追诉人的关系以及程序性辩护适度与否的问题。在我国刑事辩护实践中的问题既需要完善立法,也需要改善司法,还需要辩护律师不断钻研业务,提高程序性辩护的专业素质和执业能力。

麦考密克法律论证理论视角下的辩护权

陈肇新

《法学专论》2017 年第 5 期

关键词: 辩护权　法律实证主义　法律论证　审判为中心

摘要: 辩护权是宪法上的公民权利,但不足以得出全面的辩护权,辩护权的范围乃是追求融贯性法律论证的结果。因为辩护权的规范性被辩护行为所证实且赋予规范效力,刑事诉讼法中的辩护权概念是规范的权利而不是一项事实性权利。辩护权作为制度事实,体现了社会秩序中的法治因素,即符合"在面对国家权力前,所有为法律所管辖的当事人都有获得与国家权力相称的对抗权利"这样一条承认规则。我国辩护权规则在运作中面临的困境是辩护权在受到妨害时缺乏完备的规范救济渠道,并且在个案中受到了不同程度的事实性妨害。

死刑案件有效辩护中法官的作用

杨　亮　刘　璐

《国家检察官学院学报》2017 年第 4 期

关键词: 有效辩护　死刑案件　法官作用　庭前会议　错案

摘要: 通过对 2014 年 6 月至 2015 年 6 月 B 市中级法院审理的死刑案件的

部分被告人、律师进行问卷调查,其结果显示:指定辩护比例高、辩护介入时间不统一、庭前辩护作用不理想、庭审中行使辩护权不积极。实现死刑有效辩护,法官应有所作为,这是程序监护人理论的必然要求,也是防范冤假错案的有利选择。法官可以通过对律师进行资格审查、召开庭前会议、建立死刑案件辩护质量反馈机制对死刑案件无效辩护进行司法引导。

辩护律师职业伦理的模式转型
陈瑞华
《华东政法大学学报》2020 年第 3 期
关键词: 辩护律师职业伦理　忠诚义务　公益义务　双中心模式　单一中心模式

摘要: 唯有坚持将维护委托人利益和尊重委托人意志作为律师辩护的出发点和归宿,不再要求律师遵循司法人员的行为准则,才符合辩护律师作为法律代理人的职业定位,为未来辩护律师职业伦理制度的长远发展奠定基础。在"双中心模式"下,与律师的公益义务相比,律师的忠诚义务显然没有受到刑事法律的均衡对待。在单一中心模式下律师所承担的只是"消极的真实义务",也就是不得通过积极的行为来毁灭证据,伪造证据,威胁、唆使、引诱证人改变证言或者作伪证。

论辩护律师的公益义务及其限度
李　扬
《华东政法大学学报》2020 年第 3 期
关键词: 刑事辩护　公益义务　有效辩护　限度　真实义务

摘要: 因为我国司法实践中目前对辩护律师公益义务的要求已经高于对侦查人员、检察人员的衡量标准,辩护律师公益义务的泛化可能直接导致我国刑事诉讼控辩失衡的加剧。辩护律师公益义务的基本类型主要包括:"依据事实"进行辩护,不以不当方式干扰司法活动、对重大现行犯罪行为及时报告。从诉讼角色分担的角度来看,刑事诉讼中的公诉人方承担"积极的真实义务",辩护律师则至多承担"消极的真实义务"。

论辩护律师忠诚义务的三个限度
李奋飞
《华东政法大学学报》2020 年第 3 期
关键词: 刑事辩护　忠诚义务　限度　执业目标　身份独立　真实义务

摘要: 长期以来,由于不少辩护律师深受"独立辩护人"理论的影响,缺乏对当事人意志的充分尊重,以至于常常引发与被告人在辩护意见和策略上的矛盾,从而影响辩护效果。《律师法》并没有将维护当事人利益作为律师执业活动的唯一目标,而是要求律师在执业活动中实现三个目标,"执业目标"上的限制构成了辩护律师忠诚义务的宏观限度。律师要和委托人保持适度的距离,守住基本的法律底线,既不能有损司法的廉洁,也不应挑战司法的尊严。

辩护律师实际上承担了过多的"真实义务",尤其体现在立法关于保密义务、拒绝辩护等例外的安排不够合理,导致律师有时不得不牺牲忠诚义务。

未成年人自主性辩护权行使问题研究
陶朗逍
《北方法学》2019 年第 5 期

关键词: 诉讼行为能力　自主性辩护权　法定代理　诉讼监护

摘要: 法定代理人与未成年被追诉人的关系如何定位,意见分歧时如何处理等问题,相关的法律规定没有予以回答,适用一般的法律解释方法也不能合理地填补空白,理论和实践中存在较大争议。刑事诉讼中的控辩双方实力悬殊,被追诉人涉及的诉讼更加复杂,因此自然人具备了对民事权利的独立处置能力,不一定就具备了在刑事诉讼中有效辩护的能力。与"法定代理"相比,"诉讼监护"更能准确描述未成年被追诉人与其监护人在刑事诉讼中的关系。应当直接用"监护人"替代"法定代理人",并构建完整的诉讼监护制度。

美国刑法中的文化辩护及其启示
赖早兴
《现代法学》2016 年第 3 期

关键词: 文化辩护　文化多元　社会危害性　文化证据　专家证人

摘要: 文化辩护反对论者认为:不知道法律不是宽恕的理由、文化辩护违反了平等原则、文化辩护可能被滥用、文化辩护不利于实现刑法目的。文化辩护赞成论者认为:"不知法律不是宽恕的理由"并不是一个绝对规则、文化辩护是实质平等的要求、文化辩护是保持文化多元的需要、文化辩护的滥用可以防止并且文化辩护不会妨碍刑法目的的实现。如何在刑事诉讼的过程中充分考虑不同民族、种族的文化对行为人价值观念、行为方式等方面的影响,是我们必须深思的问题。

论"认罪认罚案件"中的有效辩护——以诉讼合意为视角
贾志强
《政法论坛》2018 年第 2 期

关键词: 认罪认罚案件　有效辩护　诉讼合意　值班律师　量刑协商

摘要: 认罪认罚案件辩护缺位问题,其根源在于我国尚未形成认罪认罚案件中的有效辩护理念。从刑事速裁程序试点到认罪认罚从宽制度试点,如果被追诉人无法获得有效的律师帮助,那么整个认罪认罚从宽制度将可能存在较大风险,此项改革的正当性将会受到质疑。被追诉人的认罪、认罚合意消解了控辩双方之间就定罪量刑问题的对抗,推动了刑事冲突的解决,被追诉人选择或同意诉讼程序的简化意味着其本人对部分公正审判权的自主处分。完善并落实值班律师制度是确保认罪认罚案件被追诉人获得有效辩护的核心。

论刑事被追诉人的有效辩护权

汪家宝

《政治与法律》2016 年第 4 期

关键词:形式辩护　法律环境　有效辩护权　刑事诉讼

摘要:"辩护权绝对私权化"和"权力(利)关系对立化"的思维方式,不仅造就了形式辩护,而且也阻碍了其通向实质辩护之路。从形式辩护立场看来,国家公权力与辩护权之间处于此消彼长的"零和关系"。辩护权与国家公权力走向"零和关系"还是"共赢关系",取决于其所共存的法律环境;没有共赢关系,有效辩护权绝对不会被公权力所容忍。有效辩护的生存条件在于控审分离、权力制衡、无罪推定、控辩平等。

论辩护权法律关系的冲突与协调——以杭州保姆放火案辩护律师退庭事件为切入

王永杰

《政治与法律》2018 年第 10 期

关键词:辩护权法律关系　杭州保姆放火案　辩护律师退庭　被追诉人利益

摘要:辩护律师的独立辩护权,其权源还是来自于被追诉人与辩护律师之间的委托关系,因而辩护律师的辩护活动应以获得被追诉人的授权或者同意为前提,并以最大限度实现被追诉人利益为目标。辩护律师退庭只是表达抗议的一种诉讼手段,其高明与否以及是否违反法庭纪律等姑且不论,至少法院并没有权力将辩护律师退庭的行为视为拒绝辩护。不论指定辩护还是委托辩护,其本质都在于维护刑事诉讼被告人的辩护权利。在处理退庭事件时,应当将保障被追诉人利益作为最重要的考量因素。

论"唯庭审主义"之辩护模式

李奋飞

《中国法学》2019 年第 1 期

关键词:唯庭审主义　辩护模式　辩护前移　有效辩护

摘要:"唯庭审主义"辩护模式的基本特征是,律师重视审判环节特别是庭审环节的辩护,却忽视审前程序的辩护,甚至把刑事辩护变成了刑事庭审环节的辩护。在唯法庭主义的辩护模式中,律师作的只是"消极辩护",即在没有提交任何证据的情况下,仅仅通过攻击、反驳控方证据漏洞的方式来削弱、动摇裁判者的内心确信。要让中国律师逐渐走出"唯庭审主义"的辩护模式,至少还应从检察机关的审前定位和办案方式改革、律师权利的增设与保障、刑事法律援助的质量监管和值班律师的定位等方面,对中国刑事辩护制度乃至司法制度进行改革和完善。

以审判为中心背景下的刑事辩护突出问题研究
顾永忠
《中国法学》2016 年第 2 期
关键词:以审判为中心 辩护 质证 交叉询问
摘要:应当从认识上和法律上处理好以审判为中心的诉讼制度的应然要求与实然需要之间的关系,以应然要求为基础、为保障,以实然需要为依据确定刑事案件适用何种程序。我国法律援助资源还不充足,在法院建立法律援助值班律师制度,是一项投入少、队伍稳定、覆盖面广、成效明显的法律援助方式,值得深入研究、重点扶持、全面推广。我国交叉询问制度存在一些问题,其中适用范围不明确、询问顺序未体现交叉询问的精髓、询问行为的诉讼属性不清楚、禁止诱导询问规则不利于交叉询问进行质证。需要对其进行完善以适应庭审实质化的要求。

论跨境追诉中的辩护权保障——主要以域外取证为例的分析
冯俊伟
《中国刑事法杂志》2019 年第 4 期
关键词:跨境追诉 刑事取证 司法协助 辩护权
摘要:在国际刑事司法协助深陷辩护权保障不足危机的背景下,如何在控制犯罪与权利保障之间达致有效平衡、如何构建跨境追诉中的被追诉人辩护权保障的标准、如何有效保障跨境被追诉人的辩护权并提升涉外案件审判的正当性,对于我国跨境追逃工作的有效展开、推动国际规则的制定具有重要意义。在跨境追诉中,由于部分被告人或部分证据可能在另一国家,各国刑事诉讼法的规定有所不同,这导致司法实践中出现请求国和被请求国辩护权规定相冲突的局面。应承认跨境被追诉人的主体地位,明确司法机关的辩护权保障责任,采取多项配套措施,保障辩护权的有效行使,在相对"不审查原则"基础上,完善跨境案件辩护权救济制度。

论刑事法律援助的中国模式——刑事辩护"全覆盖"之实现径路

王迎龙

《中国刑事法杂志》2018 年第 2 期

关键词: 法律援助　值班律师　认罪认罚　审判中心　辩护全覆盖

摘要: 2012 年《刑事诉讼法》关于法律援助的修改并没有达到预期目的,法律援助辩护率并没有大幅度的提高,实践中刑事辩护率及法律援助率依然低迷。实现刑事辩护"全覆盖",必须通过改革法律援助制度,提高法律援助率来完成,我国目前已经具备了一定的制度基础。多元化的刑事法律援助模式能够更好地适应社会需求,帮助地方政府根据地方特点综合利用法律援助形式,具有灵活性,能节省司法资源。除是否认罪认罚外,应将案件的严重程度即可能判处的刑罚作为是否进行法律援助的考量因素。

刑事辩护制度改革实证研究

顾永忠

《中国刑事法杂志》2019 年第 5 期

关键词: 辩护制度　改革　实证研究　庭审实质化　值班律师

摘要: 庭审实质化改革及与其配套的刑事辩护制度的改革相对滞后,"繁案精办"在实践中尚未充分体现出来,不少案件仍表现为"形式审判""形式辩护"的状况。为实现对刑事案件律师辩护全覆盖,应该充分认识实现刑事案件律师辩护全覆盖的艰巨性和长期性,着力扶持、培养一支素质优良、业务熟练的刑事辩护律师队伍,积极协调、营造有利于律师辩护全覆盖的司法和社会环境,并重视值班律师在律师辩护全覆盖中的地位和作用。

刑事辩护权利的解释原理

黄士元

《中外法学》2018 年第 2 期

关键词: 辩护权利　解释原理　类型化　司法实践

摘要: 刑事诉讼的特性,决定了原则上刑事诉讼规范的解释应禁止扩张国家权力,而不禁止在有正当理由的情况下扩张公民权利。辩护律师的自行调查取证权在性质上主要是防御权,即"免于国家支配的自由",而辩护律师的申请调查取证权是"对国家的请求",属于受益权,要求国家积极作为,承担给付义务。无论立法是否完善,对法条的解释都是必要的。毕竟,法条是要在实践中适用的,而不经解释,法律很难适用。为了将法规范解释得协调、公正,解释者还要注重体系解释,并将对法条的解释置于法律原则、法学理论、后果考量、司法实践所形成的场域之中。

辩护律师忠诚义务的三种模式

刘译矾

《当代法学》2021年第3期

关键词：完全的忠诚义务　不完全的忠诚义务　混合的忠诚义务　受限的忠诚义务　公益义务　律师职业伦理

摘要：作为辩护律师的首要职业伦理，忠诚义务是指辩护律师既要维护当事人的利益，又要尊重当事人的意志。在比较法的视野下，美国、德国和日本律师职业伦理中呈现出三种不同的忠诚义务模式，分别是"完全的忠诚义务"模式、"不完全的忠诚义务"模式和"混合的忠诚义务"模式。在这三种模式下，律师在辩护权的行使、利益冲突的处理、退出辩护的自由以及执业行为的边界上呈现出不同的特征。这三种模式的形成与律师的身份定位、刑事诉讼模式、律师职业发展传统以及法律人才的培养方式等因素存在紧密联系。在辩护律师忠诚义务亟待重塑的我国，有必要汲取域外经验，引入一种"受限的忠诚义务"模式，一方面强调律师要在法律不禁止的范围内承担积极的维护利益义务和消极的尊重意志义务，另一方面也要求律师承担有限的公益义务。

论刑事律师的利益冲突规制

刘译矾

《比较法研究》2021年第2期

关键词：刑事律师　直接的利益冲突　间接的利益冲突　强制性规避　任意性规避

摘要：作为律师职业伦理中的重要规则，利益冲突及其规制在我国刑事领域受到了不应有的忽视。规制利益冲突体现了律师消极的忠诚义务，是司法程序理性运行的要求，也有助于维护律师的职业形象。根据利益冲突的严重程度，可将利益冲突划分为直接的利益冲突和间接的利益冲突。基于对利益冲突的严重性、实体真实的发现、当事人获得律师帮助的权利、律师自由执业的机会等因素的考虑，律师存在强制性规避和任意性规避两种方式。违反利益冲突规则既会使律师个人承担责任，也会带来程序性的法律后果。目前，律师利益冲突的规制在我国尚处于起步阶段，未来在利益冲突的类型划分、律师规避、法律后果以及司法审查等方面都有待进一步完善。

第三节 案例精解

被告人辩护权的保障
——以陈莉明徇私枉法案为例①

一、案情介绍

2011年,陈莉明系天津市公安交通管理局红桥支队西站大队事故组民警。2011年10月9日20时50分许,闫俊祺酒后驾驶客车将司福顺撞伤。2011年10月10日,司福顺经抢救无效死亡。陈莉明负责办理此案。2011年12月14日,西站大队作出道路交通事故认定,闫俊祺承担全部责任,司福顺不承担责任。根据相关规定,闫俊祺的交通肇事行为已涉嫌构成犯罪,陈莉明作为该案的主办民警,应当出具拟追究闫俊祺刑事责任的书面意见,经层报主管大队和主管支队负责人审批后,将该案及时移送公安刑侦部门。时任天津华苑昱华汽车销售有限公司零售经理的闫爱卿,为使其父闫俊祺逃避刑事追究,多次请求陈莉明给予帮助,先后给予陈莉明现金2000元、木质茶盘和瓷质茶具(鉴定价值为1100元),并应陈莉明的要求将陈莉明的外甥介绍到其任职的公司工作。为此,陈莉明未出具拟追究闫俊祺刑事责任的书面意见,致使闫俊祺未受到刑事追究。2014年6月25日,陈莉明被抓获归案。

公诉机关认为,被告人陈莉明的行为触犯了《刑法》第399条的规定,应当以徇私枉法罪追究其刑事责任。

天津市第一中级人民法院审理认为,被告人陈莉明身为行政执法人员,徇私舞弊,对依法应当移交司法机关追究刑事责任的不移交,情节严重,依照法律规定,被告人陈莉明的行为已构成徇私舞弊不移交刑事案件罪。公诉机关指控被告人陈莉明犯罪的事实清楚、证据确实、充分,但指控罪名不当,依法应予以调整。被告人陈莉明在履行职责过程中收受闫爱卿给予的钱物,均属违法所得,应依法予以没收上缴国库;本案扣押的木质茶盘和瓷质茶具均未随案移送,依法由扣押机关负责处理。

天津市第一中级人民法院依照《刑法》第402条、第64条,《最高人民法院关于适用〈中华人民共和国刑事诉讼法〉的解释》(以下简称《关于适用刑事诉讼法的解释》)第241条第1款第(2)项、第365条第2款之规定,作出判决:(1)被告

---

① 吴纪奎:《法院变更指控罪名应充分保障被告人的辩护权》,载《人民司法(案例)》2016年第11期。

人陈莉明犯徇私舞弊不移交刑事案件罪,判处有期徒刑1年8个月;(2)依法追缴被告人陈莉明的违法所得2000元,上缴国库;(3)扣押的木质茶盘和瓷质茶具,依法由扣押机关负责处理。

一审宣判后,被告人陈莉明不服,提出上诉。

天津市高级人民法院审理认为,根据《关于适用刑事诉讼法的解释》第241条第1款第(2)项、第2款的规定,人民法院认定的罪名与起诉指控的罪名不一致的,人民法院应当在判决前听取控辩双方的意见,保障被告人、辩护人充分行使辩护权。必要时,可以重新开庭,组织控辩双方围绕被告人的行为构成何罪进行辩论。原审法院未按照上述条款的规定保障被告人及其辩护人的诉讼权利,可能影响公正审判。

天津市高级人民法院依照《刑事诉讼法》第227条第3款的规定,裁定撤销天津市第一中级人民法院刑事判决;发回天津市第一中级人民法院重新审判。

二、案件争议

该案在程序法上的争议有三:

一是人民法院变更罪名前,是否应当先行建议人民检察院变更指控罪名?

二是人民法院直接变更人民检察院指控罪名应当如何保障被告人的辩护权?

三是一审法院变更指控罪名未听取被告人及其辩护人的意见,二审法院应当如何处理?

三、案件分析

关于第一个问题。2013年1月1日起施行的《关于适用刑事诉讼法的解释》第241条第1款第(2)项规定,对第一审公诉案件,人民法院审理后,认为起诉书指控的事实清楚,证据确实、充分,指控的罪名与审理认定的罪名不一致的,应当按照审理认定的罪名作出有罪判决。这一规定,以司法解释的形式明确了人民法院变更人民检察院指控罪名的权力,解决了长期以来困扰人民法院刑事审判工作的一大难题,具有十分重要的现实意义。2021年新修订的《关于适用刑事诉讼法的解释》第295条第1款第(2)项基本沿用了前述规定,只是相关表述更加精确。[①]

可见,从相关法律和司法解释上来看,并没有明确规定人民法院变更罪名前

[①] 《关于适用刑事诉讼法的解释》(2021)第295条第1款第2项规定,"起诉指控的事实清楚,证据确实、充分,但指控的罪名不当的,应当依据法律和审理认定的事实作出有罪判决"。

应当先行建议检察院变更指控罪名。本案一审中,一审法院曾口头建议检察院变更指控罪名,但是公诉人表示,检察院不愿变更罪名,请法院依法对被告人陈莉明定罪量刑。因此,一审法院的这一做法是妥当的。

关于第二个问题。为了避免人民法院直接变更人民检察院指控的罪名影响被告人辩护权的有效行使,《关于适用刑事诉讼法的解释》(2012)第241条第2款规定,人民法院认定的罪名与起诉指控的罪名不一致的,人民法院应当在判决前听取控辩双方的意见,保障被告人、辩护人充分行使辩护权。必要时,可以重新开庭,组织控辩双方围绕被告人的行为构成何罪进行辩论。2021年新修订的《关于适用刑事诉讼法的解释》第295条第3款基本沿用了前述规定,但是对相关表述更加精确。① 但是上述规定仍然没有对人民法院直接变更人民检察院指控罪名的案件中如何保障被告人的辩护权作出明确具体的规定,导致司法实践中对被告人辩护权的保障程度不一。借鉴其他国家的做法,结合司法实践,笔者认为,在人民法院直接变更人民检察院指控罪名的案件中,在保障被告人辩护权方面至少要做到以下三点:

一是向被告人及其辩护人明确告知拟变更的具体罪名。如果人民法院不向被告人及其辩护人明确告知拟变更的具体罪名,被告人及其辩护律师便无法有针对性地进行辩护,会不当增加被告人及其辩护律师的辩护负担。关于告知方式,既可以进行书面告知,也可以进行口头告知,但是口头告知的情况应当记录在案。

二是给予被告人及其辩护人就拟变更罪名发表辩护意见的机会。不给予被告人及其辩护人就变更后的罪名发表辩护意见的机会,属于未经辩护就给被告人定罪,其实质就是剥夺被告人的辩护权。关于被告人及其辩护人发表辩护意见的方式,根据案件的情况,在充分征求被告人及其辩护人意见的基础上,可以采取让被告人及其辩护人提出书面辩护意见的方式,也可以采取重新开庭的方式。

三是给予被告人及其辩护人充足的准备时间。没有充足的准备辩护的时间,被告人及其辩护人不可能进行有效辩护。为了保障被告人及其辩护律师的辩护权,人民法院向被告人及其辩护人告知拟变更的罪名后,应当在征询被告人及其辩护人意见的基础上,确定合理的辩护准备时间。如果案件的审限即将到期,必要时应当办理报请延长审限的手续。

---

① 《关于适用刑事诉讼法的解释》(2021)第295条第3款规定,"具有第1款第2项规定情形的,人民法院应当在判决前听取控辩双方的意见,保障被告人、辩护人充分行使辩护权。必要时,可以再次开庭,组织控辩双方围绕被告人的行为构成何罪及如何量刑进行辩论"。

本案中,一审法院将检察院指控的徇私枉法罪变更为徇私舞弊不移交刑事案件罪,未向被告人及其辩护人进行明确的告知,被告人及其辩护人也未对陈莉明的行为是否构成徇私舞弊不移交刑事案件罪发表辩护意见,未切实保障被告人及其辩护人的辩护权,违反了《〈关于适用刑事诉讼法〉的解释》(2012)第241条第2款的规定。

关于第三个问题。刑事诉讼法及相关司法解释并未作出明确规定。对此,有观点认为,二审法院可以通过开庭审理的方式,给予上诉人及其辩护人就变更后的罪名进行辩护的机会,以补救一审法院未让其就变更后的罪名发表辩护意见的瑕疵。二审法院给予上诉人及其辩护人就变更后的罪名发表辩护意见的机会后,如果二审法院仍然认为一审法院变更的罪名正确、量刑适当,二审法院裁定维持原判即可,没有必要撤销原判发回重审。另有观点认为,一审法院变更指控的罪名未听取被告人及其辩护人的意见,属于剥夺当事人法定诉讼权利的行为,可能影响公正审判,根据《刑事诉讼法》第238条规定,应当裁定撤销原判、发回重审。①

笔者赞同第二种观点,理由如下:

一是人民法院变更人民检察院指控的罪名未听取被告人及其辩护人意见的行为,属于剥夺被告人辩护权、影响公正审判的重大违法行为。辩护权是国际公约和各国宪法、刑事诉讼法确立的公正审判权中最重要的一项内容。可以说,没有辩护权,就不可能实现公正审判。人民法院变更人民检察院指控的罪名未听取被告人及其辩护人的意见,必然影响公正审判的实现,根据《刑事诉讼法》第238条的规定,应当撤销原判发回重审。

二是对一审法院变更检察院指控的罪名未听取被告人及其辩护人意见的行为,撤销原判发回重审,可以收到纠正一审法院的不当行为与对被告人及其辩护人的辩护权进行救济的双重功效,有助于倒逼刑事审判人员进一步增强保障被告人辩护权的意识。

三是对一审法院变更人民检察院指控的罪名未听取被告人及其辩护人意见的行为,通过二审开庭的方式予以救济,不仅不利于倒逼一审法院增强保障被告人辩护权的意识,而且导致被告人及其辩护人对相关罪名仅有一次辩护机会,破坏了我国刑事诉讼法确立的两审终审制。

---

① 《刑事诉讼法》第238条规定,"第二审人民法院发现第一审人民法院的审理有下列违反法律规定的诉讼程序的情形之一的,应当裁定撤销原判,发回原审人民法院重新审判:(一)违反本法有关公开审判的规定的;(二)违反回避制度的;(三)剥夺或者限制了当事人的法定诉讼权利,可能影响公正审判的;(四)审判组织的组成不合法的;(五)其他违反法律规定的诉讼程序,可能影响公正审判的"。

第四章　刑事附带民事诉讼制度

第一节　本章观点综述

刑事附带民事诉讼是司法机关在刑事诉讼过程中,在解决被告人刑事责任的同时,附带解决因被告人犯罪行为所造成的物质损失而进行的诉讼活动。由于这种损害赔偿是在刑事诉讼中附带解决的,因此称为刑事附带民事诉讼。我国 2012 年《刑事诉讼法》第 99 条对此作出明确规定:"被害人由于被告人的犯罪行为而遭受物质损失的,在刑事诉讼过程中,有权提起附带民事诉讼。被害人死亡或者丧失行为能力的,被害人的法定代理人、近亲属有权提起附带民事诉讼。如果是国家财产、集体财产遭受损失的,人民检察院在提起公诉的时候,可以提起附带民事诉讼。"

2018 年《刑事诉讼法》第 101 条对刑事附带民事诉讼制度未作出改动,但 2021 年最高人民法院《关于适用刑事诉讼法的解释》对这一制度进行完善。该解释第 175 条第 2 款规定,"因受到犯罪侵犯,提起附带民事诉讼或者单独提起民事诉讼要求赔偿精神损失的,人民法院一般不予受理",以更好地适应司法实践的复杂情况。这主要是考虑到,如果认为对精神损失可以另行提起民事诉讼,则意味着《刑事诉讼法》第 101 条的规定失去实际意义。另外,如果对精神损失可以另行提起民事诉讼,则意味着同一犯罪行为,被害人可以基于同一理由先后提出损失赔偿的要求。此外,从实践的角度,被告人判决服刑以后身无分文,连有关物质损失的赔偿判决都难以执行,如果被害人可以就精神损失另行提起民事诉讼,即使法院支持了,判决书也难以执行。但是考虑到某些特殊情形,如被告人对被害人造成的精神损害比较严重,如果一味不解决精神损害损失,也不利于被害人权利的保护。因此,司法解释修改时将"不予受理"修改为"一般不予受理"。

近年来,有关刑事附带民事诉讼制度的研究主要集中在附带民事诉讼赔偿范围、附带民事公益诉讼等问题。

在附带民事诉讼的赔偿范围方面,根据我国刑法及刑事诉讼法有关规定,附带民事诉讼请求赔偿局限于"由于被告人的犯罪行为而遭受物质损失"的范围内。但在立法规定中,对附带民事诉讼赔偿范围具体用词略有差异,《刑事诉讼法》第 101 条第 1 款规定"被害人由于被告人的犯罪行为而遭受物质损失的",用的是"物质损失";第 2 款规定"如果是国家财产、集体财产遭受损失的",用的是

"财产损失"。《刑法》第 36 条第 1 款规定"由于犯罪行为而使被害人遭受经济损失的,对犯罪分子除依法给予刑事处罚外,并应根据情况判处赔偿经济损失",用的是"经济损失"。在理解附带民事诉讼请求范围问题上,物质损失、财产损失、经济损失三词同义,逻辑上属于同一概念。其基本含义是:(1) 由被告人的犯罪行为造成的损失。损害事实与被告人的犯罪行为之间必须具有因果联系,如果损害事实与被告人的犯罪行为之间没有因果联系,就不能作为附带民事诉讼的赔偿范围。(2) 因被告人的犯罪行为直接遭受的损失以及间接损失。例如,在伤害案件中,前者如被害人支付的医疗费用,后者如被害人因伤不能工作而造成的收入减少。(3) 被告人犯罪行为造成的损失,既包括被害人已经受到的损失,也包括一些必然遭受的损失。当然,这种损失应当是必然的、合理的,具体范围应当按照民事实体法有关规定来确定。但在审判实践中,刑事附带民事诉讼赔偿的范围非常有限。

有学者认为,最高人民法院将"两金"(死亡赔偿金和残疾赔偿金)排除出赔偿范围的原则及理由均有待商榷。以加害人有无赔偿能力作为是否赔偿"两金"的适用原则,有悖平等原则。"两金"属于物质损失而非精神损失,排除"两金"无助于降低空判。赔偿"两金"既体现了对生命权、健康权的尊重,也有助于强化权利救济和维护司法权威,并符合我国的历史传统。由此,建议将"两金"重新纳入刑事附带民事赔偿范围。[①]

在刑事附带民事公益诉讼方面,有学者认为,刑事附带民事公益诉讼的功能、模式和机制方面的协同问题亟待解决。在功能层面,刑事附带民事公益诉讼的社会保护和公益保护功能已协调较好并产生协同效应,但权益救济功能与社会公益保护功能仍需加强协同。刑事附带民事诉讼中两种诉讼的协同模式可分为正向附带诉讼、名义附带诉讼和反向附带诉讼三种形态。经过发展,我国刑事附带民事公益诉讼实现了较好的模式协同。在机制层面,我国刑事附带民事公益诉讼还需加强提起依据、受案范围、管辖、责任方式以及程序方面的协同。[②] 附带民事公益诉讼没有采取附带民事诉讼的框架,直接将民事公益诉讼制度作为其程序框架,但由于仅有一条司法解释条文规范其程序,导致其在诉讼请求范围、是否诉前公告等程序上存在争议。刑事附带民事公益诉讼具有刑事诉讼、刑事附带民事诉讼、其他民事行政公益诉讼不具备的优势,彰显了其独特价值,应当在刑事诉讼法中加以规定,既体现公益诉讼的特殊性,又体现其对刑事诉讼的依附性。在构建刑事附带民事公益诉讼程序时,应扩大其审理范围,管辖法院应

---

① 田源:《刑事附带民事诉讼"两金"赔偿问题研究》,载《法学论坛》2017 年第 2 期。
② 刘艺:《刑事附带民事公益诉讼的协同问题研究》,载《中国刑事法杂志》2019 年第 5 期。

采取"附随刑事案件管辖"规则,基层法院不应当采取七人合议庭,不必诉前公告,适当规范检察机关的调解、撤诉。①

2012年《刑事诉讼法》增加的当事人和解程序与已有的刑事附带民事诉讼程序具有相似的价值取向,即全面维护被害人的合法权益,尽可能弥补被害人因加害人的犯罪行为造成的损失,以实现节省司法资源、加速案件处理、恢复被犯罪分子破坏了的社会关系的司法目的。由于刑事和解与刑事附带民事诉讼程序在适用期间、受案范围上存在一定的重合之处,所以,容易出现当事人在程序选择上的冲突,以及由此带来的刑事和解与附带民事诉讼程序的衔接问题。将当事人和解与附带民事诉讼程序进行有效衔接,不仅是各程序充分发挥作用的内在要求,同时也是避免各程序之间产生矛盾与冲突的必然途径。结合立法规定,当事人和解与附带民事诉讼程序之间的衔接应当明确衔接的案件范围、衔接的基本原则,厘清其与不起诉决定之间的关系以及针对不同的司法实践状况确定不同的衔接方案。②

刑事附带民事公益诉讼的出现,使检察公益诉讼起诉案件的基本结构受到巨大冲击。有学者通过实践调查发现,侧重数量的考核压力和容易办理的特征使其备受基层检察院的青睐。刑事附带民事公益诉讼的基本法依据应当以《中华人民共和国民事诉讼法》(以下简称《民事诉讼法》)为准。诉前公告程序必须履行,一审法院必须适用七人陪审合议庭。要破解刑事附带民事公益诉讼的主体困境,一方面应把海洋生态环保领域的案件和诉讼标的额超出基层法院管辖上限的案件,排除到基层检察院可提起刑事附带民事公益诉讼的范围之外;另一方面,应把"刑事附带民事公益诉讼被告与刑事被告人一致"设定为法院受理的硬性条件。③

第二节 核心期刊论文摘要

刑民交叉实体问题的解决路径——"法律效果论"之展开
陈少青
《法学研究》2020年第4期
关键词: 刑民交叉 违法论 法律效果论 法秩序统一性
摘要: 刑民交叉实体问题的最终落脚点是,刑民规范的适用是否相互影响以

---

① 谢小剑:《刑事附带民事公益诉讼:制度创新与实践突围——以207份裁判文书为样本》,载《中国刑事法杂志》2019年第5期。
② 刘少军:《论当事人和解与刑事附带民事诉讼程序的衔接》,载《政法论坛》2016年第1期。
③ 刘加良:《刑事附带民事公益诉讼的困局与出路》,载《政治与法律》2019年第10期。

及在何种范围内相互影响。或者因为民事违法概念的体系定位与适用缺陷,或者因为会导致法秩序统一性原则的形骸化,处理刑民交叉实体问题的"违法论"路径欠缺合理性。刑民交叉的连接点不是违法性,真正的连接点是法律效果;以评价对象为主线,刑民交叉实体问题的解决路径应从"违法论"转向"法律效果论"。只有当刑法和民法评价的法律事实具有同一性时,二者的法律效果才可能无法兼容。此时,若刑民规范目的整体一致,对法律主体的惩戒或保护方向相同,则只需对刑民法律效果进行综合考量;若刑民规范目的明显对立,对法律主体的惩戒或保护方向相反,则需要在案件事实层面进行拆分,为刑民规范适用划定不同的案件类型,从刑民交叉回归刑民分立。

刑民交叉案件中的事实认定与证据使用

龙宗智

《法学研究》2018年第6期

关键词: 刑民交叉 事实认定 预决效力 证据使用

摘要: 生效裁判事实认定的预决性证明效力,与既判力、争点效等概念既有联系又有区别。刑民交叉案件中,预决效力及证据使用制度的设置,应考虑司法的统一性与诉讼的独立性、效率与公正、刑事优先与民事诉讼自身规律等因素,同时注意我国司法制度与诉讼机制的特殊性。应确认刑事生效裁判事实认定的特别效力,但要受制于"必要事实原则"与"确定事实原则"。民事生效裁判可作为书证,交由刑事法庭判断并说明采纳与否的理由。刑事法庭判断民事诉讼判定的同一事实,应慎用"穿透原则"否定其合法性及有效性,即使否定亦应采用适当方式。对于特殊类型案件,刑事法庭应将民事诉讼判定的事实作为预决事实。对于证据交互使用,应区别裁判已生效与未生效、定案根据与非定案根据、人证与物证等不同情形进行处理。民事诉讼使用刑事诉讼中形成的人证,应遵循民事诉讼规律。对讯问、询问笔录、鉴定意见均应依法审查,注意证据方法与证据形成要素而作适当使用。

民刑交叉诉讼关系处理的规则与法理

张卫平

《法学研究》2018年第3期

关键词: 民刑交叉 民事诉讼 刑事诉讼 独立审判 先决关系

摘要: 在民刑交叉诉讼关系的处理上,"先刑后民"一直被视为一项原则。但从审判权独立行使的原理以及法律的规定来看,"先刑后民"都不应作为一项处理民刑交叉诉讼的原则。在具体处理民刑交叉诉讼时,应当首先考虑彼此之间是否有先决关系。在相互之间存在先决关系时,作为前提的诉讼可先行,另一诉讼应予以中止，等待前提诉讼的审结。将先决关系作为原则，考虑的是社会对裁判一致性的认同与追求以及司法制度的现实。但先决原则不是绝对的，诉讼效率也是民事诉讼所追求的重要价值之一，不可以因为具有先决关系的前提诉讼的迟延而使另一诉讼受到过分迟延。拥有管辖权的法院可以独立行使审判权，包括对事实的认定和法律的适用。在民刑主体交叉的诉讼中，当民事诉讼对刑事诉讼具有先决关系时，由于诉讼主体的人身自由受到限制，不能在并行的民事诉讼中充分行使诉讼权利，因此可以考虑将民事案件移至刑事审判庭，在同一审判庭适用不同程序，实行"先刑后民"的审理，以维持同一事实认定的一致性。这一做法需要修改法律，将其程序法定化。

经济案件中民刑交错问题的解决逻辑
王昭武
《法学》2019 年第 4 期
关键词：先刑后民　先民后刑　民事违法性　刑事违法性　可罚的违法性
摘要：要解决经济案件中的民刑交错问题，首先，需要明确此类案件的研究对象仅限于民法与刑法存在竞合时，同一事实同时触犯民事法律与刑事法律的情形；其次，需要明确所谓"先刑后民"或者"先民后刑""刑民并行"解决的只是民刑诉讼程序的协调问题，因而应该区分程序问题与实体问题；再次，实体法上处理此类问题的目的只能是，确定哪些行为是犯罪，哪些行为只是一般民事违法行为，因而问题的关键在于如何处理民事违法性与刑事违法性之间的关系；最后，在此基础上确定实体法上的问题解决路径是：第一，不得认定不具有民事违法性的行为具有刑事违法性；第二，不得认定不具有可罚的违法性的民事违法行为具有刑事违法性。

从刑民实体判断看交叉案件的诉讼处理机制
简　爱
《法学家》2020 年第 1 期
关键词：刑民交叉　违法判断　相对独立性　刑民并行
摘要：鉴于刑民实体关系的处理对司法实践中刑民交叉案件审理顺序的直接影响，刑民交叉案件应当坚持实体法和程序法的双重视角考察。在交叉案件的实体判断中，法秩序的统一不在于保持违法概念、违法判断的一致，而在于维护"合法"判断一致。强行将民事违法性作为刑事违法的判断前提，极有可能想当然地以合同无效、过错等充实尚无定论的民事违法性，反而导致了刑事违法判断的"失真"。在交叉案件的审理中，裁判的统一是客观事实的最大限度统一而非客观事实和法律评价的完全一致。贯彻了违法判断（相对）独立性的"刑民并行"模式既尊重了审判的独立性,也有助于避免因案件受理顺序的不同而导致裁判结果不同,是更为合理、高效的诉讼处理机制。但是,当刑民审判存在先决关系时,作为交叉案件审理例外模式的"先刑后民"和"先民后刑"具有一定妥当性。

论刑民交叉案件的审理顺序
纪格非
《法学家》2020 年第 6 期
关键词: 刑民交叉　先刑后民　刑民并行　刑事判决的效力
摘要: 刑民交叉案件的审理顺序并非由刑、民案件的关联形态决定的,司法解释确立的类型化的思路不仅没有达到预期的目的,反而加剧了实务中的混乱。妥当的解决方案是在民事诉讼法关于诉讼中止的规定的框架下,通过精确界定诉讼中止的"必要性",限制"先刑后民"的适用范围。在界定"必要性"时,应当着重考虑刑事判决在民事诉讼中的预决力规则,以及刑、民案件不同的诉讼目的与证据规则,充分尊重民事审判权的独立性与专业性。

刑事附带民事诉讼"两金"赔偿问题研究
田　源
《法学论坛》2017 年第 2 期
关键词: 死亡赔偿金　残疾赔偿金　刑事附带民事诉讼　刑事被害人　权利保障
摘要: 最高人民法院将"两金"排除出赔偿范围的原则及理由均有待商榷。以加害人有无赔偿能力作为是否赔偿"两金"的适用原则,有悖宪法平等原则。"两金"系物质损失而非精神损失,排除"两金"既无助于降低空判,也不利于附带民事调解的达成,更不符合法律位阶原则的适用。赔偿"两金"既体现了对生命权、健康权的尊重,也有助于强化权利救济和维护司法权威,并符合我国的历史传统。由此,建议将"两金"重新纳入刑事附带民事赔偿范围。

论错误交付案的民刑救济
吴建雄　杨胜荣
《法学论坛》2017 年第 1 期
关键词: 错误交付　侵占罪　不当得利　民刑救济
摘要: 错误交付案从实体法角度看涉及民刑法规竞合,从程序法角度看属民刑交叉案件,涉及一系列程序处置和衔接。法条竞合造就了对同一行为的不同法律评价,而由此产生的责任追究上的冲突也给司法实践带来了诸多困难。对拒不退还错误交付之财物的行为,在民事上成立不当得利,不当得利的成立并不阻却侵占罪的成立,侵占罪的成立除了存在不当得利,还应当满足主观条件和行为条件。目前我国错误交付案的刑事救济制度不仅在实体法上存在不完善的地方,相关刑事诉讼制度也存在问题。为此,建议重新界定侵占罪;有条件地将情节严重的拒不退还错误交付案纳入公诉案件的范围;进一步完善民事和刑事救济衔接制度。

刑事附带民事公益诉讼的协同问题研究

刘　艺

《中国刑事法杂志》2019 年第 5 期

关键词:刑事附带民事公益诉讼　检察公益诉讼　民事公益诉讼　协同　刑事附带民事诉讼

摘要:刑事附带民事公益诉讼综合了众多性质迥异的要素和程序,其功能、模式和机制方面的协同问题亟待解决。在功能层面,刑事附带民事公益诉讼的社会保护和公益保护功能已协调较好并产生协同效应,但权益救济功能与社会公益保护功能仍需加强协同。刑事附带民事诉讼中两种诉讼的协同模式可分为正向附带诉讼、名义附带诉讼和反向附带诉讼三种形态。经过发展,我国刑事附带民事公益诉讼实现了较好的模式协同。在机制层面,我国刑事附带民事公益诉讼还需加强提起依据、受案范围、管辖、责任方式以及程序方面的协同。

刑事附带民事公益诉讼:制度创新与实践突围——以 207 份裁判文书为样本

谢小剑

《中国刑事法杂志》2019 年第 5 期

关键词:检察机关　刑事附带民事公益诉讼　刑事附带民事诉讼　公益诉讼

摘要:2018 年 3 月,"两高"以司法解释的方式明确检察机关可以提出刑事附带民事公益诉讼,该新型模式很快占据检察机关提起公益诉讼案件的七成。从调查来看,附带民事公益诉讼没有采取附带民事诉讼的框架,直接将民事公益诉讼制度作为其程序框架,但由于仅有一条司法解释条文规范其程序,导致其在诉讼请求范围、是否诉前公告等程序上存在争议。刑事附带民事公益诉讼具有刑事诉讼、刑事附带民事诉讼、其他民事行政公益诉讼不具备的优势,彰显了其独特价值,应当在刑事诉讼法中加以规定,既体现公益诉讼的特殊性,又体现其对刑事诉讼的依附性。在构建刑事附带民事公益诉讼程序时,应扩大其审理范围,管辖法院应采取"附随刑事案件管辖"规则,基层法院不应当采取 7 人合议庭,不必诉前公告,适当规范检察机关的调解、撤诉。

刑民交错案件的类型判断与程序创新

于改之

《政法论坛》2016 年第 3 期

关键词：刑民交错　实体交错　程序交错　预审

摘要：刑民交错案件是具有重大实践意义的案件类型，也是理论探讨中的热点命题。在案件分类方面，现有研究似乎大都片面地重视刑民程序交错案件，而将刑民实体交错案件放置于研究框架之外，或没有意识到刑民实体交错案件的意义。事实上，刑民实体交错案件是司法实践中重大难题，具有重要的研究价值。在案件程序方面，现有研究在"先刑后民"还是"先民后刑"的问题上争论激烈，但二者都无法令人完全信服。我国应考虑在"先刑后民"与"先民后刑"之前构建预审机制，以期更高效地保护当事人的基本人权和民事权益，提高司法效率。

论当事人和解与刑事附带民事诉讼程序的衔接

刘少军

《政法论坛》2016 年第 1 期

关键词：当事人和解　附带民事诉讼　程序安定　程序选择权

摘要：刑诉法新增的当事人和解程序与已有的附带民事诉讼程序具有相似的价值取向，即全面维护被害人的合法权益，尽可能弥补被害人因加害人的犯罪行为造成的损失，以实现节省司法资源、加速案件处理、恢复被犯罪分子破坏了的社会关系的司法目的。由于两者在适用期间和受案范围上存在一定的重合之处，故易出现当事人在程序选择上的冲突及由此带来的衔接问题。将当事人和解与附带民事诉讼程序进行有效衔接，不仅是各程序充分发挥作用的内在要求，同时也是避免各程序之间产生矛盾与冲突的必然途径。结合立法规定，当事人和解与附带民事诉讼程序之间的衔接应当明确衔接的案件范围、衔接的基本原则，厘清其与不起诉决定之间的关系以及针对不同的司法实践状况确定不同的衔接方案。

刑事附带民事公益诉讼的困局与出路

刘加良

《政治与法律》2020 年第 10 期

关键词：刑事附带民事公益诉讼　基本法依据　主体困境　全同模式　单独起诉

摘要：刑事附带民事公益诉讼的后来居上，使检察公益诉讼起诉案件的基本结构受到巨大冲击，侧重数量的考核压力和容易办理的特征使其备受基层人民检察院的青睐。我国的民事诉讼法是刑事附带民事公益诉讼的基本法依据，当下应从规范出发型论证转向聚焦于立法权限的法理分析；刑事附带民事公益诉讼的起诉书不应将我国的刑事诉讼法作为法律依据，诉前公告程序必须履行，一审法院必须适用七人陪审合议庭。要破解刑事附带民事公益诉讼的主体困境，一方面应把海洋生态环保领域的案件和诉讼标的额超出基层法院管辖上限的案件排除到基层检察院可提起刑事附带民事公益诉讼的范围之外，另一方面应把"刑事附带民事公益诉讼被告与刑事被告人一致"设定为法院受理的硬性条件。

传统刑事责任与民事责任关系的理论反思及其重新界定

李会彬

《政治与法律》2019 年第 7 期

关键词： 刑事责任　民事责任　严格分立　转化关系

摘要： 传统刑事责任与民事责任严格分立、不可转换的理论，面临着不能合理解释新的立法现象、不能与刑事责任的归责原则相容、造成现有刑事责任理论的混乱等问题。由于刑事责任与民事责任之间在目的、性质和功能上并非处于绝对的对立状态，允许刑事责任与民事责任之间存在灵活的转化空间，不但不会造成社会秩序的混乱，反而有利于社会秩序的维护和实质正义的实现。有必要在一定条件下承认刑事责任与民事责任之间存在转化关系，但必须做出如下限制：轻罪范围内允许存在质（罪与非罪）的转化关系，重罪范围内允许存在量（量刑轻重）的转化关系，并且只能存在由刑事责任转化为民事责任的单向性转化关系，且必须由法律加以确认。

第三节　案例精解

从雷阳寻衅滋事案看附带民事诉讼制度①

一、案情介绍

2015 年 6 月 1 日零时许，被告人雷阳、邓伟等人饮酒后，在广州市天河区中山大道郁金香 KTV 门口，雷阳无故辱骂途经该处的被害人谈威、陈文彬、滕霞一方人员。双方继而发生口角，雷阳、邓伟使用拳脚、石头、自行车防盗锁殴打谈威、陈文彬、滕霞致其受伤，谈威、陈文彬动手还击；其间，邓伟持自行车防盗锁实施殴打，后持菜刀追砍对方，砍砸对方乘坐离开现场的车辆车窗玻璃。同日，经

---

① 高明黎、杨毅：《法院不能违背被害人意志代收被告人赔偿款》，载《人民司法（案例）》2016 年第 26 期。

公安机关联系通知,雷阳、邓伟先后自行到公安机关接受调查,归案后雷阳未如实供述上述主要事实,邓伟则如实供述上述事实。经鉴定,谈威、滕霞、陈文彬、雷阳、邓伟均属轻微伤。

在一审法院审理期间,被告人雷阳、邓伟均表示愿意赔偿被害人的经济损失以弥补过错,后二人的家属各代为缴纳赔偿款5000元(共计1万元)。被害人表示该赔偿款过低,明确拒绝赔偿。该赔偿款存于广州市天河区人民法院。

广州市天河区人民法院认为:被告人雷阳、邓伟酒后在公共场所持凶器随意殴打他人,致三人轻微伤,情节恶劣,其行为均已构成寻衅滋事罪。在共同犯罪中,雷阳、邓伟均积极实施殴打行为,均应认定为主犯;但其中雷阳未持自行车防盗锁、菜刀实施殴打,故可与持上述凶器实施殴打的邓伟区别量刑。邓伟案发后主动投案,归案后如实供述罪行,系自首,依法应从轻处罚;雷阳庭审时承认指控的主要犯罪事实,自愿认罪,亦可酌情从轻处罚。鉴于雷阳、邓伟的家属已代为缴纳赔偿款用于赔偿被害人的部分经济损失,故可对二名被告人酌情从轻处罚。判决:(1)被告人雷阳犯寻衅滋事罪,判处有期徒刑1年;(2)被告人邓伟犯寻衅滋事罪,判处有期徒刑1年;(3)被告人雷阳、邓伟缴纳的赔偿款共计1万元,发还被害人谈威、陈文彬、滕霞;(4)缴获的作案工具自行车防盗锁一把、菜刀一把,均予以没收。

一审宣判后,被告人邓伟以量刑过重为由向广州市中级人民法院提出上诉,被告人雷阳未上诉。

广州中院经审理查明的事实与一审查明的事实一致。

广州中院经审理认为:一审判决认定的事实清楚,证据确实、充分,定罪准确,量刑适当,审判程序合法,但援引《刑法》第64条将被告人家属代为赔偿的款项发还被害人属于法律适用错误,应予以改判。广州中院作出判决:(1)维持广州市天河区人民法院上述刑事判决的第一、二、四项判项;(2)撤销广州市天河区人民法院上述刑事判决的第三项判项。

二、案件争议

在本案二审审理过程中,合议庭对于一审判决定性为寻衅滋事罪没有异议,对于量刑虽认为偏低且不平衡,但也在幅度范围之内,上诉人提出量刑过重的上诉意见不能成立,整体上同意一审的定罪量刑意见,不过对于第三判项的合法性却产生了明显分歧。

一种观点认为,由于赔偿款是被告人主动赔偿给被害人的,相当于附带民事赔偿,不论被害人是否接受,均应判令发还被害人,且被告人的赔偿款可以类比为赃款,故可以援引《刑法》第64条将赔偿款强制发还被害人,一审判决处理恰当,应予维持。

另一种观点认为,附带民事诉讼遵循不告不理原则,被害人未提起诉讼,法院就不能作出附带民事判决;且被告人的赔偿款既不属于违法所得,也不是被害人的合法财产,更不是赃款,援引《刑法》第 64 条将赔偿款判决强制发还被害人,属于法律适用错误,应当改判。

三、案件分析

笔者同意后一种观点。

(一) 被告人的赔偿款不在《刑法》第 64 条的适用范围内

《刑法》第 64 条规定了三种犯罪物品的处理方式:一是犯罪分子非法占有、处置的被害人财产或者用于犯罪的财物及犯罪所得的收益,应该通过追缴或者责令退赔两种方式来处理,如贩卖毒品获得的毒资、贪污取得的财物等。所谓追缴,是指将犯罪分子因实施犯罪活动所取得的全部财物强制收归国有;所谓责令退赔,是指犯罪分子已将违法所得使用、挥霍或者损毁的,也要按照原有价值退赔。二是对被害人的合法财产,应当及时返还,如诈骗、盗窃的被害人的财物,这是对第一个处理方式的例外规定,即如果追缴或者退赔的违法所得属于被害人的合法财产,应当及时返还或者折价退赔给被害人。三是违禁品和供犯罪所用的本人财物,应当予以没收。所谓违禁品,是指法律规定公民不得私自持有或使用的物品,如毒品、枪支等;所谓供犯罪所用的本人财物也就是作案工具,包括作案用的手机、汽车等工具,部分情况下作案工具还能表现为货币的形式,如为购买毒品所使用的毒资等。① 除此之外的任何财物均不属于刑法的处理范围,法院在作出判决时,应当严格按照此三类处理方式处理。

对犯罪物品的处理与赔偿损失虽然同为对财物的处理,但二者不能等同。首先,对犯罪物品的处理是纯粹的刑事诉讼范畴,赔偿损失是刑事附带民事诉讼的处理范畴;其次,犯罪物品是犯罪时既已存在的,而赔偿损失是犯罪造成被害人损失的事后赔偿;第三,犯罪物品是有形的,是客观、具体的物品,而损失是无形的,体现为具体的金额,如误工费、交通费,虽然是物质损失,但并没有具体的物的损坏;第四,对犯罪物品的处理是法院的职责范围,即使被害人不提出,法院也应当按照法律规定对涉案财物进行处理,而如果被害人不向法院提出赔偿要求,法院就不能判令被告人赔偿损失。

---

① 《刑法》第 64 条规定:"犯罪分子违法所得的一切财物,应当予以追缴或者责令退赔;对被害人的合法财产,应当及时返还;违禁品和供犯罪所用的本人财物,应当予以没收。没收的财物和罚金,一律上缴国库,不得挪用和自行处理。"

本案中，被告人主动赔偿被害人的经济损失，是出于其先前的犯罪行为对被害人造成伤害后的悔罪表现，其目的既可能是真心悔罪，也可能是出于谋求从轻判处，是被告人单方面主动做出的，并非法院强制判处。该赔偿款既不是刑法规定的被告人的违法所得，也不是被害人的合法财产，更不是违禁品和供犯罪所用的本人财物，不属于《刑法》第64条规定的情形，依法不能作为犯罪物品处理。一审判决援引《刑法》第64条的规定，将被告人家属的代为赔偿款判令发还给被害人，乃将附带民事赔偿与对犯罪物品的处理混为一谈，属于法律适用错误。

（二）法院只能依申请作出附带民事判决

人身权利受到侵犯的被害人可以向法院提出附带民事诉讼，要求被告人赔偿经济损失，本质上仍属于民事诉讼的范畴，只是为了避免讼累，而在刑事诉讼中附带一并处理。其处理的是平等主体之间的侵权纠纷，遵循不告不理原则，法院根据附带民事诉讼原告人的请求，判处被告人承担一定的赔偿责任。被告人之所以应承担赔偿责任，是基于其犯罪行为对被害人造成了损失，其与被害人之间形成了侵权之债，该赔偿款并非被告人的犯罪所得，而是实现被害人的债权。被害人向法院提起附带民事诉讼，是法院作出附带民事判决的前提。如果被害人不提出附带民事诉讼、明确拒绝赔偿或者暂时找不到被害人，即使被告人有赔偿意愿，法院也不能通过代管款的方式代为接受被告人的赔偿，更不能直接作出附带民事判决。

相反，财产权利受到侵犯的被害人则不能提出附带民事诉讼，要求被告人赔偿损失，如诈骗犯罪中的被害人就不能因为被骗取钱财而提出附带民事诉讼，而只能由法院依照《刑法》第64条的规定对被告人的犯罪物品作出处理。在此类案件中，即使被害人不提出赔偿要求，法院也应当在判决中作出追缴、退赔、返还或是没收的处理。在司法实践中，被告人有退赔意向，但被害人拒绝接受或暂时找不到被害人时，则可以通过法院代管款的方式，代为接受被告人的退赔。被告人主动退赔赃款赃物的，法院在量刑时可以酌情从轻处理。

在本案中，二被告人酒后随意殴打他人，造成三人轻微伤，侵犯的是被害人的人身权利，被害人可以向法院提出附带民事诉讼，要求被告人赔偿医疗费、误工费等物质损失。但是否提起附带民事诉讼是被害人的自由选择，其根据自我判断有作出不提起诉讼的选择，根据不告不理原则，法院就不能主动作出附带民事判决。一审判决在被害人未提起附带民事诉讼的情况下，通过代管款的方式绕过被害人接受被告人的赔偿，再判令将该赔偿款发还给被害人，实质上剥夺了被害人自由选择的权利，相当于直接作出附带民事判决，超出了刑事诉讼的处理范围，没有法律依据。

（三）法院单方面接受被告人赔偿会背负"花钱买刑"的嫌疑

在司法实践中，有些被害人或其近亲属不提出附带民事诉讼，不同意谅解被告人，亦拒不接受被告人的赔偿，只要求法院对被告人从重处罚。对于此类案件，法院应当充分考虑被害方的态度，因为量刑的最根本依据是被告人行为的社会危害性，而社会危害性是一个高度抽象的词语，需要法官在适用法律时进行价值判断。但可以确定的是，犯罪首先侵害的是被害人的利益，犯罪的社会危害性也首先表现为对被害人造成的损害，进而表现为对其亲属的伤害，因此，被害人及其亲属对犯罪的感受最深，被害人及其家属对于案件的反应强度在一定程度上也体现了犯罪的社会危害性大小。

当然，无论被害人是否提起附带民事诉讼，被告人与被害人均可以在自愿的前提下启动以达成赔偿协议为目的的刑事和解程序，法院亦可以在职权范围内组织双方进行刑事和解。法院作为中立的裁判机构，在组织双方调解的过程中，不能为了追求调解率或者其他目的，而强迫被害人一方接受其不愿接受的赔偿方案，也不能通过将被告人的赔偿款存放在法院代管款账户的方式绕过被害人，否则，会让法院背负"花钱买刑"的嫌疑，民众亦会质疑司法的公正性。部分法院在司法实践中，只要被告人赔钱，甚至是只需要赔很少一部分钱，不管被害人接不接受，均可以对被告人从轻处罚，而对被害人要求从重处罚的诉求置之不理，被害人的情绪得不到安抚。这种做法违背了刑事和解政策的初衷，并不能缓解社会矛盾，不能帮助恢复到原有的法律秩序，甚至更激化了被害人及其家属仇视被告人、仇视社会的情绪，会让民众产生法律无用论、金钱万能论的错觉。

通过法院的代管款账户接收被告人赔偿款的唯一理由，只能是被告人与被害人在协商赔偿的过程中共同请求法院暂时代为接受。出于交易安全的考虑，被告人与被害人在达成口头调解协议后，常常不敢直接交付赔偿款，更倾向于在法院的见证下，经由法院将赔偿款交付给被害人，被害人也不愿在未收到赔偿款的情况下，直接将和解协议或谅解协议交给被告人一方。在这种情况下，法院可以通过代管款的形式暂时代为接收被告人的赔偿，在被害人出具谅解意见后，由法院直接将该款项交付给被害人，避免被告人一方与被害人直接的账目往来。但在被害人明确表示不接受被告人一方的赔偿方案时，法院不应违背被害人的意志代替被害人接受被告人的赔偿，并据此作出对被告人有利的处罚。法律不能强人所难，如果被害人拒不领取该赔偿款，法院对代收款项的处理将陷入两难之地。

在部分地区，由于片面强调对被告人权利的保护，常常出现法院违背被害人的意志，强迫被害人接受调解方案的情况，或者不经被害人同意，直接代为接受被告人的赔偿，并据此认为被告人有悔罪表现，从而对被告人从轻处罚。刑法的初衷是惩恶扬善,如果被害人的权益不能得到公权力的优先保护,而片面强调保护被告人的利益,则是矫枉过正,与真正的法治背道而驰。刑事和解的立法目的是缓和社会矛盾,力求恢复原有的正常秩序。法院在审判过程中,首先要尽力维护被害方的权益,在双方有和解意向的情况下,方可组织双方进行调解,尽力避免"花钱买刑"的嫌疑,维护司法的权威。

具体到本案中,二被告人的家属各代为赔偿5000元,被害人明确表示赔偿额太低,不同意接受该赔偿。一审法院绕过被害人,通过法院代管款的方式代替被害人先行接受被告人的赔偿,违背了被害人的意愿,实质上就是强制被害人接受赔偿方案,让被告人与被害人在侵权之诉中处于完全不对等的地位,取消了被害人在与被告人一方协商谈判中的主动权,违反了司法中立原则,损害了被害人的利益,不可避免地让民众产生"花钱买刑"的质疑。进而言之,这种做法制造了权力寻租的空间,有可能产生公权力与私权利的利益交换,腐蚀司法的公正,损害司法的权威。因此,二审法院撤销一审判决中将被告人赔偿款发还被害人判项的做法是正确的,目的是让一审法院形成正确的裁判理念,在维护被害人利益优先的前提下再进行刑事和解,避免产生"花钱买刑"的嫌疑,提升司法的公信力。

第五章 刑事诉讼法与监察法衔接问题

第一节 本章观点综述

2018年3月20日,第十三届全国人民代表大会第一次会议表决通过了《中华人民共和国监察法》(以下简称《监察法》),标志着监察机关作为与"一府两院"平行的反腐败专职机关正式登上历史舞台,同时也标志着我国新的监察体制的确立①;2018年10月26日,十三届全国人大常委会第六次会议表决通过了《关于修改〈中华人民共和国刑事诉讼法〉的决定》,其中相关内容对《监察法》进行了有针对性的回应,这标志着腐败惩治实现了顶层制度创设的"法法衔接"②;2019年12月2日,最高人民检察院第十三届检察委员会第二十八次会议表决通过了《人民检察院刑事诉讼规则》,该规则的修订是检察机关落实2018年《刑事诉讼法》的必然要求,也是落实国家监察体制改革、司法体制改革的重要举措。

客观而言,我国的监察体制改革仍处于探索发展之中,两部法律之间的衔接不可能仅仅因为一两次法律或司法解释的修改就精准到位,还需要对相关问题进行深刻的理论思考与探究。近年来,学界关于相关领域的研究也多有涉及。经过梳理,笔者将学者们讨论的重点归纳为以下五个方面:

一、关于监察权的属性及与检察权的关系

监察机关对公职人员的监督职能和检察机关的法律监督职能是我国权力监督理念在国家治理中的集中体现。要解决监检衔接中的难点问题,必须先从理论上厘清国家监察权的属性及其与职能整合后的检察权的关系。

在监察权属性的认识上,学者们观点不一,但总的来说可以归纳为以下几个方面:第一,从监察机关的定位来看。改革决策者将监察委员会定位为"反腐败工作机构",属"政治机关",既非司法机关,也非行政机关。其行使监督、调查、处置职能,遵循《监察法》及相关法律规范。③ 但是也有学者认为将监察机关定位为"政治机关"并不准确,应将其定位为"国家监察机关",即行使政务监察权和刑

---

① 张云霄:《〈监察法〉与〈刑事诉讼法〉衔接探析》,载《法学杂志》2019年第1期。
② 徐汉明、李少波:《〈监察法〉与〈刑事诉讼法〉实施衔接路径探究》,载《法学杂志》2019年第5期。
③ 参见中共中央纪律检查委员会、中华人民共和国国家监察委员会法规室编写:《〈中华人民共和国监察法〉释义》,中国方正出版社2018年版。

事监察权的国家机关。① 第二,从监察权的权力构成来看。有学者主张监察权具有复合属性,是对原来隶属于行政机关和检察机关相关权力的整合。② 但也有学者认为监察权并非对原来零散权力的"物理相加",而是一种全新的"化学融合"③,是一种同行政权、检察权和审判权处于同样重要位阶的国家权力,是具有中国特色的新的权力类型。④ 第三,从监察权的具体内容来看。有学者认为监察机关的调查权与侦查机关的侦查权在权力的本源归属、运行机理和追求目标上存在明显不同,不能仅用刑事诉讼法的视角去审视"法法衔接"问题。⑤ 不过也有学者主张监察机关的调查权与侦查机关的侦查权不仅在形式上较为类似,而且还具有完全相同的法律效果。⑥

同样,在对监察权与检察权关系的理解上,学者们采取的角度也不尽相同。首先,从二者的区别与联系来看。有学者指出虽然监察权和检察权都具有监督属性,但二者在历史起源、监督性质、监督对象、监督权内容方面存在较大差异,不过它们也并非毫无关联,二者均属于我国"大监督体系"的重要组成部分。⑦ 也有学者认为监察委员会监督与检察机关法律监督之间的差异构成互补,为二者共同构建严密的社会主义监督制度提供了可能,也为在遵循监察委员会监督和检察机关法律监督各自特点的基础上推进制度创新,实现二者职能的良好衔接创造了有利条件。⑧ 其次,从"分工负责、互相配合、互相制约"的角度来看,相较于监察机关反腐败、防腐败的工作重心和以人为主线的监督内容,检察机关则注重对国家机关行为合法性的监督,而非针对国家机关工作人员。⑨ 二者各司其职,分别从不同的角度和层面,以不同的方式实现对公权力的制约。而面对"位高权重"的监察机关⑩,其自身权力如何得到制约,也成了学者们关注的焦点。如有观点认为应强化刑事诉讼中的权力分工,以达到制衡的效果。具体而言,当公职人员涉嫌职务犯罪时,对于监察机关移送起诉的案件,检察机关应享有独立的审查和提起公诉的权力。⑪

---

① 陈瑞华:《论国家检察权的性质》,载《比较法研究》2019 年第 1 期。
② 徐汉明、张乐:《监察委员会职务犯罪调查与刑事诉讼法衔接之探讨——兼论法律监督权的性质》,载《法学杂志》2018 年第 6 期。
③ 谢超:《〈监察法〉对中国特色反腐工作的法治影响》,载《法学杂志》2018 年第 5 期。
④ 张杰:《〈监察法〉适用中的重要问题》,载《法学》2018 年第 6 期。
⑤ 张云霄:《〈监察法〉与〈刑事诉讼法〉衔接探析》,载《法学杂志》2019 年第 1 期。
⑥ 陈瑞华:《论国家检察权的性质》,载《比较法研究》2019 年第 1 期。
⑦ 叶青、王小光:《检察机关监督与监察委员会监督比较分析》,载《中共中央党校学报》2017 年第 3 期。
⑧ 夏金莱:《论监察体制改革背景下的监察权与检察权》,载《政治与法律》2017 年第 8 期。
⑨ 同上。
⑩ 童之伟:《对监察委员会自身的监督制约何以强化》,载《法学评论》2017 年第 1 期。
⑪ 陈光中:《关于我国监察体制改革的几点看法》,载《环球法律评论》2017 年第 2 期。

二、关于监察立案与刑事立案的衔接问题

2018年修订通过的《刑事诉讼法》第170条第2款规定人民检察院依法对监察机关调查终结移送起诉的案件进行审查,对于已采取留置措施的案件,检察院应对嫌疑人先行拘留并在规定期限内作出是否逮捕、取保候审或监视居住的决定。① 可见,监察案件可以直接进入审查起诉环节。另外,根据2018年4月16日发布实施的《国家监察委员会与最高人民检察院办理职务犯罪案件工作衔接办法》(以下简称《衔接办法》)第21条,检察机关接收案件时只需登记并办理受案手续而无需进行刑事立案。②

学界对这种受案而非立案的做法存在着不同的声音。支持者认为监察机关的监察程序可以直接导入检察机关的公诉程序,不需要检察机关再行立案,其主要理由在于监察机关的调查措施具有司法属性,因此可以直接导入检察机关的公诉程序而无须过渡。③ 但也有不少质疑者,如有观点认为立案是侦查和审查起诉的基础。缺少立案程序,刑事诉讼在逻辑上是无法成立的。监察调查程序并无刑事立案这一环节,因此在审查起诉之前,检察机关必须依职权对监察机关移送之案件予以转化,按照管辖范围进行刑事立案。只有这样审查起诉才有依据。④ 也有观点认为立案最突出的意义就是为强制侦查(调查)提供合法依据。只有经过立案,一切对人、物的强制措施才可实施。而监察程序中的立案,既针对职务违法又针对职务犯罪,这造成明显的程序不协调问题。因此,该观点建议实行监察立案与刑事立案的二元制及可合并制度,并强调对于涉嫌职务犯罪的案件适用刑事立案程序。⑤ 还有学者更是直接点明,监察立案不能取代刑事立案,否则刑事诉讼的开启将缺乏合法依据。另外,鉴于监察案件经相应调查程序,其证据条件早已远远超出刑事立案所要求的证明门槛,因此援引现行刑事诉讼法所规定的立案实体条件已无必要,仅需进行形式审查即可。⑥

---

① 《刑事诉讼法》第170条规定:"人民检察院对于监察机关移送起诉的案件,依照本法和监察法的有关规定进行审查。人民检察院经审查,认为需要补充核实的,应当退回监察机关补充调查,必要时可以自行补充侦查。对于监察机关移送起诉的已采取留置措施的案件,人民检察院应当对犯罪嫌疑人先行拘留,留置措施自动解除。人民检察院应当在拘留后的十日以内作出是否逮捕、取保候审或者监视居住的决定。在特殊情况下,决定的时间可以延长一日至四日。人民检察院决定采取强制措施的期间不计入审查起诉期限。"

② 《衔接办法》第21条规定:"最高人民检察院案件管理部门认为具备受理条件的,应当及时进行登记,并立即将案卷材料移送公诉部门办理;认为不具备受理条件的,应当商国家监察委员会相关部门补送材料。"

③ 樊崇义:《全面建构刑诉法与监察法的衔接机制》,载《人民法治》2018年第11期。

④ 陈卫东:《职务犯罪监察调查程序若干问题研究》,载《政治与法律》2018年第1期。

⑤ 龙宗智:《监察与司法协调衔接的法规范分析》,载《政治与法律》2018年第1期。

⑥ 程雷:《刑事诉讼法与监察法的衔接难题与破解之道》,载《中国法学》2019年第2期。

三、关于监察调查措施与刑事强制措施的衔接问题

《监察法》第 47 条第 1 款规定:"对监察机关移送的案件,人民检察院依照《中华人民共和国刑事诉讼法》对被调查人采取强制措施。"而新修订通过的《刑事诉讼法》对此则更加细化,《刑事诉讼法》第 170 条规定:"人民检察院对于监察机关移送起诉的案件,依照本法和监察法的有关规定进行审查。人民检察院经审查,认为需要补充核实的,应当退回监察机关补充调查,必要时可以自行补充侦查。对于监察机关移送起诉的已经采取留置措施的案件,人民检察院应当对犯罪嫌疑人先行拘留,留置措施自动解除。在特殊情况下,决定的时间可以延长一日至四日。人民检察院决定采取强制措施的期间不计入审查起诉期限。"

法条的规定虽然简单,但其中却隐含着两个重要的问题。

第一个是留置措施与刑事强制措施的衔接问题。通过以上规定,可以发现留置措施与刑事强制措施的衔接并非自行完成,而是经过检察机关严格审查后的依法衔接,学界对该问题的看法存在一定争议。例如,有学者认为对监察案件强制措施的适用专门增设独立的审查决定程序,是将留置措施纳入法治轨道的应有之义。① 否则可能会使留置成为一块完全不受刑事诉讼法影响、渗透的"飞地"。② 但是也有学者认为这种单独的程序设置违背了诉讼阶段理论的基本逻辑,欠缺设立的必要性,同时也有浪费司法资源之嫌。其似乎有一定的合理性,但仔细推敲,其不正当性可能超过其合理性。另外,该学者还认为附随独立的强制措施决定程序,针对留置适用的先行拘留也具有一定的不正当性,主要表现为适用阶段不当、适用主体不当、适用对象不当以及适用条件不当。③

第二个是退回补充调查期间强制措施如何衔接的问题。学界对该问题的探讨主要涉及以下几个方面:第一,退回补充调查后,案件是处于监察调查阶段还是审查起诉阶段?有观点认为补充调查权来源于公诉权,退回补充调查后不属于调查阶段。④ 但也有学者对此表示反对,认为从对现行法律规范分析的角度出发,退回补充调查后应当属于监察调查阶段,正如在审判阶段退回补充侦查不能认为仍处于审判阶段一样。⑤ 第二,退回补充调查时应当适用何种强制措施?有学者主张从留置到逮捕,是一个程序递进的关系,如果再退回留置,程序上倒退而且繁琐,同时留置与逮捕在内容上都是剥夺被调查人人身自由的强制措施,

---

① 卞建林:《配合与制约:监察调查与刑事诉讼的衔接》,载《法商研究》2019 年第 1 期。
② 魏晓娜:《职务犯罪调查与刑事诉讼法的适用》,载《中国人民大学学报》2018 年第 4 期。
③ 左卫民:《一种新程序:审思检监衔接中的强制措施决定机制》,载《当代法学》2019 年第 3 期。
④ 陈卫东:《职务犯罪监察调查程序若干问题研究》,载《政治与法律》2018 年第 1 期。
⑤ 谢小剑:《监察调查与刑事诉讼程序衔接的法教义学分析》,载《法学》2019 年第 9 期。

都能提供继续补充调查的隔离条件。因此,也没有必要将逮捕措施退回到留置措施。① 但是也有学者认为在退回补充调查时,案件由起诉阶段回流到调查阶段,此时强制措施继续沿用检察机关在起诉阶段依法适用的逮捕或者其他强制措施,根据现行法的规定,欠缺法理上的正当性。② 第三,退回补充调查时羁押场所是否变更？有观点认为,应当坚持"案退,人不退"的原则,基于便利与效率方面的考量以及对被羁押人监管安全方面的考量,应当参照刑事诉讼法关于补充侦查的相关规定进行处理。③ 但是也有学者提出,由于监察机关处于刑事司法系统之外,不具备刑事羁押权,其根本无法在看守所办理各类衔接手续包括换押手续,当然也无法对犯罪嫌疑人进行提审讯问。为解决这一障碍,《衔接办法》第38条才规定监察机关对于退回补充调查的案件,需要讯问看守所在押的被调查人时,人民检察院应当配合。其将被退回状态下的当事人称为被调查人,然而被调查人却关押在看守所,名义上仍属于检察机关为办案单位的犯罪嫌疑人,这种逻辑矛盾与法律手续衔接上的冲突凸显了衔接机制上的重大疏漏。④

四、关于证据适用的协调衔接问题

首先,在证据的适用标准上。《监察法》第33条第2款规定,"监察机关在收集、固定、审查、运用证据时,应当与刑事审判关于证据的要求和标准相一致"。因此有学者认为监察法规定"相一致",意味着监察机关在证据的审查、运用过程中,不仅要符合证据的实质要件,也要符合证据的形式要件,遵循刑事诉讼法关于证据真实性、合法性、关联性的要求。⑤ 但是也有学者认为由于监察调查不适用刑事诉讼法,并且刑事诉讼法对证据合法性的要求并没有明确的标准,主要依据取证时的法律程序要求。因此,在证据资格的问题上,审查证据材料的合法性应当以监察法为标准。⑥

其次,在证据的衔接转化上。《监察法》第33条第1款规定,"监察机关依照本法规定收集的物证、书证、证人证言、被调查人供述和辩解、视听资料、电子数据等证据材料,在刑事诉讼中可以作为证据使用"。但是也并非所有证据都可以直接转化为刑事诉讼证据。有学者认为,并非对所有贪腐人员都能准确定性,对于后来转入特别调查的贪腐人员,许多前期以一般调查对其取得的证据无法直

---

① 王秀梅、黄玲林:《监察法与刑事诉讼法衔接若干问题研究》,载《法学论坛》2019年第2期。
② 程雷:《刑事诉讼法与监察法的衔接难题与破解之道》,载《中国法学》2019年第2期。
③ 卞建林:《配合与制约:监察调查与刑事诉讼的衔接》,载《法商研究》2019年第1期。
④ 程雷:《刑事诉讼法与监察法的衔接难题与破解之道》,载《中国法学》2019年第2期。
⑤ 王秀梅、黄玲林:《监察法与刑事诉讼法衔接若干问题研究》,载《法学论坛》2019年第2期。
⑥ 谢小剑:《监察调查与刑事诉讼程序衔接的法教义学分析》,载《法学》2019年第9期。

接作为刑事诉讼证据。① 还有学者指出,由于实物证据具有客观性和稳定性的特点,因此从初查开始,只要其符合证据的属性要求,都可以成为刑事诉讼证据;而言词证据具有不稳定性和主观性特点,对其应按照调查阶段区分对待,初查阶段收集到的证据应当转化后使用,正式调查阶段收集的证据则可直接进入刑事诉讼过程中。②

最后,在非法证据排除规则的适用上。《监察法》第 33 条第 3 款规定了证据使用禁止,"以非法方法收集的证据材料均应当依法予以排除,不得作为案件处置的依据";同时,《监察法》第 40 条第 2 款规定了证据取得禁止条款,其中明文规定"引诱、欺骗"也属于以特定非法手段取证。③ 可见,按照《监察法》规定,以引诱、欺骗手段获得的证据也应当予以排除。但是从《刑事诉讼法》第 56 条关于非法证据排除规则的表述来看,并非所有的不合法证据均应强制排除,引诱和欺骗并不在条文的含义之内。④ 于是便产生一个问题,即如果监察机关在调查过程中没有依法排除非法证据,而检察机关或者法院在后续环节启动了相应程序,那么以引诱或欺骗手段获取的证据能否适用监察法予以排除?学界对此问题存在一定争议,有学者认为如果允许此类证据作为诉讼中的证据,不仅是纵容违反监察法的行为,同时也不利于保障被追诉人权利,因此,应当适用监察法的相关规定将其排除在诉讼程序之外。⑤ 也有学者认为监察机关调查的证据材料在进入司法程序后就应适用刑事诉讼法的非法证据排除规则,以欺骗、引诱方式获取的证据不在强制排除之列。⑥

五、关于权利保障措施的衔接问题

监察体制改革作为一项重大的政治改革,应当妥善处理好权力与权利的关系,不能"只转权力、不转权利",顾此失彼。⑦ 被调查人的权利保障应当被妥善

---

① 秦前红、石泽华:《监察委员会调查活动性质研究——以山西省第一案为研究对象》,载《学术界》2017 年第 6 期。
② 王秀梅、黄玲林:《监察法与刑事诉讼法衔接若干问题研究》,载《法学论坛》2019 年第 2 期。
③ 《监察法》第 40 条第 2 款规定,严禁以威胁、引诱、欺骗及其他非法方式收集证据,严禁侮辱、打骂、虐待、体罚或者变相体罚被调查人和涉案人员。
④ 《刑事诉讼法》第 56 条规定,采用刑讯逼供等非法方法收集的犯罪嫌疑人、被告人供述和采用暴力、威胁等非法方法收集的证人证言、被害人陈述,应当予以排除。收集物证、书证不符合法定程序,可能严重影响司法公正的,应当予以补正或者作出合理解释;不能补正或者作出合理解释的,对该证据应当予以排除。在侦查、审查起诉、审判时发现有应当排除的证据的,应当依法予以排除,不得作为起诉意见、起诉决定和判决的依据。
⑤ 谢小剑:《监察调查与刑事诉讼程序衔接的法教义学分析》,载《法学》2019 年第 9 期。
⑥ 韩旭:《监察委员会调查收集的证据材料在刑事诉讼中适用问题》,载《湖南科技大学学报(社会科学版)》2018 年第 2 期。
⑦ 熊秋红:《监察体制改革中职务犯罪侦查权比较研究》,载《环球法律评论》2017 年第 2 期。

对待,而监察机关的权力行使则应受到合理制约,防止滥用。因此,有学者认为,在立法精神和原则上,应当在监察法中明确规定"尊重和保障人权"的原则,以体现宪法精神,彰显法治进步。进而也可以与刑事诉讼法相协调,符合职务犯罪查处的现实需求。①

而在具体的程序运行中,也有学者对此表达了忧虑。该学者认为,与原来职务犯罪案件的犯罪嫌疑人相比,现在的被调查人至少在四个方面无法获得刑事诉讼法所确立的重要程序保障,即对被调查人的留置无法适用司法审查机制,更不可能引入听证程序;在监察委员会的调查过程中,辩护律师无法参与其中,被调查人无法获得辩护的机会;监察机关对留置场所的设置过于随意,无法接受像看守所那样的第三方监控;监察机关一旦采取留置措施,既无法接受羁押必要性的审查,也无法及时变更强制措施,这使得留置措施即便被发现遭到滥用,也难以得到纠正和救济的机会。②

关于上述担忧,其他学者也有所讨论。其中学界最为关注的便是律师介入调查的问题。由于《监察法》并没有赋予被调查人获得律师帮助的权利,并且相关程序设置也没有给律师介入留下空间。因此,律师不能依法对当事人提供法律咨询及代为主张合法权利,不能向监察机关了解当事人涉嫌的罪名和有关情况,无法会见羁押状态下的当事人甚至无权提出会见申请。③ 在这个问题上,学者们观点不一。有观点指出监察调查时的证据尚未确定,律师提前介入存在极大的证据风险,易导致腐败分子逍遥法外,且被调查人在移送审查起诉前并非犯罪嫌疑人,因而律师介入监察程序为时过早。④ 但是也有观点认为,允许律师介入监察调查是程序法治原则在监察调查中的重要体现。当前的程序设置客观上剥夺了被调查人的律师帮助权、架空了被调查人的防御权,与程序法治原则相背离。⑤ 对此,也有观点从监察与司法衔接的角度出发,认为"律师禁入"的做法会造成与刑事诉讼法的明确规定不协调、与我国近年来党中央直接领导推进的司法改革的措施和精神不协调、与其他犯罪及其嫌疑人的程序保障措施不协调等问题。⑥ 而在如何解决这一问题的看法上,不同学者也提出了不同的建议。例如,有学者认为要做到"三个明确",即明确"获得辩护权"的内涵、明确获得法律

---

① 龙宗智:《监察与司法协调衔接的法规范分析》,载《政治与法律》2018年第1期。
② 陈瑞华:《论国家检察权的性质》,载《比较法研究》2019年第1期。
③ 龙宗智:《监察与司法协调衔接的法规范分析》,载《政治与法律》2018年第1期。
④ 吴建雄:《监察体制改革试点视域下监察委员会职权的配置与运行规范》,载《新疆师范大学学报(哲学社会科学版)》2018年第5期。
⑤ 卞建林:《配合与制约:监察调查与刑事诉讼的衔接》,载《法商研究》2019年第1期。
⑥ 龙宗智:《监察与司法协调衔接的法规范分析》,载《政治与法律》2018年第1期。

帮助权的时间以及明确获得法律帮助权的方式。也有学者认为,若现阶段允许聘请律师有一定难度,可考虑在留置室等办案场所派驻值班律师,为被调查人提供必要的法律咨询。① 还有学者认为可以采取兼顾反腐败斗争与保障被调查人权利的方式,即由监察委员会设立的法律顾问或公职律师为被调查人提供法律帮助。②

第二节 核心期刊论文摘要

对监察委员会自身的监督制约何以强化
童之伟
《法学评论》2017年第1期
关键词:监察委员会 反贪腐 监督制约 政法综合权重
摘要:监察委员会位高权重,对它自身的监督制约力度须足以防止监察体制改革过犹不及。被监察者权利的保障与监察者权力的运用具有同等重要性,两者在实践上应当协调实现,不应片面强调其中一方而牺牲另一方。国家新的监察体制形成后,我国现有的监督制约其他国家机关依法行使职权的路径,几乎都可以用来监督制约监察委员会,但需要加以充实和革新。公民相关基本权利的享有和充分运用,可构成对监察委员会权力行使行为的强有力制约。强化对监察委员会自身的监督和防止改革过犹不及的较可靠办法,是创造和维持制约者与被制约者享有的政法综合权重比大致均衡的局面。

关于我国监察体制改革的几点看法
陈光中
《环球法律评论》2017年第2期
关键词:新监察体制 职权运作 改革
摘要:2016年12月25日,全国人大常委会作出《关于在北京市、山西省、浙江省开展国家监察体制改革试点工作的决定》(下文简称《试点决定》),标志着我国监察体制改革的正式启动。此次改革是反腐败体制的重大改革,也是政治体制的重大改革。改革既创造性地传承了我国古代监察制度的优良传统,又借鉴了海外反腐败的有益经验。

---

① 陈光中、邵俊:《我国监察体制改革若干问题思考》,载《中国法学》2017年第4期。
② 陈卫东:《职务犯罪监察调查程序若干问题研究》,载《政治与法律》2018年第1期。

监察体制改革中职务犯罪侦查权比较研究

熊秋红

《环球法律评论》2017 年第 2 期

关键词：监察体制　职务犯罪　调查权　侦查权

摘要：在国家监察体制改革中，监察委员会是否拥有职务犯罪侦查权存在着争议，监察委员会应当享有哪些职权也尚待明确。由于各国司法体制不尽相同，因此刑事案件管辖权的分工和职务犯罪侦查权的配置存在差异，主要有由警察行使侦查权、检察官直接行使侦查权和设专门机构行使侦查权之别。不同的模式选择往往由法律文化传统、诉讼模式、职务犯罪的特点、腐败的严重程度、侦查能力、公众的信任程度等多种因素共同决定。监察委员会的设立，使得我国职务犯罪侦查权从检察机关直接行使模式转向专门机构行使模式，在此背景下，新加坡贪污调查局以及我国香港地区廉政公署、澳门地区廉政公署的实践经验具有重要的借鉴意义。受法治原则和人权原则的约束，应当赋予监察委员会履行反腐败职责所需的必要权力，而非打击腐败所需的全部权力；监察委员会侦查权不应是原有反腐败机构权力的简单相加，而应从我国现行法律出发，参照新加坡及其他地区的经验和刑事司法国际标准进行具体甄别；在监察体制改革中，应注意避免"只转权力、不转权利"的片面思维，完善对监察委员会侦查权进行监督和制约的机制。

检察机关监督与监察委员会监督比较分析

叶　青　王小光

《中共中央党校学报》2017 年第 3 期

关键词：检察机关监督　监察委员会监督　法律监督　国家监督　监督内容　监督制约

摘要：传统上我国的权力监督体系包括人大监督、民主监督、党内监督、法律监督等监督类型，法律监督是宪法赋予检察机关的权力，检察机关的法律监督在保证法律正确实施方面发挥重要作用。随着监察委员会改革的深入，国家监察委员会作为新设立的国家监督机关，将在国家监督体系中扮演极为重要的角色。检察机关的法律监督与监察委员会监督在历史起源、监督性质、监督对象、监督权内容方面存在差异和联系。检察机关和监察委员会在国家监督体系中应加强合作交流，在互相监督制约基础上，建立工作衔接机制，共同推进大监督体系的建设。

我国监察体制改革若干问题思考

陈光中　邵　俊

《中国法学》2017 年第 4 期

关键词：监察体制改革　国家治理现代化　监察权　司法权

摘要：目前正在进行的监察体制改革是我国政治体制的重大改革,旨在建立"集中统一、权威高效"的监察体制。此项改革立足于中国国情,遵循法治规律,既传承了中国古代监察治吏的传统,又借鉴了域外有益经验。改革内容具有四大特点：监察权成为与行政权和司法权并列的国家权力；监察全覆盖；监察职权扩展到职务犯罪调查和处置；领导体制以垂直为主。这对于推进国家治理现代化和法治化具有重大意义。本文秉持惩治腐败与保障人权相平衡的理念,对职务犯罪的监察调查问题,以及监察权与司法权的衔接问题表明观点。

监察委员会调查活动性质研究——以山西省第一案为研究对象

秦前红　石泽华

《学术界》2017 年第 6 期

关键词：监察体制改革　调查权　侦查权　留置　侦查监督

摘要：山西省监察委员会日前对某国企高管采取了留置措施,这是山西省监察体制改革以来采取留置措施查办的首起案件。在密切关注试点地区监察体制改革发展动向同时,还有必要对这一事件作宪法层面的冷思考。调查活动的性质是行政调查权还是刑事侦查权？二者差异是什么？留置措施的现实意义是什么？监察委员会不经检察院批准而采取留置措施意味着什么？这对人民检察院有什么影响？恰当的路径应当如何？国家重大改革应当于法有据,更应于宪有据。

论监察体制改革背景下的监察权与检察权

夏金莱

《政治与法律》2017 年第 8 期

关键词：监察体制改革　监察权　检察权　权力监督　权力制约

摘要：监察体制改革导致了国家监察委员会的诞生和检察院部分职能的整合,引发了监察权和检察权法律性质的重新定位。以权力制约为基础,监察权是独立于立法权、行政权和司法权的国家权力,属于权力监督的范畴。检察院随着职能整合而被部分剥离的权力主要是职务犯罪侦查权。事实上该项权力的行使本来就不属于权力监督,而属于权力制衡,检察院对审判行为、刑事判决执行机关及监所机关的执行行为以及一般行政行为的监督权才属于真正意义上的监督权。因此,职能整合并不会改变检察机关作为法律监督机关的宪法定位。监察

监察与司法协调衔接的法规范分析
龙宗智

《政治与法律》2018 年第 1 期

关键词: 监察委员会　司法机关　职务犯罪调查　法律程序

摘要: 监察委与司法机关协调衔接的实质,是与国家刑事诉讼程序制度的协调和衔接。职能管辖应当清晰,级别管辖应设基础规范,并案管辖应符合规律,地域管辖宜作出规定并反映案件特点。在监察立案的基础上应建立刑事立案制度,以避免纪法界限模糊,并由此设立部分高强度强制侦查措施启动节点,同时便于与司法程序对接。职务犯罪调查措施的具体实施,应准用我国刑事诉讼法的相关规范,以落实"与刑事审判关于证据的要求和标准相一致"。"通缉"应限于犯罪嫌疑人。留置措施应限于涉嫌犯罪的被调查人,以便适用于非国家工作人员,并实现"双规"改留置的制度进步;检察机关对移送人员应当进行逮捕审查。应按照"任何人不能充当自己案件法官"原理对职务犯罪强制措施制度作进一步改革。全程录音录像应扩大适用范围,随案移送或留存可查;应规定调查人员出庭作证。立法应确认"尊重和保护人权"原则,职务犯罪调查应准许律师进入,同时可参照我国刑事诉讼法作适当限制。案件移送后,应依法全面实施审查起诉,同时应确认检察机关对犯罪调查活动的法律监督,包括立案监督。在纪、法严格区分的二元法律体制中,监察法应按照纪法适度分离及其递进关系作出程序规定,同时内部机构宜适当分离。可将监察机关的刑事部门设置为相对独立的执法主体(包括成为案件移送主体),通过"降低身段",促进监察机关与司法机关的协调衔接。

职务犯罪监察调查程序若干问题研究
陈卫东

《政治与法律》2018 年第 1 期

关键词: 监察体制改革　律师帮助　审查起诉　证据运用

摘要: 《中华人民共和国监察法(草案)》的公布,标志着国家监察体制改革步入了新的阶段,这种出自顶层设计的体系化改革对于国家反腐败法治化建设、加强党对反腐败工作的统一领导有着重大而深远的意义。职务犯罪监察的调查程序事实上取代了原职务犯罪侦查功能,其所包含的权能内容亦与侦查权极其相似,在程序设计上应注重保障被调查人获得法律帮助的权利。职务犯罪监察调查程序终结后,面临着与检察机关审查起诉程序衔接的问题,应构建相应的刑事立案程序与强制措施转化程序予以解决。在审查起诉阶段,应明确检察机关对职务犯罪案件公诉权的独立性,正确认识补充调查的内涵,还应厘清监察证据向刑事诉讼证据的移送及效力问题。

监察委员会调查收集的证据材料在刑事诉讼中使用问题

韩　旭

《湖南科技大学学报(社会科学版)》2018年第2期

关键词: 监察委员会　调查　证据材料　司法使用

摘要: 对监察机关调查的证据材料不能一概在诉讼中作为证据使用,应区分实物证据和言词证据,对于言词证据需进行证据"转化"。监察机关调查的证据材料进入诉讼后仍应适用非法证据排除规则进行合法性审查,录音录像资料应随案移送,监察人员在必要时亦应出庭"说明情况",对在看守所留置的被调查人应实行调查终结前讯问合法性核查、提讯登记、身体检查和值班律师法律帮助等制度。对被调查人供述亦应适用重复性供述排除规则,对监察机关自行排除的非法证据不得随案移送。

监察机关调查犯罪程序的流转与衔接

叶　青

《华东政法大学学报》2018年第3期

关键词: 初步调查　法纪界限　监察留置　案件移转

摘要: 随着监察委员会办案试点工作的推进,监察案件调查程序逐渐成形,但也存在一些程序运行中的难题需要研究改进。监察委员会在组织体制、人员管理、办案模式等方面具有特殊性,正确地认识和解读监察体制改革和监察办案,不仅要从宪法及刑事诉讼法等部门法的角度出发,也要深入掌握纪检监察理论和实践,尤其是应当充分认识纪委办案模式,及时发现办案实践中存在的程序流转难点,明晰"法、纪"调查程序,强化对程序流转的控制和监督,以推进监察、司法程序的有效衔接。

监察与司法衔接的价值基础、核心要素与规则构建

吴建雄　王友武

《国家行政学院学报》2018年第4期,《新华文摘(纸质版)》2018年第23期转载

关键词: 监察司法　价值基础　核心要素　规则构建

摘要: 监察与司法的法法衔接,是监察法在法律体系中的源头性地位、新时代反腐败斗争的实践要求、法治反腐新征程的基本原则所决定的。其核心要素是建立监察与司法衔接机制,监察调查在收集、审查和运用证据上体现"以事实

为根据,以法律为准绳"的原则要求。而构建案件管辖明晰、证据严谨规范的工作规则,是实现法法衔接的重要前提。

职务犯罪调查与刑事诉讼法的适用
魏晓娜
《中国人民大学学报》2018年第4期

关键词: 职务犯罪调查　留置　检察监督　律师介入

摘要:《监察法》通过两种方式使得刑事诉讼法在职务犯罪调查过程中仍有适用余地:一是将刑事诉讼法的程序标准直接转化、吸收进《监察法》;二是通过程序、证据方面的衔接使得刑事诉讼法"反射性"地规制职务犯罪调查。但留置措施未能通过上述两种方式受到刑事诉讼法的规制。留置的性质是干预人身自由权利的措施,应当提供与该属性相匹配的程序性保障。从宏观上看,职务犯罪调查缺乏有效的制约和监督,应当参照刑事诉讼法允许律师有限介入职务犯罪调查,并给检察监督留下空间。如此,才能保证监察制度健康良性发展。

《监察法》对中国特色反腐败工作的法治影响
谢　超
《法学杂志》2018年第5期

关键词: 国家监察体制改革　《监察法》　反腐败　法治意义　新要求

摘要:《监察法》是反腐败立法,是一部对国家监察工作起统领性和基础性作用的法律,是借鉴古今中外先进经验、经过实践检验、与时俱进的重要制度创新。《监察法》的制定,进一步织密了中国特色反腐败法网,进一步完善了中国特色反腐败体制机制,标志着中国特色反腐败工作已经进入依法反腐和依宪反腐的新阶段,同时也给中国特色反腐败体制机制、新时代纪检监察执纪执法工作、纪检监察机关及其工作人员带来一系列新变化与新要求。

监察体制改革试点视域下监察委员会职权的配置与运行规范
吴建雄
《新疆师范大学学报(哲学社会科学版)》2018年第5期

关键词: 监察体制改革　监察委员会　改革试点　职责权限　机制运行

摘要: 党的十九大作出了在全国推开监察体制改革试点工作的重要部署,明确了"依法赋予监察委员会职责权限和调查手段,用留置取代'两规'措施"。标志着国家监察法的制定和国家各级监察委员会的组建进入快车道。在这一重要背景下,以京晋浙国家监察体制改革试点探索为样本,从职能主体、职责权限和监督制约的层面,探索监察委员会职权的配置与运行规范,具有重要的实践价值和现实意义。

推进监察体制改革应当坚持以审判为中心

陈邦达

《法律科学(西北政法大学学报)》2018 年第 6 期

关键词：监察体制改革　以审判为中心　监察法

摘要：监察体制改革是党的十八届四中全会提出推进"以审判为中心"诉讼制度改革以来的又一次重大的政治体制改革和司法制度变革。《监察法》赋予监察委员会的调查职能使其实质性地介入刑事诉讼前置程序，推进监察体制改革仍需遵循审判中心诉讼制度改革的规律。尽管这两项改革提出的背景、初衷、进路略有不同，但必须坚持二者内在的逻辑自洽统一。在推进监察体制改革过程中，同样应当坚持审判中心改革的基本要求，实现二者并驱齐驾。监察体制改革可能对审判中心改革带来一定的影响，突出表现为改革对国家司法权力配置格局的影响、对法院依法独立行使审判权的影响以及对贯彻"分工负责、配合制约"原则的影响。应积极应对上述变化，方能稳妥推进监察体制改革。

监察委员会职务犯罪调查与刑事诉讼衔接之探讨——兼论法律监督权的性质

徐汉明　张乐

《法学杂志》2018 年第 6 期

关键词：监察委员会职务犯罪调查　复合性　留置　法律监督　权利保障

摘要：国家监察体制改革对原隶属于政府的行政监察权、行政违法预防权，原隶属于检察机关的反贪污贿赂、反渎职侵权与职务犯罪预防权进行有效整合，创设具有复合属性的国家监察权。国家监察权的复合性决定了其权力内容的包容性和多样化特征。国家监察体制改革应当通过监察立法与刑事诉讼法相融洽，细化留置措施的适用条件、留置期限与现行法律期限相协调，赋予检察机关对监察委员会延长留置期限的审批权与提出检察纠正意见权，赋予被留置人近亲属及其委托代理人、律师帮助的权利；明确监察官主体责任，构建监察责任制、非法证据排除制度、错案责任追究制，明确赔偿主体赔偿责任，并将职务犯罪特别调查结束后进入刑事诉讼的冤错案件纳入国家赔偿制度，使反腐败目的与保障人权、实体正义、程序正义法益目标相契合。

《监察法》适用中的重要问题

张杰

《法学》2018 年第 6 期

关键词：监察法　监察委员会　监察权　调查权　权力制约

摘要：以《监察法》的适用为核心，进一步明确和厘清监察委员会地位、监察权以及监察权和其他国家权力之间的关系及界限,有助于深化监察体制改革的法治化程度。监察委员会是行使国家监察职能的专责机关,同时是反腐败的政治机关。监察委员会的调查权呈现行政调查和刑事调查一体化趋势。监察机关行使监察权过程中强调对被调查人的权利保障,而监察法和刑事诉讼法的衔接与协调是保证监察权规范运行的前提和基础。对监督权的监督需要自我监督、人大监督、党内监督以及社会监督合力,从而形成全方位立体式的监督网络。

论监察案件的证据标准——以刑事诉讼证据为参照
张　中
《比较法研究》2019 年第 1 期
关键词:监察证据　刑事诉讼证据　证据标准
摘要:监察证据无须转化便可直接获得刑事诉讼证据资格,但作为职务犯罪定案的根据,必须具备刑事诉讼证据的形式条件和实质条件。监察机关的调查权与刑事侦查权具有相同的性质和功能,监察机关调查取证虽然不直接适用刑事诉讼法,但必须参照刑事诉讼法的侦查取证规则。为保障调查取证的合法性,应当对调查活动进行合理规制,对于非法获取的证据应当按照刑事诉讼法及相关司法解释确定的非法证据排除规则予以排除。监察机关调查终结的案件,应当达到刑事侦查终结的证明标准,应当低于法院判决有罪的标准,但不能比其他普通刑事案件的证明标准更高。

职务犯罪调查中的检察引导问题研究
李奋飞
《比较法研究》2019 年第 1 期
关键词:"调查—公诉"模式　监察机关　检察机关　职务犯罪调查　引导调查取证　"以审判为中心"
摘要:国家监察体制改革完成后,监察机关既承担着违纪违法的调查职责,也拥有了对职务犯罪的调查权,监察调查因被认为"不是侦查",使得职务犯罪的追诉呈现出一种全新的"调查—公诉"模式。该模式可能存在多种隐患,尤其是监察机关的刑事调查或将游离于"诉讼"之外,甚至有诱发"调查中心主义"的危险。要使"调查—公诉"模式得以优化升级,特别是在"以审判为中心"的统辖下,应考虑确立职务犯罪调查中的检察引导制度。作为公诉的准备活动,监察机关的刑事调查与公安机关的侦查一样,也是国家追诉犯罪机制的一个有机组成部分。要确保追诉能够取得成功,避免不必要的错误和疏漏,实现惩治腐败的有效性,应让检察机关介入监察机关的刑事调查,使其能够动态地了解整个刑事调查过程,并可以运用自己的诉讼经验,就证据的收集、固定、审查和运用向监察机关提出意见。尽管监察体制改革对检察机关的法律监督地位产生了重要影响,但这并不妨碍其通过提前介入、决定逮捕、退回补充调查、非法证据排除、不起诉等多种方式,来引导乃至监督监察机关的刑事调查。

以审判为中心与国家监察体制改革

褚福民

《比较法研究》2019 年第 1 期

关键词:以审判为中心　国家监察体制改革　司法审判证据规则　诉讼职能　诉讼权力

摘要:从以审判为中心的视角审视国家监察体制改革,具有独特的意义和价值。监察机关调查活动中的刑事调查部分,与刑事诉讼程序具有密切联系,为以审判为中心的视角分析国家监察体制改革提供了正当性基础。从以审判为中心在证据规则方面的要求考察监察机关调查活动中司法审判证据规则的适用范围、调查活动的法律规制存在问题;以以审判为中心对诉讼职能的影响为工具,可以发现国家监察体制改革面临司法审查原则的贯彻、职务犯罪侦查权的配置、监察证据在刑事诉讼中的使用、辩护律师的参与等多方面的挑战;诉讼主体的权力配置,则体现出国家监察体制改革带来的深层次问题。国家监察制度的未来完善之路,将面临一系列挑战。

论国家监察权的性质

陈瑞华

《比较法研究》2019 年第 1 期

关键词:人民代表大会　监察权　监察机关　调查权　留置　权利保障

摘要:监察机关对全体公职人员行使监察权,是我国监督体系的有机组成部分,是通过预防和惩治腐败来对公职人员实施的专门性监督。在国家宪法层面上,各级监察委员会属于对公职人员行使监督、调查和处置职能的国家监察机关。监察机关不仅要对职务犯罪案件进行调查,而且其调查所取得的证据材料还可以直接在刑事诉讼中被作为证据使用,监察机关的调查权具有侦查权的性质和效果。监察机关的留置措施在取代"两规"方面取得了一些法治进步,但仍然属于游离在正式的刑事强制措施体系之外,兼具刑事强制措施和隔离审查措施的特殊调查手段。监察法在加强被调查人的权利保障方面取得了一些进步,但仍然存在诸多方面的缺憾。未来,对惩治腐败与保障人权加以兼顾,对于监察机关的权力进行有效的约束,仍然是一项重大的法治课题。

配合与制约:监察调查与刑事诉讼的衔接

卞建林

《法商研究》2019 年第 1 期

关键词: 监察调查　职能管辖竞合　留置　检察监督　律师介入

摘要:《监察法》和《刑事诉讼法》均是国家基本法律,在全面依法治国的时代主题之下均具有不可替代的重要价值,两者并不存在从属关系。为了实现国家监察体制改革的目标,确保这一改革始终在法治轨道上进行,应当充分尊重《刑事诉讼法》作为基本法律的作用与价值,妥善处理职能管辖竞合的关系,建立案件管辖的前置协调沟通机制。留置措施与刑事强制措施的衔接并非自行衔接,而必须是经过检察机关严格审查后的依法衔接。留置措施的转换应适用"案退、人不退"的原则,即使案件退回监察机关补充调查,也不宜恢复留置措施。监察程序与刑事诉讼程序的衔接,应当重点发挥检察机关的法律监督职能以及以审判为中心的实质作用。监察调查应有条件地准许律师介入,以体现程序法治之价值。

监察案件的立案转化与"法法衔接"

姚　莉

《法商研究》2019 年第 1 期

关键词: 监察法　刑事诉讼法　法法衔接　刑事立案

摘要: 监察委员会权力来源的多元性以及集"党纪处分、行政监察与刑事调查"于一体的反腐工作模式,使得"法纪贯通""法法衔接"成为理论界亟须解决的重大课题,而涉嫌职务犯罪的监察案件何时开始适用刑事诉讼法更是其中牵一发而动全身的核心问题。既不能以统一的监察立案作为适用刑事诉讼法的时间起点,也不能以监察委员会移送案件作为与刑事诉讼法衔接的时间标志,而应当考虑在监察委员会内部设置党纪政纪调查部与刑事调查部,在监察委员会调查程序中区分职务违法与职务犯罪,分别设置监察立案与刑事立案两套立案程序,以便解决监察案件"法法衔接"环节的诸多问题。

《监察法》与《刑事诉讼法》衔接探析

张云霄

《法学杂志》2019 年第 1 期

关键词: 监察法　刑事诉讼法　法法衔接

摘要:《监察法》与《刑事诉讼法》作为由全国人大制定的两部重要法律,在国家法治反腐中发挥着举足轻重的作用。2018 年 10 月十三届全国人大常委会第六次会议表决通过了《关于修改〈刑事诉讼法〉的决定》,实现了与《监察法》的衔接。"法法衔接"体现了"区别侦查、对接公诉、服务审判"的立法思路。首先,《监察法》中的调查权与《刑事诉讼法》规定的侦查权在权力的本源归属、运行机理和追求目标上存在明显不同,不能单用刑事诉讼法的视角去审视"法法衔接"问题。其次,监察程序和公诉程序是相互独立而又有交集的关系,监察程序应当有序导入到公诉程序之中,这需要从刑事立案过渡、两类措施转化以及退回补充调查三个主要方面予以实现。最后,司法的终局裁定性决定了监察权应当尊重和保障审判权,树立司法反腐的权威性,积极适应"以审判为中心"的诉讼制度改革要求,实现监察反腐与司法反腐之间的有效对接。

职务犯罪案件非法证据的审查与排除——以《监察法》与《刑事诉讼法》之衔接为背景

刘艳红

《法学评论》2019年第1期

关键词:职务犯罪　非法证据　法法衔接　调查中心主义　证据审查实质化

摘要:《监察法》明确规定了非法证据排除规则,监察委员会的独特性及相关立法的宏观性引发了《监察法》与新《刑事诉讼法》的证据规则衔接新问题。非法证据的排除依据在于"自白任意性规则",对于以刑讯逼供、威胁、非法拘禁等方法获取的言词证据应当"强制性排除",对以欺骗引诱方法获取的言词证据以及重复性供述应当予以"裁量性排除"。职务犯罪案件非法证据排除涉及监察机关与其他机关的外部配合与制约关系,应摆脱"调查中心主义"、强调"以审判为中心"的证据审查实质化,更加注重发挥检察机关在审查起诉阶段的检察监督职能,并同时保障被《监察法》迟滞到审查起诉阶段的犯罪嫌疑人申请非法证据排除等辩护权,不能降低对证据审查的要求。

2018年《刑事诉讼法》修改重点与展望

樊崇义

《国家检察官学院学报》2019年第1期

关键词:监察权属性　留置　缺席审判　认罪认罚从宽

摘要:2018年《刑事诉讼法》修法方向明确,取得成果显著。第一,此次修法配合国家监察体制改革,保障了《刑事诉讼法》与《监察法》的协调,形成了反腐的法律制度合力。第二,增加了缺席审判程序,与违法所得没收程序一同构成了"人"和"物"追究的完整责任体系,程序规范实现了惩罚犯罪与保障人权的平衡。第三,速裁程序和认罪认罚从宽制度试点写入法典,既总结了实践中的成功经验,也回应了实务操作中的困惑。更为重要的是,将进一步促使我国刑事诉讼结构从对抗转向合作。

关于独立监察程序的若干问题思考
叶 青 程 衍
《法学评论》2019 年第 1 期
关键词：监察体制改革 独立监察程序 调查程序 腐败治理 思考与建设
摘要：《监察法》创建了独立监察程序,并设计了阶段式结构框架。监察程序开启了程序种类的事实划分模式,有利于监察权能融合并推动腐败治理目标的实现。但当下《监察法》就监察程序的泛化规定,使其难以发挥指引和规范权力的功能。监察程序规则应进一步细化,构建涵盖监督、调查和审理的程序细则。其中监督程序应区分威慑性监督和制度监督,审理程序应区分程序性结果和实体性结果,调查程序应逐步走向诉讼化。

刑事诉讼视域下的国家监察机关：定位、性质及其权力配置
洪 浩
《法学论坛》2019 年第 1 期
关键词：国家监察委员会 法律定位 职权性质 权力配置
摘要：随着我国《宪法修正案》《监察法》的公布,我国监察体制改革蓝图业已确立、路径亦逐渐明晰。国家监察委员会作为国家反腐败的专门机构具有位阶高、职权强、覆盖广之属性,与刑事诉讼中的其他主体之间具有较强的互动性、发展性等特色。但从 2016 年试点以来,相关试点单位的改革思路和做法存在差异性。2018 年《宪法修正案》虽设专章对监察委员会进行了规定,但目前尚未颁行专门的监察委员会组织法。理论上,国家监察制度的地位、性质、职权配置等尚需探究和厘清,以指导监察制度改革的进行。在试点中监察机关的职权表现出行政权的特征,同时兼具司法权的色彩。而从《宪法修正案》《监察法》的定位来看,监察机关的职权本质上属于行政权,职能应该定位于一般监督权。为了保证国家监察职权的有效运行,以刑事诉讼为视角,在厘清国家监察制度的定位、性质基础上,对监察委员会权力进行诉讼化配置,极为必要。

刑事诉讼法与监察法的衔接难题与破解之道
程 雷
《中国法学》2019 年第 2 期
关键词：监察法 刑事诉讼法 监察机关 法法衔接
摘要：2018 年 10 月,立法机关对《刑事诉讼法》进行了第三次修正,旨在实现职务犯罪案件办理过程中《刑事诉讼法》与《监察法》的顺畅衔接,但遗憾的是

此次修正对若干衔接问题采取了回避的态度,半年多来的《监察法》实施实践亦表明,法法衔接仍然存在着三项难题:监察案件是否应当办理刑事立案手续;退回补充调查期间强制措施的衔接;监察证据是否适用非法证据排除规则。回应上述中国式问题,需要理论创新,作为破解之道应当确立形式性立案审查制度、坚持"人事合一"的诉讼客体理论、从监察调查系取证行为的本质出发,践行《联合国反酷刑公约》的国际义务,明确非法证据排除规则的适用。

监察法与刑事诉讼法衔接若干问题研究

王秀梅　黄玲林

《法学论坛》2019 年第 2 期

关键词: 监察法　刑事诉讼法　法律衔接　监察全覆盖

摘要: 深化国家监察体制改革是强化党和国家自我监督的重大决策部署,其实质内容之一是将检察机关的职务犯罪侦查职能转隶至监察委员会,这种转隶是一种完全的体制创新,不仅是主体的新设,更是程序的新设,监察法将监察委的犯罪调查程序设置为一种特殊程序,采取的是与刑事诉讼法并立的制度机制,必然导致监察机关与司法机关的衔接问题,核心是监察法与刑事诉讼法的"两法"衔接问题,突出表现在案件管辖、立案程序、调查措施、强制措施、证据适用等方面,无论是监察法还是刑事诉讼法的修改细化,都应合理回答这一系列问题。

监察过程中的公安协助配合机制

江国华　张　硕

《法学研究》2019 年第 2 期,《人大复印报刊资料》转载

关键词: 警监协助　政务连带　监察程序法　监察协助

摘要: 基于监察法授权的不完整性与非对称性,监察机关必须借助公安机关等执法部门的协助配合,方能充分行使监察职能,履行监察职责。相较其他执法机关,公安机关的协助配合对于监察职能的有效行使尤为重要。构建科学有效的警监协助机制,在监察法治体系建设中居于基础地位。在规范意义上,构建警监协助机制应基于"互相配合,互相制约"的宪法原则,明确协助配合的事项范围,规范协助配合之申请、审批、执行等程序机制,厘定协助配合之管辖、法律适用、人员经费以及责任分配等配套机制。现阶段,鉴于制度供给的阙如,警监协助工作只能通过出台较低位阶的规范性文件予以调适。为长远计,有必要制定监察程序法,修改警察法等相关法律,并出台配套的法律法规,逐步形成权威、高效、完备的监察协助配合机制。

一种新程序：审思检监衔接中的强制措施决定机制

左卫民

《当代法学》2019 年第 3 期

关键词： 检察机关　监察机关　衔接　强制措施决定　先行拘留

摘要： 如何回应、规定检监衔接已成为当下重要的理论与实践课题。2018年修改后的《刑事诉讼法》创设了独立的强制措施审查决定程序机制和相应的先行拘留措施。从诉讼法理上看，这种新设的独立程序在正当性和必要性两个层面均存在明显问题。因此，在未来的修法中应重新调整：一方面应当调整立法理念，按照既有诉讼法理和制度规律设置恰当的强制措施体系；另一方面应当从实践理性的角度审视检监关系，强化强制措施采取中监察程序与审查程序的协调性。

论监察法与刑事诉讼法衔接中录音录像制度

卞建林　陶加培

《中国刑事法杂志》2019 年第 3 期

关键词： 录音录像　两法衔接　监察调查　移送　调取

摘要： 录音录像制度作为刑事司法改革中的重要成果之一，在防范刑讯逼供和证明讯问合法性方面发挥着重要作用。录音录像制度定位是基础性问题，自律工具、过程证据、抑或是诉讼证据的定位均不能全面概括其应有的价值内容，应当以过程证据的定位为基础，以定案证据定位为延伸，如此才能有效发挥录音录像制度在刑事程序中的价值。监察体制改革后，监察法中明确规定了录音录像制度，鉴于监察程序的特殊性，在具体内容上相较于刑事诉讼法的规定有一定拓展。录音录像制度的关键问题在于移送与调取，监察法与刑事诉讼法存在差异。研究两法关于录音录像资料移送与调取规定的生成原因以及重点问题，不仅对于进一步规范监察调查程序有重要意义，也对后续其与审查起诉程序和审判程序的衔接有重要影响。

国家监察体制改革的法学关照：回顾与展望

秦前红　刘怡达

《比较法研究》2019 年第 3 期

关键词： 国家监察体制改革　法学研究　研究综述　研究展望

摘要： 有关国家监察体制改革和国家监察立法的理论研究，是我国 2017 年以来持续聚焦的一个学术热点，一系列学术论著相继发表或出版。大批法学研究者围绕监察体制改革的宪法设计，监察权的配置、属性及行使，监察对象的范围界定及权利保障，监察体制改革中的刑事诉讼问题，监察体制改革对司法体制的影响,以及监察制度的比较与借鉴等议题展开探讨,为此项系统工程的有效推进提供了相对全面的理论支撑和知识储备。随着各级监察委员会的运转和《监察法》的施行,监察法学研究仍有较大的提升空间和拓展领域,例如,合署办公与党规国法衔接、《监察法》的配套立法、《监察法》与相关法律的衔接,以及国家监察体制与治理现代化的关系等问题。同时还应注重实现研究方法的多元化,特别是基于《监察法》条款的法教义学分析,及以监察案例和事例为素材的社科法学研究。

职务犯罪监察调查与刑事诉讼的衔接
方　明
《法学杂志》2019 年第 4 期

关键词: 监察调查　衔接　刑事立案　监察证据　留置

摘要: 作为国家监察体制改革中一项重要的配套机制,职务犯罪监察调查与刑事诉讼的衔接是当下理论界与实务界关注的重点问题。"法法衔接"包含三方面的内容,即程序、证据与调查措施。程序衔接应以刑事立案制度的构建为重点,并厘清职务犯罪案件审查起诉程序的构造与内容;证据衔接则以明确监察证据之证据资格、划定监察调查之取证规范、定位非法证据排除规则之适用为主要内容;调查措施衔接的关键则在于建构留置与刑事强制措施的转化机制,并对涉案财物的移送规定予以明确。

《监察法》与《刑事诉讼法》实施衔接路径探究
徐汉明　李少波
《法学杂志》2019 年第 5 期

关键词: 监察法治　刑事法治　司法审查　衔接机制

摘要: 《监察法》和 2018 年《刑事诉讼法》的颁行出台,标志着我国反腐败法治体系建设步入了新的历史阶段。"法法"有效衔接、增强反腐败法治效能的路径在于:确立以"优化制度资源配置"为主导的"六个思维";细化以"司法审查与职务犯罪调查时间节点"为主体的"十个程序衔接机制";加快推进职业化的监察官、法官、检察官保障体系,从而释放反腐败法律制度体系与"法法"实施衔接机制的整体功效。

贿赂犯罪案件的查办需求与程序供给——兼论监察调查程序的改革思路
谢小剑
《政法论坛》2019 年第 5 期

关键词: 监察体制　贿赂犯罪　侦查　留置权

摘要: 贿赂犯罪案件查办严重依赖口供,办案模式无法"由证到供"转型,且被调查人妨碍诉讼的风险极高、后果极其严重，需要相对较长时间控制被调查人。然而，刑事诉讼程序存在立案条件高、侦查手段有限、讯问程序限制多、妨碍诉讼预防难等程序供给不足的问题。实践中出现了初查询问被调查人获取口供的"证人模式"、与纪委"联合办案模式"以及"指定监视居住模式"。这些模式虽然满足了贿赂犯罪的查办需求，但正当性有所欠缺，可能诱发滥权。事实上，犯罪控制理论、程序分化理论，以及打击腐败的客观形势都决定了应当建立对贿赂犯罪的特殊调查程序。监察法通过留置制度、违法犯罪调查一元化、禁止律师介入，满足了办案需要，但在程序设计上溢出了办案需要，改革应当针对贿赂犯罪设置特殊程序的需要为度，包括限制留置适用、规范讯问时间、完善强制措施以及技术侦查措施、保障有限的律师帮助权。

法规范视野下监察与司法程序衔接机制——以《刑事诉讼法》第170条切入

董　坤

《国家检察官学院学报》2019年第6期

关键词：监察　刑事立案　留置　强制措施　案件系属

摘要：《刑事诉讼法》第170条规定了监察与司法的部分衔接程序。其中，立案程序的缺失导致强制措施的启动缺乏正当性，不利于当事人的权利保障和诉讼程序运转的自洽。未来的司法解释中应确立"形式立案"，即以受案代替立案，对监察机关移送的案件不再进行立案前的实质审查，但须明确受案具有开启刑事诉讼程序的功能。在留置与强制措施的衔接上，立法采用了"留置＋先行拘留＋强制措施"的模式，其中先行拘留具有过渡性，逮捕、取保候审或监视居住才是对接留置的最终措施。但立法上对于留置转先行拘留后最终可否不采取任何强制措施缺乏周延规定。依据案件系属理论，对于审查起诉阶段退回补充调查的情形，系属关系并未消灭，案件仍系属于检察院，处于审查起诉阶段，对犯罪嫌疑人应当继续沿用之前的强制措施，并继续保障辩护人的相关诉讼权利。

公安协助配合监察事项范围之限缩

唐冬平

《法学》2019年第8期

关键词：监察机关　公安机关　协助配合　权力制约　监察法

摘要：《监察法》初步确立的公安协助配合监察机制除了未对协助配合内容和程序作细致规定外，对协助配合事项范围的设定也可能存在较为宽泛的问题。这一范围是否适当，事关监察机关的权能完整性以及公安机关的职能负担。学理上多聚焦于协助配合内容具体化和程序机制构建，而对协助配合事项范围这一先决问题没有予以必要关注。对现有协助配合事项合理性加以证成的两种代表学说即"强制力量缺乏说"和"警监分离说"都有不足。前者忽视了监察机关实际应具备但因监察组织构建不完整而未充分表达出来的执行权能;后者则采用有缺陷的警察权概念,误解了我国警察权的分散配置逻辑,过度强调了"决定性权力"和"执行性权力"分离的权力制约功能。问题的根源在于《监察法》似乎在某些方面延续了过去行政监察权的"弱权能"取向,未充分表达出监察机关的宪法定位,致使协助配合事项范围过宽。从监察体制改革的精神和宪法对监察机关的定位来看,监察机关应具备相对完整的执行权能。为此,应对现有协助配合事项范围作限缩性理解,通过设置监察警察逐步回归监察机关本来应有的"强权能"取向。

监察调查与刑事诉讼程序衔接的法教义学分析

谢小剑

《法学》2019 年第 9 期

关键词: 监察调查 留置 法法衔接 审查起诉

摘要: 监察法明确了监察调查终结后,移送检察院依据刑事诉讼法审查起诉的制度,由于"两法"强制措施、证据制度相差较大,造成了监察调查与刑事诉讼程序衔接中的诸多难题。从程序衔接的角度,对监察机关移送审查起诉的案件,检察院无须再刑事立案,退回补充调查处于监察调查阶段但应保障律师辩护权,审查起诉时有权否定监察调查的事实和作存疑不起诉决定。从强制措施衔接的角度,刑事诉讼法修改确立的留置效力相对延续理论较为合理,应当明确对被调查人的移送换押制度。从证据衔接的角度,应当肯定监察调查收集证据的合法性判断以监察法为标准,威胁、引诱获取的言词证据依据监察法予以排除,监察调查的案件也应当适用刑事诉讼法规定的其他证据排除规则。

论检察机关的提前介入:法理、限度与程序

朱全宝

《法学杂志》2019 年第 9 期

关键词: 检察机关 提前介入 限度 程序

摘要: 检察机关提前介入制度经过 30 余年的实践探索,已经取得了一定成效,但也面临一些亟待突破的困境。从法理层面分析,检察机关的提前介入兼具诉权保障和法律监督双重价值,亦不乏宪法法律支撑。检察机关的提前介入既不能过早、也不能太晚;既不能过宽过深,也不能过窄过浅。为此,需要在时(时机)空(范围)上对检察机关的提前介入作出限定,但介入时机的确定和介入范围的限定不宜搞一刀切,而要因地因案制宜、具体问题具体分析。此外,对检察机关提前介入的启动、介入行为和介入终结等具体程序方面均应有所规范。只有明晰提前介入的法理基础,把握其限度,规范其程序,才能充分发挥提前介入的应有功能,实现检察机关提前介入制度设计的初衷。伴随着监察法的实施,检察机关提前介入监委办理的案件日渐进入公众视野,但此与针对公安机关侦查活动的提前介入存在一定的差异,需要制度上的进一步规范和完善。

论监察调查中的非法证据排除

龚举文

《法学评论》2020 年第 1 期

关键词: 监察调查　职务犯罪　非法证据排除　应对举措

摘要:《监察法》确认了监察机关依法收集的证据在刑事诉讼中可以作为证据使用的法律地位,同时规定"监察机关在收集、固定、审查、运用证据时,应当与刑事审判关于证据的要求和标准相一致,以非法方法收集的证据应当依法予以排除",表明了监察机关对职务犯罪的调查所收集的证据必须符合证据裁判原则。随着建设中国特色社会主义法治体系进程的不断推进,不难预见,在今后监察委员会移送检察机关提起公诉的案件中,遇到被告人提出非法证据排除的案件可能会越来越多。为积极应对这一突出问题,本文就监察调查中排除非法证据的现实意义、法律适用、非法言词证据及非法实物证据排除规则进行阐述,进而提出有效应对举措,确保监察调查取得的证据符合刑事诉讼证据标准,实现监察调查与刑事司法有效衔接。

职务犯罪案件认罪认罚从宽制度研究

汪海燕

《环球法律评论》2020 年第 2 期

关键词: 职务犯罪　认罪认罚从宽　刑事证据　证明标准　监察制度

摘要:《监察法》规定了职务犯罪案件调查阶段认罪认罚从宽制度,但在价值取向、适用条件和具体适用程序等方面与刑事诉讼认罪认罚从宽制度有较大的差异。从总体上看,职务犯罪案件调查阶段认罪认罚制度呈现出更为浓厚的职权色彩。为充分发挥认罪认罚从宽制度的功能,实现《监察法》与《刑事诉讼法》的有效对接,在实体标准层面,应遵循认罪认罚从宽条件一体化思路;在证据层面,需要在坚守法定证明标准的前提下,完善口供补强规则,落实疑罪从无原则,并在吸收认罪认罚从宽原则精神的基础上,设立污点证人作证制度等;在程序层面,调查阶段应当构建保障被追诉人知悉权规则、值班律师制度以及多层次限制人身自由的强制性措施体系,同时还应规范相关文书的适用。

检察机关侦查权的部分保留及其规范运行——以国家监察体制改革与《刑事诉讼法》修改为背景

卞建林

《现代法学》2020 年第 2 期

关键词：检察机关侦查权　法律监督　国家监察体制改革　《刑事诉讼法》修改

摘要：国家监察体制改革得到宪法、法律层面的肯认之后，需要《刑事诉讼法》修改调整检察机关的侦查职权，进而解决监察制度与刑事诉讼制度的衔接问题。2018 年修改后的《刑事诉讼法》中保留的检察机关侦查权，其监督性得到显著强化，巩固了检察机关法律监督机关的宪法地位。当前需要从检察机关侦查权与监察机关调查权的协调、检察机关内部的分工与合作、检察机关侦查能力的培养与强化等方面着手，确保检察机关侦查权形成长效的规范运行机制。

检察权能新拓：撤案核准的内涵阐释与模式展望——兼论刑事撤案与监察撤案的制度建构

韩　晗

《法律科学（西北政法大学学报）》2020 年第 2 期

关键词：撤案核准　刑事撤案　监察撤案

摘要：最新修订的《刑事诉讼法》第 182 条第 1 款确立了在重大立功或者案件涉及国家重大利益情况下的核准撤案制度，由此提炼出的撤案核准模式是刑事撤案制度发展的重要创新，撤案核准权也是公诉权能的重要延伸。现有刑事撤案制度所确立的自行撤案模式、通知撤案模式、建议撤案模式并未发挥应有的效果，亟待变革。撤案核准模式具有扩展适用的合理性与正当性，因而在刑事撤案与监察撤案的制度建构中，撤案核准模式取代自行撤案模式是撤案制度改革的必由之路，在此基础上，取消建议撤案模式，强化撤案监督，实现撤案制度的法治化转型。

监察委员会职务犯罪调查的性质及其法治化

刘计划

《比较法研究》2020 年第 3 期

关键词：监察体制改革　职务犯罪调查　侦查　留置　监察调查法治化

摘要：推进国家监察体制改革组建监察委员会，延续了增设侦查机关进而不断缩小检察机关直接受理案件范围的改革趋势，实现了职务犯罪侦查机关的专门化，既有必要性，又有正当性。监察委员会依据《监察法》行使职务犯罪调查权，致调查程序不受《刑事诉讼法》规范。而《监察法》和《刑事诉讼法》区分职务犯罪调查与侦查的做法,也给"两法"衔接带来诸多法律冲突的现实风险。从刑事诉讼职权配置来说,职务犯罪调查即是侦查,故监察委员会行使职务犯罪调查权时,理应遵循相关法律关于侦查机关职权的规定。从人权保障的角度来说,职务犯罪监察调查程序中对被调查人权利保障的水平不应低于监察体制改革前的水平。我国未来应当不断推进职务犯罪调查程序的法治化,实现惩治职务犯罪与保障基本人权的有机统一。

论职务违法调查的理论逻辑、规制路径及证据规则
曹 鎏
《法学评论》2020 年第 5 期
关键词:职务违法　调查措施　比例原则　正当程序　证明标准
摘要:职务违法调查作为监察调查的重要内容,其目的在于查清事实,收集与职务违法行为相关的证据。对职务违法调查性质的研究不能脱离监察调查权,应承认其作为新型权力的正当性,并在监察法视阈下探究其自身规律和特点。《监察法》实施两周年来,职务违法调查活动亦面临诸多难题。职务违法调查的法律规制路径,应在明确调查措施的界限、完备程序控权的规则体系、强化外部监督方面一体推进。对职务违法调查证据规则的把脉,需区分程序性取证规则和实体性认定规则,前者与职务犯罪调查证据规则相似,后者则要以类型化为突破口,适用梯度化证明标准。

新《人民检察院刑事诉讼规则》若干问题评析
龙宗智
《法学杂志》2020 年第 5 期
关键词:人民检察院　刑事诉讼规则　司法责任制　管辖错位　抗诉变更
摘要:此次人民检察院刑事诉讼规则修改能够遵循立法精神,体现了司法改革成果,回应了实践需求。新规则恢复了业务机构负责人的个案审核与监督管理权,虽有积极意义,但亦可能冲击司法责任制。执行时应注意司法责任制改革要求,保持谨慎与谦抑,同时应修改与细化相关规定,限制业务审核管理权限。对侦查(调查)中的职能管辖错位,规则要求以事实、证据状况作为是否退回移管的标准,还要求征求意见以确定案件处置,同时体现出程序不平等。相关规定欠妥,应以是否故意违法,即"善意管辖"和"恶意管辖"作为直接起诉或退回移管的基本标准。对二审检察机关审查一审检察机关的抗诉意见,规则允许变更、补充。这种抗诉理由的改变不包括抗诉请求及抗诉对象的变更。为维护审级制度和法律救济原则,不得在法律适用上超出公诉范围对被抗诉人作不利变更,但就事实证据问题,应可发回重审,可提出与公诉不同的抗诉理由。

但应注意抗诉理由表达方式，同时可以斟酌设置"显而易见、无争辩余地"的量刑情节例外。

司法人员职务犯罪双重管辖制度的多维思考

吴建雄

《中国法学》2020 年第 6 期

关键词： 司法人员　职务犯罪　双重管辖　检察优先

摘要： 修改后的《刑事诉讼法》在《监察法》规定公职人员职务犯罪由监察委员会调查管辖的前提下，赋予检察机关对司法工作人员相关职务犯罪立案侦查的管辖权。这一双重管辖的制度设计，蕴含着监察体制改革和司法体制改革过程中"补短板、强弱项"的价值取向，同时也引发了如何认识和解决监察机关与检察机关职能管辖中的竞合问题。要实现双重管辖的制度初衷，就应从理论逻辑、多元功能入手，正确把握双重管辖制度的科学要义，确立检察优先管辖原则，解决管辖中影响效能发挥的若干问题，实现侦查权运行的理念重塑、策略改进和机制重构。

检察机关"先行拘留权"属性、程序、效能之逻辑结构

徐汉明　丰　叶

《法学评论》2020 年第 6 期

关键词： 监察留置调查权　先行拘留权　审查起诉　职务犯罪检察权　法律监督权

摘要： 新修订的《刑事诉讼法》赋予检察机关对监察机关移送起诉已经采取留置措施的职务犯罪嫌疑人的先行拘留权，使得检察机关法律监督权能体系增添了一项新的权力。如何在反腐败法治体系加速推进的大背景下有效实现查办职务犯罪案件中的监察留置调查程序与刑事审查起诉程序有序衔接转换？应当对这一"新族"权力——"先行拘留权"的程序运行聚焦研究。它具有在"法律监督"权力谱系下，作为"子权力"形态承载职务犯罪"种权力"质的规定性功能，进而作为法律监督"元权力"一般制约功能的递进式逻辑表达；它具有在"结构主义"视角下，作为程序转换、程序协调、程序回流开关和枢纽的过渡性价值；它具有在实质化审查进路下，释放依法审查、权力制约、法律适用引导的独特效能。

监察案件非法证据排除制度体系：法理解构与实践路径

张　硕

《政法论坛》2020 年第 6 期

关键词： 监察调查　监察非法证据　监察规律　证据排除

摘要： 为保障监察程序与刑事诉讼程序的顺利衔接，《监察法》通过"对标"刑

事证据体系的方式创设了监察非法证据排除规则,实现了非法证据排除的"监审一体化"。但在法理层面,这种做法既有违监察规律,也不符合"以审判为中心"的司法改革方向,还涉嫌违反程序分离原则。构建符合监察规律的非法证据排除制度要立足于监察案件处理全过程的整体视角,在阐明相关法理的前提下进行制度完善。首先,在司法证据规则中,应区分一般刑事案件与职务犯罪案件非法证据排除规则;其次,应统一监察证据规则与司法证据规则中关于"监察非法证据"的认定标准;再次,在监察证据规则中,应根据政务处分、职务犯罪处置等行为属性的不同,分别制定差异化的排除规则;最后,应授权案件各个处理阶段的事实认定者根据个案情况,裁量决定是否排除非法证据。

监察调查权与检察侦查权衔接研究
井晓龙
《法学杂志》2020 年第 12 期
关键词: 监察调查权 检察侦查权 管辖权竞合 优位管辖权 补充侦查
摘要: 国家监察体制的建立使反腐反贪形成合力,也带来监察调查权与检察侦查权的衔接问题。监察权包含廉政教育权、监督权、监察调查权、处理权,不能简单以监察权的性质等同于监察调查权的性质。其实,针对行使公权力人员职务犯罪的监察调查权本质上是"刑事侦查权"。监察机关与检察机关在公职人员犯罪、职务犯罪的管辖权上并非完全的独占、排他关系,而是存在部分竞合关系。从检察机关的法律监督地位及合理分配规制职务犯罪的公权力资源角度出发,应当合理地划分监察机关与检察机关的优位管辖权,具体而言:在案件初次管辖权分配上应由检察机关对 14 个罪名行使优位管辖权,而在需要补充调查核实/补充侦查时则应当由检察机关对所有公权力人员职务犯罪行使优位管辖权。

第三节 案 例 精 解

监检衔接相关问题
——以浙江省某县图书馆及赵某、徐某某单位受贿、
私分国有资产、贪污案为例①

一、案情介绍

2012 年至 2016 年,被告人赵某(浙江省某县图书馆原馆长)、徐某某(副馆

---
① 检例第 73 号。

长)经集体讨论决定,通过在书籍采购过程中账外暗中收受回扣的方式,收受 A 书社梁某某、B 公司、C 图书经营部潘某某所送人民币共计 36 万余元,用于发放员工福利及支付单位其他开支。同时,图书馆通过从上述单位虚开购书发票、虚列劳务支出等非法途径套取财政资金 63 万余元。经赵某、徐某某等人集体讨论后,决定将其中的 56 万余元以单位名义集体私分给本单位工作人员。

2015 年,副馆长徐某某通过从某图书经营部采购价格明显虚高的借书卡的形式套取财政资金 3.8 万元,并利用其分管采购工作的职务之便,将该笔资金据为己有。

经过监察机关和检察机关的有效工作衔接和通力配合,最终,法院认定某县图书馆犯单位受贿罪,判处罚金二十万元;认定赵某犯单位受贿罪、私分国有资产罪,判处有期徒刑一年二个月,并处罚金十万元;认定徐某某犯单位受贿罪、私分国有资产罪、贪污罪,判处有期徒刑一年,并处罚金二十万元。

二、指导要旨

检察机关在参与本案的过程中主要做了以下工作:

一是提前介入提出完善证据体系意见,为案件准确定性奠定基础。某县监察委员会以涉嫌贪污罪、受贿罪对赵某立案调查,县人民检察院提前介入后,通过梳理分析相关证据材料,提出完善证据的意见。根据检察机关意见,监察机关进一步收集证据,完善了证据体系。2018 年 9 月 28 日,县监察委员会调查终结,以赵某涉嫌单位受贿罪、私分国有资产罪移送县人民检察院起诉。

二是对监察机关未移送起诉的某县图书馆,直接以单位受贿罪提起公诉。某县监察委员会对赵某移送起诉后,检察机关审查认为,某县图书馆作为全额拨款的国有事业单位,在经济往来中,账外暗中收受各种名义的回扣,情节严重,根据《刑法》第 387 条,应当以单位受贿罪追究其刑事责任①,且单位犯罪事实清楚,证据确实充分。经与监察机关充分沟通,2018 年 11 月 12 日,县人民检察院对某县图书馆以单位受贿罪,对赵某以单位受贿罪、私分国有资产罪提起公诉。

三是在审查起诉阶段及时移送徐某某涉嫌贪污犯罪问题线索,依法追诉漏犯漏罪。检察机关对赵某案审查起诉时,认为徐某某作为参与集体研究并具体负责采购业务的副馆长,属于其他直接责任人员,也应以单位受贿罪、私分国有资产罪追究其刑事责任。同时在审查供书商账目时发现,其共有两次帮助某县

---

① 《刑法》第 387 条规定,"国家机关、国有公司、企业、事业单位、人民团体,索取、非法收受他人财物,为他人谋取利益,情节严重的,对单位判处罚金,并对其直接负责的主管人员和其他直接责任人员,处五年以下有期徒刑或者拘役。前款所列单位,在经济往来中,在帐外暗中收受各种名义的回扣、手续费的,以受贿论,依照前款的规定处罚"。

图书馆以虚增借书卡制作价格方式套取财政资金,但赵某供述只套取一次财政资金用于私分,检察人员分析另一次套取的 3.8 万元财政资金很有可能被经手该笔资金的徐某某贪污,检察机关遂将徐某某涉嫌贪污犯罪线索移交监察机关。监察机关立案调查后,通过进一步补充证据,查明了徐某某参与单位受贿、私分国有资产以及个人贪污的犯罪事实。2018 年 11 月 16 日,县监察委员会调查终结,以徐某某涉嫌单位受贿罪、私分国有资产罪、贪污罪移送县人民检察院起诉。2018 年 12 月 27 日,县人民检察院对徐某某以单位受贿罪、私分国有资产罪、贪污罪提起公诉。

该案指导意义有两点:一是检察机关对事实清楚、证据确实充分的单位犯罪,经与监察机关沟通,可直接追加起诉。二是检察机关在审查起诉中,发现监察机关移送起诉的案件遗漏同案职务犯或遗漏犯罪事实的,应当及时与监察机关沟通。如果监察机关在本案审查起诉期限内调查终结移送起诉,且犯罪事实清楚,证据确实充分的,可以并案起诉;如果监察机关不能在本案审查起诉期限内调查终结移送起诉,或者虽然移送起诉,但因案情重大复杂等原因不能及时审结的,也可分案起诉。

三、案件分析

国家监察体制改革后,检察机关办理职务犯罪的职责和程序都发生了重大变化,监察与检察的配合与制约必不可少,反腐倡廉、合力斗争、加强制度化和规范化建设仍是未来检察工作的重中之重。在司法实践发展过程中,对职务犯罪案件出现的新情况、新形势,监察机关与检察机关需要予以高度重视,通过充分协商,探索出更为行之有效的解决思路与解决方案,保障反腐败斗争的持续推进,从而对《衔接办法》《人民检察院刑事诉讼规则》相关规定进行补充和细化,为全国监察和检察机关办理类似案件提供实质性的借鉴和参考,推动各地区有关机关制定相关配套措施。

2019 年修订通过的《人民检察院刑事诉讼规则》对监察委员会办理案件的提前介入工作作出了原则性规定,并未详细阐述相关工作机制的细节。而这部分内容则散见于《监察法》《刑事诉讼法》《人民检察院刑事诉讼规则》以及其他有关规定之中。

具体而言,检察机关提前介入应注意如下问题[①]:

第一,提前介入的主要任务是在事实认定和案件定性方面提出建议,帮助监

---

① 陈国庆:《刑事诉讼法修改与刑事检察工作的新发展》,载《国家检察官学院学报》2019 年第 1 期。

察机关完善案件证据体系,确保法律的准确适用。①

第二,提前介入的主体包括介入人员和介入单位。介入人员即经检察长批准由检察官办案组或检察官介入。介入单位在实践中有两种方式,一种是上级检察院指导承办案件的检察院派员介入,即主要由下级承办案件的检察院介入;另一种是上级检察院与承办案件的检察院共同派员介入。②

第三,提前介入的案件范围。对于监察委员会办理的职务犯罪案件,检察机关可以对以下三类情形的案件提前介入:(1)在当地有重大影响的案件;(2)在事实认定、证据采信、案件定性以及法律适用等方面存在分歧的疑难、复杂案件;(3)其他需要提前介入的案件。需要特别指出的是,检察机关提前介入职务犯罪案件,需要以监察委员会"书面商请"为前提,而非检察机关主动提前介入。③

第四,提前介入的方式。提前介入可以采取以下方式:听取监察委关于案件事实的介绍,亲自查阅相关证据材料,对证据合法性进行审查,提出完善证据、案件管辖、采取强制措施等工作建议。

第五,提前介入的时间。应在案件进入审理阶段、调查终结移送起诉十五日前提出,且不得以监察委名义或借调等方式干涉案件调查活动。

第六,提前介入意见的反馈。提前介入的检察官应当详细记录案件情况和工作情况。形成介入调查的书面意见后,以检察官或办案组名义向监察委员会反馈,并及时向本院检察长报告。对特别重大、疑难、复杂的案件,经检察长批准后反馈给监察委员会。书面意见应当包括提前介入工作的基本情况、案件事实、定性意见、完善证据意见,以及需要研究和说明的问题等内容。

第七,提前介入与审查起诉工作的衔接。检察机关提前介入工作一方面是为了对案件质量进行把控,从而提高办案效率,另一方面也必须明确提前介入与审查起诉是不能相互替代的两个阶段,必须防止提前介入意见完全取代审查起诉意见的情况出现,确保审查起诉阶段的独立性。

---

① 《衔接办法》第14条规定,"工作小组应当在15日内审核案件材料,对证据标准、事实认定、案件定性及法律适用提出书面意见,对是否需要采取强制措施进行审查。书面意见应当包括提前介入工作的基本情况、审查认定的事实、定性意见、补证意见及需要研究和说明的问题等内容"。

② 《衔接办法》第13条规定,"最高人民检察院在收到提前介入书面通知后,应当及时指派检察官带队介入并成立工作小组"。

③ 《衔接办法》第12条规定,"国家监察委员会办理的重大、疑难、复杂案件在进入案件审理阶段后,可以书面商请最高人民检察院派员介入"。

第六章 本编参考书目

胡莲芳:《被害人在刑事诉讼中的有效参与》,厦门大学出版社2020年版。

成都市双流区人民检察院编著:《刑民交叉案件程序问题研究》,四川大学出版社2020年版。

苗生明等:《刑事检察专论》,法律出版社2020年版。

张祥伟:《认罪认罚从宽制度研究》,中国政法大学出版社2020年版。

张曙:《刑事诉讼管辖制度研究》,法律出版社2020年版。

宋善铭:《认罪认罚从宽制度的实证分析与模式选择》,法律出版社2020年版。

孙道萃:《认罪认罚从宽制度研究》,中国政法大学出版社2020年版。

何挺:《刑事司法改革中的实验研究》,法律出版社2020年版。

张军、姜伟、田文昌:《新控辩审三人谈(第2版)》,北京大学出版社2020年版。

贺恒扬主编:《检察机关适用认罪认罚从宽制度研究》,中国检察出版社2020年版。

胡铭等:《认罪认罚从宽制度的实践逻辑》,浙江大学出版社2020年版。

唐清宇等:《变革与坚守:刑事诉讼与司法改革的中国叙事》,四川大学出版社2020年版。

卞建林、陈云良主编:《法治建设与刑事诉讼:刑事诉讼法40年》,中国人民公安大学出版社2020年版。

刘计划主编:《刑事诉讼法学的发展脉络:1997—2018》,中国人民大学出版社2020年版。

王瑞君:《认罪认罚从宽司法改革疑难问题研究》,山东大学出版社2020年版。

王飞:《认罪认罚从宽制度若干重点问题研究:理论、实践与制度构建》,中国法制出版社2020年版。

韩旭:《认罪认罚从宽制度研究》,中国政法大学出版社2020年版。

高洁:《刑事被害人民事诉权多元实现方式研究》,中国政法大学出版社2020年版。

陈瑞华:《刑事审判原理论(第三版)》,法律出版社2020年版。

宋振策:《刑事诉讼权利放弃研究》,中国政法大学出版社2020年版。

王琳:《司法裁判中的道德判断——德沃金整全法理论辩护》,中国社会科学出版社2020年版。

刘仁琦主编:《中国刑事辩护》,社会科学文献出版社2019年版。

卞建林、杨宗科主编:《新时代中国特色刑事诉讼制度新发展》,中国人民公安大学出版社2019年版。

薛火根:《有效辩护新路径》,法律出版社2019年版。

李晓丽:《程序法视野下的认罪制度研究》,法律出版社2019年版。

薛晓蔚:《刑事诉讼制约论》,法律出版社2019年版。

邓子滨:《刑事诉讼原理》,北京大学出版社2019年版。

王玮:《刑事附带民事诉讼范围实证研究:以S省H市两级法院为例》,法律出版社2019年版。

马啸晨:《刑事程序分流机制的中国模式及构建研究》,中国政法大学出版社2019年版。

苗生明主编:《认罪认罚从宽制度研究——以重罪案件为视角》,中国检察出版社2019年版。

祁建建:《认罪认罚处理机制研究——无罪推定基础上的自愿性》,中国人民公安大学出版社2019年版。

封利强:《刑事错案的防范与纠正机制——基于认知维度的考察》,浙江工商大学出版社2019年版。

易延友:《刑事诉讼法:规则原理应用(第5版)》,法律出版社2019年版。

李麒:《刑事诉讼制度变革的法文化阐释》,山西人民出版社2019年版。

崔亚东:《人工智能与司法现代化——"以审判为中心的诉讼制度改革:上海刑事案件智能辅助办案系统"的实践与思考》,上海人民出版社2019年版。

桂梦美:《刑事诉讼管辖制度研究》,中国政法大学出版社2019年版。

江必新:《刑事审判的理念、政策与机制》,人民法院出版社2019年版。

欧名宇主编:《适用认罪认罚从宽制度办案指引》,中国检察出版社2019年版。

王天民:《辩方权利的语境式展开》,法律出版社2019年版。

马永平:《刑事程序性法律后果研究》,法律出版社2019年版。

韩振文:《裁判思维的整合性认知》,清华大学出版社2019年版。

徐灿:《无罪推定研究》,中国人民公安大学出版社2019年版。

韩正武:《辩护权的基本权利之维》,法律出版社2019年版。

刘磊:《刑事正当程序的功能研究》,法律出版社2018年版。

龙建明:《刑事被追诉人权利救济制度研究》,法律出版社 2018 年版。

陈瑞华:《刑事诉讼的中国模式(第三版)》,法律出版社 2018 年版。

樊建民:《律师论辩的术与道:樊建民刑事辩护代理 55 例》,法律出版社 2018 年版。

康怀宇:《"刑事一体化"视野中的刑事容隐法律体系研究》,法律出版社 2018 年版。

卫跃宁、宋振策:《国家责任视角下的被害人权利保护研究——反思、调整与平衡》,中国人民公安大学出版社 2018 年版。

冀祥德:《控辩平等论(第二版)》,法律出版社 2018 年版。

杨汉卿:《命案的辩护:从侦查角度谈刑事辩护》,北京大学出版社 2018 年版。

李懿艺:《刑事庭审实质化问题研究》,中国法制出版社 2018 年版。

陈光中主编:《公正审判与认罪协商》,法律出版社 2018 年版。

王艳等:《刑事辩护的理论探讨与制度完善》,清华大学出版社 2018 年版。

胡云腾主编:《认罪认罚从宽制度的理解与适用》,人民法院出版社 2018 年版。

刘绍奎:《刑事辩护的专业化与精细化》,中国政法大学出版社 2018 年版。

兰跃军:《以审判为中心的刑事诉讼制度改革》,社会科学文献出版社 2018 年版。

陈卫东:《中国刑事诉讼权能的变革与发展》,中国人民大学出版社 2018 年版。

肖仕卫:《刑案民意的诉讼内表达与回应研究》,法律出版社 2018 年版。

祁建建:《论有效辩护权:作为一种能够兑现的基本权利》,中国政法大学出版社 2018 年版。

宣刚:《刑事政策场域中的犯罪被害人研究》,中国社会科学出版社 2018 年版。

王亚林:《精细化辩护:标准流程与文书写作(第二版)》,法律出版社 2017 年版。

卞建林等:《新刑事诉讼法实施问题研究》,中国法制出版社 2017 年版。

谢安平等:《中国刑事诉讼制度的改革:基于以审判为中心诉讼制度改革的思考》,知识产权出版社 2017 年版。

张能全:《社会转型中的刑事司法改革与制度创新研究》,中国政法大学出版社 2017 年版。

陈瑞华:《程序性制裁理论(第三版)》,中国法制出版社 2017 年版。

陈严法主编:《认罪认罚从宽制度研究》,法律出版社2017年版。

焦盛荣主编:《以审判为中心的刑事诉讼制度建设研究》,中国政法大学出版社2017年版。

周紫阳:《刑事被告人权利宪法保障比较研究》,武汉大学出版社2017年版。

陈卫东主编:《刑事辩护与代理制度:外国刑事诉讼法有关规定》,中国检察出版社2017年版。

卞建林主编:《刑事诉讼原则:外国宪法刑事诉讼法有关规定》,中国检察出版社2017年版。

汪沛、武阳:《程序正义均衡论》,武汉大学出版社2017年版。

王敏远等:《刑事诉讼法修改后的司法解释研究》,中国法制出版社2016年版。

吴宏耀、郭烁主编:《行进中的中国刑事诉讼》,人民日报出版社2016年版。

陈瑞华:《刑事诉讼的前沿问题(第五版)》,中国人民大学出版社2016年版。

郑瑞平:《刑事被害人之权利新论》,北京交通大学出版社2016年版。

孙远:《刑事诉讼法解释问题研究》,法律出版社2016年版。

刘文会:《刑事错案的法文化透视——一种法理学的视角》,中国政法大学出版社2016年版。

韩红兴:《审判中心主义视野下刑事诉讼制度改革研究》,法律出版社2016年版。

王超:《刑事审级制度的多维视角》,法律出版社2016年版。

卜开明:《刑事司法职权配置论》,中国法制出版社2016年版。

边慧亮:《刑事诉讼法律关系论纲》,中国人民公安大学出版社2016年版。

黄建光:《辩诉交易简论》,福建人民出版社2016年版。

第二编 审前程序

第一章 立案与侦查程序

第一节 本章观点综述

一、立案程序

我国刑事立案制度源于苏联刑事诉讼法,其最初功能是限制侦查行为的启动、实现诉讼分流。经我国移植,立案功能逐渐扩展,具备了实体性功能、程序性功能和社会管理功能。但是,基于程序规律、规范设置及外部考核影响,出现了程序性功能虚置、实体性功能弱化和社会管理功能异化的问题。针对这些问题,有学者提出适合中国实际的立案功能重构方案,即对立案程序性功能进行转换,在适时采用司法审查的前提下,按照比例原则设置初查中侦查行为;对立案条件进行限缩解释,改革不合理的量化考核标准,促进实体性功能和社会管理功能的准确、有效发挥。[①]

关于立案监督,有学者主张,面对较高发案率、受案初查不受重视、立案不作为、立而不侦、降格处理等问题,可以考虑将立案监督与侦查监督、行政执法监督相结合,并在侦诉合理化构造下加强对侦查权的控制。[②] 另有学者认为,当前立案监督的主要问题集中在监督立案与监督撤案的条件、"以人立案"与"以事立案"的监督、监督的方式和效果等方面。为了克服这些现实问题对立案监督的消极影响,需要树立监督与被监督共赢、监督与办案相统一以及专业监督的新时代

---

① 马婷婷:《公诉案件立案功能论——以公安机关为视角》,载《法学评论》2018年第2期。
② 雷鑫洪:《刑事立案监督实证研究》,载《国家检察官学院学报》2016年第6期。

刑事立案监督理念，以推动检察机关的立案监督工作和制度创新发展。[1]

二、侦查程序

大数据的应用促进了时代发展，改变了犯罪方式，也推动了侦查活动的转型与更新。大数据侦查通过计算机技术对存储于网络与计算机系统中的海量数据进行收集、共享、清洗、对比和挖掘，从而发现犯罪线索、证据信息或者犯罪嫌疑人。有学者指出，大数据侦查对一些基本权利和法律价值构成挑战，有必要对其进行法律控制。可采取侦查规范和数据规范双重路径。该论者进而指出，在侦查规范方面，应遵循合法性原则、比例原则，加强外部监督和司法监督。在数据规范方面，建议适度引入个人信息保护方面的法律原则和机制，包括确立目的合法与特定原则，赋予信息主体的知悉权与更正权，建立信息安全与数据质量控制机制，以及个人信息使用的监督与救济程序。[2] 在数据侦查的程序法规制方面，有学者指出，网络信息全面介入犯罪治理活动，引发刑事侦查活动由追溯性犯罪打击向预测性风险防控转化，进而使得传统刑事诉讼规则在评价具体侦查行为与侦查对象之间的相关性时遭遇理论和实践困境。应对这些困境需要在平衡犯罪控制与人权保障两项基本价值的框架下规制数据侦查行为，加强数字正当程序的理论供给。[3] 另有学者主张，既有法律框架对大数据侦查解释力有限，且大数据侦查在行为正当性根基、程序正义维护、证据规则适用以及司法公正实现方面存在多重困境。有必要在程序法定及谦抑原则的分析框架内，对其程序控制的构建进路、证明机理的阐释与衔接、技术异化的制度干预等问题进行探讨与展望，以实现理性规制目的。[4]

关于职务犯罪监察调查与刑事诉讼的衔接，有学者认为，"法法衔接"主要包含三方面的内容，即程序、证据与调查措施。程序衔接应以刑事立案制度的构建为重点，同时厘清职务犯罪案件审查起诉程序的构造与内容；证据衔接则以明确监察证据之证据资格、划定监察调查之取证规范、定位非法证据排除规则之适用为主要内容；调查措施衔接在于构建留置与刑事强制措施的转化机制，并对涉案财物的移送规定予以明确。[5] 有学者从监察委员会职务犯罪调查的性质定位角度出发，分析了"法法衔接"中的法律冲突。认为职务犯罪调查即是侦查，故监察

---

[1] 孙谦：《刑事立案与法律监督》，载《中国刑事法杂志》2019年第3期。
[2] 程雷：《大数据侦查的法律控制》，载《中国社会科学》2018年第11期。
[3] 裴炜：《数据侦查的程序法规制——基于侦查行为相关性的思考》，载《法律科学（西北政法大学学报）》2019年第6期。
[4] 陈刚：《解释与规制：程序法定主义下的大数据侦查》，载《法学杂志》2020年第12期。
[5] 方明：《职务犯罪监察调查与刑事诉讼的衔接》，载《法学杂志》2019年第4期。

委员会行使职务犯罪调查权时，理应遵循相关法律关于侦查机关职权的规定。从保障人权的角度来看，职务犯罪监察调查程序中对被调查人权利保障水平不应低于监察体制改革前的水平。[①]

关于侦查监督，有学者指出，我国侦查监督路径应当适时更新。在制度上适当调整检警关系，进一步加强监督的实质性；在改革程序运行上，摆脱对审查逮捕的依附，推动侦查监督的独立运行；在操作上，落实改革要求，推动重大侦查监督事项案件化管理。[②] 还有学者认为，对逮捕后羁押的监督，特别是对逮捕后侦查羁押期限的监督，对拘留包括拘留后羁押的监督，都是其中相对薄弱的环节。检察机关应当在这些方面发挥更大的作用，实现司法改革和以审判为中心的刑事诉讼制度改革的目标与追求。[③]

第二节　核心期刊论文摘要

论公安侦查权与行政权的衔接

张泽涛

《中国社会科学》2019年第10期

关键词： 侦查权　行政权　刑事侦查　公安机关　执法司法衔接

摘要： 我国公安机关肩负刑事侦查权与行政权的双重权能。在公安司法实践中，一定程度上存在公安侦查权与行政权交错适用的现象，既有公安行政权替代侦查权的现象，也有刑事侦查权替代公安行政权的现象。这种现象不仅在我国存在，也在其他国家存在。违法和犯罪二元一体的追究模式，治安案件与刑事案件的划分方式，行政程序与刑事诉讼程序宽松严苛的差异，导致了公安侦查权与行政权的交错。区分公安侦查权与行政权是二者衔接的前提，既是打击犯罪、保障人权的需要，也是完善公安机关执法权力运行机制和管理监督制约体系的需要。区分公安侦查权与行政权的法理是，完善公安机关执法权力运行机制和管理监督制约体系，将打击犯罪同保障人权、追求效率同实现公正、执法目的同执法形式有机统一起来。在制度层面，区分公安机关侦查行为与行政行为宜采取综合权衡标准，确立比例原则，规范行政证据转换为刑事证据的程序与实体制约规则，完善《行政诉讼法》和《国家赔偿法》相关规定，适当调整违法和犯罪的二元一体模式。

[①] 刘计划：《监察委员会职务犯罪调查的性质及其法治化》，载《比较法研究》2020年第3期。

[②] 李华伟：《派驻公安执法办案管理中心检察机制研究——侦查监督的中国路径探索》，载《国家检察官学院学报》2020年第2期。

[③] 高嘉蓬：《侦查监督问题的法解释学分析》，载《政法论坛》2018年第5期。

大数据侦查的法律控制

程 雷

《中国社会科学》2018年第11期

关键词：大数据　侦查　大数据侦查　个人信息　技术侦查措施

摘要：大数据侦查通过计算机技术对存储于网络与计算机系统中的海量数据进行收集、共享、清洗、对比和挖掘，从而发现犯罪线索、证据信息或者犯罪嫌疑人。大数据侦查主要包括目标驱动型、比对驱动型与事件驱动型三种行为样态，在犯罪预防预测和犯罪侦破领域均有实践应用。大数据侦查对一些基本权利和法律价值构成挑战，有必要对其进行法律控制。然而，传统的法律规范框架存在滞后性，对大数据侦查的法律属性界定模糊，区分数据内容与元数据具有局限性，侦查启动门槛虚置，已然犯罪与未然犯罪界限模糊。对大数据侦查进行法律控制，可采取侦查规范和数据规范的双重路径。在侦查规范方面，应遵循合法性原则、比例原则，加强外部监督和司法监督。在数据规范方面，建议适度引入个人信息保护方面的法律原则和机制，包括确立目的合法与特定原则，赋予信息主体的知悉权与更正权，建立信息安全与数据质量控制机制，以及个人信息使用的监督与救济程序。

立案登记背景下立案庭的定位及其未来走向

张嘉军

《中国法学》2018年第4期

关键词：立案登记制　立审分立　立案庭　立案难

摘要：立案登记制的全面实施，给立案庭带来巨大挑战，立案庭的去留再次成为重要话题。为解决"立审合一"引发的"立案难"和"立案乱"而建构的具有中国特色的立案庭，在缓解"立案难"以及推进法院内部管理的优化和提升法院形象等方面都做出了应有的历史贡献。立案庭并非仅肩负审查过滤功能，还具有案件分流、纠纷化解以及诉讼服务等多重功能。大陆法系也有将起诉要件审查前置于接收诉状阶段而非审判阶段的立法先例。我国将起诉受理的审查前置于立案庭的做法也有其存在的正当性。我国历经几十年改革而最终形塑的立案庭应继续保留。为因应立案登记制带来的挑战，立案庭应进一步弱化其审查过滤和纠纷化解功能，同时强化其案件分流和诉讼服务功能，立案庭不再对起诉要件进行审查，将之切割给审判庭，其仅保留对诉状本身的审查。

从立案审查到立案登记：法院在社会转型中的司法角色
陆永棣
《中国法学》2016年第2期

关键词：立案审查　选择性司法　立案登记

摘要：立案登记制的确立，标志着选择性司法的终结。但转型期人民法院通过立案审查对纠纷进行选择性司法又有其深刻的政治、社会和法律原因。以立案登记制取代立案审查制，首先体现为法院在立案程序上已从职权模式转向诉权保障模式，更深层意义在于法院的司法角色或说职能应该有一个很大的变化。在我国社会仍将处于较长时期的社会转型这一大背景下，平衡好立案登记制有诉必理、有案必立与受理"依法应该受理的案件"之间的关系，必须处理好几个方面问题：第一，把握好立案过程中登记与审查的关系；第二，确立司法有限的理念，明确受案范围；第三，倡导纠纷多元化解，尽快建立诉前强制调解程序；第四，规制与防范不当行使诉权特别是滥诉行为。

技术侦查证据使用问题研究
程　雷
《法学研究》2018年第5期

关键词：技术侦查措施　技术侦查证据　监听　证据使用

摘要：2013—2016年的司法实践状况表明，2012年《刑事诉讼法》第152条规定的技术侦查证据使用条款面临法律适用难题。对中国裁判文书网该期间内73例样本案件的分析，揭示了上述法律适用难题。要实现平衡技术侦查权效能与公民权利保障的目标，需完善一系列基本的技术侦查证据使用制度，包括：技术侦查材料用作证据的，必须事先告知辩方并经辩方质证方可作为定案根据；技术侦查证据的形式应当是原始的实物证据，使用传来证据的，应当适用实物证据的鉴真规则；法官可以对技术侦查证据进行庭外核实，但仍应保障辩方的质证权。为保护技术侦查方法与过程不被泄密以及国家秘密、公民的人身安全，应允许在证据使用过程中设置若干变通措施，比如：使用证据替代品、衍生品；对证据来源予以保密；设立特定律师代理制度，由特定律师而非被告人本人对证据进行质证。

刑事诉讼法中的侦查概括条款
艾　明
《法学研究》2017年第4期

关键词：侦查概括条款　特别授权条款　法律保留原则　侦查程序自由形成原则

摘要：大陆法系国家和地区普遍规定了侦查概括条款，规定这一条款的重要原因是兼顾法律保留原则和侦查程序自由形成原则。从性质而言,侦查概括条款既是任务分配规范,也是一般授权规范。因此,侦查概括条款不仅具有抽象的任务指示功能,还有具体的措施授权功能,但这一授权功能仅处于补遗地位。与大陆法系法治发达国家相比,我国的侦查概括条款存在着任务指示功能明显,措施授权功能不彰;侦查概括条款和证据收集概括条款并列规定,内容重复;特别授权条款的数量和规范密度不足,难以保障侦查概括条款的明确性等问题。我国立法机关应当正视上述问题,在借鉴其他国家侦查措施立法经验的基础上,进一步完善侦查程序立法。

论新时代公安机关侦查信息公开的立法策略
崔　凯
《法商研究》2018 年第 6 期
关键词: 侦查信息公开　起诉公开　审判公开　第四领域　公共利益　国家秘密
摘要: 受侦查神秘主义的影响,公安机关侦查信息公开游离于立法公开、行政公开和司法公开之外,形成独立的"第四领域"。虽然迟滞侦查信息公开的本质、价值和技术因素仍然存在,但新时代促成其公开的驱动力更加强大,政策环境的改变、自媒体传播技术的变革、当事人权利的扩张等内外部因素均要求侦查信息适度公开。侦查信息不公开是一个典型的"中国问题",在立法思路上,可以选择将侦查信息公开纳入《中华人民共和国政府信息公开条例》的框架,同时注重"重公开事,轻公开人""三公开三不公开"等体现刑事司法特殊性的细节规定,最终勾勒出立足国情、富有效益的中国式侦查信息公开制度框架。

论大数据时代我国刑事侦查模式的转型
杨　婷
《法商研究》2018 年第 2 期
关键词: 大数据　侦查模式　数据驱动　预测机制
摘要: 虽然我国传统的刑事侦查模式在侦查活动中仍发挥一定的作用,但是这一模式因大数据时代的到来而面临诸多问题。大数据既促进了时代的发展,也改变了犯罪的方式,还推动了侦查模式的转型。数据驱动型侦查模式作为一种现代化的侦查模式,旨在针对已经发生或者尚未发生的犯罪行为,借助以云计算为基础的大数据技术平台来查明犯罪事实或者预测犯罪,进而保障侦查活动的顺利进行。数据驱动型侦查是一项复杂的系统工程,侦查人员应当从根本上转变侦查理念,建设综合的数据应用平台,确保数据资源的互通共享,明确犯罪信息收集、犯罪信息分析、犯罪信息验证以及犯罪趋势预测 4 个相互关联的运行

电视媒体报道侦查阶段刑事案件的合理界限

贾 平

《法学》2017年第9期

关键词：电视报道　公权力　刑事侦查　人格尊严　无罪推定

摘要：电视媒体对侦查阶段的未决刑事案件进行报道，在行使社会监督职能的同时，也满足了公众的知情权。然而，如果报道失当，甚至让犯罪嫌疑人在电视上认罪或指认他人犯罪，则会妨碍公正司法，削弱司法权威，进而对嫌疑人的隐私和人格尊严构成挑战。为电视报道设定一个宪法性的分析框架，有助于探寻和明确报道的合理边界，并在此基础上逐步形成一套准则，以确保电视媒体在报道未决刑事案件时，能够在新闻自由、司法公正和个人权利之间维系动态的平衡。应进一步规范电视媒体的喉舌功能，阻却电视媒体和侦查机关之间关系的异化，扩张无罪推定原则的适用，保护当事人隐私和人格尊严。允许受侵害的当事人依照一般人格权条款请求私法救济，并通过建立侦查机关新闻发言人制度，强化媒体自律和相关机构的职业伦理，不断完善电视报道的公正性和适当性。

构建与监察改革相适应的职务犯罪侦查法治模式

孙煜华

《法学》2017年第7期

关键词：监察委员会　职务犯罪　侦查　指定居所监视居住　留置　法治

摘要：监察改革使得监察委员会获得了法定的职务犯罪侦查权。逐步将监察委员会的所有侦查措施纳入法治框架是落实依法治国的应有之义。如果监察委员会既有法外侦查权，又有法内侦查权，那么一方面会导致侦查和公诉之间不衔接，另一方面会引发侦查人员出于办案需要随意切换法内外侦查措施的风险，从而使当事人的基本权利面临不确定的风险。在监察委员会设立后，合理的改革方案应当是：按照中央要求规范党内调查措施，同时逐步以指定居所监视居住，或者留置吸收法外侦查措施，从而将依规治党和依法治国有机结合起来，实现党领导下的监察全覆盖。

侦查人员出庭说明情况问题研究——从《刑事诉讼法》第57条第2款切入

董 坤

《法学》2017年第3期

关键词：证据收集的合法性　侦查人员　出庭说明情况　自由证明　严格证明

摘要：从历史谱系梳理、文义分析以及体系解释的比较可以发现，我国《刑事诉讼法》第 57 条第 2 款中涉及出庭说明情况的侦查人员并不具有证人身份。立法的这一规定源于对侦查高负荷工作的关照,同时也暗合了自由证明原理中证据调查的基本方式。然而,现有的规范体系对证据收集的合法性事实由侦查人员出庭说明情况的规定仍有需要完善之处。首先,侦查人员应摒弃既往的威权意识,顺应以审判为中心的诉讼制度改革,主动出庭,自证清白,并尽量降低书面"情况说明"的使用频率;其次,应探索自由证明的层次化构建,对于证据合法性的异议若无法在"释明"层面澄清争点,所涉证据又关乎案件主要事实的查明或被告人基本权利的保障,应以相对严格的自由证明之证据调查方式递进补足,适时赋予辩方对质诘问权。

监察委员会职务犯罪调查的性质及其法治化
刘计划
《比较法研究》2020 年第 3 期
关键词:监察体制改革　职务犯罪调查　侦查　留置　监察调查法治化
摘要:推进国家监察体制改革组建监察委员会,延续了增设侦查机关进而不断缩小检察机关直接受理案件范围的改革趋势,实现了职务犯罪侦查机关的专门化,既有必要性,又有正当性。监察委员会依据《监察法》行使职务犯罪调查权,致调查程序不受《刑事诉讼法》规范。而《监察法》和《刑事诉讼法》区分职务犯罪调查与侦查的做法,也给"两法"衔接带来诸多法律冲突的现实风险。从刑事诉讼职权配置来说,职务犯罪调查即是侦查,故监察委员会行使职务犯罪调查权时,理应遵循相关法律关于侦查机关职权的规定。从人权保障的角度来说,职务犯罪监察调查程序中对被调查人权利保障的水平不应低于监察体制改革前的水平。我国未来应当不断推进职务犯罪调查程序的法治化,实现惩治职务犯罪与保障基本人权的有机统一。

侦查中运用大规模监控的法律规制
纵博
《比较法研究》2018 年第 5 期
关键词:大规模监控　强制侦查措施　法律规制
摘要:大规模监控是针对不特定对象的高科技监控手段,在侦查中有多种功能。由于部分大规模监控在侦查中运用时会侵害公民基本权利,所以属于应由法律规制的强制侦查措施。大规模监控的运用使侦查由被动性、调查性、回溯性、对象特定性侦查向主动性、预防性、即时性、对象非特定性侦查过渡,给传统的侦查及其法律规制理论带来了一些难题和挑战。为实现公民权利保护的实效性,应将侵害公民基本权利的各种大规模监控措施纳入《刑事诉讼法》的规制范围。为此,必须对现有的侦查理论和规范进行修正,改革立案制度,扩大技术侦查的对象范围;应根据大规模监控的用途及监控内容的不同进行宽严有别的规制;对于侦查中大规模监控运用的规制,应从程序规范及证据规则两方面进行,前者包括适用范围、适用条件、适用主体、批准程序、实施程序等方面,后者包括非法运用大规模监控获取证据的排除规则,以及根据大规模监控的科技特征而设置的不可靠证据排除规则。

诱惑侦查及其合法性认定——法国模式与借鉴意义
施鹏鹏
《比较法研究》2016 年第 5 期
关键词:诱惑侦查　合法性认定　法国模式　借鉴
摘要:法国诱惑侦查最早起源于司法实践,主要用于打击毒品交易、淫媒以及扰乱市场经济秩序的一些犯罪。20 世纪 90 年代,里昂海关官员涉讼案在法国政坛引起轩然大波,直接促成立法者表决通过诱惑侦查的正式法律,确立了诱惑侦查的程序框架。此后,新的立法尤其是 2004 年的贝尔本二号法律又对诱惑侦查制度进行了全面的改革,引发了民众对该侦查机制合法性规制的担忧。与其他国家相比,法国的诱惑侦查模式具有四大特质:较周密的判例设定、较审慎的适用原则、较独特的合法性认定标准以及较宽泛的法官裁量权。其中,严格限定诱惑侦查的适用范围以及"以客观标准为主、主观标准为辅"的合法性认定标准尤其值得中国学习。

犯罪侦查中网络服务提供商的信息披露义务——以比例原则为指导
裴炜
《比较法研究》2016 年第 4 期
关键词:犯罪侦查　比例原则　网络服务提供商　信息存留　信息披露
摘要:互联网与云计算的发展使网络服务提供商掌握了大量客户个人信息,这些信息通常在网络犯罪侦查过程中成为证据或重大线索。要在保障个人隐私与促进网络犯罪侦查之间寻求平衡,立法在设置侦查过程中网络服务提供商信息披露义务时需要借助比例原则,对侦查手段的必要性、合目的性及对隐私权的侵害最小化进行审查。通过参考《网络犯罪公约》成员国近年来的立法与司法实践,可以看出比例原则的运用体现在实体和程序两个层面,实体上需要以隐私权受侵害程度为标准,对信息披露义务涉及的数据进行分类;程序上则需要以数据分类为基础,在数据存留和披露两个层面对个人权益设置相应的程序性保障。

立案形式审查中的事实主张具体化

曹志勋

《当代法学》2016 年第 1 期

关键词：事实主张具体化　识别说　合理标准　诉讼阶段分工　生活事实

摘要：在立案形式审查中，需要确定判断事实主张具体程度的标准。大陆法系采取足以与其他同类法律关系区分的识别说，而英美法系则长期以来坚持起诉陈述事实应当满足相应实体救济的条件，美国最高法院更是在近年来将其提升到较高的所谓合理标准。上述不同理解受到不同法域下对诉讼不同阶段的功能预设影响，也与不同的程序分段和提取裁判规则的技术密切相关。根据我国立案和审前程序的功能以及我国的法系传统，我国应当采取标准较低的识别说，并且将生活事实而非法律事实作为立案形式审查的内容。

大数据侦查措施程控体系建构：前提、核心与保障

张可

《东方法学》2019 年第 6 期

关键词：大数据侦查措施　实体概念　层控模式　配套制度

摘要：在"拥抱大数据"的政策导向下，理论和实践领域更加重视对大数据证据问题的探索，而缺乏对大数据侦查措施相关问题的必要警惕。事实上，相比较大数据证据的理解与适用，对大数据侦查措施的程序控制更能彰显依法治国、程序优位之精神。大数据侦查措施的程控体系应当包括作为基本前提的概念辨析、作为核心内容的层控模式导入和作为一般保障的配套制度设计。大数据侦查措施属于一般意义上的侦查措施，应当被纳入强制性侦查措施的范畴，但与技术性侦查措施有着明显区别，应当分而视之；严谨的大数据程控模式应当包括以内部自律为主的起点控制，以行政干预为主的过程控制以及以司法审查为主的结点控制；大数据侦查措施配套制度的关键在于对知情权的保障，由此方显完善数据披露制度和专家参与制度之意义。

技术侦查的法律控制——以权利保障为视角

刘军

《东方法学》2017 第 6 期

关键词：技术侦查　法律控制　权利保障

摘要：技术侦查是侦查机关通过特殊技术手段合法地"侵入"个人私密空间以搜集犯罪证据、获得侦查线索、抓捕犯罪嫌疑人的一种侦查活动，具有技术性、秘密性与隐私侵入性。为保护公民基本权利、防止私人生活被过度搅扰，法治国家均采取了严格的程序性控制和实体性控制。我国也应当完善对技术侦查的法律控制，

实行双重审批、明确必要性标准、划定合理隐私范围、加强司法监督、设立年度报告或者检查制度,在保障公民基本权利与提高犯罪侦查效率间寻求恰当的平衡。

检察引导侦查的双重检视与改革进路

周 新

《法律科学(西北政法大学学报)》2020 年第 2 期

关键词:检察 侦查 捕诉一体化 检警关系

摘要:检察引导侦查作为检察制度近年来的重要改革趋势,已经取得了较好的实践效果。目前司法实务中存在着两种基本的检察引导侦查实践模式:内部参与型引导模式与外部监督型引导模式。在具体运行过程中,引导侦查在启动程序和界限方面的任意性、检警衔接的脱节、监督效力的两极分化和"同向损益"的结构失衡风险,都在制约着这项机制的效能发挥。在理论层面,检警一体化无法为检察引导侦查提供合理证成;引导权应当成为检警关系的新型权力分支。对此,从规范运作与配套机制出发,从规范引导范围与界限、强化监督效能、补充侦查说理化改造、对引导权力规范运行的程序性控制以及推进智慧检务建设等方面入手,以期有益于推进这项机制的改革实践。

数据侦查的程序法规制——基于侦查行为相关性的考察

裴 炜

《法律科学(西北政法大学学报)》2019 年第 6 期

关键词:数据侦查 获得合理数据推论的权利 司法预审 有利于辩方证据

摘要:信息革命下,网络信息技术全面介入犯罪治理活动,刑事侦查空间从物理场域跨入数字场域,引发刑事侦查活动思路由追溯性犯罪打击向预测性风险防控转化,进而形成传统刑事诉讼规则在评价具体侦查行为与侦查对象之间相关性时的理论和实践困境,尤其体现在令状控制失灵和无罪或罪轻数据证据难以收集两个方面。应对这些困境,需要在平衡犯罪控制与人权保障两项基本价值的框架下规制数据侦查行为,加强数字正当程序的理论供给,具体体现为建立被指控人获得合理的数据推论的权利、设立司法预审制度以及对侦查程序中的具体相关性规则予以修正,在此基础上对国家刑罚权运用过程中的国家权力和公民权利关系予以重新矫正。

从"侦查权"到"审查权"——我国刑事预审制度改革的一种进路

洪 浩

《法律科学(西北政法大学学报)》2018 年第 1 期

关键词:侦查权 审查权 "预侦一体" 预审制度改革

摘要:我国的刑事预审通常是指公安等侦查机关的专门人员,依法对犯罪嫌疑人进行讯问和调查,以查明案件全部事实真相,决定是否移送审查起诉或者作出其他决定的侦查活动。这与域外的刑事预审制度中强调对涉案人身自由、财产的审查和刑事案件的分流等功能的制度设计有着原则的区别。1996年《刑事诉讼法》第一次修订时,在保留公安机关刑事案件预审权的基础上,确立了"预侦一体"的侦查制度。2012年《刑事诉讼法》修订中继续确认了公安机关预审职权,未对预审工作机制作出调整。然而,我国现行刑事诉讼制度安排中的"预侦一体"的模式湮灭了我国传统制度设计中的预审功能,与域外的预审制度的设计也相去甚远。改革我国的刑事预审制度,以重构我国刑事审前程序,对落实中央提出"推进以审判为中心的诉讼制度改革"之精神,具有积极意义。

论我国刑事司法职权配置下侦查权的定位——以"刑事错案"问题为出发点

胡德葳　董邦俊

《法律科学(西北政法大学学报)》2016年第6期

关键词: 侦查权　定位　刑事司法　中立性

摘要: 我国刑事错案中侦查权行使问题突出,主要表现为侦查权在刑事诉讼模式转化下的滞后性、侦查权与公安机关治安管理权的混淆定位以及侦查权与犯罪嫌疑人权利"对立化"等问题。相比于国外侦查权设置,我国具有侦查主体唯一性、侦查中立要求性以及公安机关与人民检察院分别独立行使侦查权等特征,结合我国《宪法》与《刑事诉讼法》的规定,应当将我国刑事司法职权之间的关系进行"菱形"定位,对"下三角"中的侦查权以多元化主体进行监督。

犯意引诱型侦查的认定与证明:实务观察与理论反思

艾　明

《法律科学(西北政法大学学报)》2016年第2期

关键词: 证明　主观审查基准　客观审查基准　证明责任

摘要: 通过实务观察发现,在犯意引诱型侦查的认定与证明问题上,我国法官目前倾向采取主观审查基准。在这种基准下,法官较多考虑源于被告人的因素,甚少对侦查人员的侦查行为进行评价,且仅依据某个单一因素即作出判断的现象较为突出。在证明是否存在犯意引诱情形时,我国法官在裁判中阐述的证明责任也并不一致。在我国《刑事诉讼法》已增订"不得诱使他人犯罪"规定的新背景下,我国法官应将传统的主观审查基准转变为混合的双重审查基准,并应综合考虑四个方面的因素,作出认定或不认定的决定。

"行动中的"刑事诉讼——基于抓捕嫌疑人的侦查技术之展开

刘 忠

《法学家》2020 年第 3 期

关键词：刑事诉讼 抓捕 侦查技术 身体技艺 武警

摘要：抓捕是一项身体技艺，其对侦查人员之资质的要求，在内容上与对法官的资质要求有所不同。由此切入来认识公安的内部构成和检警关系，便具有了不同的视域。在检察院的反贪反渎职能转隶后，由监察委负责抓捕的涉案人员之数量和构成发生了较大变化。从保障抓捕行动的技术需求出发，持枪权和法警、武警配合的问题亟待重新审视。由于抓捕总是处于具体的场域内，而在强制实施抓捕时武警的作用突出，故而武警在司法体制中的地位趋强。抓捕后将涉案人员带离现场和押解的行动有着丰富的细节，从而对于一些诉讼制度的构建具有基础性的决定意义。作为侦查行动技术的抓捕，对国家意志在刑事诉讼中的实现处于基底位置。但是，目的不能说明手段正当。以行动为导向的刑事诉讼法学研究，与从一个元叙事出发进行公理体系的理论推演，这两种方法具有知识互补性。

我国侦查裁量权的界定与评价

于立强

《法学论坛》2018 年第 1 期

关键词：侦查裁量权 合法性 实体内容 程序内容

摘要：侦查裁量权是一种渗透司法权特征的行政裁量权。侦查裁量包括合法的裁量以及合法性存疑的裁量。侦查主体能够自主选择影响当事人权利和诉讼活动展开的行为都属于裁量权的范围。在实体上，侦查裁量权包括侦查启动权、事实认定和法律适用裁量权等内容；在程序上，包括侦查措施选择权、强制措施适用权、侦查时限控制权等方面。侦查裁量权的存在具有积极意义，但合法性存疑的裁量权容易走向权力滥用，应加以控制。

论技术侦查中的隐私权保护

谢登科

《法学论坛》2016 年第 3 期

关键词：隐私权 技术侦查 司法审查 程序性制裁

摘要：在技术侦查中，传统权利系谱并不具备足够张力为个人隐私权提供有效保护。国家在追诉犯罪中采取技术侦查必然会侵犯、限制个人隐私权，个人需予以一定程度的容忍，但这并不意味着国家权力在技术侦查中可以不受限制或者制约。技术侦查中的隐私权保护在本质上属于隐私权的公法保护，它强调个人隐私权免受国家权力的不正当侵害，其运作是要实现对国家权力的正当程序控制。技术侦查需要受到法定主义、比例原则和司法审查等方面的限制。我国技术侦查中的隐私权保护还存在较大提升空间。

监察法与刑事诉讼法衔接若干问题研究
王秀梅　黄玲林
《法学论坛》2019年第2期
关键词： 监察法　刑事诉讼法　法律衔接　监察全覆盖
摘要： 深化国家监察体制改革是强化党和国家自我监督的重大决策部署，其实质内容之一是将检察机关的职务犯罪侦查职能转隶至监察委员会，这种转隶是一种完全的体制创新，不仅是主体的新设，更是程序的新设，监察法将监察委的犯罪调查程序设置为一种特殊程序，采取的是与刑事诉讼法并立的制度机制，必然导致监察机关与司法机关的衔接问题，核心是监察法与刑事诉讼法的"两法"衔接问题，突出表现在案件管辖、立案程序、调查措施、强制措施、证据适用等方面，无论是监察法还是刑事诉讼法的修改细化，都应合理回答这一系列问题。

公诉案件立案功能论——以公安机关为视角
马婷婷
《法学评论》2018年第2期
关键词： 刑事立案　立案功能　立案标准　本土化
摘要： 刑事案件立案制度源于苏联刑事诉讼法，其最初功能是限制侦查行为的启动、实现诉讼分流。经我国移植，立案功能逐渐扩展，具备了实体性功能、程序性功能和社会管理功能。但是，基于程序规律、规范设置及外部考核影响，出现了程序性功能虚置、实体性功能弱化和社会管理功能异化的问题。对苏联和目前俄罗斯刑事程序启动的历史及规范加以分析，结合我国自身情况，可以通过转化立案程序性功能、对立案条件进行限缩解释、改革不合理的量化考核标准等方法，对公诉案件的立案功能进行重构。

控制下交付与诱惑侦查的边界及其勘定
邓立军
《法学评论》2016年第6期
关键词： 控制下交付　诱惑侦查　秘密侦查　特工行动　特殊侦查手段
摘要： 对于控制下交付与诱惑侦查的关系问题，我国和外国的理论界与实务界存在不同的观点，其中混淆控制下交付与诱惑侦查之间的关系是一种很突出的现象，由此蕴含了巨大的执法风险。通过比较研究可以发现，诱惑侦查和控制下交付在行为方式、定义、适用对象、合法性及其判断标准、适用空间范围等方面存在明显的差异,二者应该属于两种完全不同的侦查行为。

审判中心主义与职务犯罪侦查的理论辨析及其制度构建
龚举文

《法学评论》2016年第6期

关键词: 审判中心主义　职务犯罪侦查　侦查中心主义

摘要: 审判中心主义与职务犯罪侦查尽管在刑事诉讼构造上更多地表现为张力、博弈和对抗,但在实现刑罚功能、保障基本诉权、遵循正当程序、彰显监督制约上具有共同的内在逻辑和价值取向。应辩证看待审判中心主义的理性回归,对侦查中心主义适当抑制,并以此为视角探索两者有效衔接、良性互动的制度构建,全面贯彻证据裁判规则,完善职务犯罪证明标准,合理确定非法证据排除规则,完善证人、侦查人员出庭作证等配套制度,建立新型侦诉、侦辩关系,推动职务犯罪侦查转型发展。

职务犯罪监察调查与刑事诉讼的衔接
方　明

《法学杂志》2019年第4期

关键词: 监察调查　衔接　刑事立案　监察证据　留置

摘要: 作为国家监察体制改革中一项重要的配套机制,职务犯罪监察调查与刑事诉讼的衔接是当下理论界与实务界关注的重点问题。"法法衔接"包含三方面的内容,即程序、证据与调查措施。程序衔接应以刑事立案制度的构建为重点,并厘清职务犯罪案件审查起诉程序的构造与内容;证据衔接则以明确监察证据之证据资格、划定监察调查之取证规范、定位非法证据排除规则之适用为主要内容;调查措施衔接的关键则在于建构留置与刑事强制措施的转化机制,并对涉案财物的移送规定予以明确。

《监察法》与《刑事诉讼法》衔接探析
张云霄

《法学杂志》2019年第1期

关键词: 监察法　刑事诉讼法　法法衔接

摘要: 《监察法》与《刑事诉讼法》作为由全国人大制定的两部重要法律,在国家法治反腐中发挥着举足轻重的作用。2018年10月十三届全国人大常委会第六次会议表决通过了《关于修改〈刑事诉讼法〉的决定》,实现了与《监察法》的衔接。"法法衔接"体现了"区别侦查、对接公诉、服务审判"的立法思路。首先,《监察法》中的调查权与《刑事诉讼法》规定的侦查权在权力的本源归属、运行机理和追求目标上存在明显不同,不能单用《刑事诉讼法》的视角去审视"法法衔接"问题。其次,监察程序和公诉程序是相互独立而又有交集的关系,监察程序应当有序导入到公诉程序之中,这需要从刑事立案过渡、两类措施转化以及退回补充调查三个主要方面予以实现。最后,司法的终局裁定性决定了监察权应当尊重和保障审判权,树立司法反腐的权威性,积极适应"以审判为中心"的诉讼制度改革要求,实现监察反腐与司法反腐之间的有效对接。

法院网上立案的实践检视及路径研究

王　琦

《法学杂志》2016 年第 11 期

关键词:网上立案　观念　价值　效益　对策

摘要:网上立案作为一个"互联网+司法"产品,具有促进法院及时高效行使立案权和保障当事人及时高效行使起诉权的双重价值。但实践表明,网上立案并没有发挥其应有的价值和功能,不少法院推行的名为"网上立案",其实大多是网上预约立案,没有获得当事人的积极响应。究其原因主要是当事人对网上立案的认识存在偏差,网上立案软件系统未能满足现实需要,法院主导推进忽视了当事人的权利主体地位,网上立案未能体现其应有的诉讼效益。因此,应纠正对网上立案的认识偏差,着力建立统一完备的网上立案系统及其相关辅助系统,充分利用社会物质资源,整合人力资源网络,从而发挥网上立案的最大效能。

职务犯罪关联案件并案侦查机制研究

李华伟

《法学杂志》2016 年第 11 期

关键词:职务犯罪　关联案件　并案侦查

摘要:职务犯罪侦查在自然属性和客观条件上与普通刑事案件存在明显差异,职务犯罪案件的取证更为困难。为了及时查清职务犯罪,检察机关需要将贪污贿赂、渎职侵权犯罪的关联案件一并予以侦查。结合北京市检察机关并案操作实际,并案侦查机制应当包括审批级别、申报程序、范围限制、强制措施、律师会见、侦结处理等方面的内容。鉴于侦查权天然具有扩张性,容易被滥用,因而在肯定并案侦查权的同时,更为重要的是要从并案条件、移送管辖、申辩程序等方面对并案侦查权予以限制,使之保持谦抑。

论腐败犯罪的侦查监督

彭新林

《法学杂志》2016 年第 2 期

关键词:腐败犯罪　侦查权　侦查监督

摘要:腐败犯罪侦查权是否依法有序进行,不仅关涉腐败犯罪案件的办案质量,而且也与公民合法权益的保护息息相关。强化腐败犯罪的侦查监督,是防止腐败犯罪侦查权滥用,确保检察机关依法办案的客观要求。总的来说,我国腐败犯罪侦查监督是有力有效的,基本上是适应腐败犯罪侦查法治化、规范化要求的。但也存在横向监督乏力、侦查纵向监督不到位和外部监督效果不理想的问题。根据我国腐败犯罪侦查监督的实际情况,还要进一步健全腐败犯罪侦查横向监督机制,加大腐败犯罪侦查纵向监督力度,增强腐败犯罪侦查外部监督的权威性。

解释与规制:程序法定主义下的大数据侦查

陈 刚

《法学杂志》2020 年第 12 期

关键词: 大数据侦查　法律解释　规制　程序法定原则　谦抑原则

摘要: 从"大数据侦查"的生成沿革及目标、技术、形式的概念结构考察出发,以权利干预为基本分析视角,将强制性与任意性、秘密性与公开性作为判断基准,有助于从实质上分析其法律属性。既有法律框架对大数据侦查解释力有限,且大数据侦查在行为正当性根基、程序正义维护、证据规则适用以及司法公正实现方面存在多重困境。有必要在程序法定及谦抑原则的分析框架内,对其程序控制的构建进路、证明机理的阐释与衔接、技术异化的制度干预等问题进行探讨与展望,以实现理性规制目的。

监察调查权与检察侦查权衔接研究

井晓龙

《法学杂志》2020 年第 12 期

关键词: 监察调查权　检察侦查权　管辖权竞合　优位管辖权　补充侦查

摘要: 国家监察体制的建立使反腐反贪形成合力,也带来监察调查权与检察侦查权的衔接问题。监察权包含廉政教育权、监督权、监察调查权、处理权,不能简单以监察权的性质等同于监察调查权的性质。其实,针对行使公权力人员职务犯罪的监察调查权本质上是"刑事侦查权"。监察机关与检察机关在公职人员犯罪、职务犯罪的管辖权上并非完全的独占、排他关系,而是存在部分竞合关系。从检察机关的法律监督地位及合理分配规制职务犯罪的公权力资源角度出发,应当合理地划分监察机关与检察机关的优位管辖权,具体而言:在案件初次管辖权分配上应由检察机关对 14 个罪名行使优位管辖权,而在需要补充调查核实/补充侦查时则应当由检察机关对所有公权力人员职务犯罪行使优位管辖权。

刑事缺席审判程序对侦查的冲击与影响研究

黄 豹

《法学杂志》2019 年第 8 期

关键词：刑事缺席审判 侦查中心主义 案卷中心主义 案人分离侦查模式 侦查绩效考核

摘要：我国的缺席审判程序实质为缺席诉讼程序。从宏观上看，侦查中心主义被进一步强化，案卷中心主义出现极端化趋势，绝对化的案人分离侦查模式改变传统侦查方向。从微观上看，认定"犯罪嫌疑人、被告人在境外"成为侦查重点难点，破案与侦查终结条件固化，追逃工作从审前向审后过渡、"限期破案"成为可能，部分缺席审判案件对侦查绩效考核形成双面冲击。应注意缺席审判程序中侦查工作的"走过场"和"形式主义"，警惕缺席审判程序演变为部分疑难积案、悬案的"泄洪口"。

中国刑事侦查四十年

井晓龙

《法学杂志》2019 年第 7 期

关键词：刑事侦查 发展历程 侦查功能 启示展望

摘要：中国刑事侦查发展历程大致可以分为四个阶段：首先是刑事侦查迅速恢复并快速发展时期；其次是刑事侦查开始改革探索并不断深入发展时期；再次是刑事侦查适应时代需求，刑事侦查品质明显提升时期；最后是刑事侦查全面深化改革，刑事侦查工作加速升级换代时期。回顾我国刑事侦查四十年发展历程，可以发现我国刑事侦查逐步形成了四项主要功能，即全面准确打击刑事犯罪、充分深入推进人权保障、全力有效维护社会安定以及有力协助开展追逃追赃。我国刑事侦查四十年发展历程为新时代刑事侦查发展提供了有益的经验启示。

浅论技术侦查证据的法律实务问题

刘 滨

《法学杂志》2019 年第 6 期

关键词：技术侦查措施 技侦证据 证据的应用

摘要：技术侦查措施在世界范围内的刑事诉讼中都扮演着重要角色。2012年我国《刑事诉讼法》新增加了"技术侦查措施"的相关法律条文，明确了通过技术侦查措施所获证据的使用问题。但在技侦证据的使用方面，无论是国内的理论研究、法律制度设计，还是司法实践都相对匮乏，存在着立法不完善、获取技术证据的资源不足、对技侦证据的使用不足、对技侦证据的合法性审查及损害救济的规制不明等问题。我国应制定完善技术侦查的相关法律规定、充实基层技术侦查措施力量、明确技侦证据运用规则和保护性措施、建立检法对技侦证据的合法性审查制度、建立技术侦查措施的救济途径。

反腐败国际合作从联合侦查向自主侦查路径转变探讨
邱　陵
《法学杂志》2019 年第 4 期
关键词:《联合国反腐败公约》　联合侦查　自主侦查
摘要:《联合国反腐败公约》鼓励各国以条约或个案形式开展联合侦查,联合侦查代表着合约国在特定情况下可以让渡部分司法权,但能否在此基础上更进一步,允许外国司法人员在本国范围内,相对独立地开展侦查活动,是国际刑事司法领域的一项新课题。结合刑事侦查活动的特性、国际反腐败实践和最新趋势,在不久的未来,有条件地开放司法权限制、允许外国司法人员一定限度内在我国直接开展侦查活动,将成为我国国际刑事司法合作领域的理性选择。

技术侦查疑难问题研究
刘　鹏
《法学杂志》2017 年第 7 期
关键词:技术侦查　疑难问题　审批制度　技侦证据
摘要:对技术侦查概念的界定可以从其内涵和外延两个维度去考量,在特定类型案件侦查中,技术侦查措施适用的时间起点应提前到立案之前的"初查"阶段。技术侦查的适用对象应遵循特定案件中特定人员的"双特"原则。在保持现有审批制度的基础上,技术侦查审批应加强技术监督、司法监督以及对技侦证据的审查。技侦证据的使用应遵循最后使用原则和有条件转化原则。技侦证据的审查应仅限于对证据内容的审查,审查的模式有常规模式、限制模式、庭外模式。

侦查诉讼化模式再解读及其制度逻辑
姚　莉　黎晓露
《法学杂志》2017 年第 7 期
关键词:侦查模式　诉讼化　以审判为中心　司法审查
摘要:我国审问型侦查模式具有重大缺陷,尤其在以审判为中心的改革背景下其弊端愈加突出,该模式不仅难以保证侦查权的规范行使,也无法满足侦查监督与保障人权的要求。司法权介入侦查、辩护权制约侦查权的精神是侦查诉讼化,构成当前刑事诉讼制度改革的一项重大创新。侦查诉讼化模式中的权力顶点是裁判权,而非侦查权或检察权。侦控面向的司法改革以及认罪认罚从宽的制度实施与侦查诉讼化存在必然联系。对此,我国应该在借鉴域外成熟经验的基础上,从建立司法审查制度、扩大犯罪嫌疑人的程序性权利、完善协作制约型检警关系等方面对现行侦查模式进行适度的诉讼化改造。

"以审判为中心"诉讼制度改革中的侦查工作

王 峣

《法学杂志》2017 年第 2 期

关键词: 以审判为中心 侦查工作 证据质量

摘要: 推进"以审判为中心"的诉讼制度改革对侦查环节的取证工作提出了更高的要求。这需要在侦查阶段建立起完善的非法证据排除制度和能够落实无罪推定原则的相应措施;从内外两方面加强对侦查工作的引导和监督;改变原有的侦查观念和侦查模式,从而确保侦查中的每个环节更加规范,最终保障侦查阶段所取得证据的合法性能经得起审判工作的检验。

审判中心主义视野下职务犯罪侦查模式之转型

王向明 张云霄

《法学杂志》2016 年第 4 期

关键词: 审判中心主义 职务犯罪 侦查模式 转型路径

摘要: 受政治体制、法律制度和司法环境等综合因素影响,我国职务犯罪侦查模式具有自身的特殊性:超职权性、口供至上性和相对独立性。审判中心主义视野下我国职务犯罪侦查模式转型需要认真审视和有效建立新型的"侦审关系""侦诉关系""侦辩关系",更加明确侦查阶段的证据证明标准,更加注重全面收集各种证据以及更加重视应对刑事辩护问题。审判中心主义视野下我国职务犯罪侦查模式须由"传统型"向"现代型"转型,转型的实现路径主要包括:职务犯罪侦查制度的调整和创新以及刑事诉讼立法制度的完善和发展。

我国职务犯罪侦查法治化探讨

王贞会

《法学杂志》2016 年第 4 期

关键词: 法治化 职务犯罪侦查 侦查一体化 技术侦查措施 侦查监督

摘要: 法治化是评价国家治理体系和治理能力现代化的关键指标。职务犯罪是国家工作人员利用职务身份或者违反职责而实施的犯罪行为。职务犯罪侦查的主体、工作机制和采取的侦查措施等都具有一定的特殊性,不同于普通刑事犯罪。职务犯罪侦查的法治化建设,应当包括侦查主体的专业化、工作机制的一体化和侦查措施的技术化,并进一步规范和加强对职务犯罪侦查的监督。

大数据时代侦查模式的变革及其法律问题研究

王　燃

《法制与社会发展》2018年第5期

关键词： 大数据　侦查模式　侦查思维　个人信息　司法证明

摘要： 在大数据时代，传统侦查模式正在发生着全方位的变革，以数据空间为场景、以数据为载体、以算法为工具、以数据价值为目的的全新大数据侦查模式正在形成。技术层面，大数据技术与侦查业务相结合，促进情报资源丰富化、线索发现主动化、案情研判智能化；思维层面，大数据推动侦查思维从因果性转向相关性，从抽样性转向整体性，从回溯性转向预测性，从分散独立性转向共享协作性。大数据时代的侦查模式变革也带来相应的法律问题，司法公正、正当程序、司法证明规则以及数据治理体系都面临着挑战。对此，应构建大数据侦查的法治体系，通过数据与算法的规制来保障司法公正，通过规则的调整赋予大数据时代的正当程序新内涵，并基于大数据特征创新证明规则，完善大数据侦查背景下的数据治理体系。

刑事侦查中远程在线提取电子数据的规制

郑　曦

《国家检察官学院学报》2019年第5期

关键词： 刑事侦查　远程在线提取电子数据　隐私权　数据权利

摘要： 随着信息时代、网络时代的到来，远程在线提取电子数据已经成为刑事侦查的必要手段，但此种行为可能导致控辩力量对比失衡和侵犯公民隐私权及个人信息安全的风险。远程在线提取电子数据往往具有侵入性，具有强制侦查的特征，属于广义之搜查，因此传统以隐私权保护之逻辑对其进行规制，具体而言包括外部的令状主义与司法审查和内部的审批两种类型。但隐私权保护路径存在不足，可以通过数据权利保护的方式予以弥补，如区分远程在线提取的一般数据和敏感数据、增强对辩方数据权利的保障、明确有关机关应承担的避免数据滥用之义务等，从而实现刑事侦查中远程在线提取电子数据制度的合理运行。

刑事侦查与法律监督

孙　谦

《国家检察官学院学报》2019年第4期

关键词： 侦查活动　法律监督　强制性措施　调查核实　保障人权

摘要： 侦查活动监督是防范侦查权滥用，推进严格公正司法的重要制度安排。在全面推进依法治国的新形势下，司法体制改革的决策部署、人民群众的法治期待、人权保障的时代要求、侦查办案的发展变化都对强化侦查权监督制约提出了新的要求。加强和改进侦查活动监督,确保侦查权在法治轨道上运行,是检察机关面临的重要课题。当下,应在遵循侦查活动监督基本原理和原则的基础上,进一步拓展监督途径,强化监督手段,完善监督方式,优化监督模式,从而全面提升侦查活动监督质效。

大数据在职务犯罪侦查模式转型中的应用

胡志风

《国家检察官学院学报》2016 年第 4 期

关键词:大数据　职务犯罪　侦查运行机制模式　侦查行为模式

摘要:随着大数据时代的到来,职务犯罪侦查工作与思维也都在发生着变革。大数据与大数据技术在职务犯罪侦查领域的运用不仅使侦查信息化理念得到确认,还将在很大程度上推动职务犯罪侦查模式的转型,即由单一机制模式向三维立体模式转变,同时推动职务犯罪侦查行为模式实现从"由供到证"向"由证到供"转变。

日本欺骗侦查所获同意与正当程序

白取祐司　倪　润

《国家检察官学院学报》2016 年第 4 期

关键词:正当程序　认识错误　任意处分　强制处分

摘要:侦查人员欺骗侦查不同于"诱惑侦查"之处在于,欺骗侦查并非国家在制造犯罪,而是侦查人员为了方便侦破犯罪,在证据收集等侦查过程中使用欺骗手段。这些欺骗手段的共同特点是违法程度较轻,但做法欠缺公正性。在强制侦查(处分)和任意侦查(处分)中都存在侦查人员欺骗侦查的情形,欺骗侦查原则上是违法的,但是,这种违法是否直接导致证据排除的后果则至少应当综合考虑以下因素:欺骗是否导致本来应当实施的合法的强制处分或任意处分未实施,欺骗的性质、程度是否达到了日常生活中不容忽视的重大程度,因欺骗所受侵害的法益是否重大等。

侦查列队辨认中陪衬对象的选择

方　斌

《国家检察官学院学报》2015 年第 1 期

关键词:辨认对象相似性　辨认规模　证人描述　目击证人　错误辨认

摘要:侦查列队辨认中陪衬对象的选择对保障辨认的可靠性至关重要。为了降低无辜的犯罪嫌疑人被错误辨认的风险,辨认对象之间应具备必要的相似性;为了确保有罪的犯罪嫌疑人被准确地识别,辨认对象之间又应具备适度的差异性。确立以与目击证人描述相似为主、与犯罪嫌疑人相似为辅的陪衬对象选择标准能够有效地解决上述冲突,实现辨认程序灵敏性与公正性的平衡。

派驻公安执法办案管理中心检察机制研究——侦查监督的中国路径探索
李华伟
《国家检察官学院学报》2020 年第 2 期

关键词: 派驻检察　侦查监督　人权保障　案件化办理

摘要: 派驻公安机关执法办案管理中心检察机制是检察机关加强侦查监督的地方改革探索。该制度的设立符合幂次分布原理应用,缩小了监督盲区,实现了监督与侦查的同步,有效拓展了线索来源。在该制度运行中,涵育了以人权保护为核心的监督理念,有效缓解了检察官"追诉者"立场与"监督者"身份的角色冲突,推动侦查监督程序运行由依附走向独立。为了适应新时代人民群众对民主法治公平正义安全环境的新需求,我国侦查监督路径应当适时更新。在制度上适当调整检警关系,进一步加强监督的实质性;在程序运行上,摆脱对审查逮捕的依附,推动侦查监督的独立运行;在操作上,落实改革要求,推动重大侦查监督事项案件化办理。

法规范视野下监察与司法程序衔接机制——以《刑事诉讼法》第 170 条切入
董　坤
《国家检察官学院学报》2019 年第 6 期

关键词: 监察　刑事立案　留置　强制措施　案件系属

摘要:《刑事诉讼法》第 170 条规定了监察与司法的部分衔接程序。其中,立案程序的缺失导致强制措施的启动缺乏正当性,不利于当事人的权利保障和诉讼程序运转的自洽。未来的司法解释中应确立"形式立案",即以受案代替立案,对监察机关移送的案件不再进行立案前的实质审查,但须明确受案具有开启刑事诉讼程序的功能。在留置与强制措施的衔接上,立法采用了"留置+先行拘留+强制措施"的模式,其中先行拘留具有过渡性,逮捕、取保候审或监视居住才是对接留置的最终措施。但立法上对于留置转先行拘留后最终可否不采取任何强制措施缺乏周延规定。依据案件系属理论,对于审查起诉阶段退回补充调查的情形,系属关系并未消灭,案件仍系属于检察院,处于审查起诉阶段,对犯罪嫌疑人应当继续沿用之前的强制措施,并继续保障辩护人的相关诉讼权利。

检察侦查权的回顾、反思与重构
张智辉
《国家检察官学院学报》2018 年第 3 期

关键词: 检察侦查权　监察体制改革　直接侦查权　参与侦查权　机动侦查权

摘要: 我国的检察侦查权在中华人民共和国成立以来的法制建设进程中,虽然经历了多次重大变化,但一直是检察权的重要组成部分。面对国家监察体制改革中检察机关查办贪污贿赂、失职渎职犯罪的职权以及预防职务犯罪等职权整合至监察机关的现实,检察机关应当紧扣国家法律监督机关的定位,强调检察侦查权的有限性、补充性和可控性,按照直接侦查权、参与侦查权与机动侦查权的思路重构检察侦查权。

刑事立案监督实证研究
雷鑫洪
《国家检察官学院学报》2016 年第 6 期
关键词：立案监督　侦查监督　行政执法　检警关系　实证研究
摘要：我国采用程序启动型立案模式,立案监督程序所呈现的问题更多地具有本土色彩。以某一地区刑事立案及立案监督情况为主线,结合全国近十年的立案监督情况,使用数据和案例进行问题导向型的实证研究,有助于深入分析刑事立案监督存在的问题。面对较高发案率、有限的监督力量难以延伸至刑事受案至立案全过程导致的受案初查不受重视、立案不作为、立而不侦、降格处理等问题,可以考虑将立案监督与侦查监督、行政执法监督相结合,并在侦诉审合理化构造下加强对侦查权的控制。

科技定位侦查的制度挑战与法律规制——以日本 GPS 侦查案为例的研究
吴 桐
《中国刑事法杂志》2020 年第 6 期
关键词：科技定位侦查　GPS 侦查　强制侦查法定主义　令状主义
摘要：在刑事侦查中,定位技术的普及与发展提高了定位信息的精确度,降低了侦查人员的取证成本,将位置信息的侦查价值予以最大化。科技定位侦查的出现不仅引发了侦查取证从实时收集向事后分析的转变趋势,也使公民隐私权面临着隐形侵权的新型风险。面对以科技定位侦查为代表的分析型侦查行为,传统刑事诉讼规则在法律性质界定和行为规制方式上均呈现出不同程度上的滞后性。对此,日本最高裁判所在 GPS 侦查案的判决中提出了私人领域不受入侵的概念,从而将信息性隐私权纳入强制侦查的判断标准之中。在反思判例造法、附条件令状等传统做法局限性的基础上,日本重申了强制侦查法定主义在规制科技定位侦查问题上的主导地位。我国目前科技定位侦查存在概念边界模糊、授权层次失衡、权利保障缺位等问题,有必要在明确其法律性质的基础上,通过类型化判断形成追踪型定位侦查和分析型定位侦查的区分,并对分析型定位侦查从数据的有序使用和隐私的有效保障两个角度进行法律规制。

司法人员职务犯罪侦查制度的基本理论与机制构建
吴建雄　马少猛
《中国刑事法杂志》2020 年第 5 期
关键词：检察机关　司法人员　职务犯罪侦查
摘要：修改后刑诉法保留的检察机关部分侦查权，是党和国家监督体系中司法监督的重要组成部分，其性质可界定为司法监督侦查权。检察机关立案侦查司法人员相关职务犯罪这一制度的设立，蕴含着配合监察全覆盖、增强法律监督刚性、助推司法公正、推进腐败治理现代化的制度价值。坚持问题导向，确立新的侦查工作理念，优化侦查权行使的管辖与分工，健全完善新的侦查工作程序和权力运行、监检协调、技术保障和人才培养机制，能够进一步充分发挥这一特定权力的制度效能。

检察机关如何行使好保留的职务犯罪侦查权
朱孝清
《中国刑事法杂志》2019 年第 1 期
关键词：检察机关　有限侦查权　重要意义　法律监督权
摘要：修改后的刑事诉讼法给检察机关保留的侦查权虽然有限，所侦查的案件总量也不会很多，但它对于进一步优化办案资源配置，提高反腐败整体效能，坚持检察机关的宪法定位和中国特色，支撑检察机关的诉讼监督，激发检察制度的活力，都具有重要意义，因而必须高度重视，把它摆到重要位置。在解读法律和最高检有关规定的基础上，未来应从六个方面把握好检察侦查权的行使。

侦查制度改革实证研究
李玉华
《中国刑事法杂志》2018 年第 6 期
关键词：以审判为中心　讯问录音录像　非法证据排除　警察出庭作证
摘要：党的十八届四中全会明确提出"推进以审判为中心的诉讼制度改革"。以审判为中心的诉讼制度改革对公安机关来说主要是以审判的标准来规范和引导侦查取证。讯问录音录像、侦查阶段非法证据排除等是公安机关践行以审判为中心诉讼制度改革的重要工作。通过对 S 市、H 市、Z 市、D 市、Y 市等五地（分属不同省或直辖市）的市区（县）两级公安机关的调研，可以发现我国侦查制度的改革取得了显著效果，调研地区讯问同步录音录像接近实现所有刑事案件全覆盖；侦查人员保障人权的观念加强，对非法证据排除的认识更加明确，取证愈发合法规范。同时，实践调研中也发现一些问题，如非法证据在公安侦查阶段的排除程序规定不切实际；疲劳讯问、威胁、引诱、欺骗等方法与正常的侦查策略的区分仍需细化;有些制度如同步录音录像下讯问笔录的制作形式以及讯问主体的人数要求有必要进行适时调整。

侦查阶段是否可以适用认罪认罚从宽制度

朱孝清

《中国刑事法杂志》2018年第1期

关键词: 侦查阶段　认罪认罚　认罪协商　正确适用

摘要: 侦查阶段适用认罪认罚从宽制度(包括其中的认罪协商),不仅客观存在,而且有明确的准法律规范依据。它是由我国现阶段的侦查水平决定的,也是实现认罪认罚从宽制度"及时有效惩治犯罪、维护社会和谐稳定"和"优化司法资源配置、提升司法公正效率"这两大价值目标的需要。为了保证侦查阶段正确适用认罪认罚从宽制度,应当明确调查取证与认罪认罚的关系,把侦查着力点放在调查取证上;规范认罪协商行为,坚持依法讯问、依法从宽、信守承诺,并划清正当的引诱欺骗谋略与非法引诱欺骗的界限;强化律师辩护和法律帮助,确保认罪认罚的自愿性;认真落实严格排除非法证据规定,强化检、法对侦查阶段认罪认罚案件的审查。

侦查权运行规律初探

卞建林　张可

《中国刑事法杂志》2017年第1期

关键词: 侦查权运行规律　内生性规律　外源性规律　侦查制度改革与完善

摘要: 深化司法体制改革,要遵循司法活动的客观规律,坚持符合国情与遵循司法规律相结合。作为司法改革的重要组成部分,侦查制度的改革也必然要遵循刑事司法规律,侦查权的运行应当符合侦查权的运行规律。对侦查权运行规律的研究应当是多视角的。侦查权运行规律的外延既包括方法论层面上的侦查权内生性规律,也包括诉讼法学层面上的侦查权外源性规律。前者是对侦查权运行本质的一种现实描述,包括侦查权运行是探索性的而非判断性的,是隐秘性的而非公开性的,是效率优位的而非公正优位的;后者则是侦查权运行的一种应然需要,包括侦查权运行应当严格依照法律,应当以审判为中心,应当恪守比例原则。在我国,刑事诉讼的运行倾向于职权主义模式,侦查权严重泛化,造成实践当中的诸多问题,原因主要在于侦查权运行两大规律之间的冲突没有得到有效的调和,侦查权在运行体制上缺乏司法权的有效介入,运行机制上缺乏公诉权的合理引导,运行过程中缺乏辩护权的充分参与,需要依据侦查权的运行规律加以健全。完善路径应为确立司法审查与令状许可制度,健全程序性制裁体系,强化对侦查权运行的司法控制;推行检警一体化的侦查模式,探索公诉权对侦查权的合理引导;贯彻无罪推定原则,保障辩护权在侦查程序的有效参与。

美国电子监控与情报搜集制度研究——兼论我国反恐情报与技术侦查制度的完善

王新清　李响

《中国刑事法杂志》2017年第1期

关键词: 恐怖主义　国家安全　情报搜集　电子监控　技术侦查

摘要: 随着恐怖主义活动的不断隐秘化、复杂化,传统的侦查取证方式难以有效承担起预防恐怖袭击和惩治恐怖分子的任务。借助现代科技以秘密手段搜集情报、证据成为国家提高侦查效率、精确预防和打击犯罪的重要手段。以美国宪法第四修正案所保障的"公民不受无理搜查"为基础,立法机关通过制定《全面控制犯罪和街道安全法》和《涉外情报监控法》等法律,在保障个人基本权利与维护国家安全利益之间寻找"最大公约数"。美国法中的程序性规治手段对我国《反恐怖主义法》和《刑事诉讼法》建立的具有中国特色的情报工作机制和技术侦查制度的完善具有借鉴意义。

刑事诉讼法关于技术侦查措施规定中的模糊性语言及其限定研究

刘广三　李胥

《中国刑事法杂志》2017年第1期

关键词: 技术侦查措施　模糊性语言　核心内涵　词义外延　程序

摘要: 作为此次刑事诉讼法修改的一大亮点,我国2012年《刑事诉讼法》首次规定了技术侦查措施。但是新法中有关技术侦查措施的规定包含了大量的模糊性语言。根据我国现阶段的实际状况,这些模糊性语言有其存在的必然性和现实基础。然而过多的模糊性语言使法律的可操作性、稳定性和统一性大打折扣,也为侦查机关滥用权力大开方便之门。基于国内外司法实践,结合模糊语言学的相关理论,我国有必要从立法、法律解释和程序设计三重维度,对这些模糊性语言进行限定。

侦查视角下的刑事速裁程序效率研究——现状、问题与展望

陈卫东　聂友伦

《中国刑事法杂志》2016年第6期

关键词: 刑事速裁程序　侦查效率　强制措施

摘要: 刑事速裁程序试点是适应刑事司法实践需求的一项改革举措,其目的既在于通过刑事案件的繁简分流,实现办案资源的重新调配,也在于迅速解决纠纷,维护社会的和谐稳定。上述目的的达成,其落脚点集中于速裁程序"效率"的实现。试点中刑事速裁程序的效率导向集中体现于起诉与审批环节,侦查阶段的效率提升则未引起足够的关注,这对于速裁程序的实效产生了消极的影响。实现速裁案件侦查阶段的效率性,改革以往的侦查模式,首先必须解决合法性授权的需求矛盾。在此基础上,应当通过明确侦查阶段速裁程序适用标准、精简侦查流程、构建符合速裁程序特点的强制措施适用等具体方式来解决侦查工作拖沓、强制措施适用不当等一系列问题。

侦查阶段刑事错案防范之侦查理念、行为与制度构建

穆书芹

《中国刑事法杂志》2016 年第 1 期

关键词： 侦查理念　侦查行为　制度防范　刑事错案

摘要： 侦查是刑事诉讼的开始,分析和研究侦查阶段刑事错案的防范,具有从源头上预防和阻却刑事错案的重要意义。司法理念、司法运行和司法制度是司法的三个层面。侦查阶段防范刑事错案,在司法理念层面,应转变"有罪推定"的思想观、"命案必破"的政绩观、"口供主义"的取证观,将"无罪推定""疑罪从无"等现代司法理念融入执法办案的每一个环节。在司法运行层面,应规范讯问、辨认、物证的收集等具体侦查行为。在司法制度层面,建议在我国刑事诉讼法中确立沉默权制度,实现与"如实供述义务"之间的价值平衡;明确侦查讯问时辩护律师在场权,增大侦查活动透明度;完善和落实非法证据排除、侦查人员出庭作证等诉讼制度;加强侦查监督机制建设,强化检察机关对侦查活动的法律监督。

监控类技术侦查措施实证研究

刘梅湘

《华东政法大学学报》2019 年第 4 期

关键词： 监控类技术侦查　案件范围　侦查需要　证据转化　比例性原则

摘要： 监控类技术侦查是指记录监控、行踪监控、通信监控、场所监控等措施,在实践运行中存在含义模糊、案件范围不清、适用原则不明、证据转化过度等程序和证据多重问题。其重要原因在于立法上的粗疏、观念上的侦查神秘主义及打击犯罪为主的价值取向。立法应明确"重大毒品犯罪"及"系列性、跨区域性、团伙性重大犯罪"的含义,确立最后手段原则和比例性原则,降低行踪监控和记录监控的程序要求,明确对被害人手机或网络账号进行监控无须适用技术侦查程序,确立通信监控和场所监控的中立机关审查原则,减少技侦证据的转化使用。

诱惑侦查的合法性标准与审查判断——以欧洲人权法院"戈尔巴诉克罗地亚案"为例

潘金贵　李国华

《华东政法大学学报》2018 年第 6 期

关键词：单次诱惑侦查　多重诱惑侦查　必要的被动性　诱惑侦查合法性　双套引诱

摘要：欧洲人权法院对单次诱惑侦查的合法性认定采取"必要的被动性"标准，判断要素包括：是否具有犯罪嫌疑、是否具有犯罪倾向以及诱惑侦查行为是否对犯罪行为的发生具有决定性影响。多重诱惑侦查的合法性标准取决于每一次引诱行为是否满足"禁止过度引诱"标准，同时，还要求作为整体的多重引诱行为符合"禁止不当扩大犯意与犯罪范围"标准，后者的判断要素为延期适用理由是否正当。在对诱惑侦查的合法性进行审查判断时，审查程序应与公正审判权的构成要素保持一致。人权法院的判例对我国完善诱惑侦查的合法性标准与审查判断具有借鉴意义。

数字时代刑事侦查与隐私权保护的界限——以美国卡平特案大讨论为切入口

朱嘉珺

《环球法律评论》2020 年第 3 期

关键词：电子证据　隐私权　刑事侦查　大数据侦查　手机基站定位信息

摘要：手机基站定位信息作为一种能够揭示犯罪嫌疑人具体行为轨迹的电子数据，正成为警方新的取证热点。尽管该类数据涉及手机用户的个人信息，却为通信服务运营商所事实存储并处置。因此，围绕着手机基站定位信息的隐私性、权属纷争，以及警方进行手机搜查、证据采集的程序要求等，美国司法界以卡平特案为契机，在全国展开了激烈的争论。本案不仅涉及隐私信息标准的制定，还探讨了数字信息时代司法、执法有效性与公民隐私权益间的权衡问题，更进一步将问题延伸至了包括云计算、物联网在内的刑侦技术发展新领域。因此，对本案的研究不仅有助于了解美国在技术升级背景下对刑事侦查与隐私权保护界限的思考脉络，通过梳理其裁判沿革与理论发展，更可为我国隐私权保护标准的制定提供有益借鉴。

监察体制改革中职务犯罪侦查权比较研究

熊秋红

《环球法律评论》2017 年第 2 期

关键词：监察体制　职务犯罪　调查权　侦查权

摘要：在国家监察体制改革中，监察委员会是否拥有职务犯罪侦查权存在着争议,监察委员会应当享有哪些职权也尚待明确。由于各国司法体制不尽相同,因此刑事案件管辖权的分工和职务犯罪侦查权的配置存在差异,主要有由警察行使侦查权、检察官直接行使侦查权和设专门机构行使侦查权之别。不同的模式选择往往由法律文化传统、诉讼模式、职务犯罪的特点、腐败的严重程度、侦查能力、公众的信任程度等多种因素共同决定。监察委员会的设立,使得我国职务犯罪侦查权从检察机关直接行使模式转向专门机构行使模式,在此背景下,新加坡贪污调查局以及我国香港地区廉政公署、澳门地区廉政公署的实践经验具有重要的借鉴意义。受法治原则和人权原则的约束,应当赋予监察委员会履行反腐败职责所需的必要权力,而非打击腐败所需的全部权力;监察委员会侦查权不应是原有反腐败机构权力的简单相加,而应从我国现行法律出发,参照新加坡及其他地区的经验和刑事司法国际标准进行具体甄别;在监察体制改革中,应注意避免"只转权力、不转权利"的片面思维,完善对监察委员会侦查权进行监督和制约的机制。

检察机关侦查权的部分保留及其规范运行——以国家监察体制改革与《刑事诉讼法》修改为背景

卞建林

《现代法学》2020 年第 2 期

关键词:检察机关侦查权　法律监督　国家监察体制改革　《刑事诉讼法》修改

摘要:国家监察体制改革得到宪法、法律层面的肯认之后,需要《刑事诉讼法》修改调整检察机关的侦查职权,进而解决监察制度与刑事诉讼制度的衔接问题。2018 年修改后的《刑事诉讼法》中保留的检察机关侦查权,其监督性得到显著强化,巩固了检察机关法律监督机关的宪法地位。当前需要从检察机关侦查权与监察机关调查权的协调、检察机关内部的分工与合作、检察机关侦查能力的培养与强化等方面着手,确保检察机关侦查权形成长效的规范运行机制。

犯罪构成视野下的侦查取证新论——"以审判为中心"诉讼制度改革实践路径探索

揭　萍

《现代法学》2017 年第 5 期

关键词:以审判为中心　犯罪构成　侦查取证　主观要件证明

摘要:"以审判为中心"的根本是要求刑事诉讼各阶段都要贯彻证据裁判规则,以证据为核心。刑事诉讼是建立在既有犯罪事实基础之上开展的与刑法契合性的查证判断过程,侦查取证的本质是对犯罪构成事实的发现与证明,犯罪构成要件的可证明性是侦查取证的逻辑起点。在侦查程序中,实施案件事实递进判断是犯罪构成的主要功能,侦查不同阶段犯罪构成要件查证重点和运用次序存在差异;围绕行为主观要件查证这一核心夯实行为客观方面证据材料,才能为审判阶段的事实认定与法律裁量奠定良性基础。

结构如何影响司法实践？——以法院的立案实践为分析对象

马 超

《政法论坛》2020 年第 3 期

关键词: 组织结构　结构情境理论　匹配　立审分立　权力安排

摘要: 学界很少关注法院的组织结构问题。司法实践中的各种问题通常被归结为程序及其制度的设计问题。借鉴组织学中的结构情境理论,以法院三十余年来的立案实践为分析对象可以看出,司法实践的效果与法院所采用的"结构—程序"组合存在重要关系,组织结构与程序制度之间的匹配或失配关系是组织结构影响司法实践的核心机制。组织结构所代表的是法院内部的权力划分安排,结构与程序的关系实则反映的是法院的权力安排与司法程序的配置相容问题。法院的组织结构之所以对司法实践具有重要影响,根源在于中国司法特殊的权力实践方式。为实现诉权保障的司法价值,确保组织结构不成为其障碍,可行的解决之途或在于以程序吸纳结构,将结构纳入程序的价值关照之中。

贿赂犯罪案件的查办需求与程序供给——兼论监察调查程序的改革思路

谢小剑

《政法论坛》2019 年第 5 期

关键词: 监察体制　贿赂犯罪　侦查　留置权

摘要: 贿赂犯罪案件查办严重依赖口供,办案模式无法"由证到供"转型,且被调查人妨碍诉讼的风险极高、后果极其严重,需要相对较长时间控制被调查人。然而,刑事诉讼程序存在立案条件高、侦查手段有限、讯问程序限制多、妨碍诉讼预防难等程序供给不足的问题。实践中出现了初查询问被调查人获取口供的"证人模式"、与纪委"联合办案模式"以及"指定监视居住模式"。这些模式虽然满足了贿赂犯罪的查办需求,但正当性有所欠缺,可能诱发滥权。事实上,犯罪控制理论、程序分化理论,以及打击腐败的客观形势都决定了应当建立对贿赂犯罪的特殊调查程序。监察法通过留置制度、违法犯罪调查一元化、禁止律师介入,满足了办案需要,但在程序设计上溢出了办案需要,改革应当针对贿赂犯罪设置特殊程序的需要为度,包括限制留置适用、规范讯问时间、完善强制措施以及技术侦查措施、保障有限的律师帮助权。

侦查监督问题的法解释学分析

高嘉蓬

《政法论坛》2018 年第 5 期

关键词：逮捕后羁押　拘留后羁押　侦查监督　介入侦查

摘要：对侦查机关侦查行为是否合法进行监督，是法律赋予人民检察院的重要职责。无论是侦查机关的侦查还是人民检察院的侦查监督，都需要与以审判为中心的刑事诉讼制度改革相适应，进一步强化证据意识，增强人权保障理念，保证侦查行为的合法性。逮捕、拘留后羁押直接关系到当事人人身自由，关系到侦查羁押期间侦查取证行为的合法性等重要问题。介入侦查作为人民检察院侦查监督的手段，虽然理论界和实务界广泛赞同，但也一直没有上升到法律规范。正视并解决人民检察院侦查监督所面临的问题，进一步改革和完善侦查监督的范围和手段，才能更好地实现侦查发现真实、打击犯罪与保障人权之间更高层次上的平衡。

检察再造论——以职务犯罪侦查权的转隶为基点

李奋飞

《政法论坛》2018 年第 1 期

关键词：国家监察体制改革　职务犯罪侦查权转隶　法律监督的目标定位　检察权的功能再造

摘要：随着国家监察体制改革的深入推进，检察机关的反贪、反渎等职务犯罪侦查权将转隶至监察委员会，这无疑对检察机关的职能定位产生重要影响。因而需要检讨过往检察权配置的适宜性及其实践困局，剖析检察"软骨病"的生成症结，并对未来中国检察权的功能架构进行理性设计。国家监察体制改革并未动摇宪法赋予检察机关的法律监督定位，只是法律监督的目标定位应为"程序正义的守护者"。这不仅需要革除批捕权和公诉权在基本运行范式上的弊端，还应当对检察机关的令状范围加以拓展，以塑造更为系统且符合中国本土法治资源的诉讼监督格局。此外，还应稳步推进民事行政监督和刑事执行监督等特色职能的开发，这或是提升检察权品质的适宜渠道。

论侦查中心主义

陈瑞华

《政法论坛》2017 年第 2 期

关键词：侦查中心主义　庭审形式化　庭审实质化　审判中心主义

摘要：通过对嫌疑人人身自由的自行剥夺以及对涉案财物的自行处置，也通过对案件系属犯罪案件、嫌疑人构成犯罪等问题的公开披露和实质化定性，侦查机关与案件的结局发生了利害关系;通过侦查案卷移送制度的设计,法庭审判成为对侦查结论的形式审查和确认过程;通过各种法定的程序倒流机制,检察机关对侦查机关有所疏漏的案件进行必要的拾遗补漏和程序补救,对法院作出有罪裁决施加重大的影响。侦查中心主义构造带来了一系列负面后果,但迄今为止,我国的司法改革并没有对此产生实质性的触动。要彻底解决庭审形式化问题,真正推动审判中心主义改革,就必须对侦查中心主义给予认真的对待,并逐步抛弃这一问题重重的诉讼构造。

论检察机关的犯罪指控体系——以侦查指引制度为视角的分析
陈卫东
《政治与法律》2020 年第 1 期
关键词:侦查指引　检察机关　侦查取证　警检关系　犯罪指控
摘要:构建侦查指引制度是检察机关健全和完善以证据为核心的刑事犯罪指控体系的基石性问题。经过近 30 年的实践发展,侦查指引在制度定位上实现了从法律监督向服务公诉的转变,并且在捕诉一体格局下获得了新发展。基于固有侦查模式存在的显著弊端,在全面推行刑事诉讼以审判中心的改革和社会犯罪形势发生明显变化的情况下,侦查指引被赋予了完善以证据为核心的刑事指控体系的重要使命。从理论上讲,侦查指引制度的构建和运行与警检结构的深层次命题并不存在绝对"依附关系",但为了避免其落入颠覆警检结构的理论窠臼,有必要将侦查指引与参与侦查、指挥侦查进行合理区分,并正确认识监督与指引两项职能之间的冲突和调和。在运行多年并取得一定积极成效的同时,侦查指引也面临着一些内在问题和外来质疑,需要予以进一步解决。

毒品犯罪诱惑侦查风险的程序控制
黄海波
《政治与法律》2019 年第 10 期
关键词:毒品犯罪　诱惑侦查　风险　程序控制
摘要:对毒品犯罪适用诱惑侦查的正当性,体现在法律授权、正义实现以及道德容忍三个方面。虽然如此,诱惑侦查在毒品犯罪案件中的适用依然存在一系列的风险与问题。诱惑侦查的普遍化适用既导致了这种特情手段收益的边际效益递减,也可能间接诱发潜在的犯罪行为,并且对诱惑侦查的依赖也不利于对毒品犯罪进行深入打击。从实践的情况看,毒品犯罪诱惑侦查有过度使用甚至滥用之虞,同时,还存在着法律适用困难、程序制约缺失等问题,应当加强程序控制以实现打击犯罪与保障人权的平衡。

第三节 案例精解

从检例第91号看立案监督[1]

一、案情介绍

2010年4月至5月间,甲公司分别与乙建设有限公司(以下简称乙公司)、丙建设股份有限公司(以下简称丙公司)签订钦州市钦北区引水供水工程《建设工程施工合同》。根据合同约定,乙公司和丙公司分别向甲公司支付70万元和110万元的施工合同履约保证金。工程报建审批手续完成后,甲公司和乙公司、丙公司因工程款支付问题发生纠纷。2011年8月31日,丙公司广西分公司经理王某某到南宁市公安局良庆分局(以下简称良庆公安分局)报案,该局于2011年10月14日对甲公司负责人温某某以涉嫌合同诈骗罪刑事立案。此后,公安机关未传唤温某某,也未采取刑事强制措施,直至2019年8月13日,温某某被公安机关采取刑事拘留措施,并被延长刑事拘留期限至9月12日。

二、指导要旨

检察机关的履职过程如下:

(1)发现线索。2019年8月26日,温某某的辩护律师向南宁市良庆区人民检察院提出监督申请,认为甲公司与乙公司、丙公司之间的纠纷系支付工程款方面的经济纠纷,并非合同诈骗,请求检察机关监督公安机关撤销案件。良庆区人民检察院经审查,决定予以受理。

(2)调查核实。经走访良庆公安分局,查阅侦查卷宗,核实有关问题,并听取辩护律师意见,接收辩护律师提交的证据材料,良庆区人民检察院查明:一是甲公司案发前处于正常生产经营状态,2006年至2009年间,经政府有关部门审批,同意甲公司建设钦州市钦北区引水供水工程项目,资金由甲公司自筹;二是甲公司与乙公司、丙公司签订《建设工程施工合同》后,向钦州市环境保护局钦北分局等政府部门递交了办理"钦北区引水工程项目管道线路走向意见"的报批手续,但报建审批手续未能在约定的开工日前完成审批,双方因此另行签订补充协议,约定了甲公司所应承担的违约责任;三是报建审批手续完成后,乙公司、丙公司要求先支付工程预付款才进场施工,甲公司要求按照工程进度支付工程款,双方协商不下,乙公司、丙公司未进场施工,甲公司也未退还履约保证金;四是甲公

---

[1] 检例第91号。

司在该项目工程中投入勘测、复垦、自来水厂建设等资金 3000 多万元,收取的 180 万元履约保证金已用于自来水厂的生产经营。

(3) 提出监督意见。2019 年 9 月 16 日,良庆区人民检察院向良庆公安分局发出《要求说明立案理由通知书》。良庆公安分局回复认为,温某某以甲公司钦州市钦北区引水供水工程项目与乙公司、丙公司签订合同,并收取履约保证金,而该项目的建设环评及规划许可均未获得政府相关部门批准,不具备实际履行建设工程能力,其行为涉嫌合同诈骗。良庆区人民检察院认为,甲公司与乙公司、丙公司签订《建设工程施工合同》时,引水供水工程项目已经政府有关部门审批同意。合同签订后,甲公司按约定向政府职能部门提交该项目报建手续,得到了相关职能部门的答复,在项目工程未能如期开工后,甲公司又采取签订补充协议、承担相应违约责任等补救措施,并且甲公司在该项目工程中投入大量资金,收取的履约保证金也用于公司生产经营。因此,不足以认定温某某在签订合同时具有虚构事实或者隐瞒真相的行为和非法占有对方财物的目的,公安机关以合同诈骗罪予以刑事立案的理由不能成立。对于甲公司不退还施工合同履约保证金的行为,乙公司、丙公司可以向人民法院提起民事诉讼。同时,良庆区人民检察院审查认为,该案系公安机关立案后久侦未结形成的侦查环节"挂案",应当监督公安机关依法处理。2019 年 9 月 27 日,良庆区人民检察院向良庆公安分局发出《通知撤销案件书》。

(4) 监督结果。良庆公安分局接受监督意见,于 2019 年 9 月 30 日作出《撤销案件决定书》,决定撤销温某某合同诈骗案。在此之前,良庆公安分局已于 2019 年 9 月 12 日依法释放了温某某。

该案在诉讼法上的意义有二:

一是检察机关对公安机关不应当立案而立案的,应当依法监督撤销案件。检察机关负有立案监督职责,有权监督纠正公安机关不应当立案而立案的行为。涉案企业认为公安机关对企业之间的合同纠纷以合同诈骗进行刑事立案,向检察机关提出监督申请的,检察机关应当受理并进行审查。① 认为需要公安机关

---

① 《人民检察院刑事诉讼规则》第 557 条规定:"被害人及其法定代理人、近亲属或者行政执法机关,认为公安机关对其控告或者移送的案件应当立案侦查而不立案侦查,或者当事人认为公安机关不应当立案而立案,向人民检察院提出的,人民检察院应当受理并进行审查。人民检察院发现公安机关可能存在应当立案侦查而不立案侦查情形的,应当依法进行审查。人民检察院接到控告、举报或者发现行政执法机关不移送涉嫌犯罪案件的,经检察长批准,应当向行政执法机关提出检察意见,要求其按照管辖规定向公安机关移送涉嫌犯罪案件。"

说明立案理由的,应当书面通知公安机关。① 认为公安机关立案理由不能成立的,应当制作《通知撤销案件书》通知公安机关撤销案件。②

二是对于公安机关立案后久侦未结形成的"挂案",检察机关应当提出监督意见。由于立案标准、工作程序和认识分歧等原因,有些涉民营企业刑事案件逾期滞留在侦查环节,既未被撤销,又未被移送审查起诉,形成"挂案",导致民营企业及企业相关人员长期处于被追诉状态,严重影响企业的正常生产经营,破坏当地营商环境,也损害了司法机关的公信力。检察机关发现侦查环节"挂案"的,应当对公安机关的立案行为进行监督,同时也要对公安机关侦查过程中的违法行为依法提出纠正意见。

三、案件分析

刑事立案监督是我国检察机关法律监督职能的重要组成部分,对于确保立案主体依法立案,维护社会公平正义,保障人权有着巨大的作用。完善立案监督的相关规定,是此次《人民检察院刑事诉讼规则》修订的重要内容之一。

此次修订,一是梳理了立案监督的手段、方式、程序等并予以集中规定。二是根据近年来司法实践经验和相关文件规定,进一步完善了立案监督的内容。上海交通大学的林喜芬教授认为检察机关对公安机关的监督实质上是一种司法救济程序,是当公安机关立案和侦查中造成公平正义价值和犯罪嫌疑人权利受损时,检察机关为社会提供的司法救济。从修订的目的来看,主要是为了进一步纠正公安机关在刑事立案、侦查活动中的程序违法行为,确保刑事立案、侦查活动准确合法地进行,保障当事人的正当权利,确保国家法律统一正确实施。

在立案监督中,检察机关主要针对应当立案而不立案和不应当立案而立案这两类对象履行监督职责。实践中,也出现了立而不侦、久拖不决的"挂案"现象。在新《人民检察院刑事诉讼规则》框架下,面对这样的新问题,检察机关应当进一步做好立案监督工作,切实做到以下几点:

首先,检察机关应当全面履行监督职责。对办理的案件全面审查,监督权可依职权启动,并不以公安机关报请批准逮捕和移送审查起诉的事实范围为限,尤

---

① 《人民检察院刑事诉讼规则》第559条规定:"人民检察院经审查,认为需要公安机关说明不立案理由的,应当要求公安机关书面说明不立案的理由。对于有证据证明公安机关可能存在违法动用刑事手段插手民事、经济纠纷,或者利用立案实施报复陷害,敲诈勒索以及谋取其他非法利益等违法立案情形,尚未提请批准逮捕或者移送起诉的,人民检察院应当要求公安机关书面说明立案理由。"

② 《人民检察院刑事诉讼规则》第561条规定:"公安机关说明不立案或者立案的理由后,人民检察院应当进行审查。认为公安机关不立案或者立案理由不能成立的,经检察长决定,应当通知公安机关立案或者撤销案件。人民检察院认为公安机关不立案或者立案理由成立的,应当在十日以内将不立案或者立案的依据和理由告知被害人及其法定代理人、近亲属或者行政执法机关。"

其应当在立而不侦、纠正漏捕漏诉等案件中予以充分体现。

其次,建立常态化(不)捕后跟踪监督机制。对需要进一步侦查的,提出明确、具体的继续侦查、补充侦查意见,为公安机关提供指引。如公安机关未按照意见开展侦查的,及时提出纠正意见;对于因侦查不及时造成重要证据灭失,影响定罪量刑的,应当制发《检察建议书》《纠正违法通知书》;如发现侦查人员有渎职情形的,应将线索移送纪检监察或者自侦部门。

最后,深化落实"捕诉一体"工作机制。进一步明确办案监督责任,将(不)捕后跟踪措施和责任落实到具体责任人。

第二章 刑事强制措施

第一节 本章观点综述

自 2012 年《刑事诉讼法》修改调整了"强制措施"这一章的有关规定以来,历经近十年的司法实践运行,刑事强制措逐渐显现出新的适用困境与问题,学者们对这些问题进行了检讨与审视,并就其改革完善路径进行了理论探索。

关于取保候审,有学者指出,我国取保候审制度存在诸多问题,适用条件的界定不清、执行方式的不完善、监督和救济机制的缺失、现实社会因素的禁锢以及不当的绩效考评机制,都成为最终适用取保候审的"影响性"因素。进而,该论者提出改革构想,即通过"绩效考核"明确取保候审适用标准的同时,构建取保候审的监督机制和救济程序,完善取保候审的执行方式。①

关于拘留,有学者详细梳理了拘留在我国刑事立法中的演变过程后指出,立法上刑事拘留展现出了由紧急措施到非紧急措施的演变;实践中,刑事拘留也往往发生在控制犯罪嫌疑人、突破口供之后,实则已经丧失紧急性而成为逮捕的常规前置程序。这种功能定位会扩张警察权力、架空检察机关批捕权,损害犯罪嫌疑人权利。②另有学者指出,拘留不再是一个具备完整实际功能的到案方式,而是演变成了一个羁押决定程序,批捕程序实质上演变成为我国刑事诉讼中的一个预审程序。该论者指出,在对拘留、逮捕的实质和功能进行重新定位后,我国的刑事司法运作就能够形成一个包括拘留、羁押、预审、起诉等多个环节在内的完整的审前程序,这利于有效发挥强制措施的作用和进一步完善制度设计。③

关于逮捕,有学者指出,在司法改革背景下,应当对逮捕进行理念更新,逐步实现逮捕诉讼化转型。这既符合逮捕的司法属性,又契合司法责任制改革的内在要求,更顺应了国际人权保障的主流趋势。在逮捕诉讼化转型过程中,应以检察官为主体,力争在扩大审查案件范围、突出对社会危险性条件的审查、加强对证据合法性的诉讼化审查、合理设置审查程序、转变审查逮捕具体办案形式等方面有所突破。④另有学者指出,逮捕必要性要件和羁押必要性审查制度的确立,

---

① 郭烁:《取保候审适用的影响性因素实证研究》,载《政法论坛》2017 年第 5 期。
② 谢小剑:《论我国刑事拘留的紧急性要件》,载《现代法学》2016 年第 4 期。
③ 张栋:《我国拘留和批捕的定位与完善》,载《政法论坛》2020 年第 6 期。
④ 孙谦:《司法改革背景下逮捕的若干问题研究》,载《中国法学》2017 年第 3 期。

未能有效解决过度适用逮捕的问题。其根本原因在于检察机关惯于先行做出"有罪认定",进而奉行"够罪即捕",不能真正履行逮捕必要性要件审查义务。鉴于检察机关审查批捕模式无法克服自身局限,遭遇改革瓶颈,应当建立法院统一审查逮捕模式,从而实现逮捕审查司法化。①

关于羁押必要性审查,中国人民大学诉讼制度与司法改革研究中心在 A 省 W 市开展了为期两年的试点研究。基于试点的发现,有学者指出,完善羁押必要性审查制度需要在理论上明确如下几点:(1)羁押必要性审查制度的性质是对逮捕适用条件的持续性、定期性审查,具有司法权属性,对羁押必要性审查应进行诉讼化改造并将建议权改为决定权;(2)应更新对侦查保密原则的传统认识,向辩方开示与逮捕适用条件有关的证据,以便辩方有效参与羁押必要性审查程序。② 关于涉罪未成年人的羁押必要性审查程序,有学者提出应当将其细化,其中需要进一步落实的关键问题有:(1)羁押必要性审查主体为刑事执行检察部门,增列其他部门的配合与社会大众的参与;(2)审查内容需突出全面审查与重点审查相结合;(3)审查的启动与标准应坚持"检察中心主义";(4)建构羁押必要性审查程序的救济机制。③

关于监察调查与刑事诉讼的衔接,有学者全面分析了两个程序衔接难题后,提出了衔接路径。(1)从程序衔接的角度,对监察机关移送审查起诉的案件,检察院无须再刑事立案,退回补充调查处于监察调查阶段但应保障律师辩护权,审查起诉时有权否定监察调查的事实和作存疑不起诉决定;(2)从强制措施衔接的角度,刑事诉讼法修改确立的留置效力相对延续理论较为合理,应当明确对被调查人的移送换押制度;(3)从证据衔接的角度,应当肯定监察调查收集证据的合法性判断以监察法为标准,威胁、引诱获取的言词证据依据监察法予以排除,监察调查的案件也应当适用刑事诉讼法规定的其他证据排除规则。④ 另有学者对于监察调查与刑事强制措施的衔接进行专门论述,指出,二者的衔接并非自行衔接,而必须是经过检察机关严格审查后的依法衔接。留置措施的转换应适用"案退、人不退"的原则,即使案件退回监察机关补充调查,也不宜恢复留置措施。同时,监察调查应有条件地准许律师介入,以体现程序法治之价值。⑤

---

① 刘计划:《我国逮捕制度改革检讨》,载《中国法学》2019 年第 5 期。
② 陈卫东:《羁押必要性审查制度试点研究报告》,载《法学研究》2018 年第 2 期。
③ 自正法:《涉罪未成年人羁押率的实证考察与程序性控制路径》,载《政法论坛》2019 年第 4 期。
④ 谢小剑:《监察调查与刑事诉讼程序衔接的法教义学分析》,载《法学》2019 年第 9 期。
⑤ 卞建林:《配合与制约:监察调查与刑事诉讼的衔接》,载《法商研究》2019 年第 1 期。

第二节 核心期刊论文摘要

我国逮捕制度改革检讨

刘计划

《中国法学》2019 年第 5 期

关键词：逮捕制度　逮捕条件　逮捕审查程序　羁押必要性

摘要：基于无罪推定与保障人权原则，逮捕作为未决羁押处分，应当受到严格规制。我国三次修改《刑事诉讼法》，均对逮捕制度进行了改革。1996 年修法，修正了逮捕的证据要件；2012 年修法，明确了逮捕的社会危险性要件即必要性要件，确立了准诉讼化审查程序模式，并构建了羁押必要性审查制度。实证研究表明，这两次修法对逮捕适用没有产生明显影响，未能有效减少逮捕适用，过度适用逮捕的问题未获解决。根本原因是，检察机关惯于先行作出"有罪认定"进而奉行"构罪即捕"，不能真正履行逮捕社会危险性即必要性要件审查义务。2018 年修法，仅在逮捕条件条文中增加一款社会危险性考虑因素的规定，并无实质意义。鉴于检察机关审查批准逮捕模式无法克服自身局限，遭遇改革瓶颈，建立法院统一审查逮捕模式从而实现逮捕审查司法化方为出路。

司法改革背景下逮捕的若干问题研究

孙　谦

《中国法学》2017 年第 3 期

关键词：逮捕　社会危险性条件　证明标准　诉讼化转型

摘要：逮捕，是由法律指定的执法机构，依照正当的法律程序，针对可能判处一定刑罚的犯罪嫌疑人、被告人采取的有时限羁押、剥夺其人身自由的最严厉的刑事强制措施。逮捕源自宪法，主要规定在刑事诉讼法。其根本宗旨是保障诉讼顺利进行和保障人权，它直接关乎公民的基本自由，直接关乎刑事诉讼法治，直接关乎社会秩序与和谐稳定。犯罪态势、刑事政策、司法体制、执法素质等因素均影响着逮捕制度的实施。在全面深化司法体制改革的背景下，多维度审视和系统研究逮捕及相关问题很有必要。

指定居所监视居住实施问题的解释论分析

程　雷

《中国法学》2016 年第 3 期

关键词：监视居住　指定居所监视居住　限制自由

摘要：2012 年《刑事诉讼法》修改过程中对指定居所监视居住进行了重新定

位,新刑事诉讼法近三年来的法律实践表明,这一制度实施状况差强人意。实践中还存在一些问题:执法标准不统一、适用不规范;不少法律规定不知如何执行;规避法律的情形具有普遍性;法律滥用、异化问题突出并伴随着侵犯人权的重大风险。上述问题的解决正道应当是回归立法精神,运用法律解释技术,明晰指定居所监视居住的性质与定位,从其限制自由的强制措施本质出发,纠偏司法适用的错误倾向,回应实务困惑。对于指定居所监视居住适用对象上的"无固定住处""特别重大贿赂犯罪"、后续能否转捕都应当进行规范解释;对于执行指定居所监视居住的执行地点与执行主体也迫切需要明晰内涵以规范司法适用。

逮捕制度再改革的法释义学解读
李训虎
《法学研究》2018 年第 3 期
关键词:逮捕条件　审查逮捕诉讼化　刑事司法改革　法释义学
摘要:在我国,面对逮捕条件难以把握、审查逮捕诉讼化改造难获实质性突破、短期内难以通过修法对逮捕制度进行根本变革的复杂情势,逮捕制度再改革应超越过度依赖立法式刑事司法改革的思维定式,寻求借助法释义学开拓改革空间。通过宪法维度的法释义学分析,实现逮捕由强制措施到基本权干预的转换,这不仅能为逮捕条件的再解释提供理念支持,而且有助于证成审查逮捕诉讼化改造的正当性;运用法释义学思维,可以对逮捕三要件进行阶层化重构,建构以社会危险性为核心的证明对象体系,并重新厘定证明标准。

羁押必要性审查制度试点研究报告
陈卫东
《法学研究》2018 年第 2 期
关键词:逮捕　羁押　羁押必要性审查
摘要:为探索 2012 年《刑事诉讼法》第 93 条规定的羁押必要性审查制度的实施机制,中国人民大学诉讼制度与司法改革研究中心在 A 省 W 市开展了为期两年的试点研究。试点的内容是羁押必要性审查制度落实的各项支撑机制,包括归口管理、公开听证、风险评估、跟踪监督等。在两年试点期间,羁押必要性审查人数较之试点前增加了 57.4%,占同期全市批捕人数的 9.2%;适用案件范围逐步扩大,但仍然主要适用于审查起诉阶段的案件;审查后的释放或变更强制措施建议采纳率高达 99.6%;在 14% 的案件中采用了公开听证的诉讼化方式进行审查,取得了良好的法律效果与社会效果。基于试点的发现,完善羁押必要性审查制度,需要在理论上明确:羁押必要性审查的制度性质是对逮捕适用条件的持续、定期审查,具有司法权属性,对羁押必要性审查应进行诉讼化改造并将建议权改为决定权;同时,应更新对侦查保密原则的传统认识,向辩方开示与逮捕适用条件有关的证据,以便辩方有效参与羁押必要性审查程序。

配合与制约:监察调查与刑事诉讼的衔接
卞建林
《法商研究》2019 年第 1 期
关键词: 监察调查　职能管辖竞合　留置　检察监督　律师介入
摘要: 《监察法》和《刑事诉讼法》均是国家基本法律,在全面依法治国的时代主题之下均具有不可替代的重要价值,两者并不存在从属关系。为了实现国家监察体制改革的目标,确保这一改革始终在法治轨道上进行,应当充分尊重《刑事诉讼法》作为基本法律的作用与价值,妥善处理职能管辖竞合的关系,建立案件管辖的前置协调沟通机制。留置措施与刑事强制措施的衔接并非自行衔接,而必须是经过检察机关严格审查后的依法衔接。留置措施的转换应适用"案退、人不退"的原则,即使案件退回监察机关补充调查,也不宜恢复留置措施。监察程序与刑事诉讼程序的衔接,应当重点发挥检察机关的法律监督职能以及以审判为中心的实质作用。监察调查应有条件地准许律师介入,以体现程序法治之价值。

监察调查与刑事诉讼程序衔接的法教义学分析
谢小剑
《法学》2019 年第 9 期
关键词: 监察调查　留置　法法衔接　审查起诉
摘要: 监察法明确了监察调查终结后,移送检察院依据刑事诉讼法审查起诉的制度,由于"两法"强制措施、证据制度相差较大,造成了监察调查与刑事诉讼程序衔接中的诸多难题。从程序衔接的角度,对监察机关移送审查起诉的案件,检察院无须再刑事立案,退回补充调查处于监察调查阶段但应保障律师辩护权,审查起诉时有权否定监察调查的事实和作存疑不起诉决定。从强制措施衔接的角度,刑事诉讼法修改确立的留置效力相对延续理论较为合理,应当明确对被调查人的移送换押制度。从证据衔接的角度,应当肯定监察调查收集证据的合法性判断以监察法为标准,威胁、引诱获取的言词证据依据监察法予以排除,监察调查的案件也应当适用刑事诉讼法规定的其他证据排除规则。

我国逮捕的"结构性"错位及其矫正——从制度分离到功能程序分离
杨　依
《法学》2019 年第 5 期
关键词: 逮捕　羁押　强制到案　人权保障
摘要: 逮捕与羁押关系问题在理论界争议不断,至今仍未形成基本共识。借助"功能—结构"的新视角可发现,现代刑事诉讼审前阶段对于公民人身自由的强制干预形成了以功能为导向的"两段式"进阶结构。强制到案与候审羁押在功能、程序和价值方面各自具有不同的建构逻辑。当前我国逮捕制度呈现出"结构性"错位,混淆了强制到案和候审羁押的不同程序控制思路,从而导致逮捕在运行过程中存在打击犯罪与保障人权的价值冲突和效能损耗。参照"两段式"的功能结构,逮捕与羁押的分离不应仅停留在制度设立层面,而应当在整个强制措施体系中实现强制到案功能和候审羁押功能的彻底分离。应重新整合现有强制到案措施,明确逮捕的候审羁押属性,并全面优化逮捕的程序控制机制。

一种新程序:审思检监衔接中的强制措施决定机制
左卫民
《当代法学》2019 年第 3 期

关键词: 检察机关 监察机关 衔接 强制措施决定 先行拘留

摘要: 如何回应、规定检监衔接已成为当下重要的理论与实践课题。2018年的《刑事诉讼法》修改创设了独立的强制措施审查决定程序机制和相应的先行拘留措施。从诉讼法理上看,这种新设的独立程序在正当性和必要性两个层面均存在明显问题。因此,在未来的修法中应重新调整:一方面应当调整立法理念,按照既有诉讼法理和制度规律设置恰当的强制措施体系;另一方面应当从实践理性的角度审视检监关系,强化强制措施采取中监察程序与审查程序的协调性。

论中国羁押审查制度改革的四重逻辑
林喜芬
《法学家》2016 年第 6 期

关键词: 羁押审查 改革逻辑 检察院 权力导向 权利话语

摘要: 我国羁押审查制度变迁历程遵循着"固守格局""科层内控""增量配设"和"边缘调整"四种改革逻辑。对公安侦查案件的逮捕审查,公检法系统采取"固守格局"逻辑;对自侦案件的逮捕审查,检察机关坚持检察审查原则,改采"上提一级"方案,遵循着"科层内控"的进路;对于 2012 年《刑事诉讼法》增设的捕后羁押审查制度,由于强制措施变更主体仍由公检法三机关分段共享,检察院捕后复审之后只能建议其他机关改变羁押,该制度属于"增量配设"模式,仅仅是一种意义有限的"边缘调整"。在这些改革策略下,刑事司法机关能动性机制得以维系,而权利话语则艰难地实践。未来司法改革仍有赖于更多元化的立法决策主体的平等参与和理性互动。

检察机关"先行拘留权"属性、程序、效能之逻辑结构

徐汉明　丰　叶

《法学评论》2020年第6期

关键词：监察留置调查权　先行拘留权　审查起诉　职务犯罪检察权　法律监督权

摘要：修订的《刑事诉讼法》赋予检察机关对监察机关移送起诉已经采取留置措施的职务犯罪嫌疑人的先行拘留权，使得检察机关法律监督权能体系增添了一项新的权力。如何在反腐败法治体系加速推进的大背景下有效实现查办职务犯罪案件中的监察留置调查程序与刑事审查起诉程序有序衔接转换？当对这一"新族"权力——"先行拘留权"的程序运行聚焦研究。它具有在"法律监督"权力谱系下，作为"子权力"形态承载职务犯罪"种权力"质的规定性功能，进而作为法律监督"元权力"一般制约功能的递进式逻辑表达；它具有在"结构主义"视角下，作为程序转换、程序协调、程序回流开关和枢纽的过渡性价值；它具有在实质化审查进路下，释放依法审查、权力制约、法律适用引导的独特效能。

监察留置适用中的程序问题

王飞跃

《法学杂志》2018年第5期

关键词：监察留置　适用环节　留置解除　关联案件

摘要：留置包括决定立案时的留置与调查过程中的留置。鉴于留置只有在经过调查核实且确实掌握了部分违法犯罪事实及证据且听取了被调查人的意见之后才宜适用，立案决定时的留置应当限制适用。在留置持续期间发现新的犯罪事实，不能另行适用留置；留置解除后，在特定情形下，可以再次适用留置。依照合目的性或者合条件性判断，留置应当解除或者可以解除。在监察案件与侦查案件相关联的情形下，应当注意留置与刑事强制措施的衔接。

检察机关指定居所监视居住的讯问风险及防控

魏小伟

《法学杂志》2016年第1期

关键词：指定居所监视居住　讯问　控辩失衡　风险控制

摘要：2012年我国对《刑事诉讼法》之指定居所监视居住进行了修改。因立法定位矛盾、立法设计粗疏，导致检察机关指定居所监视居住讯问存在程序风险。如立法设计违反程序法定原则、控辩失衡、保障性措施缺失等。为此，应加强对指定居所监视居住讯问的风险控制：首先明确讯问地点，杜绝"谈话式"讯问；在辩护权行使上，保障指定居所监视居住期间律师会见、增加律师在场权的

兜底条款；在讯问保障上，确保讯问笔录与录音录像一致、讯录分离、执法记录仪与录音录像的配套、完善司法责任制考核。

法规范视野下监察与司法程序衔接机制——以《刑事诉讼法》第170条切入
董　坤
《国家检察官学院学报》2019年第6期

关键词： 监察　刑事立案　留置　强制措施　案件系属

摘要：《刑事诉讼法》第170条规定了监察与司法的部分衔接程序。其中，立案程序的缺失导致强制措施的启动缺乏正当性，不利于当事人的权利保障和诉讼程序运转的自洽。未来的司法解释中应确立"形式立案"，即以受案代替立案，对监察机关移送的案件不再进行立案前的实质审查，但须明确受案具有开启刑事诉讼程序的功能。在留置与强制措施的衔接上，立法采用了"留置＋先行拘留＋强制措施"的模式，其中先行拘留具有过渡性，逮捕、取保候审或监视居住才是对接留置的最终措施。但立法上对于留置转先行拘留后最终可否不采取任何强制措施缺乏周延规定。依据案件系属理论，对于审查起诉阶段退回补充调查的情形，系属关系并未消灭，案件仍系属于检察院，处于审查起诉阶段，对犯罪嫌疑人应当继续沿用之前的强制措施，并继续保障辩护人的相关诉讼权利。

未成年人严格限制适用逮捕措施的现状调查
王贞会
《国家检察官学院学报》2019年第4期

关键词： 未成年人　严格限制适用逮捕　社会危险性评估　羁押必要性审查　社会观护体系

摘要： 严格限制适用逮捕措施是未成年人刑事诉讼的一项原则要求。检察机关对这一规定的落实情况总体较好，有的地区还进行了一定的改革创新，未成年人逮捕数量逐步下降，非羁押比例整体上升。调查也发现一些问题有待解决。应当实现审查逮捕阶段听取辩护律师意见的全覆盖；完善逮捕社会危险性证明和审查评估机制；落实对被逮捕未成年人的分押分管和分别教育原则；加强对被逮捕未成年人的羁押必要性审查；完善未成年人非羁押的家庭监护和社会支持体系。

监视居住适用情况调研报告
张智辉　洪流
《中国刑事法杂志》2016第3期

关键词： 监视居住　检察　对策

摘要： 新刑事诉讼法对监视居住制度作了重大修改。如何贯彻执行新的监视居住制度,实践中存在着不同的观点和做法。本文根据自己对 18 个不同级别检察机关贯彻执行监视居住制度情况的调研,分析了新刑事诉讼法颁布实施以来监视居住制度的执行情况以及实践中存在的问题,提出了正确贯彻执行监视居住制度的建议。

羁押必要性审查制度实践运行审视

郭　冰

《中国刑事法杂志》2016 年第 2 期

关键词:羁押必要性审查　刑事诉讼　强制措施　人权保障

摘要:为解决一押到底、普遍羁押等司法顽疾,修改后的刑事诉讼法增加羁押必要性审查程序,旨在使逮捕与羁押适度分离,彰显羁押措施的理性克制,保障当事人的权利救济。该制度实施三年以来,在运行中探索前行,取得了一定效果,但与立法预期仍存在一定的现实差距。理性解析其中理念、制度、机制等方面的原因,以《人民检察院办理羁押必要性审查案件规定(试行)》颁布为契机,系统建构羁押必要性审查的制度、机制等将是新一轮司法运行的起点。

论我国刑事拘留的紧急性要件

谢小剑

《现代法学》2016 年第 4 期

关键词:刑事拘留　逮捕　强制措施　司法保留　人权保障

摘要:学界通说认为刑事拘留是紧急状态下的临时强制措施。1996 年《刑事诉讼法》修改后,刑事拘留不再以紧急性为要件,实践中其系逮捕的常规前置程序,成为非紧急羁押措施。然而,刑事拘留定位为紧急强制措施才符合宪法精神,否则会扩张警察权力,架空检察机关批捕权,损害犯罪嫌疑人权利。未来的改革应使之回归紧急强制措施,取消需要拘留证的规定,缩短刑拘期限,弱化对逮捕的程序控制,并以事前证明标准、事后权利保障防止刑事拘留权滥用。

我国拘留和批捕的定位与完善

张　栋

《政法论坛》2020 年第 6 期

关键词:拘留　逮捕　羁押　保释　刑事强制措施

摘要:无论从任何标准来看,我国可长达一个多月时间的拘留都不能被认为是一个临时性的人身拘束措施。在实践中,拘留不再是一个具备完整实际功能的到案方式,而真正变成了一个羁押决定程序。也就是说,羁押的决定是由刑事拘留程序作出的,批准逮捕充其量只是在是否继续羁押问题上发挥作用。作为羁押决定权的拘留权应当交给法院或者人民检察院行使。批捕权在功能定位上,实际是一个预审程序而不是保释程序。正确定位拘留权和批捕权,对于有效发挥我国强制措施的作用和进一步完善制度设计具有重要意义。

涉罪未成年人羁押率的实证考察与程序性控制路径
自正法
《政法论坛》2019 年第 4 期

关键词:涉罪未成年人　羁押必要性审查程序　羁押替代措施　诉讼监督

摘要:无论是国际公约还是国内法,均倡导对涉罪未成年人尽可能采取非犯罪化、非羁押化的处遇。然而,在未成年人刑事司法实践中却存在"普遍羁押""超期羁押""一押到底"等现象,特别在流动人口较为频繁的东部沿海地区尤为严重。调查显示,导致羁押率居高不下的原因在于办案人员"以捕代侦"的司法理念,适用羁押措施的标准不统一,羁押替代性措施不完备,社会观护机制不健全以及风险评估机制缺失等。针对这一司法顽疾,有必要建构一套体系科学、层次分明、功能完备的程序性控制路径,即细化羁押必要性审查程序,丰富羁押替代性措施,设立羁押替代性措施风险评估体系,实行逮捕与羁押绝对分离等,进而有效降低涉罪未成年人在整个诉讼程序中的羁押率。

取保候审适用的影响性因素实证研究
郭　烁
《政法论坛》2017 年第 5 期

关键词:非羁押　取保候审　影响性因素

摘要:取保候审作为一种重要的非羁押性刑事强制措施,是刑事诉讼程序中与无罪推定原则、人权保障理念关系最为密切的"制度设计"之一。2012 年修订的《刑事诉讼法》细化了被取保候审的犯罪嫌疑人、被告人的行为约束以及增加了保证金的确定和缴存机制,使取保候审制度在司法实践中更具可操作性。就司法实践反馈的相关情况看,取保候审的适用率在局部地区有着显著抬升,在调研的大部分地区则并无明显变化,审前羁押率居高不下的现象只是稍有改观。

无社会危险性被追诉人羁押替代性措施强制适用之反思
李训虎
《政治与法律》2018 年第 7 期

关键词:羁押替代性措施　强制适用　合意式刑事诉讼　对审式刑事诉讼

摘要:《关于在部分地区开展刑事案件认罪认罚从宽试点办法》要求对于没有社会危险性的犯罪嫌疑人、被告人,应当适用取保候审、监视居住强制措施,这一规定的实施将会导致强制措施适用的普遍化、过度化,这一背离司法实践、违背刑事诉讼法理、违反刑事诉讼法的条文出台的做法是多重因素合力的结果,深层次原因是制度设计者偏颇的强制措施观念,根本原因则在于制度设计者固化的刑事诉讼理念,不能因应以认罪认罚为代表的合意式刑事诉讼的新发展。作者提出了与之相匹配的制度设计。以认罪认罚为代表的合作性刑事司法促进了合意式刑事诉讼与对审式刑事诉讼两种刑事诉讼模式的出现,并对既有的刑事司法治理方式与刑事诉讼理论构成冲击和挑战,未来应当运用新思维构建融贯、体系化的理论以适应新制度。

第三节 案例精解

刑事拘留的条件
——以李士生聚众扰乱社会秩序案为例①

一、案情介绍

2001年,浙江省温州动力头服装批发市场有限公司(以下简称动力头公司)租用当地鱼鳞浃村土地,开办温州动力头服装批发市场,部分区域系违章搭建。2011年8月5日,温州市鹿城区城市管理与行政执法局下达责令限期改正通知书,认为动力头服装批发市场违章搭建,要求其于2011年10月15日前自行拆除。2011年8月31日租赁期满后,动力头公司因土地使用权问题与鱼鳞浃村产生纠纷。接自行拆除通知后,动力头公司先后向温州市电力局、温州市鹿城区消防大队和当地南蒲街道党工委作了报告。2011年9月4日,动力头公司登报通知商户,要求"8"字头摊位及A、B幢8、9通道摊位先行拆除,于9月10日前腾空。动力头公司并与商户签订承诺书,租赁协议已经届满,一切货物搬离腾空。2011年9月13日,动力头公司与温州市高峰建筑拆除有限公司签订旧房拆除协议书,由温州市高峰建筑拆除有限公司拆除动力头服装批发市场周围临时违章棚。2011年9月23日,在动力头公司有关人员的带领下,温州市高峰建筑拆除有限公司对违章棚进行拆除,当地鱼鳞浃村村民进行阻挠,双方发生纠纷,村民陈显荣不慎从二楼跌落死亡。拆除工作中止。

2011年9月23日,温州市公安局鹿城公安分局对动力头公司胡克钻等人聚众扰乱社会秩序一案决定立案侦查。经对涉案人员胡克钻、胡立杆、马美仓、吴学飞及证人陈时银、胡立川、漆抚邦、刘天金、陈荣光等人进行询问和组织辨认,于同年12月24日以涉嫌聚众扰乱社会秩序罪对动力头公司法定代表人李士生予以刑事拘留,并在24小时内将拘留原因和羁押处所通知李士生家属。

---

① 江勇:《刑事拘留重大嫌疑分子的条件》,载《人民司法(案例)》2016年第29期。

2011年12月27日,鹿城公安分局根据《刑事诉讼法》第69条第2款规定,以李士生涉嫌结伙作案决定延长拘留期限,时间从2011年12月27日至2012年1月23日。2012年1月21日,鹿城公安分局作出温鹿公保字[2012]第21号取保候审决定书、温鹿公释通字[2012]第22号释放通知书,决定对李士生取保候审并释放,李士生共被羁押29天。2013年1月17日,鹿城公安分局将该案移送温州市鹿城区人民检察院审查起诉。同年5月20日,鹿城区人民检察院退回补充侦查。经鹿城公安分局补充侦查并再次移送审查起诉,鹿城区人民检察院于2013年11月19日作出不起诉决定书,以犯罪事实不清、证据不足,不符合起诉条件为由,决定对李士生不起诉。

2014年12月8日,李士生以违法刑事拘留为由,向鹿城公安分局申请国家赔偿,请求鹿城公安分局赔偿因被限制人身自由28天的赔偿金5619.32元、精神损害赔偿金1966.76元,并消除影响,恢复名誉,赔礼道歉。

2015年1月28日,鹿城公安分局作出鹿公赔决字[2015]1号国家赔偿决定,认为对李士生采取刑事拘留合法,李士生请求赔偿的侵权事实不存在,决定不予赔偿。

李士生不服,向温州市公安局申请复议。

2015年4月21日,温州市公安局维持鹿公赔决字[2015]1号国家赔偿决定。

2015年5月20日,李士生向温州市中级人民法院赔偿委员会申请作出赔偿决定。温州市中级人民法院赔偿委员会经审理认为,鹿城公安分局认定李士生有结伙作案重大嫌疑,决定对其采取刑拘措施,后经批准延长拘留期限至30日,并在期限届满之前对李士生予以释放并转为取保候审,符合《刑事诉讼法》规定的条件和程序,且没有超过规定时限。故李士生的赔偿申请不符合《中华人民共和国国家赔偿法》(以下简称《国家赔偿法》)第17条的规定条件,鹿城公安分局决定不予赔偿并无不当。温州市公安局复议决定维持鹿城公安分局作出的不予赔偿决定,认定事实清楚,适用法律正确,应予以维持。

温州中院赔偿委员会作出赔偿决定后,李士生不服,向浙江省高级人民法院赔偿委员会申诉。他提出,在其没有犯罪事实、不符合刑事立案标准的情况下,鹿城公安分局对其采取的刑事立案违反了刑事诉讼法的规定,在违法刑事立案之后对其采取的刑事拘留措施当然违法,其有申请赔偿的权利。

浙江高院赔偿委员会认为,本案李士生组织拆除温州动力头服装批发市场违章建筑的行为不存在聚众扰乱社会秩序的犯罪故意,不属于聚众扰乱社会秩序罪重大嫌疑分子,不符合刑事拘留的条件。鹿城公安分局对李士生决定并实施拘留,显系违法。

2016年4月22日,浙江高院赔偿委员会决定:(1)撤销温州中院赔偿委员会决定、温州市公安局刑事赔偿复议决定和鹿城公安分局鹿公赔决字[2015]1号国家赔偿决定;(2)由被申诉人鹿城公安分局支付申诉人李士生限制人身自由赔偿金6371.88元;(3)由被申诉人鹿城公安分局为申诉人李士生消除影响,恢复名誉,赔礼道歉,并支付精神损害抚慰金2000元。

二、案件争议

本案争议的焦点在于鹿城公安分局对李士生的刑事拘留是否合法,换句话说,就是公安机关对李士生采取拘留的强制措施,是否满足法定条件。

三、案件分析

根据《刑事诉讼法》第82条[①]、第91条第2款[②]规定,公安机关对于现行犯或者重大嫌疑分子,可以先行拘留,有结伙作案等重大嫌疑的可延长拘留期限至30日。

对重大嫌疑分子的把握有两点:一是必须有初步证据,有一定的嫌疑性;二是嫌疑性达到一定的要求,构成初步印证,仅仅是利害关系人举报或指控是不够的。只有符合这两个条件,才可以采取限制人身自由的刑事拘留措施。对明显不构成犯罪的,理所当然不符合刑事拘留重大嫌疑分子的条件。

本案从双方当事人提供的证据和案卷材料看,2011年8月5日,温州市鹿城区城市管理与行政执法局下达责令限期改正通知书,认为动力头服装批发市场违章搭建,要求其于2011年10月15日前自行拆除。为此,动力头公司已经向温州市电力局、温州市鹿城消防大队和当地南蒲街道党工委作了报告,对商户也作了通知,不构成聚众扰乱社会秩序罪的故意。2011年9月23日,李士生组织拆除温州动力头服装批发市场违章建筑,不存在犯罪故意,也就不存在构成聚众扰乱社会秩序罪的可能性,显然不构成重大嫌疑分子的条件。

刑事拘留是刑事诉讼法规定对现行犯或者重大嫌疑分子的刑事强制措施,其目的是进一步查清案件事实。在案件事实基本查清的前提下,鹿城公安分局仍作出刑事拘留决定,与立法目的不符,显系滥用职权。鹿城公安分局对李士生

---

① 《刑事诉讼法》第82条规定,"公安机关对于现行犯或者重大嫌疑分子,如果有下列情形之一的,可以先行拘留:(一)正在预备犯罪、实行犯罪或者在犯罪后即时被发觉的;(二)被害人或者在场亲眼看见的人指认他犯罪的;(三)在身边或者住处发现有犯罪证据的;(四)犯罪后企图自杀、逃跑或者在逃的;(五)有毁灭、伪造证据或者串供可能的;(六)不讲真实姓名、住址,身份不明的;(七)有流窜作案、多次作案、结伙作案重大嫌疑的"。

② 《刑事诉讼法》第91条第2款规定,"对于流窜作案、多次作案、结伙作案的重大嫌疑分子,提请审查批准的时间可以延长至三十日"。

决定并实施拘留显系违法,依法应当承担赔偿责任。

1994年通过的《国家赔偿法》第15条规定,行使侦查、检察、审判、监狱管理职权的机关及其工作人员在行使职权时对没有犯罪事实或者没有事实证明有犯罪重大嫌疑的人错误拘留的,受害人有取得赔偿的权利。

但是2010年修正的《国家赔偿法》第17条则规定,行使侦查、检察、审判职权的机关以及看守所、监狱管理机关及其工作人员在行使职权时违反刑事诉讼法的规定对公民采取拘留措施的,受害人有取得赔偿的权利。2012年修正的《国家赔偿法》仍然沿用了该规定。

通过条文的变化,我们可以发现公安机关刑事拘留赔偿由结果归责原则修改为违法归责原则,也就是说对于拘留合法但结果错误的拘留案件,受害人不能得到赔偿。

实践中,由于刑事拘留重大嫌疑分子的条件难以把握,一直比较宽松,导致公安机关刑事拘留缺乏应有的监督。刑事拘留作为一项限制人身自由的强制措施,一旦违法行使,其危害性不可低估。为了充分保护受害人的合法权益,有必要对公安机关刑事拘留的合法性实行严格审查。对于公安机关结果错误的刑事拘留行为,如果其只是程序违法,也要承担赔偿责任。例如,未依法出示拘留证;未在24小时送至拘留所羁押;不存在无法通知或者涉嫌危害国家安全罪、恐怖活动犯罪通知有碍侦查的情形,但未在拘留后24小时以内通知被拘留人的家属;未在拘留后的24小时内进行讯问等。上述程序违法行为,不能视为瑕疵,公安机关均应当承担国家赔偿责任。

第三章 检察权基本理论问题

第一节 本章观点综述

依据《刑事诉讼法》第3条和第8条规定,人民检察院负责对案件的批准逮捕、直接受理的案件的侦查、提起公诉,依法对刑事诉讼实行法律监督。此为检察机关在刑事诉讼程序中的法定职权,也是对《中华人民共和国宪法》(以下简称《宪法》)规定的检察机关职权的具体化。从宏观视角解析新时代背景下检察权的定位、特征与发展趋向,是近几年学者研究的一大热点。有学者从宪法角度以"检察权的人民性"批评了"公诉权核心论",认为检察权来自宪法设计,无论是人民授权、宪法授权、主权者授权,还是人大授权、人大二次授权,都说明检察权的根基深植于民主集中制这一宪法原则,其核心深藏于权力分工与监督之中,其功能未必仅限于刑事诉讼;作为人民代理人,检察权的核心在于"完全且独立的权力",公诉权核心论是偏离文本文字的宪法臆造,它割裂了检察权的完整性,属于宪法上的自我残害。[1] 有学者认为构建中国特色社会主义检察体系,应当坚持检察权的法律监督性质,尊重检察权发展的一般规律,根据社会需求和司法实务,进一步拓展检察权的外延,创新和丰富检察权能的运行机制,实现检察权的适时动态调整。[2] 有学者认为检察机关的刑事、民事、行政、公益诉讼"四大检察"法律监督总体布局已经形成,应当紧紧抓住检察审查这一核心内容,从不同维度推动检察权的发展完善,实现从"单一型"向"全面型"、从"管理型"向"保障型"、从"分散型"向"集聚型"、从"被动型"向"能动型"、从"审批型"向"亲历型"的转变。[3] 有学者认为我国目前检察权格局形态导致司法实践中的权力运行障碍,限制了立法原意的实现,产生了某种"自缚性";为此,需要重新对检察机关的内部组织形式进行排列组合,打破精细化分工的固有格局,代之以具有自主性的办案单元。[4] 有学者认为检察机关的刑事诉讼主导地位有广义和狭义之分,前者是指检察机关在办理全部案件过程中发挥主导作用,后者是指检察机关在办

---

[1] 郑贤君:《检察权的人民性:公诉权核心论的宪法学沉思》,载《首都师范大学学报(社会科学版)》2019年第3期。
[2] 周新:《论我国检察权的新发展》,载《中国社会科学》2020年第8期。
[3] 苗生明:《新时代检察权的定位、特征与发展趋向》,载《中国法学》2019年第6期。
[4] 孙皓:《论检察权配置的自缚性》,载《环球法律评论》2016年第6期。

理认罪认罚案件过程中具有实质影响乃至决定案件结果的特定权力;狭义的检察机关主导地位才是未来合作式诉讼中检察职权演进的应有之义;审视体现我国检察机关刑事诉讼主导地位的认罪认罚具结、量刑建议和酌定不起诉三个维度,可以发现,目前确立狭义的检察机关主导地位,尚缺乏足够的理念基础与制度支持。①

新形势下检察机关的办案模式、公诉模式,在理念、内容、方式等方面发生了很大的变化,检察机关和学者对此主题进行了细致的、深刻的研究。有地方检察机关课题组认为检察办案是检察权力运行的行为形态,其具有法律属性、公权力属性、认识判断属性、国家属性等四个特征;实践中,存在着限制性认定检察办案或过宽认定检察办案的误区,需要予以辨正;检察办案是一种认识判断活动,不同类型的检察办案具有"认识判断"的同质要素,但这种认识判断活动亦具有特殊性与局限性,检察办案需要具有容错性;检察办案应合理彰显"检察一体"要求,正确实现检察办案亲历性,保障客观公正义务履行。② 有学者认为,我国目前形成了审前分流与审判分流并重的多层次诉讼体系,进一步推动公诉权运行方式的发展;以认罪认罚从宽制度的建立和完善为重点的公诉模式转型,实质上是探讨定罪请求权、量刑请求权、不起诉裁量权的新变化,以及与之相应的若干规则的完善。③ 有学者认为审查起诉权司法化契合当前司法改革,符合检察制度改革的趋势和潮流;针对我国司法实践中存在的问题,完善之道在于推进审查起诉权运行适度司法化,增强审查起诉权行使的独立性和辩护律师的异议参与权等;审查起诉权司法化须在合理限度内运行,适用范围宜界定在合理区间以兼顾效率,目标是在形式合理与实质有效,多元化设计与协同化运行以及集体化的"惯性司法"和个体化的"责任司法"间达致平衡。④

变更公诉和撤回公诉是检察机关公诉工作的重要内容,也是司法实践中可能出现争议的关键问题。有学者认为在变更公诉的对象方面,犯罪事实和罪名的变更最为常见,变更公诉的内容存在严重的"脱法"现象,程序正当性也多有不足,被告人的诉讼防御利益缺乏有效保障;改革变更公诉制度,必须培育变更公诉的限度意识,重构变更公诉的实体控制模式,确立诉因构造基础上的变更公诉制度;厘定变更公诉的程序边界,将不利于被告人的变更公诉限定在一审判决

---

① 赵恒:《论检察机关的刑事诉讼主导地位》,载《政治与法律》2020年第1期。
② 上海市人民检察院第二分院课题组:《检察办案模式法律问题研究》,载《东方法学》2019年第5期。
③ 周新:《论检察机关的公诉模式转型》,载《政治与法律》2020年第1期。
④ 郜占川:《审查起诉权司法化的可能空间及合理限度》,载《社会科学》2020年第8期。

前,健全检法权力相互制衡机制,完善被告人权利保障机制。① 有学者认为起诉裁量权理论而非起诉便宜主义更适宜作为撤回公诉的理论根据,撤回公诉不仅在理论上能够证成,而且在实践中迫切需要。我国撤诉实践中存在"名实反差"、脱法运行、功能变异、程序正当化不足以及撤诉后恣意再诉的问题,撤回公诉的实践困局,源于立法的缺位以及司法层面的绩效考核机制和"审判去中心化"的诉讼模式,破解这一困局,需要从"以审判为中心"的视角重构撤回公诉制度,合理扩展撤诉事由,将撤诉时间限定在一审辩论终结前,强化法官对撤诉的审查和制约,建构撤诉的"告知—防御"机制,规制撤诉后的重新起诉行为。②

酌定不起诉和附条件不起诉是我国刑事诉讼法规定的不起诉特殊类型,涉及到特定情形下微罪或轻罪的不起诉问题。有学者认为酌定不起诉制度在世界范围内都有着广泛的理论共识与深度的效用空间,但在我国,该制度远未"物尽其用",理清酌定不起诉与相应刑法条文之关系,对于提升该制度在诉讼经济及人权保障方面的作用意义重大。③ 有学者认为附条件不起诉制度为涉罪未成年人提供了新的审前转处与非犯罪化途径,其实施状况也是观察我国少年司法发展进程和不起诉裁量权运用的重要参照,对 2013—2017 年全国和部分地区相关数据的考察发现,虽然附条件不起诉的适用增长显著,但总体适用范围仍然过窄、适用数量较低且地区间差异较大。④ 学者的研究成果表明,我国酌定不起诉和附条件不起诉制度还有较大的拓展适用空间。

刑事诉讼法上的"权力"概念,是一个非常有价值的研究主题。有学者认为我国学界对刑事诉讼法上权力概念的主流理解和解释,突出强调其强制性和公权力属性,这一认知存在着方法论和逻辑上的重大缺陷:第一,近乎全盘复制政治学和社会学上权力概念的定义,而未能彰显刑事诉讼法学学科自身对权力概念的独特认知和需要;第二,简单地将刑事诉讼法上的权力定义为一种强制力,因此无法解释刑事诉讼法中复杂多样的权力样态,进而导致无法准确识别某些权力的性质,产生理论上的困惑;第三,以强制力为特征解释刑事诉讼法上的权力,遮蔽了部分公权力的特征,从而造成人权保障上的盲区;第四,将刑事诉讼法上的权力概念等同于公权力,不当限缩了其内涵和外延,使得对于该法上的诸多权力现象无法作出合理的解释和说明。基于此,学界实有必要抛弃传统的权力

---

① 周长军:《刑事诉讼中变更公诉的限度》,载《法学研究》2017 年第 2 期。
② 周长军:《撤回公诉的理论阐释与制度重构——基于实证调研的展开》,载《法学》2016 年第 3 期。
③ 郭烁:《酌定不起诉制度的再考查》,载《中国法学》2018 年第 3 期。
④ 何挺:《附条件不起诉制度实施状况研究》,载《法学研究》2019 年第 6 期。

概念,而代之以新的概念,进而解决若干立法、司法和理论上的疑难问题。①

第二节 核心期刊论文摘要

我国检察制度七十年变迁的概览与期待
周 新
《政法论坛》2019 年第 6 期
关键词: 检察制度 检察改革 法律监督 检察权
摘要: 新中国成立以来,我国检察制度经历了成立与撤销、恢复重建、深化改革等发展阶段,并伴随着检察改革的深入推进日趋完善。站在新的历史起点上回顾 70 年来的检察改革,可以发现检察机关的法律监督体系得以健全,其法律监督理念顺应司法实践发展、法律监督内容得到优化、法律监督方式更具效力;检察权运行体系得以完善,办案组织与团队建设、业绩评价与责任追究机制、内外部监督制约机制的改革探索促进了检察权的良性运行,检察机关的管理体系也产生变迁,内设机构改革、人员分类管理制度改革、员额制改革等提升了检察机关对机构与人员的管理质量;检察队伍专业能力获得提升,检察人员任职培训和职业道德建设不断发展,现代科技也发挥了助推作用。未来检察改革需要继续在塑造"四大检察"与"十大业务"的检察新格局的基础上,进一步推动完善各项改革举措,健全中国特色社会主义检察制度。

国家治理体系中的检察机关:组织环境与法理构造
梁鸿飞
《法学家》2020 年第 4 期
关键词: 行政发包制 政策实施型司法 检察机关 法律监督 国家治理
摘要: 我国被认为属于能动型国家,中央政府具有改造社会的宏大愿景与统一的理论体系,国家政策实施是治理的基本内容之一。鉴于疆土辽阔导致的治理规模庞大、区域差异以及社会经济的转型变迁等因素,"行政发包制"成了我国在治理形式上的必然选择。不过,层层发包、逐级细化的政策实施路径同时也衍生出某些地方政府可能会偏离规范、自作主张的副作用。对此,无论是行政体系内的常规考核检查,还是间断性的运动型治理,都无法起到理想意义上的纠偏矫正效用,故而在某些领域形成了一幅"治丝益棼"的地方困局。在政策实施型司法的功能语境下,检察机关作为我国宪法所专门规设的法律监督机关,应当有所

---

① 万毅:《刑事诉讼法上的"权力"概念:反思与重构——以分析实证法学为中心》,载《政法论坛》2016 年第 5 期。

作为,须通过矫正行政违法、修复法律秩序而促成国家政策的统一实施。但由于组织环境的制约与权能不尽协调匹配的问题,使之采取了非竞争性的策略。就此而论,重塑法律监督制度具有关键性意义,这是回应新时代国家治理的需要。

新时代检察权的定位、特征与发展趋向

苗生明

《中国法学》2019年第6期

关键词:检察权　法律监督　公共利益　检察审查

摘要:新时代背景下,随着国家权力结构的新调整和社会主要矛盾的新变化,检察权的内涵和外延亦随之发生变化,法律监督的宪法定位更加鲜明。检察权要以代表公共利益为职责使命,以司法权与监督权的交互融合为基本属性,更要以检察审查为核心内容,通过促进其职能化、实质化,作为法律监督的重要支撑,贯通审查逮捕、审查起诉、诉讼监督等各环节、各方面。随着我国检察制度的基本成熟定型,可以提炼出检察权在制衡本质、主导功能、范围延展、客观公正立场以及运行机理等方面的特征,这是中国对现代检察制度的重要制度贡献,也是新时代检察工作发展完善的基本遵循。当前,检察机关的刑事、民事、行政、公益诉讼"四大检察"法律监督总体布局已经形成,应当紧紧抓住检察审查这一核心内容,从不同维度推动检察权的发展完善,实现从"单一型"向"全面型"、从"管理型"向"保障型"、从"分散型"向"集聚型"、从"被动型"向"能动型"、从"审批型"向"亲历型"的转变。

酌定不起诉制度的再考查

郭　烁

《中国法学》2018年第3期

关键词:不起诉　酌定不起诉　起诉法定　起诉便宜

摘要:在推进新一轮司法改革的时代背景下,审视中国不起诉尤其是酌定不起诉的预设功用及其现实处遇,对于我们思考、评估甚至"预测"在以审判为中心的诉讼制度改革过程中创设的刑事诉讼繁简分流程序大有裨益。通过比较法研究可以发现,酌定不起诉制度在世界范围内都有着广泛的理论共识与深度的效用空间,但在中国,该制度远未"物尽其用"。理清酌定不起诉与相应刑法条文之关系,对于提升该制度在诉讼经济及人权保障方面的作用意义重大。

附条件不起诉制度实施状况研究

何　挺

《法学研究》2019年第6期

关键词:附条件不起诉　少年司法　实证研究

摘要:附条件不起诉制度为涉罪未成年人提供了新的审前转处与非犯罪化

途径,其实施状况也是观察我国少年司法发展进程和不起诉裁量权运用的重要参照。对 2013—2017 年全国和部分地区相关数据的考察发现,虽然附条件不起诉的适用增长显著,但总体适用范围仍然过窄、适用数量较低且地区间差异较大。对少年司法发展程度不同的四省市八个基层地区进行实地调查,运用阅卷和访谈等方法进行研究,呈现了附条件不起诉在适用条件与影响因素、监督考察、附带条件与撤销等四个方面的实施状况及存在的问题。对于这些问题需要通过修改法律、完善司法、转变观念、完善政策保障以及培育社会支持体系等予以应对。

刑事诉讼中变更公诉的限度

周长军

《法学研究》2017 年第 2 期

关键词:变更公诉　审判对象　诉因　公诉事实的同一性

摘要:对于检法机关变更公诉,刑事诉讼法没有明确规定,主要是通过司法解释等规范性文件予以确立。检察机关变更公诉主要存在于罪名相近、容易混淆的案件中,表面看所占比例不大,但散见于绝大多数审判环节,且没有法定的次数限制,变更方式也较为随意,缺乏必要的规范;法院在变更公诉方面较为活跃,多数变更公诉决定由其自行作出或者建议检察机关作出。在变更公诉的对象方面,犯罪事实和罪名的变更最为常见,变更公诉的内容存在严重的"脱法"现象,程序正当性也多有不足,被告人的诉讼防御利益缺乏有效保障。改革变更公诉制度,必须培育变更公诉的限度意识,重构变更公诉的实体控制模式,确立诉因构造基础上的变更公诉制度;厘定变更公诉的程序边界,将不利于被告人的变更公诉限定在一审判决前,健全检法权力相互制衡机制,完善被告人权利保障机制。

论检察权配置的自缚性

孙　皓

《环球法律评论》2016 年第 6 期

关键词:检察权　自缚性　部门析出

摘要:检察权由诸多不同类型的权力组合而成,并各自在刑事诉讼流程中扮演着不可或缺的角色。目前的检察权配置,正是基于其权能的特质才形成固有模式,表现为精细化分工的内设机构。但是,这样的格局形态却导致司法实践中的权力运行障碍,限制了立法原意的实现,产生了某种"自缚性"。这一问题的解决,有赖于释放办案主体的自主性,以渐进方式破除"部门析出"的体制性障碍。当检察权以相对集中的样态呈现时,或许可以彻底摆脱因其自身功能失灵所造成的反噬,确保内外关系秩序的恢复。为此,需要重新对检察机关的内部组织形式进行排列组合,打破精细化分工的固有格局,代之以具有自主性的办案单元。当然,消除"自缚性"将是一个漫长的过程,科学的方法论在其中发挥着至为关键的作用,并推动提升司法效能、保障司法公正之根本目标的实现。

撤回公诉的理论阐释与制度重构——基于实证调研的展开
周长军
《法学》2016 年第 3 期
关键词:撤回公诉 起诉裁量权 以审判为中心 绩效考核 制度重构
摘要:起诉裁量权理论而非起诉便宜主义更适宜作为撤回公诉的理论根据。撤回公诉不仅在理论上能够证成,而且实践中迫切需要。我国撤诉实践中存在"名实反差"、脱法运行、功能变异、程序正当化不足以及撤诉后恣意再诉的问题。撤回公诉的实践困局,源于立法的缺位以及司法层面的绩效考核机制和"审判去中心化"的诉讼模式。破解这一困局,需要从"以审判为中心"的视角重构撤回公诉制度,合理扩展撤诉事由,将撤诉时间限定在一审辩论终结前,强化法官对撤诉的审查和制约,建构撤诉的"告知—防御"机制,规制撤诉后的重新起诉行为。

检察权的人民性:公诉权核心论的宪法学沉思
郑贤君
《首都师范大学学报(社会科学版)》2019 年第 3 期
关键词:检察权 人民主权 人民代理人 法律监督 一般监督权
摘要:检察权的人民性久已被遗忘,这是导致宪法解释明显偏离文本文字的重要原因,也是公诉权核心论产生的解释学根源。宪法和法律文本文字不是机械的语言学与语义学追随,即使是自由解释亦不得冒偏离文本文字的风险,否则将有违人民主权这一伟大原则。检察权来自宪法设计,无论是人民授权、宪法授权、主权者授权,还是人大授权、人大二次授权,都说明检察权的根基深植于民主集中制这一宪法原则,其核心深藏于权力分工与监督之中,其功能未必仅限于刑事诉讼。作为人民代理人,检察权的核心在于"完全且独立的权力",公诉权核心论是偏离文本文字的宪法臆造,它割裂了检察权的完整性,属于宪法上的自我残害。

《人民检察院组织法》修订中的若干问题——评《〈人民检察院组织法〉修订草案第二次审议稿》
万 毅
《东方法学》2018 年第 6 期
关键词:专门人民检察院 派驻检察室 派出机关 派出机构 越境办案权
摘要:《人民检察院组织法》的修订应注意以下几个问题:专门人民检察院的

设置应依检察一体原则,以法律授权的方式将相关职权交由专门法院所在地的人民检察院行使,不必专设专门人民检察院;基于审级对应的考虑,应设置与巡回法庭相对接的检察机构,具体设置可先由最高人民检察院设置派驻检察室,而非设立巡回检察厅,检察官由其从相关业务部门选派,定期轮流派驻;理顺派出机关与派出机构的关系,修改《〈人民检察院组织法〉修订草案第二次审议稿》第24条,取消"派出院"的称谓,统称"分院",审级、职责权限与本院相同;修改第25条,赋予各级人民检察院根据检察业务需要设立分院的权力;除依上级院检察长之书面指令,检察官原则上不得越区办案;在上下级的关系问题上,修改《〈人民检察院组织法〉修订草案第二次审议稿》第28条以明确指挥、监督权的首长特权属性。

检察办案模式法律问题研究
上海市人民检察院第二分院课题组　陈思群
《东方法学》2019年第5期
关键词:检察办案　法律监督　检察一体　亲历性　客观公正
内容提要:检察办案是检察权力运行的行为形态,其具有法律属性、公权力属性、认识判断属性和国家属性四个特征。实践中,存在着限制性认定检察办案或过宽认定检察办案等误区,需要予以辨正。检察办案是一种认识判断活动,不同类型的检察办案具有"认识判断"的同质要素,但这种认识判断活动亦具有特殊性与局限性,检察办案需要具有容错性。检察办案应合理彰显"检察一体"要求,正确实现检察办案亲历性,保障客观公正义务履行。

论检察机关的公诉模式转型
周　新
《政治与法律》2020年第1期
关键词:公诉模式　检察改革　检察权　多层次诉讼体系　认罪认罚从宽制度
摘要:随着2018年我国《刑事诉讼法》修订以后正式确立"认罪认罚从宽"原则,我国形成了审前分流与审判分流并重的多层次诉讼体系,进一步推动公诉权运行方式的发展。最高人民检察院提出了"健全与多层次诉讼体系相适应的公诉模式"这一改革任务。公诉模式转型的时代内涵及其改革趋向是多方面的,比如,包含了公诉理念、公诉活动繁简分流、公诉裁量权,等等。以认罪认罚从宽制度的建立和完善为重点的公诉模式转型,实质上是探讨定罪请求权、量刑请求权、不起诉裁量权的新变化,以及与之相应的若干规则的完善。通过深刻把握多层次诉讼体系语境下公诉模式转型的特点及其内涵,才能有效提升检察改革质量、推动检察职能履行。

论检察机关的刑事诉讼主导地位

赵　恒

《政治与法律》2020年第1期

关键词：检察机关主导地位　认罪认罚从宽制度　检察权裁判　量刑建议　不起诉

摘要：立足刑事诉讼多元化繁简分流体系,检察机关的刑事诉讼主导地位有广义和狭义之分,前者是指检察机关在办理全部案件过程中发挥主导作用,后者是指检察机关在办理认罪认罚案件过程中具有实质影响乃至决定案件结果的特定权力。借鉴描述大陆法系和英美法系检察权扩张现象的"检察权裁判"理论,狭义的检察机关主导地位才是未来合作式诉讼中检察职权演进的应有之义。审视体现我国检察机关刑事诉讼主导地位的认罪认罚具结、量刑建议和酌定不起诉三个维度,可以发现,目前确立狭义的检察机关主导地位,尚缺乏足够的理念基础与制度支持。未来,随着合作性司法理念渗透至我国刑事诉讼主要领域,立法机关可以前瞻性地从辨析检察权时代内涵、明确认罪认罚从宽制度功能、推进具结准诉讼化改造以及提升内外部监督质量和效果等方面出发,推动狭义的检察机关刑事诉讼主导地位的巩固与发展。

论我国检察权的新发展

周　新

《中国社会科学》2020年第8期

关键词：检察权　法律监督　检察改革　检察规律

摘要：深入推进检察体制机制改革,首先需明晰检察权的性质及其发展规律。我国检察权性质渊源于马克思主义国家学说,受历史逻辑、政治体制以及现实国情等因素的综合作用,既有其普遍性的一面,更具中国特色。立足宪法规范,可以发掘我国检察权演进的一般规律,即检察权在始终保持法律监督权基本属性的前提下,适时地根据时代变迁而不断调整其权力外延和权力运行方式,实现检察权发展与国家治理的同频共振。近年来,我国检察权的发展呈现出新特点,积极回应时代需求,是社会主要矛盾变化、国家权力结构调整以及司法体制机制改革等共同作用的结果。构建中国特色社会主义检察体系,应当坚持检察权的法律监督性质,尊重检察权发展的一般规律,根据社会需求和司法实务,进一步拓展检察权的外延,创新和丰富检察权能的运行机制,实现检察权的适时动态调整。

审查起诉权司法化的可能空间及合理限度

郜占川

《社会科学》2020 年第 8 期

关键词：审查起诉权　司法化　检察权　控辩平等　诉前会议

摘要：审查起诉权司法化契合当前司法改革，符合检察制度改革的趋势和潮流。但在我国司法实践中，审查起诉程序的裁断功能存在不同程度的失灵现象，主要表现为办案检察官的独立性保障不足，当事人权利被有意无意忽视，以及审查起诉存在不当的中间处理等。此现象有违审查起诉权司法化改革的预期。完善之道在于推进审查起诉权运行适度司法化，增强审查起诉权行使的独立性和辩护律师的异议参与权等。审查起诉权司法化须在合理限度内运行，适用范围宜界定在合理区间以兼顾效率，目标是在形式合理与实质有效、多元化设计与协同化运行以及集体化的"惯性司法"和个体化的"责任司法"间达致平衡，从而铸就审查起诉权的司法品格以实现司法公正。

刑事诉讼法上的"权力"概念：反思与重构——以分析实证法学为中心

万　毅

《政法论坛》2016 年第 5 期

关键词：权力　强制性　分析实证法学　公权力　法律关系

摘要：我国学界对刑事诉讼法上权力概念的主流理解和解释，突出强调其强制性和公权力属性，这一认知存在着方法论和逻辑上的重大缺陷。第一，近乎全盘复制政治学和社会学上权力概念的定义，而未能彰显刑事诉讼法学学科自身对权力概念的独特认知和需要。第二，简单地将刑事诉讼法上的权力定义为一种强制力，因此无法解释本法中复杂多样的权力样态，进而导致无法准确识别某些权力的性质，产生理论上的困惑。第三，以强制力为特征解释刑事诉讼法上的权力，遮蔽了部分公权力的特征，从而造成人权保障上的盲区。第四，将刑事诉讼法上的权力概念等同于公权力，不当限缩了其内涵和外延，并使得我们对于该法上的诸多权力现象无法作出合理的解释和说明。基于此，学界实有必要抛弃传统的权力概念，而代之以分析实证法学派所提炼出的"法律所赋予主体的一种创设法律关系的能力或资格"这一概念，进而解决若干立法、司法和理论上的疑难问题。

检察长列席审委会会议制度思考

卢希起

《法商研究》2020 年第 3 期

关键词：检察长列席审委会会议制度　公诉职能　审判监督职能　审判公正

摘要：历经法律的数次修改，检察长列席同级人民法院审判委员会会议制度终被保留下来。然而,学术界和实务界对检察长列席审委会会议制度的合理性等问题却一直没有达成共识。最高人民法院近期发布有关健全完善人民法院审判委员会工作机制的意见,对作为审委会制度伴生制度的检察长列席审委会制度必然产生一系列影响。对检察长列席审委会会议制度的相关问题进行再思考,既是不断完善该项制度的基本要求,也是与审委会制度改革同步的现实需要。检察长列席审委会会议制度合理性的认定标准,是公诉职能、审判职能、审判监督职能的严格区分以及由此衍生的"审判相关性"。检察长列席审委会会议时的法律地位,原则上只是审委会议决活动妨碍审判公正情形的见证者和提示者,其即席发表的意见要转化成检察机关正式的审判监督意见,须经其所在人民检察院检委会讨论决定。

合宪性审查提请机制的完善——兼论检察机关宪法定位的充分落实

朱全景　赵　丹

《法学杂志》2019年第6期

关键词: 合宪性审查　检察机关　法律监督　审查要求

摘要: 对法规和司法解释提起合宪性(合法性)审查,我国实行的是审查要求与审查建议并行的双轨提请机制。长期以来,由公民提出审查建议是双轨提请机制中最活跃的部分,国务院、中央军委、最高人民法院、最高人民检察院、省级人大常委会"五大机关"提出审查要求的规范则长期虚置,这不利于深化依法治国、推进合宪性审查工作。检察机关作为国家的法律监督机关,在推进合宪性审查、维护宪法权威中具有法定职责。我国应建立检察机关合宪性审查提请工作机制,将"四大检察"职能行使过程中发现的合宪性审查事项,通过提请工作机制上报最高人民检察院审查,由最高人民检察院根据《立法法》和《监督法》提出审查要求。

第三节　案例精解

关于赵宇案中检察权能的行使[①]

一、案情介绍

被害人李某与邹某于2018年10月相识。同年12月26日晚23时许,二人酒后一同乘出租车到达邹某的暂住处福建省福州市晋安区某公寓楼,二人在室

[①] 张时贵、郑丹彦:《正当防卫的认定程序》,载《人民司法(案例)》2019年第14期。

内发生争吵，随后李某被邹某关在门外。李某强行踹门而入，并殴打谩骂邹某，引来邻居围观。暂住在楼上的赵宇闻声下楼查看，见李某把邹某摁在墙上并殴打其头部，即上前制止并从背后拉拽李某，致李某倒地。李某起身后欲殴打赵宇，并进行言语威胁，赵宇随即将李某推倒在地，朝李某腹部踩一脚，又拿起房间内的凳子欲砸李某，被邹某劝阻住，后赵宇离开现场。经法医鉴定，李某腹部横结肠破裂，伤情属重伤二级；邹某面部软组织挫伤，属轻微伤。

2018年12月27日，福州市公安局晋安分局对此案立案侦查。

12月29日，晋安分局以涉嫌故意伤害罪对赵宇刑事拘留。

2019年1月4日，晋安分局以涉嫌故意伤害罪向晋安区检察院提请批准逮捕。

同年1月10日，晋安区检察院以事实不清、证据不足作出不批准逮捕决定，同日公安机关对赵宇取保候审。

2月20日，公安机关以赵宇涉嫌过失致人重伤罪，向晋安区检察院移送审查起诉。

晋安区检察院于2月21日以防卫过当、构成故意伤害罪对赵宇作出相对不起诉决定。

3月1日，福州市检察院经审查认为，原不起诉决定存在适用法律错误，遂指令晋安区检察院纠正。同日，晋安区检察院撤销原不起诉决定，以正当防卫对赵宇作出绝对不起诉决定。

二、该案中检察权的具体行使

（一）审查逮捕权

逮捕是在一定时间内完全剥夺犯罪嫌疑人、被告人人身自由的刑事诉讼强制措施，是刑事诉讼强制措施中最严厉的一种。

按照刑事诉讼法规定，逮捕犯罪嫌疑人、被告人，必须经过人民检察院批准或者人民法院决定，由公安机关执行。人民检察院对于公安机关提请批准逮捕的案件进行审查后，应当根据情况分别作出批准逮捕或者不批准逮捕的决定。对于批准逮捕的决定，公安机关应当立即执行，并且将执行情况及时通知人民检察院。对于不批准逮捕的，人民检察院应当说明理由，需要补充侦查的，应当同时通知公安机关。

检察院不批准逮捕包括三种情形：经审查认为不构成犯罪；经审查认为事实不清、证据不足；经审查认为社会危险性不大、没有逮捕必要。

该案中，福州市晋安区人民检察院因案件"被害人"李某正在医院手术治疗，伤情不确定，以事实不清、证据不足作出不批准逮捕决定，同日公安机关对赵宇取保候审。

在该过程中,检察权能的行使体现在两个方面:

一方面,审慎地行使批准逮捕权,坚持"少捕""慎捕",严格按照逮捕的法律标准、证据要求进行审查,在"事实不清、证据不足"的情况下作出不批准逮捕决定,最大限度防止了对公民人身自由的侵犯。

另一方面,是从批准逮捕权衍生出来的权能,即通过审查引导侦查,针对"事实不清、证据不足"的情况,引导侦查机关进一步查清事实、补充证据,助力提高侦查工作质效。

(二)审查起诉权

审查起诉是指检察院对公安机关移送起诉的案件,审查并决定是否起诉的活动。在审查起诉中,检察院对侦查阶段查明的犯罪事实和搜集的证据进行全面审查,既是对侦查工作的检查和验收,又是侦查工作的深入和发展,其目的是进一步保证案件的质量。

检察院依法审查后决定提起公诉或者决定不起诉,其中不起诉包括五种情形:法定不起诉[①]、相对不起诉(也称酌情不起诉)[②]、存疑不起诉[③]、附条件不起诉[④]和特别不起诉[⑤]。

该案中,先是晋安区人民检察院以防卫过当对赵宇作出相对不起诉决定;后有福州市人民检察院经审查认为原不起诉决定存在适用法律错误,遂指令晋安区人民检察院撤销原不起诉决定,以正当防卫对赵宇作出无罪的不起诉决定。该过程中,不管是作出相对不起诉还是法定不起诉的决定,都体现的是审查起诉权的行使,前提都是该案清楚的事实和充分的证据,差别之处就在于对有关法律规定的认识理解。

这一点,在官方通报中也予以了明确,"原不起诉决定存在适用法律错误"。

---

① 《刑事诉讼法》第 177 条第 1 款规定,"犯罪嫌疑人没有犯罪事实,或者有本法第十六条规定的情形之一的,人民检察院应当作出不起诉决定"。

② 《刑事诉讼法》第 177 条第 2 款规定,"对于犯罪情节轻微,依照刑法规定不需要判处刑罚或者免除刑罚的,人民检察院可以作出不起诉决定"。

③ 《刑事诉讼法》第 175 条规定:"人民检察院审查案件,可以要求公安机关提供法庭审判所必需的证据材料;认为可能存在本法第 56 条规定的以非法方法收集证据情形的,可以要求其对证据收集的合法性作出说明。人民检察院审查案件,对于需要补充侦查的,可以退回公安机关补充侦查,也可以自行侦查。对于补充侦查的案件,应当在一个月以内补充侦查完毕。补充侦查以二次为限。补充侦查完毕移送人民检察院后,人民检察院重新计算审查起诉期限。对于二次补充侦查的案件,人民检察院仍然认为证据不足,不符合起诉条件的,应当作出不起诉的决定。"

④ 《刑事诉讼法》第 282 条第 1 款规定:"对于未成年人涉嫌刑法分则第四章、第五章、第六章规定的犯罪,可能判处一年有期徒刑以下刑罚,符合起诉条件,但有悔罪表现的,人民检察院可以作出附条件不起诉的决定。人民检察院在作出附条件不起诉的决定以前,应当听取公安机关、被害人的意见。"

⑤ 《刑事诉讼法》第 182 条第 1 款规定:"犯罪嫌疑人自愿如实供述涉嫌犯罪的事实,有重大立功或者案件涉及国家重大利益的,经最高人民检察院核准,公安机关可以撤销案件,人民检察院可以作出不起诉决定,也可以对涉嫌数罪中的一项或者多项不起诉。"

从相对不起诉到法定不起诉,不仅仅是检察机关通过审查、裁量对刑法规定的正当防卫和防卫过当标准界限的厘清,同时也是通过典型个案鼓励见义勇为行为,弘扬社会正气,实现法律效果、政治效果和社会效果的有机统一。

(三)诉讼监督权

诉讼监督权是检察机关法律监督权的重要组成部分,是指检察机关依法对刑事、民事、行政诉讼进行的全方位、全过程监督,具体到刑事诉讼领域,主要是对侦查、审查逮捕和审查起诉、审判、刑事执行进行监督。监督线索来源可能是司法办案中自行发现,也可能是通过受理控告、申诉等方式掌握,监督模式和要求即在办案中监督、在监督中办案。

如上所述,既然监督内容覆盖侦查、审查逮捕、审查起诉、起诉、审判、刑事执行等所有环节,而审查逮捕和审查起诉本身又是属于检察机关的司法办案职能,那么,监督自然也就包括对外监督和内部监督。

该案中,关于检察机关对侦查机关立案、侦查、采取强制措施等活动进行的监督情况,鉴于现有的公开信息有限,无从具体分析评价。关于内部监督情况,在最高人民检察院指导下,福建省人民检察院指令福州市人民检察院对该案进行了审查。福州市人民检察院经审查认为,原不起诉决定存在适用法律错误,遂指令晋安区人民检察院撤销原不起诉决定,并以正当防卫对赵宇作出无罪的不起诉决定。

在此过程中,指导、指令审查、指令撤销原决定等行为,既是最高人民检察院对地方各级人民检察院和专门人民检察院、上级人民检察院对下级人民检察院领导权的行使,也是检察机关内部有力有效监督的具体体现。在短时间内依法纠正错误决定、作出新的决定、赢得社会认可,充分彰显了检察一体化领导机制的巨大优势。

三、案件分析

在中国,刑事案件的办理遵循诉讼阶段论,坚持"分工负责,互相配合,互相制约"模式。诉讼阶段论强调分工负责的重要性:公安机关负责侦查,检察院负责起诉,法院负责审判,三家各司其职且在地位上平等、独立。于是,作为第一道"工序"的侦查自然成为最关键的环节,即认定案件事实的实质性环节。而后续的审查起诉和审判程序的作用往往被弱化,仅对"上游工序"进行复核与确认。在权力运行层面,虽有"配合、制约"原则规制,但在强调共同肩负查明案件事实、合力打击犯罪的诉讼使命的社会治理背景下,三方在司法实践中往往形成了"配合有余,制约不足"的关系。

而赵宇案的妥善处理,让我们深刻认识到检察机关职能的重要性。从发现案件伊始的提前介入、引导侦查,到对犯罪嫌疑人是否需要逮捕进行审查;从对侦查机关的侦查活动是否违法进行监督,到对案件是否能移送法院提起公诉进行审查,检察院都在履行着自己的职责,发挥着自己不可替代的作用。

第四章　侦检关系理论问题

第一节　本章观点综述

依据我国刑事诉讼法规定,公安机关和检察机关存在两种职权关系:一是分工负责、互相配合、互相制约关系;二是检察院对公安机关的监督关系。这是一个持久的研究重点主题。有学者认为非法取证、不规范取证与不完全取证等侦查乱象难以由公安机关自我净化与解决,检察机关的侦查监督及公诉职能在侦、诉分离脱节的困局中无法有效发挥;作为解决上述问题的有效机制,检察机关派驻公安机关是可取的模式,该模式能够融合检察官的法律素养与警察的实操能力,提升指控质量,从而适应以审判为中心诉讼制度改革的要求;在具体形式上,检察机关既可以在公安机关执法办案管理中心设立"一站式"派驻检察办案组织,也可以结合地区特点和发案情况对公安机关派出所实行"常驻式"或"巡回式"派驻形式。① 有学者认为经过近 30 年的实践发展,侦查指引在制度定位上实现了从法律监督向服务公诉的转变,并且在捕诉一体格局下获得了新发展;侦查指引被赋予了完善以证据为核心的刑事指控体系的重要使命;有必要将侦查指引与参与侦查、指挥侦查进行合理区分,并正确认识监督与指引两项职能之间的冲突和调和。② 有学者认为我国逮捕制度改革的关键在于将检察机关所进行的封闭式、行政化的逮捕审查引导至诉讼化轨道,以切实保障犯罪嫌疑人的基本权利,为辩护权的行使架设平台;推进审查逮捕听证程序建设,应当在总结试点成效、借鉴域外经验的基础上,革新办案理念,确立检察官居中听审、侦辩两造对抗的诉讼结构,由检察官遵循客观中立的要求进行审查,并赋予被追诉人相应的救济权利,以此构建我国审查逮捕的正当程序。③ 还有学者认为当前应以行政检察改革和国家监察体制改革为契机,充分发挥检察机关和监察机关对警察权控制的功能优势,明确检察监督和监察监督的权限分工、程序方式和衔接制约机制,形成重大复杂警察执法争议案件对事对人双保险、违规违纪违法犯罪全程覆盖的新

---

① 刘计划、段君尚:《检察机关派驻公安机关模式研究》,载《中国人民大学学报》2020 年第 2 期。
② 陈卫东:《论检察机关的犯罪指控体系——以侦查指引制度为视角的分析》,载《政治与法律》2020 年第 1 期。
③ 周新:《审查逮捕听证程序研究》,载《中外法学》2019 年第 4 期。

型监督模式。①

依据《监察法》规定,监察委负责公职人员职务犯罪的调查工作。监察委职权与检察机关职责的关系,是一个较为重要的新问题。有学者认为从程序衔接的角度来看,对监察机关移送审查起诉的案件,检察院无须再刑事立案,退回补充调查处于监察调查阶段但应保障律师辩护权,审查起诉时有权否定监察调查的事实和作存疑不起诉决定;从强制措施衔接的角度来看,《刑事诉讼法》修改确立的留置效力相对延续理论较为合理,应当明确对被调查人的移送换押制度;从证据衔接的角度来看,应当肯定监察调查收集证据的合法性判断以《监察法》为标准,威胁、引诱获取的言词证据依据《监察法》予以排除,监察调查的案件也应当适用《刑事诉讼法》规定的其他证据排除规则。② 有学者认为监察机关与检察机关在公职人员犯罪、职务犯罪的管辖权上并非完全的独占、排他关系,而是存在部分竞合关系。从检察机关的法律监督地位及合理分配规制职务犯罪的公权力资源角度出发,应当合理地划分监察机关与检察机关的优位管辖权,具体而言:在案件初次管辖权分配上应由检察机关对14个罪名行使优位管辖权,而在需要补充调查核实/补充侦查时则应当由检察机关对所有公权力人员职务犯罪行使优位管辖权。③ 有学者认为国家监察体制改革完成后,监察机关拥有了对职务犯罪的调查权,使得职务犯罪的追诉呈现出一种全新的"调查—公诉"模式,该模式可能存在多种隐患,尤其是监察机关的刑事调查或将游离于"诉讼"之外,甚至有诱发"调查中心主义"的危险。要使"调查—公诉"模式得以优化升级,特别是在"以审判为中心"的统辖下,应考虑确立职务犯罪调查中的检察引导制度,作为公诉的准备活动,监察机关的刑事调查与公安机关的侦查一样,也是国家追诉犯罪机制的一个有机组成部分。要确保追诉能够取得成功,避免出现错误和疏漏,实现惩治腐败的有效性,应让检察机关介入监察机关的刑事调查,使其能够动态地了解整个刑事调查过程,并可以运用自己的诉讼经验,就证据的收集、固定、审查和运用向监察机关提出意见。④

---

① 魏琼、梁春程:《双重改革背景下警察执法监督的新模式——兼论检察监督与监察监督的协调衔接》,载《比较法研究》2018年第1期。
② 谢小剑:《监察调查与刑事诉讼程序衔接的法教义学分析》,载《法学》2019年第9期。
③ 井晓龙:《监察调查权与检察侦查权衔接研究》,载《法学杂志》2020年第12期。
④ 李奋飞:《职务犯罪调查中的检察引导问题研究》,载《比较法研究》2019年第1期。

第二节 核心期刊论文摘要

监察过程中的公安协助配合机制

江国华　张　硕

《法学研究》2019 年第 2 期

关键词： 警监协助　政务连带　监察程序法　监察协助

摘要： 基于监察法授权的不完整性与非对称性，监察机关必须借助公安机关等执法部门的协助配合，方能充分行使监察职能，履行监察职责。较诸其他执法机关，公安机关的协助配合对于监察职能的有效行使尤为重要。构建科学有效的警监协助机制，在监察法治体系建设中居于基础地位。在规范意义上，构建警监协助机制应基于"互相配合，互相制约"的宪法原则，明确协助配合的事项范围，规范协助配合之申请、审批、执行等程序机制，厘定协助配合之管辖、法律适用、人员经费以及责任分配等配套机制。现阶段，鉴于制度供给的阙如，警监协助工作只能通过出台较低位阶的规范性文件予以调适。为长远计，有必要制定监察程序法，修改警察法等相关法律，并出台配套的法律法规，逐步形成权威、高效、完备的监察协助配合机制。

审查逮捕听证程序研究

周　新

《中外法学》2019 年第 4 期

关键词： 审查逮捕　听证程序　司法化　人权保障　捕诉合一

摘要： 我国逮捕实践中存在的批捕率高、羁押量大等问题，很大程度上为现行审查逮捕模式所致。审查逮捕作为一种司法性质的职能，不但应由司法机关行使，更应以司法化的方式行使。在我国刑事司法语境下，检察机关负责审查批捕存在理论与制度上的正当性。基于此，改革的关键在于将检察机关所进行的封闭式、行政化的逮捕审查引导至诉讼化轨道，以切实保障犯罪嫌疑人的基本权利，为辩护权的行使架设平台。目前，我国部分地区正在推进的审查逮捕听证程序探索，取得了一定成效；域外保释听证的司法实践，亦为逮捕司法化改革的进一步完善提供了有益经验。推进审查逮捕听证程序建设，应当在总结试点成效、借鉴域外经验的基础上，革新办案理念，确立检察官居中听审、侦辩两造对抗的诉讼结构，由检察官遵循客观中立的要求进行审查，并赋予被追诉人相应的救济权利，以此构建我国审查逮捕的正当程序。

监察体制改革中职务犯罪侦查权比较研究

熊秋红

《环球法律评论》2017年第2期

关键词： 监察体制　职务犯罪　调查权　侦查权

摘要： 在国家监察体制改革中，监察委员会是否拥有职务犯罪侦查权存在着争议，监察委员会应当享有哪些职权也尚待明确。由于各国司法体制不尽相同，因此刑事案件管辖权的分工和职务犯罪侦查权的配置存在差异，主要有由警察行使侦查权、检察官直接行使侦查权和设专门机构行使侦查权之别。不同的模式选择往往由法律文化传统、诉讼模式、职务犯罪的特点、腐败的严重程度、侦查能力、公众的信任程度等多种因素共同决定。监察委员会的设立，使得我国职务犯罪侦查权从检察机关直接行使模式转向专门机构行使模式，在此背景下，新加坡贪污调查局和我国香港地区廉政公署、澳门地区廉政公署的实践经验具有重要的借鉴意义。受法治原则和人权原则的约束，应当赋予监察委员会履行反腐败职责所需的必要权力，而非打击腐败所需的全部权力；监察委员会侦查权不应是原有反腐败机构权力的简单相加，而应从我国现行法律出发，参照新加坡及其他地区的经验和刑事司法国际标准进行具体甄别；在监察体制改革中，应注意避免"只转权力、不转权利"的片面思维，完善对监察委员会侦查权进行监督和制约的机制。

监察调查与刑事诉讼程序衔接的法教义学分析

谢小剑

《法学》2019年第9期

关键词： 监察调查　留置　法法衔接　审查起诉

摘要： 监察法明确了监察调查终结后，移送检察院依据刑事诉讼法审查起诉的制度，由于"两法"强制措施、证据制度相差较大，造成了监察调查与刑事诉讼程序衔接中的诸多难题。从程序衔接的角度，对监察机关移送审查起诉的案件，检察院无须再刑事立案，退回补充调查处于监察调查阶段但应保障律师辩护权，审查起诉时有权否定监察调查的事实和作存疑不起诉决定。从强制措施衔接的角度，刑事诉讼法修改确立的留置效力相对延续理论较为合理，应当明确对被调查人的移送换押制度。从证据衔接的角度，应当肯定监察调查收集证据的合法性判断以监察法为标准，威胁、引诱获取的言词证据依据监察法予以排除，监察调查的案件也应当适用刑事诉讼法规定的其他证据排除规则。

检察机关派驻公安机关模式研究

刘计划　段君尚

《中国人民大学学报》2020年第2期

关键词：派驻检察　侦查　侦查控制　有效公诉

摘要：近年来重大冤错案件不断曝出，公安机关侦查中存在的沉疴积弊得以暴露，凸显出检察机关派驻公安机关的必要性。一方面，非法取证、不规范取证与不完全取证等侦查乱象难以由公安机关自我净化与解决；另一方面，检察机关的侦查监督及公诉职能在侦、诉分离脱节的困局中无法有效发挥。作为解决上述问题的有效机制，检察机关派驻公安机关并非"挑刺""添乱"，该模式能够融合检察官的法律素养与警察的实操能力，提升指控质量，从而适应以审判为中心诉讼制度改革的要求。在具体形式上，检察机关既可以在公安机关执法办案管理中心设立"一站式"派驻检察办案组织，也可以结合地区特点和发案情况对公安机关派出所实行"常驻式"或"巡回式"派驻形式。应明确派驻检察官的工作职责，注重改革的统一安排与推进，落实相关配套机制建设。

中国刑事侦查四十年

井晓龙

《法学杂志》2019年第7期

关键词：刑事侦查　发展历程　侦查功能　启示展望

摘要：中国刑事侦查发展历程大致可以分为四个阶段：首先是刑事侦查迅速恢复并快速发展时期；其次是刑事侦查开始改革探索并不断深入发展时期；再次是刑事侦查适应时代需求，刑事侦查品质明显提升时期；最后是刑事侦查全面深化改革，刑事侦查工作加速升级换代时期。回顾我国刑事侦查四十年发展历程，可以发现我国刑事侦查逐步形成了四项主要功能，即全面准确打击刑事犯罪、充分深入推进人权保障、全力有效维护社会安定以及有力协助开展追逃追赃。我国刑事侦查四十年发展历程为新时代刑事侦查发展提供了有益的经验启示。

监察调查权与检察侦查权衔接研究

井晓龙

《法学杂志》2020年第12期

关键词：监察调查权　检察侦查权　管辖权竞合　优位管辖权　补充侦查

摘要：国家监察体制的建立使反腐反贪形成合力，也带来监察调查权与检察侦查权的衔接问题。监察权包含廉政教育权、监督权、监察调查权、处理权，不能简单以监察权的性质等同于监察调查权的性质。其实，针对行使公权力人员职务犯罪的监察调查权本质上是"刑事侦查权"。监察机关与检察机关在公职人员犯罪、职务犯罪的管辖权上并非完全的独占、排他关系,而是存在部分竞合关系。从检察机关的法律监督地位及合理分配规制职务犯罪的公权力资源角度出发,应当合理地划分监察机关与检察机关的优位管辖权,具体而言:在案件初次管辖权分配上应由检察机关对 14 个罪名行使优位管辖权,而在需要补充调查核实/补充侦查时则应当由检察机关对所有公权力人员职务犯罪行使优位管辖权。

论检察机关的犯罪指控体系——以侦查指引制度为视角的分析

陈卫东

《政治与法律》2020 年第 1 期

关键词: 侦查指引　检察机关　侦查取证　警检关系　犯罪指控

摘要: 构建侦查指引制度是检察机关健全和完善以证据为核心的刑事犯罪指控体系的基石性问题。经过近 30 年的实践发展,侦查指引在制度定位上实现了从法律监督向服务公诉的转变,并且在捕诉一体格局下获得了新发展。基于固有侦查模式存在的显著弊端,在全面推行刑事诉讼以审判为中心的改革和社会犯罪形势发生明显变化的情况下,侦查指引被赋予了完善以证据为核心的刑事指控体系的重要使命。从理论上讲,侦查指引制度的构建和运行与警检结构的深层次命题并不存在绝对"依附关系",但为了避免其落入颠覆警检结构的理论窠臼,有必要将侦查指引与参与侦查、指挥侦查进行合理区分,并正确认识监督与指引两项职能之间的冲突和调和。在运行多年并取得一定积极成效的同时,侦查指引也面临着一些内在问题和外来质疑,需要予以进一步解决。

双重改革背景下警察执法监督的新模式——兼论检察监督与监察监督的协调衔接

魏　琼　梁春程

《比较法研究》2018 年第 1 期

关键词: 警察执法争议　检察监督　监察监督　协调衔接机制

摘要: 我国警察执法监督在程序启动、主体介入、对象内容、过程参与等方面亟待完善。在监督体系上尚不严谨,存在内部监督中立性不足、同体监督公信力不足、异体监督实效性不够等缺陷。当前应以行政检察改革和国家监察体制改革为契机,充分发挥检察机关和监察机关对警察权控制的功能优势,明确检察监督和监察监督的权限分工、程序方式和衔接制约机制,形成重大复杂警察执法争议案件对事对人双保险、违规违纪违法犯罪全程覆盖的新型监督模式。

职务犯罪调查中的检察引导问题研究

李奋飞

《比较法研究》2019年第1期

关键词："调查—公诉"模式　监察机关　检察机关　职务犯罪调查　引导调查取证　以审判为中心

摘要：国家监察体制改革完成后，监察机关既承担着违纪违法的调查职责，也拥有了对职务犯罪的调查权，监察调查因被认为"不是侦查"，使得职务犯罪的追诉呈现出一种全新的"调查—公诉"模式。该模式可能存在多种隐患，尤其是监察机关的刑事调查或将游离于"诉讼"之外，甚至有诱发"调查中心主义"的危险。要使"调查—公诉"模式得以优化升级，特别是在"以审判为中心"的统辖下，应考虑确立职务犯罪调查中的检察引导制度。作为公诉的准备活动，监察机关的刑事调查与公安机关的侦查一样，也是国家追诉犯罪机制的一个有机组成部分。要确保追诉能够取得成功，避免出现错误和疏漏，实现惩治腐败的有效性，应让检察机关介入监察机关的刑事调查，使其能够动态地了解整个刑事调查过程，并可以运用自己的诉讼经验，就证据的收集、固定、审查和运用向监察机关提出意见。尽管监察体制改革对检察机关的法律监督地位产生了重要影响，但这并不妨碍其通过提前介入、决定逮捕、退回补充调查、非法证据排除、不起诉等多种方式，来引导乃至监督监察机关的刑事调查。

第三节　案例精解

从检例第69号看侦检关系[①]

一、案情介绍

2017年初，被告人姚晓杰等人接受王某某（另案处理）雇佣，招募多名网络技术人员，在境外成立"暗夜小组"黑客组织。"暗夜小组"从被告人丁虎子等3人处购买大量服务器资源，再利用木马软件操控控制端服务器实施DDoS攻击（指黑客通过远程控制服务器或计算机等资源，对目标发动高频服务请求，使目标服务器因来不及处理海量请求而瘫痪）。

2017年2—3月间，"暗夜小组"成员三次利用14台控制端服务器下的计算机，持续对某互联网公司云服务器上运营的三家游戏公司的客户端IP进行DDoS攻击。攻击导致三家游戏公司的IP被封堵，出现游戏无法登录、用户频

[①] 检例第69号。

繁掉线、游戏无法正常运行等问题。为恢复云服务器的正常运营,某互联网公司组织人员对服务器进行了抢修并为此支付4万余元。

二、指控与证明犯罪的过程

(一)介入侦查引导取证

2017年初,某互联网公司网络安全团队在日常工作中监测到多起针对该公司云服务器的大流量高峰值DDoS攻击,攻击源IP地址来源不明,该公司随即报案。公安机关立案后,同步邀请广东省深圳市人民检察院介入侦查、引导取证。

针对案件专业性、技术性强的特点,深圳市人民检察院会同公安机关多次召开案件讨论会,就被害单位云服务器受到的DDoS攻击的特点和取证策略进行研究,建议公安机关及时将被害单位报案提供的电子数据送国家计算机网络应急技术处理协调中心广东分中心进行分析,确定主要攻击源的IP地址。

2017年6—9月间,公安机关陆续将11名犯罪嫌疑人抓获。侦查发现,"暗夜小组"成员为逃避打击,在作案后已串供并将手机、笔记本电脑等作案工具销毁或者进行了加密处理。"暗夜小组"成员到案后大多作无罪辩解。有证据证实丁虎子等人实施了远程控制大量计算机的行为,但证明其将控制权出售给"暗夜小组"用于DDoS网络攻击的证据薄弱。

鉴于此,深圳市检察机关与公安机关多次会商研究"暗夜小组"团伙内部结构、犯罪行为和技术特点等问题,建议公安机关重点做好以下三方面工作:一是查明导致云服务器不能正常运行的原因与"暗夜小组"攻击行为间的关系;二是做好犯罪嫌疑人线上身份和线下身份同一性的认定工作,并查清"暗夜小组"各成员在犯罪中的分工、地位和作用;三是查清犯罪行为造成的危害后果。

(二)审查起诉

2017年9月19日,公安机关将案件移送深圳市南山区人民检察院审查起诉。鉴于在案证据已基本厘清"暗夜小组"实施犯罪的脉络,"暗夜小组"成员的认罪态度开始有了转变。经审查,全案基本事实已经查清,基本证据已经调取,能够认定姚晓杰等人的行为已涉嫌破坏计算机信息系统罪。

审查中,检察机关发现,攻击行为造成的损失仍未查清,部分犯罪嫌疑人实施犯罪的次数、上下游间交易的证据仍欠缺。针对存在的问题,南山区人民检察院与公安机关进行了积极沟通,于2017年11月2日和2018年1月16日两次将案件退回公安机关补充侦查。

公安机关按要求对证据作了补强和完善,全案事实已查清,案件证据确实充分,已经形成了完整的证据链条。

（三）出庭指控犯罪

2018年3月6日，南山区人民检察院以被告人姚晓杰等11人构成破坏计算机信息系统罪向南山区人民法院提起公诉。4月27日，法院公开开庭审理了本案。

（四）处理结果

2018年6月8日，南山区人民法院判决认定被告人姚晓杰等11人犯破坏计算机信息系统罪。鉴于各被告人均表示认罪悔罪，部分被告人具有自首等法定从轻、减轻处罚情节，对11名被告人分别判处有期徒刑一年至二年不等。宣判后，11名被告人均未提出上诉，判决已生效。

三、案件评析

我国《宪法》第140条规定："人民法院、人民检察院和公安机关办理刑事案件，应当分工负责、互相配合、互相制约，以保证准确有效地执行法律。"刑事诉讼法对此也进行了重述。[①] 然而在司法实践中，专门机关之间的关系却多表现为"配合大于制约"，三机关将互相配合异化为无原则配合的现象屡见不鲜。[②]

另外我国刑事诉讼法将诉讼活动划分为侦查、起诉、审判等阶段，侦查机关所查明的事实和证据往往直接影响着案件的最终结果，后续阶段基本难以撼动侦查阶段认定的事实，表现为"侦查中心主义"，起诉和审判的制约与纠错功能严重不足。[③] 在此情况下，检察机关不仅未能有效发挥其法律监督职能，也未能有效地对侦查活动进行监督和指导，继而影响了后续审判阶段中庭审过程的实质性对抗。有学者认为造成此种侦检关系的原因有三：一是我国检察制度发展尚不完善。检察机关更注重追诉犯罪，而忽视了法律监督的职能定位。二是案件考评机制和理性不足。不起诉率、无罪判决率都是检察机关必须考虑的。三是检察机关制约侦查活动有限。检察机关的监督大多为事后监督且一定程度上为柔性监督，缺乏强制力。[④]

为了克服侦检关系的这种弊端，我国在立法和司法实践中都进行了相应的探索。在规范层面，《刑事诉讼法》第87条规定，"必要的时候，人民检察院可以

---

① 《刑事诉讼法》第7条规定，人民法院、人民检察院和公安机关进行刑事诉讼，应当分工负责，互相配合，互相制约，以保证准确有效地执行法律。
② 陈光中：《如何理顺刑事司法中的法检公关系》，载《环球法律评论》2014年第1期。
③ 樊崇义：《"以审判为中心"与"分工负责、互相配合、互相制约"关系论》，载《法学杂志》2015年第11期。
④ 杨恪：《论"以审判为中心"视野下的侦诉关系》，载《河北法学》2017年第9期。

派人参加公安机关对于重大案件的讨论。"①《人民检察院刑事诉讼规则(2019)》第 256 条规定了检察院可以"适时介入重大、疑难、复杂案件的侦查活动,参加公安机关对于重大案件的讨论,对案件性质、收集证据、适用法律等提出意见,监督侦查活动是否合法"②。在实践层面,检察机关提前介入,积极引导侦查的案例越来越多,对介入案件的范围、介入的时间、介入的方法等细节不断进行细化、明确。

本案中,面对重大、疑难、复杂的网络攻击犯罪案件,深圳市人民检察院适时介入侦查引导取证,会同公安机关研究侦查方向,在收集、固定证据等方面提出了法律意见。其提前介入具有加强法律监督和保障诉权的双重价值,回应了以审判为中心的诉讼制度改革。通过提前介入,不仅实现了对侦查活动的动态、直接、同步监督,保障了侦查活动的合法性和案件当事人的合法权益,而且通过引导取证,保证了公安机关取证的合法性和有效性,有助于提升公诉质量和审判效率。

---

① 《刑事诉讼法》第 87 条规定,公安机关要求逮捕犯罪嫌疑人的时候,应当写出提请批准逮捕书,连同案卷材料、证据,一并移送同级人民检察院审查批准。必要的时候,人民检察院可以派人参加公安机关对于重大案件的讨论。

② 《人民检察院刑事诉讼规则(2019)》第 256 条规定,经公安机关商请或者人民检察院认为确有必要时,可以派员适时介入重大、疑难、复杂案件的侦查活动,参加公安机关对于重大案件的讨论,对案件性质、收集证据、适用法律等提出意见,监督侦查活动是否合法。经监察机关商请,人民检察院可以派员介入监察机关办理的职务犯罪案件。

第五章　检察体制改革问题

第一节　本章观点综述

党的十八大以来,在以习近平同志为核心的党中央的领导下,检察机关以落实司法责任制为核心,扎实推进司法体制改革,取得重要进展。党的十九大提出深化司法体制综合配套改革,全面落实司法责任制,并对今后一个时期的司法改革工作做了总体部署。为了落实好这一部署,我们必须要站在更高的起点上谋划和推进改革,使检察改革真正成为新时代检察工作创新发展的新动力。①

如何看待司法体制改革进程中我国检察机关的职权内容、检察机关办案规则,是一个基础性的研究课题。有学者认为我国检察机关在宪法上被定性为法律监督机关,但如何实现法律监督,却是1979年《中华人民共和国人民检察院组织法》遗留的一个历史性难题。在新的依法治国语境下,检察机关必须寻找使法律监督的新的切入点,成为公民基本权利的守护者、宪法法律的守护者。为了实现上述职能,必须对检察机关的组织结构和职权配置进行重大改革。②

有学者认为国家监察体制改革并未动摇宪法赋予检察机关的法律监督定位,只是法律监督的目标定位应为"程序正义的守护者",这不仅需要革除批捕权和公诉权在基本运行范式上的弊端,还应当对检察机关的令状范围加以拓展,以塑造更为系统且符合中国本土法治资源的诉讼监督格局。此外,还应稳步推进民事行政监督和刑事执行监督等特色职能的开发,这或是提升检察权品质的适宜渠道。③

有学者全方位地解析了新的《人民检察院刑事诉讼规则》,对其中的相关问题进行了深刻的解析。其认为新规则恢复了业务机构负责人的个案审核与监督管理权,虽有积极意义,但亦可能冲击司法责任制;执行时应注意司法责任制改革要求,保持谨慎与谦抑,同时应修改与细化相关规定,限制业务审核管理权限;对侦查(调查)中的职能管辖错位,规则要求以事实、证据状况作为是否退回移管的标准,还要求征求意见以确定案件处置,同时体现出程序不平等;相关规定欠

---

① 《2018—2022年检察改革工作规划》。
② 魏晓娜:《依法治国语境下检察机关的性质与职权》,载《中国法学》2018年第1期。
③ 李奋飞:《检察再造论——以职务犯罪侦查权的转隶为基点》,载《政法论坛》2018年第1期。

妥,应以是否故意违法,即"善意管辖"和"恶意管辖"作为直接起诉或退回移管的基本标准;对二审检察机关审查一审检察机关的抗诉意见,规则允许变更、补充;这种抗诉理由的改变不包括抗诉请求及抗诉对象的变更。为维护审级制度和法律救济原则,不得在法律适用上超出公诉范围对被抗诉人作不利变更,但就事实证据问题,应可发回重审,可提出与公诉不同的抗诉理由;但应注意抗诉理由表达方式,同时可以斟酌设置"显而易见、无争辩余地"的量刑情节例外。[①]

在新一轮司法体制改革的过程中,捕诉一体办案机制经过实践的检验,已经成为我国基本的法律制度设计。捕诉一体既是一个司法实践的重要问题,也是学者们研究、争论的重要课题。有学者认为我国新一轮司法改革以来,检察机关经历了深刻的理念更新、职能调整、机构改革,三方面相辅相成,至今方兴未艾;新时代刑事检察工作应当以捕诉一体为突破口,重构、优化检察权运行机制,促进司法公正和司法效率在更高层次上实现有机统一。[②] 有学者认为捕诉一体办案机制主要体现了三大实践价值:一是有利于少捕慎捕和保障人权;二是有利于解决实践中案多人少的矛盾和提高司法效率;三是有利于增强检察官的办案责任心和提高检察官素质。捕诉一体办案机制在检察实践中也遇到三个方面的问题,即职务犯罪侦查案件如何实行捕诉一体;检察官对诉讼活动如何进行有效监督;对检察官的办案活动如何加强内部监督。针对实践中的问题,要保证捕诉一体办案机制的健康发展,更好地发挥其有效作用,应当建立和完善以下机制:一是建立上级指导下的职务犯罪侦查案件捕诉一体机制;二是检察机关实行诉讼监督案件化办理;三是建立检察机关有效的内部监督制约制度。[③] 有学者认为"捕诉合一"作为一种近代以来的诉讼制度主要存在于采用威权体制的苏联以及受到苏联制度深度影响的部分国家,而在采用议会民主制和市场经济体制的西方法治国家,"捕诉合一"的现象则很少出现。自20世纪80年代末开始,绝大多数原来采取"捕诉合一"制度的国家通过修改宪法和法律废止了这一制度,通过独立、公正的司法机关保障公民的人身自由并为自由受到任意侵犯的个人提供有效的司法救济,成为这些国家政治法律制度改革的一个基本方向,国际社会关于刑事诉讼中剥夺人身自由的正当程序也已达成共识;"捕诉合一"的核心问题在于,由缺乏必要的独立性和中立性的检察官行使批准逮捕的权力,既不符合刑事诉讼制度的发展规律,也违反了《公民权利和政治权利国际公约》等国际性、区域性人权公约的相关规定;我国应及时终止检察机关的所谓"捕诉一体"改革,废

---

① 龙宗智:《新〈人民检察院刑事诉讼规则〉若干问题评析》,载《法学杂志》2020年第5期。
② 叶青:《"捕诉一体"与刑事检察权运行机制改革再思考》,载《法学》2020年第7期。
③ 邓思清:《捕诉一体的实践与发展》,载《环球法律评论》2019年第5期。

止"捕诉合一"的法律制度,以便为我国加入《公民权利和政治权利国际公约》扫清障碍。① 这一观点值得学界和司法界高度重视、认真反思。

在《监察法》和《刑事诉讼法》的法规范体系中,如何处理监察机关和检察机关的关系,是一个新鲜的、重要的研究主题。有学者认为检察院随着职能整合而被剥离的部分权力主要是职务犯罪侦查权,事实上该项权力的行使本来就不属于权力监督,而属于权力制衡,检察院对审判行为、刑事判决执行机关及监所机关的执行行为以及一般行政行为的监督权才属于真正意义上的监督权;因此,职能整合并不会改变检察机关作为法律监督机关的宪法定位,监察监督和检察监督在对象、范围、方式和阶段四个方面形成差异互补,二者各司其职,丰富和完善了权力制约体系。② 有学者认为修改后的《刑事诉讼法》在《监察法》规定公职人员职务犯罪由监察委员会调查管辖的前提下,赋予检察机关对司法工作人员相关职务犯罪立案侦查的管辖权;这一双重管辖的制度设计,蕴含着监察体制改革和司法体制改革过程中"补短板、强弱项"的价值取向,同时也引发了如何认识和解决监察机关与检察机关职能管辖中的竞合问题;要实现双重管辖的制度初衷,就应从理论逻辑、多元功能入手,正确把握双重管辖制度的科学要义,确立检察优先管辖原则,解决管辖中影响效能发挥的若干问题,实现侦查权运行的理念重塑、策略改进和机制重构。③ 有学者就检察机关提前介入职务犯罪监察调查问题进行了专题研究,认为针对介入过程中协助调查与公诉准备的角色定位冲突,应当在追诉职务犯罪目标统筹下予以平衡。当前检察提前介入监察调查存在适用率过高、实施细则不完善以及救济机制不健全等缺陷与不足,应当完善提前介入案件遴选机制,优化介入流程,赋予被调查人救济权,以提高程序正当性。④

第二节 核心期刊论文摘要

检察再造论——以职务犯罪侦查权的转隶为基点
李奋飞
《政法论坛》2018年第1期
关键词:国家监察体制改革 职务犯罪侦查权转隶 法律监督的目标定位 检察权的功能再造
摘要:随着国家监察体制改革的深入推进,检察机关的反贪、反渎等职务犯

---

① 孙长永:《"捕诉合一"的域外实践及其启示》,载《环球法律评论》2019年第5期。
② 夏金莱:《论监察体制改革背景下的监察权与检察权》,载《政治与法律》2017年第8期。
③ 吴建雄:《司法人员职务犯罪双重管辖制度的多维思考》,载《中国法学》2020年第6期。
④ 吕晓刚:《监察调查提前介入实践完善研究》,载《法学杂志》2020年第1期。

罪侦查权将转隶至监察委员会,这无疑对检察机关的职能定位产生重要影响。因而需要检讨过往检察权配置的适宜性及其实践困局,剖析检察"软骨病"的生成症结,并对未来中国检察权的功能架构进行理性设计。国家监察体制改革并未动摇宪法赋予检察机关的法律监督定位,只是法律监督的目标定位应为"程序正义的守护者"。这不仅需要革除批捕权和公诉权在基本运行范式上的弊端,还应当对检察机关的令状范围加以拓展,以塑造更为系统且符合中国本土法治资源的诉讼监督格局。此外,还应稳步推进民事行政监督和刑事执行监督等特色职能的开发,这或是提升检察权品质的适宜渠道。

司法人员职务犯罪双重管辖制度的多维思考
吴建雄
《中国法学》2020 年第 6 期

关键词:司法人员　职务犯罪　双重管辖　检察优先

摘要:修改后的《刑事诉讼法》在《监察法》规定公职人员职务犯罪由监察委员会调查管辖的前提下,赋予检察机关对司法工作人员相关职务犯罪立案侦查的管辖权。这一双重管辖的制度设计,蕴含着监察体制改革和司法体制改革过程中"补短板、强弱项"的价值取向,同时也引发了如何认识和解决监察机关与检察机关职能管辖中的竞合问题。要实现双重管辖的制度初衷,就应从理论逻辑、多元功能入手,正确把握双重管辖制度的科学要义,确立检察优先管辖原则,解决管辖中影响效能发挥的若干问题,实现侦查权运行的理念重塑、策略改进和机制重构。

论监察体制改革背景下的监察权与检察权
夏金莱
《政治与法律》2017 年第 8 期

关键词:监察体制改革　监察权　检察权　权力监督　权力制约

摘要:监察体制改革导致了国家监察委员会的诞生和检察院部分职能的整合,引发了监察权和检察权法律性质的重新定位。以权力制约为基础,监察权是独立于立法权、行政权和司法权的国家权力,属于权力监督的范畴。检察院随着职能整合而被部分剥离的权力主要是职务犯罪侦查权。事实上该项权力的行使本来就不属于权力监督,而属于权力制衡,检察院对审判行为、刑事判决执行机关及监所机关的执行行为以及一般行政行为的监督权才属于真正意义上的监督权。因此,职能整合并不会改变检察机关作为法律监督机关的宪法定位。监察监督和检察监督在对象、范围、方式和阶段四个方面形成差异互补,二者各司其职,丰富和完善了权力制约体系。

依法治国语境下检察机关的性质与职权

魏晓娜

《中国法学》2018年第1期

关键词：垂直领导　诉讼职权　监督职权

摘要：随着国家监察体制改革试点的开展,职务犯罪侦查部门的整体转隶,检察机关又一次被推向重大改革的当口。中国检察机关在宪法上被定性为法律监督机关,但如何实现法律监督,却是1979年《人民检察院组织法》遗留的一个历史性难题。在新的依法治国语境下,检察机关必须寻找行使法律监督的新的切入点,成为公民基本权利的守护者、宪法法律的守护者。为了实现上述职能,必须对检察机关的组织结构和职权配置进行重大改革。

"捕诉一体"与刑事检察权运行机制改革再思考

叶　青

《法学》2020年第7期

关键词：捕诉一体　刑事检察权　运行机制　改革研究

摘要：我国新一轮司法改革以来,检察机关经历了深刻的理念更新、职能调整、机构改革,三方面相辅相成,至今方兴未艾。新时代刑事检察工作应当以捕诉一体为突破口,重构、优化检察权运行机制,促进司法公正和司法效率在更高层次上实现有机统一。基于"捕诉一体"的刑事检察革新,确立比例原则,对于审查逮捕的公正性给予更为明确的保障；推进量刑建议精准化建设,将相对不起诉工作做成精细司法典范；加强刑事诉讼程序内的制约机制,减弱行政化的内部制约环节；实现专业化建设,"捕诉一体"则更有利于实现类案办理专业化和职业培训的专业化。

捕诉一体的实践与发展

邓思清

《环球法律评论》2019年第5期

关键词：捕诉一体　检察监督　审查逮捕　检察机构改革

摘要：在新一轮司法体制改革的过程中,捕诉一体办案机制作为检察机关推进司法责任制改革的重要配套措施,经历了探索、争论、正式确立三个发展阶段。从捕诉一体办案机制正式实行的情况来看,主要体现了三大实践价值：一是有利于少捕慎捕和保障人权；二是有利于解决实践中案多人少的矛盾和提高司法效率；三是有利于增强检察官的办案责任心和提高检察官素质。捕诉一体办案机制在检察实践中也遇到三个方面的问题,即职务犯罪侦查案件如何实行捕诉一体,检察官对诉讼活动如何进行有效监督,对捕诉一体检察官的办案活动如何加强内部监督。针对实践中的问题,要保证捕诉一体办案机制的健康发展,更好地发挥其有效作用,应当建立和完善以下机制:一是建立上级指导下的职务犯罪侦查案件捕诉一体机制;二是检察机关实行诉讼监督案件化办理;三是建立检察机关有效的内部监督制约制度。

论司法责任制
张文显
《中州学刊》2017年第1期
关键词: 司法责任制　司法规律　司法职能　司法民主
摘要: 建立和完善司法责任制是司法体制改革的"牛鼻子",对其他各项司法改革均具有牵引和统领作用。司法责任制的核心要义和科学内涵是"让审理者裁判,由裁判者负责"。司法责任制与司法民主制是相辅相成的,在推进司法责任制改革的过程中应重视发挥合议庭、审判庭、审判委员会以及法官专业会议等司法民主载体的积极作用,不断创新完善以司法民主保证司法公正、司法权威、司法秩序、司法公信的体制机制。习近平总书记关于司法和司法权、司法的价值和功能、司法规律等基础理论问题的深刻论述,为司法责任制改革提供了科学理论,指引司法责任制改革在司法本质和司法规律的轨道上有序推进。

检察机关去行政化审批模式改革探析
董玉庭
《吉林大学社会科学学报》2015年第6期
关键词: 去行政化审批　隐性办案　独立办案权　集体讨论制
摘要: 行政化审批式的办案模式是检察机关办案责任制改革必须面临的问题,而去行政化审批真正需要摒弃的是"隐性办案"模式。去行政化审批的目标,是要构建检察官独立行使办案权与监督制约辩证统一的办案责任制。案件的集体讨论制度在去行政化审批之后仍需保留,集体讨论制不仅是独立办案权行使过程中办案人的制度保障,而且是对独立办案权进行监督制约的重要形式。

监察调查提前介入实践完善研究
吕晓刚
《法学杂志》2020年第1期
关键词: 互相配合　角色定位　追诉　救济
摘要: 检察机关提前介入职务犯罪监察调查是监察机关与检察机关互相配合、互相制约原则的实现机制。针对介入过程中协助调查与公诉准备的角色定位冲突,应当在追诉职务犯罪目标统筹下予以平衡。当前检察提前介入监察调查存在适用率过高、实施细则不完善以及救济机制不健全等缺陷与不足,应当完善提前介入案件遴选机制,优化介入流程,赋予被调查人救济权,以提高程序正当性。

司法改革视野下检察业务考评机制改革新思考
宋鹏举
《法学杂志》2020 年第 3 期
关键词：检察业务考评　层级化　个人考评　审视　完善
摘要：检察业务考评对驱动检察机关职能发挥、实现检察机关价值有重要作用。在本轮司法改革前,我国检察业务考评机制呈现层级化运作方式,由上级院考评下级院,检察官个人不作为考评主体;此后,各地在层级化考评运作下,探索构建对员额检察官个人的考评机制。我国检察业务考评的发展回应了检察改革实践,但尚未充分适应中国特色检察制度的要求,尚未做到完全按照检察规律办事,急需创新制定适应司法改革的考评措施。应从层级化考评的完善、创新设置个人考评、考评的组织与程序三方面进一步改革。

新《人民检察院刑事诉讼规则》若干问题评析
龙宗智
《法学杂志》2020 年第 5 期
关键词：人民检察院　刑事诉讼规则　司法责任制　管辖错位　抗诉变更
摘要：此次人民检察院刑事诉讼规则修改能够遵循立法精神,体现了司法改革成果,回应了实践需求。新规则恢复了业务机构负责人的个案审核与监督管理权,虽有积极意义,但亦可能冲击司法责任制。执行时应注意司法责任制改革要求,保持谨慎与谦抑,同时应修改与细化相关规定,限制业务审核管理权限。对侦查(调查)中的职能管辖错位,规则要求以事实、证据状况作为是否退回移管的标准,还要求征求意见以确定案件处置,同时体现出程序不平等。相关规定欠妥,应以是否故意违法,即"善意管辖"和"恶意管辖"作为直接起诉或退回移管的基本标准。对二审检察机关审查一审检察机关的抗诉意见,规则允许变更、补充。这种抗诉理由的改变不包括抗诉请求及抗诉对象的变更。为维护审级制度和法律救济原则,不得在法律适用上超出公诉范围对被抗诉人作不利变更,但就事实证据问题,应可发回重审,可提出与公诉不同的抗诉理由。但应注意抗诉理由表达方式,同时可以斟酌设置"显而易见、无争辩余地"的量刑情节例外。

司法责任制语境下的主任检察官制度改革——以检察官的职权配置为中心
詹建红
《法商研究》2017 年第 4 期
关键词：司法责任　主任检察官　检察一体化　检察官独立　职权配置
摘要：检察机关办案方式行政化一直是检察改革需要面对的突出问题。为实现通过办案组织形式扁平化来克服检察机关传统办案模式弊端的目标,近年来,最高人民检察院在全国范围内大力推进主任检察官制度试点工作,但由于制度改革尚处于探索阶段,因此主任检察官的独立性仍显不足,而这主要体现在检察长和检察委员会审批决定的事项过多、主任检察官与业务部门负责人间的权限划分不清、办案组内部的科层控制难以弱化三个方面。为保证改革措施的有效推行,应该在强化检察官独立地位的基础上以权力配置和监督机制为核心,完善相应的内部机制。

论捕诉一体化的合理适用

陈 实

《法商研究》2019年第5期

关键词: 捕诉一体化 捕诉合一 检察改革 相对合理性

摘要: 捕诉一体化是21世纪初在我国地方检察改革过程中产生的一种办案机制。在新一轮检察体制改革的背景下,该机制再度兴起并引发争议。捕诉一体化是对检察办案组织的职能改革,其内生逻辑是检察机关在多重因素叠加变化下通过重新配置办案资源,改革内部办案方式从而对新的司法需求进行回应。捕诉一体化与批捕权的归属问题不应混为一谈,前者不会异化审查逮捕程序和削弱检察机关的内部监督,反而有利于推进以审判为中心的诉讼制度改革,在当前司法改革的背景下具有相对合理性。捕诉一体化可以通过限制适用层级、尊重地方实践模式、及时评估调整的制度试行方式予以适用,并通过落实审查逮捕实质化、切断捕诉利益关联、强化侦查监督引导等配套措施最大限度地避免其副作用的产生。

"捕诉合一"的域外实践及其启示

孙长永

《环球法律评论》2019年第5期

关键词: 捕诉合一 司法权力 检察权 欧洲人权 国际人权公约

摘要: 自近代以来,"捕诉合一"作为一种制度主要存在于采用威权体制的苏联以及受到苏联制度深度影响的部分国家,而在采用议会民主制和市场经济体制的西方法治国家,"捕诉合一"的现象只在少数国家存在过。自20世纪80年代末开始,原来采取"捕诉合一"制度的国家绝大多数通过修改宪法和法律废止了这一制度,通过独立、公正的司法机关保障公民的人身自由并为自由受到任意侵犯的个人提供有效的司法救济,成为这些国家政治法律制度改革的一个基本方向,国际社会关于刑事诉讼中剥夺人身自由的正当程序也已达成共识。"捕诉合一"的核心问题在于,由缺乏必要的独立性和中立性的检察官行使批准逮捕的权力,既不符合刑事诉讼制度的发展规律,也违反了《公民权利和政治权利国际公约》等国际性、区域性人权公约的相关规定。我国应及时终止检察机关的所谓"捕诉一体"改革,废止"捕诉合一"的法律制度,以便为国家批准《公民权利和政治权利国际公约》扫清障碍。

透视"捕诉一体"
王敏远
《环球法律评论》2019 年第 5 期
关键词:逮捕 起诉 辩护 诉讼效率 检察权
摘要:"捕诉一体"作为检察系统内设机构的改革措施,受到学术界和实务界的广泛关注并产生了争议。对此问题的深入讨论,有助于促进我国检察工作的改革与刑事司法改革相协调,提升刑事司法的品质。研究"捕诉一体"问题需要透过关于捕诉一体对逮捕与起诉质量、对辩护权的影响等问题的争议,分析这些问题产生的缘由,应当探讨捕诉一体的功能以及新的刑事司法体制和刑事诉讼体制等影响"捕诉一体"改革的主要因素,妥善解决"捕诉一体"在司法实践中面临的检察工作的相关问题与刑事辩护面临的新问题。

第三节 案 例 精 解

关于杭州首例"捕诉一体"案的思考[①]

一、案情介绍

被告人孔某与被害人赵某原系夫妻关系,后因感情破裂协议离婚,但仍同居。2018 年 10 月 22 日 12 时许,孔某因赵某欲赴外地与他人约会而心生嫉恨,在劝阻无效的情况下,用厨房取来的水果刀朝赵某颈部等部位猛刺数十刀,致赵某当场死亡。

案发后,孔某欲烧炭、割腕自杀,同时发送定时邮件告知亲友。10 月 23 日凌晨 1 时许,孔某被发现并送至医院救治,后被抓获归案。

经鉴定,被害人赵某系因颈部遭锐器多处刺戳致左颈总动脉离断,急性大出血死亡。

孔某故意杀人一案由杭州市公安局于 2018 年 10 月 29 日移送杭州市人民检察院提请批准逮捕。

---

① 陈东升、刘波:《浙江省杭州市首例"捕诉一体"案开庭》,载《法制日报》2019 年 4 月 13 日。

2018年11月5日,杭州市人民检察院依法决定对孔某批准逮捕。

2019年1月4日,该案移送杭州市人民检察院审查起诉。按照"捕诉一体"要求,案件的审查逮捕和审查起诉均由吕敏兰、范苑苑承办。

2019年2月19日,杭州市人民检察院依法对孔某以涉嫌故意杀人罪提起公诉。

二、案件分析

该案从移送审查起诉到提起公诉历时一个半月,以司法实践中命案的办理周期来说,审查时间相对较短。"捕诉一体"使得审查起诉阶段的讯问更有针对性,由于承办检察官在批捕阶段对案件的基本事实和证据便已经有所掌握,所以会侧重围绕影响量刑的情节,如"是否自首""是否激情杀人"等进行讯问。另外,案件由同一人办理,避免了重复阅卷、重复审查证据的情况。这不仅节约了司法资源,更使得批捕、起诉两项职能结合的效益最大化。

将案件"一办到底",对于检察官来说既是机遇也是挑战。虽然与同类刑事案件相比,该案的情况并不算复杂,但如何高质量将案件诉出,对承办检察官来说存在一定压力,通过案件倒逼学习,不断提高办案能力,是检察官不得不面对的挑战。

侦监工作讲究"短平快",批捕期限只有7天,检察官对证据审查会相对比较粗放,只要符合基本事实清楚,基本证据到位,就可以批准逮捕。实施"捕诉一体"后,诉不诉得出、判不判得下,都是批捕环节就应该考虑的问题。承办人提前介入引导侦查机关取证,并按照起诉标准,制作详尽的补证提纲,这就为后续的起诉工作打下基础。从"捕诉衔接"到"捕诉一体",检察官对案件全程亲历、全程负责,这不仅有利于强化检察监督,提升办案质效,也有利于提高检察官的责任意识。

三、捕诉一体改革给检察办案带来的变化和挑战

有学者认为捕诉一体化办案机制在本质上是检察机关办案组织的职能改革,而并非检察机关内设机构的设置问题。[①] 因此其给检察机关办案带来的影响绝不仅仅在于办案机构的调整。

捕诉一体化改革带来的变化主要有以下几个方面:一是办案机制重新确立以及人员重新整合;二是公诉角色前移,在"捕诉一体"以后,作出一个审查逮捕或者定罪不捕的决定的同时就意味着诉讼可以继续向前推进,在作出决定的那

---

① 陈实:《论捕诉一体化的合理适用》,载《法商研究》2019年第5期。

一刻开始,实际上检察官已经完成了角色上的转变;三是强化了检察工作的一体化思维,捕诉一体,使捕与诉的审查更加具有接续性;四是内部环节减少,当然有利于提高效率;五是进一步提高了公诉引导侦查的有效性,检察官既捕又诉,在法庭上获得的经验,可以及时传递给侦查人员,有效提高引导侦查的能力。

捕诉一体化改革除了带来有益变化之外,对检察办案工作也提出了不少挑战,主要表现为以下几个方面:一是多项改革任务叠加的挑战,司法责任制改革就是放权,"捕诉一体"是集权,认罪认罚是扩权,还有公开听证等,各项工作任务纷至沓来;二是工作质效的挑战,办案不光是要把案子办好,还要在更短的时间又好又快地实现,而且这种质效要求是递进式的;三是工作能力的挑战,最高检强调的主导责任、求极致、第一责任、内生动力,无不反映了这一点;四是工作协同的挑战,"捕诉一体"要实现的目标,不是检察官埋头苦干就能完成的,需要带动、协同公安、法院,才能实现刑事诉讼质效提升。

四、捕诉一体改革需要关注的核心问题

首先,关于捕诉属性的问题。有的学者认为公诉权具有行政权的色彩,而逮捕权则具有司法权的性质。将逮捕与公诉合二为一的设想,无异于自毁长城,无视检察机关的司法机关属性,将检察机关的司法审查职能予以消灭,使其变成一种纯粹的公诉机关。[1] 但也有学者认为审查批捕与审查起诉都带有司法审查的性质,两者具有同质性,并无性质差别。[2]

其次,关于监督制约的问题。有的学者认为捕诉分立模式下否定同事相对容易,捕诉合一模式下否定自己相对困难,尤其是办案人员的合二为一会在一定程度上导致人性监督之困,左手该如何制约右手的问题该如何解决值得思考。[3] 也有学者认为捕诉一体化并不会削弱审查逮捕程序的独立性和中立性,相反捕诉一体之下可以将审查逮捕与审查起诉做关联性考量,消除了捕诉之间存在的人为认识差异,统一审查标准和责任,避免产生内耗。[4]

---

[1] 陈瑞华:《公安体制改革的基本课题》,载《中国法律评论》2018年第3期。
[2] 张建伟:《逻辑的转换:检察机关内设机构调整与捕诉一体》,载《国家检察官学院学报》2019年第2期。
[3] 闵丰锦:《左右手何以制约:捕诉一体模式下检察权内部监督机制研究》,载《新疆社会科学》2019年第3期。
[4] 陈实:《论捕诉一体化的合理适用》,载《法商研究》2019年第5期。

第六章 本编参考书目

张本照:《清代取保候审研究》,法律出版社2020年版。
陈在上:《侦查阶段律师辩护权研究》,中国法制出版社2020年版。
陈岩:《监视居住制度研究》,四川大学出版社2019年版。
邹贤祥、王桂胜:《"以审判为中心"视角下刑事诉讼重点难点问题研究——以对公安机关的影响为研究重点》,中国人民公安大学出版社2019年版。
胡杰:《刑事诉讼对物强制措施研究》,武汉大学出版社2018年版。
袁红:《我国未决羁押制度研究》,中国政法大学出版社2018年版。
黄京平主编:《特殊强制措施司法化研究:轻罪案件快速审理的中外实践》,法律出版社2018年版。
陈效:《论刑事辨认》,方志出版社2017年版。
叶青:《刑事审前程序诉讼化问题研究》,法律出版社2017年版。
童建明主编:《以审判为中心视角下的公诉实务研究》,中国检察出版社2017年版。
孙谦主编:《刑事起诉制度:外国刑事诉讼法有关规定》,中国检察出版社2017年版。
孙谦主编:《刑事强制措施:外国刑事诉讼法有关规定》,中国检察出版社2017年版。
陈卫东主编:《刑事立案与侦查:外国刑事诉讼法有关规定》,中国检察出版社2017年版。
杨宗辉、付凤:《警察取证行为实证研究》,中国检察出版社2017年版。
金飒:《正当程序与侦查讯问规范化研究》,法律出版社2016年版。
马云雪:《审判程序中讯问被告人问题研究》,中国法制出版社2016年版。

第三编 审判程序

第一章 审判程序与审判原则

第一节 本章观点综述

2014年10月,党的十八届四中全会通过了《中共中央关于全面推进依法治国若干重大问题的决定》,提出"推进以审判为中心的诉讼制度改革",开启了新一轮司法体制改革和诉讼制度改革,通过从侦查中心主义向审判中心主义的转变,强化庭审实质化,实现"审理者裁判、裁判者负责"的改革目标。对此,2016年之前,学界主要从"以审判为中心"的意义、内涵、具体改革措施等方面进行研究,并对"以审判为中心"改革衍生出的"以庭审为中心"及"以一审为中心"概念进行研究,形成"庭审实质化"的新研究方向。2016年至今,伴随以审判为中心的诉讼制度改革如火如荼地推进,学界继续以"以审判为中心""庭审实质化"等为核心,将刑事诉讼基本程序的研究推向新的高度。

首先,学者们对"以审判为中心"的理念和内涵等基本问题再次辨析,意在尝试消除改革实践中出现的关于"以审判为中心"的理解分歧。如在理论层面,有学者指出,"以审判为中心"是在当代中国刑事司法改革实践的语境中,由改革决策层、执行部门提出的统括性术语;它旨在解决刑事错案频发、司法公信力不足等现实问题,是推进严格司法的工具性举措之一;传统"审判中心主义"与"以审判为中心"在制度愿景、改革内容、价值定位、推进路径等方面存在诸多分歧,导致理论研究和改革实践之间发生错位;建议让二者共享建构性的刑事诉讼法教义学立场,竞争性地为刑事诉讼制度演进提供发展动力和解释框架。①

有学者进一步指出,"以审判为中心"强调以审判职能为中心,应明确:"以审判为中心"不是以庭审为中心,"以审判为中心"不是证明标准的统一,"以审判为中心"不适用于民事、行政案件,"以审判为中心"的改革与"分工负责、互相配合、互相制约"原则并行不悖。未来"以审判为中心"的刑事诉讼格局的重新构建,应着力推进庭审的实质化建设,积极推进审前程序的制度重构②。

在实践层面,有学者指出,刑诉学界、检法系统对于"以审判为中心"的概念及其内涵的理解存在较大分歧,澄清其分歧应该以《关于推进以审判为中心的刑事诉讼制度改革的意见》为中心。"以审判为中心"应该坚持分工负责、互相配合、互相制约原则,"以审判为中心"的地位及其作用具有纲领性、统摄性、全程性。③

有学者进一步论证了"以审判为中心"与"庭审实质化"的关系。以审判为中心的诉讼制度改革,首先是为了解决审判形式化的问题。我国法院任务重心的事实确证偏向,是传统"印证式"刑法适用思维模态观念导向的结果。改变传统刑法适用思维,是审判实质化的前提。法院任务重心与侦查、检察机关职能重心相互分离,前者应置其职能重心于"法律评价",后两者则应当以"事实确证"任务为重心。如此,以审判为中心改革的核心要义,应当界定为实现法院审判职能上的"评价中心主义",实现庭审实质化④。

庭审虚化是我国刑事司法实践中长期存在的突出问题。庭审实质化是"以审判为中心"诉讼制度改革的重要内容,但当前对于庭审实质化的理论研讨尚有一些盲点,相关的改革举措也存在较大局限。有学者指出,庭审实质化改革需要以司法理念的更新为前提,以制度变革为保障,而不仅仅是庭审技术的完善。只有以公正司法的理念为指导,以有助于实现公正审判的制度保障为条件,以具体展示公正审判的程序和证据规则为支撑,协同推进理念更新、制度变革和技术改良,才能实现刑事庭审实质化的改革目标。⑤

另有学者从审判方式着手,认为我国的刑事审判方式兼具职权主义与当事人主义色彩,但它并非当事人主义和职权主义的简单相加,而是受到文化传统、司法体制、刑事政策、资源状况等多重因素限制,体现出明显的混合性、过渡性和

---

① 樊传明:《审判中心论的话语体系分歧及其解决》,载《法学研究》2017年第5期。
② 陈卫东:《以审判为中心:解读、实现与展望》,载《当代法学》2016年第4期。
③ 张泽涛:《"以审判为中心"的内涵及其制度完善》,载《法学》2016年第11期。
④ 王志远:《以审判为中心的诉讼模式核心要义:评价中心主义》,载《法律科学(西北政法大学学报)》2020年第4期。
⑤ 陈瑞华:《论侦查中心主义》,载《政法论坛》2017年第2期。

变动性。庭审实质化应当将审判方式从审问式转为控辩式。为了保证庭审在查明事实、认定证据、保护诉权、公正裁判中发挥决定性作用,需要完善举证、质证和认证规则,充实法庭调查和辩论程序。与此同时,还需推动刑事审判模式从传统型向现代型、从"伞形结构"向"三角形结构"转变。我国宜确立直接言词原则和维持卷宗移送主义,并借鉴大陆法系国家的经验,细化直接言词原则的例外情形和加强案卷移送制度自身的正当性。①

还有学者指出,推进庭审实质化并非刑事庭审制度局部的技术性改良,而是刑事审判方式转型的系统性工程。审视改革现状发现,技术推进型的改革模式是我国一以贯之的依赖路径,但"重实体真实轻正当程序"的传统观念、直接言词原则的柔性适用和被告人质证权的附庸地位构成了当前改革难以逾越的制度性障碍,单纯从庭审技术着手的改革模式难以为继。② 首先应当从确定案件类型、审理层级、审理内容三个维度上对庭审实质化予以推进。其次,要重塑以抗辩制为内核的庭审事实发现机制,构建庭审内外部的裁判心证约束机制,规范合议决策和法院案管决策的案件裁断审决机制。③ 再次,可以适当吸收域外英美法系和大陆法系国家有益经验,重塑"程序先行"的诉讼理念,落实直接言词原则,将改革模式从技术推进型调整为权利推进型,以回应以审判为中心的改革要义。④

尽管法庭审理阶段是实现刑事诉讼庭审实质化的重中之重,但是刑事庭审之前的准备程序和刑事庭审结束之后的后续程序同样不容忽视。有学者认为,我国刑事庭审之所以始终没有摆脱形式化的局面,除了刑事法庭审判本身流于形式之外,还与刑事庭审之外的庭审前准备程序及庭审结束后的程序实质化现象具有重要关系。为了实现刑事庭审的实质化,当前以审判为中心的诉讼制度改革必须向刑事庭审之外延伸,为刑事庭审的实质化提供强有力的庭外保障⑤。

另有学者从法教义学层面研究,认为我国刑事诉讼法已经初步确立了对抗式庭审模式,且在审判中心主义指导思想之下,确立实质性的对抗式诉讼应成为当前改革的走向。我国刑事审判构造并非规范层面的对抗式诉讼,在当事人进行主义的表象之下是实体真实发现主义之趋向,而刑事庭审实质上却又无法承载实体真实发现之重任。当前,在司法改革的大背景下,应从技术性改良入手,逐步完善对抗式诉讼并迈向庭审实质化。⑥

---

① 熊秋红:《刑事庭审实质化与审判方式改革》,载《比较法研究》2016年第5期。
② 郭航:《刑事庭审实质化的权利推进模式研究》,载《政治与法律》2020年第10期。
③ 陈实:《刑事庭审实质化的维度与机制探讨》,载《中国法学》2018年第1期。
④ 郭航:《刑事庭审实质化的权利推进模式研究》,载《政治与法律》2020年第10期。
⑤ 王强之:《论刑事庭审实质化的庭外制度保障》,载《政治与法律》2016年第9期。
⑥ 胡铭:《对抗式诉讼与刑事庭审实质化》,载《法学》2016年第8期。

实证研究是近年来兴起的研究方式,有学者对某市两级法院庭审实质化试点改革情况进行实证研究。研究显示,庭审实质化在一定程度上得到增强,但尚未实现理想的控辩举证与对抗,庭审结构未发生根本性变化,审判与审前的关系和功能并未明显转型,审判中心未能充分确立。未来改革需要进一步调整思路,强调审判决定性的系统性司法改革,而庭审实质化作为审判中心的一项重要内容,其推行应以争议案件为适用对象,推动关键证人充分出庭且法庭证据尤其口头证据效力优先,解决控辩审三方"法律语言"与出庭人员"生活语言"之间的矛盾,确定以对抗性为主调的可操作方案与具体机制。[1]

另有学者通过对近30名法律从业者的深度访谈,从实务层面发现目前制约刑事庭审实质化的制度和程序要素,至少有以下五个方面:其一,司法决策的卷宗依赖,仍然是导致刑事庭审流于形式的"元凶";其二,庭前会议的功能异化,本应在庭审环节解决的事项被前移到了庭前会议阶段,导致法庭审理被虚置乃至被替代;其三,当庭讯问的程序不当,对举证、质证环节造成了"喧宾夺主"的影响;其四,控辩对抗的效果不彰,特别是被告人难以获得有效的辩护,使得控辩双方在法庭上的"你来我往"效果非常有限;其五,审理期限的巨大压力,客观上也使得法官难以进行从容不迫的实质化审理。不仅如此,独具中国特色的政法体制,实际也构成了庭审实质化的关键制约因素。通过揭示庭审实质化的各种制约因素,或可为未来的司法改革提供符合本土资源的建设性思路。[2]

从实践情况看,庭审实质化改革的成效主要体现在证人出庭增多、被告人辩护权的保障、控辩双方的对抗化明显。但是,改革并未使以往庭审模式发生根本转变,法官认定案件事实仍依赖书面证言,关键证人出庭较少,非法证据排除调查形式化。因此,庭审实质化改革虽然有效但效果有限,尚未达到改革的预期目标。有学者认为这与改革的规划有限、缺乏顶层设计的改革试点方案及制度层面保障有关。庭审实质化改革的技术路径和法治路径,相互间属于协同关系而非排斥关系,二者的直接目的虽有不同,但最终目标都在于充分保障人权、提升司法能力、维护司法独立。技术路径是法治路径达成的基本方式,而法治路径是技术路径的前进方向。通过破除技术路径遇到的制度框架障碍,可以提升改革目标达成的可行性和有效性。[3] 综上,多位学者指出完善庭审实质化改革重点在于改变现有庭审模式。

学界就我国引入对抗式庭审模式的可行性进行比较研究并提出建议。有学

---

[1] 左卫民:《地方法院庭审实质化改革实证研究》,载《中国社会科学》2018年第6期。
[2] 李奋飞:《论刑事庭审实质化的制约要素》,载《法学论坛》2020年第4期。
[3] 李文军:《庭审实质化改革的成效与路径研究——基于实证考察的分析》,载《比较法研究》2019年第5期。

者指出法庭审理是查明案件事实真相的关键性程序,以美国为代表的对抗式庭审程序将经由正当程序所得事实即视为真实,而以德国为代表的审问式庭审程序则以追求实质真实为目的。我国现行的控辩式庭审模式有自身鲜明的特点,但"先定后审"的旧弊仍未革除,庭审实质化难以实现。对庭审方式的改革应当坚持查明事实真相,进一步推动证人出庭作证,扩大法律援助范围,严格实行非法证据排除规则,完善认罪认罚从宽制度。①

有学者对我国大陆与台湾地区进行比较研究,指出大陆和台湾地区刑事诉讼均根植于职权主义传统,但却不约而同地在近二十年吸收了大量当事人主义元素,服务于刑事诉讼制度科学化、民主化的现实需求,其中最为显著的改革措施包括:调整控辩审关系实现构造平衡、推进审判中心改革实现程序优化、建构认罪协商制度实现繁简分流。刑事司法改革进程中,需要进一步整合两大刑事诉讼模式中利于人权保障、程序正义、权力制约和权利救济的合理元素,进而推动刑事程序法治的现代化发展。②

需要指出的是,虽然庭审实质化是"以审判为中心"的诉讼制度改革的重要内容,但当前学界对于庭审实质化的认识仍存分歧。有学者从刑事诉讼实践层面指出庭审实质化存在的问题:实践中一边是庭审实质化相关制度不断构建的热潮,一边是制度不断地被异化。学者指出案件事实对裁判具有决定性作用,而证据信息增量是庭审实质化改革的根本价值取向。随着改革沿着这一导向推进,裁判者案件事实认知面临的不确定性压力将大幅增加,而裁判者的认知力并不满足这种压力的要求。于是,一方面是庭审实质化制度改革对裁判者认知力提出的更高要求,另一方面是裁判者的心证能力仍然停留在法定证明水平,这样就会出现由认知力矛盾加剧而反向导致的制度系统性异化,并波及整个刑事诉讼程序。因此,有必要对这些制度的异化结果、原因、类型及发生规律等问题展开分析。并在此基础上从认知心理学等跨学科视角,系统分析异化后的制度是如何影响裁判者认知心理造成案件最终裁判结果偏差的。③

另有部分学者对当下以庭审实质化为核心的以审判为中心的改革提出批评。如有学者指出,当下推进的以审判为中心的诉讼制度改革在实现路径上存在两个误区:一是将庭审实质化作为唯一的关键抓手;二是认为应在诉讼法制而非司法体制层面推进。事实上,"以审判为中心"与庭审实质化不能划等号,"以审判为中心"并不必然要求或导致庭审实质化,推行庭审实质化也不必然实现

---

① 陈光中、李章仙:《论庭审模式与查明案件事实真相》,载《法学杂志》2017年第6期。
② 卞建林:《刑事诉讼模式的演化与流变——以海峡两岸刑事司法改革为线索》,载《政法论坛》2019年第1期。
③ 元轶:《庭审实质化压力下的制度异化及裁判者认知偏差》,载《政法论坛》2019年第4期。

"以审判为中心",而忽视司法体制层面的改革也难以真正推进"以审判为中心"。除了推行庭审实质化外,实现"以审判为中心"的重要思路与举措在于:在社会与政治体制改革背景下确立以法院为中心的司法体制,将确保裁判权力的独立性、实质性作为未来改革的重要方向,并重新划分诉讼阶段,塑造审判与审前阶段的主从模式。①

有学者结合改革实践经验进一步指出,要反对侦查和审判及任何一个阶段在诉讼中享有"重心"的位置。以审判为中心不能理解为以"审判阶段"为中心,也不能理解为仅对"定罪"证据必须经过审判确定。"出罪"与"入罪"同样应当受到司法的严格控制,这是以审判为中心的完整内涵。法官的角色定位应体现我国司法实践的现实需要。审判中心主义对职权主义证据制度的直接影响就体现在对法官调查义务的坚持上,强调法官对证据收集和审查的无可推卸的责任。②

而法官职权调查原则的正当依据在于实质真实,并不违背公正程序的要求,也不会压缩刑事辩护的空间。中国的法官职权调查原则备受诟病,核心原因在于特殊的诉讼权力构造,而非职权调查原则本身。在庭审证明实质化的大背景下,强调法官的职权调查原则是保障实质真实的需要,符合中国的职权主义传统。③

回归到以审判为中心的改革,结合改革实践中发现的问题,有学者进一步明确了我国刑事诉讼制度实现"以审判为中心"的主要障碍及应对措施。

有学者指出,推进以审判为中心的诉讼制度改革,是中央刑事司法体制改革的重要部署,目前尚待纳入立法修改日程。为通过立法深入推进改革,有必要重新审视改革与立法的关系,探索改革与立法梯次发展的新型模式。正视改革的立法需求,有必要聚焦刑事程序立法的核心问题,明确改革立法化的基本思路,使推进以审判为中心的诉讼制度改革落到实处。④

有学者指出,我国刑事诉讼制度中保留了新间接审理主义的审判方式,刑事法庭将公诉方案卷材料奉为庭前查阅和当庭调查的对象,证人证言笔录和被告人供述笔录在法庭上具有无可争议的证据能力,导致法官庭前产生先入为主的预断、法庭审判流于形式、法官排斥被告方的辩护观点、法庭审理失去纠错能力等消极影响。克服新间接审理主义的消极作用,确立真正的直接和言词的审理

---

① 左卫民:《审判如何成为中心:误区与正道》,载《法学》2016年第6期。
② 张栋:《我国刑事诉讼中"以审判为中心"的基本理念》,载《法律科学(西北政法大学学报)》2016年第2期。
③ 施鹏鹏:《论法官的职权调查原则——以职权主义刑事诉讼为背景的展开》,载《法学评论》2020年第2期。
④ 刘静坤:《以审判为中心的诉讼制度改革之立法思考》,载《中国刑事法杂志》2019年第1期。

方式,是中国刑事司法改革所要追求的目标之一①。

另有学者对我国以侦查为中心的传统刑事诉讼模式进行批判,认为侦查中心主义构造带来了一系列负面后果,但迄今为止,我国的司法改革并没有对此产生实质性的触动。要彻底解决庭审形式化问题,真正推动审判中心主义改革,就必须对侦查中心主义给予认真的对待,并逐步抛弃这一问题重重的诉讼构造。②

有学者认为,应该坚持分工负责、互相配合、互相制约原则,从五个方面进行制度完善:确保人民法院独立行使审判权,切实贯彻司法责任制;扭转庭前会议实体化倾向;提高侦查、检察人员的专业素养;进一步完善法律援助制度,提高法律援助的受援比例与辩护质量;确立直接言词原则。③

直接言词原则包含两部分内容:一是直接审理原则,要求法官能够亲自参与到案件审判的每一个程序;二是言词审理原则,要求控辩双方能够以针锋相对的语言辩论形式推进庭审的进行。研究和借鉴直接言词原则对于改善我国审判现状,促进庭审的实质化有着非凡的意义。然而,我国审判实践中却存在着很多阻碍直接言词原则贯彻的情况,如证人出庭率过低、诉讼资源短缺、法官能力参差不齐等,应当通过改革审判委员会、多途径提高诉讼效率等方式贯彻直接言词原则。④

人民法院独立行使审判权方面,审判权的本质是一种判断权。审判权的运行是整个司法工作的关键领域和核心,司法功能的发挥必须通过审判权的运行来实现,而审判权的运行是否遵循其固有规律,会直接影响裁判的法律效果、社会效果和政治效果的好坏,更是关系到司法公信力和司法权威性的高低。近些年出现的司法公信力不高、司法权威缺失等现象,从某种程度上反映出审判权尚未能完全依规运行。⑤

我国现行的法院组织体系中,无论是外部关系还是内部组织机构,司法行政权总是通过各种方式对审判权进行渗透,导致司法地方化与行政化现象日趋严重。有学者认为如何实现法院审判权与行政权的分离是当前司法体制改革的关键问题。在理论构造上,有必要引入现代法院组织与管理理论,对现行法院组织体系进行重组与改革;在组织模式上,应建立集权为主、分权为辅的现代智慧型法院组织体系与框架结构。通过二者的合力举措,完成我国现代法院组织体系

---

① 陈瑞华:《新间接审理主义:"庭审中心主义改革"的主要障碍》,载《中外法学》2016年第4期。
② 陈瑞华:《论侦查中心主义》,载《政法论坛》2017年第2期。
③ 张泽涛:《"以审判为中心"的内涵及其制度完善》,载《法学》2016年第11期。
④ 刘玫:《论直接言词原则与我国刑事诉讼——兼论审判中心主义的实现路径》,载《法学杂志》2017年第4期。
⑤ 孙卫华:《审判权运行中的相关问题及对策》,载《中国刑事法杂志》2017年第6期。

第一章 审判程序与审判原则

的升级换代,以保障新一轮司法体制改革的落地成功。①

除了"以审判为中心"及庭审实质化等重大热点问题外,2016年以来,学界还对其他与刑事诉讼制度相关的重要制度或实践问题进行研究,如审判委员会制度、合议制度、陪审制度、庭前会议制度、案卷制度、舆论与差异化判决问题、被害人权利保护问题、刑民交叉案件问题等。

长期以来,基于不同的价值理念和研究方法,司法理论界与实务界围绕审判委员会制度的改革方向问题产生了较大分歧。由于审判委员会运作的公开性不够,既有的研究存在不少误读与偏见。有学者对审判委员会运行进行实证研究发现:审判委员会委员兼具知识技术的专业性和政治上的官僚性,很难简单地对其人员构成状况予以消极评价;审判委员会只是极少数案件而非所有重大案件的最终决策者,且其功能发挥在不同级别、不同地域的法院之间存在较大差异;审判委员会的议事程序相对制度化,在讨论内容上事实问题与法律问题并重,讨论结果在整体上趋向于认同合议庭或审判法官的意见。该学者建议审判委员会制度未来的改革方向是:大幅限缩审判委员会讨论常规案件的范围,审慎处理审判委员会对案件事实的讨论,分层级、分区域区别化界定审判委员会的功能,进一步构建制度化、民主化和公开化的议事讨论机制。②

关于"差异化"。有学者指出,"差异化"是各级各地法院审判委员会工作机制的基本特征,问题并不是每个法院之间存在差异,而在于一个法院内存有明显的差异。各个法院内部利益诉求的矛盾冲突所导致的审判委员会制度运行的不确定性以及由此造成的法院审判权内部运行秩序混乱,才是审判委员会制度实践所展示的最大风险。要充分发挥审判委员会的制度功能,就必须要忽视这种整体上的差异性,转而通过建构类型性的差异化制度和机制来消除审判权运行的不确定性,通过"差异差异化"的方式来使得制度运行得以规范化。③

关于案件最终决策权及与主办合议庭关系。有学者通过对某中级人民法院2011—2015年间的审委会记录实证研究,比较审委会与合议庭对相同案件的不同分析揭示了二者之间的深层逻辑:合议庭归纳的争议焦点决定了审委会的讨论方向,而审委会的决定既是判决的底线和前提,更是合议庭据以抵抗外在干预的后盾。由于审委会所考虑的很多问题不能够公开,当事人和大众只能通过判决书之外的方式了解这些信息,因此上述互动更像是两者间的"隐匿对话"。该学者建议,审委会的决定更像是利益选择,对其的监督之道不在于公开信息,而

---

① 彭何利:《中国法院的现代转型:模式选择与体系框架》,载《法学》2016年第10期。
② 左卫民:《审判委员会运行状况的实证研究》,载《法学研究》2016年第3期。
③ 方乐:《审判委员会制度改革的类型化方案》,载《法学》2018年第4期。

在于完善议事规则、健全民主集中制。①

关于合议制度。在全面深化司法体制与审判权运行机制改革的背景下,保障合议庭依法独立行使审判权、落实办案责任制已达成相当共识。然而,司法实践中存在着较为普遍的审与判相分离,合议庭独立审判权得不到保障的现象。有学者认为造成此种现象的原因在于法院独立审判而非合议庭独立审判的理论误区、法院内部权力结构的等级化以及外部因素的不当干扰。改革的方向是坚持合议庭独立行使审判权与落实合议庭独立承担责任。应当从规范院庭长的审判管理与监督权,排除地方权力对法院系统的干扰,严格规范现有审级监督形式,健全法官履职保障机制,畅通监督制约渠道以及完善合议庭责任承担机制等方面,加强对合议庭独立审判权的保障。②

另有学者认为,解决这一问题应以理论溯源为基础着手合议制度的理论重构,按照"主体—行为—责任"的逻辑,借鉴组织结构变革理论着手合议庭模式的重构,对合议庭与审判团队化模式的方式开展论证,提出完善合议庭组织结构的基本思路。在梳理域外司法责任发展脉络的基础上,借助司法责任伦理的理论指导,集中比较并系统分析结果、程序、职业伦理等三种责任模式,吸收三者合理成分,从裁判结果、诉讼程序以及职业伦理方面确立合议庭责任机制的发展方向。③

关于陪审制度。有学者调查发现,当下人民陪审实践中"陪审虚化"依然严重,制度认同效果低下,基本理念错位,陪审员阅卷、意见表达难的问题未实质改观。造成这一困境的原因多样,包括规范设置、司法目的、司法任务、陪审文化和合议结构等因素,单一的制度完善或改革难以突破既有问题。④ 另有学者根据对 303 万份刑事一审判决书的分析,指出我国刑事诉讼中存在陪审案件范围不尽合理;陪审员年均参审频率低位运行,参审频率区间分布陷入严重的"二八效应";陪审员参审可能对判决结果形成负面影响等问题。⑤

有学者认为,我国的人民陪审员制度在运行中虽然出现了种种问题,但"陪而不审""合而不议"等常见概念背后的过度"标签化"倾向,导致了对陪审问题的解读通常流于表面。在实证研究中,以法庭问话认定"陪而不审",以发表异议及比例判断"合而不议",在社会测量方法上存在着误区。因为未能发现问题的核

---

① 邵六益:《审委会与合议庭:司法判决中的隐匿对话》,载《中外法学》2019 年第 3 期。
② 刘少军:《司法改革语境下合议庭独立审判问题研究》,载《法学杂志》2017 年第 10 期。
③ 徐胜萍、张雪花:《司法改革语境下合议制度理论的借鉴与重构》,载《法学杂志》2017 年第 12 期。
④ 郑成良、李文杰:《人民陪审实践:法治中国语境下的考量与反思——基于上海三区法院陪审运行之研究》,载《法学杂志》2016 年第 11 期。
⑤ 王禄生:《人民陪审改革成效的非均衡困境及其对策——基于刑事判决书的大数据挖掘》,载《中国刑事法杂志》2020 年第 4 期。

心,所以立基于此的应对之策也多限于选任外围或局部探讨,难有实质性突破。改革人民陪审员制度,应以确定陪审案件范围为主导方向,归纳总结出一定的理论模型并交给实践去检验。①

有学者认为应当从刑事裁判权在法官与陪审员之间的配置层面解决问题,在理论上可以概括为分权、共享和建议三种模式。国民对职业法官中立地位的信任程度、被告人获得陪审员审判权的宪法定位、刑事诉讼理念的差异是影响刑事裁判权在法官与陪审员之间配置的主要因素。实现陪审员独立审判、法官与陪审员能够形成有效的合作、法官对陪审员能够形成适当的制约是在法官与陪审员之间科学配置刑事裁判权的目标定位。我国正在试点实施的刑事裁判权在法官与陪审员之间的配置改革方案总体可行,但需要做些微调,同时应当落实法官独立裁判、注重法官的精力投入和适当调整合议庭的组成结构及规模。②

有学者认为应当围绕陪审员自身特点寻找解决方案,特别是陪审员的事实认定能力问题。分析陪审员在事实认定方面的优势和劣势,应聚焦两类特征:一类是陪审员的个体身份特征;另一类是陪审员裁决的结构性特征。这两方面的特征对于司法事实问题的解决有重要影响。评价司法事实认定之优劣,除了准确性之外,还有裁决的可接受性、事实推论的正当性等维度。需要在这些维度上分别论证陪审员裁决的价值。我国现行改革方案和立法草案,选取了传统陪审制的某些要素性特征而舍弃了其他一些特征。该设计方案能否最大化地发挥陪审员的事实认定优势,取决于这些要素性特征与事实认定各评价维度之间的功能性关联。③

有学者认为应当调整陪审员参审案件职权。人民陪审员与法官共同负责事实认定问题,法官单独负责法律适用问题。但在改革试点中法院却面临着事实问题与法律问题的"区分困境"。直接原因在于我国在法律规范层面从未对事实问题和法律问题作具体的区分,法官无章可循;根本原因是明确界分事实问题与法律问题本身就是一个理论难题,试点法院很难有可行的"区分方案"。学者建议,未来改革中一种务实的、具有可操作性的替代方案是,由人民陪审员和法官共同负责被告人的定罪问题,由法官单独负责量刑问题。④

按照刑事诉讼法和相关规范性文件的设定,刑事庭前会议主要解决程序性争议,基本功能是归纳控辩争议焦点,确定法庭调查范围;拓展功能衍生为推动案件

---

① 郭倍倍:《人民陪审员制度的核心问题与改革路径》,载《法学》2016年第8期。
② 陈学权:《刑事裁判权在法官与陪审员之间的配置》,载《现代法学》2018年第1期。
③ 樊传明:《陪审员裁决能力问题研究——优秀的还是拙劣的事实认定者?》,载《中国刑事法杂志》2018年第2期。
④ 贾志强:《人民陪审员参审职权改革的中国模式及反思》,载《当代法学》2018年第2期。

繁简分流,规范撤回起诉程序,协商确定审判方式。有学者指出,2012年《刑事诉讼法》及其司法解释颁布实施以来,我国庭前会议制度功能失范的主要表现为:解决程序争议的功能失灵,组织庭前准备的功能失范,提高诉讼效益的功能也难以发挥。目前看来,庭前会议决定的效力缺失是该程序功能失范的主要成因。①

有学者通过对B市40个刑事案件的实证分析发现,庭前会议解决程序性争议的功能有限,庭前会议与庭审程序的关系不明,"大庭前会议、小庭审程序"现象值得警惕,制度设计与实践操作存在一定的紧张关系。学者建议未来要谨防庭前会议替代、削弱正式庭审,避免辩护权弱化、庭审虚化等不良倾向,回归庭前会议功能,推动庭审实质化。②

另有学者通过考察2014年至2018年全国相关裁判文书数据和部分地区问卷调查数据发现,尽管庭前会议适用率呈逐年增长态势,但总体仍处于极低水平,较高比例办案人员从未适用或参加过庭前会议,且办案人员对目前适用率的评价存在较大差异,庭前会议在程序构成、内容与功能、效力等三个方面的具体实践情况存在问题。应重点加强庭前会议的效力刚性,强化被告人权利保障,杜绝证据展示"质证化",并理性对待适用率问题。③

2012年《刑事诉讼法》重新确立了全案移送制度。但是2012年《刑事诉讼法》并未明示控方全案移送的卷宗笔录在审判阶段应如何使用。实证分析显示,我国刑事诉讼仍带有显著的案卷笔录中心主义色彩,这背后又是侦查中心主义的刑事诉讼构造。应以新《刑事诉讼法》实施和司法改革为契机,推动案卷制度庭审实质化。④ 有学者指出,案卷笔录影响庭审实质化的基本逻辑,体现在审判方式、裁判依据、庭审程序和庭前程序的关系等三个方面。在庭审实质化改革中"容忍"案卷笔录的使用,既有庭审实质化改革自身的设计问题,也是基于案卷笔录影响庭审的深层次原因未得到解决。⑤ 对此有学者建议,庭前审查与庭前准备这两个程序环节,应主要依托控方卷宗材料来展开,强化庭前审查的实质性与庭前准备的充分性;而法庭审判一旦正式开启,则应严格贯彻直接审理原则,控方卷宗笔录仅能在有限范围内发挥作用。另外,要避免在开庭之前禁止法官阅

---

① 吉冠浩:《论庭前会议功能失范之成因——从庭前会议决定的效力切入》,载《当代法学》2016年第1期。
② 吴小军:《庭前会议的功能定位与实践反思——以B市40个刑事案件为样本》,载《法学杂志》2020年第4期。
③ 贾志强:《刑事庭前会议制度实施状况研究》,载《中国刑事法杂志》2020年第6期。
④ 胡铭:《审判中心、庭审实质化与刑事司法改革——基于庭审实录和裁判文书的实证研究》,载《法学家》2016年第4期。
⑤ 褚福民:《案卷笔录与庭审实质化改革》,载《法学论坛》2020年第4期。

卷的错误做法。①

另有学者对副卷制度进行了研究。我国法院的案卷有正卷、副卷之分。法院副卷严格保密、严禁查阅是各级人民法院长期执行的一项工作原则。随着我国法治建设的发展,法院副卷制度存在的问题也日益凸显出来:它不符合司法公开和审判公开的发展趋势;违反独立行使审判权的司法规律和严禁干预司法活动的规定;限制并缩小了当事人、诉讼代理人以及辩护人的阅卷权;背离了现代诉讼证据裁判原则的基本要求。学者建议通过逐渐限缩副卷中的材料范围,依对外公开阻力的不同将副卷中的材料分阶段、分步骤地转入正卷,最终实现所有诉讼材料一卷保存、彻底废除副卷的目标。②

审判中心主义要求以法庭为实现看得见的正义的主要场域,从而使得庭审成为诉讼主体实现诉求、维护自身权益的关键。有学者指出,被害人权利保障中涉及多方利益博弈,被害人在诉讼中的权利绝非越大越好,被害人和被追诉人的权利也非直接对应,而是涉及被害人利益、被追诉人利益、公共利益的三方关系,公诉方在利益衡量中发挥重要作用。被害人权利保障中的利益衡量,应以审判为中心,区分诉讼内权利和诉讼外权利,合理定位被害人的诉讼地位,在多方利益的耦合与选择中渐次展开③。

"刑民交叉"案件是近年来刑事诉讼领域研究的热门问题。在责任聚合中,因同一法律事实产生多重结果,行为主体应承担多个部门法规定的责任。有学者指出,民刑责任聚合是责任聚合的突出表现,为"民刑交叉"案件的一部分,但处理民刑责任聚合案件不能简单适用"先刑后民"原则。"先刑后民"的适用应满足责任主体与行为主体一致、同一法律事实以及刑事程序不以民事程序为前提三个条件。责任主体与行为主体不一致时,则应适用"民刑并存"或"先民后刑"原则,民法中的替代责任、补充责任和连带责任是这一类案件的具体体现。④

鉴于刑民实体关系的处理对司法实践中刑民交叉案件审理顺序的直接影响,刑民交叉案件应当坚持实体法和程序法的双重视角考察。在交叉案件的实体判断中,法秩序的统一不在于保持违法概念、违法判断的一致,而在于维护"合法"判断一致。强行将民事违法性作为刑事违法的判断前提,极有可能想当然地以合同无效、过错等充实尚无定论的民事违法性,反而导致了刑事违法判断的"失真"。在交叉案件的审理中,裁判的统一是客观事实的最大限度统一而非客

---

① 孙远:《全案移送背景下控方卷宗笔录在审判阶段的使用》,载《法学研究》2016年第6期。
② 刘仁文:《论我国法院副卷制度的改革》,载《法学评论》2017年第1期。
③ 胡铭:《审判中心与被害人权利保障中的利益衡量》,载《政法论坛》2018年第1期。
④ 肖建国、宋春龙:《责任聚合下民刑交叉案件的诉讼程序——对"先刑后民"的反思》,载《法学杂志》2017年第3期。

观事实和法律评价的完全一致。贯彻了违法判断(相对)独立性的"刑民并行"模式既尊重了审判的独立性,也有助于避免因案件受理顺序的不同而导致裁判结果不同,是更为合理、高效的诉讼处理机制。但是,当刑民审判存在先决关系时,作为交叉案件审理例外模式的"先刑后民"和"先民后刑"具有一定妥当性。①

有学者进一步指出,"刑事优于民事"的价值取向在于以国家公权追诉犯罪取代个人私权救济,这是长期形成的国家利益至上指导思想在处理刑民交叉案件上的必然体现。刑事优于民事而忽视私权救济程序必然造成法秩序内的矛盾和不协调。同一法律事实涉及刑事犯罪和民事纠纷,公权追究刑事犯罪不应当排斥受害人私权救济程序。对同一法律事实进行刑事和民事不同法律效果的评判,并非诉讼的冲突和矛盾,正是法秩序内在协调性和外在统一性的表现。②

第二节 核心期刊论文摘要

论庭前会议功能失范之成因——从庭前会议决定的效力切入

吉冠浩

《当代法学》2016 年第 1 期

关键词:庭前会议 非法证据排除规则 程序性裁判 功能失范 因果律

摘要:2012 年《刑事诉讼法》及其司法解释颁布实施以来,我国庭前会议制度功能失范的主要表现为:解决程序争议的功能失灵,组织庭前准备的功能失范,提高诉讼效益的功能也难以发挥。跳出庭前会议程序失灵的表象后,"庭前会议功能失范何以发生"成为了重要问题。目前看来,庭前会议决定的效力缺失是该程序功能失范的主要成因。其间的因果律为:决定的效力缺失,使程序争议拖延至一审庭审,对合议庭和被告人参与未形成有效激励,并导致当事人失去了救济方式。这给我们的启示是:告别"没有结论的裁判"。

反对自我归罪权的英美法溯源与法理分析——兼论我国刑事诉讼法相关规定的完善

岳悍惟

《比较法研究》2016 年第 1 期

关键词:自我归罪 反对自我归罪权 沉默权

摘要:我国 2012 年修改后的《刑事诉讼法》首次规定"不得强迫任何人证实

---

① 简爱:《从刑民实体判断看交叉案件的诉讼处理机制》,载《法学家》2020 年第 1 期。
② 张永泉:《法秩序统一视野下的诉讼程序与法律效果的多元性——以竞合型刑民交叉案件为视角》,载《法学杂志》2017 年第 3 期。

自己有罪"，但它只是一条针对办案人员的禁止性规定，与国际上的反对自我归罪权差距很大。考察反对自我归罪权在英美的起源和发展，有助于人们从法理上明晰为何应将反对自我归罪作为权利对待，尤其是它的宪法化，会为政府追诉犯罪设定一个不可逾越的基本人权保障界限。由其引申出的沉默权，亦有助于我国刑事诉讼从"犯罪嫌疑人、被告人说话"模式转变为"证明指控"模式，确保控辩双方平等对抗、法官中立听审，更好地实现司法正义。

我国刑事诉讼中"以审判为中心"的基本理念

张　栋

《法律科学（西北政法大学学报）》2016年第2期

关键词：以审判为中心　重心论　证据规则　诉讼模式

摘要："以审判为中心"，要反对侦查和审判及任何一个阶段在诉讼中享有"重心"的位置。以审判为中心不能理解为以"审判阶段"为中心，也不能理解为仅对"定罪"证据必须经过审判确定。"出罪"与"入罪"同样应当受到司法的严格控制，这是以审判为中心的完整内涵。法官的角色定位应体现我国司法实践的现实需要。审判中心主义对职权主义证据制度的直接影响就体现在对法官调查义务的坚持上，强调法官对证据收集和审查的无可推卸的责任。

审判委员会运行状况的实证研究

左卫民

《法学研究》2016年第3期

关键词：审判委员会　权力运作　实证研究

摘要：长期以来，基于不同的价值理念和研究方法，司法理论界与实务界围绕审判委员会制度的改革方向产生了较大分歧。由于审判委员会运作的公开性不够，既有的研究存在不少误读与偏见。实证研究发现：审判委员会委员兼具知识技术的专业性和政治上的官僚性，很难简单地对其人员构成状况予以消极评价；审判委员会只是极少数案件而非所有重大案件的最终决策者，且其功能发挥在不同级别、不同地域的法院之间存在较大差异；审判委员会的议事程序相对制度化，在讨论内容上事实问题与法律问题并重，讨论结果在整体上趋向于认同合议庭或审判法官的意见。审判委员会制度未来的改革方向是：大幅限缩审判委员会讨论常规案件的范围，审慎处理审判委员会对案件事实的讨论，分层级、分区域区别化界定审判委员会的功能，进一步构建制度化、民主化和公开化的议事讨论机制。

专业法官会议运行机制"仪式化"色彩之反思

杨丽娟

《东方法学》2016 年第 3 期

关键词： 专业法官会议　运行机制　仪式化　立案登记制

摘要： 自专业法官会议问世以来，这一制度在具体的运行过程中呈现出明显的仪式化色彩，即重形式轻实质，重形象轻实效。简言之，过于注重制度运行的仪式性，而忽视了其精义。这种追求形式大于实质的现象，是忽略先有经验的表现，亦是对现状顾虑的缺失，是不符合我国司法实践与司法规律的。在此分析的基础上，对于专业法官会议的运行机制，建议以"简化模式"为基础，并根据案情的严重、复杂程度具体问题具体分析，以保障专业法官会议真正落地，成为接地气的一种制度存在。

新间接审理主义："庭审中心主义改革"的主要障碍

陈瑞华

《中外法学》2016 年第 4 期

关键词： 新间接审理主义　庭审形式化　庭审实质化　案卷移送制度

摘要： 自 1979 年以来，刑事审判制度尽管历经多次变革，却仍然保留了一种新间接审理主义的审判方式。刑事法庭将公诉方案卷材料奉为庭前查阅和当庭调查的对象，使得证人证言笔录和被告人供述笔录在法庭上具有无可争议的证据能力，甚至可以成为法庭认定案件事实的直接根据。这一审判理念的形成，与那种流水作业的诉讼构造模式、实体真实至上的价值取向、法官倾向于刑事追诉的理念以及建立在办案期限基础上的效率意识有着直接的关系，并带来了一系列消极的诉讼后果。在一定程度上，刑事法官庭前产生先入为主的预断、法庭审判流于形式、法官排斥被告方的辩护观点、法庭审理失去纠错能力等，都是新间接审理主义所造成的负面影响。我国法院近年来对庭审实质化所做的改革探索，尽管有一定的积极效果，但没有从根本上摆脱新间接审理主义的困扰。可以说，克服新间接审理主义的消极作用，确立真正的直接和言词的审理方式，是中国刑事司法改革所要追求的目标之一。

以审判为中心：解读、实现与展望

陈卫东

《当代法学》2016 年第 4 期

关键词： 刑事诉讼　以审判为中心　庭审实质化　刑事辩护

摘要： "以审判为中心"的诉讼制度改革是本轮司法改革措施中最具影响力、意义最为深远的改革举措，其是针对以侦查为中心提出来的。以审判为中心强调以审判职能为中心,应明确:以审判为中心不是以庭审为中心,以审判为中心不是证明标准的统一,以审判为中心不适用于民事、行政案件,以审判为中心的改革与"分工负责,互相配合、互相制约"原则并行不悖。未来以审判为中心的刑事诉讼格局的重新构建,应着力推进庭审的实质化建设,积极推进审前程序的制度重构,全面发挥律师在庭审中的作用。

审判中心、庭审实质化与刑事司法改革——基于庭审实录和裁判文书的实证研究

胡 铭

《法学家》2016 年第 4 期

关键词: 审判中心主义　庭审实质化　司法职权配置　刑事司法改革

摘要: 审判中心主义要求裁判者亲历审理和证据审查过程,依据当庭提供并经过控辩质证的证据作出裁判,侦查等审前程序需要为此作出调整,从而使刑事司法围绕审判展开,并使侦查、控诉、辩护、审判四方关系发生变化。实证分析显示,我国刑事诉讼仍带有显著的案卷笔录中心主义色彩,这背后又是侦查中心主义的刑事诉讼构造。应以新《刑事诉讼法》实施和司法改革为契机,围绕对质权保障推动庭审实质化,从证明力切入逐渐限制证据能力,完善分工配合制约原则,渐次展开审判中心主义之改革,以实现刑事司法中看得见的正义。

刑事庭审实质化与审判方式改革

熊秋红

《比较法研究》2016 年第 5 期

关键词: 庭审实质化　审判方式　职权主义　当事人主义

摘要: 庭审实质化是刑事审判活动的应然要求,但庭审虚化是我国刑事司法实践中长期存在的突出问题。将审判方式从审问式转为控辩式,为摆脱庭审虚化现象、推进庭审实质化奠定了基础。为了保证庭审在查明事实、认定证据、保护诉权、公正裁判中发挥决定性作用,需要完善举证、质证和认证规则,充实法庭调查和辩论程序。与此同时,还需推动刑事审判模式从传统型向现代型、从"伞形结构"向"三角形结构"转变。我国的刑事审判方式兼具职权主义与当事人主义色彩,但它并非当事人主义和职权主义的简单相加,而是受到文化传统、司法体制、刑事政策、资源状况等多重因素限制,体现出明显的混合性、过渡性和变动性。综合考虑制度路径、立法技术、法治环境等方面因素,我国宜确立直接言词原则和维持卷宗移送主义,并借鉴大陆法系国家的经验,细化直接言词原则的例外情形和加强案卷移送制度自身的正当性。

全案移送背景下控方卷宗笔录在审判阶段的使用

孙　远

《法学研究》2016 年第 6 期

关键词：全案移送　预断排除　庭前审查　庭前准备　直接审理

摘要：2012 年《刑事诉讼法》重新确立了全案移送制度,这表明我国刑事诉讼程序改革的目标向着更为务实的方向调整。但是,2012 年《刑事诉讼法》并未明示控方全案移送的卷宗笔录在审判阶段应如何使用。正确的做法是：庭前审查与庭前准备这两个程序环节,应主要依托控方卷宗材料来展开,强化庭前审查的实质性与庭前准备的充分性；而法庭审判一旦正式开启,则应严格贯彻直接审理原则,控方卷宗笔录仅能在有限范围内发挥作用。当前需要极力避免的一种错误做法是：在开庭之前禁止法官阅卷,在庭审过程中则对包括 2012 年《刑事诉讼法》第 187 条第 1 款在内的诸多彰显直接审理原则之要求的规定作限缩解释,从而将卷宗笔录作为法庭调查的主要对象。

审判如何成为中心：误区与正道

左卫民

《法学》2016 年第 6 期

关键词：以审判为中心　庭审实质化　法院中心

摘要：当下推进的以审判为中心的诉讼制度改革在实现路径上存在两个误区：一是将庭审实质化作为唯一的关键抓手；二是认为应在诉讼法制而非司法体制层面推进。事实上,"以审判为中心"与庭审实质化不能划等号,"以审判为中心"并不必然要求或导致庭审实质化,推行庭审实质化也不必然实现"以审判为中心",而忽视司法体制层面的改革也难以真正推进"以审判为中心"。除了推行庭审实质化外,实现"以审判为中心"的重要思路与举措在于：在社会与政治体制改革背景下确立以法院为中心的司法体制,将确保裁判权力的独立性、实质性作为未来改革的重要方向,并重新划分诉讼阶段,塑造审判与审前阶段的主从模式。

人民陪审员制度的核心问题与改革路径

郭倍倍

《法学》2016 年第 8 期

关键词：标签化　社会测量方法　陪审案件　标准　类型

摘要：我国的人民陪审员制度在运行中虽然出现了种种问题,但"陪而不审""合而不议"等常见概括背后的过度"标签化"倾向,导致了对陪审问题的解读通常流于表面。在实证研究中,以法庭问话认定"陪而不审",以发表异议及比例判断"合而不议",在社会测量方法上存在着误区。因为未能发现问题的核心,所以立基于此的应对之策也多限于选任外围或局部探讨,难有实质性突破。改革人民陪审员制度,应以确定陪审案件范围为主导方向,归纳总结出一定的理论模型并交给实践去检验。

对抗式诉讼与刑事庭审实质化

胡 铭

《法学》2016 年第 8 期

关键词:对抗式 庭审实质化 实体真实发现主义 当事人进行主义

摘要:从法教义学层面来看,我国刑事诉讼法已经初步确立了对抗式庭审模式,且在审判中心主义指导思想之下,确立实质性的对抗式诉讼应成为当前改革的走向。采用社会科学实验方法,基于庭审实录的实证分析和比较显示,我国刑事审判构造并非规范层面的对抗式诉讼,在当事人进行主义的表象之下是实体真实发现主义之趋向,而刑事庭审实质上却又无法承载实体真实发现之重任。当前,在司法改革的大背景下,应从技术性改良入手,逐步完善对抗式诉讼并迈向庭审实质化。

论刑事庭审实质化的庭外制度保障

王强之

《政治与法律》2016 年第 9 期

关键词:刑事庭审形式化 刑事庭审实质化 庭前保障 庭后保障

摘要:尽管法庭审理阶段是实现刑事诉讼庭审实质化的重中之重,但是刑事庭审之前的准备程序和刑事庭审结束之后的后续程序同样不容忽视。我国刑事庭审之所以始终没有摆脱形式化的局面,除了刑事法庭审判本身流于形式之外,还与刑事庭审之外的庭审前准备程序及庭审结束后的程序形式化现象具有重要关系。为了实现刑事庭审的实质化,当前以审判为中心的诉讼制度改革必须向刑事庭审之外延伸,为刑事庭审的实质化提供强有力的庭外保障。

中国法院的现代转型:模式选择与体系框架

彭何利

《法学》2016 年第 10 期

关键词:司法改革 司法体制 法院管理 法院组织

摘要:我国现行的法院组织体系中,无论是外部关系还是内部组织机构,司法行政权总是通过各种方式对审判权进行渗透,导致司法地方化与行政化现象日趋严重。因此,如何实现法院审判权与行政权的分离是当前司法体制改革的关键问题。在理论构造上,有必要引入现代法院组织与管理理论,对现行法院组织体系进行重组与改革;在组织模式上,应建立集权为主、分权为辅的现代智慧型法院组织体系与框架结构。通过二者的合力举措,完成我国现代法院组织体系的升级换代,以保障新一轮司法体制改革的落地成功。

"以审判为中心"的内涵及其制度完善

张泽涛

《法学》2016年第11期

关键词:以审判为中心 分歧 互相配合 庭审实质化 全程性

摘要:刑诉学界、检法系统对于"以审判为中心"的概念及其内涵的理解存在较大分歧,澄清其分歧应该以《关于推进以审判为中心的刑事诉讼制度改革的意见》为中心。"以审判为中心"应该坚持分工负责、互相配合、互相制约原则。"以审判为中心"的地位及其作用具有纲领性、统摄性、全程性。为了适应"以审判为中心"的要求,应当从五个方面进行制度完善:确保人民法院独立行使审判权,切实贯彻司法责任制;扭转庭前会议实体化倾向;提高侦查、检察人员的专业素养;进一步完善法律援助制度,提高法律援助的受援比例与辩护质量;确立直接言词原则。

人民陪审实践:法治中国语境下的考量与反思——基于上海三区法院陪审运行之研究

郑成良 李文杰

《法学杂志》2016年第11期

关键词:人民陪审员制度 陪审员 陪审虚化 法治中国

摘要:调查发现,人民陪审实践中"陪审虚化"依然严重,制度认同效果低下,基本理念错位,陪审员阅卷、意见表达难的问题未实质改观。造成这一困境的原因具有多面性,包括规范设置、司法目的、司法任务、陪审文化和合议结构等因素,单一的制度完善或改革难以突破既有问题。因此,应在司法改革总体目标映射下重新审视制度目的,强化陪审和诉讼的衔接,推动诉讼制度、陪审制度和社会互动三大主题的一体性、本真性改革。

当事人主义与职权主义诉讼模式的融合与借鉴——以《国际刑事法院罗马规约》为视角

苏敏华

《政治与法律》2016年第12期

关键词:罗马规约 当事人主义 职权主义 融合 认罪协商

摘要:国际刑事法院审判的案件本身特别复杂,又在很大程度上受国际、国内政治局势的影响,这要求《国际刑事法院罗马规约》在融合当事人主义和职权主义诉讼程序的基础上适当创新。该规约调和当事人主义和职权主义诉讼程序的诸多矛盾和冲突,创造了一套符合公正审判国际标准、契合国际刑事诉讼特点的基本法律规定,这既是国际刑事诉讼实践经验的总结,也是各缔约国充分协商、妥协的结果。该规约在制定过程中所体现出的开放、包容的态度,值得我国在推进以审判为中心的诉讼制度改革中参考。在认罪认罚从宽的具体制度设计上,该规约有关认罪协商程序的相关规定可供借鉴。

刑事陪审中法律问题与事实问题的区分
陈学权
《中国法学》2017年第1期
关键词:人民陪审员制度　法律问题　事实问题
摘要:事实问题具有法律性,法律问题具有事实性,因此在理论上很难找到清晰而明确的标准准确地区分刑事陪审中的法律问题与事实问题。境外刑事陪审实践中对法律问题与事实问题之区分,主要是通过程序机制的方法明确法官和陪审员的具体职责,由此形成了一般裁定和问题清单两种不同的模式。我国刑事陪审中法律问题与事实问题的区分,既要遵循法哲学上有关诉讼中区分法律问题与事实问题的基本规律,又要充分考虑我国法律传统和司法实践等因素。

论我国法院副卷制度的改革
刘仁文
《法学评论》2017年第1期
关键词:副卷　正卷　司法公开　阅卷权　证据裁判
摘要:我国法院的案卷有正卷、副卷之分。法院副卷严格保密、严禁查阅是各级人民法院长期执行的一项工作原则。随着我国法治建设的发展,法院副卷制度存在的问题也日益凸显出来:它不符合司法公开和审判公开的发展趋势;违反独立行使审判权的司法规律和严禁干预司法活动的规定;限制并缩小了当事人、诉讼代理人以及辩护人的阅卷权;背离了现代诉讼证据裁判原则的基本要求。改革法院副卷制度具有重要意义,有助于深化司法公开,增强当事人和社会公众的知情权,并使其感受到程序正义。改革的设想是通过逐渐限缩副卷中的材料范围,依对外公开阻力的不同将副卷中的材料分阶段、分步骤地转入正卷,最终实现所有诉讼材料一卷保存、彻底废除副卷的目标。

论刑事庭审实质化的理念、制度和技术
孙长永　王　彪
《现代法学》2017年第2期
关键词:以审判为中心　刑事庭审实质化　理念　制度　技术
摘要:刑事庭审形式化是我国刑事诉讼中长期存在的一个问题,推进"以审判为中心"的诉讼制度改革,必须改变庭审走过场的局面,努力实现庭审实质化。庭审实质化改革是我国刑事审判领域乃至整个刑事诉讼领域的一场革命性变革,其本质是以公正审判取代不公正的审判,因而需要以司法理念的更新为前提,以制度变革为保障,而不仅仅是庭审技术的完善。只有以公正司法的理念为指导,以有助于实现公正审判的制度保障为条件,以具体展示公正审判的程序和证据规则为支撑,协同推进理念更新、制度变革和技术改良,才能实现刑事庭审实质化的改革目标。

论侦查中心主义
陈瑞华
《政法论坛》2017 年第 2 期

关键词:侦查中心主义　庭审形式化　庭审实质化　审判中心主义

摘要:通过对嫌疑人人身自由的自行剥夺以及对涉案财物的自行处置,也通过对案件系属犯罪案件、嫌疑人构成犯罪等问题的公开披露和实质化定性,侦查机关与案件的结局发生了利害关系;通过侦查案卷移送制度的设计,法庭审判成为对侦查结论的形式审查和确认过程;通过各种法定的程序倒流机制,检察机关对侦查机关有所疏漏的案件进行必要的拾遗补漏和程序补救,对法院作出有罪裁决施加重大的影响。侦查中心主义构造带来了一系列负面后果,但迄今为止,我国的司法改革并没有对此产生实质性的触动。要彻底解决庭审形式化问题,真正推动审判中心主义改革,就必须对侦查中心主义给予认真的对待,并逐步抛弃这一问题重重的诉讼构造。

责任聚合下民刑交叉案件的诉讼程序——对"先刑后民"的反思
肖建国　宋春龙
《法学杂志》2017 年第 3 期

关键词:责任聚合　刑民交叉　先刑后民　替代责任　补充责任

摘要:在责任聚合中,因同一法律事实产生多重结果,行为主体应承担多个部门法规定的责任。民刑责任聚合是责任聚合的突出表现,为"民刑交叉"案件的一部分,但处理民刑责任聚合案件不能简单适用"先刑后民"原则。"先刑后民"的适用应满足责任主体与行为主体一致、同一法律事实以及刑事程序不以民事程序为前提三个条件。责任主体与行为主体不一致时,则应适用"民刑并存"或"先民后刑"原则,民法中的替代责任、补充责任和连带责任是这一类案件的具体体现。

法秩序统一视野下的诉讼程序与法律效果的多元性——以竞合型刑民交叉案件为视角

张永泉

《法学杂志》2017年第3期

关键词：刑民交叉　法律效果　多元性　秩序统一性

摘要："刑事优于民事"的价值取向在于以国家公权追诉犯罪取代个人私权救济，这是长期形成的国家利益至上指导思想在处理刑民交叉案件上的必然体现。刑事优于民事而忽视私权救济程序必然造成法秩序内的矛盾和不协调。同一法律事实涉及刑事犯罪和民事纠纷，公权追究刑事犯罪不应当排斥受害人私权救济程序。对同一法律事实进行刑事和民事不同法律效果的评判，并非诉讼的冲突和矛盾，正是法秩序内在协调性和外在统一性的表现。

聂树斌案再审：由来、问题与意义

胡云腾

《中国法学》2017年第4期

关键词：聂树斌案　程序公正　证据裁判　疑罪从无

摘要：聂树斌案再审是2016年中国司法领域最受社会关注的法治事件。第二巡回法庭在再审该案时面临一系列棘手的问题：如何确定该案的审理范围，审判适用何时的程序法律，案件是否公开开庭审理，本案是疑案还是冤案等。根据法律规定和再审程序的性质，合议庭认为聂树斌案再审中只审理本案的证据材料、不审理王书金相关供述不影响对案件作出公正裁判；基于有利于被告的原则在法律选择上适用新刑事诉讼法；根据司法解释的精神且基于聂树斌已经死亡的事实，该案再审中采取了不开庭审理的方式；聂树斌案按照疑罪处理，既符合法律规定，也比较主动、稳妥。该案再审的无罪判决得到了申诉人的认同，也得到了社会的普遍赞许。该案的无罪判决已远远超出一个普通刑事案件判决所要传达的是非、对错标准，它具有里程碑式的意义：它表明了人民法院坚持有错必纠、有冤必申的态度；它向各类、各级司法机关传递了严格司法、规范办案的要求；它全面落实了证据裁判原则；它彰显了程序公正理念。从不同的角度，我们可以读出该案的无罪判决书所传递的丰富法治信息。

论直接言词原则与我国刑事诉讼——兼论审判中心主义的实现路径

刘玫

《法学杂志》2017年第4期

关键词：直接言词原则　诉讼效率　证人出庭

摘要：直接言词原则包含两部分内容：一是直接审理原则，要求法官能够亲自参与到案件审判的每一个程序;二是言词审理原则,要求控辩双方能够以针锋相对的语言辩论形式推进庭审的进行。研究和借鉴直接言词原则对于改善我国审判现状、促进庭审的实质化有着非凡的意义。然而,我国审判实践中却存在着很多阻碍直接言词原则贯彻的情况,如证人出庭率过低、诉讼资源短缺、法官能力参差不齐等,应当通过改革审判委员会、多途径提高诉讼效率等方式贯彻直接言词原则。

审判中心论的话语体系分歧及其解决
樊传明
《法学研究》2017 年第 5 期
关键词:审判中心主义　以审判为中心　刑事司法改革　法教义学
摘要:"审判中心主义"是中国学者在进行刑事诉讼制度的比较研究时,提炼出的理论术语;然后以此为参照,对中国的刑事诉讼制度进行类型化描述,开展相应的对策研究。"以审判为中心"则是在当代中国刑事司法改革实践的语境中,由改革决策层、执行部门提出的统括性术语;它旨在解决刑事错案频发、司法公信力不足等现实问题,是推进严格司法的工具性举措之一。这两种话语体系都指向中国的刑事诉讼制度改革,但它们在制度愿景、改革内容、价值定位、推进路径等方面存在诸多分歧。这些分歧导致理论研究和改革实践之间发生错位,使法学理论与法律实务无法就相应改革议题形成有效互动、共识与合力推进。一个或许可行的解决方案是,让二者共享建构性的刑事诉讼法教义学立场,竞争性地为刑事诉讼制度演进提供发展动力和解释框架。

论刑事诉讼中的"对物之诉"——一种以涉案财物处置为中心的裁判理论
方柏兴
《华东政法大学学报》2017 年第 5 期
关键词:没收　涉案财物　对物之诉　诉讼构造　证据规则
摘要:围绕着刑事诉讼中涉案财物的处置问题,我国正逐渐形成一种新的裁判形态。这种裁判形态有别于以处理被告人刑事责任为核心的"对人之诉",可以归纳为刑事诉讼中的"对物之诉"。对物之诉将为利害关系人提供行使民事诉权的途径,遏制涉案财物处分权的恣意行使。并且,通过建立符合程序正义要求的涉案财物审判程序,有助于提高司法公信力,维护法院裁判的独立性和准确性。在与定罪量刑程序的外部关系上,由于对物之诉在裁判依据和利害关系人上具有特殊性,为保证裁判准确和利害关系人有效参与,对物之诉具有相对的独立性。就内部构造而言,争议事项的复数化和第三人的加入,促使对物之诉形成了分别以法律性质和权益归属为争议核心的双层诉讼构造。同时,对物之诉的证据规则呈现出民事诉讼的特质,从而在证明对象、证明标准和证明责任上具有特殊性。

论庭审模式与查明案件事实真相

陈光中　李章仙

《法学杂志》2017 年第 6 期

关键词:公正　查明真相　庭审实质化改革

摘要:公正的实现要求刑事程序查明案件事实真相,而法庭审理是查明案件事实真相的关键性程序。以美国为代表的对抗式庭审程序将经由正当程序所得事实即视为真实,而以德国为代表的审问式庭审程序则以追求实质真实为目的。我国现行的控辩式庭审模式有自身鲜明的特点,但"先定后审"的旧弊仍未革除,庭审实质化难以实现。对庭审方式的改革应当坚持查明事实真相,进一步推动证人出庭作证,扩大法律援助范围,严格实行非法证据排除规则,完善认罪认罚从宽制度。

审判权运行中的相关问题及对策

孙卫华

《中国刑事法杂志》2017 年第 6 期

关键词:审判权　运行规律　司法改革

摘要:审判权的本质是一种判断权。审判权的运行是整个司法工作的关键领域和核心,司法功能的发挥必须通过审判权的运行来实现,而审判权的运行是否遵循其固有规律,会直接影响裁判的法律效果、社会效果和政治效果的好坏,更是关系到司法公信力和司法权威性的高低。近些年出现的司法公信力不高、司法权威缺失等现象,从某种程度上反映出审判权尚未能完全依照其规运行,审判权的运行出了问题,造成审判权运行的结果不尽如人意。本文分析了审判权运行的一般规律,并在此基础上,针对我国审判权运行中存在的审判权地方化、行政化严重的问题,提出健全审判权运行规律的八项具体举措。

最高限度与最低限度罪刑法定的划分及其意义——对传统罪刑法定原则分层策略的反思与重构

车剑锋

《政治与法律》2017 年第 9 期

关键词:罪刑法定　派生原则　最高限度的罪刑法定　最低限度的罪刑法定　司法化

摘要:分层策略是我国罪刑法定原则研究中的重要问题。在传统的分层策略中,无论是积极与消极罪刑法定,还是形式与实质罪刑法定,抑或是绝对与相对罪刑法定,都存在一个共同的缺陷,即缺乏明确的理论目的性,无法对接我国刑事司法实践的现实需求。我国的刑事司法实践需要具有明确目的性、针对现实问题的罪刑法定原则分层策略。这种目的性可以描述为,既坚持罪刑法定基本原理,又增加其司法适用性;既兼顾罪刑法定的司法话语,又对接罪刑法定的大众话语;既维护罪刑法定的既有话语体系,又促进罪刑法定的自我进化。最高限度与最低限度罪刑法定的分层策略,正是以实现这三个"既……,又……"为目标的。考虑到我国罪刑法定主义"启蒙"与"反思"阶段同时存在的现实,根据罪刑法定司法化的现实需要,应设计出新的罪刑法定原则的分层策略。

司法改革语境下合议庭独立审判问题研究
刘少军
《法学杂志》2017 年第 10 期

关键词:合议庭 独立审判 审判管理权 审判监督权

摘要:在全面深化司法体制与审判权运行机制改革的背景下,保障合议庭依法独立行使审判权、落实办案责任制已成共识。然而,司法实践中存在着较为普遍的审与判相分离,合议庭独立审判权得不到保障的现象。造成此种现象的原因在于法院独立审判而非合议庭独立审判的理论误区、法院内部权力结构的等级化以及外部因素的不当干扰。改革的方向是坚持合议庭独立行使审判权与落实合议庭独立承担责任。应当从规范院庭长的审判管理与监督权,排除地方权力对法院系统的干扰,严格规范现有审级监督形式,健全法官履职保障机制,畅通监督制约渠道以及完善合议庭责任承担机制等方面,加强对合议庭独立审判权的保障。

司法改革语境下合议制度理论的借鉴与重构
徐胜萍 张雪花
《法学杂志》2017 年第 12 期

关键词:合议制度 组织系统权变 群体决策 职业伦理

摘要:既然理论上的反思属于先易后难的破土,那么在司法改革背景下合议制度理论溯源是整个改革研究的逻辑起点。本文以理论溯源为基础着手合议制度的理论重构,按照"主体—行为—责任"的逻辑,借鉴组织结构变革理论着手合议庭模式的重构,对合议庭与审判团队化模式的方式开展了论证,提出完善合议庭组织结构的基本思路。依托心理学中群体决策理论成就,集中检讨反思合议制度规则构建,以"罗伯特议事规则"为镜鉴,核心是重新确立合议庭的评议对象与表决内容。在梳理域外司法责任发展脉络的基础上,借助司法责任伦理的理论指导,集中比较并系统分析结果、程序、职业伦理等三种责任模式,吸收三者合理成分,从裁判结果、诉讼程序以及职业伦理方面确立合议庭责任机制的发展方向。

刑事庭审实质化的维度与机制探讨

陈　实

《中国法学》2018 年第 1 期

关键词:庭审实质化　以审判为中心　司法改革　审判制度转型

摘要:庭审实质化是"以审判为中心"的诉讼制度改革的重要内容。当前对于庭审实质化的理论研讨尚有一些盲点,相关的改革举措也存在较大局限。推进庭审实质化并非刑事庭审制度局部的技术性改良,而是刑事审判方式转型的系统性工程。首先应当从确定案件类型、审理层级、审理内容三个维度上对庭审实质化予以推进。其次,要重塑以抗辩制为内核的庭审事实发现机制,构建庭审内外部的裁判心证约束机制,规范合议决策和法院案管决策的案件裁断审决机制。

刑事裁判权在法官与陪审员之间的配置

陈学权

《现代法学》2018 年第 1 期

关键词:刑事裁判权　法官　陪审员　配置　改革试点方案

摘要:刑事裁判权在法官与陪审员之间的配置,在理论上可以概括为分权、共享和建议三种模式。国民对职业法官中立地位的信任程度、被告人获得陪审员审判权的宪法定位、刑事诉讼理念的差异是影响刑事裁判权在法官与陪审员之间配置的主要因素。实现陪审员独立审判、法官与陪审员能够形成有效的合作、法官对陪审员能够形成适当的制约是在法官与陪审员之间科学配置刑事裁判权的目标定位。我国正在试点实施的刑事裁判权在法官与陪审员之间的配置改革方案总体可行,但需要做些微调,同时应当落实法官独立裁判、注重法官的精力投入和适当调整合议庭的组成结构及规模。

审判中心与被害人权利保障中的利益衡量

胡　铭

《政法论坛》2018 年第 1 期

关键词:审判中心　被害人权利　利益衡量

摘要:审判中心主义要求以法庭为实现看得见的正义的主要场域,从而使得庭审成为诉讼主体实现诉求、维护自身权益的关键。被害人权利保障中涉及多方利益博弈,被害人在诉讼中的权利绝非越大越好,被害人和被追诉人的权利也非直接对应,而是涉及被害人利益、被追诉人利益、公共利益的三方关系,公诉方在利益衡量中发挥重要作用。被害人权利保障中的利益衡量,应以审判为中心,区分诉讼内权利和诉讼外权利,合理定位被害人的诉讼地位,在多方利益的耦合与选择中渐次展开。

人民陪审员参审职权改革的中国模式及反思
贾志强
《当代法学》2018年第2期
关键词:人民陪审员　参审职权　混合模式　事实问题　法律问题
摘要:为改变我国人民陪审员"陪而不审"的现状,本次人民陪审员制度改革将陪审员的参审职权调整为:人民陪审员与法官共同负责事实认定问题,法官单独负责法律适用问题。这就形成了一种有别于其他法治发达国家的全新的陪审员职权配置模式,即"混合模式"。但在此种模式下,改革试点法院却在司法实践中面临着事实问题与法律问题的"区分困境"。直接原因在于我国在法律规范层面从未对事实问题和法律问题作具体的区分,法官无章可循;根本原因是明确界分事实问题与法律问题本身就是一个理论难题,试点法院很难有可行的"区分方案"。未来改革中,一种务实的、具有可操作性的替代方案是,由人民陪审员和法官共同负责被告人的定罪问题,由法官单独负责量刑问题。

刑事庭前会议运行实证研究
秦宗文　鲍书华
《法律科学(西北政法大学学报)》2018年第2期
关键词:庭前会议　庭前会议制度　预审
摘要:实证研究表明,我国庭前会议制度以一套颇具特色的方式在运行。其运行效果与理论、制度预设有较大差距;效率提升具有不确定性;强化被告人权利保障的效果不明显;强化庭审对抗的作用有限;集中审理的目标得到了较好实现,但外溢效应不足。促生当前现状的首要原因是控辩审三方对庭审效果的考量,其次,实体优先的潜在观念、审判业务优先地位突显不足、替代措施的便捷和高效也有重要影响。该制度的未来发展中,不宜以适用率作为评价制度成功与否的主要标准,其变革进程主要取决于庭审实质化的推进程度,并受程序分流改革进度的影响。此外,应解决庭前会议的效力问题。

陪审员裁决能力问题研究——优秀的还是拙劣的事实认定者?
樊传明
《中国刑事法杂志》2018年第2期
关键词:陪审员　事实认定　准确性　可接受性　正当性
摘要:中国人民陪审员制度改革的一个重要方面,是将陪审员职能限缩在事实认定上,由此引出了陪审员的事实认定能力问题。分析陪审员在事实认定方面的优势和劣势,应聚焦两类特征:一类是陪审员的个体身份特征,如不受科层权力管制、缺乏法教义学训练、秉持常识性正义观、怀有对当事人的共情式关怀等;另一类是陪审员裁决的结构性特征,如团体评议结构、二元式法庭结构、实际上的裁决终局性等。这两方面的特征对于司法事实问题的解决有重要影响。评价司法事实认定之优劣,除了准确性之外,还有裁决的可接受性、事实推论的正当性等维度。需要在这些维度上分别论证陪审员裁决的价值。中国现行改革方案和立法草案,选取了传统陪审制的某些要素性特征而舍弃了其他一些特征。该设计方案能否最大化地发挥陪审员的事实认定优势,取决于这些要素性特征与事实认定各评价维度之间的功能性关联。

审判委员会制度改革的类型化方案

方 乐

《法学》2018 年第 4 期

关键词: 审判委员会　制度角色　差异化　类型化　司法改革

摘要: "差异化"既是各级各地法院审判委员会工作机制的基本特征,也是审判委员会制度在实践运行中所整体呈现出的现实状态。这虽然反映出不同的法院对于审判委员会制度有着不同的利益诉求,但这并非审判委员会制度改革所需解决的关键问题。因各个法院内部利益诉求的矛盾冲突所导致的审判委员会制度运行的不确定性以及由此造成的法院审判权内部运行秩序混乱,才是审判委员会制度实践所展示的最大风险。审判委员会制度运行的问题并不是每个法院之间存在差异,而在于一个法院内存有明显的差异。要充分发挥审判委员会的制度功能,就必须要忽视这种整体上的差异性,转而通过建构类型性的差异化制度和机制来消除审判权运行的不确定性,通过"差异差异化"的方式来使得制度运行得以规范化。

职权主义与审问制的逻辑——交叉询问技术的引入及可能性反思

施鹏鹏

《比较法研究》2018 年第 4 期

关键词: 审问制　交叉询问　法庭的证据　实质真实　积极心证

摘要: 审问制源于欧洲中世纪甚至更早,最初仅是作为例外的存在,后来逐渐演变为职权主义的主要审判方式,一直延续至今。在审问制下,法官处于主导地位,指挥庭审的运行,并有权对证人进行询问,控辩双方须经法官同意方可对证人进行质证,处于较被动的地位,这与当事人主义下的交叉询问制度形成鲜明对比。在学理上,审问制主要立足裁判事实国家垄断的诉讼传统、实质真实的诉讼价值观以及以证实为导向的积极心证,这与交叉询问的内在机理存在较严重的冲突。因此尽管审问制也面临着一些批评,但职权主义各代表性国家对引入交叉询问均持十分谨慎的态度。中国亦奉行审问制传统,故引入交叉询问制度并不能解决时下控辩失衡、庭审虚化的现象,反而可能导致制度的排斥效应。因此,中国时下引入交叉询问制度的尝试既无必要,也无可能。

我国无罪判决模式之反思——以《刑事诉讼法》第 195 条第 3 项为重点的分析

闵春雷　鲍文强

《法学》2018 年第 5 期

关键词:无罪判决模式　疑罪从无　存疑无罪　无罪推定

摘要:我国现行《刑事诉讼法》第 195 条将无罪判决区分为"确定无罪"与"证据不足无罪"两种类型。在司法实践中,无罪判决多援引第 195 条第 3 项作出,出现了对"疑罪"扩大理解和不当适用的情形,背离了疑罪从无的内涵要义,无法还无罪被告人以清白。究其根源在于立法将"无罪理由"与"无罪判决类型"相混淆,将"证据不足"这一判决理由上升为无罪判决类型,无法涵盖实践中其他无罪事由,使"存疑无罪"判决与无罪推定的要求相背离。更深层次的原因在于,无罪推定原则、一事不再理原则在我国《刑事诉讼法》中的长期缺位,不能实现对无罪被告人的彻底保障。故应严格限制第 195 条第 3 项的司法适用,在立法上建构一元化的无罪判决模式,不再对无罪判决进行类型划分,实现无罪推定原则、一事不再理原则入法,严格规定对无罪判决提起再审的启动条件,切实保障无罪的人不受刑事追究。

比例原则视角下的法庭秩序维持权——以刑事庭审中的驱逐出庭措施为中心

贺红强

《法律科学(西北政法大学学报)》2018 年第 5 期

关键词:比例原则　法庭秩序维持权　刑事司法强制措施

摘要:法官运用法庭秩序维持权的目的是排除影响法庭秩序的障碍,附带惩戒扰乱法庭秩序的行为,在规训与惩戒时应落实比例原则及其三项子原则。首先,着眼适当性原则,法官应衡量适用司法强制措施是否有助于实现维持法庭秩序目的,尤其应区分诉讼参与人正当维权与违反法庭秩序的界限。其次,实行必要性原则,在诸多可以实现目的的司法强制措施中选择对关系人影响最小的措施,应严格把控驱逐辩护律师出庭的适用条件,如果对违反法庭秩序的被告人适用驱逐出庭,也应严格适用。最后,贯彻相称性原则,将律师驱逐出庭时应平衡辩护权和法庭秩序维持权,如果因驱逐被告人而实行缺席审判应平衡被告人的公平审判权和法庭秩序维持权。

中国式陪审制度的溯源与重构

步洋洋

《中国刑事法杂志》2018年第5期

关键词:陪审　人民陪审员　价值定位　实践样态　本土化路径　参审职权配置

摘要:人民陪审员制度当下的改革,似乎与司法领域甚至其他领域的改革一样,逐渐演变为一个纯粹的中国式问题。肇始于百年前的"陪审之议"在我国当下呈现出"陪而不审、审而不议、议而不言""驻庭陪审、编外法官"功能"异化"、事实审与法律审相区分的程序机制未有实质推进等多重实践样态。立足于陪审制度改革的现实语境,人民陪审员制度于我国当下之改革应当在直面"中国问题"的同时,以"世界眼光"进行观察,构建中国式陪审制度改革完善的本土化进路,即先立足于"参",再着眼于"审",围绕着完善制度运行的配套机制、健全法官指示制度、深化参审职权配置等方面,重点解决民众如何参与及有效参与的双重化改造路径。

地方法院庭审实质化改革实证研究

左卫民

《中国社会科学》2018年第6期

关键词:以审判为中心　庭审实质化　诉讼制度改革　司法改革　实证研究

摘要:庭审实质化改革是诉讼制度改革的重要内容。A市两级法院试点改革的实证研究显示,庭审实质化在一定程度上得到增强,但尚未实现理想的控辩举证与对抗,庭审结构未发生根本性变化,审判与审前的关系和功能并未明显转型,审判中心未能充分确立。这一现象背后既有技术层面的原因,也与改革未触及司法结构层面、配套措施不到位等问题相关。未来改革需要进一步调整思路,强调审判决定性的系统性司法改革,而庭审实质化作为审判中心的一项重要内容,其推行应以争议案件为适用对象,推动关键证人充分出庭且法庭证据尤其口头证据效力优先,解决控辩审三方"法律语言"与出庭人员"生活语言"之间的矛盾,确定以对抗性为主调的可操作方案与具体机制。

健全落实罪刑法定原则的思考——以醉驾致人死亡案件适用刑法"口袋罪名"为切入点

戴玉忠

《法学杂志》2018 年第 10 期

关键词：健全落实　罪刑法定　"口袋罪名"

摘要：罪刑法定原则是反对罪刑擅断的法治成果，是当代刑事立法、刑事司法应当遵循的基本原则。按照党的十八届四中全会提出的关于"健全落实罪刑法定"原则法律制度的要求，以醉驾致人死亡案件适用"口袋罪名"为切入点，探讨研究罪刑法定原则的现代法治价值和刑事立法、刑事司法坚守罪刑法定原则问题，展望新时代中国罪刑法定原则法律制度的健全落实。

以审判为中心的诉讼制度改革之立法思考

刘静坤

《中国刑事法杂志》2019 年第 1 期

关键词：以审判为中心　诉讼制度　制度共识　立法化

摘要：推进以审判为中心的诉讼制度改革，是中央刑事司法体制改革的重要部署，目前尚待纳入立法修改日程。为通过立法深入推进改革，有必要重新审视改革与立法的关系，探索改革与立法梯次发展的新型模式。正视改革的立法需求，有必要聚焦刑事程序立法的核心问题，明确改革立法化的基本思路，使推进以审判为中心的诉讼制度改革落到实处。

刑事诉讼模式的演化与流变——以海峡两岸刑事司法改革为线索

卞建林

《政法论坛》2019 年第 1 期

关键词：诉讼模式　职权主义　当事人主义　以审判为中心　认罪认罚从宽

摘要：大陆和台湾地区刑事诉讼均根植于职权主义传统，但却不约而同地在近二十年吸收了大量当事人主义元素，服务于刑事诉讼制度科学化、民主化的现实需求，其中最为显著的改革措施包括：调整控辩审关系实现构造平衡、推进审判中心改革实现程序优化、建构认罪协商制度实现繁简分流。刑事司法改革进程中，需要进一步整合两大刑事诉讼模式中利于人权保障、程序正义、权力制约和权利救济的合理元素，进而推动刑事程序法治的现代化发展。

审委会与合议庭：司法判决中的隐匿对话

邵六益

《中外法学》2019 年第 3 期

关键词：审委会　合议庭　"中国法官如何思考"　民主集中制

摘要:中国的司法判决逻辑不仅体现在合议庭作出的判决书中,审委会是决定"难办案件"的重要机构,代表了司法判决的深层逻辑。只有将审委会与合议庭结合起来,才能丰富抽象概括出的司法与政治有机统一命题,也才能完整揭示"中国法官如何思考"。借助某中级人民法院 2011—2015 年间的审委会记录,通过比较审委会与合议庭对相同案件的不同分析,能够勾勒出两者之间存在的互动机制:合议庭归纳的争议焦点决定了审委会的讨论方向,而审委会的决定既是判决的底线和前提,更是合议庭据以抵抗外在干预的后盾。由于审委会所考虑的很多问题不能够公开,当事人和大众只能通过判决书之外的方式了解这些信息,因此上述互动更像是两者间的"隐匿对话"。审委会的决定更像是利益选择,对其的监督之道不在于公开信息,而在于完善议事规则、健全民主集中制。

合理怀疑的本土类型与法理建构

栗 峥

《中国社会科学》2019 年第 4 期

关键词:合理怀疑 怀疑版本 聚类集成 微分式证明 积分式证明

摘要:怀疑是贯穿刑事诉讼的一种状态与过程。不同的疑点产生不同的疑点效,并聚合形成疑点群。疑点的功能在于对司法证明产生动摇。必须基于中国语境与实践的本土路径,重新诠释合理怀疑这一概念并建构其类型。合理怀疑可区分出四阶形态,其合理性体现为融贯且真实。基于对全国涉及合理怀疑的 6692 份裁判文书的样本实证分析,从其中的典型错案中可提炼概括出八种中国式模型,形成合理怀疑的八种具体怀疑版本类型。怀疑版本的生成体现出刑事诉讼的一种内在需求,即聚集构成某类整体以产生合力效应,可以将其概括为聚类集成。聚类集成是元素从微观向宏观合成的一种表达。基于聚类集成的主体思路,可以将司法证明划分为微分式证明与积分式证明这两种证明范式。从微分式向积分式的过渡,使得合理怀疑真正实现从微观的流量向宏观的存量的转变。

庭审实质化压力下的制度异化及裁判者认知偏差

元 轶

《政法论坛》2019 年第 4 期

关键词:庭审实质化 事实重塑 制度异化 裁判认知偏差

摘要:随着庭审实质化改革推进,愈来愈呈现出这样一种现象,即一边是庭审实质化相关制度不断构建的热潮,一边是制度的不断被异化。解释这一现象,首先需要明确案件事实对裁判的决定性作用,在这一基础之上,才能发现证据信息增量是庭审实质化改革的根本价值取向,进而观察到随着改革沿着这一导向推进,裁判者案件事实认知面临的不确定性压力将大幅增加,而裁判者的认知力并不满足这种压力的要求。于是,一方面是庭审实质化制度改革对裁判者认知力提出的更高要求,另一方面是裁判者的心证能力仍然停留在法定证明水平,这样就会出现由认知力矛盾加剧而反向导致的制度系统性异化,并波及整个刑事诉讼程序,其中以庭前阶段的证据移送制度、庭审阶段的证人出庭制度和重新鉴定制度,以及裁判阶段的当庭宣判制度为典型代表,因此,有必要对这些制度的异化结果、原因、类型及发生规律等问题展开分析。并且,在此基础上,进一步分析这些异化制度下的认知偏差问题,从认知心理学等跨学科视角,借助不确定状况下进行判断的经济学决策理论,归纳出锚定效应、频率冗余、具身抑制、权威暗示、曲解效应等多重分析维度,系统分析异化后的制度是如何通过裁判者认知心理造成案件最终裁判结果偏差的。

庭审实质化改革的成效与路径研究——基于实证考察的分析
李文军
《比较法研究》2019 年第 5 期
关键词:以审判为中心　庭审实质化　实现程度　优化路径
摘要:庭审实质化改革的成效主要体现在证人出庭增多、被告人辩护权的保障、控辩双方的对抗化明显。但是,改革并未使以往庭审模式发生根本转变,法官认定案件事实仍依赖书面证言,关键证人出庭较少,非法证据排除调查形式化。因此,庭审实质化改革虽然有效但效果有限,尚未达到改革的预期目标。这与改革的规划有限、执行不力,以及侦诉审各机关之间的宪法法律定位相关。改革规划的有限性在于缺乏顶层设计的改革试点方案,偏向制度改良而忽视制度创新,可能导致对某一问题改革的"内卷化"现象。庭审实质化改革的技术路径和法治路径,相互间属于协同关系而非排斥关系,二者的直接目的虽有不同,但最终目标都在于充分保障人权、提升司法能力、维护司法独立。技术路径是法治路径达成的基本方式,而法治路径是技术路径的前进方向。通过破除技术路径遇到的制度框架障碍,可以提升改革目标达成的可行性和有效性。

刑事审判中的事实问题与法律问题——从审判权限分工的视角展开
魏晓娜
《中外法学》2019 年第 6 期
关键词:事实问题　法律问题　陪审制　审级制度　分权
摘要:随着《人民陪审员法》的通过,事实问题与法律问题的区分从纯粹的理论探讨转变为迫切需要解决的现实问题。但是,这一问题不局限于陪审语境,在整个刑事审判场域下均具有普遍的意义。与哲学上的讨论不同,刑事审判中的

"事实""法律"及其分类具有权力(利)界定的功能,它确定人民陪审员与法官、初审法院与上诉法院之间的权限。刑事审判中的事实进一步细分为构成性事实和证据性事实、一般事实和专业事实,它还进一步确定法庭与鉴定人、普通证人与鉴定人的权限。在我国独特的司法解释体制下,审判法院与最高法院在法律问题上分享具体解释权和抽象解释权。带着中国问题意识,以基本语义为基础,再从功能主义出发引入特别的政策考量作出适当的修正,也许是一条解决区分难题的务实路径。

七人陪审合议制的反思与建言

左卫民

《法学杂志》2019 年第 4 期

关键词:陪审制 《人民陪审员法》 七人陪审合议制 陪审一体化

摘要:基于解决陪而不审的问题和提升重要审判公众参与度的立法目的,《中华人民共和国陪审员法》确立七人陪审合议制的初衷值得肯定。但由于改革的设计理念不统一且操作模式混杂,致使陪审员的权力被割裂,重要规范、组织结构、运行机制之间相互矛盾。应当在长期试点的基础上,协调立法思路,基本方向保持陪审一体化。

效率追求如何契合公正:刑事诉讼期限立法的基本原则

于增尊

《法学杂志》2019 年第 5 期

关键词:刑事诉讼 期限 原则 效率 公正

摘要:基于刑事程序的惩罚性、诉讼认识的回溯性、司法资源的有限性,刑事诉讼效率获得了充分正当性,被视为司法公正的保障路径重要内容之一。为确保公安司法机关高效行使职权、防范诉讼拖沓,我国刑事诉讼法在各个诉讼环节设置了繁密的期限规则。但规范繁多不代表制度完备,现行期限立法缺乏科学理念指导,在明确性、严谨性、完备性等方面存在缺陷。欲保障刑事诉讼效率的公正价值,防范超期羁押、超期办案等实践乱象,需要严格遵循适度、明确、封闭、救济等原则,对刑事诉讼期限规则进行系统检视与完善。

罪刑法定原则:挑战、重申与重述——刑事影响力案件引发的思考与检讨

梁根林

《清华法学》2019 年第 6 期

关键词:个案正义困境 重申罪刑法定 重述罪刑法定 阶层体系思维 刑事司法逻辑

摘要:近年来陆续出现的刑事影响力案件表明,我国一些地方的刑事司法不

同程度地陷入了个案正义困境,《刑法》第 3 条规定的罪刑法定原则面临着多重挑战。破解刑事司法个案正义困境,回应罪刑法定原则面临的挑战,不仅需要重申罪刑法定,而且应当重述罪刑法定。重申罪刑法定是前提,重述罪刑法定是关键。重申罪刑法定,要求司法者恪守罪刑法定原则的原旨,严格解释与适用刑法,坚持以构成要件作为定罪基准,审慎对待刑罚扩张事由,正确处理"民刑交叉"与"行刑竞合"案件。通过刑法教义学的理论重述,《刑法》第 3 条的规定可以衍生出规则之治、良法之治、具体法治三位一体的罪刑法定当代要求。根据重述后的罪刑法定,司法者应当遵循先形式再实质的判断秩序,入罪必须兼顾形式合法性与实质合理性,出罪则仅需择一地考量行为是否形式违法或者虽然形式违法但实质合理(可宥)。应当确立阶层体系思维,转换刑事司法逻辑,妥善处理形式与实质、不法与责任、类型与例外、国法与天理、人情之间的关系。

论法官绩效考评制度改革及其实践效果
张　建
《法学》2019 年第 11 期

关键词: 法官绩效　考评制度　司法改革　法官对象化　法官主体性

摘要: 社会主要矛盾的转化要求司法应在更好的层面回应社会对公平正义的期待,法官绩效考评制度是当前司法改革的重要构成。改革中的绩效考评制度呈现出指标复杂化与"双高"并存的现象,复杂化的绩效考评制度带来了时间精力被占用、法官策略行动等意外后果。对现代技术的盲目依赖、建构性的理性假设及将法官工具化处理是复杂化的重要原因。需要重视法官的主体性,审慎对待绩效考评制度的功能;需要重视法官的主动性,建构法院与社会的联通机制;需要重视法官的主要性,建立服务型法院。

审判委员会讨论决定权的法教义学阐释
曾新华
《法学杂志》2019 年第 11 期

关键词: 审判委员会　法教义学　讨论决定　重大疑难复杂案件　法律适用

摘要: 法教义学以规范为对象、以解释为方法、以体系为目标,应成为当下刑事诉讼法学研究方法的重要分支。审判委员会"讨论决定重大、疑难、复杂案件的法律适用"应基于法教义学立场和方法进行解释。"讨论决定"时实行的民主集中制应解释为合议制;无论从《刑事诉讼法》还是《人民法院组织法》体系上看,审判委员会讨论决定刑事案件时,辩护律师要求列席的应当准许。"重大、疑难、复杂案件"是不确定法律概念,只能采取价值补充法进行解释。"法律适用"改革是保留审判委员会制度下最具现实合理性的方案,法律适用与事实认定问题的区分应以是否需要进行证据调查为标准。

从刑民实体判断看交叉案件的诉讼处理机制

简 爱

《法学家》2020 年第 1 期

关键词: 刑民交叉 违法判断 相对独立性 刑民并行

摘要: 鉴于刑民实体关系的处理对司法实践中刑民交叉案件审理顺序的直接影响,刑民交叉案件应当坚持实体法和程序法的双重视角考察。在交叉案件的实体判断中,法秩序的统一不在于保持违法概念、违法判断的一致,而在于维护"合法"判断一致。强行将民事违法性作为刑事违法的判断前提,极有可能想当然地以合同无效、过错等充实尚无定论的民事违法性,反而导致了刑事违法判断的"失真"。在交叉案件的审理中,裁判的统一是客观事实的最大限度统一而非客观事实和法律评价的完全一致。贯彻了违法判断(相对)独立性的"刑民并行"模式既尊重了审判的独立性,也有助于避免因案件受理顺序的不同而导致裁判结果不同,是更为合理、高效的诉讼处理机制。但是,当刑民审判存在先决关系时,作为交叉案件审理例外模式的"先刑后民"和"先民后刑"具有一定妥当性。

关于刑事当庭宣判的逆向反思

孙 皓

《当代法学》2020 年第 2 期

关键词: 当庭宣判 庭审实质化 刑事司法 逆向反思

摘要: 随着刑事诉讼制度改革的不断深入,法庭审理扮演了愈发重要的角色。以认罪认罚从宽、司法公开等政策思路为导引,加之司法机关在内部结构上的调整,当庭宣判成为一种受到大力倡导的案件处理模式。然而,这种即时决策的广泛化却未见得有益于法治效益的总体提升。运用逆向反思的逻辑手段,藉由实证数据的提取,不难发觉当庭宣判在数量增长背后的一些隐患。只有当价值、程序以及主体等要素之间达成高度平衡,庭审实质化才能真正催生出符合正当意涵的判决方式。

论法官的职权调查原则——以职权主义刑事诉讼为背景的展开

施鹏鹏

《法学评论》2020 年第 2 期

关键词: 法官职权调查 实质真实 公正程序 刑事辩护 职权主义

摘要: 职权调查原则,最早源于罗马法,成型于中世纪,指为查明真相,庭审法官(或审判长)可不受控辩双方所提供之证据材料的约束,而依职权主动调查及收集所有可能对揭示真相有意义的事实和证据。这是职权主义国家的通常设置，也是职权主义区别于当事人主义的核心要素。法官职权调查原则的正当依据在于实质真实，并不违背公正程序的要求，也不会压缩刑事辩护的空间。中国的法官职权调查原则备受诟病，核心原因在于特殊的诉讼权力构造，而非职权调查原则本身。在庭审证明实质化的大背景下，强调法官的职权调查原则是保障实质真实的需要，符合中国的职权主义传统。

重构罪刑法定原则

高 巍

《中国社会科学》2020 年第 3 期

关键词：罪刑法定原则 实定法 文义边界 明确性

摘要：罪刑法定原则，作为科学主义和理性主义的产物，受制于时代变迁和理论预设，在实践中并未充分发挥自由保障价值，在惩罚犯罪的确定性方面也不断动摇。即使不断面临冲击，作为现代法治体系的重要原则，罪刑法定原则也应当得到坚持和维新。首先，实定法原则受到实质法论的冲击，不具法律形式的其他渊源成为事实上的罪刑依据。基于此，有必要重申实定法的法源专属性。其次，刑法文本的可能文义边界无法从经验上清晰划定，但不能因此否定文义边界，而应当放弃经验事实的客观边界设定，进行规范性边界的划定与证成。最后，应当承认和接纳司法的明确性责任，作为立法明确性的补充，并构建立法明确和司法明确的双层明确性体系。其中，刑事立法的明确性，应当从行为指引和司法限制两个角度构建标准。刑事司法的明确性，则要从立法文本出发，通过建立立法文本的次级一般性规则，对立法文本进行具体化，使立法文本得以不断接近具体特定的案件事实，最终建立立法文本和案件事实的涵摄关系。

论刑事庭审实质化的制约要素

李奋飞

《法学论坛》2020 年第 4 期

关键词：庭审实质化 "以审判为中心" 制约要素 司法体制

摘要：以审判为中心的刑事诉讼制度改革，最终落脚在刑事庭审实质化改革上。面对中国刑事庭审始终无法走出"虚化"的困境，与其提出主观性过强的理论方案，不如揭示其背后的制约要素。通过对近 30 名法律从业者的深度访谈发现，目前制约刑事庭审实质化的制度和程序要素至少有以下五个方面：其一，司法决策的卷宗依赖，仍然是导致刑事庭审流于形式的"元凶"；其二，庭前会议的功能异化，本应在庭审环节解决的事项被前移到了庭前会议阶段，导致法庭审理被虚置乃至被替代；其三，当庭讯问的程序不当，对举证、质证环节造成了"喧宾夺主"的影响;其四,控辩对抗的效果不彰,特别是被告人难以获得有效的辩护,使得控辩双方在法庭上的"你来我往"效果非常有限;其五,审理期限的巨大压力,客观上也使得法官难以进行从容不迫的实质化审理。不仅如此,独具中国特色的政法体制,实际也构成了庭审实质化的关键制约因素。通过揭示庭审实质化的各种制约因素,或可为未来的司法改革提供符合本土资源的建设性思路。

案卷笔录与庭审实质化改革

褚福民

《法学论坛》2020 年第 4 期

关键词: 案卷笔录　庭审实质化　庭审程序

摘要: 庭审实质化的改革中,案卷笔录具有重大影响。庭审实质化的本质要求体现在:确立庭审程序在审判阶段的核心地位,确保实质化庭审的审理方式、裁判依据。案卷笔录影响庭审实质化的基本逻辑,体现在审判方式、裁判依据、庭审程序和庭前程序的关系等三个方面。在庭审实质化改革中"容忍"案卷笔录的使用,既有庭审实质化改革自身的设计问题,也是基于案卷笔录影响庭审的深层次原因未得到解决。该问题的未来改革课题,包括重新定位案卷笔录与庭审实质化的关系,采取措施消除案卷笔录影响庭审的深层次原因。

庭前会议的功能定位与实践反思——以 B 市 40 个刑事案件为样本

吴小军

《法学杂志》2020 年第 4 期

关键词: 庭前会议　庭审程序　功能定位　庭审实质化

摘要: 按照刑事诉讼法和相关规范性文件的设定,刑事庭前会议主要解决程序性争议,基本功能是归纳控辩争议焦点,确定法庭调查范围;拓展功能衍生为推动案件繁简分流,规范撤回起诉程序,协商确定审判方式。通过对 B 市 40 个刑事案件的实证分析发现,庭前会议解决程序性争议的功能有限,庭前会议与庭审程序的关系不明,"大庭前会议、小庭审程序"现象值得警惕,制度设计与实践操作存在一定的紧张关系。未来要谨防庭前会议替代、削弱正式庭审,避免辩护权弱化、庭审虚化等不良倾向,回归庭前会议功能,推动庭审实质化。

人民陪审改革成效的非均衡困境及其对策——基于刑事判决书的大数据挖掘

王禄生

《中国刑事法杂志》2020 年第 4 期

关键词: 人民陪审　改革成效　非均衡困境　大数据挖掘　实证研究

摘要: 根据对 303 万份刑事一审判决书的分析,虽然刑事案件的参审率不断提升,实质参审率接近九成,但陪审案件范围不尽合理;陪审员年均参审频率低位运行,"驻庭陪审"现象得到较好解决,但参审频率区间分布陷入严重的"二八效应";"两陪一审"的参审形式比重持续上升并占据六成,但"两陪一审"相较于"两审一陪"的比较优势并不显著;陪审员参审对被告人而言虽然会提升案件的处断效率,但却可能形成对判决结果的负面影响。为了应对上述陪审制度改革的非均衡困境,需要适当限缩陪审案件范围,排除刑事简易程序中对陪审的适用;优化陪审员参审频率的区间分布,保障三分之二的陪审员在年内参审,并将"活跃陪审员"的年均参审数设置在 5 至 25 件;完善陪审员参审的审判组织形式,剔除"两审一陪"的合议庭形式。

论刑事诉讼中的"争点主导主义"

李奋飞

《政法论坛》2020 年第 4 期

关键词:"争点主导主义" "有诉讼争议—实质化解决"模式 "无诉讼争议—形式化确认"模式

摘要:为实现司法资源配置在刑事诉讼中的持续优化,充分激活控辩双方的处分自由,有效地保障司法裁判的公正,需要保证实质化庭审仅适用于控辩双方诉讼争议的解决。这不仅需要建构认罪认罚案件和不认罪认罚案件的繁简分流机制,还需要在刑事普通程序内部建构"二元模式",即"有诉讼争议—实质化解决"模式和"无诉讼争议—形式化确认"模式。"有诉讼争议—实质化解决"模式,要求审判机关在妥善确定"诉讼争议"的基础上,真正贯彻直接言词原则,逐步克服对案卷笔录材料的依赖,对"诉讼争议"进行实质化审理。与"有诉讼争议—实质化解决"模式不同,"无诉讼争议—形式化确认"模式,则不需要再贯彻直接言词原则,案卷笔录的证据资格也可以不再受到严格限制。

以审判为中心的诉讼模式核心要义:评价中心主义

王志远

《法律科学(西北政法大学学报)》2020 年第 4 期

关键词:审判中心主义 事实确证 法律评价 论证式法律适用思维 评价中心主义

摘要:以审判为中心的诉讼制度改革,首要是为了解决审判形式化的问题。法院任务重心设定上的"事实确证偏向"是刑事诉讼中审判形式化的直接原因;而我国法院任务重心的事实确证偏向,是传统"印证式"刑法适用思维模态观念导向的结果。改变传统刑法适用思维,是审判实质化的前提。应然的"论证式"刑法适用思维所导向的,则是法院任务重心与侦查、检察机关职能重心的相互分离。前者应置其职能重心于"法律评价",后两者则应当以"事实确证"任务为重心。如此,审判中心主义改革的核心要义,应当界定为实现法院审判职能上的"评价中心主义"。

合意式刑事诉讼论

王新清

《法学研究》2020 年第 6 期

关键词: 合意式刑事诉讼　对抗式刑事诉讼　认罪认罚从宽

摘要: 随着我国刑事诉讼法相继确立刑事和解程序、速裁程序和认罪认罚从宽制度,一种新的刑事诉讼形式——合意式刑事诉讼,成为一种显性存在。学者们对此进行了理论概括,给予了不同的命名。与"合作式刑事诉讼""协商性刑事诉讼"等名称相比,"合意式刑事诉讼"的名称更为贴切。合意式刑事诉讼的内容包括合意式刑事诉讼行为和合意式刑事诉讼程序。2018 年《刑事诉讼法》搭建了合意式刑事诉讼的基本框架,但仍需对合意式刑事诉讼进行体系化建构,包括确立合意式刑事诉讼的专门原则,界定合意式刑事诉讼中当事人的诉讼权利,完善合意式刑事诉讼的起诉程序和审判程序。

人民陪审员参审职权改革的实体与程序基础——以庭审实质化的推进为切入点

刘仁琦

《法学》2020 年第 6 期

关键词: 人民陪审员　庭审实质化　参审职权　定罪事实　量刑事实

摘要: 在庭审实质化的不断推动下,探索适合我国国情的人民陪审员参审机制,逐步推行"事实审与法律审的分离"是我国陪审制度改革的重要内容。但事实问题与法律问题相互缠绕,难以区分,严重掣肘着本次改革目的的实现。应在对陪审制度本身的制度价值研究的同时,转向制度契合性研究,解析陪审制度与刑事实体法、刑事程序法的规范性基础。刑事司法领域的事实审与法律审是否区分、如何区分,必须回归到本国犯罪构成要件、诉讼制度本身。在我国既有犯罪构成体系、"公诉事实"制度之实体、程序与证据规则的多重制度基础制约下,人民陪审员难以单独适应、驾驭复杂的案件事实认定。应遵循刑事司法规律与司法传统,在参审职权的分配上,正视与刑事实体法、程序法之间的关联关系,在量刑规范化改革既有成绩的基础上,明确人民陪审员与法官共享与犯罪构成有关的"定罪事实"之认定权,"量刑事实"的认定则应由法官独享。

刑事庭前会议制度实施状况研究

贾志强

《中国刑事法杂志》2020 年第 6 期

关键词：庭前会议　"三项规程"　以审判为中心　实证研究

摘要：在最高人民法院《庭前会议规程》正式施行的新背景下，针对庭前会议制度实施状况开展系统性的实证研究具有重要意义。通过考察 2014 年至 2018 年全国相关裁判文书数据和部分地区问卷调查数据发现，尽管庭前会议适用率呈逐年增长态势，但总体仍处于极低水平，较高比例办案人员从未适用或参加过庭前会议，且办案人员对目前适用率的评价存在较大差异。以《庭前会议规程》内容为参照，结合访谈等方法，针对四城市法官、检察官、辩护律师的问卷调查结果呈现出了庭前会议在程序构成、内容与功能、效力等三个方面的具体实践情况及存在的问题。为完善该制度，应重点加强庭前会议的效力刚性，强化被告人权利保障，杜绝证据展示"质证化"，并理性对待适用率问题。庭前会议制度是实现"以审判为中心"的手段，而非目的。未来在与庭审改革的长期互动中，该制度将有更大发展。

刑事结案效率考评指标的嬗进及其反思

印　波

《法学》2020 年第 8 期

关键词：审判效率　结案率　法定审限内结案率　结收比　司法业务考评

摘要：对刑事审判效率考评研究可知，结案效率指标从结案率到法定审限内结案率，再到综合、变异运用结案率、法定审限内结案率、结收比、结案率复合指数等方式螺旋式嬗进。结案率设定具有先天的缺陷，受到收案状况的影响，无法体现程序法定性，在运行上造成了法院年底不收案、收案不规范等程序性问题，并可能影响案件的质量。替代的法定审限内结案率容易干扰必要的审限延长，没有解决程序违规的现象，没有解决好积案问题，也没有缓解结案不均衡问题。司法实践中发现结案率及排名从未淘汰，法定审限考核经常有变异与突破，小审限现象常见，结收比又广为推行，结案率复合指数得以适用。"案多人少""案件数量激增"的现实使整体结案效率在价值平衡上总是优于个案审判规律遵循。相关对策应当兼顾改革的终极目标与现下司法管理的便捷。

刑事庭审对质程序新论

龙宗智　关依琴

《政治与法律》2020 年第 10 期

关键词：刑事审判　庭审实质化　人证调查　对质询问

摘要：庭审对质作为特殊的人证调查方法，对核实人证有重要作用。关于法院办理刑事案件法庭调查的司法解释扩展了对质主体范围，明确了对质询问的适用条件和目的，规定了调查方法。从实践看其仍然适用范围较窄、适用比率偏低，以致控辩双方的作用未能有效发挥。为落实该司法解释的要求，完善对质程序，需要适当把握对质询问的启动条件和适用方法，支持控辩双方对质询问，改善对质模式。应保障被告人"对质权"，同时避免被告人参与对质的负面效应；应防止被害人的当事人身份影响对质的客观性，同时应防止对质造成被害人"二次伤害"；还应提高人证出庭率，构建对质询问条件，提高控辩审操作对质程序的能力。

刑事庭审实质化的权利推进模式研究

郭　航

《政治与法律》2020 年第 10 期

关键词：以审判为中心　刑事诉讼　庭审实质化　被告人对质权

摘要：新修改的我国《刑事诉讼法》完善了我国办理刑事案件的繁简分流机制，为以审判为中心的改革目标释放了更多的司法资源及实施空间。审视改革现状发现，技术推进型的改革模式是我国一以贯之的依赖路径，但"重实体真实轻正当程序"的传统观念、直接言词原则的柔性适用和被告人质证权的附庸地位构成了当前改革难以逾越的制度性障碍，单纯从庭审技术着手的改革模式难以为继。在域外的法治进程中，属于英美法系和大陆法系的主要国家和地区的刑事诉讼领域均呈现出"实体真实与正当程序并重下程序先行"的理念融合，以及排除书面证言证据能力的刚性规则与对被告人对质权的实质保障。根据我国的本土法治目标，可以适当吸收其有益经验，重塑"程序先行"的诉讼理念，落实直接言词原则，将改革模式从技术推进型调整为权利推进型，以回应以审判为中心的改革要义。

第三节 案例精解

关于辩护律师擅自退庭的问题
——杭州保姆纵火案①

一、案情介绍

2017年6月22日凌晨5点左右,浙江杭州某小区2幢1单元1802室发生火灾,致该户女业主朱某及其三名子女身亡。经公安机关侦查,认定该案系一起刑事案件,该户保姆莫焕晶有重大作案嫌疑。2017年7月1日,莫焕晶被依法逮捕。2017年8月21日,杭州市人民检察院以放火罪、盗窃罪,对莫焕晶提起公诉。被告人莫焕晶委托律师党某为其辩护人,并出具不更换律师的书面声明。

2017年12月21日,杭州市中级人民法院公开开庭审理此案。庭审中,辩护人党某当庭提出管辖权异议,被法庭驳回后党某擅自退庭。法庭遂宣布休庭,延期审理,要求该案自休庭之日起至第十五日止,由被告人另行委托的辩护人或者法院依法为其指定的辩护人准备辩护。

2018年1月5日,被告人莫焕晶父亲委托律师何某为莫焕晶辩护人并向杭州中院提交相关委托辩护材料。2018年1月8日,何某拟会见被告人莫焕晶时,遭看守所以"莫焕晶已有两名辩护律师"为由拒绝,引发社会关注。同日,杭州中院发布通报称:2017年12月27日,被告人莫焕晶书面提出不再另行委托辩护人,接受法律援助律师为其辩护。杭州中院依法通知杭州市法律援助中心指派律师为莫焕晶提供辩护。2017年12月29日,两位法律援助律师会见了被告人莫焕晶,莫焕晶同意该两位律师为其辩护人。

2018年2月1日,杭州中院继续公开审理此案。2018年2月9日,杭州中院以放火罪判处被告人莫焕晶死刑,剥夺政治权利终身;以盗窃罪,判处其有期徒刑五年,并处罚金人民币一万元,二罪并罚,决定执行死刑,剥夺政治权利终身,并处罚金人民币一万元。莫焕晶不服,提出上诉。

2018年6月4日,浙江省高级人民法院作出二审裁定:驳回上诉,维持原判;对莫焕晶的死刑判决,依法报请最高人民法院核准。

---

① 资料来源:https://baike.baidu.com/item/6%C2%B722%E6%9D%AD%E5%B7%9E%E5%B0%8F%E5%8C%BA%E7%BA%B5%E7%81%AB%E6%A1%88/21497234,2020年12月20日访问。

2018年9月21日,经最高人民法院核准,杭州中院依法对罪犯莫焕晶执行死刑。

二、争议观点

刑事诉讼中,当辩护人擅自退庭后,法院应当如何处理?本案中,律师党某因其当庭提出管辖权异议被驳回而擅自退庭,法庭遂宣布休庭并要求被告人十五日内自行更换辩护人或法院依法为其指定辩护人。鉴于案件一审时尚无关于辩护人擅自退庭如何处理的具体规定,通常认为法庭上述处理是参照2012年《关于适用刑事诉讼法的解释》第255条律师拒绝为被告人辩护的规定。对这一处理的看法则有不同:支持一方认为党某退庭行为属于放弃履行辩护职责,可以视同拒绝继续为莫焕晶辩护,法庭处理并无不妥;反对一方则认为法庭处理缺乏依据,党某虽有退庭行为,但系为抗议法庭驳回裁定,尽管不合法但其并未直接表示拒绝为莫焕晶辩护,不属于2012年《关于刑事诉讼法的解释》第255条规定情形,且莫焕晶一审庭审前曾出具不更换律师的书面声明,法院要求莫焕晶更换辩护人似有不妥。

辩护人拒绝辩护的规定主要出现在《律师法》中,从该法第32条第2款来看,其仅为辩护人拒绝辩护的法定依据,而非具体表现形式,该案一审时法律对于何为"拒绝"确实没有直接的、具体的规定。但根据《律师法》及相关刑事诉讼法规规定,律师的辩护职责应当是根据事实和法律提出有利于被告人的材料和意见,这可以理解为刑事诉讼中律师担任辩护人时应为的义务。而"擅自退庭"显然不是律师履行上述辩护职责的主要方式,也非法定权利。相反,根据《律师执业管理办法》第39条规定,法律并没有赋予律师"退庭"的权利,即使其要"拒绝辩护",亦应当满足《律师法》第32条第2款规定情形,否则,不应拒绝。因此,辩护人选择辩护或继续辩护,应按照《律师法》第31条的规定进行,而非直接不参与庭审;若脱离规定方式,擅自退庭,则是违反律师执业管理规定的行为,有理由认为是一种变相的"拒绝辩护"行为。从另一个角度来说,辩护律师不满法庭现状而"退庭",但又不明确自己是"拒绝辩护",被告人也不拒绝该辩护人继续辩护,若法庭因不能确定辩护人而迟迟不能继续开庭审理,导致诉讼程序无法进行,则辩护人和被告人而非法院就对诉讼拥有决定权,这显然不符合刑事诉讼法立法精神和原意。总之,法庭认为党某的行为属"拒绝辩护",其观点基本正确。2018年4月21日,最高人民法院、司法部联合印发《关于依法保障律师诉讼权利和规范律师参与庭审活动的通知》,明确辩护人具有擅自退庭、无正当理由不按时出庭参加诉讼等情形的,不得继续担任同一案件的辩护人,这是对本案法庭就党某擅自退庭处理的肯定。

进而引申出的一个问题是：在莫焕晶再次委托辩护人的过程中，有关机关的做法是否合理？从保障被告人合法权益的角度出发，我国法律总体上遵循尊重被告人自主选择的原则，被告人对辩护人不满意，可以自主决定更换。本案中，莫焕晶可能被判处无期徒刑以上刑期，按照法律规定应当另行委托辩护人，不委托的则由相关机关为其指派律师进行辩护。从公开的信息看，杭州中院及看守所的做法不违反法律的规定，但若就刑事诉讼程序事项多一分透明，就莫焕晶接受法援律师辩护情况及时与莫焕晶家属沟通，则能使案件审判少一分争议。

第二章 一审程序

第一节 本章观点综述

2016年至今,伴随以审判为中心的诉讼制度改革如火如荼地推进,学界围绕"以审判为中心"的刑事诉讼制度改革展开研究。以审判为中心必然意味着以庭审为中心和以一审为中心。针对一审程序可能存在的问题,有论者提出事实审的形式化是我国第一审程序亟待解决的问题。关于庭审实质化改革的内容已在第一章论述,本章主要叙述2016年以来其他关于一审程序的主要学者观点,包括一审相关量刑问题、指导性案例适用问题、速裁程序及裁判文书相关问题。

第一,以审判为中心的诉讼制度改革,进一步明确了一审程序于刑事诉讼程序中应扮演的角色。有学者根据自身经验指出,相当数量的案件,尤其是一些有重大社会影响的案件,之所以没有办好,主要原因是在法院一审环节没有把案件事实真正查清。一审法院的主要职责就是查清案件事实。[1]

第二,关于一审程序的独立性,有学者围绕我国一审初审权独立进行研究。最大限度地保证初审权的相对独立,是把矛盾化解在基层的根本保证,也是各国司法制度的普遍成功经验,更是实现作为人权主要构成的诉讼权利的必然要求。学者指出,在我国现行的司法制度设计中,保证初审权相对独立的意图及制度安排是明显的。但是,由于法律制度的不完备以及法院系统内部的家长制管理和"实事求是、有错必纠"的司法观念的影响,初审权的独立性被一再弱化。若要保证初审权的相对独立,就必须从根本上解决不同审级之间的严格的权力分工问题,保证初审法院与法官的裁决轻易不得改变。这既是维护国家司法体制的权威性和公信力的要求,也是严格遵循"让审理者裁判,由裁判者负责"理念的逻辑结果。而初审权的滥用问题,则最终要靠完善司法责任制来予以防范。[2]

第三,有学者对一审程序中公诉变更问题进行研究。随着诉讼的不断推进,变更起诉、补充与追加起诉在所难免,我国刑事诉讼法中,只对公诉变更的发生原因、类型、程序等进行了规定,但并未提及实体规则。对此有学者指出,基础理论不夯实、实体规则不健全,导致实践中,公诉变更与法院变更罪名界限不清,变

---

[1] 孙佑海:《一审法院的主要职责就是查清案件事实》,载《法制与社会发展》2016年第2期。
[2] 葛洪义、赵健旭:《初审权相对独立的若干问题》,载《法制与社会发展》2019年第5期。

更起诉与补充、追加起诉混同适用等情形较为多发。①

对于检法机关变更公诉,由于缺乏刑事诉讼法层面明确规定,主要是通过司法解释等规范性文件予以确立。有学者调查指出,检察机关变更公诉主要存在于罪名相近、容易混淆的案件中,表面看所占比例不大,但散见于绝大多数审判环节,且没有法定的次数限制,变更方式也较为随意,缺乏必要的规范;法院在变更公诉方面较为活跃,多数变更公诉决定由其自行作出或者建议检察机关作出,但关于人民法院能否变更起诉罪名在我国刑事诉讼法学界颇具争议;在变更公诉的对象方面,犯罪事实和罪名的变更最为常见;变更公诉的内容存在严重的"脱法"现象,程序正当性也多有不足,被告人的诉讼防御利益缺乏有效保障②。

对此,有学者建议改革变更公诉制度,培养变更公诉的限度意识,重构变更公诉的实体控制模式,确立诉因构造基础上的变更公诉制度;厘定变更公诉的程序边界,将不利于被告人的变更公诉限定在一审判决前,健全检法权力相互制衡机制,完善被告人权利保障机制。③

有学者进一步建议,应注重公诉变更的制度价值,以控审分离、诉审同一为基本原则,以公诉事实为基础理论,运用实体法上犯罪构成与罪数理论,明确单一公诉事实及同一公诉事实项下,公诉禁止变更的实体规则。

第四,关于轻微刑事自诉案件。有学者指出,被害人对于其有证据证明的轻微刑事案件通过提起自诉的方式期望达到"实现诉权""获得赔偿"与"追究犯罪"三个目标,实践中这三个目标的实现程度各不相同,而影响目标实现的关键性因素主要有自诉人的举证能力、被告人的认罪赔偿态度和司法裁判的规范化程度。要提升和优化该类自诉犯罪的诉讼效果,需进一步明确公诉与自诉程序的衔接机制、增设刑事证据保全制度和诉前调解机制,细化附带民事诉讼赔偿的标准和范围。④

第五,学者围绕一审程序中的定罪量刑问题展开多角度的研究。就如何防止前案裁判对后案定罪量刑产生影响方面,有学者指出禁止公权机构审前预断体现了无罪推定的价值理念,在一定程度上影响着人权保障的实现程度及现代刑事诉讼发展的方向。虽然我国现行刑事诉讼法彰显了无罪推定的有关精神,但对前案裁判对后案审理"预断"的表现形式和评判标准却始终未予明确,司法实务中仍有将前案裁判直接作为后案定罪依据的现象发生。可以借鉴凯瑞蒙诉

---

① 刘仁琦:《公诉变更实体限制论》,载《当代法学》2018年第6期。
② 韩轶:《人民法院变更起诉罪名行为的法律规制》,载《法商研究》2017年第3期。
③ 周长军:《刑事诉讼中变更公诉的限度》,载《法学研究》2017年第2期。
④ 李扬:《轻微刑事案件自诉效果评析与优化——基于257例轻伤自诉判决的实证分析》,载《政法论坛》2017年第4期。

德国一案中欧洲人权法院在这一问题上的完整立场,对我国完整确立和贯彻无罪推定原则以保障公正审判具有重要借鉴意义。①

有学者就英国诉权化量刑模式展开研究。诉权化量刑模式是指上诉法院通过确立量刑的规则和制度,并借助上诉审查权监督、制约下级法院量刑的模式。英国诉权化量刑模式下,法官量刑时拥有广泛的自由裁量权,通过严格的上诉审查制衡司法自由裁量权,适时修改与完善上诉审查制度;设立量刑委员会并由其与上诉法院联合制定和发布量刑指导制度,试图使量刑制度适当结构化与透明化以及注重对量刑说理的上诉审查。学者由此建议,我国刑事诉讼在量刑时应赋予上诉法院更为宽泛的量刑裁量权,确定合理的量刑步骤并适时颁行、修改量刑规则和标准,同时还应注重量刑说理及其审查,并构建量刑判例数据库。②

有学者就引渡请求国量刑承诺展开研究。引渡请求国针对被请求国的要求作出量刑承诺,并保证承诺的顺利实现,是保障境外追逃顺利进行的关键性措施。学者指出我国量刑承诺制度存在以下问题:在上下级法院是监督与被监督关系的前提下,当前保障案件审理法院遵守最高人民法院作出的量刑承诺的机制并非无懈可击;在案件判决书没有明确提及最高人民法院已经作出的量刑承诺的前提下,难以保障判决书既实现量刑的充分说理,又实现量刑承诺的具体内容,并体现量刑承诺对于最终判决的直接约束力。对此可以考虑通过以下方式完善:建立法定的量刑承诺程序,将最高人民法院量刑承诺的决定权赋予一审法院,并逐级上报至最高人民法院核准,为量刑承诺的兑现奠定制度基础;在判决书中明确引用之前作出的量刑承诺,从而既实现量刑的充分说理,又体现量刑承诺对于判决的直接约束力,提升国际社会对于我国量刑承诺制度的认可与信心。③

有学者就被害人量刑建议权展开研究。学者指出被害人参与量刑的角色经历了由"当事人"到"量刑意见提出者"再到"和解协议达成者"及"调解协议协商者"的演变过程,却始终无法达到赋予被害人量刑建议权所带来的量刑参与效果。被害人可在自诉与一般公诉案件中作为独立的量刑参与人提供量刑建议,也可在刑事速裁与特别程序中作为谅解协议的协商者表达量刑建议。为保障被害人量刑建议权的实现,应使量刑建议具有一定刚性效力,允许量刑建议合理变更,明确针对量刑结论的自行上诉、申请抗诉与申诉再审机制,并对相关立法进

---

① 高一飞、韩利:《分案审理下前案裁判对后案裁判的预断影响及其防范——以欧洲人权法院凯瑞蒙诉德国案为例》,载《中国刑事法杂志》2016年第1期。
② 彭文华:《英国诉权化量刑模式的发展演变及其启示》,载《环球法律评论》2016年第1期。
③ 张磊:《境外追逃中的量刑承诺制度研究》,载《中国法学》2017年第1期。

行完善。①

有学者就程序性违法的量刑补偿机制展开研究。该学者认为,在我国司法实践中,作为违法取证行为的程序性制裁手段,非法证据排除规则并没有取得预期的实践效果。对此除了外在的体制因素,因非法证据排除规则具有"全有抑或全无"的特点,也在一定程度上影响了裁判者诉诸该项制裁手段的积极性。在各国司法实践中,为弥补以非法证据排除规则为代表的程序性制裁机制的内在缺陷,对于不甚严重的程序违法行为,更倾向于将从轻量刑作为程序性违法的救济方式。这一替代性救济方式允许裁判者根据个案违法情形灵活调整救济的幅度,从而有效缓解了"程序性制裁成本过高"的心理压力。从轻量刑的司法实践体现的是一种兼顾程序正义与实质正义的量刑补偿机制。这一机制在法理基础、功能主义、刑罚效果三个维度上均具有正当性,存在进一步进行制度化建构的理论与实践价值。②

有学者就民事赔偿对量刑影响展开研究。该学者以5072份故意伤害罪判决为样本进行量化分析发现,通过和解、刑事附带民事诉讼判决结案等不同途径实现的民事赔偿对量刑的影响力存在明显差别。其原因在于被害人满意程度是量刑阶梯设计的重要标准,而恢复正义为被害人满意作为量刑标准提供了正义基础。司法实践中应对刑事诉讼中积极赔偿对量刑的影响进行合理控制,降低不同类型民事赔偿对量刑影响的差异,推动"同案同判"的量刑公正。③

有学者就刑事判决书中量刑说理情况展开研究。量刑说理是指根据事实与法律对量刑进行学理分析与说明。学者指出,我国刑事判决书在量刑时通常不说理或者说理粗疏化,其根源在于量刑说理难度大而法官说理能力相对不济与法官拥有广泛的自由裁量权。建议量刑说理需要论证量刑结论具有较高的可接受性,符合语用逻辑,说理用语应具有契合性与情景感,并适当运用修辞与对话方法。量刑说理的技术规制措施有:将刑事判决书中的"量刑理由"改成"量刑说理";实行实质说理制度;明确量刑说理繁简分流的依据和标准;加强对量刑说理的审查和监督;构建量刑判例信息库。④

有学者就"压力案件"定罪量刑问题展开研究。学者指出,压力下刑事司法者应保持慎微,以社会共情为补充对刑事个案在法律规定的基础上甄别后区别对待,法尽情依,情尽法随;情以济法,法以济情。刑事司法按照刑事法律以及宽严相济刑事政策的要求做到情法两尽,情法交融,兼顾社会普遍道德期待与公众

---

① 韩轶:《论被害人量刑建议权的实现》,载《法学评论》2017年第1期。
② 吴宏耀、赵常成:《程序性违法的量刑补偿机制研究》,载《国家检察官学院学报》2019年第3期。
③ 王芳:《刑事诉讼中积极赔偿对量刑的影响及其合理控制研究》,载《法学论坛》2020年第3期。
④ 彭文华:《量刑说理:现实问题、逻辑进路与技术规制》,载《法制与社会发展》2017年第1期。

人伦要求的期许,回应公众基于道德和人伦等提出的合情合理的要求才能真正罚当其罪。得到公众认同或者理性理解的刑事司法的压力将会递减,司法权威和公信随之倍增。①

有学者进一步指出,舆论对案件的干扰被指责违背无罪推定、干涉法院独立行使审判权、妨碍司法公正。然而舆论预先定罪仅是事实层面的推定,无悖于规范层面的无罪推定;法院独立行使审判权不应该也不能脱离舆论的监督;舆论有促进司法公正的价值,司法公正的效果需接受社会公众的检验和评价,法官不能忽视舆论所反映的民意。② 刑事司法应当坚持罪责的实质评价,充分体现国法、天理、人情的统一。③

另外,有学者就民意对冤假错案的影响进行研究,认为民意是冤假错案产生的诱因之一。不理性的民意极易虚构出貌似合理的"案件事实"并以此给司法机关施压。司法机关往往更多注重有罪证据,忽视无罪证据。命案必破、限期破案、疑罪从轻等刑事政策、司法理念,都是对民意诉求的顺应,也是促成冤假错案的诱因。民意对影响性冤假错案的纠错有积极意义,但仍应回归法治轨道。我国有必要培育理性的民意,形成民意与刑事司法的良性互动。④

有学者就"同案同判"问题展开研究。司法的本质在于实现个案公正。在刑事司法中,面临的真正问题不是"同案同判",而是对案件作出区分。由于绝对的"同案"并不存在,即使存在也很难判定,因此,差异化的判决不仅无可避免,也具有相当的合理性。应当从绝对主义的"同案同判"回归到相对主义的"类似案件类似判决",将刑事司法中的"同案不同判"区分为不合理的"同案异判"与合理的差异化判决。有学者指出,二者最重要的区别是:前者已经丧失刑罚均衡,而后者仍然能够保持刑罚均衡,并更好地实现个案公正⑤,但需要明确差异化判决的依据以及应对舆论质疑。差异化判决的正当性与合法性,需要通过具体的判决理由进行证明,它只能存在于法律所提供的裁量范围之内。⑥

有学者就"同案同判"问题以盗窃车牌勒索赎金类案件进行实证研究。通过对大量裁判文书的考察分析,发现差异化判决并非全然是司法失误或司法不公的表现,而是由犯罪形态的复杂性所导致的。也就是说,同类案件不同定罪,存在合理与不合理之分。"同案异判"只能指称那些不合理的差异化判决,而对于

---

① 许健:《慎微:压力型刑事司法"情法两尽"的思考》,载《法学评论》2016年第4期。
② 雍自元:《"媒体审判"辨析》,载《法学杂志》2017年第3期。
③ 阮齐林:《刑事司法应坚持罪责实质评价》,载《中国法学》2017年第4期。
④ 邓辉、徐光华:《影响性刑事冤假错案的产生、纠错、追责与民意的关联考察——以22起影响性刑事冤假错案为主要研究范本》,载《法学杂志》2018年第4期。
⑤ 周少华:《刑事案件"同案同判"的理性审视》,载《法商研究》2020年第3期。
⑥ 周少华:《刑事案件的差异化判决及其合理性》,载《中国法学》2019年第4期。

合理的差异化判决,则不能认为其违反法制统一性原则和平等适用原则。当然,合理的差异化判决需要充分的裁判理由加以支撑,尤其是在类似盗窃车牌勒索赎金这样的案件中,被告人行为可能触犯数个罪名,定罪理由的阐释尤其具有重要意义。定罪说理不仅可以正当化个案的定罪,而且可以为相似案件的差异化判决提供合理性的说明。①

有学者就量刑规范性水平问题,以故意伤害罪为例展开实证研究。通过对303256份故意伤害罪裁判文书的统计分析表明,故意伤害罪有期徒刑的裁量具有高度规范性,实务中法官的量刑方法遵循了"三步骤"方法的理论内核,量刑起点和基准刑的确定与规范规定保持了高度一致,仅少部分情节的适用与规范略有冲突。严密的规范体系、法官规避决策风险的需求和实务与规范的双向契合为高度规范性的实现提供了前提、动力和实现路径。学者同时指出,在规范未必正确的前提下,高度规范化的量刑反而可能造成错误的重复和经验的萎缩。基于目前的高规范性水平,下一阶段的量刑改革应及时转向,从形式合法的规范化转向实质正当的规范化,建立量刑正当性评价体系;从机械的规范化转向能动的规范化,明确、维持和强化规范与经验并重的双重规则体系。②

第六,有学者对指导性案例的适用问题展开研究。最高人民法院颁布的指导性案例的性质具有多样性,但我国的学术研究和最高人民法院的制度设计却往往将指导性案例作同质化处理。这种处理模式在理论上忽视了我国的司法现状,在实践中导致了指导性案例适用的混乱。对此,有学者就指导性案例的类型化适用进行研究,以其所欲实现的功能作为导向,根据其法律适用方法的不同,最高人民法院发布的64个指导性案例可以分为造法型、释法型、宣法型三类。三种类型的指导性案例在效力、类似案件的判断、援引方式上都应该有所区别。③

有学者深入考察指导性案例适用方面的规律性特征及实践中限制指导性适用的各种情况。指出"检索难、识别难、参照难"问题限制了指导性案例弥补法律漏洞、统一法律适用等功能作用的发挥。裁判思维的差异、适用技术的缺乏等是案例适用难的主要原因。建议在厘清制约因素的基础上,以两种区分技术为参考,尝试案例适用技术的本土化解决方案,将其细化为"要件五步法",包括基准案例的检索、区分技术的运用、综合情势的权衡、排除规则的检验、适用结论的导

---

① 周少华:《差异化判决之定罪理由的类案考察——以"盗窃车牌勒索赎金类案件"为例》,载《法律科学(西北政法大学学报)》2020年第6期。
② 王越:《量刑规范性水平的实证检验:以故意伤害罪为例的分析》,载《法学家》2020年第6期。
③ 资琳:《指导性案例同质化处理的困境及突破》,载《法学》2017年第1期。

人,以推动指导性案例适用的精细化、规范化、便捷化。①

有学者就指导性案例效力问题进行研究,认为刑事指导性案例应遵行罪刑法定原则,其效力不是"有无"问题,而是介于规范与事实层面效力的程度"大小"问题。在效力位阶上,刑事指导性案例低于刑法与刑事司法解释,应当规范适用扩张解释。在司法适用上,应建立以全案指导的多元参照体系、全部诉讼参与人等多方寻找机制。在两种情况下排除刑事指导性案例对待决案件的适用:一是指导性案例与待决案件之间缺少必要事实的关联性;二是指导性案例本身存在瑕疵。在刑事指导性案例的变更方面,可以通过刑事法律、司法解释的规定以及发布新指导性案例的形式进行修正。②

第七,为提高刑事案件的诉讼效率,我国自2014年开始对事实清楚、证据充分、被告人自愿认罪、当事人对适用法律没有争议的轻微刑事案件试点适用速裁程序。有学者归纳试点时期的刑事案件速裁程序具有四个主要特点,即轻微刑事案件快速办理、被追诉人认罪认罚从轻处理、公检法司四机关联动案件办理以及以司法公正实现为基石。③ 刑事速裁程序对于缓解实践中案多人少的压力,实现刑罚的轻缓化,发挥了积极的作用。另有学者指出,在适用速裁程序的各类案件中,排在前三位的罪名分别是危险驾驶罪、故意伤害罪和盗窃罪。"办案模式""被害人对法律适用的异议权"和"被害人知情权的内容是否包括犯罪嫌疑人、被告人被指控的罪名"是影响速裁程序公正价值的前三位因素;"集中审理的效果""汇报程序是否需要简化"和"办案期限对诉讼效率的影响情况"则是影响速裁程序效率价值的前三位因素。④

需要指出的是,速裁程序是区别于普通程序、简易程序的新的程序类型,理论界与实务界对速裁程序的价值、适用范围、审理方式以及犯罪嫌疑人、被告人的权利保障等方面一度存在较大争议,在适用方面也存在一定问题。如有学者建议对速裁程序的适用标准制度设计应当从经验转向理性,以证据标准代替罪名标准,构建以审判为中心的审前中心程序,建立认罪真实性与量刑规范化的公式关系,在此基础上实行一审终审制。⑤

我国学界和实务界关于速裁程序是否应省略庭审程序即采用书面审理方式存在争议。有学者指出,在刑事一体化的理论视野下,基于与域外处罚令程序的

---

① 赵瑞罡、耿协阳:《指导性案例"适用难"的实证研究——以261份裁判文书为分析样本》,载《法学评论》2016年第3期。
② 付玉明、汪萨日乃:《刑事指导性案例的效力证成与司法适用——以最高人民法院的刑事指导性案例为分析进路》,载《法学》2018年第9期。
③ 刘昂:《论我国刑事案件速裁程序的构建》,载《法学杂志》2016年第9期。
④ 周长军、李军海:《完善刑事速裁程序的理论构想》,载《法学》2017年第5期。
⑤ 洪浩、寿媛君:《我国刑事速裁程序迈向理性的崭新课题》,载《法学论坛》2017年第2期。

对比,我国速裁程序目前并不具备"书面审"的条件。从实体维度来看,速裁程序所适用的案件尚未"轻微"到可以书面审理的程度,处罚令程序的案件适用范围在某种程度上与我国治安管理处罚程序大致相当,速裁程序采用"书面审"有违比例原则。在程序维度上,速裁程序审前阶段对被追诉人的权利保障还未"充分"到足以省略庭审的程度,庭审程序在保障和核查被告人认罪认罚及程序选择的自愿性等方面仍具有重要的"把关"作用。首先,在宏观认识上应明确开庭审理对于速裁程序的意义;其次,在微观操作层面应重塑开庭审理的具体方式。①

关于速裁程序被告人最后陈述的必要性,有学者指出,刑事速裁程序中被告人最后陈述具有明显的消极性和非实质性,而且对法官影响甚微,难以发挥其应有的作用。简化被告人最后陈述这一程序可进一步缩短庭审时间,更好地实现刑事速裁程序的效率价值,并且不会对被告人权利造成实质性损害。②

有学者调查发现速裁程序案件犯罪嫌疑人、被告人适用非羁押性强制措施与非监禁刑的比例虽然较高,但由于速裁程序案件主要为危险驾驶类案件,因此,速裁程序对犯罪嫌疑人、被告人权利保障水平的有限提升也很难归功于程序本身。速裁程序适用条件的设定局限,以及控辩双方选择适用速裁程序的动力不足,限制了进入速裁程序案件的总量,制约了速裁程序对诉讼效率的提升;社会治理体系以及治理能力的局限,限制了非羁押性强制措施以及非监禁刑的适用,制约了速裁程序在加强人权保障水平方面的贡献。③

有学者根据对 12666 份速裁案件裁判文书样本的分析发现,虽然速裁案件的审判效率有显著提高,但审前效率的提高并不显著;速裁案件量刑在有期徒刑、拘役的裁量上基本保持均衡,但在缓刑的适用上存在犯罪类别之间、试点城市之间的较大偏差;速裁程序试点中虽然建立了值班律师制度,但被告人聘请律师辩护的比例很低。

针对上述情况,有学者建议刑事案件速裁程序的建构应立足于我国司法实践需要,符合多元价值目标要求;应做到与普通程序、简易程序的有机衔接,形成刑事诉讼程序体系;应切实保障当事人尤其是犯罪嫌疑人、被告人的权利,并遵循刑事诉讼规律和基本的刑事诉讼制度。④ 还有学者建议未来速裁程序立法要加快案件的审前流程,特别是要在提高取保候审和监视居住适用率的基础上,缩短取保候审和监视居住的法定期限;规范速裁案件量刑指南,避免量刑在区域之

---

① 贾志强:《"书面审"抑或"开庭审":我国刑事速裁程序审理方式探究》,载《华东政法大学学报》2018 年第 4 期。
② 胡熙瞳:《对刑事速裁程序保留被告人最后陈述的反思》,载《法学杂志》2017 年第 7 期。
③ 刘方权:《刑事速裁程序试点效果实证研究》,载《国家检察官学院学报》2018 年第 2 期。
④ 刘昂:《论我国刑事案件速裁程序的构建》,载《法学杂志》2016 年第 9 期。

间、犯罪类别之间的严重偏差；在完善值班律师制度的基础上，可考虑实现速裁案件的强制性律师辩护，保障被告人的辩护权。①

第八，关于裁判文书的研究是一审程序研究中又一重要内容。最高人民法院《关于加强和规范裁判文书释法说理的指导意见》（下文简称《意见》）对于司法裁判的规范化具有里程碑式的意义。司法裁判在性质上是一种法律推理或论证的过程，其目标在于追求依法裁判与个案正义的统一，进而提高裁判结论的可接受性。裁判文书说理要符合基本要求（四个基本层面、四个基本原则），也要反映法律论证的基本结构与内容。它要同时在内部证成和外部证成的层面上开展，进行符合证据规则的事实认定和正确的法律适用，恰当运用裁判依据与裁判理由。虽然《意见》没有就裁判文书不说理的法律后果进行规定，但通过对相关条款的解释，可以区分出事实不说理（狭义）、法律不说理（狭义）、事实说理不充分和法律说理不充分这四种情形及其不同的法律后果。②

有学者对刑事裁判文书中目的解释的实践运用进行研究，发现刑法理论和司法实践对待目的解释存在明显的差异。主观目的解释与客观目的解释的选择性运用，须根据司法实践的具体情况而定。目的解释不是决定性的解释方法，各种解释方法之间也不存在位阶性。目的解释既可以用来佐证文义解释和体系解释的结论，也可以用来限定文义解释结论的宽泛性。同样，体系解释也可以用来佐证目的解释的结论。刑事裁判文书中目的解释的运用法则呈现多元化的特征。在建构目的解释的司法运用规则时，不宜以目的解释作为直接根据认定行为的性质，在刑事裁判文书中应叙明规范目的的识别方法，并通过反向论证来检验目的解释的合理性。③

有学者就裁判文书的说理修辞风格进行研究，指出尽管在当下的司法实践中，新风格判决尚显稀缺，但随着内外部激励条件的变化和经验的积累，法官适当运用修辞来改善说理风格，仍是一个可欲的趋势。从听众需求的角度审视，判决说理风格的修辞是一把双刃剑，在制定法语境下，法官对判决新风格的追求应该持审慎态度，遵循表达正义的基本要求和说理的"奥卡姆剃刀"原理。面对听众对裁判结果公正性的渴求，法官在塑造判决风格的"事理、法理、情理、文理"四个维度时，必须把握说理的修辞限度，以法理为尺度，通过理性的法律论证，提升

---

① 李本森：《刑事速裁程序试点实效检验——基于12666份速裁案件裁判文书的实证分析》，载《法学研究》2017年第5期。

② 雷磊：《从"看得见的正义"到"说得出的正义"——基于最高人民法院〈关于加强和规范裁判文书释法说理的指导意见〉的解读与反思》，载《法学》2019年第1期。

③ 石聚航：《刑事裁判文书中目的解释的实践运用》，载《法学家》2017年第5期。

判决说理的质量品位,提高裁判的正当性。①

有学者就裁判文书引经据典情况进行研究。引经据典在裁判文书中主要以三种方式呈现:作为事实认定的理由;作为准裁判根据;作为修辞手段。其价值在于助益裁判说理——阐明事理、释明法理、讲明情理、讲究文理。但在裁判文书中引经据典有一定的限度:不得曲解误用,不可违背一般性价值,不能取代法律适用,不应文过其实。引经据典是一种契合中国人精神情感和思维模式的说理方式,"文质彬彬"地引经据典有利于提高司法裁判的可接受性,实现"法律效果和社会效果的有机统一"。②

有学者就裁判文书简繁分流进行研究。指出刑事裁判文书繁简分流的根本原因,是目前我国刑事裁判文书同质化现象比较严重,与刑事诉讼法规定的多元化审判程序不匹配,需要说理的没有充分深入说理,不需要深入说理的也得"八股文式"地列举"裁判理由",不利于司法资源的优化配置。"控辩双方在审判中的对抗程度"是审判程序、裁判文书繁简分流的决定因素,审判程序类型是决定刑事裁判文书繁简分流的直接标准。要式裁判文书适用于"对抗式审判程序",应当格式规范,要素齐全,而且必须进行充分深入的释法说理。"简式裁判文书"适用于"合意式审判程序",其释法说理以简单的形式进行,一般不需要长篇大论式地阐述裁判理由,只要把有关事项,特别是对"认罪认罚""控辩协议"等事情进行真实的记载,就是在为裁判主文阐述理由。③

第二节 核心期刊论文摘要

舆论场内的司法自洽性研究:以李昌奎案的模拟实验分析为介质

李奋飞

《中国法学》2016 年第 1 期

关键词: 舆论场 司法自洽 个案决策

摘要: 对于由公众意见主导形成的强大舆论场,是否会对轰动案件中的司法自洽性产生影响,以及这种影响是怎样实现的,其实很难仅凭感性认识得出具有说服力的结论。通过模拟实验的方法,有助于明悉舆论、政治与司法三者之间的内在关系,把握从民意导向到个案决策的动力机制。以尘埃落定的李昌奎案为研究范本,公众舆情与司法决策被分别设定成自变量和因变量,且后者又被细化

---

① 王聪:《我国司法判决说理修辞风格的塑造及其限度——基于相关裁判文书的经验分析》,载《法制与社会发展》2019 年第 3 期。

② 谢晶:《裁判文书"引经据典"的法理:方式、价值与限度》,载《法制与社会发展》2020 年第 6 期。

③ 王新清:《刑事裁判文书繁简分流问题研究》,载《法学家》2017 年第 5 期。

为实体和程序两个维度。经过对案情事实的模拟还原,作为参与主体的法官重新做出了裁判。最终,民意舆论与程序裁决之间的变量关系得以确认,但需经由政治权力的媒介作用,才能产生影响既判力的效果。司法改革的切入点只有从此关系中挖掘,才能真正实现舆论、政治与司法三者之间的必要平衡。

分案审理下前案裁判对后案裁判的预断影响及其防范——以欧洲人权法院凯瑞蒙诉德国案为例

高一飞　韩　利

《中国刑事法杂志》2016 年第 1 期

关键词: 凯瑞蒙诉德国案　无罪推定　禁止预断　欧洲人权法院

摘要: 防止前案裁判对后案审理的被告人罪行产生"预断"作用是禁止公权机构审前预断的表现之一,体现了无罪推定的价值理念,在一定程度上影响着人权保障的实现程度及现代刑事诉讼发展的方向。虽然我国现行刑事诉讼法彰显了无罪推定的有关精神,但对前案裁判对后案审理"预断"的表现形式和评判标准始终未予明确,司法实务中仍有将前案裁判直接作为后案定罪依据的现象发生。在凯瑞蒙诉德国案中,欧洲人权法院在把握《欧洲人权公约》第 6 条第 2 款精神的基础上,通过个案审理明确了前案裁判对后案审理被告人的罪行产生"预断"的内涵和外延,并以此发展出了审查是否形成审前预断的判断标准。该案的审理及判决强调了正当程序制度保障的重要性,体现了欧洲人权法院在这一问题上的完整立场,对我国完整确立和贯彻无罪推定原则以保障公正审判具有重要借鉴意义。

英国诉权化量刑模式的发展演变及其启示

彭文华

《环球法律评论》2016 年第 1 期

关键词: 量刑　诉权化量刑模式　自由裁量　上诉审查

摘要: 诉权化量刑模式是指上诉法院通过确立量刑的规则和制度,并借助上诉审查权监督、制约下级法院量刑的模式。法官量刑时拥有广泛的自由裁量权,通过严格的上诉审查制衡司法自由裁量权,适时修改与完善上诉审查制度,是英国诉权化量刑模式的基本特征。设立量刑委员会并由其与上诉法院联合制定和发布量刑指导制度,试图使量刑制度适当结构化与透明化以及注重对量刑说理的上诉审查,是英国诉权化量刑模式的主要动向。英国诉权化量刑模式表明,我们在量刑时应赋予上诉法院更为宽泛的量刑裁量权,确定合理的量刑步骤并适时颁行、修改量刑规则和标准,同时还应注重量刑说理及其审查,并构建量刑判例数据库。

一审法院的主要职责就是查清案件事实
孙佑海
《法制与社会发展》2016 年第 2 期

摘要：笔者曾就职于最高人民法院和天津市高级人民法院，亲历司法实践常常看到，在法院的二审环节和再审或申诉环节，有相当数量的案件主要问题依然是案件事实没有查清。省高级人民法院审判委员会甚至最高人民法院审判委员会，依然占用很大的精力，就如何认定案件事实问题进行长时间的讨论。相当数量的案件，尤其是一些有重大社会影响的案件，之所以没有办好，主要原因是在法院一审环节没有把案件事实真正查清。

指导性案例"适用难"的实证研究——以 261 份裁判文书为分析样本
赵瑞罡　耿协阳
《法学评论》2016 年第 3 期

关键词：指导性案例　适用　实证研究

摘要：深入考察指导性案例适用方面的规律性特征，可以发现"检索难、识别难、参照难"问题限制了指导性案例弥补法律漏洞、统一法律适用等功能作用的发挥。裁判思维的差异、适用技术的缺乏等是案例适用难的主要原因。在厘清制约因素的基础上，以两种区分技术为参考，我们可以尝试案例适用技术的本土化解决方案，将其细化为"要件五步法"，包括基准案例的检索、区分技术的运用、综合情势的权衡、排除规则的检验、适用结论的导入，以推动指导性案例适用的精细化、规范化、便捷化。

慎微：压力型刑事司法"情法两尽"的思考
许健
《法学评论》2016 年第 4 期

关键词：慎微　压力型　刑事司法　社会共情　情法两尽

摘要：刑事司法需要司法者在案件事实和法律规定之间不停往返。压力下刑事司法者保持慎微，以社会共情为补充对刑事个案在法律规定的基础上甄别后区别对待，法尽情依，情尽法随；情以济法，法以济情。刑事司法按照刑事法律以及宽严相济刑事政策的要求做到情法两尽，情法交融，兼顾社会普遍道德期待与公众人伦要求的期许，回应公众基于道德和人伦等提出的合情合理的要求才能真正罚当其罪。得到公众认同或者理性理解的刑事司法的压力将会递减，司法权威和公信随之倍增。

刑事速裁程序的司法再造

李本森

《中国刑事法杂志》2016年第5期

关键词: 刑事速裁程序 司法再造 诉讼效率

摘要: 刑事速裁程序是世界上通行的快速处理轻微刑事案件的简化诉讼程序,但由于各国制度和文化方面的差异,该制度在各国运行的效果迥然有异。中国目前处于犯罪高发期,加之劳动教养制度废止后,犯罪圈的适度扩大导致刑事案件的增多,刑事审判面临比此前更大的压力。为此,中国司法机关启动刑事速裁程序的试点,以大幅度提升轻微刑事案件的审理效率。刑事案件速裁程序的试点,必须吸收刑事速裁程序国际实践中的经验和教训,并契合中国刑事司法实践的需求,以构造具有中国特色的刑事速裁程序。

论我国刑事案件速裁程序的构建

刘 昂

《法学杂志》2016年第9期

关键词: 速裁程序 刑事速裁 试点 建构

摘要: 我国试点时期的刑事案件速裁程序具有四个主要特点,即轻微刑事案件快速办理、被追诉人认罪认罚从轻处理、公检法司四机关联动案件办理以及以司法公正实现为基石。速裁程序是区别于普通程序、简易程序的新的程序类型,理论界与实务界对速裁程序的价值、适用范围、审理方式以及犯罪嫌疑人、被告人的权利保障等方面都存在较大争议。刑事案件速裁程序的建构应立足于我国司法实践需要,符合多元价值目标要求;应做到与普通程序、简易程序的有机衔接,形成刑事诉讼程序体系;应切实保障当事人尤其是犯罪嫌疑人、被告人的权利,并遵循刑事诉讼规律和基本的刑事诉讼制度。

英国刑事庭前程序的发展及对我国的启示

邓陕峡

《法学杂志》2016年第9期

关键词: 刑事庭前程序 移送审判听证 答辩与案件管理听证 启示

摘要: 英国近年来以增加审判效率名义实施了一系列提高法院系统效率的改革措施,诸如改革案件分配移送制度,废除了治安法院的移送审判听证,增设了答辩与案件管理听证,强化审前听证在案件管理和庭审准备方面的功能。通过上述措施,英国刑事庭前程序构建了比较完备的程序分流机制和庭审准备机制,在兼顾司法公正与提高审判效率方面作用显著。我国刑事庭审实质化改革不仅要着眼刑事庭审程序,也要关注刑事庭前程序,尤其是庭前程序的分流功能与庭审准备功能。

指导性案例同质化处理的困境及突破
资 琳
《法学》2017年第1期

关键词：指导性案例　同质化　类型思维　造法型　释法型　宣法型

摘要：最高人民法院颁布的指导性案例的性质具有多样性，但我国的学术研究和最高人民法院的制度设计却将指导性案例作同质化处理。这种处理模式在理论上忽视了我国的司法现状，在实践中导致了指导性案例适用的混乱。要突破这种困境，必须在类型化思维下探讨指导性案例的适用。最高人民法院发布的64个指导性案例，以其所欲实现的功能作为导向，根据其法律适用方法的不同，可以分为造法型、释法型、宣法型三类。三种类型的指导性案例在效力、类似案件的判断、援引方式上都应该有所区别。

境外追逃中的量刑承诺制度研究
张 磊
《中国法学》2017年第1期

关键词：境外追逃　量刑承诺　引渡

摘要：引渡请求国针对被请求国的要求作出量刑承诺，并保证承诺的顺利实现，是保障境外追逃顺利进行的关键性措施。反思我国量刑承诺制度，还存在以下问题：在上下级法院是监督与被监督关系的前提下，当前保障案件审理法院遵守最高人民法院作出的量刑承诺的机制并非无懈可击；在案件判决书没有明确提及最高人民法院已经作出的量刑承诺的前提下，难以保障判决书既实现量刑的充分说理，又实现量刑承诺的具体内容，并体现量刑承诺对于最终判决的直接约束力。对此可以考虑通过以下方式完善：建立法定的量刑承诺程序，将最高人民法院量刑承诺的决定权赋予一审法院，并逐级上报至最高人民法院核准，为量刑承诺的兑现奠定制度基础；在判决书中明确引用之前作出的量刑承诺，从而既实现量刑的充分说理，又体现量刑承诺对于判决的直接约束力，提升国际社会对于我国量刑承诺制度的认可与信心，从而推动境外追逃的良性循环。

基层法院审判委员会压力案件决策的实证研究
王伦刚　刘思达
《法学研究》2017年第1期

关键词：审判委员会　司法决策　合法性　合法律性

摘要：20世纪90年代以来，我国学界对审判委员会的性质和功能一直存在争议，但对其在外部政治、社会压力的约束下如何进行司法决策，却缺乏实证研究。基于某县基层法院审判委员会2003—2012年间的近600份会议记录和对法官的访谈,本文详细描述了审判委员会处理政治、社会压力案件的决策过程,揭示了其行为逻辑,即将压力化解或转化为各方均可接受的判决内容,尽力实现案件合法性与合法律性的统一。审判委员会的司法决策既不关注学界热议的审判独立问题,也并非逃避司法责任的"黑洞",而是一个在政治、社会、法律因素之间"三向考量,协调平衡"的合法化过程。

论被害人量刑建议权的实现

韩 轶

《法学评论》2017年第1期

关键词:被害人 量刑建议 量刑参与 量刑意见

摘要:被害人参与量刑的角色经历了由"当事人"到"量刑意见提出者"再到"和解协议达成者"及"调解协议协商者"的演变过程,却始终无法达到赋予被害人量刑建议权所带来的量刑参与效果。被害人量刑建议权具有个人法益优先保护、被害人权利全面实现、被害人与被告人利益均衡维护、刑事司法秩序有效恢复等理论根据。被害人可在自诉与一般公诉案件中作为独立的量刑参与人提供量刑建议,也可在刑事速裁与特别程序中作为谅解协议的协商者表达量刑建议。为保障被害人量刑建议权的实现,应使量刑建议具有一定刚性效力,允许量刑建议合理变更,明确针对量刑结论的自行上诉、申请抗诉与申诉再审机制,并对相关立法进行完善。

量刑说理:现实问题、逻辑进路与技术规制

彭文华

《法制与社会发展》2017年第1期

关键词:量刑 量刑说理 逻辑论证 可接受性 程序规制

摘要:量刑说理是指根据事实与法律对量刑进行学理分析与说明。我国刑事判决书在量刑时通常不说理或者说理粗疏化,其根源在于量刑说理难度大而法官说理能力相对不济与法官拥有广泛的自由裁量权。量刑说理应当以三段论为基础,根据不同的量刑规范命题的结构形式区别对待。量刑说理需要论证量刑结论具有较高的可接受性,符合语用逻辑,说理用语应具有契合性与情景感,并适当运用修辞与对话方法。量刑说理的技术规制措施有:将刑事判决书中的"量刑理由"改成"量刑说理";实行实质说理制度;明确量刑说理繁简分流的依据和标准;加强对量刑说理的审查和监督;构建量刑判例信息库。

刑事诉讼中变更公诉的限度

周长军

《法学研究》2017 年第 2 期

关键词：变更公诉　审判对象　诉因　公诉事实的同一性

摘要：对于检法机关变更公诉，刑事诉讼法没有明确规定，主要是通过司法解释等规范性文件予以确立。检察机关变更公诉主要存在于罪名相近、容易混淆的案件中，表面看所占比例不大，但散见于绝大多数审判环节，且没有法定的次数限制，变更方式也较为随意，缺乏必要的规范；法院在变更公诉方面较为活跃，多数变更公诉决定由其自行作出或者建议检察机关作出；在变更公诉的对象方面，犯罪事实和罪名的变更最为常见；变更公诉的内容存在严重的"脱法"现象，程序正当性也多有不足，被告人的诉讼防御利益缺乏有效保障。改革变更公诉制度，必须培育变更公诉的限度意识，重构变更公诉的实体控制模式，确立诉因构造基础上的变更公诉制度；厘定变更公诉的程序边界，将不利于被告人的变更公诉限定在一审判决前，健全检法权力相互制衡机制，完善被告人权利保障机制。

我国刑事速裁程序迈向理性的崭新课题

洪　浩　寿媛君

《法学论坛》2017 年第 2 期

关键词：速裁程序　证据标准　审前中心　一审终审

摘要：2014 年 6 月全国人民代表大会常务委员会通过《关于授权最高人民法院、最高人民检察院在部分地区开展刑事案件速裁程序试点工作的决定》。立法机关首次采取"自下而上"的制度生成模式，以保证实现公平正义为前提，优化司法资源配置，节约司法成本。但两年的实践工作也暴露出适用范围狭窄、当事人程序权利保障不完善、程序运行不畅的问题。速裁程序的制度设计还应当从经验转向理性，以证据标准代替罪名标准，构建以审判为中心下的审前中心程序，在认罪真实性与量刑规范化之间建立起公式关系，在此基础上实行一审终审制。惟其如此，速裁程序才具有生命力与独立性。

刑事速裁程序之检视

魏化鹏

《国家检察官学院学报》2017 年第 2 期

关键词：刑事速裁程序　认罪事实审查　律师辩护　证明标准　诉讼效率

摘要：经过两年的试点探索，刑事速裁程序改革的重要性已为社会各界所公认，但试点暴露出的问题也不容忽视。在诉讼效率层面，速裁程序仍然存在办案沟通机制不健全、案件适用对象较窄、审前程序繁琐等问题。在庭审运行层面，速裁程序应加强对被告人认罪事实的审查，在案件事实证明标准的设定以及辩护律师的职能定位方面，亦存在继续探讨的空间。

"媒体审判"辨析

雍自元

《法学杂志》2017 年第 3 期

关键词：媒体审判　无罪推定　独立行使审判权　司法公正

摘要："媒体审判"指媒体事先报道和评论司法案件、影响判决的现象。"媒体审判"被指责违背无罪推定、干涉法院独立行使审判权、妨碍司法公正。然而媒体预先定罪仅是事实层面的推定，无悖于规范层面的无罪推定；法院独立行使审判权不应该也不能脱离媒体的监督；媒体报道司法有促进司法公正的价值，司法公正的效果需接受社会公众的检验和评价，法官不能忽视媒体所反映的民意。

人民法院变更起诉罪名行为的法律规制

韩　轶

《法商研究》2017 年第 3 期

关键词：变更罪名　变更模式　实体法规制　程序法规制

摘要：人民法院能否变更起诉罪名在我国刑事诉讼法学界颇具争议。现阶段，"以审判为中心"的诉讼制度改革以及认罪认罚从宽制度改革等司法改革措施正在逐步展开，使得人民法院变更起诉罪名又出现新的问题。以司法实务中的具体样态为标准，人民法院变更起诉罪名的模式可分为"由重罪转轻罪""由轻罪转重罪"以及"平行变更"3 种。对人民法院变更起诉罪名行为的法律规制也应当在不同的变更模式下从实体法与程序法两个层面进行研讨，应正确适用罪数区分理论，充分贯彻罪刑法定原则、控审分离原则与辩护权保障原则。为了增强法律规制的实效，应当完善刑事立法，科学设置罪名，增加"起诉罪名不成立"判决无罪、明确规定人民法院变更起诉罪名的具体形式、细化保障辩护权的相关规定。

刑事司法应坚持罪责实质评价

阮齐林

《中国法学》2017 年第 4 期

关键词：王力军案　罪责实质评价　非法经营罪　犯罪概念　犯罪构成

摘要：王力军无许可证收购玉米改判无罪案的启示是：刑事司法应当坚持罪责的实质评价，充分体现国法、天理、人情的统一。应当依据《刑法》第 13 条规定的犯罪概念三特征，建立"三要件二层级"的犯罪构成体系，行为成立犯罪必须具备刑事违法性、社会危害性、应受惩罚性三要件。刑事违法性是行为触犯刑罚法规,具有构成要件符合性,是法条文本层面的评价;社会危害性是行为实质违法的评价;应受刑罚惩罚性是行为人对其触犯刑律的危害行为可谴责性的评价。危害性和可谴责性是在刑事违法性基础上的实质评价,认定的犯罪不仅违法而且有害、有责,方能合乎天理人情。

论刑事诉讼的全流程简化——从刑事诉讼纵向构造角度的分析
陈瑞华
《华东政法大学学报》2017年第4期
关键词:刑事速裁 刑事诉讼的全流程简化 三道工序的合并或跳跃 内部审批的取消
摘要:假如仅仅着眼于审判程序的简化,那么刑事速裁程序的改革将是没有太大空间的。一些地方法院开始从刑事诉讼全流程角度进行程序简化的改革试验,取得了显著的积极效果。有必要从这些改革经验出发,将刑事诉讼全流程简化模式加以推广。目前,受制于我国公检法三机关流水作业的诉讼体制,也受制于我国刑事司法改革的滞后性,这一改革思路存在不少体制上的障碍。但是,在现有体制不发生重大变革的情况下,我们仍然可以提出"三道工序的合并或跳跃"以及"内部审批机制的取消"等改革思路。

轻微刑事案件自诉效果评析与优化——基于257例轻伤自诉判决的实证分析
李 扬
《政法论坛》2017年第4期
关键词:自诉 证据保全 诉讼效果 诉前调解
摘要:被害人对于其有证据证明的轻微刑事案件通过提起自诉的方式期望达到"实现诉权""获得赔偿"与"追究犯罪"三个目标,实践中这三个目标的实现程度各不相同,而影响目标实现的关键性因素主要有自诉人的举证能力,被告人的认罪赔偿态度和司法裁判的规范化程度。要提升和优化该类自诉犯罪的诉讼效果,需进一步明确公诉与自诉程序的衔接机制、增设刑事证据保全制度和诉前调解机制,细化附带民事诉讼赔偿的标准和范围。

刑事裁判文书中目的解释的实践运用
石聚航
《法学家》2017年第5期
关键词:目的解释 刑事裁判文书 文义解释 体系解释 法定犯
摘要:通过对刑事裁判文书中目的解释的实践运用研究,表明刑法理论和司法实践对待目的解释存在明显的差异。主观目的解释与客观目的解释的选择性运用,须根据司法实践的具体情况而定。目的解释不是决定性的解释方法,各种解释方法之间也不存在位阶性。目的解释既可以用来佐证文义解释和体系解释的结论,也可以用来限定文义解释结论的宽泛性。同样,体系解释也可以用来佐证目的解释的结论。刑事裁判文书中目的解释的运用法则呈现多元化的特征。在建构目的解释的司法运用规则时,不宜以目的解释作为直接根据认定行为的性质,在刑事裁判文书中应叙明规范目的的识别方法,并通过反向论证来检验目的解释的合理性。

刑事裁判文书繁简分流问题研究
王新清
《法学家》2017年第5期
关键词:裁判文书　繁简分流　要式裁判文书　简式裁判文书
摘要:实现裁判文书繁简分流是最高人民法院《四五改革纲要》提出的一项改革任务。刑事裁判文书繁简分流的根本原因,是目前我国刑事裁判文书同质化现象比较严重,与刑事诉讼法规定的多元化审判程序不匹配,需要说理的没有充分深入说理,不需要深入说理的也得"八股文式"地列举"裁判理由",导致"繁者不繁、简者不简",不利于司法资源的优化配置。"控辩双方在审判中的对抗程度"是审判程序、裁判文书繁简分流的决定因素,审判程序类型是决定刑事裁判文书繁简分流的直接标准。要式裁判文书适用于"对抗式审判程序",应当格式规范,要素齐全,而且必须进行充分深入的释法说理。"简式裁判文书"适用于"合意式审判程序",其释法说理以简单的形式进行,一般不需要长篇大论式地阐述裁判理由,只要把有关事项,特别是对"认罪认罚""控辩协议"等事情进行真实的记载,就是在为裁判主文阐述理由。

刑事速裁程序试点实效检验——基于12666份速裁案件裁判文书的实证分析
李本森
《法学研究》2017年第5期
关键词:刑事速裁程序　裁判文书　实证分析
摘要:2014年6月,全国人大常委会授权最高人民法院、最高人民检察院在全国18个城市进行刑事案件速裁程序试点。根据对12666份速裁案件裁判文书样本的分析,虽然速裁案件的审判效率有显著提高,但审前效率的提高并不显著;速裁案件量刑在有期徒刑、拘役的裁量上基本保持均衡,但在缓刑的适用上存在犯罪类别之间、试点城市之间的较大偏差;速裁程序试点中虽然建立了值班律师制度,但被告人聘请律师辩护的比例很低。基于上述检验结果,未来速裁程序立法要加快案件的审前流程,特别是要在提高取保候审和监视居住适用率的基础上,缩短取保候审和监视居住的法定期限;规范速裁案件量刑指南,避免量刑在区域之间、犯罪类别之间的严重偏差;在完善值班律师制度的基础上,可考虑实现速裁案件的强制性律师辩护,保障被告人的辩护权。

完善刑事速裁程序的理论构想
周长军　李军海
《法学》2017年第5期
关键词: 速裁程序　轻微刑事案件　程序选择权　程序正义底限　效率
摘要: 刑事速裁程序对于缓解实践中案多人少的压力,实现刑罚的轻缓化,发挥了积极的作用。在适用速裁程序的各类案件中,排在前三位的罪名分别是危险驾驶罪、故意伤害罪和盗窃罪。"办案模式""被害人对法律适用的异议权"和"被害人知情权的内容是否包括犯罪嫌疑人、被告人被指控的罪名"是影响速裁程序公正价值的前三位因素;"集中审理的效果""汇报程序是否需要简化"和"办案期限对诉讼效率的影响情况"则是影响速裁程序效率价值的前三位因素。速裁程序试点实践中存在一些需要认真对待的问题。

时间都去哪儿了——基层法院刑事法官工作时间实证研究
左卫民
《现代法学》2017年第5期
关键词: 刑事法官　工作时间　基层法院　实证研究
摘要: 以法官工作时间分配为中心的实证研究显示,基层刑事法官的时间主要用于办案,而办案的时间主要耗费于大量的书面性工作,法官用于庭外活动、集体合议与讨论的时间有限,庭长确有相当长时间耗费于行政性的管理工作。这些发现与以往关于中国法官工作状态与工作内容的认识不尽一致,而有些发现则一定程度上印证了学界关于中国刑事审判制度运行的判断。实证研究的一些发现为中国法院改革提供了若干参考。

对刑事速裁程序保留被告人最后陈述的反思
胡熙瞳
《法学杂志》2017年第7期
关键词: 刑事速裁程序　被告人最后陈述　审判效率　被告人权利保障
摘要: 为提高刑事案件的诉讼效率,我国自2014年开始对事实清楚、证据充分、被告人自愿认罪、当事人对适用法律没有争议的轻微刑事案件尝试适用速裁程序,两年来刑事速裁试点工作颇具成效。但是,刑事速裁程序中被告人最后陈述具有明显的消极性和非实质性,而且对法官影响甚微,难以发挥其应有的作用。简化被告人最后陈述这一程序可进一步缩短庭审时间,更好地实现刑事速裁程序的效率价值,并且不会对被告人权利造成实质性损害。将"应当听取被告人的最后陈述"改为"经申请应当准许被告人进行最后陈述",能够最大程度地兼顾速裁程序的价值取向和保障被告人权利的需要。

论刑事诉讼阶段之跨越式发展——刑事速裁程序构建的另一种思考
刘泊宁
《法学》2017年第9期
关键词: 刑事诉讼　阶段　跨越　速裁
摘要: 刑事速裁程序的构建,不应仅仅局限于审判程序的简化,而应创立一种新的加速刑事诉讼进程的模式,即刑事诉讼阶段之跨越式发展。这一命题的提出建立在对刑事速裁程序试点工作反思的基础上,符合迅速审判和无罪推定原则,也能获得审判中心主义和诉讼经济理论的支撑,同时在比较法上具有可资借鉴的成功经验。刑事诉讼阶段的跨越式发展应当围绕适用条件、基本类型及其启动方式、强制措施、诉讼文书和审级制度等重要内容,进行有别于传统诉讼推进方式的新的制度构建,并克服可能面临的障碍,加强配套措施的建设。

刑事速裁程序试点研究报告——基于18个试点城市的调查问卷分析
李本森
《法学家》2018年第1期
关键词: 刑事速裁　程序调查　问卷实证分析
摘要: 2014年6月,十二届全国人大常委会授权最高人民法院和最高人民检察院在18个试点城市进行刑事速裁程序试点。刑事速裁程序试点对建立多元化的刑事诉讼程序和推进以审判为中心的刑事诉讼制度改革具有重大意义。速裁试点问卷调查结果显示,刑事速裁程序试点在保障司法公正的前提下提高了诉讼效率,得到参与试点的诉讼参与人的广泛认可。同时,问卷调查也显示刑事速裁程序的试点在案件适用范围、认罪程序、律师辩护、量刑协商等方面还存在缺陷。为此,未来的刑事速裁程序立法,在扩大速裁程序的案件适用范围的同时,还要构造对被指控人的认罪自愿性审查机制,建立规范的认罪控辩协商机制,制定速裁案件审理证据指引,等等。

刑事速裁程序试点效果实证研究
刘方权
《国家检察官学院学报》2018年第2期
关键词: 刑事速裁程序试点　效果　诉讼效率　人权保障

摘要：为期两年的刑事速裁程序试点已经结束，从试点情况看，个案的处理效率有所提升，但通过速裁程序审理的刑事案件总量及比例仍然较低，而且主要集中在危险驾驶类案件，因此，速裁程序对刑事诉讼效率的整体提升仍然有限。对速裁程序案件犯罪嫌疑人、被告人适用非羁押性强制措施与非监禁刑的比例虽然较高，但由于速裁程序案件主要为危险驾驶类案件，因此，速裁程序对犯罪嫌疑人、被告人权利保障水平的有限提升也很难归功于程序本身。速裁程序适用条件的设定局限，以及控辩双方选择适用速裁程序的动力不足，限制了进入速裁程序案件的总量，制约了速裁程序对诉讼效率的提升；社会治理体系以及治理能力的局限，限制了非羁押性强制措施以及非监禁刑的适用，制约了速裁程序在加强人权保障水平方面的贡献。

刑事速裁程序的反思与完善

张　宝

《法学杂志》2018 年第 4 期

关键词：刑事速裁程序　反思　完善

摘要：我国刑事速裁程序试点以来取得了积极成效，但同时也暴露出权力色彩过重、体系思考不足、适用范围过窄、法律援助值班律师制度虚置、庭审流程不明确、被害人权利保障阙如等问题。完善刑事速裁程序有必要进一步强化权利设计理念，进一步加强体系性建构、进一步扩大适用范围、进一步完善援助律师制度、进一步完善庭审机制、进一步强化被害人权利保障。

影响性刑事冤假错案的产生、纠错、追责与民意的关联考察——以 22 起影响性刑事冤假错案为主要研究范本

邓　辉　徐光华

《法学杂志》2018 年第 4 期

关键词：影响性案件　错案　民意

摘要：民意的影响是冤假错案产生的诱因之一。不理性的民意极易虚构出貌似合理的"案件事实"并以此给司法机关施压。基于民意的压力，司法机关往往更多注重有罪证据，忽视无罪证据。命案必破、限期破案、疑罪从轻等刑事政策、司法理念，都是对民意诉求的顺应，也是促成冤假错案的诱因。民意对影响性冤假错案的纠错有积极意义，但仍应回归法治轨道。样本案件中，民意推进了冤假错案纠错程序的启动、纠错的及时，但没有制度化。民众对司法活动的认知不够理性，对错案追责的民意表达亦非建立在理性认知的基础之上。我国有必要培育理性的民意，形成民意与刑事司法的良性互动。

"书面审"抑或"开庭审":我国刑事速裁程序审理方式探究

贾志强

《华东政法大学学报》2018 年第 4 期

关键词: 刑事速裁程序　处罚令程序　书面审理　开庭审理

摘要: 自刑事速裁程序试点以来,我国学界和实务界对是否应省略庭审程序即采用书面审理方式存在争议。在刑事一体化的理论视野下,基于与域外处罚令程序的对比,我国速裁程序目前并不具备"书面审"的条件。从实体维度来看,速裁程序所适用的案件尚未"轻微"到可以书面审理的程度,处罚令程序的案件适用范围在某种程度上与我国治安管理处罚程序大致相当,速裁程序采用"书面审"有违比例原则。在程序维度上,速裁程序审前阶段对被追诉人的权利保障还未"充分"到足以省略庭审的程度,庭审程序在保障和核查被告人认罪认罚及程序选择的自愿性等方面仍具有重要的"把关"作用。当务之急乃进一步完善速裁案件的庭审程序,而非将其省略。首先,在宏观认识上应明确开庭审理对于速裁程序的意义;其次,在微观操作层面应重塑开庭审理的具体方式。

公诉变更实体限制论

刘仁琦

《当代法学》2018 年第 6 期

关键词: 公诉变更　犯罪事实　犯罪构成　罪数　自然事实同一

摘要: 随着诉讼的不断推进,变更起诉、补充与追加起诉在所难免,我国刑事诉讼中,只对公诉变更的发生原因、类型、程序等进行了规定,但并未提及实体规则。基础理论不夯实、实体规则不健全,实践中,公诉变更与法院变更罪名界限不清,变更起诉与补充、追加起诉混同适用等情形较为多发。应注重公诉变更的制度价值,在参照两大法系的实体规则设计的基础上,以控审分离、诉审同一为基本原则,以公诉事实为基础理论,运用实体法上犯罪构成与罪数理论,明确单一公诉事实及同一公诉事实项下,公诉禁止变更的实体规则。

设立我国治安法院的构想

杨宇冠

《法学杂志》2018 年第 7 期

关键词: 司法改革　治安法院　认罪认罚　快速审判

摘要: 落实依法治国、深化司法体制改革,有必要设立治安法院作为基层人民法院的派出机构。设立治安法院有助于将依法治国贯彻到基层,将法治工作覆盖到全社会。治安法院由专业治安法官、候补法官、业余法官以及治安检察官和其他人员组成,能够快速处理各种案件,特别是事实清楚、案情简单的刑事案件,是实现诉讼分流、化解社会矛盾、实行人民参与司法和司法为民的举措,并且有利于合理配置司法资源、减轻法院办案压力,保障当事人的合法权利。设立治安法院需要各有关部门分工负责,相互配合,先期试点,稳妥推进,在取得试点经验后制定规则,逐步完善。

刑事指导性案例的效力证成与司法适用——以最高人民法院的刑事指导性案例为分析进路

付玉明　汪萨日乃

《法学》2018年第9期

关键词:刑事指导性案例　裁判要点　规范性效力　司法解释

摘要:刑事指导性案例应遵行罪刑法定原则,其效力不是"有无"问题,而是介于规范与事实层面效力的程度"大小"问题。在效力位阶上,刑事指导性案例低于刑法与刑事司法解释,应当规范适用扩张解释。在司法适用上,应建立以全案指导的多元参照体系、全部诉讼参与人等多方寻找机制。在两种情况下排除刑事指导性案例对待决案件的适用:一是指导性案例与待决案件之间缺少必要事实的关联性;二是指导性案例本身存在瑕疵。在刑事指导性案例的变更方面,可以通过刑事法律、司法解释的规定以及发布新指导性案例的形式进行修正。

从"看得见的正义"到"说得出的正义"——基于最高人民法院《关于加强和规范裁判文书释法说理的指导意见》的解读与反思

雷　磊

《法学》2019年第1期

关键词:司法裁判　释法说理　事实认定　法律适用　法律后果

摘要:最高人民法院《关于加强和规范裁判文书释法说理的指导意见》(以下简称《意见》)对于司法裁判的规范化具有里程碑式的意义。《意见》已经认识到,司法裁判在性质上是一种法律推理或论证的过程,其目标在于追求依法裁判与个案正义的统一,进而提高裁判结论的可接受性。裁判文书说理要符合基本要求(四个基本层面、四个基本原则),也要反映法律论证的基本结构与内容。它要同时在内部证成和外部证成的层面上开展,进行符合证据规则的事实认定和正确的法律适用,恰当运用裁判依据与裁判理由。《意见》没有就裁判文书不说理的法律后果进行规定,但通过对相关条款的解释,我们可以区分出事实不说理(狭义)、法律不说理(狭义)、事实说理不充分和法律说理不充分这四种情形及其不同的法律后果。

我国司法判决说理修辞风格的塑造及其限度——基于相关裁判文书的经验分析

王 聪

《法制与社会发展》2019 年第 3 期

关键词: 判决风格　说理　修辞　听众　法理

摘要: 从风格视角来观察判决说理的表达方式,有助于人们跳出形式逻辑的桎梏,重新认识其独特的修辞意义。我国司法判决说理的新风格之所以萌芽,具有深层的社会原因和制度原因,但其发展又受到现实环境、科层体制、司法习性等因素的制约。尽管在当下的司法实践中,新风格判决尚显稀缺,但随着内外部激励条件的变化和经验的积累,法官适当运用修辞来改善说理风格,仍是一个可欲的趋势。从听众需求的角度审视,判决说理风格的修辞是一把双刃剑,在制定法语境下,法官对判决新风格的追求应该持审慎态度,遵循表达正义的基本要求和说理的"奥卡姆剃刀"原理。面对听众对裁判结果公正性的渴求,法官在塑造判决风格的"事理、法理、情理、文理"四个维度时,必须把握说理的修辞限度,以法理为尺度,通过理性的法律论证,提升判决说理的质量品位,提高裁判的正当性。

"司法裁判的客观性"之辨析

王志勇

《法制与社会发展》2019 年第 3 期

关键词: 司法裁判　客观性　发现　证立　法治

摘要: 司法裁判的客观性涉及裁判的逻辑构造与"客观性"的诸层次。从裁判的逻辑构造上看,裁判包括"结果"和"过程"两个面向,后者又可以被分为"发现过程"和"证立过程"。从"客观性"的诸层次上看,客观性主要体现为形而上、认识论与语义学三个层次。在形而上层次上,作为"结果"的裁判的客观性呈现为中度客观性;在认识论层次上,作为"发现过程""证立过程"的裁判的客观性要求"超越个体间的可识别性"和"不偏不倚";在语义学层次上,作为"结果陈述"的裁判的客观性体现为"真值—能力"。通过对司法裁判的客观性进行反思可知,司法裁判中的"正确答案"具有"K-P 语义学"理论蕴涵的中度客观性,司法"直觉"及偏差要受到"规训",说理要有限度地充分展开。而法治恰恰要求具备能够证立中度客观性的理由,可见,法治是一项需要持续努力的整体性事业。

程序性违法的量刑补偿机制研究

吴宏耀　赵常成

《国家检察官学院学报》2019 年第 3 期

关键词: 程序性违法　程序性制裁机制　从轻量刑　量刑补偿机制

摘要: 在我国司法实践中,作为违法取证行为的程序性制裁手段,非法证据排除规则并没有取得预期的实践效果。对此,研究者多将其归因于外在的体制因素。但是,也必须承认,在适用上,因非法证据排除规则具有"全有抑或全无"的特点,在一定程度上影响了裁判者诉诸该项制裁手段的积极性。在各国司法实践中,为弥补以非法证据排除规则为代表的程序性制裁机制的内在缺陷,对于不甚严重的程序违法行为,更倾向于将从轻量刑作为程序性违法的救济方式。这一替代性救济方式允许裁判者根据个案违法情形灵活调整救济的幅度,从而有效缓解了"程序性制裁成本过高"的心理压力。因而,从轻量刑已经逐渐成为一种世界各国普遍接受的司法实践。作为一种实践理性,从轻量刑不仅能够实现救济体系的"梯级化",而且有助于提高法官诉诸程序性制裁的积极性,激发被告人寻求程序保护的动力。在理论上,从轻量刑的司法实践体现的是一种兼顾程序正义与实质正义的量刑补偿机制。这一机制在法理基础、功能主义、刑罚效果三个维度上均具有正当性,存在进一步进行制度化建构的理论与实践价值。

刑事案件的差异化判决及其合理性

周少华

《中国法学》2019 年第 4 期

关键词: 刑事司法　个案公正　同案同判　差异化判决

摘要: 司法的本质在于实现个案公正。在刑事司法中,面临的真正问题不是"同案同判",而是对案件作出区分。由于绝对的"同案"并不存在,即使存在也很难判定,因此,差异化的判决不仅无可避免,也具有相当的合理性。与形式化的"同案同判"相比,合理的差异化判决更有利于个案公正的实现。当然,在差异化判决中,刑罚均衡仍然存在,它和欠缺均衡性的"同案异判"有着根本性的区别。差异化判决的正当性与合法性,需要通过具体的判决理由进行证明,它只能存在于法律所提供的裁量范围之内。

初审权相对独立的若干问题

葛洪义　赵健旭

《法制与社会发展》2019 年第 5 期

关键词: 初审权　相对独立　司法责任制

摘要: 最大限度地保证初审权的相对独立,是把矛盾化解在基层的根本保证,也是各国司法制度的普遍成功经验,更是实现作为人权主要构成的诉讼权利的必然要求。在我国现行的司法制度设计中,保证初审权相对独立的意图及制度安排是明显的。但是,由于法律制度的不完备以及法院系统内部的家长制管理和"实事求是、有错必纠"的司法观念的影响,初审权的独立性被一再弱化。若要保证初审权的相对独立,就必须从根本上解决不同审级之间的严格的权力分工问题,保证初审法院与法官的裁决轻易不得改变。这既是维护国家司法体制的权威性和公信力的要求,也是严格遵循"让审理者裁判,由裁判者负责"理念的逻辑结果。而初审权的滥用问题,则最终要靠完善司法责任制来予以防范。

刑事案件"同案同判"的理性审视
周少华
《法商研究》2020 年第 3 期
关键词: 刑事司法　同案同判　个案公正　同案不同判　差异化判决
摘要: 绝对的"同案"并不存在,形式化的"同案同判"观念在方法论上的意义极为有限,缺少指导司法实践的工具性价值。形式化的"同案同判"不仅与以追求案件具体妥当性为目标的司法现实难以契合,而且会导致人们对"同案不同判"现象认识不足,不加分析地将其一概视为司法公正的敌人,从而也否定了某些差异化判决所具有的合理性。为了避免此问题,我们必须从绝对主义的"同案同判"回归到相对主义的"类似案件类似判决",将刑事司法中的"同案不同判"区分为不合理的"同案异判"与合理的差异化判决。二者最重要的区别是:前者已经丧失刑罚均衡,而后者仍然能够保持刑罚均衡,并更好地实现个案公正。

刑事诉讼中积极赔偿对量刑的影响及其合理控制研究
王　芳
《法学论坛》2020 年第 3 期
关键词: 民事赔偿　量刑　认罚从宽　量化分析
摘要: 刑事诉讼中的民事赔偿是一个制度集合概念,并与量刑密切相关。以 5072 份故意伤害罪判决为样本进行量化分析发现,通过和解、刑事附带民事诉讼判决结案等不同途径实现的民事赔偿对量刑的影响力存在明显差别。其原因在于被害人满意程度是量刑阶梯设计的重要标准,而恢复正义为被害人满意作为量刑标准提供了正义基础。司法实践中应对刑事诉讼中积极赔偿对量刑的影响进行合理控制,降低不同类型民事赔偿对量刑影响的差异,推动"同案同判"的量刑公正。

刑事诉讼模式转型下的速裁程序
樊崇义　何东青
《国家检察官学院学报》2020 年第 3 期
关键词: 诉讼模式转型　速裁程序　轻罪诉讼体系　认罪认罚从宽
摘要: 速裁程序是轻罪案件落实认罪认罚从宽的程序载体,是构建轻罪诉讼体系的有效抓手。随着认罪认罚从宽立法化、制度化,中国刑事诉讼的模式正由对抗式向合作式转型,由权利保障型向协商合意型转化,由单一模式化向多元体系化发展。在诉讼模式转型背景下推进速裁程序发展完善,要转变诉讼理念,找准制度基点,把握发展方向,从轻罪诉讼分流全程化、制度设计层次化、配套保障体系化三个维度,进一步激发速裁程序内生动力,有效整合司法资源,更好发挥制度优势。

冲突量刑情节适用原则的反思

郝 川 左智鸣

《法学杂志》2020 年第 4 期

关键词:量刑指导意见 量刑情节 并合主义 适用原则

摘要:刑事个案中多个量刑情节冲突为常见事态。《最高人民法院关于常见犯罪的量刑指导意见》试图通过量化的量刑范式为司法实践提供指引,如此做法的合理性值得商榷。在责任主义的视野之下,有效区分预防刑情节和报应刑情节在个案中的作用与影响,坚持罪刑均衡原则、一般与特殊相统一原则及基本公正原则是解决量刑情节冲突的可行之路。

差异化判决之定罪理由的类案考察——以"盗窃车牌勒索赎金类案件"为例

周少华

《法律科学(西北政法大学学报)》2020 年第 6 期

关键词:盗窃罪 敲诈勒索罪 机动车牌照 差异化判决 定罪说理

摘要:在刑事司法中,类似案件被以不同罪名加以处罚的现象并不鲜见。然而,如果我们仅凭直觉就将此现象认定为"同案异判",很可能是一种误判。通过对盗窃车牌勒索赎金类案件大量裁判文书的考察分析,我们发现,差异化判决并非全然是司法失误或司法不公的表现,而是由犯罪形态的复杂性所导致的。也就是说,同类案件不同定罪,存在合理与不合理之分。"同案异判"只能指称那些不合理的差异化判决,而对于合理的差异化判决,则不能认为其违反法制统一性原则和平等适用原则。当然,合理的差异化判决需要充分的裁判理由加以支撑,尤其是在类似盗窃车牌勒索赎金这样的案件中,行为可能触犯数个罪名,定罪理由的阐释尤其具有重要意义。定罪说理不仅可以正当化个案的定罪,而且可以为相似案件的差异化判决提供合理性的说明。

量刑规范性水平的实证检验:以故意伤害罪为例的分析

王 越

《法学家》2020 年第 6 期

关键词:量刑规范性 量刑影响因素 正当性评价体系 双重规则体系

摘要:对 303256 份故意伤害罪裁判文书的统计分析表明,故意伤害罪有期徒刑的裁量具有高度规范性,实务中法官的量刑方法遵循了"三步骤"方法的理论内核,量刑起点和基准刑的确定与规范规定保持了高度一致,仅少部分情节的适用与规范略有冲突。严密的规范体系、法官规避决策风险的需求和实务与规范的双向契合为高度规范性的实现提供了前提、动力和实现路径。但在规范未必正确的前提下,高度规范化的量刑反而可能造成错误的重复和经验的萎缩。基于目前的高规范性水平,下一阶段的量刑改革应及时转向,从形式合法的规范化转向实质正当的规范化,建立量刑正当性评价体系;从机械的规范化转向能动的规范化,明确、维持和强化规范与经验并重的双重规则体系。

裁判文书"引经据典"的法理:方式、价值与限度
谢　晶
《法制与社会发展》2020年第6期
关键词:裁判说理　引经据典　裁判根据　司法修辞　传统法文化
摘要:在当代中国的司法裁判文书中,广泛存在引经据典的现象,这一现象以及经典本身凝结了独属于中国的法理、法文化。引经据典在裁判文书中主要以三种方式呈现:作为事实认定的理由;作为准裁判根据;作为修辞手段。其价值在于助益裁判说理——阐明事理、释明法理、讲明情理、讲究文理。但在裁判文书中引经据典有一定的限度:不得曲解误用,不可违背一般性价值,不能取代法律适用,不应文过其实。引经据典是一种契合中国人精神情感和思维模式的说理方式,"文质彬彬"地引经据典有利于提高司法裁判的可接受性,实现"法律效果和社会效果的有机统一"。

第三节　案例精解

关于罪责刑相适应原则的把握
——百香果女童遇害案[①]

一、案情介绍

2018年10月4日,广西壮族自治区钦州市灵山县伯劳镇平心村发生一起强奸杀人案。杨光毅将同村一名10岁女童强奸并杀害,两日后杨光毅投案自首。

2019年7月12日,钦州市中级人民法院作出(2019)桂07刑初34号刑事判

---

① 资料来源:http://china.cnr.cn/xwwgf/20201228/t20201228_525376735.shtml,2021年12月25日访问。

决,以强奸罪判处被告人杨光毅死刑,剥夺政治权利终身,责令退赔 32 元(杨光毅作案时于被害人处抢走的钱)给被害人家属。被告人杨光毅不服,提出上诉。

2020 年 3 月 25 日,广西壮族自治区高级人民法院认定被告人杨光毅的自首行为对案件侦破起到至关重要作用,作出(2019)桂刑终 326 号刑事判决,维持一审刑事判决中对被告人杨光毅的定罪、责令退赔和依法没收部分,改判杨光毅死刑,缓期二年执行,剥夺政治权利终身,对被告人杨光毅限制减刑。

此改判结果引发社会热议。最高人民法院决定对该案调卷审查。审查期间,被害人的母亲向最高人民法院提出申诉,认为原判适用法律错误,应再审改判杨光毅死刑立即执行。最高人民法院于 2020 年 11 月 3 日作出(2020)最高法刑监 2 号再审决定,指令广西壮族自治区高级人民法院另行组成合议庭对本案进行再审。

2020 年 12 月 25 日,广西壮族自治区高级人民法院作出(2020)桂刑再 6 号刑事判决,认为原二审判决认定事实清楚,证据确实、充分,定性准确,但对于从重和从轻量刑情节的把握不够全面,对自首制度的适用不够精准,在量刑上全面评价不足,应予改判,并判决撤销本院(2019)桂刑终 326 号刑事判决,维持广西壮族自治区钦州市中级人民法院(2019)桂 07 刑初 34 号刑事判决。

2021 年 2 月 2 日,遵照最高人民法院下达的执行死刑命令,钦州市中级人民法院对被告人杨光毅执行死刑。

二、争议观点

本案中,二审法院认定被告人杨光毅的自首行为对案件侦破起到至关重要作用并改判被告人死缓,由此引发社会热议,其实质是罪责刑相适应原则的把握问题。关于被告人自首或认罪认罚案件是否仍要适用死刑,理论界和实务界存在不同的观点:一种观点认为被告人自首或认罪认罚非法院判决的决定性因素,对于手段残忍、情节恶劣、社会危害或影响重大的案件仍应当适用死刑;另一种观点认为,应当承认被告人自首或认罪认罚的客观价值,且本着少杀慎杀的死刑政策及对生命的尊重和敬畏,应当对被告人不适用死刑。

我国《刑法》第 5 条规定,"刑罚的轻重,应当与犯罪分子所犯罪行和承担的刑事责任相适应。"这是罪责刑相适应原则含义最直接的体现。我国刑事审判中,定罪与量刑是最主要的两个环节,而量刑应当是一个综合考量的问题,其中不仅存在着减轻从轻情节(如《刑法》第 67 条、第 68 条),也存在着加重从重情节(如《刑法》第 65 条,以及《刑法》分则中规定的特定罪名的从重处罚情形),法官应当综合考虑犯罪的事实、犯罪的性质、情节和对于社会的危害程度等因素,坚持罪责刑相适应原则,而不应对任何单一因素作机械理解。

有观点认为,在少杀慎杀的死刑政策下,被告人自首或认罪认罚的则不应当适用死刑,甚至"自首可以免死"在一些地区一段时期内成为默认的"刑事政策"。这种理解是片面的。所谓自首或认罪认罚主要有两个目的,一是使案件能及时、迅速侦破并审判,提高刑事诉讼效率;二是促使犯罪人悔过自新,不再继续作案,弥补对社会造成的危害。由此,对具体案件中被告人自首或认罪认罚是否从轻、减轻或从宽也至少应考虑两个层面:一是被告人自首或认罪认罚是否对推进办案具有作用;二是被告人自首或认罪认罚与其犯罪行为、犯罪性质及危害性是否相称,能否弥补对社会造成的危害。对于一些情节特别恶劣的犯罪,如仅因形式上构成自首或认罪认罚,或仅考虑第一层面而在量刑上从宽,就会违反罪责刑相适应原则。而少杀慎杀的死刑政策也非绝对,其建立的前提是罪责刑相适应,其逻辑中应该暗含"当杀则杀",不能将"少杀慎杀"作机械理解,渐渐理解成了"一个不杀"。坚持罪责刑相适应,就是根据犯罪的事实、性质、情节和对社会的危害程度,综合考虑自首或认罪认罚的具体情况,依法确定是否从轻、减轻或从宽及其幅度,确保量刑与罪责大小相匹配,宽严适度、罚当其罪。

本案中,暂且抛开被告人杨光毅之自首行为对案件侦破是否起到重要作用不谈,其犯罪行为具有奸淫幼女、致被害人死亡、犯罪情节恶劣等多个法定从重处罚情节,手段极其残忍,社会影响极大,罪行极其严重,依法应予严惩。虽有自首情节,但结合其犯罪的事实、犯罪的性质、情节及对于社会的危害程度,并不足以对其从轻处罚。故再审之死刑判决符合罪责刑相适应原则,具有充分的法律依据。

第三章 二审程序

第一节 本章观点综述

我国刑事二审程序在保障当事人依法享有上诉权、监督下级法院依法行使审判权方面发挥着重要的作用。虽然2018年《刑事诉讼法》修改并未涉及二审程序,但2021年最高人民法院《关于适用刑事诉讼法的解释》根据司法实践反映的问题作出了一定修改,主要包括:(1)明确对准许撤回起诉、中止审理等裁定可以上诉;(2)对上诉期满要求撤回上诉和抗诉期满要求撤回抗诉的处理规则进行调整;(3)细化上诉不加刑原则的司法适用;(4)明确死缓案件二审应当开庭审理;(5)设立二审案件的部分发回重审规则;(6)明确终审的判决和裁定发生法律效力的时间。

近年来二审程序的理论探讨也普遍关注了认罪认罚从宽案件被告人上诉问题。随着认罪认罚从宽的推广适用,此类案件在实现繁简分流、提高诉讼效率的同时,也面临着认罪认罚之后提起上诉的问题。例如,是否允许为留所服刑的被告人提起技术性上诉或者给予一定的限制;被告人提出上诉后,检察机关是否抗诉;有的被告人为防止检察院抗诉,故意拖到上诉期届满前上诉,导致检察院来不及抗诉怎么办;提出上诉后,有的检察院提出抗诉是否加重被告人的刑罚等问题。因此,理论研究对二审程序的关注呈现新的研究动向,主要结合认罪认罚从宽的适用分析。这一趋势在2019年余金平交通肇事案发生以后尤为突出。该案件引起刑事诉讼法学界的密切关注,相关的文章也围绕认罪认罚上诉问题、检察院认为一审量刑过高提起抗诉的案件是否受到"上诉不加刑原则"的限制等问题展开讨论。

在二审程序的基础理论研究中,有学者回顾了我国古代上控制度在清末民初法制改革中被西方的上诉制度所取代的历史,认为上控的重心在行政控制,上诉则围绕案件事实及规则适用展开。立法上,上诉所承载的社会控制、治理信息传递、督察官员等功能被剥离,上诉制度则被赋予统一法律适用、终结裁判、保护被告人权利等现代司法功能。[①]

结合认罪认罚案件的上诉问题,学者们聚焦上诉制度的"上诉不加刑"原理、

---

① 胡震:《近代中国刑事上诉制度的生成及展开》,载《法学研究》2020年第5期。

被告人上诉权的限制问题等法律。

有学者根据其他国家和国际公约为保障被告人的上诉权的性质不同,将上诉制度的种类划分为权利型上诉、裁量型上诉,均体现保障审查机会的要求。上诉理由审核制是裁量型上诉的重要特征,它体现了被告人申请权和法院决定权的分离,既能确保被告人有机会获得上诉救济,也有助于防止滥行上诉、控制案件数量并维护第一审程序的中心地位。在我国部分认罪认罚案件中确立裁量型上诉、上诉理由审核制具有正当性和必要性。未来,我国应综合考虑案件类型、刑罚轻重、认罪与否、一审程序等因素以及二审程序的价值取向和功能预期,探索构建二元或多元上诉结构,在上诉阶段进一步推进案件繁简分流和司法资源优化配置。①

有学者基于比较法研究认为,英美法对认罪的被告人就定罪问题的上诉权进行了极其严格的限制,但对其不服量刑的上诉权仍然给予保障;意大利、德国以及我国台湾地区也分别通过立法或者实践对认罪协商案件中的上诉权进行了限制。认罪认罚从宽制度的运行条件与域外不同,现阶段不宜对认罪认罚案件的上诉权进行限制。但从发展方向看,对认罪认罚被告人的上诉权进行一定的限制,乃是完善刑事诉讼中认罪认罚从宽制度的内在要求,也符合以审判为中心的刑事诉讼制度改革的趋势和刑事司法规律。在立法模式上,可以借鉴域外立法经验,对允许上诉的理由进行列举性规定。在立法修改以前,司法机关可以开展通过协议限制被告人上诉权的试点工作,但应提供必要的程序保障。② 也有学者通过比较分析指出,域外法治国家和地区的刑事诉讼中,当事人具有"上诉利益"是提出上诉的实质要件。对不合法的上诉,法院裁定予以驳回。社会伦理规范、诉讼经济原则、诚实信用原则等共同构成了刑事上诉利益的理论基础。我国现行立法缺乏上诉实质要件、上诉利益审查制度的规定,实践中不加任何限制的上诉在增加诉累、浪费司法资源的同时,也导致二审庭审时常出现"控辩错位"的异常现象。为消除以上弊端,应当增加上诉实质要件的规定,明确上诉合法性的判断标准,从而推动刑事上诉利益审查制度的中国式建构。③

有学者指出,认罪认罚从宽制度实践中,公诉机关提出抗诉以加重被告人的刑罚的做法于法无据,变相剥夺被告人上诉权,有违"上诉不加刑"等基本原理。在推行认罪认罚从宽的背景下,二审程序是否应当限制认罪认罚被告人上诉权的问题上,需要在考量我国上诉审运作逻辑和认罪认罚从宽制度的实施状况基

---

① 牟绿叶:《我国刑事上诉制度多元化的建构路径——以认罪认罚案件为切入点》,载《法学研究》2020年第2期。
② 孙长永:《比较法视野下认罪认罚案件被告人的上诉权》,载《比较法研究》2019年第3期。
③ 姜保忠:《我国刑事上诉利益审查制度的缺失与建构》,载《当代法学》2017年第3期。

础上得出结论。① 也有学者认为,认罪认罚从宽制度在推行之初就彰显着在维护公正的基础上提高诉讼效率的价值追求,而司法实践中被告人滥用上诉权的现象却未得到有效缓解,增加了司法负担,消解了认罪认罚从宽制度在提高诉讼效率、优化资源配置等方面的重要作用。②

以上学者结合上诉权理论以及若干比较法经验,主张应当明确认罪协商之基石在于"对抗基础上的合意",需有一系列制度安排予以保障。而认真观察我国认罪认罚从宽制度的立法渊源及司法实践,不难发现该制度运行充斥着职权主义甚至强职权主义色彩。在完全实现审前正当程序保障、一审庭审实质化之前,我国二审程序功能的发挥,将仍遵循"职权主义自我修正"的逻辑主线——全面保障被追诉人的上诉权是题中之义。认罪认罚案件救济程序的改造需要考虑公正与效率的平衡,注重人权保障的实现,可以在选择程序简化模式的同时,完善值班律师制度、控辩协商程序以及司法责任制,从而保障认罪认罚案件救济程序的良性运行。

有学者以近年来认罪认罚案件中出现的一审、二审控审冲突判例为样本进行实证分析。认为在认罪认罚从宽制度全面推行之后,检察机关与审判机关的主要争议点是量刑协议是否从宽幅度过大。控审冲突的背后存在着检察机关与审判机关在刑事诉讼中的价值选择和地位之争。加强控审机关的对话、提升量刑建议的说理性,是符合认罪认罚从宽制度逻辑的调和控审冲突的思路。③ 还有学者以二审裁判文书为样本,指出认罪认罚从宽的二审实践面临适用范围有限、被告人实际获得的"从宽"效果甚微、控审对"认罚"标准的把握形式化以及程序异化与对抗性扩张等现实困境。究其原因,除具有统一性和权威性的实施细则付之阙如、程序从宽不足加剧对实体从宽的"正向制约"效应、认罪协商不充分等规范与程序本身的局限外,还受到刑事实体法上以自由刑为中心的刑罚结构的限制。④

我国刑事诉讼法规定上诉并不需要理由,但认罪认罚从宽本身是追求效率,因此认罪认罚从宽案件的上诉需不需要进行必要的限制成为理论讨论的焦点。有观点主张限制上诉权,认为应当区分适用速裁程序审理的认罪认罚案件和适用其他程序审理的认罪认罚案件。在上诉权的设置上,应当对适用速裁程序审

---

① 郭烁:《二审上诉问题重述:以认罪认罚案件为例》,载《中国法学》2020 年第 3 期。
② 周新:《论认罪认罚案件救济程序的改造模式》,载《法学评论》2019 年第 6 期。
③ 韩轶:《认罪认罚案件中的控审冲突及其调和》,载《法商研究》2021 年第 2 期。
④ 张青:《认罪认罚案件二审实践的逻辑与反思——以 4799 份二审裁判文书为样本》,载《环球法律评论》2020 年第 6 期。

理的上诉权进行限制,上诉必须有正当理由,其他程序审理的无需上诉理由。①也有观点认为,我国应建立二元上诉结构,即在速裁程序中引入裁量型上诉和上诉许可制。② 在速裁程序中,被告人应首先向二审法院申请上诉许可,法院认为具有合理理由并符合上诉条件的,才启动正式的二审程序。由于上诉许可制限制了这部分案件被告人的上诉权,因此,必须从程序上给予特别的关照。例如,有学者主张应在法官告知义务、律师有效辩护和检察官抗诉等方面充分保障被告人的权利。

第二节 核心期刊论文摘要

近代中国刑事上诉制度的生成及展开
胡 震
《法学研究》2020 年第 5 期
关键词:上控 上诉 法制转型 司法改革
摘要:清末民初法制改革中,中国古代上控制度被来自西方的近代上诉制度所取代。上控和上诉的首要制度目的均是平反冤狱、保证司法公正。二者在制度内容、功能和理念上的相似性,为清末法律移植提供了便利条件,使上诉制度在近代中国得以顺利生成。但上控和上诉是分别镶嵌在传统和现代的两种异质型制度,上控的重心在行政控制,上诉则围绕案件事实及规则适用展开。立法上,上控所承载的社会控制、治理信息传递、督察官员等功能被剥离,新的上诉制度则被赋予了统一法律适用、终结裁判、保护被告人权利等现代司法功能。在司法实践中,围绕是否应赋予被害人上诉权、判决确定性、禁止不利益变更原则、上诉期限等问题,民初产生了一系列纷争。采用比较历史法律方法研究这些在当前司法中仍时有显现的问题,有助于认识和推动当前司法改革。

比较法视野下认罪认罚案件被告人的上诉权
孙长永
《比较法研究》2019 年第 3 期
关键词:认罪认罚 上诉权 合理限制
摘要:英美法对认罪的被告人就定罪问题的上诉权进行了极其严格的限制,但对其不服量刑的上诉权仍然给予保障;大陆法系的意大利、德国以及我国台湾

---

① 肖沛权:《认罪认罚案件上诉问题探讨》,载《政法论坛》2021 年第 2 期。
② 牟绿叶:《认罪认罚案件的二审程序——从上诉许可制展开的分析》,载《中国刑事法杂志》2018 年第 3 期。

地区也分别通过立法或者实践对认罪协商案件中的上诉权进行了限制。我国认罪认罚从宽制度的运行条件与域外不同,现阶段不宜对认罪认罚案件的上诉权进行限制。但从发展方向看,对认罪认罚被告人的上诉权进行一定的限制,乃是完善刑事诉讼中认罪认罚从宽制度的内在要求,也符合以审判为中心的刑事诉讼制度改革的趋势和刑事司法规律。在立法模式上,可以借鉴域外立法经验,对允许上诉的理由进行列举性规定;在立法修改以前,司法机关可以开展通过协议限制被告人上诉权的试点工作,但应提供必要的程序保障。

我国刑事上诉制度多元化的建构路径——以认罪认罚案件为切入点

牟绿叶

《法学研究》2020 年第 2 期

关键词:上诉权　上诉理由审核制　认罪认罚　审级制度

摘要:世界主要国家和国际公约为保障被告人的上诉权,确立了权利型上诉和裁量型上诉两种上诉制度。上诉权的本质是要求国家保障被告人获得上一级法院审查的机会,两种上诉制度都体现了保障审查机会的核心要求。上诉理由审核制是裁量型上诉的重要特征,它体现了被告人申请权和法院决定权的分离,既能确保被告人有机会获得上诉救济,也有助于防止滥行上诉、控制案件数量并维护第一审程序的中心地位。目前,在我国部分认罪认罚案件中,确立裁量型上诉和上诉理由审核制具有正当性和必要性。未来,我国应综合考虑案件类型、刑罚轻重、认罪与否、一审程序等因素以及二审程序的价值取向和功能预期,探索构建二元或多元上诉结构,在上诉阶段进一步推进案件繁简分流和司法资源优化配置。

我国刑事上诉利益审查制度的缺失与建构

姜保忠

《当代法学》2017 年第 3 期

关键词:上诉利益　实质要件　理论构建

摘要:在其他国家和地区的刑事诉讼中,当事人具有上诉利益是提出上诉的实质要件,"无利益,不上诉"是判断上诉合法与否的标准,对不合法的上诉,法院裁定予以驳回。社会伦理规范、诉讼经济原则、诚实信用原则等共同构成了刑事上诉利益的理论基础。我国《刑事诉讼法》缺乏上诉实质要件和上诉利益审查制度的规定,相关研究几近空白,实践中不加任何限制的上诉在增加诉累、浪费司法资源的同时,导致二审庭审时出现"控辩错位"的异常现象。为消除以上弊端,应当借鉴其他国家和地区相关制度的经验,增加上诉实质要件的规定,明确上诉合法性的判断标准,从而推动刑事上诉利益审查制度的中国式建构。

二审上诉问题重述:以认罪认罚案件为例

郭 烁

《中国法学》2020 年第 3 期

关键词:认罪认罚从宽 上诉权 二审程序 职权主义 对抗制

摘要:认罪认罚从宽制度实践中,有公诉机关以"抗诉加刑"应对被告人"反悔上诉",此种变相剥夺被告人上诉权的做法于法无据,且有违"上诉不加刑"等基本原理。"应否限制认罪认罚被告人上诉权"的问题,需要在考量我国上诉审运作逻辑和认罪认罚从宽制度的实施状况基础上得出结论。结合上诉权理论以及若干比较法经验,应明确认罪协商之基石在于"对抗基础上的合意",需有一系列制度安排予以保障;而认真观察我国认罪认罚从宽制度的立法渊源及司法实践,不难发现该制度运行充斥着职权主义甚至强职权主义色彩。在完全实现审前正当程序保障、一审庭审实质化之前,我国二审程序功能的发挥,将仍遵循"职权主义自我修正"的逻辑主线——全面保障被追诉人的上诉权是题中之义。

论认罪认罚案件救济程序的改造模式

周 新

《法学评论》2019 年第 6 期

关键词:认罪认罚案件 救济程序 检察院抗诉模式 限制上诉权模式 突破上诉 不加刑原则模式

摘要:认罪认罚从宽制度在推行之初就彰显着在维护公正的基础上提高诉讼效率的价值追求,而司法实践中被告人滥用上诉权的现象却未得到有效缓解,增加了司法负担,消解了认罪认罚从宽制度在提高诉讼效率、优化资源配置等方面的重要作用。为此,理论与实务界提出了检察院抗诉模式、限制上诉权模式和突破上诉不加刑原则模式,以期破解部分地区上诉率较高的难题,然而这三种不同的救济程序改造模式均有其局限性。认罪认罚案件救济程序的改造需要考虑公正与效率的平衡,注重人权保障的实现,可以在选择程序简化模式的同时,完善值班律师制度、控辩协商程序以及司法责任制,从而保障认罪认罚案件救济程序的良性运行。

认罪认罚案件中的控审冲突及其调和

韩 轶

《法商研究》2021 年第 2 期

关键词:认罪认罚从宽制度 量刑建议 控审冲突 抗诉

摘要:在认罪认罚从宽制度全面推行之后,由于检察机关与审判机关对 2018 年《刑事诉讼法》第 201 条的规定存在不同的解读,因此引发了认罪认罚案件中的控审冲突。以近年来认罪认罚案件中出现的 60 个一审和二审控审冲突判例为样本进行分析,可以发现检察机关与审判机关的主要争议点是量刑协议是否从宽幅度过大。虽然审判机关在整体上对检察机关的量刑建议具有一定的容错性,但是当一审审判机关未采纳量刑建议时,检察机关与审判机关就有可能发生冲突。认罪认罚案件控审冲突的背后,存在着检察机关与审判机关在刑事诉讼中的价值选择和地位之争。正视认罪认罚从宽制度的激励性规范价值,坚持和维护"以审判为中心"的诉讼制度改革,保持国家求刑权的谦抑、慎用精准量刑建议和抗诉,加强控审机关的对话、提升量刑建议的说理性,是符合认罪认罚从宽制度逻辑的调和控审冲突的思路。

标准人的心素与注意义务的边界——与"杨存贵交通肇事案"二审裁定书展开的学术对话

陈 璇

《清华法学》2020 年第 6 期

关键词: 注意义务　标准人　心素　利益权衡　刑事指导案例

摘要: 注意义务的标准人由"力素"和"心素"两部分组成,后者指的是法规范期待行为人具有的谨慎态度。相对于力素而言,心素对于有效克服过失犯司法实践中的结果责任倾向发挥着更为关键的作用。标准人心素要解决的核心问题是,在危险俯拾皆是的现代社会中,法秩序能够期待行为人对注意力这一稀缺资源进行怎样的分配和安排。对此,应当采取利益权衡而非社会通常性的思考模式。在具体确定标准人心素的内容时,应遵循以危险信号为基础的"普遍化"检验方法:首先,从结果出发反向逆推,考察怎样的谨慎态度足以有效避免注意能力下降;接着,根据危险信号所预示的危险级别,结合谨慎义务施行后可能对个人自由和社会发展带来的影响,判断该谨慎态度能否成为一项得到理性公民接受的普遍性义务。倡导学者与司法者共同发掘指导性案例,并与之展开常态化的学术对话,有助于刑事指导案例制度的完善。

认罪认罚案件的二审程序——从上诉许可制展开的分析

牟绿叶

《中国刑事法杂志》2018 年第 3 期

关键词: 认罪认罚　速裁程序　上诉许可制　裁量型上诉　二元上诉结构

摘要: 对 268 份速裁案件的二审裁决书的分析表明,80% 以上的被告人都以量刑过重为由提起"空白上诉"。为了防止滥用上诉权、保障认罪认罚制度的效率价值,我国应建立二元上诉结构,即在速裁程序中引入裁量型上诉和上诉许可制,在普通程序和简易程序中,沿用《刑事诉讼法》第 227 条规定的权利型上诉。在速裁程序中,被告人应首先向二审法院申请上诉许可,法院认为具有合理理由并符合上诉条件的,才启动正式的二审程序。由于上诉许可制限制了上诉权,我们应在法官告知义务、律师有效辩护和检察官抗诉等方面充分保障被告人的权利。上诉理由包括定罪、量刑问题和无效辩护,上诉审查范围也因权利型或裁量型上诉的不同而分别适用全面审查或"一部上诉"原则。

认罪认罚案件二审实践的逻辑与反思——以 4799 份二审裁判文书为样本
张 青
《环球法律评论》2020 年第 6 期
关键词: 认罪认罚从宽 上诉 抗诉 二审程序
摘要: 通过对相关案件二审裁判文书的实证分析显示,认罪认罚从宽制度在实践中面临适用范围有限、被告人实际获得的"从宽"效果甚微、控审对"认罚"标准的把握形式化以及程序异化与对抗性扩张等现实困境。究其原因,除具有统一性和权威性的实施细则付之阙如、程序从宽不足加剧对实体从宽的"正向制约"效应、认罪协商不充分等规范与程序本身的局限外,还受到刑事实体法上以自由刑为中心的刑罚结构的限制。认罪认罚从宽制度应从以下两方面进一步完善:一方面,在规范层面亟需由"两高三部"出台更具操作性的实施细则;另一方面,需立足中国司法语境并适当结合域外经验,从厘清认罪认罚从宽适用案件范围与程序羁束力、确保控辩协商的充分性和实体从宽之实现等方面加以系统化重塑。

认罪认罚案件上诉问题探讨
肖沛权
《政法论坛》2021 年第 2 期
关键词: 认罪认罚 价值平衡 重点审查原则 上诉不加刑 技术性抗诉
摘要: 认罪认罚案件上诉权的设置存在多元价值冲突的情形,基于公正价值与效率价值的平衡需要,应当明确赋予认罪认罚案件被告人上诉权。在上诉权的设置上,应当对适用速裁程序审理的认罪认罚案件被告人的上诉权进行限制,要求速裁案件被告人上诉必须有正当理由,而认罪认罚案件适用其他程序审理的则无须附加理由。速裁案件被告人上诉的正当理由主要包括:定罪问题,主要包括被告人一审程序中的认罪是非自愿的以及一审判决作出后出现影响定罪的新事实、新证据等,量刑问题以及重大程序违法问题。为保障认罪认罚案件被告人上诉权的行使,应当要求被告人上诉向二审法院提出申请、二审法院对被告人的申请应当迅速及时审查;同时,二审法院在审理案件时应当遵循重点审查原则和上诉不加刑原则;采取措施限制检察机关提起"技术性抗诉"。

第三节 案例精解

余金平案件上诉和抗诉能否适用"上诉不加刑原则"[①]

一、案情简介

2019年6月5日21时许,被告人余金平酒后驾驶白色丰田牌小型普通客车行驶至北京市门头沟区河堤路1公里处时,在行车道内持续向右偏离并进入人行道,车辆前部右侧撞到被害人宋某致其死亡,撞人后余金平驾车逃逸,擦拭车身血迹,回现场观望,之后逃离。另查,被告人余金平案发前系中国中铁股份有限公司总部纪检干部。鉴于余金平自愿认罪认罚,门头沟区人民检察院提出了判三缓四的量刑建议。但门头沟区人民法院经过审理,未予采纳量刑建议。法院认为:余金平肇事后逃逸,意图逃避法律追究,主观恶性较大;鉴于自首,初犯,得到谅解,可酌情从轻处罚;判处余金平交通肇事罪有期徒刑2年。

门头沟区检察院随即抗诉,理由是:检察院提出量刑建议不是属于明显不当,法院应当采纳量刑建议。余金平本人也上诉。二审的北京市一中院认为,案件事实清楚,证据确实、充分,定罪正确,审判程序合法,但认定余金平的行为构成自首并据此对其减轻处罚,以及认定余金平酒后驾驶机动车却并未据此对其从重处罚不当;驳回了检察院的抗诉及余金平的上诉,改判有期徒刑3年半。

二、主要问题

本案如何适用《刑事诉讼法》上诉不加刑的规定?

本案中一审法院判处余金平有期徒刑2年,检察院提出抗诉,认为量刑建议不是属于明显不当,法院应当采纳量刑建议。余金平本人也上诉。二审法院加重被告人的刑罚是否违背上诉不加刑原则?

在回答上述问题之前,我们要对上诉不加刑原则的立法初衷有全面深入的认识。《刑事诉讼法》确立上诉不加刑原则的目的在于保证被告人行使上诉权时,没有被二审加重刑罚的后顾之忧,从而对一审判决不服的,敢于寻求上诉的权利救济。同时,为了保障检察院通过抗诉进行法律监督的职权和保障上诉的自诉人的合法权益,对于检察院抗诉的案件或自诉人及其法定代理人上诉的案件,无论被告人或其法定代理人、辩护人、近亲属是否同时提出上诉,均不受上诉不加刑原则的限制。因此,一般情况下上诉不加刑,但检察院抗诉或自诉人及其

[①] 资料来源:https://www.thepaper.cn/newsDetail_forward_7045444,2021年3月25日访问。

法定代理人上诉的除外。在特定的情况下,如果检察院抗诉的理由是基于被告人一审判决的刑罚过重,二审法院还能否适用上诉不加刑的例外,加重被告人的刑罚?该问题值得探讨。本案被告人提出上诉的理由是认为一审刑罚过重,检察院提出抗诉的理由是一审法院应当采纳量刑建议,据此可知,本案中检察院抗诉的理由也认为一审判刑过重,在这种情况下二审法院加重被告人的刑罚是否合乎立法和法理的初衷?全国人大常委会法制工作委员会关于刑事诉讼法的释义持这样的观点:这里所说的"人民检察院提出抗诉的案件",包括地方各级人民检察院认为本级人民法院第一审的判决确有错误,处刑过轻,提出抗诉的,以及被害人及其法定代理人不服地方各级人民法院第一审的判决,请求人民检察院提出抗诉,人民检察院经审查后提出抗诉的案件。但人民检察院认为第一审判决确有错误,处刑过重而提出抗诉的,第二审人民法院经过审理也不应当加重被告人的刑罚。

同时,本案二审法院加重刑罚的另一重要原因是,二审法院认为余金平的行为不能构成自首,据此,一审对其减轻处罚不当。在一审控辩审各方均认定自首成立、二审检察机关提出抗诉也并无否定自首的情况下,由二审法院在裁判中直接否定这一事实问题的认定,没有给予被告人辩解与修正供述的机会,因此,有学者认为这种裁判有"突袭裁判"之嫌,违背诉讼辩论原则,并且由于二审终审制,被告人对这一实体性权利的救济机会相当于被剥夺了。

第四章 死刑复核程序

第一节 本章观点综述

死刑复核程序,指人民法院对判处死刑的案件报请对死刑有核准权的人民法院审查核准应遵守的步骤、方式和方法,包括对判处死刑立即执行案件和对判处死刑缓期2年执行案件的核准程序。

虽然1979年《刑事诉讼法》规定死刑立即执行的核准权统一由最高人民法院行使,但自1979年以后,有部分死刑案件的核准权被陆续下放给了高级人民法院。这种核准权的下放虽然有利于打击犯罪,但却给死刑的控制和统一适用带来负面影响,降低了冤假错案被纠正的概率。部分死刑核准权下放存在的诸多弊端也因此成为学界和舆论界一直关注的焦点。

庆幸的是,2006年10月31日第十届全国人大常委会第二十四次会议表决通过《全国人民代表大会常务委员会关于修改〈中华人民共和国人民法院组织法〉的决定》,将《人民法院组织法》第13条修改为:"死刑案件除由最高人民法院判决的以外,应当报请最高人民法院核准。"这一决定自2007年1月1日起施行。据此,最高人民法院于2006年12月28日公布了《关于统一行使死刑案件核准权有关问题的决定》(下文简称《决定》)并明确于2007年1月1日起施行。《决定》明确废止了以前最高人民法院所发布的授权地方高级人民法院行使死刑案件核准权的各种规定。同时明确,死刑案件除依法由最高人民法院判决的以外,各高级人民法院和解放军军事法院依法判处和裁定的,应当报请最高人民法院核准。至此,死刑立即执行案件的核准权才真正由作为最高司法机关的最高人民法院统一行使,而死刑缓期二年执行的案件则由高级人民法院判决或核准。

为确保核准死刑案件的质量,2010年6月,最高人民法院、最高人民检察院、公安部、国家安全部和司法部联合发布了《关于办理死刑案件审查判断证据若干问题的规定》。2012年《刑事诉讼法》经历第二次修改,在明确死刑案件核准方式的基础上又增加了死刑复核处理的方式、讯问被告人、听取辩护人意见以及最高人民检察院对死刑核准程序的监督等规定,使死刑复核程序的规定趋于完善。

近年来,我国诉讼法学界有关死刑复核的研究讨论主要集中在以下问题:

为提高死刑复核程序的质量,有学者主张死刑复核程序实行三审制。但也有学者指出,对于是否需要实行三审制的问题上,应该厘清死刑复核程序的审判性质,选择在现有框架内实现死刑复核程序诉讼化改革的路径,而不必进行三审制转变。① 坚持死刑案件在基本事实的证明上达到"唯一性"结论;扩大最高人民法院对死刑复核案件的改判范围,实现公正与效率价值的合理平衡。

在基础理论研究方面,有学者从法制史的视角对我国现行刑事诉讼法规定的死刑复核程序如何完善提出对策,认为清朝秋审是我国古代死刑复核制度较为完备的形态,是中华法系的硕果和法律文明的重要标志。清朝秋审各环节在立法上的完备、详尽对当代死刑复核程序的完善具有重要的借鉴价值。②

近年来为提高死刑办案质量,死刑复核全面审查原则被进一步强化。但有学者指出,全面审查原则在确保死刑案件办案质量方面的作用下滑。这与证据裁判的确立、控辩双方的参与有关。全面审查原则带来刑事诉讼程序重心上移,也使得最高人民法院不堪重负,增加其政治风险。建议将死刑复核全面审查改造为重点审查。③ 还有学者针对死刑复核权回收前后的犯罪率进行实证分析发现,最高人民法院收回死刑复核权导致我国的死刑实际执行数量明显减少。死刑政策的限缩并未导致犯罪率上升,保留死刑可以有效控制犯罪的迷信应当破除。④

在死刑复核与辩护权的问题上,死刑核准权收归最高人民法院统一行使以来,律师在该程序中发挥着越来越重要的作用,律师介入死刑复核程序主要是通过提交新的事实和证据、提交法律意见、向最高人民检察院申诉等方式。有学者指出,律师也面临着参与不足、辩护权保障不到位、提交意见得不到有效回应等问题。⑤ 还有学者发现,在最高人民法院的死刑复核程序中,大部分被告人没有获得律师辩护,死刑复核程序中律师的辩护人地位没有被认可,律师行使辩护权步履维艰。至于问题的成因,有学者认为司法惯性、对死刑数量过分敏感的神秘主义观、司法资源配置相对不足、死刑复核程序的审判属性尚未得到全面的认可是主要原因。解决这些问题,需要改进死刑复核程序的构造,完善刑事法律援助制度,提供全覆盖的刑事辩护法律援助⑥,保证援助律师高质量的有效介入,充分保障律师的各项辩护权,明确规定辩护律师享有的具体权利,强化检察机关在死刑复核监督中对律师发表辩护意见的程序保障。

---

① 陈光中、唐露露:《我国死刑复核程序之完善刍议》,载《法学杂志》2020年第2期。
② 何慧:《我国死刑复核制度之完善研究——以清朝秋审为视角》,载《法学杂志》2019年第9期。
③ 高通:《最高人民法院死刑复核全面审查原则再检视》,载《法学家》2017年第3期。
④ 吴雨豪:《死刑威慑力实证研究——基于死刑复核权收回前后犯罪率的分析》,载《法商研究》2018年第4期。
⑤ 叶青、王小光:《律师有效参与死刑复核程序研究》,载《比较法研究》2017年第2期。
⑥ 陈光中、张益南:《推进刑事辩护法律援助全覆盖问题之探讨》,载《法学杂志》2018年第3期。

第二节 核心期刊论文摘要

我国死刑复核程序之完善刍议

陈光中 唐露露

《法学杂志》2020 年第 2 期

关键词：死刑复核程序 改革模式 法律援助辩护 唯一性 改判范围

摘要：死刑复核程序是为了保障死刑案件质量而设置的特别审判程序，具有鲜明的中国特色。为最大化发挥死刑复核程序的公正司法、防错纠错、保障人权的功能，贯彻落实"保留死刑，严格控制和慎用死刑"的死刑政策，死刑复核程序应当着力加以完善：第一，厘定死刑复核程序的审判性质，选择在现有框架内实现死刑复核程序诉讼化改革的路径，而不必进行三审制转变；第二，加快将法律援助辩护全覆盖至死刑复核程序，充分保障死刑被告人的辩护权；第三，坚持死刑案件在基本事实的证明上达到"唯一性"结论；第四，扩大最高人民法院对死刑复核案件的改判范围，实现公正与效率价值的合理平衡。

我国死刑复核制度之完善研究——以清朝秋审为视角

何慧

《法学杂志》2019 年第 9 期

关键词：死刑复核制度 立法制度 秋审 历史借鉴

摘要：我国现行死刑复核程序是我国法治进步和法治文明发展的体现。但运行十二年来，在立法和司法实践中依然存在不足。清朝秋审是我国古代死刑复核制度较为完备的形态，是中华法系的硕果和法律文明的重要标志。清朝秋审各环节在立法上的完备、详尽对当代死刑复核程序的完善具有重要的借鉴价值。

死刑威慑力实证研究——基于死刑复核权收回前后犯罪率的分析

吴雨豪

《法商研究》2018 年第 4 期

关键词：死刑 死刑复核权 刑罚威慑力 准实验设计 残忍化效应

摘要：死刑是否具有威慑力是死刑存废争论中的核心议题。对死刑威慑力的实证研究存在反向因果和遗漏变量两个难题，因此需要引入"准实验设计"方法。2007 年最高人民法院收回死刑复核权导致我国的死刑实际执行数量明显减少。通过比较死刑复核权收回前后的犯罪率数据，运用时间序列和面板数据回归方法可以发现，死刑政策的限缩并未导致犯罪率上升，因此有效地质疑了死刑具有威慑力的观点。在犯罪学理论上,对理性犯罪人假说的质疑,犯罪人的主观刑罚感知与客观刑罚执行状态的鸿沟,死刑相对于最严厉自由刑有限的边际效用,刑罚威慑力产生的立体维度以及死刑所具有的"残忍化效应"都有效解释了死刑威慑力难以存在的原因。保留死刑可以有效控制犯罪的迷信应当破除。

最高人民法院死刑复核全面审查原则再检视
高　通
《法学家》2017年第3期
关键词: 死刑复核程序　全面审查　死刑案件办案质量　重点审查
摘要: 为确保司法监督的有效性,死刑复核程序确立全面审查原则。近年来为了提高死刑办案质量,死刑复核全面审查原则被进一步强化。但从死刑复核实践中不核准率下降以及不核准事由越来越集中于死刑适用不当来看,全面审查原则在确保死刑案件办案质量方面的作用下滑。这与证据裁判的确立、控辩双方的参与有关。全面审查原则对刑事司法程序和刑事司法结构的冲击逐渐凸显,如全面审查原则带来刑事诉讼程序重心上移,也使得最高人民法院不堪重负,增加最高人民法院的政治风险。我们可以借鉴有限审查的做法,将死刑复核全面审查改造为重点审查。

律师有效参与死刑复核程序研究
叶　青　王小光
《比较法研究》2017年第2期
关键词: 死刑复核　律师参与　法律意见　说理　法律援助
摘要: 死刑核准权收归最高人民法院统一行使以来,律师在该程序中发挥着越来越重要的作用,律师通过提交新的事实和证据、提交法律意见、向最高人民检察院申诉等方式,积极介入死刑复核程序,保障被告人合法权益。但是律师在死刑复核程序中也面临着参与不足、辩护权保障不到位、提交意见得不到有效回应等问题,要解决这些问题,需要进一步改进死刑复核程序的构造,完善刑事法律援助制度,充分保障律师的各项辩护权。

推进刑事辩护法律援助全覆盖问题之探讨
陈光中　张益南
《法学杂志》2018年第3期
关键词: 刑事辩护　法律援助　全覆盖　死刑复核
摘要: 刑事辩护法律援助制度是刑事司法体制的重要内容,对人权保障具有重要意义。十八大以来刑事辩护法律援助有新发展,正在进行的刑事辩护全覆盖试点工作具有一定突破性,但仍感力度不足,有待进一步加以完善。应当考虑将刑事辩护援助扩大至适用简易程序审理中可能判处3年有期徒刑以上的案件;加强法律援助的资金保障、创新刑事辩护法律援助模式并完善援助质量监督体系。同时,鉴于人命关天,在死刑复核程序中必须为被告人提供全覆盖的刑事辩护法律援助,而且必须保证援助律师高质量的有效介入。

第三节 案例精解

王书金强奸、故意杀人案死刑复核问题研究[①]

一、案情简介

2020年底,邯郸市中级人民法院受最高人民法院委托,向被告人王书金送达了最高人民法院刑事裁定书。最高人民法院裁定认为,邯郸市中级人民法院第一审判决和河北省高级人民法院第二审裁定认定被告人王书金强奸并杀害被害人刘某某、张某甲、强奸被害人贾某某后杀害未遂的犯罪事实清楚,证据确实、充分,定罪准确,审判程序合法。

在复核期间,第一审判决、第二审裁定不予认定被告人王书金涉嫌实施强奸、杀害被害人张某乙的犯罪事实出现了新证据,需要对该起犯罪进行重新审理和判决。

经最高人民法院审判委员会刑事审判专业委员会讨论决定:不核准河北省高级人民法院维持第一审以故意杀人罪、强奸罪判处被告人王书金死刑,剥夺政治权利终身的刑事裁定;撤销河北省高级人民法院第二审裁定和邯郸市中级人民法院第一审判决,发回邯郸市中级人民法院重新审判。

11月20日重审开庭时提交的新证据证实,当年王书金向警方指认的尸骨DNA鉴定结果确定为张某乙,因此可以认定王书金为杀害张某乙的凶手。但在庭上,法院仍旧没有认定王书金为杀害康某花("聂树斌案"受害者)的凶手。公诉方认为,该案除王书金的供述外,无其他证据,王书金供述被害人所穿衣物与实际不符。案发时王书金就在案发附近打工,尸体被发现的时候有很多人围观,王书金也有可能在现场,也存在康某花遇害时,王书金在现场的可能,所以其供述将该案揽在自己身上。12月22日,王书金案重审案二审宣判,其犯故意杀人罪和强奸罪判处死刑。次年2月2日,经最高人民法院核准并下达执行死刑命令,邯郸市中级人民法院对王书金执行了死刑。

---

① 资料来源:https://www.scxsls.com/knowledge/detail? id=147634,2021年12月10日访问。

二、主要问题

最高人民法院对王书金案进行死刑复核,为何没有认定王书金是聂树斌案的真凶?

我国刑事诉讼法规定,对刑事案件的判处要重证据,重调查研究,不轻信口供。只有被告人供述,没有其他证据的,不能认定被告人有罪和处以刑罚;没有被告人供述,证据确实、充分的,可以认定被告人有罪和处以刑罚。本案中,被告人王书金归案后主动供述其实施了6起强奸、故意杀人案件,其中包括强奸、故意杀害康某花(聂树斌案的被害人)。公安机关进行侦查后,只认定了王书金的4起强奸、杀人案件,并移送检察机关审查起诉;公诉机关依职权进行审查后,认为上述4起案件犯罪事实清楚,证据确实、充分,符合起诉条件,遂依法提起公诉。经邯郸市中级人民法院、河北省高级人民法院两次一审、二审,认定了起诉书指控的王书金的4起犯罪事实,并经最高人民法院复核予以确认。关于王书金供述的另外2起强奸、故意杀人案件,经公安机关核查和检察机关审查,均认为不能成立,公安机关不予认定,公诉机关不予指控。人民法院审理公诉案件,应当根据公诉机关指控的犯罪事实进行审理,本案中,法院对起诉书没有指控的王书金供述的另外2起案件依法不予认定,符合法律规定。这充分体现了即使在平反冤假错案的过程中,死刑复核程序也必须遵循"疑罪从无"和"证据裁判"的原则,不能形成"非此即彼"的思维定式,否则,一旦认为王书金就是聂树斌案的真凶,今后如果又出现第二个自称是真凶的"王书金",则司法公信力将丧失殆尽。

第五章 审判监督程序

第一节 本章观点综述

审判监督程序作为人民法院、人民检察院对已经发生法律效力的判决和裁定,在发现认定事实或适用法律上确有错误时,依法提起并对案件进行重新审判的程序,在依法纠正已经发生法律效力的错误判决、裁定以及准确有效地惩罚犯罪分子方面发挥着重要作用。最高人民法院对地方各级人民法院,上级人民法院对下级人民法院以及人民检察院对人民法院审判工作的监督,使得审判机关能够及时发现审判中存在的问题,改进审判工作方法和作风,提高审判人员的素质并且加强人民群众对审判工作的监督。聂树斌案件的再审,是近年来我国刑事司法备受社会关注的一大案件。聂案再审的无罪判决,表明了人民法院坚持有错必纠、有冤必申的态度;它向各类、各级司法机关传递了严格司法、规范办案的要求;它全面落实了证据裁判原则;它彰显了程序公正理念。[1] 然而,刑事再审程序作为刑事诉讼领域中的特殊救济程序,在实践中运行不畅,我国现行刑事再审程序在制度设计方面还存在不少值得研究的问题。

在我国刑事诉讼中,无辜者一旦被公检法机关错误认定为有罪,往往很难获得有效救济。媒体曝出的许多刑事冤假错案往往是通过"真凶再现""亡者归来"得以发现,冤案难以获得救济。这暴露出刑事审判的纠正功能存在滞后的现象。有必要对我国的刑事误判启动机制、发现机制、认定标准、纠正机制等问题进行深入分析。

我国刑事审判监督程序的启动极其困难。从性质上看,申请再审权属于诉讼权利,且不同于上诉等基础性程序异议权,是一种非常异议权。该属性与既判力原理、再审程序补救功能具有高度的匹配性,应当以此为法理基础重述再审制度构建原理。[2] 从诉讼构造的因素分析,我国公检法三机关诉讼地位不合理,在侦查、起诉、审判分段式诉讼中,后一道程序对前一道程序制约不足,法院审判很难纠正侦查、起诉阶段的错误。[3] 从内部考核机制的因素分析,公安司法机关绩

---

[1] 胡云腾:《聂树斌案再审:由来、问题与意义》,载《中国法学》2017 年第 4 期。
[2] 吴英姿:《"再审之诉"的理论悖论与实践困境——申请再审权性质重述》,载《法学家》2018 年第 3 期。
[3] 陈永生:《冤案为何难以获得救济》,载《法学论坛》2017 年第 1 期。

效考核指标设置不合理,导致侦查、起诉、审判三机关都片面追求证明有罪。从司法机关自我纠错的立场分析,《国家赔偿法》对赔偿义务机关的规定不合理,导致办案机关为逃避赔偿义务而拒绝纠正错案。从审判监督程序的价值功能分析,我国现行刑事审判监督程序由于缺乏禁止双重危险原则的指导,存在启动审判监督程序困难等诸多困境,导致再审的价值功能难以实现。[①] 确立禁止双重危险原则是我国刑事诉讼发展的必然。[②] 按照禁止双重危险原则的精神内核,重构启动刑事审判监督程序的制度设计,才能实现再审程序目的。审判监督的案件范围往往针对那些在认定事实或适用法律上确有错误造成的"有罪错判无罪",或者"无罪误判有罪"的案件,在司法机关依法判决无罪或纠正的错案中,有一部分案件是根据"疑罪从无"原则判决被告人无罪的。但是此种无罪判决并没有使被告人真正获得清白,其仍然戴着"疑罪"的帽子,甚至会受到重新追诉。对于此类案件,一旦发现真凶或确有证据足以排除被告人的作案嫌疑,即使之前已经获判无罪,也应当启动再审程序,对原审或再审被告人彻底改判无罪,还"疑罪"者以清白。[③]

要解决冤案难以获得救济的问题,必须对我国刑事司法的相关体制与程序进行系统重构。完善我国的刑事错案救济机制除了更新司法理念和改革完善相关的程序制度外,更为重要的是应该在错案发现环节上,建立独立的机构并重视科技手段的运用和民间力量的参与。应赋予那些被生效裁判确定有罪者一些必要的权利,明确刑事误判的认定标准,改变"以自我纠错为中心"的刑事再审体制。也有学者主张构建中国式刑事申诉听证制度,明确听证会原则、特征与规则等基本问题。[④] 此外,应当专门设立在审理法院、当事人及其他参与人、审理方式、审理内容、裁判依据等方面既不同于一审程序也不同于二审程序的特别再审程序。[⑤] 应当出台专门的申诉制度运行规范,对申诉案件的受理适用立案登记制,进一步完善律师代理申诉制度和法律援助制度,在处理申诉案件过程中做好裁判文书说理的工作。[⑥]

推动再审案件庭审实质化,需根据查明争议事实的需要适度扩大证据调查的范围,要求再审案件中的证人、鉴定人等出庭作证,合理界定和使用"新证据"。对于再审案件审判适用最高人民法院"三项规程"的问题,应注意充分利用制度资

---

① 卞建林、桂梦美:《启动刑事审判监督程序的困境与出路》,载《法学》2016年第4期。
② 李玉华:《从念斌案看禁止双重危险原则在我国的确立》,载《法学杂志》2016年第1期。
③ 顾永忠、胡婧:《"疑罪从无"判决的再审》,载《法学》2016年第9期。
④ 陈卫东、赵恒:《刑事申诉听证制度研究》,载《法学杂志》2016年第1期。
⑤ 顾永忠:《关于刑事冤案再审程序的几个问题——以刑事冤案应当专设再审程序为研究重点》,载《法学杂志》2016年第1期。
⑥ 周新:《刑事申诉制度规范化研究》,载《政法论坛》2017年第2期。

源,同时区分不同的情况予以处理。应通过修法和完善司法解释建立更为独立的再审程序,改变再审案件的审判方式,调整、充实审判程序尤其是证据调查程序。①

第二节　核心期刊论文摘要

"再审之诉"的理论悖论与实践困境——申请再审权性质重述
吴英姿
《法学家》2018 年第 3 期
关键词:再审之诉　申请再审权　程序异议权　审判监督程序　指导案例第 7 号
摘要:对审判监督程序进行"诉权化改造",构建民事"再审之诉"的观点在理论与实务界获得了高度的共识。但是,再审之诉所隐含的理论悖论没有得到正视;经历两度修改的审判监督程序在实践中并没有达到修法预期,依旧深陷再审难与再审滥的泥潭。与诉权的绝对性、不能附加条件的基本权利属性不同,申请再审权在性质上属于诉讼权利,且不同于上诉等基础性程序异议权,是一种非常异议权。该属性与既判力原理、再审程序补救功能具有高度的匹配性,应当以此为法理基础重述再审制度构建原理。

聂树斌案再审:由来、问题与意义
胡云腾
《中国法学》2017 年第 4 期
关键词:聂树斌案　程序公正　证据裁判　疑罪从无
摘要:聂树斌案再审是 2016 年中国司法领域最受社会关注的法治事件。第二巡回法庭在再审该案时面临一系列棘手的问题:如何确定该案的审理范围,审判适用何时的程序法律,案件是否公开开庭审理,本案是疑案还是冤案等。根据法律规定和再审程序的性质,合议庭认为聂树斌案再审中只审理本案的证据材料、不审理王书金相关供述不影响对案件作出公正裁判;基于有利于被告的原则,在法律选择上适用新刑事诉讼法;根据司法解释的精神且基于聂树斌已经死亡的事实,该案再审中采取了不开庭审理的方式;聂树斌案按照疑罪处理,既符合法律规定,也比较主动、稳妥。该案再审的无罪判决得到了申诉人的认同,也得到了社会的普遍赞许。该案的无罪判决已远远超出一个普通刑事案件判决所要传达的是非、对错标准,它具有里程碑式的意义:它表明了人民法院坚持有错

---

① 龙宗智:《刑事再审案件的审理方式与证据调查——兼论再审案件庭审实质化》,载《法商研究》2019 年第 6 期。

必纠、有冤必申的态度;它向各类、各级司法机关传递了严格司法、规范办案的要求;它全面落实了证据裁判原则;它彰显了程序公正理念。从不同的角度,我们可以读出该案的无罪判决书所传递的丰富法治信息。

刑事申诉听证制度研究
陈卫东　赵　恒
《法学杂志》2016 年第 1 期
关键词:再审程序　刑事申诉　听证制度　独立第三方　公民参与
摘要:聂树斌申诉案听证会的召开对于解决我国申诉立案难、审查行政化等问题有启发性意义。构建中国式刑事申诉听证制度,应当明确听证会原则、特征与规则等基本问题;各方通过辩论、交叉询问等方式充分陈述己方意见是听证会的必然要求,"背靠背"听证方式应当慎行;听证会的启动及主持一般由法院负责,但不排除特殊情形下"独立第三方"的参与;听证人员的选任应当有充分的代表性,拓宽公民参与听证的渠道;还应当健全与之相关的配套制度,如立案登记制度、民意表达制度、专家咨询制度、律师代理与法律援助制度等。

关于刑事冤案再审程序的几个问题——以刑事冤案应当专设再审程序为研究重点
顾永忠
《法学杂志》2016 年第 1 期
关键词:刑事　冤案　再审　程序
摘要:刑事再审案件可以分为两类:一类是刑事难案,其虽因"确有错误"而被提起再审,但再审后仍可能维持原判;另一类是刑事冤案,即再审前已确信原生效裁判确定的"罪犯"事实上是无辜之人,再审只是为了从法律上加以确认。对于后者,司法实践中采用实质上回归原审程序的再审程序进行审判,产生了诸多问题。鉴于此,应当专门设立在审理法院、当事人及其他参与人、审理方式、审理内容、裁判依据等方面既不同于一审程序也不同于二审程序的特别再审程序。

从念斌案看禁止双重危险原则在我国的确立
李玉华
《法学杂志》2016 年第 1 期
关键词:念斌案　禁止双重危险　重复追诉　再审
摘要:念斌案将禁止双重危险问题摆在了公众面前。禁止双重危险是现代法治国家刑事诉讼中普遍确立的一项原则,但在不同国家的贯彻上呈现出不同,具体体现在"第一重危险"和"双重危险"的界定上。确立禁止双重危险原则是我国刑事诉讼发展的必然。英国的一般禁止加例外模式值得我们借鉴,对禁止双重危险例外的讨论具有重要意义。例外情形下的重复追诉与再审需要程序控制与救济。

刑事再审案件的审理方式与证据调查——兼论再审案件庭审实质化

龙宗智

《法商研究》2019 年第 6 期

关键词:刑事再审案件　审判程序　证据调查　庭审实质化

摘要:我国刑事再审案件的审理方式及证据调查呈现出程序多样化、围绕争议点进行、法官主导性增强、举证质证关系趋于灵活等特点。在证据调查过程中存在是仅对争议证据举证质证还是组织证据群展开举证质证,以及是以裁判文书列示的证据为基础还是以诉讼卷宗为基础的矛盾,并由此显现出不同的程序类型。推动再审案件庭审实质化,需根据查明争议事实的需要适度扩大证据调查的范围,要求再审案件中的证人、鉴定人等出庭作证,合理界定和使用"新证据"。对于再审案件审判适用最高人民法院"三项规程"的问题,应注意充分利用制度资源,同时区分不同的情况予以处理。应通过修法和完善司法解释建立更为独立的再审程序,改变再审案件的审判方式,调整、充实审判程序尤其是证据调查程序。

刑事再审启动程序的理论反思——以冤假错案的司法治理为中心

殷　闻

《政法论坛》2020 年第 2 期

关键词:再审启动　冤假错案　及时纠正　司法治理　构造均衡

摘要:冤假错案频发及其相应的司法应对,是描绘我国刑事再审制度实践样态的微观样本。健全冤假错案的及时纠正机制,首要在于刑事再审制度发挥预期功效。刑事司法场域之中,裁判正当性与再审程序实证数据的关联分析表明,我国冤错案件纠正仍缺乏有效的制度路径。部分冤假错案最终得以纠正,无法掩盖再审程序形式化运作的弊病,成功提起再审的案件多取决于偶然事件和法外因素的共同作用。为了确保再审程序之于治理冤错案件的核心地位,避免程序形式化运作致使纠错机制效果不彰,亟需明确再审启动程序"补充性""救济性""衡平性"的本质定位。在此基础上,以案件社会结构理论作为指引,强化再审诉讼构造的实质均衡,藉此提升再审启动审查的有效性,使得启动再审的衡量因素回归事实与法律本身,最大程度消解社会地位差异对于再审案件公正处理的不利影响。

刑事申诉制度规范化研究

周　新

《政法论坛》2017年第2期

关键词：刑事申诉　申诉审查　立案登记　申诉听证

摘要：目前关于刑事申诉制度的研究多体现宏观式的分析，缺乏微观层面的探究。立法上刑事申诉相关法律文本规定过于模糊，虽有相对细致的审查规范但缺乏公开性，司法实践中刑事申诉仍存在申诉途径单一、立案标准较高并且自由裁量权过大、法定结果说理性不足等问题。因此未来应当出台专门的申诉制度运行规范，对申诉案件的受理适用立案登记制，进一步完善律师代理申诉制度和法律援助制度，在处理申诉案件过程中做好裁判文书说理的工作。此外，申诉听证制度的构建也是推动申诉规范化的必由之路。

冤案为何难以获得救济

陈永生

《法学论坛》2017年第1期

关键词：冤案　救济　再审　无罪率

摘要：在我国刑事诉讼中，无辜者一旦被公检法机关错误认定为有罪，往往很难获得有效救济。造成这一问题的直接原因有两点：一是审判监督程序的启动极其困难；二是法院审判很难纠正侦查、起诉阶段的错误。造成这一问题的深层原因有六点：一是公检法三机关诉讼地位不合理，侦查、起诉、审判三阶段的纵向结构严重扭曲；二是地方党政部门介入具体案件的处理，削弱甚至取消了刑事诉讼的内在制约机制；三是对申诉再审的审判与审查机关规定不合理，导致当事人申诉很难启动再审程序；四是《国家赔偿法》对赔偿义务机关的规定不合理，导致办案机关为逃避赔偿义务而拒绝纠正错案；五是公安司法机关绩效考核指标设置不合理，导致侦查、起诉、审判三机关都片面追求证明有罪。要解决冤案难以获得救济的问题，必须对我国刑事司法的相关体制与程序进行系统重构。

"疑罪从无"判决的再审

顾永忠　胡　婧

《法学》2016年第9期

关键词：疑罪从无　纠正错案　再审程序

摘要：在司法机关依法判决无罪或纠正的错案中，有一部分案件是根据"疑罪从无"原则判决被告人无罪的。但是此种无罪判决并没有使被告人真正获得清白，其仍然戴着"疑罪"的帽子，甚至会受到重新追诉。对于此类案件，一旦发现真凶或确有证据足以排除被告人的作案嫌疑，即使之前已经获判无罪，也应当启动再审程序,对原审或再审被告人彻底改判无罪,还"疑罪"者以清白。

启动刑事审判监督程序的困境与出路

卞建林　桂梦美

《法学》2016 年第 4 期

关键词: 刑事审判监督程序　禁止双重危险原则　困境　出路

摘要: 我国现行刑事审判监督程序由于缺乏禁止双重危险原则的指导而存在启动审判监督程序困难等诸多困境,导致再审的价值功能难以实现,究其原因在于立法上没有真正树立现代刑事诉讼人权保障理念以及多元的刑事诉讼价值。结合 2012 年《刑事诉讼法》与有关司法解释,按照禁止双重危险原则的精神内核,重构启动刑事审判监督程序的制度设计,以期找到实现再审程序目的与提高诉讼效益的出路,增强司法公信力。

第三节　案例精解

存疑刑事案件应否启动再审问题
——张玉环故意杀人案[①]

一、案情介绍

1993 年 10 月 24 日,江西省南昌市进贤县凰岭乡张家村,年仅 6 岁的张某 1 和 4 岁的张某 2 忽然失踪。次日,二人被发现死在附近的下马塘水库内。几天后,警方锁定时年 26 岁的同村人张玉环为嫌凶。

1995 年 1 月 26 日,南昌市中级人民法院作出(1994)中刑初字第 74 号刑事判决,以故意杀人罪判处张玉环死刑,缓期二年执行,剥夺政治权利终身。宣判后,被告人张玉环提出上诉。

1995 年 3 月 30 日,江西省高级人民法院作出(1995)赣刑终字第 89 号刑事裁定,撤销原判,发回重审。2001 年 11 月 7 日,南昌市中级人民法院作出(2001)洪刑一初字第 125 号刑事判决,以故意杀人罪判处张玉环死刑,缓期二年执行,剥夺政治权利终身。宣判后,张玉环再次提出上诉。

2001 年 11 月 28 日,江西省高级人民法院作出(2001)赣刑一终字第 375 号刑事裁定,驳回上诉,维持并核准原判。裁判发生法律效力后,张玉环多次提出申诉,2017 年 8 月 22 日,张玉环再次向江西省高级人民法院提交刑事申诉书。

[①] 资料来源:http://www.xinhuanet.com/politics/2020－08/07/c_1126335757.htm,2021 年 12 月 10 日访问。

2019年3月1日,江西省高级人民法院作出(2018)赣刑申27号再审决定书,决定依法另行组成合议庭对本案进行再审。

2020年8月4日,江西省高级人民法院作出(2019)赣刑再3号刑事判决书,认为原审据以定案的证据没有达到确实、充分的法定证明标准,认定张玉环犯故意杀人罪的事实不清、证据不足,按照疑罪从无的原则,不能认定张玉环有罪。判决撤销江西省高级人民法院(2001)赣刑一终字第375号刑事裁定和南昌市中级人民法院(2001)洪刑一初字第125号刑事判决,原审被告人张玉环无罪。

二、争议观点

党的十八大以前,我国冤错案件的表现形式主要是"亡者归来"或"真凶再现",而党的十八大以后,"真凶再现""亡者归来"的案件明显减少,"疑罪从无"改判无罪的案件明显增加。"真凶再现""亡者归来"类案件启动再审逻辑比较直接,即原审裁判"确有错误"。根据我国《刑事诉讼法》第254条的规定,检察院提起再审抗诉和人民法院自行启动再审的条件是"原审生效裁判确有错误"。而关于因申诉而重新审判的情形条件,虽然《刑事诉讼法》第253条从事实、证据、法律适用、诉讼程序等方面作了列举,但鉴于申诉案件往往已经经过多级裁判,过往实践中其重点常常仍是原审裁判"确有错误"。但与"真凶再现""亡者归来"类案件启动再审的逻辑不同,"疑罪从无"类案件可能难以认定原审生效裁判是否"确有错误",对其启动再审需要兼顾法律的公正性与法律的安定性的问题:一方面,有错必纠,才能体现法律的公正性,才能有效保护法益;另一方面,裁判的既判力和裁判的权威也是应当重视的价值,因为法律关系的稳定性也是法治的重要条件。简而言之,是"有错才纠",还是"有疑即纠"? 对此学界及实务界有不同观点:一种观点认为,再审审查程序不能适用有疑问即纠正的原则,因为刑事诉讼程序已作出判决,若轻易再审,依据确定判决既判力而产生的法的安定性就会因此而遭到破坏,所以再审只限于判决确有错误或无罪可能性很高的情形;另一种意见认为,再审程序仍应适用有疑问时利益归于被告人的原则。

两种观点所持立场不同,前者更注重法的安定性,后者更加关注权利的保障。过去,我国刑事再审长期以来倾向于采取保守立场,即如果没有出现无可辩驳的新证据,或因审查原证据构造,以及出现新证据,未能发现该案存在无罪或罪轻的很大可能性,即不发动再审。因此,刑事再审启动难、改判难的问题普遍存在,但这已不符合当下的刑事司法发展趋势。简单来说,以《宪法》为核心构建的保障人权原则已愈来愈成为社会的普遍共识,而保障人权又是再审制度的重要功能之一,若否定保障人权的价值实质上也在一定程度上否定了再审制度本身的价值。另外,再审制度是司法公正的最后一道防线,如以司法安定性为由不有效发挥这一功能,导致公民有冤无处伸张,则司法公正乃至社会公正的底线就难以维系,这反而破坏了司法安定性的基础。有鉴于此,存疑刑事案件启动再审是合理的,"有疑即纠"并无不妥。

  本案中,并未出现"亡者归来"或"真凶再现"等能够证明原审裁判确有错误的情况或证据,但江西省高级人民法院仍基于张玉环申诉及案件已有的事实和证据情况决定再审。最终认定原审被告人张玉环的有罪供述真实性存疑,依法不能作为定案的根据;除张玉环有罪供述外,没有直接证据证明张玉环实施了犯罪行为,间接证据亦不能形成完整锁链,按照疑罪从无的原则,改判张玉环无罪。《2020年最高人民法院工作报告》指出:2020年,各级法院坚持罪刑法定、疑罪从无、证据裁判,依法宣告656名公诉案件被告人和384名自诉案件被告人无罪;坚持实事求是、有错必纠,按照审判监督程序再审改判刑事案件1818件,江西、云南法院分别再审改判张玉环、何学光无罪。这是对存疑刑事案件应否启动再审问题的积极回应,也反映了我国刑事司法的长足进步。

第六章 本编参考书目

李本森:《刑事速裁程序研究》,中国政法大学出版社2020年版。
陈子楠:《刑事庭前会议制度研究》,中国人民公安大学出版社2020年版。
左卫民:《简易刑事程序研究(第二版)》,法律出版社2020年版。
徐昕、肖之娥:《庭前会议指引:法理、规则与案例(第二版)》,法律出版社2020年版。
于增尊:《刑事诉讼期限制度研究》,中国政法大学出版社2020年版。
李文军:《刑事庭审调查改革的理论与实践》,社会科学文献出版社2020年版。
李扬:《未成年被告人诉讼权益保障及辩护实务》,法律出版社2019年版。
潘金贵等:《刑事庭审质证规则研究》,中国检察出版社2019年版。
曹士兵主编:《互联网纠纷案件裁判规则》,法律出版社2019年版。
胡婧:《刑事审判程序分流研究》,中国社会科学出版社2019年版。
索宏钢主编:《再审疑难案件法官评述》,人民法院出版社2019年版。
程相鹏:《刑事再审程序专论》,中国政法大学出版社2018年版。
顾永忠等:《刑事诉讼程序分流的国际趋势与中国实践》,方志出版社2018年版。
步洋洋:《刑事庭审实质化路径研究》,法律出版社2018年版。
邓陕峡:《我国刑事庭前会议的实证研究与理论阐释》,中国政法大学出版社2017年版。
卞建林、杨宇冠主编:《刑事诉讼庭前会议制度研究》,中国政法大学出版社2017年版。
詹俊辉:《刑事被告人对质权研究——以证人出庭作证为视角》,吉林大学出版社2017年版。
孙谦主编:《刑事审判制度:外国刑事诉讼法有关规定》,中国检察出版社2017年版。
范登峰:《刑事庭审研究》,法律出版社2017年版。
汤景桢:《刑事庭前程序研究》,上海人民出版社2016年版。
郭彦主编:《理性实践规则:刑事庭审实质化改革的成都样本》,人民法院出版社2016年版。

刘晶:《刑事庭前程序研究》,中国社会科学出版社 2016 年版。

祁亚平:《刑事庭审之事实认定的本质、局限以及罪案评价研究》,法律出版社 2016 年版。

林铁军:《刑事诉讼中法院职权调查问题研究》,法律出版社 2016 年版。

董淑君:《刑事错判研究》,中国政法大学出版社 2016 年版。

第四编　特别程序与刑事执行程序

第一章　刑事执行程序

第一节　本章观点综述

刑事执行程序规定在《刑事诉讼法》第四编中,共涉及18个法律条文。学界对于刑事执行程序的研究程度不如其他刑事诉讼制度,一是由于刑事执行程序法律条文呈现出操作性强、理论性弱的特点;二是与民事诉讼执行突出的"执行难"问题相比,刑事诉讼执行阶段未呈现出突出的问题,但这并不意味着我国刑事执行程序已完美无缺。检索近5年法学学科核心期刊目录收集的论文,学者主要就刑事执行的如下问题进行研究。

一、刑事执行的监督检察

刑事执行的监督检察,也称刑事执行检察,是指检察机关对刑罚执行、刑事强制措施执行和强制医疗执行活动是否合法实行的法律监督。从新中国成立以来执行检察就作为检察机关的传统业务,由于监督的主要对象为监管场所,所以也称为监所检察。学者对刑事执行检察进行微观层面的研究,主要是刑事执行检察工作模式的开展。办事模式和办案模式是两种基本的工作模式,二者形式上的区别就是检察机关对于具体刑事执行检察业务是当作办理事情还是当作办理案件来完成。办事模式程序相对简便,监督事项简单,对证据的收集固定和运用要求不高。而办案模式需要刑事执行检察人员通过审查有关法律文书等案卷材料和刑事执行监管记录,开展必要的调查,收集固定和运用证据查明有关事实,确定刑事执行活动是否合法,以及是否需要追究相关执行人员的责任,依法制发纠正违法通知书、检察建议书和检察意见书等法律文书。有学者认为,基于检察机关的宪法定位和检察监督相关立法规定精神,应采用办案模式为主的工作模式。① 对于检察监督办案模式的建构,应准确把握新形势下强化刑事执行检察办案的基本要求,建立健全日常监督与案件办理的衔接机制、刑事执行检察办案证据规则和证明体系等。也有学者对刑事执行检察进行宏观层面的研究,如对监狱检察的模式的研究。② 目前而言,监狱检察包括三种模式。一是传统的监狱检察实践,即检察机关向监狱派出常驻检察人员,对监狱刑罚执行和监管改造活动进行检察的"派驻检察"模式;二是由改革方案提出的,由监狱检察人员对监狱进行定期或不定期的巡回检察,代表检察机关对监狱执行《刑事诉讼法》《监狱法》等法律规定情况、刑罚执行和监管改造活动是否合法进行检察,即"巡回检察"模式;三是实践中正在运行的,将传统做法与改革试验结合起来,对同一个监狱既派驻检察,也巡回检察,即"派驻＋巡回"模式。三种模式在司法的时间维度上并非截然区分,也有各自不同的价值和存在的正当性基础。在新一轮的监狱检察改革实践中,既有顶层设计者先行制定试点方案选择部分地区开展改革试验,也有试点地区的司法机关在试点方案的基础上超越原方案的实践选择,还有顶层设计者对有所突破的实践做法与经验的认可与采纳,最终在立法留有空间的规范中实现了制度的变革与完善。

二、刑罚执行一体化

"完善刑罚执行制度,统一刑罚执行体制"系由2014年10月23日中国共产党第十八届中央委员会第四次全体会议通过的《中共中央关于全面推进依法治国若干重大问题的决定》作出的重要战略部署。目前而言,我国刑罚执行的主体呈现多元和分散的状态,刑事执行法独立性有限,行刑机构分散重叠,造成资源浪费,成效低下,监狱行刑与外部有关部门衔接不够顺畅,监狱刑罚执行机制不完善,狱外有关方面支持力度不够。③ 刑罚统一执行体制的建立首要问题是主体的统一。要解决这个问题,重点在于执行权力的重整和执行机构的重组。刑罚执行一体化改革将带来公安机关破案率降低、财产刑执行难度增大、监狱押犯数量增多等执法风险。④ 然改革之路必然有风险和困境,应该坚持刑罚执行一体化改革,从而克服现行分散型刑罚执行的弊端。

---

① 王守安:《论刑事执行检察办案模式》,载《人民检察》2018年第19期。
② 李奋飞、王怡然:《监狱检察的三种模式》,载《国家检察官学院学报》2019年第3期。
③ 贾洛川:《统一刑罚执行体制视域下完善监狱刑罚执行体系的若干思考》,载《政法论丛》2017年第1期。
④ 宗会霞:《刑罚执行一体化的基本步骤与风险应对》,载《政治与法律》2018年第4期。

三、死刑与终身监禁

刑事执行中死刑的废除在国际范围内的发展进程较为迅速,随着社会治安的稳定、恶性犯罪数量减少、人道主义的推动等各种因素影响,我国刑法也逐步废除了一些罪名的死刑。从世界范围来看,美国将终身监禁的设立作为减少死刑的必要措施,我国《刑法修正案(九)》首次在贪污贿赂罪中设立了终身监禁制度。对此,有学者反对将终身监禁作为死刑的替代措施,理由在于终身监禁催生了罪犯的绝望心理,使得监狱考核机制失效,加重了监狱负担。[1] 笔者认为,《刑法修正案(九)》针对贪污贿赂罪设置了终身监禁刑,这是一种较为折中的执行办法。

四、社区矫正立法

2019年12月28日第十三届全国人民代表大会常务委员会第十五次会议通过并于2020年7月1日实施的《中华人民共和国社区矫正法》(以下简称《社区矫正法》)是为推进和规范社区矫正工作,保障刑事判决、刑事裁定和暂予监外执行决定的正确执行,提高教育矫正质量,促进社区矫正对象顺利融入社会,预防和减少犯罪,根据宪法而制定的法律。2003年,社区矫正在北京等部分省市展开试点工作;2009年起,社区矫正在全国试行;2011年,社区矫正作为一种非监禁刑罚执行方式正式写入《刑法》;2019年,《社区矫正法》正式通过,2020年实施。社区矫正立法在我国的酝酿筹备历程长达16年之久。有学者认为,这对于我国及国际社会的社区矫正具有重要意义,是我国社区矫正发展历史上一个新的里程碑。这部法律规定了中国特色的社区矫正基本法律制度,具有重要的历史地位。同时,这部法律的诸多规定有不少值得关注的特点,如采取了合理的立法结构,确立了帮扶罪犯的制度,考虑了罪犯的生活便利,构建了社会参与的机制,肯定了专职社工的价值,规定了购买服务的制度。[2]

第二节 核心期刊论文摘要

刑罚执行一体化的基本步骤与风险应对
宗会霞
《政治与法律》2018年第4期
关键词: 刑罚执行一体化 侦查机关 财产刑 监狱

---

[1] 吴雨豪:《论作为死刑替代措施的终身监禁》,载《环球法律评论》2017年第1期。
[2] 吴宗宪:《我国社区矫正法的历史地位与立法特点》,载《法学研究》2020年第4期。

摘要：构建刑罚统一执行体制，不仅能解决现行分散型刑罚执行体制带来的积弊，更是中共中央对司法体制改革的顶层设计。刑罚统一执行体制面临的首要问题是执行主体的统一，多元化和分散化的现行刑罚执行主体需要统一梳理并整合。刑罚统一执行主体的确定是一个法律问题，更是一个宪法问题。必须解决刑罚执行权的权力属性定位问题，才能准确地将刑罚执行权统一赋予特定的国家机关。以宪法和行政法为视角，刑罚执行权是行政权中的司法行政权，是兼具司法特征的行政权，刑罚统一执行权统一赋予司法行政机关具备宪法上的合理性。完成刑罚执行一体化的任务，要解决两个问题：一是执行机构的并转重组；二是执行权力的梳理重整。这两个问题的解决路径可以概括为：两个转隶、两个剥离和七项重组。刑罚执行一体化改革将带来公安机关破案率降低、财产刑执行难度增大、监狱押犯数量增多等执法风险，直面风险，沉着应对，既是刑罚执行一体化改革的应然选择，也是司法体制改革的必由之路。

论刑事执行检察办案模式
王守安
《人民检察》2018年第19期
关键词：刑事执行检察　办案模式　构成要素　不足　对策
摘要：刑事执行检察是对监所检察的承继和发展，在监督和办案的范围、内容、程序、方式等方面都发生了很大变化。实践中对于何为刑事执行检察办案模式、办事模式和办案模式有何区别还存在认识上的偏差，有必要对相关概念、法理和实践基础、构成要素等问题予以厘清。刑事执行检察实行以办案模式为主的工作模式，符合检察机关的宪法定位和检察监督相关立法规定精神，建构中需要明确启动标准和程序、审查和调查程序、结案程序、归档程序等构成要素。全面构建刑事执行检察办案模式，应准确把握新形势下强化刑事执行检察办案的基本要求，建立健全日常监督与案件办理的衔接机制、刑事执行检察办案证据规则和证明体系等。

我国社区矫正法的历史地位与立法特点
吴宗宪
《法学研究》2020年第4期
关键词：社区矫正　社区矫正法　社会参与
摘要：2019年12月28日通过的《社区矫正法》，对于我国及国际社会的社区矫正具有重要意义，是我国社区矫正发展历史上一个新的里程碑。这部法律规定了中国特色的社区矫正基本法律制度，具有重要的历史地位。同时，这部法律的诸多规定有不少值得关注的特点，比如采取了合理的立法结构，确立了帮扶罪犯的制度,考虑了罪犯的生活便利,构建了社会参与的机制,肯定了专职社工的价值,规定了购买服务的制度。

统一刑罚执行体制视域下完善监狱刑罚执行体系的若干思考

贾洛川

《政法论丛》2017 年第 1 期

关键词:统一刑罚执行体制　完善　监狱刑罚执行体系

摘要:统一刑罚执行体制视域下完善监狱刑罚执行体系的重要性和紧迫性主要体现为是深化刑事一体化运行的必然选择,是建立统一刑罚执行体制的重要探索,是监狱治理现代化的现实需要。现行体制下监狱刑罚执行面临的问题主要表现为刑事执行法独立性有限,行刑机构分散重叠,造成资源浪费,成效低下,监狱行刑机构与外部有关部门衔接不够顺畅,监狱刑罚执行机制难以协调,狱外有关方面支持力度还不够大。完善监狱刑罚执行体系,建立独立完备统一的刑罚执行体制的路径主要是,应构建和完善我国的刑事执行法律体系,注重刑罚执行权力的合理配置,要搭建协作协同平台,强化监狱内部管理,进一步夯实社会支持系统基石。

论作为死刑替代措施的终身监禁

吴雨豪

《环球法律评论》2017 年第 1 期

关键词:终身监禁　报应刑　犯罪预防　刑罚执行

摘要:我国《刑法修正案(九)》首次在贪污贿赂罪中设立了终身监禁制度。从世界范围来看,美国将终身监禁的设立作为减少死刑的必要措施,而欧洲从一开始就否定了终身监禁存在的合法地位。在国际法上,终身监禁一直处于灰色地带。在刑罚目的上,终身监禁违背了改造和回归社会的特殊预防目的,无明显的一般预防功能。在具体的刑事执行问题上,终身监禁催生了罪犯的绝望心理,使得监狱考核机制失效,加重了监狱负担。无论是从功利主义还是从人道主义的立场出发,终身监禁都不宜作为死刑的替代措施。

监狱检察的三种模式

李奋飞　王怡然

《国家检察官学院学报》2019 年第 3 期

关键词:监狱检察　模式　派驻检察　巡回检察　派驻＋巡回

摘要:传统的监狱检察实行"派驻检察"模式,其常态进驻的运行机制建立在便利监督的理论基础之上,因独立性不足而面临着检察质效不佳的现实困境。以问题为导向,最高人民检察院启动了改"派驻"为"巡回"的试点,以"独立监督"为理论基础的"巡回检察"模式,面临着改革成本与成效的双重质疑。试点地区将传统经验与试点方案结合起来,选择了"派驻+巡回"的新模式。三种监督形态下,监狱检察也得以从形式层面进入到了强调有效检察的实质层面。以监狱检察的三种模式勾勒出来的监狱检察制度的改革之路,呈现出现阶段更加理性、务实的改革观。

第三节 案例精解

检察机关对减刑案件的实质监督
——孙小果违规减刑案[①]

一、案情介绍

孙小果,1995年12月20日因犯强奸罪被云南省昆明市盘龙区人民法院判处有期徒刑三年,后因非法保外就医,未收监执行。

1997年11月12日,因与另外七人涉嫌强奸罪,强制猥亵、侮辱罪,故意伤害罪,寻衅滋事罪被刑事拘留,同年12月22日被逮捕。1998年2月18日,昆明市中级人民法院作出(1998)昆刑初字第74号刑事判决,认定孙小果犯强奸罪,判处死刑,剥夺政治权利终身;犯强制侮辱妇女罪,判处有期徒刑十五年;犯故意伤害罪,判处有期徒刑七年;犯寻衅滋事罪,判处有期徒刑三年,与原犯强奸罪未执行刑期二年四个月又十二天,数罪并罚,决定执行死刑。宣判后,孙小果不服,提出上诉。

1999年3月9日,云南省高级人民法院作出(1998)云高刑一终字第104号刑事判决,对孙小果所犯强奸罪改判死刑,缓期二年执行,维持其余定罪量刑,决定执行死刑,缓期二年执行。判决生效后,孙小果及其近亲属提出申诉。

2006年7月3日,云南省高级人民法院作出(2006)云高刑监字第48号再审决定,对孙小果犯强奸罪,强制猥亵、侮辱罪,故意伤害罪,寻衅滋事罪案启动再审。2007年9月27日,云南省高级人民法院作出(2006)云高刑再终字第12号刑事判决,对孙小果所犯强奸罪改判有期徒刑十五年,维持其余定罪量刑,决定执行有期徒刑二十年。经多次违规减刑,孙小果于2010年4月11日刑满释放。

2019年7月18日,因本案原审过程中审判人员涉嫌受贿、徇私舞弊,已经

[①] 资料来源:http://www.xinhuanet.com/legal/2021-03/31/c_1127277355.htm,2021年12月10日访问。

发生法律效力的刑事判决认定事实和适用法律确有错误,云南省高级人民法院作出(2019)云刑监 1 号再审决定,对本案涉及原审被告人孙小果的犯罪部分进行再审。

2019 年 12 月 20 日,云南省高级人民法院作出(2019)云刑再 3 号刑事判决,撤销(2006)云高刑再终字第 12 号刑事判决,撤销本院(1998)云高刑一终字第 104 号刑事判决中对原审被告人孙小果的定罪量刑部分,维持昆明市中级人民法院(1998)昆刑初字第 74 号刑事判决中对原审被告人孙小果的定罪量刑部分,刑罚与云南省高级人民法院(2019)云刑终 1321 号刑事判决和云南省玉溪市中级人民法院(2019)云 04 刑初 149 号刑事判决对孙小果判处有期徒刑二十五年的刑罚合并,决定执行死刑。

2020 年 2 月 12 日,最高人民法院依法核准对孙小果执行死刑。2020 年 2 月 20 日,孙小果被执行死刑。

孙小果一案中存在严重的违规减刑情况。根据涉孙小果案公职人员和重要关系人职务犯罪案一审判决披露案件审理情况,2004 年至 2009 年,在孙小果服刑期间,时任云南省监狱管理局政委、省司法厅副厅长罗正云受孙小果继父李桥忠、母亲孙鹤予请托,并收受其贿赂,安排、指使时任云南省第一监狱政委刘思源等监狱干警对孙小果予以关照。在罗正云、刘思源的关照下,孙小果在省一监服刑期间多次受到记功、表扬,2004 年至 2008 年均被评为"劳动改造积极分子"。其间,刘思源两次指使省一监下属干警对不符合减刑条件的孙小果报请减刑以及为孙小果利用虚假实用新型专利减刑创造条件、提供帮助,致使孙小果三次受到违法减刑。

2008 年,李桥忠、孙鹤予分别与时任昆明市中级人民法院审判监督庭副庭长陈超、省一监总工程师王开贵共谋,通过发明创造认定重大立功为正在省一监服刑的孙小果减刑。王开贵帮助提供"联动锁紧式防盗窨井盖"的设计材料,在时任省一监七监区教导员贝虎跃、管教干警周忠平等人的帮助下,同监服刑人员按图纸制作出模型,周忠平帮助将模型带出监区。2008 年 10 月 27 日,孙鹤予以孙小果名义委托昆明大百科专利事务所向国家知识产权局申请实用新型专利。2009 年 5 月 6 日,孙小果获得"联动锁紧式防盗窨井盖"实用新型专利。

因孙小果在省一监多次违规获得减刑,引起监狱相关部门和人员的质疑反对,为达到再次违规减刑的目的,2008 年底,李桥忠、孙鹤予请托刘思源,与时任云南省第二监狱副监狱长朱旭共谋,将孙小果从省一监调至省二监。后孙小果向省二监提出认定重大立功申请。时任省二监十监区副监区长文智深、干警沈鲲与时任省一监狱政科科长杨松、七监区教导员贝虎跃、管教干警周忠平等人徇私舞弊、弄虚作假,为孙小果减刑提供帮助并报请法院减刑。2009 年 11 月 9

日,陈超作为孙小果重大立功减刑案的审判长,在明知实用新型专利并非孙小果本人发明的情况下,徇私舞弊,仍以此认定孙小果有重大立功情节,对孙小果裁定减去有期徒刑二年零八个月。

二、焦点问题

违规违法减刑、假释和暂予监外执行问题是司法腐败的典型表现形式之一,"孙小果违规减刑案""巴图孟和纸面服刑案"等案件引起社会广泛关注。全国政法队伍教育整顿工作也将倒查"减、假、暂"案件作为重点工作内容之一。

我国现行减刑制度具有明显"案件化""诉讼化"特征。理想的减刑制度设计下,监狱等执行机关对于在服刑期间确有悔改或者立功表现的罪犯,根据考核的结果,认为可以减刑的,依法向人民法院提出减刑建议。人民法院则依照法定的权限和程序,对于执行机关提请减刑的案件,依法进行审理和裁判。人民检察院在减刑制度中则担负减刑监督职责,依法对执行机关提请减刑以及人民法院审理裁定减刑是否符合法定条件和程序等全程进行监督。

但在实际运行中,由于过去减刑条件设定不完善不合理、法检机关应对减刑案件人力物力不足等因素,减刑制度设计与制度运行实践脱节,导致本应案件化的减刑制度具有浓厚的行政化色彩。以检察机关为例,过去减刑监督往往由派驻监狱检察人员办理,存在不明确具体办案人情况;检察人员在减刑提请监督时以书面形式审查为主,调查核实为辅,无法对刑罚执行机关报请的案件开展实质性审查;检察机关减刑出庭流于形式,无法与执行机关之间形成有效论辩对抗等。这导致过去执行机关实际主导减刑程序运行,违规减刑案件容易发生。

对此,最高人民检察院颁布《人民检察院办理减刑案件规定》,提出"将减刑案件作为案件办理,以办案实现减刑监督",强调检察机关对减刑案件应当以"案件化"办理,实现实质化监督。这就需要明确减刑制度设计与制度运行实践脱节的情况,准确找到背后的原因并加以解决。对此有学者建议,在直观层面上需明确检察机关减刑监督调查核实权限,明确减刑案件证据标准,明确具体办案人并纳入统一案件管理体系;而在更深层次上,可以参照一般刑事诉讼案件进一步完善减刑制度,探索减刑案件的"案件化"办理模式,如设立减刑案件立案受案程序、调查核实程序、决定提请减刑程序、对减刑案件审理裁定监督程序,以程序化、证据化为核心推动减刑案件的"案件化"办理,从而实现检察机关对减刑案件的实质监督。

第二章　未成年人刑事诉讼程序

第一节　本章观点综述

在法律条文层面,2018年新修改的《刑事诉讼法》在未成年人刑事案件诉讼程序一章没有进行变动。法律规定办理未成年人刑事案件仍然应当实行教育、感化、挽救的方针,坚持教育为主、惩罚为辅的原则。《刑事诉讼法》专章规定办理未成年人刑事案件诉讼程序的制度包括:针对未成年犯罪嫌疑人被告人的法律援助制度、严格限制逮捕措施、社会调查制度、讯问审判时通知其法定代理人在场、附条件不起诉制度、不公开审理、犯罪记录封存制度。《刑事诉讼法》新增的认罪认罚从宽程序在司法实践的运行过程中对办理未成年人刑事案件也有所涉及,未来还需要从理论和实践层面对未成年人刑事案件诉讼程序进行完善。

一、针对未成年犯罪嫌疑人被告人的法律援助制度

《刑事诉讼法》第278条规定,未成年犯罪嫌疑人、被告人没有委托辩护人的,人民法院、人民检察院、公安机关应当通知法律援助机构指派律师为其提供辩护。通过对全国各地公检法机关颁布的未成年人法律援助工作机制的文件以及各项公开数据的检索发现,整体而言,相较于2013年前后《刑事诉讼法》刚开始实施未成年人刑事案件专门办理之时,在审查起诉和审判阶段,未成年人法律援助覆盖面明显扩大,律师权利也得到了较为充分的保障。[1] 但是在侦查阶段,仍然存在法律援助辩护率低、通知与指派信息交流不畅、律师意见的针对性和专业性不足等突出情况。未来应该在法律援助律师的权利方面继续加以保障,通过少年司法信息共享平台提升通知、指派和律师介入办案的效率,建立专业化法律援助队伍,以提高未成年人法律援助的有效性。

二、严格限制逮捕措施

严格限制适用逮捕措施是未成年人刑事案件诉讼程序的一项原则规定。有学者通过对全国范围内公开数据的查询以及开展实地调研发现,检察机关对这一规定的落实情况总体较好,有的地区还进行了一定的改革创新,未成年人逮捕

---

[1] 宋志军:《未成年人刑事法律援助有效性实证分析》,载《国家检察官学院学报》2019年第4期。

数量逐步下降,非羁押比例整体上升。① 也有学者通过实证考察发现,在人口流动较为频繁的东部沿海地区,刑事司法实践中却存在对未成年人"普遍羁押""超期羁押""一押到底"的现象。导致羁押率居高不下的原因在于办案人员"以捕代侦"的司法理念、适用羁押措施的标准不统一、羁押替代性措施不完备、社会观护机制不健全以及风险评估机制缺失等。② 在降低未成年犯罪嫌疑人被告人的羁押率方面,学者们都同意应当细化羁押审查程序,完善社会危险性证明和评估机制,实行逮捕和羁押分离的措施。此外,从保护未成年人权益的角度出发,有学者认为检察机关对于未成年人刑事案件的办理应当实行"捕诉合一",并将其作为少年刑事司法理念下的特殊规则。③

三、未成年人社会调查制度

《刑事诉讼法》第 279 条规定,公安机关、人民检察院、人民法院办理未成年人刑事案件,根据情况可以对未成年犯罪嫌疑人、被告人的成长经历、犯罪原因、监护教育等情况进行调查。对未成年人犯罪案件实施社会调查制度,是国际少年刑事司法的重要原则,我国虽已建立起未成年人社会调查制度,但由于法律规定较为粗糙、实践中各地区做法不一,导致社会调查质量低下,未能发挥应有的作用。目前为止,许多学者对于未成年人社会调查制度的细化和完善都进行了充分的调查并提出了可行的建议。以未成年人社会调查报告的属性问题为例,有学者认为,未成年人社会调查报告是以"成长经历、犯罪原因、监护教育等情况"为调查内容,这就与决定对未成年人实施逮捕时所应当考虑的人身危险性这一待证事实之间存在实质性关系;由司法人员或者社工组织对未成年人进行调查,虽然包含了人的主观因素,但是不能否认调查内容的客观性的存在;因此,虽然立法上并未将未成年人社会调查报告列为八种法定的定罪证据,但是也不应否认其在实践中可以作为量刑或者审查逮捕时的证据这一属性。④

四、讯问审判时通知其法定代理人到场

《刑事诉讼法》第 281 条规定,对于未成年人刑事案件,在讯问和审判的时候,应当通知未成年犯罪嫌疑人、被告人的法定代理人到场。到场的法定代理人

---

① 王贞会:《未成年人严格限制适用逮捕措施的现状调查》,载《国家检察官学院学报》2019 年第 4 期。
② 自正法:《涉罪未成年人羁押率的实证考察与程序性控制路径》,载《政法论坛》2019 年第 4 期。
③ 童伟华:《谨慎对待"捕诉合一"》,载《东方法学》2018 年第 6 期。
④ 刘计划、孔祥承:《未成年人社会调查报告法律性质之辨——兼谈建构量刑证据规则的可能路径》,载《法学杂志》2018 年第 4 期。

可以代为行使未成年犯罪嫌疑人、被告人的诉讼权利。由于未成年人身心发育未臻健全,需要予以特殊的保护,在刑事司法程序这种封闭、高压、紧张和专业的环境中,更应对卷入其中的未成年人提供特殊的支持与协助,讯问未成年人时有合适的成年人在场就是国家司法制度对未成年人给予特殊关照的重要措施。该制度也被联合国准则和许多国家的制度所确立。但有学者调查发现,合适成年人讯问时在场的形式化趋于严重:合适成年人在场的覆盖面不足,未成年犯罪嫌疑人对在场的合适成年人印象不深。严重形式化的原因包括:合适成年人讯问时在场的强制性不足,合适成年人的来源和能力等不足以支撑其实质化地履行职责以及合适成年人到场后活动受限等。① 学界和实践中也有很多关于在场制度无用和应当被取消的讨论。有学者认为在场制度的价值定位应当回归到国家监护补位的制度源头,关注其在少年司法视角下保障未成年人参与权,实现少年司法社会化和形成合作式诉讼构造的多元价值,而非仅仅停留在监督和见证讯问功能。② 诚然,未成年人犯罪作为社会的病态现象,其产生原因不能仅仅归咎于未成年人本身,公检法机关在办理未成年人刑事案件时,也应当更多地寻求社会的支持,提升社会的参与程度,构建出未成年人刑事司法的社会支持体系。可以通过建立信息共享及资源链接机制,实现未成年人刑事司法与社会工作相结合,以保障社会支持的有效性。通过制定社会参与规则、设立统筹社会支持体系建设的机构、探索多元化的资金支持途径,以实现社会支持的可持续发展。③

五、附条件不起诉制度

刑事诉讼法确立了专门针对未成年犯罪嫌疑人被告人的附条件不起诉制度。附条件不起诉制度为涉罪未成年人提供了新的审前转处和非犯罪化途径,为教育、挽救涉罪未成年人改过自新、重新回归社会创造了更多机会,对营造和谐稳定的家庭和社会环境具有重大意义。有学者对 2013—2017 年全国和部分地区相关数据的考察发现,虽然附条件不起诉的适用增长显著,但总体适用范围仍然过窄、适用数量较低且地区间差异较大。④ 北京市海淀区人民检察院课题组亦通过调研发现未成年人附条件不起诉制度在法律规定、适用标准、实施程

---

① 何挺:《合适成年人讯问时在场:形式化背后的"无用论"反思》,载《环球法律评论》2019 年第 6 期。
② 同上。
③ 宋志军:《论未成年人刑事司法的社会支持体系》,载《法律科学(西北政法大学学报)》2016 年第 5 期。
④ 何挺:《附条件不起诉制度实施状况研究》,载《法学研究》2019 年第 6 期。

序、保障体系等方面存在诸多障碍。① 有学者认为附条件不起诉的适用范围过窄，应取消罪名限制，并由检察官裁量决定。由限定附条件不起诉的罪名适用范围改进为排除绝对不能适用的罪名范围，也更为符合附条件不起诉作为检察官起诉裁量权行使方式这一方面的本质属性。基于附条件不起诉与缓刑的高度一致性，应将所有可能判处缓刑的案件纳入附条件不起诉的适用范围。② 检察机关在对未成年人犯罪案件进行裁量并决定适用附条件不起诉制度后，需要继续对未成年犯罪嫌疑人被告人进行监督考察，未成年犯罪嫌疑人被告人在考验期内应当遵守相关规定，如有严重违反规定的情况，人民检察院可以撤销附条件不起诉的决定并提起公诉。有学者对考验期内的相关规定即"所附条件"进行研究。对于所附条件的性质，一是实质制裁说。该观点认为附条件不起诉中的附加条件对犯罪嫌疑人具有明显的强制性，其实质是对被附条件不起诉人的财产和人身自由所作出的实体处分，如要求被附条件不起诉人参加公益劳动，禁止从事特定活动等限制人身自由措施具有明显的惩罚性质，其效果与刑罚的效果基本相同。二是特别处遇措施说。该观点认为附条件不起诉中的附加条件并不是刑事惩罚措施，而是为了特别预防而采取的特别处遇措施。③ 由于附条件不起诉决定由人民检察院做出，而实体制裁的权力当归人民法院所有，笔者更支持第二种观点。对于考验期内的监督考察主体，由于监督考察还是一项完全不同于传统办案审查证据和适用法律的工作，其本身"社会化"的特点决定了监督考察必然是一个多方主体参与和互动的过程。对此，法律和司法解释肯认了监督考察的多方主体参与④，但对于不同主体参与的具体路径、权利义务、分工协作和互动关系却缺乏明确的规定。检察机关在附条件不起诉过程中承担着三重职能：一是审查案件以决定是否适用附条件不起诉；二是对适用附条件不起诉的未成年人进行监督考察；三是根据监督考察期间的情况作出最终是否起诉的决定。这种三重职能集于一身的做法却在我国现实司法环境中遭遇多重困境：一是职能不同导致角色冲突；二是职能差异导致难以兼顾；三是履行不同职能之时互相掣肘。我国香港和台湾地区为了克服该问题将检察官办理案件作出决定的职能

---

① 北京市海淀区人民检察院课题组：《附条件不起诉实证研究报告》，载《国家检察官学院学报》2017年第3期。
② 何挺：《附条件不起诉适用对象的争议问题：基于观察发现的理论反思》，载《当代法学》2019年第1期。
③ 阿不都米吉提·吾买尔：《附条件不起诉中的"附加条件"》，载《国家检察官学院学报》2017年第3期。
④ 《人民检察院刑事诉讼规则（2019）》第474条第2款规定，人民检察院可以会同未成年犯罪嫌疑人的监护人、所在学校、单位、居住地的村民委员会、居民委员会、未成年人保护组织等的有关人员，定期对未成年犯罪嫌疑人进行考察、教育，实施跟踪帮教。

与执行监督考察职能的分离,我国大陆亦有部分地区的检察机关借鉴该做法,在实践中取得良好效果。仍然存在的问题是观护检察官只负责监督考察,其从决定附条件不起诉后才开始接触未成年人,可能了解不够全面,承办检察官过于依赖观护检察官。① 附条件不起诉的实施效果与社会力量的参与程度密切相关,因此有学者提出应当深化附条件不起诉的社会支持。② 通过司法分流和社会支持,解决未成年人社会化过程中所遇到的问题,可以帮助他们重新回归社会。附条件不起诉过程中需要转介的服务主要包括未成年人的委托照管、心理疏导、不良行为矫治、社会适应能力提升和社会支持网络搭建等内容。少年司法转介的衔接机制由社会服务供求信息共享平台建设、服务信息移送、转介主体之间的协商、服务进展通报及服务效果反馈等环节构成。

六、未成年人性侵案件的诉讼问题

世界卫生组织规定,儿童性侵犯是指儿童卷入自己不能完全理解的性活动,或因不具备相关知识而同意的性活动,或因发育程度限制而无法知情同意的性活动,或破坏法律或社会禁忌的性活动。近年来,随着儿童性侵影视作品的传播以及媒体对于儿童性侵案件的披露报道,不论是市民群众抑或是研究学者,都对儿童性侵的问题予以了越来越多的关注和研究。性侵未成年人案件往往存在客观证据少、言词证据常存在瑕疵、儿童被害人心理易受创伤等特殊问题,我国在性侵未成年人犯罪案件的办理过程中,案件证据的调查和犯罪事实的证明也成为案件打击不力的重要原因之一。有学者认为,不同于普通案件所适用的"粗放型办案模式",司法机关对于儿童性侵案件应当确立"精密办案模式"。儿童性侵案件的精密办案模式由三个必不可少的部分构成:一是通过精细的询问程序获取高质量的被害人陈述;二是通过细致彻底的取证获取丰富的间接证据与辅助证据;三是对证据进行精细、科学的分析与综合运用。③ 针对此问题,现行司法实践中,已有地区公安及检察机关联合制定出一个实用性和可操作性较强的证据指引,归纳出不同类别性侵案件犯罪人类型、犯罪人特质、犯罪手法、对应证据、被害人类型、被害人年龄、被害情境、被害异常行为与心理反应等,以及彼此之间的对应关系,甚至因果关系等,并通过严密的侦查流程或制度,提高取证和

---

① 何挺、李珞珈:《附条件不起诉监督考察的主体:基于参与观察的研究》,载《国家检察官学院学报》2017年第3期。
② 宋志军:《附条件不起诉社会支持的深化》,载《国家检察官学院学报》2017年第3期。
③ 向燕:《论性侵儿童案件的精密办案模式》,载《中国刑事法杂志》2020年第2期。

证明犯罪的科学性和有效性。①性侵未成年人犯罪的案件特征引起的证明难题在世界范围内都具有普遍性。在英美法系国家,司法机关采取变动证据规则,确立传闻证据规则和品格证据规则的例外,降低证据可采性的门槛,同时运用自由心证来获取儿童的庭外证言;而大陆法系国家确立了宽松的印证规则。不论是采取降低可采性门槛还是确立宽松的印证规则的策略,域外性侵未成年人犯罪案件中证据规则的变动与发展都反映了一个共同的趋势,即针对性侵犯罪的行为特点放松传统严苛的证据规则的要求,以解决这类案件中的"证据充分性"问题。这些法律变革使更多的证据能够进入法庭,相互补强或印证,成为事实认定的基础。②借鉴英美法系国家的证明方法,我国在性侵未成年人犯罪中,在法庭审理阶段,可以放宽证据准入门槛,以"被害人陈述可信性"为证据审查中心,同时完善被害人陈述的取得与审查的程序机制以防范错案的发生。

七、未成年人作证以及隐私权保护

2021年《关于适用刑事诉讼法的解释》规定,审理未成年人遭受性侵害或者暴力伤害案件,在询问未成年被害人、证人时,应当采取同步录音录像等措施,尽量一次完成;未成年被害人、证人是女性的,应当由女性工作人员进行;询问未成年被害人、证人,询问应当以一次为原则,避免反复询问。2019年12月,在最高检颁布的《刑事诉讼规则》中也规定询问未成年被害人、证人,应当以一次为原则,避免反复询问。此前,对于未成年证人和被害人作证,相关司法解释亦有所规定。在相关国家,未成年人属于"脆弱证人",脆弱证人是指那些按照通常的方式作证会对自身产生不利影响或不能全面、准确地提供证言的证人。在这些国家,脆弱证人出庭作证时适用特殊的作证方式,例如,由专家询问人、辩护人或者法院指定的其他人员或者由审判人员询问脆弱证人,禁止被告人直接对脆弱证人进行反询问;在看不见被告人的情况下作证;作证时由陪伴者陪伴等。③有质疑的观点认为允许适用特殊的作证方式会影响案件事实的准确认定以及侵害被告人的对质权。笔者认为,上述的质疑观点不能一概而论,从对未成年人的保护和发展的角度出发,在确保公平审判的前提下,我国可以逐步探索对未成年人适用特殊作证的做法。对于办理未成年人刑事案件的个人隐私保护方面,《公安机关办理刑事案件程序规定》指出,公安机关办理未成年人刑事案件,应当依法保

---

① 2019年11月8日,连云港市海州区检察院会同海州区法院、海州公安分局制定出台了《关于办理性侵害未成年人犯罪案件证据审查指引(试行)》。
② 向燕:《性侵未成年人案件证明疑难问题研究——兼论我国刑事证明模式从印证到多元"求真"的制度转型》,载《法学家》2019年第4期。
③ 张吉喜:《论脆弱证人作证制度》,载《比较法研究》2016年第3期。

护未成年人的名誉和隐私。《人民检察院刑事诉讼规则(2019)》对未成年人犯罪案件诉讼过程中的个人隐私保护措施规定,人民检察院办理未成年人刑事案件,对涉案未成年人的资料予以保密,不得公开或者传播涉案未成年人的姓名、住所、照片、图像及可能推断出该未成年人的其他资料;对收集的犯罪资料装订成册,加密封存,不得公开;不得向任何单位和个人提供封存的犯罪记录,并不得提供未成年人有犯罪记录的证明。这些规定都对实践中保护未成年人隐私,帮助未成年人再社会化起到了积极的作用。但是,有学者对我国未成年人犯罪记录封存制度研究发现,制度运行中仍然存在监督与救济程序缺失、查询程序不规范、封存效力不明确以及相关部门之间的衔接与配合脱节等问题。此外,该制度在运行中与少年司法其他制度之间存在着冲突,而且单一的封存模式以及适用条件,不利于实现双向保护的目的。对此,应当通过采取"原则+例外"的立法模式、设置合理的考验期、完善监督与救济、明确封存效力以及加强各部门之间的衔接与配合等方式,对制度进行完善。此外,应当以整体性视角看待该制度,缓解犯罪记录封存制度与其他少年司法制度之间的冲突,使制度内部相互协调。①

八、我国少年司法制度的建立和完善

少年司法制度,是规定少年不良行为和保护处分以及对少年的违法犯罪行为所进行的刑事诉讼及其教育改造方法的总称。从世界范围看,解决未成年人违法犯罪问题,加强社会治理,是建立少年司法制度的最初和最直接的动力。在强化社会治理的功利主义目的之外,少年司法也有自身的独立价值基础,并随着儿童权利观念的发展不断凸显。1924年通过的《日内瓦儿童权利宣言》第一次在国际社会提出儿童权利的概念,宣称所有国家都应承认人类负有向儿童提供最好的东西之义务。1959年通过的《联合国儿童权利宣言》再次肯定:"人类有责任给儿童以必须给予的最好的待遇",并提出儿童应当受到特殊保护,以实现其全面发展。1990年生效的《联合国儿童权利公约》则更加明确地规定了儿童利益最大化原则:"关于儿童的一切行动,不论是由公私社会福利机构、法院、行政当局或立法机构执行,均应以儿童的最大利益为一种首要考虑"。联合国《少年司法最低限度标准规则》《预防少年犯罪准则》《保护被剥夺自由少年准则》等准则要求,少年司法应关注少年的幸福,诉讼程序应按照最有利于少年的方式和在谅解的气氛下进行;要建立处理未成年人案件的专门机构;应允许少年参与诉讼程序,并且自由地表达自己的意见;强调犯罪预防和非监禁、非刑罚,同时也规

---

① 宋英辉、杨雯清:《我国未成年人犯罪记录封存制度研究》,载《国家检察官学院学报》2019年第4期。

定了犯罪记录封存、社会调查等一些适合未成年人身心特点的具体司法制度,这成为少年司法的国际法渊源。

创设中国少年司法制度,是全面推进依法治国、实现司法文明的重要内容。当前,世界发达国家都有独立的少年司法制度,少年司法的发展水平,已经成为衡量一国法治水平和司法文明发展程度的重要指标。建设少年司法制度,最大限度地预防和减少未成年人违法犯罪,最大限度地预防和减少未成年人遭受犯罪侵害,才能最大限度地实现中国梦。目前而言,我国依附于成年人刑事司法体系下的未成年人犯罪处理方式难以实现惩罚与教育的双重目标。因此,有学者认为,基于现实国情,我国应当建立兼顾国家、社会、个人利益的恢复性司法模式。成立少年法院、引入以平等对话和恢复和谐为特征的和解模式,有助于对未成年人的保护、教育和预防犯罪。[①] 对于未成年人认罪认罚案件的办理,应当贯彻教育、感化、挽救方针,在坚持从快从宽的同时,注意落实好刑事诉讼法的特殊规定,最大限度保护未成年人合法权益,最大限度教育挽救涉罪未成年人。未成年犯罪嫌疑人签署认罪认罚具结书时,其法定代理人应当到场并签字确认,没有法定代理人或者合适成年人在场的,不得启动认罪认罚从宽制度。未成年人认罪认罚案件,不适用速裁程序。[②] 在对罪错未成年人司法处遇制度完善方面,有学者认为应当明确基于情节的罪错行为评价标准,完善未成年人轻微罪行的非犯罪化转处机制;完善未成年人减刑、假释制度,并设置专门的未成年人减刑、假释程序;将免除前科报告纳入犯罪记录封存制度,并明确犯罪记录封存具有免除报告、禁止查询和消灭前科的三重法律效果;参照刑事强制医疗程序之立法模式,构建司法化的收容教养程序。[③] 适用非监禁刑是少年司法处遇转型的重要做法,有学者以地区法院审判实践为样本,探究未成年人犯罪非监禁刑适用存在的问题。发现实践中非监禁刑适用比例低,只有35%左右;缓刑相对于其他非监禁刑来说适用率最高;罚金适用率低。同时适用非监禁刑存在户籍歧视现象,社区矫正帮教管理体制有待完善。未来应该从转变刑罚理念,重视对未成年人的特殊保护;完善刑事立法,扩大非监禁刑适用的选择面;规范刑事司法,保证非监禁刑的公正适用;加强考察矫正,优化非监禁刑执行体系等方面来完善该制度的适用,使其发挥更好的作用。[④]

[①] 姚莉:《未成年人司法模式转型下的制度变革与措施优化》,载《法学评论》2016年第1期。
[②] 苗生明、周颖:《认罪认罚从宽制度适用的基本问题——〈关于适用认罪认罚从宽制度的指导意见〉的理解和适用》,载《中国刑事法杂志》2019年第6期。
[③] 王贞会:《罪错未成年人司法处遇制度完善》,载《国家检察官学院学报》2020年第4期。
[④] 夏艳:《未成年人犯罪非监禁刑适用的实证分析与展望——以S市A区人民法院2011—2015年审判实践为样本》,载《青少年犯罪问题》2016年第4期。

第二节 核心期刊论文摘要

办理性侵未成年人犯罪案件证据指引

张寒玉　王英

《青少年犯罪问题》2019年第4期

关键词：性侵未成年人犯罪　证据取得　证据审查　证明标准

摘要：目前，我国在性侵未成年人犯罪案件的办理过程中，案件证据的调查和犯罪事实的证明成为案件打击不力的重要原因之一，对此，公安及检察机关可以联合制定证据指引，将对性侵未成年人犯罪案件的证据收集、查明与应用起到至关重要的作用。文章分别介绍了侦查阶段、审查起诉阶段和审判阶段关于证据取得、审查及证明方面的问题。在侦查阶段，重点介绍了询问未成年被害人时的要求，以及一些特殊情形下的取证注意事项等。在审查起诉阶段，主要介绍了检察机关正在尝试的"一站式"取证与保护制度，以及检察机关在证据审查时应当注意的一些问题。在审判阶段，主要介绍了性侵未成年人犯罪案件证据的证明标准以及关于民事赔偿相关证据的收集问题。

未成年人犯罪非监禁刑适用的实证分析与展望——以S市A区人民法院2011—2015年审判实践为样本

夏艳

《青少年犯罪问题》2016年第4期

关键词：未成年人犯罪　非监禁刑　刑罚适宜性

摘要：近年来，未成年人犯罪问题日益突出，如何有效预防、遏制未成年人犯罪，构建符合未成年人身心特点、犯罪特征，且利于未成年犯改造的刑罚体系显得尤为重要。历经多年实践，监禁刑的种种弊端逐渐显露，我们愈发倡导对未成年人扩大适用非监禁刑，使其能够在社会化的大环境中接受教育和矫正。但是，由于少年司法理念偏差、立法缺陷、制度不足等原因，未成年罪犯非监禁刑的适用依旧存在诸多不完善之处。为此，以S市A区人民法院2011—2015年审判实践为样本，通过实证分析未成年人犯罪非监禁刑适用的基本情况、存在问题及原因，并对进一步完善未成年人犯罪非监禁刑适用提出建议和对策，可以对司法实践有所裨益。

未成年人司法模式转型下的制度变革与措施优化

姚　莉

《法学评论》2016 年第 1 期

关键词：未成年人犯罪　司法模式　少年法院　VOM 模式　非监禁化

摘要：在特殊保护的理念下，各国形成各具特色的未成年人司法模式，而我国依附于成年人刑事司法体系下的未成年人犯罪处理方式难以实现惩罚与教育的双重目标。基于现实国情，我国应当建立兼顾国家、社会、个人利益的恢复性司法模式。独立的未成年人司法制度以及衍生于恢复性司法之下的转处理念是各国少年司法的共通思路，成立少年法院是区分未成年人司法和成人刑事司法的重要标志；以平等对话和恢复和谐为特征的未成年人 VOM 模式能帮助引导刑事和解走出"刑事一元化"的窠臼；对未成年人的保护教育和犯罪预防具有重要意义。

附条件不起诉适用对象的争议问题：基于观察发现的理论反思

何　挺

《当代法学》2019 年第 1 期

关键词：附条件不起诉　罪名　缓刑　相对不起诉　少年司法

摘要：附条件不起诉实践适用不尽理想，适用对象的罪名、刑罚限制及与相对不起诉的关系等均有争议。建基于观察发现基础上的理论反思可提供更好的解答。适用罪名过窄，应取消罪名限制，并由检察官裁量决定。"一年有期徒刑以下刑罚"限制附条件不起诉适用的真正原因在于对未成年人量刑的特殊性缺乏认识，附条件不起诉与缓刑高度一致，应将所有可能判处缓刑的案件纳入附条件不起诉的适用范围。"是否具有监督考察的必要性"应当被作为相对不起诉与附条件不起诉选择适用的标准，并成为未成年人审前转处措施选择的整体性标准。附条件不起诉可扩展适用于成年人案件，但未成年人和成年人附条件不起诉有巨大差异，应实现附条件不起诉制度的"二元化"。

未成年人刑事法律援助有效性实证分析

宋志军

《国家检察官学院学报》2019 年第 4 期

关键词：未成年人法律援助　强制辩护　法律援助信息共享　法律援助有效性

摘要：通过实地调研发现，目前审查起诉和审判阶段未成年人法律援助覆盖面明显扩大，律师权利也得到了较为充分的保障，但侦查阶段法律援助率低、通知与指派信息交流不畅、律师意见的针对性和专业性不足、未成年人法律援助专业化程度低等问题依然突出。应确立强制辩护原则,将未成年被害人纳入应当援助的范围,扩充法律援助律师权利,通过少年司法信息共享平台提升通知、指派和律师介入办案的效率,建立专业化法律援助队伍以提高未成年人法律援助的有效性。

我国未成年人犯罪记录封存制度研究
宋英辉　杨雯清
《国家检察官学院学报》2019 年第 4 期
关键词: 未成年人保护　犯罪记录封存制度　社会防卫　再社会化
摘要: 封存犯罪记录是未成年人再社会化过程中不可或缺的一部分。消除因犯罪记录产生的"标签效应",对未成年犯罪人重新回归社会发挥着至关重要的作用。通过调查发现,犯罪记录封存制度在实践中发挥了积极的作用。但是,制度运行中仍然存在监督与救济程序缺失、查询程序不规范、封存效力不明确以及相关部门之间的衔接与配合脱节等问题。此外,该制度在运行中与少年司法其他制度之间存在着冲突,而且单一的封存模式以及适用条件,不利于实现双向保护的目的。对此,应当通过采取"原则＋例外"的立法模式、设置合理的考验期、完善监督与救济、明确封存效力以及加强各部门之间的衔接与配合等方式,对制度进行完善。此外,应当以整体性视角看待该制度,缓解犯罪记录封存制度与其他少年司法制度之间的冲突,使制度内部相互协调。

附条件不起诉制度实施状况研究
何　挺
《法学研究》2019 年第 6 期
关键词: 附条件不起诉　少年司法　实证研究
摘要: 附条件不起诉制度为涉罪未成年人提供了新的审前转处与非犯罪化途径,其实施状况也是观察我国少年司法发展进程和不起诉裁量权运用的重要参照。对 2013—2017 年全国和部分地区相关数据的考察发现,虽然附条件不起诉的适用增长显著,但总体适用范围仍然过窄、适用数量较低且地区间差异较大。对少年司法发展程度不同的四省市八个基层地区进行实地调查,运用阅卷和访谈等方法进行研究,呈现了附条件不起诉在适用条件与影响因素、监督考察、附带条件与撤销等四个方面的实施状况及存在的问题。对于这些问题需要通过修改法律、完善司法、转变观念、完善政策保障以及培育社会支持体系等予以应对。

罪错未成年人司法处遇制度完善

王贞会

《国家检察官学院学报》2020 年第 4 期

关键词：未成年人　司法处遇　非犯罪化　犯罪记录封存　收容教养

摘要：我国罪错未成年人司法处遇涵盖于一系列制度设计中，包括轻微罪行的非犯罪化处理、非刑罚化和量刑从宽、扩大适用非监禁刑罚执行方式、犯罪记录封存和免除前科报告义务、对未达刑事责任年龄未成年人的刑罚替代等。由于相关立法规定概括、松散而缺乏完整性、体系性，实践中在具体制度运行中仍然面临诸多困境。应当坚持儿童福利、国家亲权和恢复性司法理念；明确基于情节的罪错行为评价标准，完善未成年人轻微罪行的非犯罪化转处机制；完善未成年人减刑、假释制度，并设置专门的未成年人减刑、假释程序；将免除前科报告纳入犯罪记录封存制度，并明确犯罪记录封存具有免除报告、禁止查询和消灭前科的三重法律效果；参照刑事强制医疗程序之立法模式，构建司法化的收容教养程序。

关于建立中国少年司法制度的思考

孙　谦

《国家检察官学院学报》2017 年第 4 期

关键词：少年司法　儿童利益　司法制度　社会支持　专门立法

摘要：少年司法制度产生发展的内在动力，在于通过解决未成年人犯罪问题加强社会治理。少年司法制度的基本要素包括功能要素、规则要素、主体要素以及社会支持体系。创设中国少年司法制度，是全面推进依法治国、实现司法文明的重要内容。我国少年司法工作在法律与司法解释制定、组织体系建设、工作机制探索等方面取得了一定成绩，但仍存在一些问题，应通过适度拓展少年司法制度的管辖范围、制定专门少年司法法、加强组织体系建设等途径推进我国少年司法制度的建立。

附条件不起诉监督考察的主体：基于参与观察的研究

何　挺　李珞珈

《国家检察官学院学报》2017 年第 3 期

关键词：附条件不起诉　监督考察　处分主体　参与主体　未成年人　参与观察

摘要：附条件不起诉监督考察是一项完全不同于传统办案审查证据和适用法律的社会化的工作，也是一个多方主体参与互动的过程。检察机关作为处分主体，承担的三重职能之间存在角色冲突。监护人履行职责严重不足，司法社工更多担任了信息传递者和日常监管者的角色,观护单位参与的规范程度较低并与监督考察要求的严格性存在矛盾,社会主体参与面临多样性不足的困境。根据儿童参与原则,未成年人应是监督考察的主体。考察帮教小组在整体应对方面的合力尚未充分显现,主体之间存在信息分享不畅与缺乏合作的状况,各方主体还可能因为立场、理念等的不同存在认识上的差异。参与观察描述了各方主体定位与互动合作的真实图景,为思考发展方向提供了经验事实的基础。

未成年人社会调查报告法律性质之辨——兼谈建构量刑证据规则的可能路径

刘计划　孔祥承

《法学杂志》2018 年第 4 期

关键词:未成年人社会调查报告　法定证据种类　量刑证据　量刑证据规则

摘要:证明案件事实的材料都可以作为证据,只有适用严格证明的证据才需要符合法定证据形式的要求,而对于需要自由证明的酌定量刑事实其证据并不需要满足法定证据种类的要求。未成年人社会调查报告作为一种符合关联性要求且用以证明案件酌定量刑事实的材料,应当肯定其量刑证据的属性。同时,酌定量刑证据规则的证明对象应当是量刑事实与量刑请求;证明责任应采用"谁主张谁举证"的分配标准;对酌定加重量刑事实与酌定减轻量刑事实采取不同的证明标准。

附条件不起诉社会支持的深化

宋志军

《国家检察官学院学报》2017 年第 3 期

关键词:附条件不起诉　少年司法　社会支持　转介机制

摘要:附条件不起诉的实施效果与社会力量的参与程度密切相关。通过司法分流和社会支持,解决未成年人社会化过程中所遇到的问题,帮助他们重新回归社会。少年司法转介是社会工作转介方法与未成年人司法保护的有机结合。它既是司法过程中对未成年人提供社会服务的一种方法和工作机制,又是社会力量有效参与及社会支持体系化的制度保障。附条件不起诉过程中需要转介的服务主要包括未成年人的委托照管、心理疏导、不良行为矫治、社会适应能力提升和社会支持网络搭建等内容。少年司法转介的衔接机制由社会服务供求信息共享平台建设、服务信息移送、转介主体之间的协商、服务进展通报及服务效果反馈等环节构成。

附条件不起诉实证研究报告
北京市海淀区人民检察院课题组
《国家检察官学院学报》2017 年第 3 期
关键词:附条件不起诉　未成年人　观护　听证　监督考察
摘要:附条件不起诉制度是 2012 年《刑事诉讼法》新增未成年人刑事诉讼程序专章中一项重要的制度,对于教育、感化、挽救未成年犯罪嫌疑人,使其重新回归社会具有重要意义。但附条件不起诉在司法实践中适用情况并不理想,其法律规定、适用标准、实施程序、保障体系等方面存在诸多障碍。北京市海淀区人民检察院通过对 125 名涉罪未成年人案件进行实证研究,探究附条件不起诉适用存在的问题,提出应当贯彻少年司法基本理念、完善附条件不起诉适用范围和实施规范、建立健全配套体系、优化检察官日常办案方式方法等应对建议。

附条件不起诉中的"附加条件"
阿不都米吉提·吾买尔
《国家检察官学院学报》2017 年第 3 期
关键词:附条件不起诉　附加条件　未成年人　教育矫治
摘要:要求被附条件不起诉人遵守和履行一定的附加条件,是附条件不起诉不同于其他不起诉的关键因素,其意义在于对触法未成年人进行针对性教育和矫治,并以此来实现其真诚悔罪和自生复归,而不是简单地限制和约束未成年犯罪嫌疑人的自由。目前理论和实务界对附加条件的研究不够深入,对其性质、类型和功能缺乏应有的关注,这不免影响附加条件设定的合理性和有效性,进而影响附条件不起诉应有功能的发挥。基于未成年人的特殊性,附加条件应当以教育矫治为基本手段,以其顺利回归社会为目的,在具体设置附加条件时,应注意针对性和合理性。

德国附条件不起诉制度研究
李　倩
《比较法研究》2019 年第 2 期
关键词:附条件不起诉　便宜主义原则　起诉裁量　诉讼经济　刑事审前分流
摘要:我国 2012 年《刑事诉讼法》首次确认未成年人附条件不起诉制度,但是适用范围过窄,限制了附条件不起诉制度在刑事诉讼程序中的功能性作用。大陆法系的德国基于便宜主义原则而适用的未限定行为主体的"附条件不起诉"制度是司法上的理智选择,体现了诉讼经济理念,其司法实践的具体数据为我国刑事审前分流机制的改革提供了范本。附条件不起诉作为刑事案件"去犯罪化"

的策略之一,适应现代刑罚目的观转变的需要,也符合现代刑事司法的发展趋势,它创造法律秩序下的和平并且使被指控人再社会化成为可能。

涉罪未成年人羁押率的实证考察与程序性控制路径

自正法

《政法论坛》2019年第4期

关键词:涉罪未成年人　羁押必要性审查程序　羁押替代措施　诉讼监督

摘要:无论是国际公约还是国内法,均倡导对涉罪未成年人尽可能采取非犯罪化、非羁押化的处遇。然而,在未成年人刑事司法实践中却存在"普遍羁押""超期羁押""一押到底"等现象,特别在流动人口较为频繁的东部沿海地区尤为严重。调查显示,导致羁押率居高不下的原因在于办案人员"以捕代侦"的司法理念,适用羁押措施的标准不统一,羁押替代性措施不完备,社会观护机制不健全以及风险评估机制缺失等。针对这一司法顽疾,有必要建构一套体系科学、层次分明、功能完备的程序性控制路径,即细化羁押必要性审查程序,丰富羁押替代性措施,设立羁押替代性措施风险评估体系,实行逮捕与羁押绝对分离等,进而有效降低涉罪未成年人在整个诉讼程序中的羁押率。

未成年人严格限制适用逮捕措施的现状调查

王贞会

《国家检察官学院学报》2019年第4期

关键词:未成年人　严格限制适用逮捕　社会危险性评估　羁押必要性审查　社会观护体系

摘要:严格限制适用逮捕措施是未成年人刑事诉讼的一项原则要求。检察机关对这一规定的落实情况总体较好,有的地区还进行了一定的改革创新,未成年人逮捕数量逐步下降,非羁押比例整体上升。调查也发现一些问题有待解决。应当实现审查逮捕阶段听取辩护律师意见的全覆盖;完善逮捕社会危险性证明和审查评估机制;落实对被逮捕未成年人的分押分管和分别教育原则;加强对被逮捕未成年人的羁押必要性审查;完善未成年人非羁押的家庭监护和社会支持体系。

性侵未成年人案件证明疑难问题研究——兼论我国刑事证明模式从印证到多元"求真"的制度转型

向　燕

《法学家》2019年第4期

关键词:性侵未成年人犯罪　印证　证据类型　被害人陈述

摘要:性侵未成年人犯罪案件常呈现以被害人陈述为主要证据的特殊证据

构造，在被告人拒绝作出有罪供述的情形，适用我国严格的印证证明模式容易导致案件追诉的失败。性侵未成年人犯罪的案件特征引起的证明难题具有普遍性。借鉴英美法系国家的证明方法，在性侵未成年人犯罪中，应建立"被害人陈述可信性"的证据审查标准，完善被害人陈述的取得与审查的程序机制以防范错案的发生。应当以特殊类型犯罪中刑事证明疑难问题的解决为契机，推动我国刑事证明制度从单一的"印证"模式逐步向印证为主体的多元"求真"路径转型。

合适成年人讯问时在场：形式化背后的"无用论"反思

何 挺

《环球法律评论》2019 年第 6 期

关键词：合适成年人 讯问时在场 国家监护 少年司法

摘要：调查发现，合适成年人讯问时在场的形式化趋于严重，合适成年人在场的覆盖面不足，未成年犯罪嫌疑人对在场的合适成年人印象不深。严重形式化的原因包括：合适成年人讯问时在场的强制性不足，合适成年人的来源和能力等不足以支撑其实质化地履行职责以及合适成年人到场后活动受限等。严重形式化进一步催生了合适成年人讯问时在场制度无用和应被取消的讨论。对"无用论"的反思和对这一制度的价值定位，需要超越其监督和见证讯问过程这一表面功能，回归到国家监护补位的制度源头，关注其在少年司法视角下保障未成年人参与权，实现少年司法社会化和形成合作式诉讼构造的多元价值，并应当通过制度和操作的完善使合适成年人能够实质性地发挥作用。

论性侵儿童案件的精密办案模式

向 燕

《中国刑事法杂志》2020 年第 2 期

关键词：精密办案模式 性侵儿童犯罪 询问儿童 辅助证据

摘要：性侵儿童案件的精密办案模式由三个必不可少的部分构成：一是通过精细的询问程序获取高质量的被害人陈述；二是通过细致彻底的取证获取丰富的间接证据与辅助证据；三是对证据进行精密、科学的分析与综合运用。在此过程中，应当遵守"儿童利益优先，兼顾真实发现"根本原则。要在我国的性侵儿童诉讼中建立该种新型的办案模式，改革的关键是，在程序制度层面解决精密办案模式的权力配置问题，确保公安机关的配合和执行；在证据制度层面转变单一的印证证明模式，确立被害人陈述可信性的证据审查标准。从未来发展来看，还应完善相关程序机制，将"保障被追诉人对质权"作为性侵儿童案件精密办案模式的基本价值追求。

论未成年人刑事司法的社会支持体系

宋志军

《法律科学(西北政法大学学报)》2016 年第 5 期

关键词：未成年人刑事司法　社会参与　社会支持　司法社会工作

摘要：未成年人刑事司法具有较强的社会属性，其有效运行有赖于发达的社会支持体系。我国未成年人刑事司法面临的突出问题是社会参与程度低，司法机关与社会力量之间的信息共享及资源链接机制不健全、青少年司法社工力量不足以及政府资金支持缺位，导致社会支持难以体系化、规范化和常态化。厘清社会支持体系的内涵、结构、主体范围及其内容，为未成年人刑事司法社会支持体系建设奠定理论基础。通过建立信息共享及资源链接机制、实现未成年人刑事司法与社会工作相结合，以保障社会支持的有效性。通过制定社会参与规则、设立统筹社会支持体系建设的机构、探索多元化的资金支持途径，以实现社会支持的可持续发展。

认罪认罚从宽制度适用的基本问题——《关于适用认罪认罚从宽制度的指导意见》的理解和适用

苗生明　周　颖

《中国刑事法杂志》2019 年第 6 期

关键词：宽严相济　认罪认罚从宽　确定刑量刑建议　一审程序　二审程序

摘要：办理认罪认罚案件，应当坚持宽严相济的刑事政策和罪责刑相适应原则、证据裁判原则、配合制约原则，确保认罪认罚从宽制度依法规范适用。认罪认罚从宽制度适用于各类刑事案件的侦查、起诉、审判等不同阶段。对从宽的把握，原则上主动认罪优于被动认罪，早认罪优于晚认罪，彻底认罪优于不彻底认罪，稳定认罪优于不稳定认罪。人民检察院办理认罪认罚案件，一般应当提出确定刑量刑建议。被告人在侦查、审查起诉阶段没有认罪认罚，但当庭认罪，愿意接受处罚的，可以适用认罪认罚从宽制度。被告人在第一审程序中未认罪，在第二审程序中认罪认罚的，可以适用认罪认罚从宽制度，但从宽幅度应当与第一审程序认罪认罚有所区别。

被害人个人隐私信息保护的理论证成与体系化建构

朱福惠

《国家检察官学院学报》2019 年第 3 期

关键词：被害人　犯罪嫌疑人　个人隐私　隐私权　不公开

摘要：隐私权是指个人生活、私生活和家庭生活的信息不被知悉以及不受非法收集、利用和公开的权利,属于人格权和个人尊严的范围,个人隐私信息是隐私权的表现形式。我国宪法并没有直接规定公民的隐私权,隐私权率先在民事法律和司法实践中予以承认,但刑事法律到目前为止均没有明确规定隐私权,只是刑事诉讼法上有保护个人隐私的条款,并且通过司法解释将个人隐私保护具体化。然而,刑事诉讼法的个人隐私条款并没有确立隐私权的基本权利地位,被害人个人隐私信息保护被轻视。本文探讨被害人隐私信息保护专门化的必要性和可行性,分析被害人个人隐私权益弱化的观念因素,提出确立被害人刑事诉讼基本权利主体地位,确认隐私权为刑事诉讼基本权利,建立被害人隐私信息保护清单制度,对涉及到被害人个人隐私信息的案件应当适用侦查不公开和裁判文书不公开原则。

谨慎对待"捕诉合一"

童伟华

《东方法学》2018 年第 6 期

关键词:"捕诉合一" "捕诉分离" 正当程序原则 法律监督

摘要:"捕诉合一"是指刑事诉讼中由承办检察官承担同一案件的审查批捕和审查起诉工作。当前我国在理论和实务上存在着"捕诉合一"和"捕诉分离"之争,采取何种模式对我国检察制度和刑事诉讼制度都有重大影响。"捕诉合一"虽然也有提高办案效率等一些优点,但"捕诉合一"不符合正当程序原则,也与检察机关强化法律监督的改革路向不相吻合,会引发诸多问题。除未成年人犯罪这一特殊类型案件外,不应实行"捕诉合一"。为贯彻"捕诉分离"原则,应当强化审查逮捕制度的司法属性。审查批准逮捕案件应当由与案件没有利害关系的检察官办理,程序应当司法化,对不服逮捕决定者应当建立规范化的救济程序制度。

论脆弱证人作证制度

张吉喜

《比较法研究》2016 年第 3 期

关键词:脆弱证人 作证方式 对质权

摘要:脆弱证人是指那些按照通常的方式作证会对自身产生不利影响或不能全面、准确地提供证言的证人。在相关国家,脆弱证人主要包括三类:未成年人,性犯罪案件中的被害人以及按照通常方式作证可能对自身产生不利影响或影响证言质量的其他证人。为了最大限度地保护脆弱证人,提高其证言的质量,相关国家的法律规定了脆弱证人适用特殊的作证方式。虽然这在理论上受到了一些质疑,但是这些质疑并不能否定脆弱证人作证制度。在我国,刑事诉讼法对脆弱证人缺乏相应规定，理论界对脆弱证人作证制度也没有进行系统的研究。"推进以审判为中心的诉讼制度改革"迫切需要我国确立脆弱证人作证制度。

第三节 案例精解

成年在校学生犯罪案件参照适用未成年人刑事诉讼程序问题
——郭某危险驾驶案[①]

一、案情介绍

郭某，2002年出生，系广州市番禺区某高中2020年应届高中毕业生，在校期间品学兼优，无违反校规校纪等情况，2020年6月以优异成绩毕业，并先后被加拿大名校渥太华大学、西安大略大学（韦士敦大学）录取，且其已选择入读西安大略大学。

2020年7月18日22时许，郭某为庆祝学业结束，与朋友在番禺区一烧烤店吃烧烤喝啤酒后，无证驾驶一辆无号牌二轮摩托车返家，途中被公安人员查获。经检验，郭某被查获时血液中酒精含量为147.6毫克/100毫升，属于醉酒驾驶。2020年7月19日，郭某因本案被羁押，同日被刑事拘留，同月22日被取保候审。

2020年9月10日，番禺区人民检察院向番禺区人民法院提起公诉并建议适用速裁程序审理。番禺区人民法院于同月15日决定适用普通程序进行审理，并公开开庭审理了本案。

2020年12月3日，番禺区人民法院作出（2020）粤0113刑初1367号刑事判决。法院认为，郭某无视国家法律，在道路上醉酒、无证驾驶机动车，其行为已构成危险驾驶罪，依法应当对其适用"拘役，并处罚金"的量刑幅度予以处罚。公诉机关指控被告人郭某犯危险驾驶罪的事实清楚，证据确实、充分，指控罪名成立。但对于郭某的量刑，法院认为郭某犯罪情节轻微，且能够深刻认罪悔罪。另外，郭某犯罪时刚刚年满十八周岁，一贯表现良好。其在校期间品学兼优、尊师重教、待人宽厚、学习认真勤奋，无发生过违反校规校纪情况，以优异成绩顺利毕业，并于2020年6月先后取得多所加拿大名校录取通知书。郭某案发时心智尚不成熟，对自身行为控制能力不足，此次犯罪出于一念之差、侥幸心理，犯罪后有深刻的悔罪表现。其刚刚高中毕业并已选择入读加拿大西安大略大学，若被判处刑罚，基于出入境及学校管理要求，可能失去求学机会。根据宽严相济的刑事

[①] 资料来源：https://china.huanqiu.com/article/9CaKrnJmn29，2021年12月10日访问。

司法政策，参照对未成年人"教育为主、惩罚为辅"的审判原则，对郭某定罪免刑，使其能改过自新，继续完成学业，进而成长为国家、社会之有用之才，于其个人、于社会都是有利的，这符合法律的终极目的：维护社会和谐有序运转。反之，如因一念之差而毁年轻人一生，自非立法者本意。

法院最终判决，郭某犯危险驾驶罪，但免予刑事处罚。

二、争议观点

未成年人刑事诉讼程序是司法机关办理12岁以上未满18岁的被告人的犯罪案件时，应遵循的法定原则、次序和方式，是我国刑事诉讼特别程序之一。未成年人是国家的未来，未成年人刑事诉讼程序充分考虑到未成年人的特殊性，重在加强对未成年人的特殊保护，保障未成年人的合法权益。如《刑事诉讼法》规定，人民法院审理未成年人刑事案件，应当贯彻教育、感化、挽救的方针，坚持教育为主、惩罚为辅的原则。这与普通刑事诉讼程序有很大不同，特别是在量刑方面，未成年人刑事诉讼程序量刑往往更重教育性，轻于普通刑事诉讼程序量刑。

随着未成年人刑事诉讼程序蓬勃发展，出现了对于成年在校学生犯罪案件参照适用未成年人刑事诉讼程序的趋势。如案例中，郭某犯罪时刚刚年满十八周岁，但法官在审理案件时参照对未成年人"教育为主、惩罚为辅"的审判原则。2021年1月20日，最高人民法院颁布《最高人民法院关于加强新时代未成年人审判工作的意见》，其中规定"人民法院立案时不满二十二周岁的在校学生犯罪案件，可以由少年法庭审理"。这一规定同样为2021年《关于适用刑事诉讼法的解释》所明确。

学者们对这一趋势存在不同意见：一部分人认为，成年在校学生属于已经步入社会的人，没有必要对其区别对待，否则有违法律面前人人平等原则，也不符合未成年人刑事诉讼程序保护未成年人的初衷；另一部分人则认为，争议主要是针对成年但不满二十二周岁的在校学生这一特定群体，这一群体虽然按照法律规定已经成年，但与一般意义上的成年人仍具有较大差距，对其参照适用未成年人刑事诉讼程序具有一定合理性。

引发质疑的原因，表面上是与法律规定不符，有违法律面前人人平等原则，深层上则是对参照适用未成年人刑事诉讼程序会放纵在校学生犯罪的担忧。近年来，未成年人犯罪案件频发，特别是出现一些恶性未成年人犯罪案件。舆论认为这一现象的原因在于以"宽缓""教育"为特点的未成年人刑事诉讼程序不符合当下部分未成年人身心发育"早熟"的现实情况，未能对未成年人形成有效震慑。这一意见部分推动了十三届全国人大常委会第二十四次会议表决通过《刑法修正案（十一）》，降低未成年人负刑事责任年龄。在这种舆论下，尝试将未成年人刑事诉讼程序适用范围拓展至部分成年人，确实会引发质疑。

对于成年在校学生犯罪案件参照适用未成年人刑事诉讼程序，目前的实践仅仅是针对成年在校学生犯罪可以适用未成年人刑事诉讼审判程序，可以参照对未成年人"教育为主、惩罚为辅"的审判原则等，并非将成年在校学生与未成年人划等号。这是考虑到成年在校学生群体客观情况而制定的特别规定。刑事诉讼特别程序是为解决刑事诉讼中若干问题而专门设置的程序，而这些问题往往无法由刑事诉讼普通程序解决。故相比于普通程序，刑事诉讼特别程序应当更加适应社会现实，具有高度的实践性并追求良好的社会效果。未成年人刑事诉讼程序的产生和发展同样应当围绕社会现实情况这一核心因素。

有法庭在调研和审判实务中发现，当下成年在校学生，特别是已经成年但未满二十二周岁的在校学生实际上更接近于未成年人的生活状态，在毕业之前与未成年人的思想进化程度基本一致：心智比较单纯、社会化程度较低，在高中毕业后脱离父母来到大学，完全换了个新环境，很容易出现一些问题。但其往往不具备犯罪的主观愿望，多出于偶然，且通常犯罪情节轻微，社会危害性较低。若从严判处刑罚，可能使其失去宝贵求学机会，甚至可能对其人生轨迹造成严重影响，诱发未来新的犯罪，故对于成年在校学生犯罪案件参照适用未成年人刑事诉讼程序是有其必要性和特殊性的。

第三章　当事人和解的公诉案件诉讼程序

第一节　本章观点综述

刑事和解是一种以协商合作形式恢复原有秩序的案件调解方式,它是指在刑事诉讼中,加害人以认罪、赔偿、道歉等形式与被害人达成和解后,国家专门机关对加害人不追究刑事责任、免除处罚或者从轻处罚的一种制度。刑事和解制度作为现代司法的产物,有其时代性和必然性。与传统的对抗性诉讼模式不同,刑事和解有着很强的协商性和合作性。刑事和解是解决已然犯罪的一种方法,有学者认为,刑事和解制度的内涵具有两个层面,一是实体性,即一种解决已然犯罪的结果,以道歉、赔偿等方式实现部分或全部刑事责任;二是程序性,即刑事和解实现的过程,目前可通过三种司法方式——国家司法、协商性司法和恢复性司法实现。刑事和解解决了部分行为人的刑事责任,或者说其内容是行为人承担刑事责任的一种方式;刑事和解是在犯罪嫌疑人认罪的前提下进行的,在此过程中,被害人在追究犯罪的程序中地位上升,犯罪嫌疑人承担的刑事责任相对较轻。① 刑事和解制度于 2012 年《刑事诉讼法》修订确立,学界对于刑事和解制度的研究也在 2012—2013 年达到峰值,而在这之前和之后的研究成果都有所下降。

一、刑事和解制度的理论基础研究

关于刑事和解制度的理论基础,有许多学者都进行过相应的论述。有学者提出刑事和解制度是"对抗式诉讼模式"向"合作式诉讼模式"转型的产物。当事人主义与职权主义是当今刑事诉讼法学界公认的两大诉讼模式类型。在当事人主义诉讼模式中,司法程序被建构成诉讼两造仪式化平等对抗的竞技场,检察官和被告人在严密的诉讼程序中各自提出事实主张、出示证据资料,于诉讼之中交互辩论和对抗,居中的法官不主动调查证据,而是依据双方提供的事实主张和法律观点裁断案件,生成合理的判决。在职权主义诉讼模式中,发现实体真实和惩罚犯罪支配着整个诉讼程序,警察和检察官为追究犯罪拥有广泛的公共权力,法官有权主动调查收集证据,由此公权力主体在诉讼程序中居于主导地位,而限制

---

① 李卫红:《刑事和解的实体性和程序性》,载《政法论坛》2017 年第 2 期。

犯罪嫌疑人或者被告人行使诉讼权利。两种看似对立的诉讼模式,实际上具有诉讼两造积极对抗的共同本质,这不仅意味着上述模式之间并不存在本质上的差别,而且应围绕着对抗的基本要素来提炼和概括刑事诉讼模式——即都属于"对抗式诉讼模式"。对抗式诉讼包含着以下三方面的重要特征:第一,对抗式诉讼以控辩双方对抗为结构要素;第二,控辩双方居于诉讼的主导地位;第三,法官的裁判受制于控辩双方的对抗。对抗式诉讼具有两大非常明显的制度缺陷:财富效应和敌对效应。就前者而言,被告人在社会地位、经济能力和受教育程度等方面的差异决定了能否聘请律师以及聘请何种律师的不同。那些资财雄厚的被告人有能力聘请到最为优秀的律师为其收集证据和进行辩护,那些身无分文或者资财薄弱的被告人可能聘请不到律师或者仅能聘请到一般的律师,从而无法与作为国家利益代表者的检察官展开实质性的对抗。就后者而言,控辩双方之间的敌对关系影响着案件事实真相的发现程度。在对抗式诉讼中,控辩双方控制着证据收集和证据提交的范围和时间,他们在诉讼中各执一词,为追求最终的胜诉判决,可能会歪曲证据或者隐匿于己不利的证据,陪审团或者法官听审或者认定的案情可能并非真正的事实。对抗式诉讼所生发的制度缺陷和负面效应在很大程度上制约了其所适用的案件类型,致使对抗式诉讼只能适用于比率很低的被告人无罪辩护的案件之中,而被告人作有罪答辩的刑事案件数量极多,但却无法在对抗式诉讼之中寻找到正当化的解释路径。故此,刑事诉讼模式应当因应新的社会情势变化和制度变革的需要而作适时的转型。

我国的刑事诉讼模式正在经历着从对抗式诉讼到合作式诉讼的重大转型。毋庸置疑,对抗式诉讼长期支配和统治着我国的刑事诉讼制度,侦查程序、审查起诉程序和审判程序均以控诉方与辩护方的对抗为基础,证据制度、辩护制度与强制措施等为此提供重要的制度保障。随着对抗式诉讼的弊端逐渐为人们所认知和省思,法学理论界和司法实务界开始探索填补对抗式诉讼模式漏洞的新型诉讼模式,由此生成发展出更具实践理性的合作式诉讼。刑事和解制度的法律化过程实际上是矫正对抗式诉讼而发展合作式诉讼的结果。合作式诉讼模式的特征在于,被告人被赋予选择刑事诉讼程序或者承受何种刑事处罚的主动权,他们不再作无罪辩护,摈弃了诉讼对抗,转而寻求与控诉方或者被害方进行积极有效的对话、协商与合作,程序主体之间通过协同合作形成解决刑事纠纷的共识。毫无疑问,合作充斥于诉讼空间的多个角落,变为推动程序主体展开诉讼行为和形成纠纷解决共识的基本理念。这种合作既可以通过主动性合作的形式表现出来,也可以通过被动性合作的形式外现出来。无论是哪种形式的合作,其最终目的都是探求被告方与控诉方或者被害方之间的恰当的利益平衡点,妥适地达成能为多个程序主体所接受的解决方案。①

有学者从传统的刑事责任与民事责任关系的理论来考虑刑事和解制度的合理性。刑事责任与民事责任并不是绝对对立的状态,在轻微的刑事犯罪与较严重违法行为之间,存在着实质的模糊地带;刑法保障法与民法调整法的关系定位,使得刑事责任与民事责任之间可以存在一定程度的妥协和调和的空间;坚持刑事责任与民事责任的完全分离,并不利于实质正义的实现、社会秩序的恢复。② 有学者从疑罪价值的角度出发考虑刑事和解制度的存在空间。疑罪是刑事实体法适用于司法实践的必然产物,从狭义上来说,疑罪是指已有相当证据证明被告人有重大犯罪嫌疑,但全案证据尚未达到确实、充分的程度还不能确认被告人就是真正罪犯的情形。从广义上来说,疑罪是指因犯罪事实和证据原因,对犯罪嫌疑人、被告人是否犯罪及罪行轻重难以确定的案件,既包括罪疑,又包括刑疑以及适用法律存疑的案件。不论采取何种定义,罪与非罪证明标准模糊空间的客观存在,罪与非罪之间模糊的事实基础,使得个案处理具有复杂性和多样性,决定了疑罪在不同视域下的多元价值,进而为刑事和解制度的适用提供了合理性。③

另外有学者从法经济学的成本与收益分析方法来探究罪与刑的关系,亦可以视为刑事和解制度正当性的基础。在价值多元、目标多元的今天,决定罪刑关系的法则也是多元的,刑法应对社会风险的举措已经跳出了罪责刑相适应原则的羁绊,刑事和解制度就是很好的证明。当前的情势与罪责刑相适应原则产生时的社会基础和文化基础已大为不同,罪责刑相适应原则在当前自然会表现出诸多局限性,罪责刑相适应原则的社会基础渐渐被侵蚀。除了现实社会从工业社会向风险社会变迁外,刑法的任务也从保护法益转向保护安全,法益的抽象化和刑法介入的早期化,都使得罪刑相适应原则的内涵在逐步变化,由此,刑事和解制度就有了正当的存在基础。④ 但是对于该观点,也有学者有不同的看法。刑事和解并未走向罪刑相适应这一古老传统的对立面,而罪刑法定、罪刑相适应这些基本原则,实际上是为刑法私法化提供了充分的理论空间。简言之,罪刑相适应原则与刑事和解制度互为因果,学者们对于谁因谁果虽有不同的理解,但都肯定了刑事和解制度的正当性与罪刑相适应之间的关系。⑤ 有学者从死刑控制

---

① 谭世贵:《论刑事诉讼模式及其中国转型》,载《法制与社会发展》2016 年第 3 期。
② 李会彬:《传统刑事责任与民事责任关系的理论反思及其重新界定》,载《政治与法律》2019 年第 7 期。
③ 韩轶:《疑罪价值一元化反思》,载《法商研究》2019 年第 2 期。
④ 魏汉涛:《罪刑关系的反思与重构》,载《政治与法律》2019 年第 4 期。
⑤ 熊亚文:《刑法私法化:现实图景与理论空间》,载《现代法学》2016 年第 4 期。

的角度提倡刑事和解制度的适用。废除死刑是世界性趋势。从限制死刑适用到逐步废除死刑,也是我国死刑改革的长远发展趋势。非暴力方式侵犯生命权犯罪的死刑控制不仅是全面废除死刑的重要铺垫、减少死刑执行数量的重要途径、顺应国际趋势的重要举措,而且具有很强的现实可行性。为此,应当从立法、司法、刑事政策等方面对非暴力方式侵犯生命权犯罪死刑进行有效控制,加强刑事和解制度的适用。① 另外,有学者对当事人和解的公诉案件诉讼程序之设计进行了批判。其认为,刑事和解程序实质是在现行法有关逮捕、酌定不起诉和量刑之相关规定基础上的重复建设,丝毫不具有制度创新的品质。它在实践层面造成明显的作茧自缚效应,在理论层面亦造成诸多不利影响,实际效果与立法目的南辕北辙。为今之计,应尽早抛弃制度化的思维方式,而以一种现象化的视角认真对待和解与类和解现象这些值得法律给予充分评价的事实,在现行法的既有框架下寻找制度创新的多种可能性。②

学界对于刑事和解制度的批判还有部分原因来自司法实践中刑事和解制度"异化"为"以钱买刑"的手段。刑事和解如果仅仅意味着犯罪嫌疑人对被害人(及其家属)进行经济补偿就能获得减免刑罚的待遇,那么刑事和解中恢复犯罪造成的侵害、抚慰被害人(及其家属)的社会功能和价值也将不能有效发挥。为了防止制度异化,司法者的解释在系统性的视角下具有重要意义,被告人的经济支付也并非当然推定刑事责任的减免。③

二、当事人和解的公诉案件诉讼程序与其他程序的衔接问题

当事人和解的公诉案件诉讼程序与已有的附带民事诉讼程序具有相似的价值取向,即全面维护被害人的合法权益,尽可能弥补被害人因加害人的犯罪行为造成的损失,以实现节省司法资源、加速案件处理、恢复被犯罪分子破坏了的社会关系的司法目的。当事人和解与刑事附带民事诉讼程序作为不同时期写入刑诉法处理民事损害赔偿问题的解决方式,二者在案件适用范围、法律性质与处理方式上均有较大差异,带有明显的时代发展的印迹。然而,当事人和解与附带民事诉讼程序在现行刑诉法中的并存导致了二者在受案范围、适用期间以及案件适用主体上存在一定程度的重合,在实践中易出现当事人在程序选择上的冲突及由此而来的程序衔接问题。④

---

① 屈奇:《非暴力方式侵犯生命权犯罪的死刑控制》,载《法学论坛》2017年第3期。
② 孙远:《当事人和解的公诉案件诉讼程序之立法论批判》,载《政治与法律》2016年第6期。
③ 刘涛:《社会系统及其互动:刑事和解中"以钱买罪"现象新解》,载《法制与社会发展》2017年第2期。
④ 刘少军:《论当事人和解与刑事附带民事诉讼程序的衔接》,载《政法论坛》2016年第1期。

当事人和解的公诉案件诉讼程序与附带民事诉讼程序衔接之必要性首先体现在司法的现实需求上。司法实践中需要解决被害人的物质损失赔偿问题的刑事案件并非少数。在当事人和解的司法实践中出现了越来越多的反悔案例,这些案例无一例外都涉及到与附带民事诉讼程序的衔接问题。我国立法对当事人和解程序与附带民事诉讼程序的衔接问题并未作出全面的规定。在被害人民事损失赔偿问题上,现行立法采取了当事人和解与附带民事诉讼程序并存的模式。在程序的整体层面上,二者的适用范围有明确的划分,附带民事诉讼可以适用于所有的被害人提出物质损失赔偿的案件,从而涵盖了可以适用当事人和解程序的案件。但二者存在本质的不同,在理论和实践上可能产生如下方面的冲突:一是对于二者皆可以适用的案件,当事人如何选择具体的程序解决民事损失的赔偿问题;二是对于首先选择当事人和解程序的案件,当事人能否在和解失败后再次选择附带民事诉讼程序以对受损的民事权利进行救济;三是对于之前和解成功检察机关已做不起诉处理的案件,如果被害人反悔,如何对待检察机关对犯罪嫌疑人作出的不起诉决定的问题。检察机关应当撤销之前的不起诉决定,在提起公诉的时候允许被害人提起附带民事诉讼程序,还是应当坚持不起诉决定的效力,允许被害人单独提起民事诉讼,或者禁止被害人对和解内容进行反悔?

这一系列问题都是当事人和解与附带民事诉讼程序在运行过程中面临的实际问题。如若这些问题的处理没有明确和细化的标准,将直接导致此二者的矛盾与对立,诉讼程序的自治性必然受到较大影响。由此,正视当事人和解与附带民事诉讼程序的衔接问题,是使刑事诉讼程序在解决被害人损失赔偿问题上具有自治性的必然选择。当事人和解与附带民事诉讼程序衔接的基础体现在:第一,适用对象的同一性。当事人和解与刑事附带民事诉讼程序均是为了解决因被告人犯罪行为造成的民事赔偿问题,且二者的适用案件范围具有一定的重合性,这使得在实践中当事人对于此两种程序的选择以及二程序之间的衔接成为可能。第二,适用主体的同一性。公检法三机关是当事人和解与附带民事诉讼程序的共同适用主体。这为当事人和解与附带民事诉讼程序的衔接奠定了良好的基础,是二者进行相互衔接的主体基础。第三,当事人和解与附带民事诉讼程序覆盖立案侦查、审查起诉与审判这三个阶段。对于可以同时适用当事人和解与附带民事诉讼程序的案件,既存在当事人和解向附带民事诉讼程序的转化,也存在附带民事诉讼程序向当事人和解程序的转化,从而体现了两程序之间的相互补充性。最后,当事人和解与附带民事诉讼程序中"合作"理念的确立与调解原则的适用为两程序之间的衔接扫除了制度障碍,即适用原则的一致性。

而在刑事和解程序与附带民事诉讼程序的衔接案件范围问题上,由于附带民事诉讼程序的适用案件范围更广,对于刑事和解程序适用案件范围已有囊括,所以,二者的衔接问题主要出现在后者适用的案件范围中。对于程序衔接的原则,应当以当事人和解为主,附带民事诉讼为辅,就是对于轻微的刑事犯罪案件,公检法三机关要充分尊重当事人自行和解的意愿,在处理因犯罪行为造成的损失时,要首先积极促成当事人之间达成和解,在确无达成和解可能的情况下,再帮助当事人通过刑事附带民事诉讼程序来解决民事赔偿纠纷。第二个原则是要尽可能从当事人的角度出发,对于有正当理由的程序转换请求,应当予以允许与支持,以实现其诉讼利益和实体利益的最大化。第三点是尊重当事人在法律许可的范围内,选择纠纷解决方式并选择与该方式有关的程序及与程序推进相关事项的权利,也即程序选择权。有学者对二程序衔接的具体程序做了相应分类:和解不成的衔接程序、和解成功当事人反悔的衔接程序、和解成功检察机关作不起诉决定后当事人反悔的衔接程序、提起附带民事诉讼程序后又达成和解协议的衔接程序。[①] 该分类遵循了程序衔接的原则,以保障当事人合法权益为中心,尽量使二程序价值实现最大化,有一定借鉴意义。

2018 年认罪认罚从宽制度被写入《刑事诉讼法》。但早在认罪认罚从宽制度试点阶段,各试点单位就发现了认罪认罚从宽制度与刑事和解制度在适用方面的矛盾之处,两者在程序衔接上有相当大的争议,关键争议点在于如何看待被害人意愿对认罪认罚从宽制度的影响程度。

如何看待认罪认罚与和解的关系,以及二者的量刑从宽意义?对于第一个问题,根据我国《刑事诉讼法》的规定,和解是被追诉人通过向被害人赔偿损失、赔礼道歉等方式获得被害人谅解的活动。而根据 2014 年《最高人民法院、最高人民检察院、公安部、司法部关于在部分地区开展刑事案件速裁程序试点工作的办法》(以下简称《速裁程序办法》)、2016 年《最高人民法院、最高人民检察院、公安部、国家安全部、司法部关于在部分地区开展刑事案件认罪认罚从宽制度试点工作的办法》(以下简称《认罪认罚从宽制度办法》)的规定,被追诉人与被害人没有达成调解或者和解协议的,办案机关不得适用速裁程序。同时,办案人员还应当听取被害人的意见,并将是否达成和解协议或者赔偿被害人损失作为量刑的重要考虑因素。可见,无论是认罪认罚还是和解都包含被害人与被追诉人的互动情形。尽管《刑事诉讼法》以及相关试点办法只是规定"没有达成和解协议的"不适用速裁程序,却不排除适用其他程序并贯彻认罪认罚从宽原则的可能。但是,在试点期间,部分办案单位为了减少被害人涉诉信访等风险,将相关条文理解为,被追诉人必须与被害人达成和解,并取得被害人同意的,才能够启动认罪认罚从宽程序。这就相当于将刑事和解程序作为认罪认罚从宽制度的前置条

---

① 刘少军:《论当事人和解与刑事附带民事诉讼程序的衔接》,载《政法论坛》2016 年第 1 期。

件。对此,某些办案人员提出异议,认为被害人同意不应成为认罪认罚程序的前置条件,被追诉人只需要如实供述、承认犯罪事实并愿意接受处罚即可。

对于第二个问题,遵照 2017 年最高人民法院《关于常见犯罪的量刑指导意见》(以下统称 2017 年《量刑意见》)中积极赔偿被害人经济损失、达成刑事和解协议的规定进行量刑,相当于否定或者矮化了认罪认罚的独立量刑意义。即使有部分试点单位尝试为认罪认罚被追诉人提供额外的从宽激励,却又担心量刑失衡,而只能保守地给予较低的减损比例。尤其是,《刑事诉讼法》及其司法解释将被追诉人"真诚悔罪"视作刑事和解程序的前提要件,对此,相当多的理论学者、实务人员认为,和解同样要求被追诉人"认罪"。为解决两程序的衔接问题,有学者首先从认罪、认罚、和解的内涵入手进行辨析。"认罪"不包含对被害人救济的因素,"认罚"也不包含赔偿损失,但同时,认罪认罚与和解明显存在共同组成要素:在成立要件方面,集中表现为"承认犯罪事实"以及某些情形下的"赔偿被害人"。在涉及事项方面,集中表现为刑罚从宽。由于两程序的适用有共同的成立要件,办案机关认定这两种量刑情节可能存在重复评价的风险。除了概念异同关系之外,健全认罪认罚与和解的衔接机制还需规范被害人参与方案,这是因为,虽然《刑事诉讼法》沿用了"听取被害人意见"的做法,然而,对于听取的方式、效力以及被害人不同意的处理等情形,却没有直接做出回应。实践中也存在仅限于听取,是否被采纳并没有硬性规定,况且在实践中公诉人并不必然联系被害人,甚至公诉人与被告人在认罪认罚协商中为了达成某种交易会选择有意忽略被害人权益。对此,不少学者和办案人员比较赞成的方案是——刑事和解以被害人同意为前提,然而,认罪认罚从宽制度无须如此。这是因为人们担心如果让被害人作为参与认罪认罚的主体,很有可能降低控辩顺利具结的可能性,甚至使认罪认罚从宽制度混淆于刑事和解制度,因而,被害人不宜对案件具结产生实质影响。而且,针对必须以和解为前提的速裁程序,立法者应当合理划清特定的案件类型,比如涉及人身伤害、财产损失等情形。除此之外,办案机关适用速裁程序,无须以被害人同意和解为前提条件。对于其他可能适用认罪认罚从宽制度的案件,办案机关也不宜以未达成和解或者调解为由拒绝适用。在立法规范方面的衔接,有学者提出三个建议,第一是提升不同诉讼程序的层级性;第二是区分认罪认罚与和解在自愿性、合法性方面的审查标准;第三是设置层级化的量刑从宽的梯度规则。①

---

① 赵恒:《认罪认罚与刑事和解的衔接适用研究》,载《环球法律评论》2019 年第 3 期。

三、刑事和解的限度与范围

刑事和解制度是犯罪嫌疑人、被告人真诚悔罪、以赔偿损失、赔礼道歉获得被害人的谅解,经公安机关、人民检察院、人民法院审查并予以从轻处罚的案件处理制度。犯罪嫌疑人、被告人与被害人达成和解协议后,司法机关必须对和解协议进行审查并作出处理决定,引出了量刑限度的问题。有学者以 5072 份故意伤害罪判决为样本进行量化分析发现,通过和解、刑事附带民事诉讼判决结案等不同途径实现的民事赔偿对量刑的影响力存在明显差别。司法实践中应对刑事诉讼中积极赔偿对量刑的影响进行合理控制,降低不同类型民事赔偿对量刑影响的差异,推动"同案同判"的量刑公正。[①] 有学者认为刑事和解的边界应当回归犯罪的社会本质,以犯罪侵害的客体法益为限,从犯罪预防与惩罚总量平衡而言划定其限度。[②] 现行法律规定限定了刑事和解的案件适用范围,强奸罪本不属于刑事和解的范畴。但是,有学者认为,在理论层面,从强奸罪侵害的法益、被害人同意和耻感文化三个方面看,强奸罪应该属于刑事和解的范畴。[③] 例如,强奸罪的本质不在于发生强迫性行为时是否使用了暴力,而在于性行为的发生是否违背了女性意志。如果取得了女性同意,强奸罪就不会成立。然而,现实状况是,在众多的强奸案中,妇女同意与否往往在于一念之间,往往取决于强奸案发生后事态的发展变化。这种事后强奸案的发展变化,却成了认定妇女在性行为时同意与否的关键证据。强奸罪中被害人的意愿状况如此关键,恰好符合刑事和解制度中关注被害人意愿这一核心价值,也就为强奸罪和解的制度设计提供了理论支持。根据我国现行法律,环境资源犯罪同样不适用刑事和解制度,而鉴于刑事和解制度能够在审判前即能够起到损害的弥补作用,有学者主张,为确保生态修复的高效进行,有必要在刑事判决确定时规定非刑罚措施,对环境资源犯罪治理适用刑事和解制度。[④]

---

① 王芳:《刑事诉讼中积极赔偿对量刑的影响及其合理控制研究》,载《法学论坛》2020 年第 3 期。
② 蒋凌申:《论刑事和解中权利与权力的边界及处分限度——以民刑责任良性互补为视角》,载《中国刑事法杂志》2016 年第 5 期。
③ 龙长海:《强奸罪和解的理论可能与制度路径》,载《政法论丛》2019 年第 5 期。
④ 侯艳芳:《论环境资源犯罪治理中刑事和解的适用》,载《政法论丛》2017 年第 3 期。

第二节　核心期刊论文摘要

合意式刑事诉讼论

王新清

《法学研究》2020 年第 4 期

关键词: 合意式刑事诉讼　对抗式刑事诉讼　认罪认罚从宽

摘要: 随着我国刑事诉讼法相继确立刑事和解程序、速裁程序和认罪认罚从宽制度,一种新的刑事诉讼形式——合意式刑事诉讼,成为一种显性存在。学者们对此进行了理论概括,给予了不同的命名。与"合作式刑事诉讼""协商性刑事诉讼"等名称相比,"合意式刑事诉讼"的名称更为贴切。合意式刑事诉讼的内容包括合意式刑事诉讼行为和合意式刑事诉讼程序。2018 年《刑事诉讼法》搭建了合意式刑事诉讼的基本框架,但仍需对合意式刑事诉讼进行体系化建构,包括确立合意式刑事诉讼的专门原则,界定合意式刑事诉讼中当事人的诉讼权利,完善合意式刑事诉讼的起诉程序和审判程序。

解决刑事纠纷的双重方案:基于模型建构的分析

何　挺

《法商研究》2016 年第 1 期

关键词: 刑事纠纷　刑事案件　当事人合意主导型　国家决定主导型　刑事和解制度

摘要: 刑事纠纷与刑事案件不同。刑事司法制度如果只关注刑事案件的处理而忽视刑事纠纷的解决那么将产生许多负面影响。刑事司法制度应以解决刑事纠纷为导向进行相应的调整。运用以主体和主体间的关系为基本要素建构模型的方法,可以直观地呈现当前司法实践中处理刑事纠纷方式存在的问题,并在此基础上建构理想的模型。解决刑事纠纷的理想模型包括当事人合意主导型和国家决定主导型两种。从抽象的两种理想模型出发,将其中的关系要素转换为具体的制度并将其与刑事诉讼程序相衔接,可以确立解决刑事纠纷的双重方案。回归当事人合意主导型这一理论模型原点,还能发现刑事诉讼法规定的刑事和解程序在实践中存在问题的症结。

论当事人和解与刑事附带民事诉讼程序的衔接

刘少军

《政法论坛》2016 年第 1 期

关键词: 当事人和解　附带民事诉讼　程序安定　程序选择权

摘要:刑诉法新增的当事人和解程序与已有的附带民事诉讼程序具有相似的价值取向,即全面维护被害人的合法权益,尽可能弥补被害人因加害人的犯罪行为造成的损失,以实现节省司法资源、加速案件处理、恢复被犯罪分子破坏了的社会关系的司法目的。由于二程序在适用期间和受案范围上存在一定的重合之处,故易出现当事人在程序选择上的冲突及由此带来的衔接问题。将当事人和解与附带民事诉讼程序进行有效衔接,不仅是各程序充分发挥作用的内在要求,同时也是避免各程序之间产生矛盾与冲突的必然途径。结合立法规定,当事人和解与附带民事诉讼程序之间的衔接应当明确衔接的案件范围、衔接的基本原则,厘清其与不起诉决定之间的关系以及针对不同的司法实践状况确定不同的衔接方案。

当事人和解的公诉案件诉讼程序之立法论批判

孙 远

《政治与法律》2016 年第 6 期

关键词:和解 类和解现象 制度化 现象化 概念化

摘要:2012 年修正的我国《刑事诉讼法》确立的"当事人和解的公诉案件诉讼程序",其实质是在现行法有关逮捕、酌定不起诉和量刑之相关规定基础上的重复建设,丝毫不具有制度创新的品质。它在实践层面造成明显的作茧自缚效应,在理论层面亦造成诸多不利影响,实际效果与立法目的南辕北辙。为今之计应尽早抛弃制度化的思维方式,而以一种现象化的视角认真对待和解与类和解现象这些值得法律给予充分评价的事实,在现行法的既有框架下寻找制度创新的多种可能性。

论刑事和解中权利与权力的边界及处分限度——以民刑责任良性互补为视角

蒋凌申

《中国刑事法杂志》2016 年第 5 期

关键词:民刑交叉 民刑互补 量刑均衡 被害人保护 刑罚功能

摘要:刑事和解在于综合国家权力与个人权利互为依托而共同治理犯罪,加害人有进行赔偿并争取谅解的权利,被害人有获得赔偿和进行谅解的权利,司法机关掌握刑事和解的最终处分权。刑事和解有限性在于,犯罪客体框定了刑事和解的边界,刑事责任为保障民事救济让步有限,民事责任填补功能以及惩罚与预防犯罪的功能均有限,刑事和解应保持惩罚与预防总量的平衡。刑事和解是"民事合意"与"刑罚减轻"间的协调,其中民事合意在范围、内容以及赔偿上均有自身的限度;刑罚减轻有自身的规则,但受到刑事和解有限性的严格拘束。

论刑事诉讼模式及其中国转型

谭世贵

《法制与社会发展》2016 年第 3 期

关键词: 刑事诉讼模式 对抗式诉讼 合作式诉讼 转型 刑事和解

摘要: 当事人主义与职权主义是当今刑事诉讼法学界公认的两大诉讼模式。实际上,两者均奉行诉讼两造平等对抗的诉讼理念,都只是对抗式诉讼模式之下的子模式。与对抗式诉讼模式相对应的是合作式诉讼模式。英美法系的辩诉交易、我国的刑事和解也印证了合作式诉讼的现实存在。我国刑事诉讼模式正在朝着现代化方向发生重大转型,既有发生在不同诉讼模式之间的从对抗式诉讼向合作式诉讼的转型,也有同一诉讼模式内部的子模式之间的转型。这一发展趋势必将引起我国刑事诉讼理念和制度的深刻变革。

刑法私法化:现实图景与理论空间

熊亚文

《现代法学》2016 年第 4 期

关键词: 刑法私法化 犯罪治理 法益侵害 责任主义 刑法基本原则

摘要: 大体上,刑法私法化是指在以纯粹公法建构的刑法中引入私法的理念、原则与方法,以实现在刑事法治框架内的犯罪治理多元化。刑法私法化在刑事立法和司法中均有显性体现,其蕴涵了恢复正义、经济效益等价值追求,如此现象的产生既有刑法之内的原因驱动,也有刑法之外的因素使然。尽管刑法私法化在一定程度上冲击了传统刑法理论及其适用范式,但其并未走向真正的对立面。传统刑法理论中犯罪的法益侵害性、消极的责任主义原理以及罪刑法定、罪刑相适应等刑法基本原则,均为刑法私法化提供了充分的理论空间。

刑事和解的实体性与程序性

李卫红

《政法论坛》2017 年第 2 期

关键词: 刑事和解 实体性 程序性

摘要: 刑事和解是解决已然犯罪的一种方法,它具有两个层面,一是实体性,即一种解决已然犯罪的结果,以道歉、赔偿等方式实现部分或全部刑事责任;二是程序性,即刑事和解实现的过程,目前可通过三种司法方式——国家司法、协商性司法和恢复性司法实现。刑事和解解决了部分行为人的刑事责任,或者说其内容是行为人承担刑事责任的一种方式;刑事和解是在犯罪嫌疑人认罪的前提下进行的,在此过程中,被害人在追究犯罪的程序中地位上升,犯罪嫌疑人承担的刑事责任相对较轻。

论环境资源犯罪治理中刑事和解的适用

侯艳芳

《政法论丛》2017年第3期

关键词：环境资源犯罪　刑事和解　适用依据　非刑罚措施

摘要：我国环境资源犯罪治理中刑事和解的适用具有坚实依据。刑事和解与环境伦理的要旨相契合，与环境法益的特性相协调。刑事和解是环境资源犯罪治理模式转变的理想诉求，是环境资源犯罪治理困境克服的迫切需求。环境资源犯罪治理适用刑事和解的时间阶段为刑事判决确定之前，为确保生态修复的高效进行，有必要在刑事判决确定时规定非刑罚措施。刑事和解中直接、具体被害人的确定应当在现代人利益层面进行。

我国民族自治地方变通施行刑法的路径转换——从实体法到程序法

刘之雄

《法商研究》2017年第2期

关键词：刑法　变通施行　民族区域自治　刑事诉权　刑事和解　刑事一体化

摘要：虽然我国刑法在民族自治地方变通施行仍具有现实意义，但是这一制度因缺乏可行性与合理性而面临困境。基于刑法与刑事诉讼法的互动、互补关系，刑法的变通施行完全可以通过程序法制度设计得以实现，即可以通过对刑事诉权制度、附条件不起诉制度、公诉案件当事人和解制度的变通立法来达到刑法变通施行的目的。这种程序法变通路径能适应刑法在民族自治地方变通施行的现实需要，有效摆脱刑法变通施行面临的困境，也是在恢复性司法理念下改革刑事诉讼制度的有益尝试。

论被害人量刑建议权的实现

韩轶

《法学评论》2017年第1期

关键词：被害人　量刑建议　量刑参与　量刑意见

摘要：被害人参与量刑的角色经历了由"当事人"到"量刑意见提出者"再到"和解协议达成者"及"调解协议协商者"的演变过程，却始终无法达到赋予被害人量刑建议权所带来的量刑参与效果。被害人量刑建议权具有个人法益优先保护、被害人权利全面实现、被害人与被告人利益均衡维护、刑事司法秩序有效恢复等理论根据。被害人可在自诉与一般公诉案件中作为独立的量刑参与人提供量刑建议，也可在刑事速裁与特别程序中作为谅解协议的协商者表达量刑建议。为保障被害人量刑建议权的实现，应使量刑建议具有一定刚性效力，允许量刑建议合理变更,明确针对量刑结论的自行上诉、申请抗诉与申诉再审机制,并对相关立法进行完善。

非暴力方式侵犯生命权犯罪的死刑控制
屈 奇
《法学论坛》2017年第3期
关键词: 非暴力方式 侵犯生命权犯罪 死刑控制 刑事和解
摘要: 为了限制和废除死刑,应当对以暴力方式和非暴力方式侵犯生命权的犯罪区别对待,及时废除非暴力方式侵犯生命权犯罪的死刑。非暴力方式侵犯生命权犯罪的死刑控制不仅是全面废除死刑的重要铺垫、减少死刑执行数量的重要途径、顺应国际趋势的重要举措,而且具有很强的现实可行性。建议从立法、司法、刑事政策等方面对非暴力方式侵犯生命权犯罪死刑进行有效控制,并充分发挥刑事和解的重要作用。

社会系统及其互动:刑事和解中"以钱买罪"现象新解
刘 涛
《法制与社会发展》2017年第2期
关键词: 刑事和解 "以钱买罪" 社会系统 二阶观察 法律解释
摘要: 刑事和解中存在"以钱买罪"。恢复性司法说与"新传统说"都未能对其性质和功能进行恰当定位。借助社会系统论,刑事和解中对经济支付手段的利用可以得到恰当解释。现代社会子系统间的互动由系统媒介产生和延续。"以钱买罪"现象在刑事法运作中的出现是经济支付媒介与刑事法判断互动的产物。在部分案件中,经济支付能够通过抽象性支付功能恢复被害受损利益。刑事法上根据系统间互动产生的对行为与行为人责任的区分可以放到现代社会系统运作视角下予以考察。根据经济支付所做出的责任区分并非科学意义上的精确,也会随着社会认知的变动而调整。因此,被告人经济支付并非当然推定刑事责任减免。司法者的解释在系统性的视角下依然具有重要意义。

民事赔偿情节对死刑适用的影响
最高人民检察院公诉二厅课题组
《国家检察官学院学报》2018年第1期
关键词: 民事赔偿 死刑适用 量刑权重 刑事和解 检察监督 国家司法救助
摘要: 民事赔偿情节是影响死刑适用的酌定从轻情节之一,在死刑案件量刑情节中占有重要地位,对死刑裁判结果影响较大。死刑案件中民事赔偿情节的适用存在诸多问题。当前,亟须尽快规范死刑案件民事赔偿的适用范围,明确民事赔偿作为酌定从轻情节的构成要件,适当把握民事赔偿情节的量刑权重,合理限定民事赔偿与死刑裁判之间的关系。同时,应当将民事赔偿纳入刑事和解制度,加强检察机关法律监督并完善国家救助制度。

疑罪价值一元化反思
韩 轶
《法商研究》2019 年第 2 期

关键词: 疑罪　疑罪从无　疑罪从轻　疑罪价值多元化

摘要: 疑罪作为刑事司法实践中存在的客观现象,具有差异性和多样性的内涵,这决定了疑罪在不同的视阈下存在多元价值。在罪与非罪之疑中蕴藏着未来我国构建辩诉交易制度的事实基础,在此罪与彼罪之疑中存在着从定罪情节向量刑情节转化的可能,在量刑情节之疑中则存在适用"疑罪从轻"原则的空间。有必要反思传统的因坚持"疑罪从无"原则而全盘否定疑罪价值多元化的观念,正视并充分挖掘疑罪的多元价值。

传统刑事责任与民事责任关系的理论反思及其重新界定
李会彬
《政治与法律》2019 年第 7 期

关键词: 刑事责任　民事责任　严格分立　转化关系

摘要: 传统刑事责任与民事责任严格分立、不可转换的理论,面临着不能合理解释新的立法现象、不能与刑事责任的归责原则相容、造成现有刑事责任理论的混乱等问题。由于刑事责任与民事责任之间在目的、性质和功能上并非处于绝对的对立状态,允许刑事责任与民事责任之间存在灵活的转化空间,不但不会造成社会秩序的混乱,反而有利于社会秩序的维护和实质正义的实现。有必要在一定条件下承认刑事责任与民事责任之间存在转化关系,但必须做出如下限制:轻罪范围内允许存在质(罪与非罪)的转化关系,重罪范围内允许存在量(量刑轻重)的转化关系,并且只能存在由刑事责任转化为民事责任的单向性转化关系,且必须由法律加以确认。

强奸罪和解的理论可能与制度路径
龙长海
《政法论丛》2019 年第 5 期

关键词: 强奸罪　被害人　和解　性自由权

摘要: 强奸罪本不属于刑事和解的范畴。但是,在理论层面,从强奸罪侵害的法益、被害人同意和耻感文化三个方面看,强奸罪应该属于刑事和解的范畴。在制度层面,应对我国现行刑法规定的强奸罪和刑诉法的相关规定进行必要的修改,将强奸罪和解的理论可能,落实到具体的制度构建上。坚持强奸罪侵害妇女性自由权,应明确认定婚内强奸构成强奸罪,但属于告诉乃论的范畴。研究和借鉴俄罗斯刑法与刑诉法规定的强奸罪和解制度,有助于我国强奸罪刑法规范的完善。我国刑法在保留强奸罪的同时,应将男性针对女性的强奸与妇女对男性实施的逆强奸和男性针对男性的同性性行为区别开来,增设性暴力行为罪。应将非针对人身使用暴力或暴力威胁的强奸及性暴力行为列入到强迫性交罪。强奸罪和解只能限定在轻罪,同时,犯罪人应为初犯。

认罪认罚与刑事和解的衔接适用研究

赵 恒

《环球法律评论》2019 年第 3 期

关键词:认罪认罚 刑事和解 被害人参与 合作性司法 恢复性司法

摘要:在认罪认罚从宽制度已被写入《刑事诉讼法》的背景下,立法者亟需关注认罪认罚与刑事和解的矛盾样态。之所以出现被害人难以参与认罪认罚案件的现象,浅层致因是"影响效率说",即被害人的介入会损害案件办理效率。深层致因是"理念冲突说",即合作性司法理念与恢复性司法理念之间的张力关系。为了保证认罪认罚从宽制度与刑事和解程序的顺畅衔接,立法者应当遵循以下完善思路:第一,把握认罪认罚与和解在成立要件层面的"概念交叉"关系,肯定二者均具有独立的量刑意义,但须避免重复评价;第二,审慎界定认罪认罚从宽制度与刑事和解程序中被害人地位的差异性,赋予被害人有效参与的特定权利,并妥善处理被害人提出不当诉求的难题;第三,在具体规则领域,还需要提升不同诉讼程序类型的层级性,区分认罪认罚与和解在自愿性、合法性方面的审查标准,以及设计层级化的量刑从宽规则。

刑事诉讼中积极赔偿对量刑的影响及其合理控制研究

王 芳

《法学论坛》2020 年第 3 期

关键词:民事赔偿 量刑 认罚从宽 量化分析

摘要:刑事诉讼中的民事赔偿是一个制度集合概念,并与量刑密切相关。以 5072 份故意伤害罪判决为样本进行量化分析发现,通过和解、刑事附带民事诉讼判决结案等不同途径实现的民事赔偿对量刑的影响力存在明显差别。其原因在于被害人满意程度是量刑阶梯设计的重要标准,而恢复正义为被害人满意作为量刑标准提供了正义基础。司法实践中应对刑事诉讼中积极赔偿对量刑的影响进行合理控制,降低不同类型民事赔偿对量刑影响的差异,推动"同案同判"的量刑公正。

第三节 案例精解

死刑案件中是否可以适用刑事和解
——河南永城玛莎拉蒂追尾案①

一、案情介绍

2019年7月3日19时许,被告人谭明明、刘松涛、张小渠在河南省永城市东城区一烤串店聚餐饮酒后,谭明明驾驶玛莎拉蒂越野车拉着刘松涛、张小渠离开,沿永城市东城区沱滨路、文化路等多条城市路段行驶。行至花园路时,连续剐蹭停在路边的六辆汽车后,又接连与对面驶来的一辆轿车和停在路边的一辆轿车相剐碰,因无法通行被迫停下。被撞车主及周围群众上前劝阻,坐在后排的刘松涛和张小渠让谭明明赶紧离开。谭明明即驾车强行冲出,沿花园路、车集路向东外环路方向逃逸,至东外环路和永兴街交叉口时,高速追尾正等待通行信号的豫N0182L宝马轿车,致使宝马轿车起火燃烧。事故造成宝马车内二人死亡、一人重伤,肇事车玛莎拉蒂车上的三人全部受伤。经检验鉴定,谭明明驾驶的肇事车,在追尾事故发生的瞬间,车速是每小时120到135千米之间;经检测,谭明明抽血化验,酒精含量是167.66毫克/100毫升,属于醉酒;经检测,谭明明不涉毒,排除毒驾;宝马车上的三个人,事发当天晚上,经检测,没有喝酒。

2019年8月13日,永城市人民检察院以涉嫌以危险方法危害公共安全罪对犯罪嫌疑人谭明明、刘松涛、张小渠批准逮捕。

2019年12月16日,该案被起诉至商丘市中级人民法院。审理过程中,三被告人及其近亲属赔偿了被害方经济损失,与被害方分别达成和解协议。

2020年11月6日,商丘市中级人民法院认定三被告人犯以危险方法危害公共安全罪,系共同犯罪,其中谭明明醉酒驾车,是犯罪行为的直接实施者,系主犯,且犯罪情节恶劣,后果严重;刘松涛、张小渠在共同犯罪中起次要作用,系从犯,可以减轻处罚。鉴于被告人案发时处于醉酒状态,主观上不希望、也不积极追求危害结果的发生,属于间接故意犯罪,其主观恶性、人身危险性与故意驾车撞人和蓄意危害公共安全的直接故意犯罪有所不同。谭明明到案后能如实供述自己的罪行,系坦白,且积极赔偿被害方经济损失,有悔罪表现,可依法酌情从轻处罚;被告人刘松涛、张小渠犯罪情节较轻,积极赔偿被害方经济损失,有悔罪表现,可依法对其适用缓刑。遂依法分别判处该案主犯谭明明无期徒刑;被告人刘

---

① 资料来源:https://www.sohu.com/a/430148610_100224642,2021年12月10日访问。

松涛有期徒刑三年,缓刑三年;被告人张小渠有期徒刑三年,缓刑三年。

有新闻报道被害人家属表示对一审判决不服将提出上诉,截止本案例撰写之日,公开渠道尚未检索到关于本案二审开庭或判决相关信息。

二、争议观点

河南永成玛莎拉蒂追尾案一度因三被告人皆属"富二代",犯罪行为恶劣,犯罪结果严重引发全国关注,特别是在审理期间三被告与被害方分别达成和解协议,一审判决主犯谭明明无期徒刑后,更是引发关于刑事和解是"富人花钱买命"的感叹和质疑。

根据《刑法》规定,以危险方法致人重伤、死亡或者使公私财产遭受重大损失的,处十年以上有期徒刑、无期徒刑或者死刑。本案中,被告人谭明明醉酒超速驾车,造成除被告人一方外二人死亡、一人重伤,另有九辆车不同程度损毁的严重后果,的确不能完全排除对被告人谭明明适用死刑的可能。那么,死刑案件中是否可以适用刑事和解呢?其实,在刑事和解制度构建之初就出现了支持和反对将刑事和解适用于死刑案件的两方观点。反对者认为,我国《刑法》已经对死刑的条件做了十分明确具体的规定,需要判处死刑案件必定是罪大恶极、没有和解空间的案件,而现行《刑事诉讼法》规定可以刑事和解的案件范围并不包括死刑案件,若将刑事和解适用于死刑案件,则不符合罪刑法定的基本原则,更可能破坏人们对司法权威的信任。支持者则认为,死刑案件适用刑事和解贯彻少杀慎杀死刑政策,也兼顾了诉讼各方利益需求,而随着传统刑事司法理念的变化,死刑案件刑事和解的理论基础和适用环境也已逐步建立。

应当以发展的视角看待死刑案件中是否可以适用刑事和解的问题。刑事和解是指在刑事诉讼过程中,通过调停人或其他组织使被害人与犯罪嫌疑人、被告人直接沟通、协商,双方达成民事赔偿和解协议后,司法机关根据案件的具体情况对犯罪嫌疑人、被告人不再追究刑事责任或从轻减轻刑事责任的诉讼活动。虽然根据《刑事诉讼法》之规定,死刑案件确不属于可以适用刑事和解的案件范围,但司法实践中已经不乏有死刑案件适用刑事和解的案例出现。这些案例虽不冠以刑事和解之名,但法院基本是以被告方与被害方达成赔偿谅解作为从轻处罚的酌定量刑情节,而不判处死刑立即执行或者改判死缓的方式,行刑事和解之实的。

现代刑事司法正义不应执着于报应主义,通过剥夺加害人利益使其利益减损达到与其制造的社会损害的平等,这种古老而朴素的传统刑事司法正义观在实践中往往是"同态复仇"心理的一种表象,而这不应是现代刑事司法正义发展的方向。相比之下,刑事和解是恢复性正义观的体现,其强调对被害人进行有效的补偿,通过增加被害人利益达到对社会损害的弥补来实现平等,进而实现社会秩序的恢复。通说认为,恢复性正义观是对传统报应性正义观的重要补充。

基于上述,死刑案件适用刑事和解,一方面可以更加关注被害人权益,从而兼顾各方利益,缓解案后社会矛盾;另一方面,也是贯彻落实我国"保留死刑并严格控制死刑"和"少杀慎杀"的死刑政策的必然要求。故死刑案件适用刑事和解,不是对正义的侵害,而是对正义更完整的诠释。

本案中,虽然不排除对被告人谭明明适用死刑的可能,但司法实践中同类型案件也确实存在判处无期徒刑的先例(如孙伟铭案)。另外,根据新闻报道,通过刑事和解,被害人及近亲属获得了高额赔偿,这当然不能与被害人的逝去及重伤等价,但对于被害人家属未来生活及伤者后续治疗客观上具有重要作用,从这一角度协助认定谭明明具有悔罪表现并依法酌情从轻处罚也是合理的。需要特别指出的是,死刑案件刑事和解运用得好可以取得较好的法律效果和社会效果,运用不当则会引发新的矛盾,并导致司法不公的后果。因此,如何约束法官自由裁量权在合理范围内行使,避免权力失控、司法不公,才是刑事和解可以真正适用于死刑案件最关键、最根本和亟待解决的问题。

第四章 缺席审判程序

第一节 本章观点综述

党的十八届三中全会通过的《中共中央关于全面推进依法治国若干重大问题的决定》提出,要加强反腐败体制机制创新和制度保障,健全惩治和预防腐败体系。作为反腐败工作的重要组成部分,海外反腐一直以来备受关注。2018年10月26日,十三届全国人大常委会第六次会议通过了《关于修改〈中华人民共和国刑事诉讼法〉的决定》,在我国刑事诉讼中正式确立了缺席审判制度。刑事缺席审判是指法院在被告人不出庭的情况下对案件进行审理,并对被告人进行定罪量刑的诉讼活动。2019年12月30日及2021年1月26日,最高检和最高法相继发布了《人民检察院刑事诉讼规则》与《关于适用刑事诉讼法的解释》,缺席审判制度的实施得到进一步的细化规定。

刑事缺席审判制度作为一项重要的司法改革举措,从提出到"入法"到实践运用,始终都是理论界和实务界共同关注的热点。2016年至2020年间,众多学者围绕该制度展开了激烈的讨论以及深入的研究,各种观点碰撞的同时不断加深着人们对制度的理解与思考。本书将围绕刑事缺席审判制度实施中遇到的重大理论问题和实践难题,对不同学者的观点进行深入系统的探讨。在充分肯定以往成就的同时,也会对相关问题展开思考。

一、刑事缺席审判制度的基础理论问题

首先,从概念上看,刑事缺席审判在概念上存在不同的理解。第一种是在被告人不参与的情况下提起的刑事诉讼;第二种是法院在没有听取被告人陈述的情况下作出有罪判决,但被告人可以通过上诉以获得参与审判的权利。这两种理解差别极大,前者的根本特征在于被告人不参与刑事程序,后者则仅是未听取陈述,又称为"未经听取意见的判决"。根据我国刑事诉讼法所确立的刑事缺席审判的制度设计来看,我国的刑事缺席审判应指在审判日,被告人本人未到庭,由法庭主持进行的开庭审理制度。① "犯罪嫌疑人、被告人在境外"是刑事缺席审判的启动要件,有学者认为,"犯罪嫌疑人、被告人在境外"的表述限制了缺席审判的适用范围,可以扩大为"有证据证明犯罪嫌疑人、被告人潜逃境外"。② 另一种观点认为,对于贪污贿赂、严重危害国家安全和恐怖活动犯罪嫌疑人的缺席审判不应仅限于"在境外",可以考虑将所有在逃未到案的犯罪嫌疑人纳入缺席审判范畴。③ 还有学者主张将"犯罪嫌疑人、被告人在境外"解释为有可信的证据证明犯罪嫌疑人、被告人已经出境,④是为了均衡考虑检察机关证明的方便性与被告人诉讼权利的保障,推进缺席审判的庭前送达和开庭审理活动。有学者认为,刑事缺席审判仅指被告人一方不出席法庭审判活动,不包括控诉方缺席的情况。⑤

其次,从制度定位上看,学界对该问题的研究大致可以概括为以下几种视角。第一种视角从刑事缺席审判制度的价值出发。大部分学者都赞同刑事缺席审判制度具有实现国家治理层面反腐倡廉,实现境外追逃追赃的价值。⑥ 最初,国家主要通过跨国的刑事司法协助机制以实现境外追逃追赃,如司法协助、民事没收、相互承认与执行没收裁决等。在当时严峻的反腐败斗争形势下,境外追逃追赃的压力巨大,通过相关主管机关和工作人员的不懈努力,我国成功使部分案件的在逃人员在被请求国被限制人身自由或者剥夺财产权利,并实现了引渡、遣返和资产追缴,其中包括著名的赖昌星案、沈磊案、梁智峰案、张振海案等。在取得上述成绩的同时,决策者也清醒地看到,由于不存在与《联合国反腐败公约》等国际公约相衔接的国内法,故寻求外国刑事司法协助时常常受到国内法律依据不足的制约。2012 年,为加快国内立法与《联合国反腐败公约》《联合国打击跨国有组织犯罪公约》等一系列国际公约、条约的衔接,《刑事诉讼法》新设了违法所得没收特别程序(以下简称"没收程序"),以在不对被告人定罪的前提下,完成对涉案赃款赃物的没收和追缴。违法所得没收程序的设立是我国追赃立法的重大进步,有效实现了对涉案财物的处置。但在以"人"为中心的刑事审判中,没收

---

① 《刑事诉讼法(2018 年修正)》第 291 条第 1 款规定,"对于贪污贿赂犯罪案件,以及需要及时进行审判,经最高人民检察院核准的严重危害国家安全犯罪、恐怖活动犯罪案件,犯罪嫌疑人、被告人在境外,监察机关、公安机关移送起诉,人民检察院认为犯罪事实已经查清,证据确实、充分,依法应当追究刑事责任的,可以向人民法院提起公诉。人民法院进行审查后,对于起诉书中有明确的指控犯罪事实,符合缺席审判程序适用条件的,应当决定开庭审判"。
② 袁义康:《刑事缺席审判程序的合理性及其完善》,载《华东政法大学学报》2019 年第 2 期。
③ 周长军:《外逃人员缺席审判适用条件的法教义学分析》,载《法学杂志》2019 年第 8 期。
④ 同上。
⑤ 杨宇冠:《刑事缺席审判被告人权利保障问题研究》,载《当代法学》2020 年第 6 期。
⑥ 施鹏鹏:《缺席审判程序的进步与局限——以境外追逃追赃为视角》,载《法学杂志》2019 年第 6 期。

程序并未实现对被告人的刑事追诉,因此无法实现追逃的功能。2018 年,鉴于中央高层高压反腐的决心以及实务界对追逃与追赃并重的强烈呼吁,《刑事诉讼法》再次修改,在第五编又增加了"缺席审判程序"一章,以对逃匿至境外的涉嫌贪污贿赂犯罪的被告人提起缺席审判之诉。有学者认为对于死亡且冤屈的被告人适用缺席审判程序能够起到平冤昭雪的积极作用。[1] 显然,能够告慰已经死亡但被冤屈的被告人的,唯有通过缺席审判还其清白。此外,对于被告因患有严重疾病而不能出席审判的缺席审判,缺席审判程序的适用乃是实现诉讼效率的需要。[2]

第二个视角是从刑事缺席审判的制度性质来看。有学者认为,刑事缺席审判程序属于权利克减型程序[3],这是因为缺席审判程序是在一审普通程序的基础上减少被告人的权利保护的范围和强度,进行更多的权利克减型制度配置,属于立法者在一审普通程序基础上进行权利流动性保护的做法。有学者认为,在现代刑事诉讼中,对席审判是原则,缺席审判是例外。[4] 这是因为缺席审判的出现主要是为了满足特定案件中的诉讼效率或者法秩序维护的需要,是刑事司法多元价值综合权衡的产物,而保障被告人的听审权是现代刑事诉讼的基本要求。《公民权利与政治权利国际公约》第 14 条第 3 款确立了刑事被告人的最低限度保障标准,其中第 5 项就规定了被告人的听审权,即"出席受审并亲自为自己辩护或经由其自己所选任之法律援助进行辩护;若无法律援助,应告之此权利"。将听审权纳入被告人的最低限度保障标准,不仅由于被告人是重要的证据来源,其出庭受审有利于法庭查明事实和正确裁判,而且在于听审权是被告人行使辩护权、救济权等诉讼权利的基础,是人性尊严保障的需要。另外,有学者认为,具体到刑事诉讼层面,可以将缺席审判程序理解为促使被告人行使出庭权利、免除被告人到庭义务的举措,具有前置性和必要性特征。[5]

最后,从刑事缺席审判制度的正当性基础来看。这个问题主要针对的是基于何种正当理由对犯罪嫌疑人被告人适用缺席审判制度,它的解决对于正确把握改革方向来说极其重要。许多学者都就刑事缺席审判制度的正当性基础问题进行过相关研究。根据联合国人权事务委员会在"审理"有关"案件"中所发表的"意见",在被告人已经被给予一切必要的通知,包括告知审判时间和地点等,以及被要求出席法庭审判,但被告人自己却决定不出席审判的情况下,进行刑事缺

---

[1] 王敏远:《刑事缺席审判制度探讨》,载《法学杂志》2018 年第 8 期。
[2] 同上。
[3] 李树民:《论刑事特别程序创设的一般法理》,载《政法论坛》2019 年第 6 期。
[4] 周长军:《外逃人员缺席审判适用条件的法教义学分析》,载《法学杂志》2019 年第 8 期。
[5] 袁义康:《刑事缺席审判程序的合理性及其完善》,载《华东政法大学学报》2019 年第 2 期。

席审判并不违背《公民权利与政治权利国际公约》第 14 条第 3 款丁项关于出席法庭审判权的规定。① 有学者认为,缺席审判程序的正当性建立在控诉原则与起诉法定原则上。② 从诉讼理论上看,根据控诉原则与起诉法定原则的要求,对于符合侦查终结、起诉条件,应当追究被追诉人刑事责任的案件,不论被追诉人是否在案,检察机关在审查后即应向法院提起公诉,由法院对案件进行处理,这也是缺席审判得以启动的前提条件。刑事被告人的庭审在场权的限制也是缺席审判制度的正当性基础之一。③

与缺席审判制度直接冲突的是被告人的庭审在场权,庭审在场权作为被告人获得辩护权实现的基础,具有一定的基本权意义,原则上不得加以限制。但是,庭审在场权并非不可放弃。事实上,出于价值判断与利益权衡的考虑,在特定范围内允许被告人放弃出庭是合理的,而建立在出庭权放弃基础上的缺席审判制度也因此获得了法理上的正当性。有学者认为,建构刑事缺席审判制度能有效适应制度反腐的新形势、新目标,保障公正、高效地打击腐败犯罪,弥补违法所得没收程序"未定罪即罚没"之缺陷,因而具备正当性基础。④ 这是从刑事缺席审判制度构建的政治需求、社会背景出发对正当性基础进行的研判结果。有学者从我国法官对于事实和真相的查明义务出发进行阐述,认为我国刑事审判制度具有构造被告人缺席庭审制度的空间。⑤ 根据我国法律规定,人民法院有义务依照职权调查证据并且对案件事实进行全面审查判断,在案件事实清楚、证据确实充分的前提下才能做出裁判,因此,一方是否出庭对于司法公正的影响有限。不同于国外当事人主义庭审模式,我国刑事审判中控辩平等对抗,对于案件事实真相的发现并不完全具有决定作用。有学者认为,审判阶段被告人死亡的缺席审判弥补了《刑事诉讼法》第 16 条并未涵盖的被告人在庭审中死亡,法庭可继续缺席审理并判决无罪的立法缺憾。⑥

有学者对其他国家缺席审判制度的构建理论进行比较研究后认为,除了上述已经提及的权利放弃理论和权利权衡理论以外,权利放弃兼顾无出庭必要理论亦可作为制度正当性基础的支撑。⑦ 虽然联合国有关公约将出庭规定为被告

---

① 陈光中、肖沛权:《刑事诉讼法修正草案:完善刑事诉讼制度的新成就和新期待》,载《中国刑事法杂志》2018 年第 3 期。
② 陈卫东:《论中国特色刑事缺席审判制度》,载《中国刑事法杂志》2018 年第 3 期。
③ 同上。
④ 谢澍:《刑事缺席审判之类型化分析与体系化建构——以〈刑事诉讼法〉再修改为语境》,载《法学》2019 年第 12 期。
⑤ 袁义康:《刑事缺席审判程序的合理性及其完善》,载《华东政法大学学报》2019 年第 2 期。
⑥ 董坤:《被告人死亡案件缺席审判程序研究》,载《法学》2020 年第 10 期。
⑦ 张吉喜:《刑事缺席审判的理论依据:类型及其运用》,载《比较法研究》2019 年第 6 期。

人的权利,欧洲人权法院也认为出庭是被告人的权利,但是这绝不意味着出庭只具有权利属性。如果不将出庭作为被告人的义务,那么被告人就可以不受限制地放弃出庭的权利,要求对其进行缺席审判。众所周知,有时候被告人并不希望出庭受审。一方面,被告人出庭受审,在公众面前展示自己不光彩的一面,会对其造成一定的心理压力;另一方面,在被告人未被羁押的情况下,尤其是在被告人居住地与法院所在地距离遥远的情况下,出庭所占用的时间和需要支出的差旅费用对被告人来说也是一种负担。在刑事缺席审判制度从学界研究探讨到立法实践过程中,对缺席审判程序的正当性和合理性提出质疑的声音也有存在,主要有以下几个方面。一方面,设立缺席审判程序的先决条件不充分。缺席审判制度的设立应当以一国完善的保证审判公正的刑事司法体系为其构建土壤,即司法权受到有效制约、个人诉讼权利得到充分保障,并且程序正义被视为实现实体正义的充要条件。[1] 在重打击轻保护、重实体轻程序的司法理念没有彻底转变的前提下,难言我国刑事司法已经具备上述前提。比如,侦查中心主义现象在司法实践中一时难以完全消解,庭审实质化的推进过程中仍存在证人出庭率低以及卷宗依赖主义等障碍;又比如,律师在庭审环节的有效辩护较为薄弱。以上这些都容易导致案件裁判结果的瑕疵甚至错误。另一方面,新程序与犯罪嫌疑人、被告人逃匿、死亡案件违法所得没收程序重复。[2]

根据全国人大立法说明,设立缺席审判程序意在反腐败追逃追赃,但是违法所得没收程序足以实现该目的,新程序可能会产生负面效果。其一,违法所得没收程序基本能够解决涉案财物追缴问题,出于相近目的再增加新程序无此必要。其二,缺席审判程序作为获取司法协助、追逃追赃的手段,未必能够达到立法预期目的。由于缺席审判既不能对被告人人身自由予以限制,在财产追缴上又需要请求刑事司法协助,因此认为只要作出判决就可以顺利追逃追赃的想法未免过于简单。如果判决得不到执行,不仅审判本身失去了意义,而且也有损司法公信力。其三,被告人的缺席,不仅妨碍其知情权、质证权、申请回避权、最后陈述权等正当程序权的行使,而且一旦判决生效还会直接影响到被告人人身权、财产权等实体性权利。因此,仅仅为了打击某类犯罪或者解决案件延期问题而不顾程序公正,这种只顾结果不论过程的做法似乎不妥。其四,与其他国家较为谨慎的做法相比,我国缺席审判程序适用的案件,既无罪行轻重之分,又无当事人是否同意之别,这种范围的扩张更容易使人们对其合理性产生怀疑。其五,缺席审

---

[1] 袁义康:《刑事缺席审判程序的合理性及其完善》,载《华东政法大学学报》2019年第2期。
[2] 王敏远:《刑事缺席审判制度探讨》,载《法学杂志》2018年第8期。

判程序也可能违背刑事证据规则，尤其是直接言词原则和禁止强迫自证其罪原则。① 上述质疑与担忧不无道理，纵使有些方面可以通过先前所述的学说理论进行正当化理解，但要真正消除批判和怀疑的声音，当前缺席审判程序仍要从自身实践进行改革和完善。

二、刑事缺席审判程序被告人权利保障问题

作为刑事缺席审判制度中最受学界关注的问题，被告人权利保障的完善程度几乎成为学界评价缺席审判制度优劣的最高指标。学术界和实务界围绕该问题展开了激烈的讨论，其中不乏争议与分歧。就讨论的具体内容而言，主要有以下几个方面：

第一，关于刑事缺席审判被告人的辩护权。为了保障诉讼程序的公正性和被告人获得辩护的权利，保证刑事缺席审判程序具有完整的诉讼结构，《刑事诉讼法》第293条规定，人民法院缺席审判案件，被告人有权委托辩护人，被告人的近亲属可以代为委托辩护人。被告人及其近亲属没有委托辩护人的，人民法院应当通知法律援助机构指派律师为其提供辩护。该条文确立了对在境外的缺席被告人强制辩护的制度。② 由于对于缺席审判程序的被告人实施强制辩护，扩大了法律援助的适用范围，有学者认为出于社会公平的考量，其不应当是法律援助的对象，但也有学者认为若不设置法律援助，当被告人及其近亲属未委托辩护人时，缺席审判的构造将沦为不完整的两方模式，以此程序作出之判决基本不可能得到外国之承认。③ 关于辩护开始的时间，有学者认为，从移送审查起诉之日起，犯罪嫌疑人及其近亲属即有权委托辩护人。由于职务犯罪案件调查阶段不宜公开，而审判阶段由法院通知则会使案件的审理受到延迟，因此检察机关在审查起诉之日起通知犯罪嫌疑人或者其近亲属有权委托辩护人较为合适。④ 关于辩护律师的权利，有学者认为在适用缺席审判的案件中，辩护律师无须人民检察院、人民法院许可，即有权通过各种方式与犯罪嫌疑人、被告人会见、交流，了解案件有关情况，协商辩护策略。⑤ 关于辩护的质量问题，由于缺席审判中被告人不在场，无法对证言提出异议，被告人辩护律师的询问就显得尤为重要。对此，有学者提出法官重点审查律师帮助的有效性，如果没有律师帮助有效性的审查

---

① 袁义康：《刑事缺席审判程序的合理性及其完善》，载《华东政法大学学报》2019年第2期。
② 杨雄：《对外逃贪官的缺席审判研究》，载《中国刑事法杂志》2019年第1期。
③ 陈卫东：《论中国特色刑事缺席审判制度》，载《中国刑事法杂志》2018年第3期。
④ 袁义康：《刑事缺席审判程序的合理性及其完善》，载《华东政法大学学报》2019年第2期。
⑤ 杨雄：《对外逃贪官的缺席审判研究》，载《中国刑事法杂志》2019年第1期。

机制,律师帮助的质量可能会永远停留在当前司法实践的水平。①

第二,关于刑事缺席审判被告人的知情权。传票、起诉书副本以及判决书的送达,应尽量采取能够使犯罪嫌疑人、被告人亲自接收的方式。②《刑事诉讼法》第294条规定,人民法院应当将判决书送达被告人及其近亲属、辩护人。③ 现行《刑事诉讼法》规定"传票和起诉书副本送达后,被告人未按要求到案的"作为缺席审判的条件之一,故有学者认为,此处的送达不能只是履行送达手续,而是将相关法律文书尽可能地实际送达给被告人,让被告人知悉送达的内容。若因被告人拒收或者有意躲避送达等原因致使法律文书无法实际送达给被告人,必须有证据证明被告人知晓其将涉嫌刑事诉讼的情况。④ 送达问题关乎被告人的知情权,进而成为构筑缺席审判程序正当性基础的重要因素。但当前关于送达的规定比较粗疏,有学者从法教义学的角度分析提出建议,以送达被告人本人为原则,送达与被告人共同居住的成年家属或者被告人指定的代收人为例外。当直接送达传票和起诉书副本有困难时,作为补充,在被告人所在国的法律允许情况下,可以采取邮寄送达的方式。经被告人同意,可以采用传真、电子邮件等能够确认其收悉的方式告知传票和起诉书副本的内容,并记录在案。原则上不能单独使用公告送达方式,否则有违比例原则和人权保障原则。⑤ 在对境外的犯罪嫌疑人追诉时,会出现追诉不能的情形,因为犯罪嫌疑人是为了逃避刑事审判才潜逃国外,获知其确切住址是非常困难的事情,而法律规定的送达方式都必须以知道其确切的住址为前提。因此有学者认为应当增加公告送达的方式,避免缺席审判程序因送达问题而无法启动。⑥ 笔者认为,缺席审判程序本身作为克减被告人权利的程序,就其最基本的知情权问题而言,便宜追诉的步子不易走得太快。公告送达需在穷尽其他途径都无法实现送达的情况下才可以适用,即在无法联系到犯罪嫌疑人、被告人的情况下,先要将起诉书副本等文书送达被告人的配偶、子女以及其他同住近亲属,并要求其转送、转告被告人。在对其配偶、子女及其他同住近亲属送达未果的情况下,才可以适用公告送达,且应对公告送达的主体、方式、内容、法律后果等作出明确的规定。目前而言法律并无规定公告送达的方式,笔者认为是合理的。

第三,关于刑事缺席审判被告人的救济权。首先是上诉权问题。《刑事诉讼

---

① 吴进娥:《被告人刑事速裁缺席审判选择权的构建与运行机制研究》,载《政治与法律》2020年第8期。
② 袁义康:《刑事缺席审判程序的合理性及其完善》,载《华东政法大学学报》2019年第2期。
③ 杨雄:《对外逃贪官的缺席审判研究》,载《中国刑事法杂志》2019年第1期。
④ 同上。
⑤ 周长军:《外逃人员缺席审判适用条件的法教义学分析》,载《法学杂志》2019年第8期。
⑥ 甄贞、杨静:《缺席审判程序解读、适用预期及完善建议》,载《法学杂志》2019年第4期。

法》第 294 条规定，人民法院应当将判决书送达被告人及其近亲属、辩护人。被告人或者其近亲属不服判决的，有权向上一级人民法院上诉。辩护人经被告人或者其近亲属同意，可以提出上诉。缺席审判中的被告人极有可能在上诉环节继续缺席，包括行使上诉权环节和在上诉审理期间皆缺席。如果被告人继续缺席，实际上被告人上诉的可能性不大，但是必须为其提供上诉的机会。根据《刑事诉讼法》的规定，普通案件中被告人的近亲属不具有独立的上诉权，近亲属可以在被告人同意的情况下代为提出上诉。但是在缺席审判中，由于被告人通常处于无法联络的状态，因此法律赋予近亲属独立的上诉权可以更充分地保障被告人的权利，这对被告人而言是一种特殊的救济手段，还考虑到我国的缺席审判不仅可以对被告人是否有罪作出判决，还可以对被告人违法所得及其他涉案财产作出处理。在司法实践中，被告人的财产经常与其近亲属的其他财产混合在一起，所以对财产的处理涉及到其近亲属的财产问题，为近亲属设置救济的途径是合理的。① 在缺席审判中，如何界定上诉时间是一个值得注意的问题。普通刑事案件的被告人在接到判决书之后要在送达回执上签字，以示接到了裁决书或者判决书，但在缺席审判中，被告人无法签字或者法院无法让被告人签字，从而确定被告人接到判决书的时间就成为一个问题。对此有学者认为，在不能确定潜逃境外的被告人是否接到裁判文书的情况下，可以使用公告送达，其行使上诉权的起始时间应在公告期结束之后的次日算起。② 因此仍旧体现出缺席审判送达问题关系到程序运行以及被告人权利保障的各个方面。有学者对此也主张犯罪嫌疑人、被告人的上诉期限可以适当延长，在《刑事诉讼法》第 230 条规定的基础上分别延长 1 至 2 倍，从而为判决书邮寄或公告送达提供充足的时间。③ 并且，如果缺席审判中被告人的上诉期可以根据其实际接到判决书的时间或公告后起算，则对公诉机关的抗诉期限也应当作相应调整，不然则会导致"判决书送达被告人的时间晚于送达公诉机关的时间，抗诉期早于上诉期先行届满"之情形。

关于犯罪嫌疑人、被告人在缺席审判程序的异议权，《刑事诉讼法》第 295 条规定："在审理过程中，被告人自动投案或者被抓获的，人民法院应当重新审理。罪犯在判决、裁定发生法律效力后到案的，人民法院应当将罪犯交付执行刑罚。交付执行刑罚前，人民法院应当告知罪犯有权对判决、裁定提出异议。罪犯对判决、裁定提出异议的，人民法院应当重新审理。依照生效判决、裁定对罪犯的财

---

① 杨宇冠：《刑事缺席审判被告人权利保障问题研究》，载《当代法学》2020 年第 6 期。
② 同上。
③ 袁义康：《刑事缺席审判程序的合理性及其完善》，载《华东政法大学学报》2019 年第 2 期。

产进行的处理确有错误的,应当予以返还、赔偿。"缺席审判之后的重新审理是缺席审判的重要补救措施,赋予缺席审判被告人提出异议要求重审的权利意义重大。① 其一,它是缺席审判的重要补救措施,因为缺席审判毕竟是正常审判的例外,通过赋予被告人提出异议要求重审权可以弥补这个缺憾;其二,符合国际标准,有利于将潜逃境外的犯罪人员引渡回国,接受审判。然而回归法律规定,根据文义理解,似乎只要罪犯提出异议,法院就"应当"重新审理。其规范目的在于追求程序正义与实体正义的平衡,却显得有些过于宽泛。按照该规定,不论有无理由,缺席的原被告人都可以提出异议,诉讼也立即恢复到缺席前的状态,这难免会给某些当事人滥用异议、拖延诉讼提供可乘之机。② 支持该观点的学者还认为,《刑事诉讼法》没有对异议权作出任何限制性的规定,这样不仅会损害判决的严肃性和既判力,也违背设立缺席审判制度的初衷,是对缺席审判制度价值的否定,造成司法资源的浪费,这种情况下异议权对一审判决的否定甚至比上诉权更彻底。③ 目前就缺席审判程序而言,对"人"的救济权的研究比较多,但是我国当前缺席审判救济中对"物"的救济是较为薄弱的。对此有学者认为可以在立法上对以下三个方面进行完善:一是对于《刑事诉讼法》第 295 条第 2 款规定的"罪犯的财产"作扩大解释,在内容上包括"违法所得"和"其他涉案财产",与第 292 条规定的内容相对应,使所有通过缺席审判程序处置的财产都能得到救济;二是在启动重新审理程序的同时一并启动对涉案财物处置结果的重新审查程序,而且这两个程序应当在同一庭审中进行,此时对涉案财物的审查标准应符合刑事诉讼对"人"裁判的要求,即在被告人犯罪事实清楚,证据确实、充分的情况下重新认定对涉案财物的处置,对于经重新审理认为被告人没有犯罪的,应当返还、赔偿财物;三是在对被告人进行重新审理的情况下,无论被害人是否曾经提起过刑事附带民事诉讼,他在重新审理程序中均可以提起。④

三、缺席审判程序与违法所得没收程序的关系问题

《刑事诉讼法》在第五编特别程序编第三章规定了缺席审判程序,第四章规定了犯罪嫌疑人、被告人逃匿、死亡案件违法所得的没收程序。违法所得没收程序与缺席审判程序并存于《刑事诉讼法》之中,但是两个程序的适用条件却高度相似。从案件适用类型上看,违法所得没收程序适用的案件范围更广,但是这两

---

① 杨宇冠:《刑事缺席审判被告人权利保障问题研究》,载《当代法学》2020 年第 6 期。
② 陈卫东:《论中国特色刑事缺席审判制度》,载《中国刑事法杂志》2018 年第 3 期。
③ 甄贞、杨静:《缺席审判程序解读、适用预期及完善建议》,载《法学杂志》2019 年第 4 期。
④ 施鹏鹏:《缺席审判程序的进步与局限——以境外追逃追赃为视角》,载《法学杂志》2019 年第 6 期。

种程序都可以适用于贪污贿赂犯罪、恐怖活动犯罪和危害国家安全犯罪。其次,从被追诉人层面看,缺席审判程序的适用要求犯罪嫌疑人、被告人在境外,并经传票传唤,未按要求到案。违法所得没收程序适用于犯罪嫌疑人、被告人逃匿,通缉一年后不能到案(不论其在境内或境外),或者犯罪嫌疑人、被告人死亡,依法应当追缴违法所得及其他涉案财产的情形。所以两者都可以适用于犯罪嫌疑人、被告人逃往境外的情形。第三,从这两个程序的作用看,两种程序都可以在被告人不到案的情况下对其违法所得及其他涉案财产予以处理。所以通过比较,不难发现二者的设立背景都是配合反腐追赃,在适用范围上都是针对被告人不在案的贪污贿赂犯罪等案件,在核心内容上都是为了执行对涉案财物的追缴和没收,因此可以说,缺席审判程序与没收程序是具有同质性的两种程序,其主要功能具有高度一致性。两种程序的并存,尤其当两种程序出现适用竞合时,会产生如何选择适用的问题。更进一步的问题是明确这两种程序的适用顺序,是优先启动没收程序追赃,待证据进一步充实后再启动缺席审判程序追逃;还是优先启动缺席审判程序追逃追赃,在遇到该程序确实无法解决的问题时再启动没收程序追赃;又或者可以同时启动这两种程序,用缺席审判程序追逃,用没收程序追赃。

对此,有观点认为,应当从保护国家和人民财产的角度出发优先适用没收程序,在追缴、没收涉案财产后再通过缺席审判程序对被告人定罪。还有相反的观点认为,在可以确定被告人应当承担刑事责任的情况下,应当优先适用缺席审判程序,并在该程序中一并对涉案财物作出处置。更有观点认为,应当将缺席审判和违法所得没收这两种程序作合并处理[1],在缺席审判程序兼具对"人"裁判和对"物"裁判的前提下,将没收程序并入缺席审判程序中,对于被告人为逃避刑事追诉而"潜逃"的案件,应当启动缺席审判程序对被告人定罪量刑,追缴、没收涉案财物。对于"被告人死亡、但依法应当追缴其违法所得及其他涉案财产"的案件,应当通过单独的特别程序处理。而有的学者认为缺席审判程序和违法所得没收程序两者无法互相替代。[2] 根据《刑事诉讼法》的规定,缺席审判程序是对人之诉,其主要是解决被告人的定罪和量刑问题,因而在性质上属于刑事诉讼,遵循罪责原则、无罪推定原则等刑事法原则,检察机关负有证明犯罪事实清楚、证据确实充分、排除合理怀疑的证明责任。相较之下,违法所得没收程序是检察机关单独针对违法所得的没收而提起的对物之诉,性质上属于民事诉讼,不适用

---

[1] 施鹏鹏:《缺席审判程序的进步与局限——以境外追逃追赃为视角》,载《法学杂志》2019年第6期。

[2] 周长军:《外逃人员缺席审判适用条件的法教义学分析》,载《法学杂志》2019年第8期。

罪责原则、无罪推定原则等刑事法原则,检察机关尽管需要对被告人的违法所得承担证明责任,但只要达到优势证明标准即可。基于上述分析,不难理解,缺席审判的提起并非当然地涵盖违法所得没收申请的提出,法院作出无罪判决时不可附带作出违法所得的没收,缺席审判程序因故出现停顿状态下,也不可独自开展违法所得没收程序。据此,缺席审判程序启动后发现被告人死亡的,可能很难直接转为违法所得没收程序,除非更换起诉书,将"对人之诉"转化为"对物之诉",那么实际上就成为另一个新的诉讼进而引发新的审判,而非原有案件的直接转化。进一步言之,缺席审判程序启动后发现被告人死亡的,法院应当裁定终止审理,但有证据证明被告人无罪,法院经缺席审理确认无罪的,应当依法作出判决,但不宜附带作出违法所得的没收裁定;在法院既不能确认被告人无罪,也不能确定被告人有罪的情况下,如果需要追缴被告人的违法所得,应当由检察机关提起独立的违法所得没收程序,聚焦违法所得的没收问题进行审理。

在被告人死亡的情形下追缴违法所得,只能启动违法所得没收程序。支持该观点的学者认为,两程序不能互相代替,但对贪污贿赂犯罪、恐怖活动犯罪案件,在被告人潜逃境外出现法条竞合的情况下,可以根据案件的证据情况进行程序之间的转化。[①] 如果已经启动了违法所得没收程序,综合全案证据可以达到确实、充分,排除合理怀疑的程度,就应适时将其转换为缺席审判程序。后者的适用条件更为严格,适用缺席审判程序审理、查明、判断被告人是否有罪,不仅实现对被告人犯罪行为的刑事追究,而且可以更加准确地对涉案财物进行定性处理,有利于维护被告人、被害人双方的合法权益,可以最大限度实现刑事诉讼法惩罚犯罪与保障人权的双重目标。在缺席审判程序中,证明被告人犯罪事实的证据不足以达到确实、充分并排除合理怀疑的程度时,法官就不能作出对被告人追究刑事责任的判决,但对涉案财物的性质认定并不需要达到追究刑事责任排除合理怀疑的证明标准,在这种情况下可依据现有的证据情况改为适用违法所得没收程序,依照财产违法的证明标准认定涉案财产属于违法所得而裁定予以没收、追缴或返还。通过对涉案款物进行没收、追缴,强化追赃,以此来进一步挤压外逃人员在境外的生存空间,促使其回国参加审判。两个程序之间的适时适度转化能够最大限度地发挥程序的作用,实现程序设置的目的。

---

① 甄贞、杨静:《缺席审判程序解读、适用预期及完善建议》,载《法学杂志》2019年第4期。

第二节 核心期刊论文摘要

论刑事特别程序创设的一般法理

李树民

《政法论坛》2019年第6期

关键词： 刑事特别程序　权利保护流动说　赋权型程序　克减型程序

摘要： 通过对现行《刑事诉讼法》5种特别程序设定的历史考察、学说评价、价值重塑，可以发现，从1979年《刑事诉讼法》特别程序的立法空白发展到现在的5种类型31个条文的规范形态，形式上看是立法不断演进的结果，但就其本质而言，特别程序的创设是宏观社会发展趋势、国家刑事政策、前期司法改革试点经验等多重因素共同作用的结果。但既往特别程序学说的共同缺陷在于，过于关注特别程序设置的形式意义、过分聚焦于特定群体和特定罪案，缺乏对于创设特别程序一般法理的关注，尤其是缺乏从刑事诉讼最为关注的被追诉人权利角度审视、解读特别程序。未来应以被追诉人权利保护为核心，在一审普通程序基础上进行赋权型程序设置或者克减型程序设置，从而划定何种特定群体或特定罪案类型应予以保护或者不保护的标准，实现权利的流动保护。

刑事缺席审判被告人权利保障问题研究

杨宇冠

《当代法学》2020年第6期

关键词： 缺席审判　知情权　辩护权　上诉权　管辖权

摘要： 缺席审判对于我国打击腐败犯罪在逃人员具有重要作用和意义，还可以解决被告人因重病、死亡等原因不能出席审判而形成的积案。与普通刑事诉讼程序相比，对潜逃境外的被告人进行缺席审判不仅需要依据国内法，还要考虑和研究相关国家及国际有关法律规定。缺席审判一直备受争议，主要是缺席审判不可避免地在保护被告人权利方面有所欠缺。为了保障缺席审判的正当性，需要对缺席审判的被告人的诉讼权利提供相关的保障措施和补救措施，特别是保障其知情权、辩护权、上诉权和异议权。通过对缺席审判被告人诉讼权利的补救，不仅对逃到境外的涉嫌腐败犯罪的被告人进行缺席审判是可行的，而且可以扩大适用到境外触犯我国《刑法》的其他严重犯罪的被告人。

义务视阈下的被告人庭审在场问题研究

崔 凯

《政法论坛》2017 年第 2 期

关键词: 庭审在场 义务 权利 例外

摘要: 刑事诉讼中庭审在场是我国被告人一项法定义务,立法规定极为严格。但这一义务并非不证自明,在理论上,被告人庭审在场义务有利于发现案件真相,但这一功能正在被逐渐削弱;在立法上,域外各国承认被告人庭审在场义务的同时又普遍设置了大量例外条款。我国应当修正当前保守的在场义务立法,保留被告人庭审在场义务之余,选择以快速审判程序作为例外规定的立法突破点,同时赋予法官一定的裁量权,合理增设普通程序庭审在场义务的例外情形。

论中国特色刑事缺席审判制度

陈卫东

《中国刑事法杂志》2018 年第 3 期

关键词: 缺席审判 理论基础 海外追逃 人权保障

摘要: 2018 年 4 月公布的《中华人民共和国刑事诉讼法(修正草案)》对我国的刑事缺席审判制度进行了初步设计,这对于解决司法实践中的一些疑难问题、完善我国刑事诉讼制度具有重要意义。刑事缺席审判制度的理论基础在于控诉原则、起诉法定原则以及对被告人庭审在场权的合理限制。刑事缺席审判制度在我国的建立,既有利于海外追逃、追赃等反腐败工作的开展,也有利于实现诉讼经济,有效保障诉讼当事人的合法权益。当然,刑事缺席审判作为刑事诉讼法中的一种新增制度,在理解、适用以及制度设计本身可能存在一些问题。对此,有必要予以进一步阐释研究,以构建并完善具有中国特色的刑事缺席审判制度。

检察机关适用刑事缺席审判的几个问题

陈卫东 刘婉婷

《国家检察官学院学报》2019 年第 1 期

关键词: 缺席审判 未经判决的财产罚没程序 起诉便宜主义 客观义务 知情权

摘要: 刑事缺席审判制度是刑事诉讼法修改所确立的一项新制度。我国的刑事缺席审判制度是自上而下的立法导向型制度创制,既符合我国司法实践中反腐败和国际追赃追逃工作的需要,也与国际刑事司法趋势相契合。缺席审判制度的立法创设是在充分保障被追诉人知情权的基础上进行的,该制度也对检察机关依法履行职责提出了新的挑战和要求。对此,检察机关在适用刑事缺席审判制度过程中,要始终把握本质要求,即缺席审判制度不是克减被追诉人权利的诉讼制度。相反,检察机关应当更为审慎地尊重和保障被追诉人的各项合法权利,通过严格依法履行审查起诉、出庭公诉、法律监督与司法救济等各项诉讼职责,实现缺席审判程序中惩治犯罪与保障人权的平衡与有机统一。

刑事缺席审判程序的合理性及其完善

袁义康

《华东政法大学学报》2019 年第 2 期

关键词: 缺席审判　司法协助　有效辩护　直接言词原则　审判公开

摘要: 为建立健全反腐败国际追逃追赃制度,有效打击危害国家安全和恐怖活动等犯罪,新《刑事诉讼法》增加缺席审判程序一章。针对该程序有违刑事诉讼原则和证据规则、不利于司法人权保障以及存在诉讼价值取向失衡等质疑,可以从该程序的性质与目的、功能和价值、诉讼规则契合性三个层面予以回应。缺席审判程序的设立具有必要性,有利于司法机关获得国际司法协助,也有利于被告人行使程序选择权。缺席审判程序的实施具有正当性,诉讼原则也存在适用例外,价值权衡下的"客体程序"同样能够体现司法公正。通过程序内与诉讼原则和证据规则体系的契合,以及程序外公众参与和审判公开制度的配合,缺席审判程序将日益完善。

刑事诉讼法修改与刑事检察工作的新发展

陈国庆

《国家检察官学院学报》2019 年第 1 期

关键词: 刑诉法修改　监察　缺席审判　认罪认罚　速裁程序

摘要: 2018 年 10 月 26 日通过的《关于修改〈中华人民共和国刑事诉讼法〉的决定》是对中国特色刑事诉讼制度的一次重大完善。本次修改主要涉及的调整人民检察院侦查职权、完善刑事案件认罪认罚从宽制度、建立刑事缺席审判制度等内容,均与检察机关刑事检察工作密切相关。检察机关应当把握发展机遇,积极推动修改后刑事诉讼法规定的各项制度在刑事检察工作中落实落地。

缺席审判程序解读、适用预期及完善建议

甄　贞　杨　静

《法学杂志》2019 年第 4 期

关键词: 缺席审判　适用情形　公告送达　异议权　法条竞合

摘要: 2018 年《刑事诉讼法》修正案增设了缺席审判程序,这在我国刑事诉讼体系中是一个全新的制度设计。但在程序的适用范围上,还应增列被告人中

途退庭、故意或过失使自己丧失诉讼行为能力的情形并将可能判处死刑的案件予以排除;增加公告送达方式;对被告人异议权进行限制,明确缺席被告人行使异议权是引起案件重新审理的必要条件而非充分条件,仅具有引起法院对缺席判决进行审查的程序效力,并以一次为限;若贪污贿赂、恐怖活动犯罪中的嫌疑人、被告人身在境外,对于缺席审判程序与违法所得没收程序的法条竞合的情况,可根据案件证据情况适时在两种程序之间进行转换,以实现程序设置的目的。

对外逃贪官的缺席审判研究
杨 雄
《中国刑事法杂志》2019 年第 1 期
关键词:刑事缺席审判 外逃贪官 必要性 程序正当性 反腐败
摘要:对外逃贪官的缺席审判,可以弥补违法所得没收程序的不足,有助于深化反腐败境外追逃追赃工作,有利于腐败犯罪案件的及时和公正处理,实现国家的刑罚权,维护法律的权威。但是,被告人的缺席可能导致司法机关无法查清案件事实,缺席判决在程序正当性上尚存争议,可能导致依据缺席判决的引渡和遣返请求被拒绝,通过缺席审判所作出的判决若得不到执行,会损及司法的公信力。我国刑事诉讼法及其司法解释应当协调好违法所得没收程序和刑事缺席审判程序的关系,完善被告人缺席案件的审查起诉、审理程序、送达制度,实现对缺席被告人的有效辩护,保障被告人缺席案件的程序和实体的正当性。

论外逃人员缺席审判的三重关系
董 坤
《法学杂志》2019 年第 8 期
关键词:外逃人员缺席审判 违法所得没收程序 三重关系 重新审理权
摘要:2018 年新修正的《刑事诉讼法》增设了外逃人员缺席审判程序,围绕该程序的运作需要在三个层面理清三对关系。其一,在《刑事诉讼法》"编"的层面,该法第 5 编特别程序应与前 4 编的普通程序相互衔接,外逃人员缺席审判的审前阶段应当适用普通程序的有关规定,但鉴于犯罪嫌疑人可能审前"不在案"的特殊情况,诸如取证和辩护权的保障应有所调整。其二,在刑事诉讼特别程序中"章"的层面,外逃人员缺席审判与犯罪嫌疑人、被告人逃匿、死亡案件违法所得没收程序并非完全的包容关系。两者在涉案财产的处理上有不同的适用范围,同时存在着内在程序的转向衔接。其三,在缺席审判不同"类"的层面,外逃人员缺席审判与被告人身患严重疾病缺席审判、被告人死亡缺席审判之间相互独立。外逃人员缺席审判有着独立的诉讼结构和审判程序,后两种缺席审判系普通程序处置审判障碍时的诉讼措施,实为普通程序的一个环节,这两类缺席审判的管辖、审判组织以及被告人诉讼权利的保障主要应遵循普通审判程序的相关规定。

检察机关实施《国际刑事司法协助法》若干问题

黄 风

《国家检察官学院学报》2019年第4期

关键词: 刑事司法协助 文书送达 协助调查取证 违法所得没收 被判刑人移管

摘要: 根据新颁布的《国际刑事司法协助法》,最高人民检察院以及各级检察机关分别承担着刑事司法协助的联系机关、主管机关和办案机关的职能。刑事缺席审判中的文书送达将是检察机关面临的一个严峻课题,需要办案机关想方设法建立一些途径,疏通与境外犯罪嫌疑人、被告人的联系。在境外调查取证方面,检察机关应尽可能依照《国际刑事司法协助法》以及相关国际条约的规定派员到被请求国与该国司法机关合作调取证据,派员实地取证的效果将远远优于委托调查取证。检察机关在协助外国追缴资产时应当充分发挥《刑事诉讼法》规定的特别没收程序的作用,根据外国提供的、有关财物属于应当追缴的违法所得及其他涉案财产的证据材料向人民法院提出没收申请。在移入式移管被判刑人中,检察机关将负责依据我国法律和外国判决制作刑罚转换申请书,提请人民法院对被移管回国的服刑者作出刑罚转换裁定。

外逃人员缺席审判适用条件的法教义学分析

周长军

《法学杂志》2019年第8期

关键词: 缺席审判 适用条件 送达 违法所得没收程序 交错

摘要: 在现代刑事诉讼中,缺席审判程序的正当性建立在被告人事先知悉开庭信息和听审权并自愿放弃此权利的基础上。从适用条件看,"犯罪嫌疑人、被告人在境外"不仅指有可信的证据证明犯罪嫌疑人、被告人已经出境,而且指犯罪嫌疑人、被告人未死亡。缺席审判启动的证据条件是"有明确的指控犯罪事实"。外逃人员缺席审判开庭信息的送达应当以送达被告人本人为原则,送达与被告人共同居住的成年家属或者被告人指定的代收人为例外;直接送达有困难时,在被告人所在国的法律允许情况下,可以采取邮寄送达的方式;经被告人同意,可以采用传真、电子邮件等送达方式;原则上不能单独使用公告送达方式。缺席审判程序与违法所得没收程序无法相互替代;缺席审判的提起并非当然地涵盖违法所得没收申请的提出,法院作出无罪判决时不可附带作出违法所得的没收,缺席审判程序停顿状态下也不可独自开展违法所得没收程序;在被告人死亡的情形下追缴违法所得,只能启动违法所得没收程序。对于司法机关违反法定适用条件启动缺席审判的行为,应当确立一定的制裁性法律后果。

证据法视野下的刑事缺席审判程序
袁义康
《政治与法律》2019年第7期
关键词:缺席审判 证据规则 证据印证 证明标准 自由证明
摘要:刑事缺席审判制度的完善应当兼顾程序设计和证据运用,两者分别以保障人权和发现真实为核心,因此研究的重点不能仅集中于程序设计而忽视证据领域。刑事缺席审判程序立足于有效追逃追赃、及时解决刑事案件的不当拖延,不仅需要证明犯罪嫌疑人实施了犯罪才能进行具有过度"杀伤"性质的缺席判决,而且因案件诉讼构造和证据形式的特殊性,决定了对其适用的证据规则、证明标准和证明方法可以按普通刑事诉讼法规则进行适当调整,可以采取"逻辑相关"的关联性标准以扩大证据来源,严格限制非法证据,并且细化证据印证与补强方式;明确审前程序和审判程序的证明对象,分别采取"原子主义"和"整体主义"证明模式,使统一的证明标准分别针对各自证明对象而非单一的证据;根据案件事实类型分别对应严格证明和自由证明。

刑事缺席审判程序对侦查的冲击与影响研究
黄 豹
《法学杂志》2019年第8期
关键词:刑事缺席审判 侦查中心主义 案卷中心主义 案人分离侦查模式 侦查绩效考核
摘要:我国的缺席审判程序实质为缺席诉讼程序。从宏观上看,侦查中心主义被进一步强化,案卷中心主义出现极端化趋势,绝对化的案人分离侦查模式改变传统侦查方向。从微观上看,认定"犯罪嫌疑人、被告人在境外"成为侦查重点难点,破案与侦查终结条件固化,追逃工作从审前向审后过渡、"限期破案"成为可能,部分缺席审判案件对侦查绩效考核形成双面冲击。应注意缺席审判程序中侦查工作的"走过场"和"形式主义",警惕缺席审判程序演变为部分疑难积案、悬案的"泄洪口"。

缺席审判抑或独立没收:以"追赃"为基点的程序选择
李海滢 王延峰
《政治与法律》2019年第7期
关键词:缺席审判 独立没收 追逃追赃 程序选择

摘要：在反腐、反恐和维护国家安全的严峻形势下，2012 年和 2018 年，我国《刑事诉讼法》两次修改，分别增设了独立没收程序和缺席审判程序。两个程序的相似性，导致实践中办案机关在办理相关案件时面临程序选择的难题。在明确独立没收程序与缺席审判程序的适用条件、程序性质和证明标准的基础上，通过"三步走"的方案，可以较好地解决这一问题，从而推动我国的追逃追赃工作进一步深入发展。

被告人刑事速裁缺席审判选择权的构建与运行机制研究

吴进娥

《政治与法律》2020 年第 8 期

关键词：刑事诉讼　刑事速裁程序　被告人　缺席审判　选择权

摘要：在刑事速裁程序中，庭审的形式化和量刑建议的精准化几乎消弭了被告人出席庭审的传统价值；被告人参加庭审，除了会消耗个人的时间利益、经济利益、增加心理负担以外，还会降低诉讼效率、损耗司法资源。赋予被告人速裁缺席审判选择权，既符合被告人的主体性理论，又符合多方诉讼主体的内在利益诉求，同时既具有宪法和法律基础，又具有正当性。被告人速裁缺席审判选择权的有效运行，除了需要建立明确的规则体系以外，还离不开虚假型认罪过滤机制、律师有效辩护机制和认罪认罚自愿性司法审查替代机制的保障。

刑事缺席审判的理论依据：类型及其运用

张吉喜

《比较法研究》2019 年第 6 期

关键词：刑事缺席审判　权利放弃　价值权衡　无出庭必要

摘要：权利放弃、价值权衡以及权利放弃兼顾无出庭必要是刑事缺席审判的三种理论依据。通过分解《美国联邦刑事诉讼规则》《法国刑事诉讼法》《德国刑事诉讼法》和《日本刑事诉讼法》规定的刑事缺席审判制度体系以及联合国人权事务委员会、欧洲人权法院和欧盟法确立的刑事缺席审判规则发现，除了《德国刑事诉讼法》没有规定以权利放弃理论为依据的缺席审判制度，《美国联邦刑事诉讼规则》和《日本刑事诉讼法》没有规定以价值权衡理论为依据的缺席审判制度之外，上述三种理论依据在刑事缺席审判制度和规则中均有明确的体现。被告人因扰乱法庭秩序而被逐出法庭后的缺席审判虽然应当属于以价值权衡理论为依据，但是实际上其理论依据被拟制为权利放弃理论。我国《刑事诉讼法》规定的三种类型的缺席审判中，只有前两种类型属于真正意义上的缺席审判：前者的理论依据是权利放弃理论和价值权衡理论，后者以权利放弃理论为依据。对刑事缺席审判理论依据的研究，对于更好地理解和适用我国的刑事缺席审判制度具有启示意义。

刑事缺席审判之类型化分析与体系化建构——以《刑事诉讼法》再修改为语境

谢 澍

《法学》2019 年第 12 期

关键词： 刑事缺席审判　违法所得没收　制度反腐　贪污贿赂　刑事诉讼法修改

摘要： 建构刑事缺席审判制度能有效适应制度反腐的新形势、新目标，保障公正、高效地打击腐败犯罪，弥补违法所得没收程序"未定罪即罚没"之缺陷，因而具备正当性基础。以域外为借镜，刑事缺席审判制度可以区分为"义务不履行""义务规避""权利放弃""权利剥夺""暂时退离"这五大类型，而"义务不履行"之下，又包括"义务免除"这一亚类型。2018 年《刑事诉讼法》修改后建构的刑事缺席审判制度之适用范围过大，在我国刑事缺席审判的初始化阶段，其制度类型应限定于"义务免除"以外的"义务不履行"，且仅适用于贪污贿赂犯罪，由此体系化建构其准备程序、审理程序、证明标准、有效辩护和救济措施。

刑事缺席审判与境外追逃措施的协调适用

张 磊

《中国刑事法杂志》2020 年第 4 期

关键词： 缺席审判　引渡　非法移民遣返　异地追诉　劝返

摘要： 我国的缺席审判主要是基于境外追逃难的客观需要而产生。我们应当客观评价缺席审判与引渡、非法移民遣返、异地追诉和劝返等追逃措施之间的关系，并具体分析缺席审判与各种措施之间协调适用的可能性。具体来说，在缺席审判之后，应当谨慎适用非法移民遣返与异地追诉，有选择地适用引渡。在通过司法解释明确在缺席审判中或缺席判决后，外逃人员自动投案后重新审理的可以认定为自首的前提下，积极适用劝返，从而最大限度地提升外逃人员回国的可能性，发挥缺席审判制度对于我国境外追逃的促进作用。

缺席审判程序的进步与局限——以境外追逃追赃为视角

施鹏鹏

《法学杂志》2019 年第 6 期

关键词： 缺席审判程序　正当程序　救济机制　没收程序　多元追赃追逃渠道

摘要： 2018 年修改的《刑事诉讼法》引入了缺席审判程序，旨在构建常设的追赃追逃机制。但缺席审判程序作为刑事诉讼的"例外程序"一直备受诟病，原因是该程序剥夺了被告人的诸多诉讼权利,与正当程序的发展潮流背道而驰。大多数国家对缺席审判程序持消极或限制的观点。中国的缺席审判程序除这一与生俱来的局限外,还存在诉讼权利保护不力、证明标准过高、救济机制不完善、与没收程序的衔接不明确等弊端,亟须进行弥补。鉴于缺席审判程序的天然局限性,拓宽多元追赃追逃渠道势在必行。

论我国刑事缺席审判制度的类型化

步洋洋

《政法论坛》2020 年第 4 期

关键词: 刑事缺席审判　类型化　自愿性基准　目的性基准　必要性基准

摘要: 现行刑事诉讼法下的缺席审判制度呈现出明显的粗疏性、写意性特征,立法所采取的规范范式将三种本质上确有差异的缺席情形作以"一体化"规定,由此带来制度本体目的不明、规范之间适用竞合、审判程序之公正价值减损等多重问题。为合理优化中国式的刑事缺席审判制度,刑事立法当以保障被告人之公正审判权为基本价值预设,以类型化思维作为宏观指导,在对制度本体形成较为系统、宏观认识的基础上,建立起以自愿性、目的性和必要性为内容的类型化基准,并围绕三种基准适用之内在逻辑关系进行周延、细致的类型化规范设计,总体上形成以符合与不符合自愿性基准为框架的两大类型,以被告人经依法传唤而不到庭的、被告人扰乱法庭秩序的、被告人潜逃的、被告人非自愿放弃出庭的、被告人死亡,但有足够证据证明其无罪五种情形为具体内容的中国式刑事缺席审判制度的完整轮廓。

美国启动刑事缺席审判的规范限定与司法裁量

初殿清

《环球法律评论》2020 年第 3 期

关键词: 美国缺席审判　规范限定　司法裁量　审判在场权

摘要: 美国启动刑事缺席审判相关制度围绕着被告人审判在场权展开,在规范限定与司法裁量共同作用下形成制度全貌。《美国联邦刑事诉讼规则》第 43 条是该领域的重要规范,但却并非其全部,而相关司法裁量更是呈现为三类裁量交错的立体结构。美国启动刑事缺席审判制度的特点,一是对席向心力下的规范限定与实践中司法裁量的强势主导;二是"被告人与审判在场权分离"的正当性是规范限定的核心内容,在理据上包括弃权说与失权说两种理论基础;三是利益分析法在个案裁量中发挥着重要作用。我国的境外型刑事缺席审判制度也可以考虑采用立法划定基本规则、司法裁量具体判断的动态方法,以此应对多样化的案例实践,保障缺席审判启动正当性同时兼顾制度实效。

第三节 案例精解

刑事缺席审判适用范围问题
——程三昌贪污案

一、案情介绍

程三昌,男,汉族,1941年7月29日出生于河南鄢陵。

根据公开渠道披露信息,程三昌曾于1996年到1999年任河南省漯河市委书记。其主政漯河期间,打着国有企业改制的旗帜,与不法奸商暗中勾结从中牟利,将漯河全市90%以上的国有企业卖掉,其中仅他一人经手的就达27家。致使国有资产流失达数十亿元,大量国企职工利益受到严重侵害,造成极其恶劣的社会影响。

1999年,程三昌被任命为河南豫港公司董事长,在其于香港任职一年多的时间里,程三昌又转走了公司账上仅存的几百万港元。

2001年5月,程三昌畏罪自香港携巨款和情妇逃往新西兰。

2002年,国际刑警组织对其发布红色通缉令。

2015年,根据中央反腐败协调小组统一部署,国际刑警组织中国国家中心局发布针对100名涉嫌犯罪的外逃国家工作人员、重要腐败案件涉案人等人员的红色通缉令,程三昌位列其中。但至今程三昌仍未回国接受处理。

根据最高人民检察院检察长张军向十三届全国人大四次会议作最高人民检察院工作报告,检察机关已首次适用缺席审判程序,对潜逃境外19年的贪污犯罪嫌疑人程三昌提起公诉。目前尚未在公开渠道检索到案件审理及裁判情况。

二、争议观点

缺席审判,通常指法院在被告人不出庭的情况下,对案件进行审理和判决。刑事诉讼原则上实行对席审判,即在被告人到庭的情况下审判,只有特殊情况下实行缺席审判。这是因为刑事审判涉及个人或者单位的罪责问题,干系重大。刑事缺席审判是在无法使犯罪嫌疑人或被告人到案情况下,或者犯罪嫌疑人或被告人无法出庭情况下,为防止被破坏的社会秩序长期得不到恢复,同时对被害人进行及时补偿,并对犯罪嫌疑人、被告人的非法所得及时作出处理的特殊程序,其目的是保障在司法公正与司法效率,保障犯罪嫌疑人、被告人诉讼权利与保护社会公共利益以及司法公信力和司法权威之间的一种平衡。

根据刑事诉讼法规定,刑事缺席审判适用范围包括如下三种情形:一是对于贪污贿赂案件、恐怖活动案件以及危害国家安全犯罪的案件,如果犯罪嫌疑人或被告人潜逃境外,在穷尽各种途径无法保证其到案的情况下,经调查机关或侦查机关查证其犯罪事实属实的话,可以向检察院移送审查起诉以启动缺席审判制度;二是如果被告人因为患有严重疾病无法出庭的,在长时间内不能接受审判的情况下,法院可以进行缺席审判;三是适用于我国《刑事诉讼法》第297条规定的被告人死亡的情形。这三种适用刑事缺席审判的情形,在程序法上的意义并不相同:后两种主要是在犯罪嫌疑人或被告人已到案但因故无法出庭时排除审判障碍,实践中不乏案例;第一种则是针对尚未到案的犯罪嫌疑人或被告人启动刑事诉讼程序,适用理应严谨、慎重。案例中"程三昌"案,即是我国对外逃贪官适用缺席审判程序第一案,具有重要意义,其不仅将对外逃贪官适用缺席审判程序激活,使之有了实践的开端,同时也对外逃人员形成实在的法律威慑。

  关于第一种适用刑事缺席审判案件中被追诉人的范围,有学者提出不应以被追诉人"在境外"为限,宜扩展至所有被追诉人在逃未到案的情形。此种观点有其合理的一面,可防止案件久拖不决,使受损的国家、社会利益及时得到补救;但也有其不合理的一面,最突出的就是忽视了刑事缺席审判的例外性。前文已述,刑事缺席审判是在穷尽方法仍无法使犯罪嫌疑人或被告人到案,但案件久拖不决会使社会秩序长期得不到恢复,被害人得不到救济的特殊情况下所采取的程序。而缺席审判制度本质上并不利于保障缺席人的合法权益,这方面在民事缺席审判程序和行政缺席审判程序中已有出现,甚至出现故意令当事人一方"被缺席"的状态,这当然不为刑事诉讼所提倡。故刑事缺席审判之适用应当以"例外性"为原则,秉持严谨、慎重的态度,不能随意扩大适用范围。上文关于扩展刑事缺席审判适用范围的观点,无法保障缺席犯罪嫌疑人或被告人知情权,可能导致缺席人合法权益被严重侵害,客观上也会鼓励调查机关或侦查机关怠于行使缉捕职权。因此,在当前我国刑事司法环境下,针对贪污贿赂及严重危害国家安全、恐怖活动犯罪的缺席审判仍应严格坚持以被追诉人"在境外"为适用前提,对刑事缺席审判适用范围的扩展应当"慎之又慎"。

第五章　犯罪嫌疑人、被告人逃匿、死亡案件违法所得没收程序

第一节　本章观点综述

2012年《刑事诉讼法》修改增加了第五编，其中包括"犯罪嫌疑人、被告人逃匿、死亡案件违法所得的没收程序"一章。近十年来该项制度的研究相对不足，学界在CSSCI核心期刊发表相关论文数不足十篇。

黄风以比较的视野对刑事缺席审判与违法所得没收程序关系进行了探讨，他认为特别没收程序相对刑事缺席审判程序具有一些明显的便利之处，比如：送达便利、举证便利、执行便利。在特别没收程序和刑事缺席审判程序的运用问题上，我们同样应当站在国际刑事合作和有效行使司法权的高度，权衡利弊得失，作出合情、合理、合法的选择与安排。尽管可以将违法所得没收程序融入刑事缺席审判中，或者两者同时提起，但仍然需要注意两种程序的不同性质，权衡利弊得失，在必要时保持或者恢复违法所得没收程序的相对独立性。[1]

李海滢和王延峰延续了黄风的研究思路，探讨"追赃"目的下缺席审判与违法所得没收的程序选择问题。他们认为独立没收程序的产生主要是为了解决缺席审判程序缺位而导致的"追赃"不能，但其产生也有其自身的原因，不只是缺席审判程序的临时替代措施。独立没收与缺席审判两种程序并存，会产生如何选择适用的问题，尤其当两种程序出现适用竞合时，会使办案机关无所适从。独立没收程序不属于缺席审判程序，因为"对席审判"与"缺席审判"是对审判程序的分类，而独立没收程序是一种定罪与没收相分离的刑事特别程序。从独立没收程序应该适用民事诉讼程序的证明标准这一普遍认识的角度讲，独立没收程序的证明标准为高度盖然性。[2]

吴光升和南漪重点研究了违法所得没收程序证明问题，他们认为全国法院受理的违法所得没收案件中大部分案件并未进入审理程序而处于停滞状态，究其原因，主要在于刑事诉讼法有关该程序的规定过于简单，可操作性不强，尤其

---

[1]　黄风：《刑事缺席审判与特别没收程序关系辨析》，载《法律适用》2018年第23期。
[2]　李海滢、王延峰：《缺席审判抑或独立没收：以"追赃"为基点的程序选择》，载《政治与法律》2019年第7期。

是对该程序的证明问题缺乏应有规定。对于我国的违法所得没收需要证明哪些实体法事实,应当根据没收对象来确定。违法所得没收的证明标准不能是一元化标准,至少应当区分实体法事实与程序法事实,然后设置不同的证明标准。在违法所得没收的证明责任分配与证明标准设置上,应当适度偏向利害关系人,以避免他们的合法权益受到不当损害。①

金燚以黑社会性质组织犯罪为切入,讨论了违法所得没收程序的理论定位与价值基础的问题,并以此为基础对一些实践中的困惑问题给出了解答。她认为违法所得没收程序是一种建立在国家强制力基础之上的"准不当得利之衡平措施"。出于彻底剥夺不法财产的规范目的,违法所得包括直接所得、间接所得和其等值财产,由于黑社会性质组织犯罪在内在构造和刑事政策上的特殊性,违法所得的投资收益同样应当予以剥夺。违法所得没收的对象包括犯罪分子本人、共犯和第三人,共犯没收应立足于"基于共同处分权之连带没收"的立场,第三人没收应根据获利关联性区分第三人的类型和法律效果。为彻底铲除黑社会性质组织犯罪的经济基础,同时兼顾人权保障的需求,应坚持总额没收和比例没收原则。②

张吉喜综合性地探讨了关于违法所得没收程序的多个问题,包括适用条件、没收财物的认定、证明标准等。他认为将社会影响作为违法所得没收程序中认定"重大犯罪案件"的标准,不仅过于主观,而且违背管辖的基本原理。因此建议摒弃"社会影响标准",而采用与普通案件中的"刑罚标准"相当的"涉案金额标准"。只有在能够认定被申请没收的财物是原始形态的违法所得或演变形态的违法所得的情况下,才能够将其认定为违法所得而予以没收。与作为申请者的检察机关不同,利害关系人既没有强大的人力、物力和财力保障,也没有任何强制性调查的权力,其对自己诉讼主张的举证能力无法与检察机关相提并论。因此,应当为利害关系人证明其诉讼主张设置较低的证明标准。③

第二节　核心期刊论文摘要

刑事缺席审判与特别没收程序关系辨析
黄　风
《法律适用》2018 年第 23 期
关键词:刑事缺席审判　特别没收程序　追逃追赃　国际刑事合作

---

① 吴光升、南潇:《违法所得没收程序证明问题研究》,载《中国刑事法杂志》2018 年第 2 期。
② 金燚:《违法所得没收的理论反思与价值重塑——以黑社会性质组织犯罪为中心展开》,载《东北大学学报(社会科学版)》2021 年第 3 期。
③ 张吉喜:《违法所得没收程序适用中的相关问题研究》,载《现代法学》2019 年第 1 期。

摘要:特别没收程序相对于刑事缺席审判程序具有一些明显的便利之处,比如:送达便利、举证便利、执行便利。在特别没收程序和刑事缺席审判程序的运用问题上,我们同样应当站在国际刑事合作和有效行使司法权的高度,权衡利弊得失,作出合情、合理、合法的选择与安排。尽管可以将违法所得没收程序融入刑事缺席审判中,或者两者同时提起,仍然需要注意两种程序的不同性质,权衡利弊得失,在必要时保持或者恢复违法所得没收程序的相对独立性。

违法所得没收程序重点疑难问题解读
裴显鼎　王晓东　刘晓虎
《法律适用》2017 年第 13 期

关键词:违法所得没收程序　逃匿　死亡　公告　没收　裁定

摘要:关于违法所得没收程序适用的罪名范围,对于刑事诉讼法关于"贪污贿赂、恐怖活动等重大犯罪"的规定作等外解释更为合适。关于刑罚轻重角度明确认定标准,无须从刑罚轻重和具体犯罪数额明确认定标准,只要犯罪具有严重影响、犯罪嫌疑人、被告人逃匿国外,就应认定为"重大"。提高没收违法所得案件申请的立案门槛正是出于对庭审过程中财产所有权确权采用高度盖然性证据证明标准的必要补充,也是针对该类案件特征进行的专门制度设计。

论刑事诉讼中的"对物之诉——一种以涉案财物处置为中心的裁判理论
方柏兴
《华东政法大学学报》2017 年第 5 期

关键词:没收　涉案财物　对物之诉　诉讼构造　证据规则

摘要:在司法实践中,由于法院在审判程序中通常不对涉案财物进行有效的审查和裁断,公安机关和检察机关对涉案财物的处置行为便无法受到裁判权的有效制约。长期以来,我国在涉案财物的处置上,实行的是一种行政式审批程序与公开审判程序并存的"双轨制"模式。对物之诉的正当性基础在于其是利害关系人行使民事诉权的途径,能够对涉案财物的处分权进行有效制约,同时有利于对涉案财物处置程序公正性的塑造。对物诉讼的内部构造包括以法律性质为争议核心的第一层诉讼构造和以权益归属为争议核心的第二层诉讼构造。

缺席审判抑或独立没收:以"追赃"为基点的程序选择
李海滢　王延峰
《政治与法律》2019 年第 7 期

关键词:缺席审判　独立没收　追逃追赃　程序选择

摘要:独立没收程序的产生主要是为了解决缺席审判程序缺位而导致的"追赃"不能,但其产生也有其自身的原因,不只是缺席审判程序的临时替代措施。

独立没收与缺席审判两种程序并存,会产生如何选择适用的问题,尤其当两种程序出现适用竞合时,会使办案机关无所适从。独立没收程序不属于缺席审判程序,因为"对席审判"与"缺席审判"是对审判程序的分类,而独立没收程序是一种定罪与没收相分离的刑事特别程序。从独立没收程序应该适用民事诉讼程序的证明标准这一普遍认识的角度讲,独立没收程序的证明标准为高度盖然性。

违法所得没收程序适用中的相关问题研究

张吉喜

《现代法学》2019年第1期

关键词: 违法所得没收程序　溯及力　重大犯罪案件　善意取得　证明标准

摘要: 将社会影响作为违法所得没收程序中认定"重大犯罪案件"的标准,不仅过于主观,而且违背管辖的基本原理。因此建议摒弃"社会影响标准",而采用与普通案件中的"刑罚标准"相当的"涉案金额标准"。只有在能够认定被申请没收的财物是原始形态的违法所得或演变形态的违法所得的情况下,才能够将其认定为违法所得而予以没收。与作为申请者的检察机关不同,利害关系人既没有强大的人力、物力和财力保障,也没有任何强制性调查的权利,其对自己诉讼主张的举证能力无法与检察机关相提并论。因此,应当为利害关系人证明其诉讼主张设置较低的证明标准。

违法所得没收程序证明问题研究

吴光升　南漪

《中国刑事法杂志》2018年第2期

关键词: 违法所得没收　证明对象　证明责任分配　证明标准

摘要: 全国法院受理的违法所得没收案件中大部分案件并未进入审理程序而处于停滞状态,究其原因,主要在于刑事诉讼法有关该程序的规定过于简单,可操作性不强,尤其是对该程序的证明问题缺乏应有规定。对于我国的违法所得没收需要证明哪些实体法事实,应当根据没收对象来确定。违法所得没收的证明标准不能是一元化标准,至少应当区分实体法事实与程序法事实,然后设置不同的证明标准。在违法所得没收的证明责任分配与证明标准设置上,应当适度偏向利害关系人,以避免他们的合法权益受到不当损害。

第三节 案例精解

对违法所得的认定问题
——黄艳兰贪污违法所得没收案[①]

一、案情介绍

黄艳兰,女,1961年9月20日出生于广西全州。

根据公开渠道披露的信息,1993年至1998年,黄艳兰先后担任广西桂林地区物资发展公司副经理、桂林地区物资发展总公司(以下简称"物资总公司")总经理,兼任桂林地区行署物资局副局长等职务,系国家工作人员。1993年5月至1998年8月,物资总公司用自有资金、银行贷款及融资借款经营期货等业务,由黄艳兰等人具体操作执行。为方便拆借、周转资金和存放期货利润,黄艳兰利用职务便利,先后控制和使用了广西桂林方正商贸有限公司等6个相关银行账户(以下简称"方正公司等六账户")及物资总公司驻上海办事处等证券账户。在经营期货业务中,黄艳兰等人开设、使用了多个二级期货交易账户,累计向期货账户转入了40004.96万元。其中,33617.66万元未纳入公司财务管理。黄艳兰直接或指使他人从该期货账户转出了57547.75万元。其中,52895.22万元未纳入公司财务管理。1993年至1999年,物资总公司累计期货利润收入为18073.02万元。其中,11738.02万元未纳入物资总公司管理,形成体外循环资金。

1997年7月至1999年4月,黄艳兰从方正公司等六账户转出了共计3000万元资金,用于购买52套位于上海的房产。这些房产分别登记在李和平(黄艳兰的丈夫)、施小刚等人名下。为继续非法占有上述房产,黄艳兰于2000年至2002年指使李和平将29套涉案房产的合同权益虚假转让给施小刚和高兆杰,并以二人名义分别向银行办理按揭贷款和抵押相关手续,支付剩余房款。此后,黄艳兰又安排邓田英(黄艳兰的母亲),与施小刚、高兆杰签订委托合同,全权管理二人名下房产,但房产仍由黄艳兰实际控制。

涉案52套房产的购房资金3000万元来源于方正公司等六账户。涉案52套房产中,司法机关已处置20套。同时,黄艳兰指使他人出售了15套房产,后将出售款和剩余17套房产的出租款再次用于购买6套房产,部分款项存入了以

[①] 资料来源:http://www.jcrb.com/jcjgsfalk/zdxal/xsjc/202112/t20211209_2345271.html,2021年3月25日访问。

施小刚、Michelle、秦丹名义开设的银行账户。

2001年12月,黄艳兰畏罪潜逃至美国、加拿大。

2005年5月23日,国际刑警组织对其发布红色通缉令。

2015年,根据中央反腐败协调小组统一部署,国际刑警组织中国国家中心局发布针对100名涉嫌犯罪的外逃国家工作人员、重要腐败案件涉案人等人员的红色通缉令,黄艳兰位列"百名红通人员"第33位。但至今黄艳兰仍未回国接受处理。

2018年11月15日,广西壮族自治区桂林市中级人民法院一审公开宣判"百名红通人员"33号黄艳兰贪污违法所得没收一案,认定有证据证明犯罪嫌疑人黄艳兰实施了贪污犯罪,黄艳兰用于购买涉案52套房产资金来源于国有公司公款,检察机关申请没收的房产及相关银行账户存款属于黄艳兰贪污违法所得。检察机关申请没收的财产属于黄艳兰贪污犯罪所得及产生的收益,依法应当适用违法所得没收程序裁定没收。裁定没收黄艳兰位于上海市的23套涉案房产以及部分涉案房产出售、出租产生的收益;对黄艳兰贪污犯罪产生的违法所得追缴不足部分,继续追缴;依法向相关银行支付上述涉案房产按揭贷款欠款本息及相关费用。宣判后,黄艳兰母亲邓田英提出上诉。

2019年7月6日,广西壮族自治区高级人民法院依法公开开庭宣判犯罪嫌疑人黄艳兰贪污违法所得没收一案,广西高院认为原裁定认定事实清楚,适用法律正确,上诉人及其诉讼代理人提出的上诉理由及代理意见均证据不足,理由不能成立,裁定依法驳回上诉,维持原裁定。

二、争议观点

该案的争议焦点是检察机关申请没收的23套房产及Michelle、施小刚、秦丹名下的银行存款是否高度可能属于犯罪嫌疑人黄艳兰贪污违法所得。这不仅仅是个案问题,司法实践中对犯罪嫌疑人或被告人违法所得的认定,特别是转变、转化后的财产以及添附个人生产经营后形成的收益能否认定为违法所得存在争议:有观点认为,转变、转化后的财产或添附个人生产经营后形成的收益与原始违法所得并无直接的联系,与犯罪嫌疑人或被告人的个人财产混同,且无统一的区分标准,故不应将转变、转化后的财产或添附个人生产经营后形成的收益认定为违法所得;另有观点认为,转变、转化后的财产或添附个人生产经营后形成的收益虽与原始违法所得并无直接联系,但具有明确的因果关系,应将转变、转化后的财产或添附个人生产经营后形成的收益认定为违法所得。

违法所得认定问题一度是司法机关办理贪腐案件中十分棘手的问题。犯罪嫌疑人或被告人往往将原始违法所得进行"洗钱"、转移、投资等方式的处理,达到使违法所得消失、增值或违法所得与个人财产分割的目的,比如国家工作人员收受贿赂后,将违法所得用于购房、购买书画、购买玉石珠宝、投资股票或者开设公司等。过去,因缺乏法律的明确规定,对违法所得的范围界定不清,特别是当违法所得部分全部转变、转化为其他财产或者与合法财产相混合的情况下应当如何处理缺乏法律依据,实践中不乏出现上述观点之争。

2017年1月5日,最高人民法院、最高人民检察院颁布《关于适用犯罪嫌疑人、被告人逃匿、死亡案件违法所得没收程序若干问题的规定》(以下简称《规定》)。《规定》明确,通过实施犯罪直接或者间接产生、获得的任何财产;违法所得已经部分或者全部转变、转化为其他财产的,转变、转化后的财产;来自违法所得转变、转化后的财产收益,或者来自已经与违法所得相混合财产中违法所得相应部分的收益,均应当认定为《刑事诉讼法》第280条第1款规定的"违法所得"。《规定》的出台有力地回应了上述争议。

此外,《规定》还从证明责任方面进一步明晰了违法所得的范围。《规定》明确,申请没收的财产具有高度可能属于违法所得及其他涉案财产的,应当认定为"申请没收的财产属于违法所得及其他涉案财产"。这表明我国违法所得没收程序采用了不同层次的证明标准:在证明犯罪嫌疑人、被告人构成犯罪层面适用传统的刑事证明标准;而在证明财物系违法所得及其他涉案财物层面则适用高度盖然性证明标准。

反腐败追逃追赃工作是全面从严治党和全面依法治国的重要环节。黄艳兰贪污案是《刑事诉讼法》2012年修正增设违法所得没收程序后,首批立案审查的案件。该案历经一、二审,基本完整地适用了有关追逃追赃的现行全部法律规范,其顺利审结为健全追逃追赃配套法律制度提供了实践样本,对反腐败追逃追赃工作具有重要意义。

第六章　依法不负刑事责任的精神病人强制医疗程序

第一节　本章观点综述

2012年《刑事诉讼法》修改,在第五编增加了"依法不负刑事责任的精神病人的强制医疗程序"一章。但是制度的新设并没有引起学界的足够重视,近年来关于强制医疗程序的研究成果并不丰富,近五年间在 CSSCI 核心期刊上发表的相关论文仅10余篇。重点关注的内容集中于:一是对强制医疗适用条件的分析;二是强制医疗的程序设置。

关于强制医疗适用条件,张吉喜将之区分为行为条件和法益侵害条件。他通过对司法实践的考察发现:强制医疗的客观要件不仅存在放任精神病人继续实施危害社会行为的风险,而且还存在不规范适用的情况。出现上述问题的根源在于强制医疗的客观要件自身具有不合理性,只有改革强制医疗的客观要件,才能够化解风险、规范司法适用。不限制危害行为和侵害法益是国外强制医疗客观要件的普遍模式。我国应当将"实施的行为的社会危害性已经达到犯罪程度"作为强制医疗的客观要件,同时有必要丰富强制医疗的执行方式,在住院治疗之外增加门诊治疗。[①] 元轶则认为,对于人身危险性的有效判断,决定着一个国家的保安处分是否能够真正成为一种"刑事司法程序",在我国的精神病人强制医疗程序中,也不存在具体的关于人身危险性的证明标准体系,没有明确的有关人身危险性的证明对象,甚至连证明责任的分配也存在问题。正是因为大部分法官对科学证据的判断力完全丧失,才造成了法官"完全依赖"以及"盲目折中"。长期的改革目标应当是从各方面提高审查判断证据的能力和机制。[②] 陈绍辉认为,人身危险性概念既具医学属性,又具法律属性,但本质上仍属于法律问题。人身危险性应包括两个要素:危害行为和危害行为的可能性。前者旨在明确何种性质的行为可作为人身危险性的表征,后者旨在如何判定危害行为发生的可能性。人身危险性的认定需综合上述各种因素作出综合评判,而其中的关键是运用科学的预测方法以确保预测的准确性和科学性。鉴定专家对人身危

---

① 张吉喜:《刑事强制医疗客观要件的反思与重构》,载《比较法研究》2021年第2期。
② 元轶:《法官心证与精神病鉴定及强制医疗关系论》,载《政法论坛》2016年第6期。

险性预测的准确性很大程度上决定了强制医疗决定的准确性,因此实践中专家的角色至关重要。① 李娜玲认为,受审能力是一种接受审查和判决的主体资格,服刑能力是指主体能够通过承受法庭对其处以剥夺部分权益的惩罚,清楚地理解自己的犯罪行为的性质、目的和意义的生理和心理条件,强制医疗的对象应包括无受审能力和无服刑能力的精神障碍者。"有病推定"的临床思维方式在尽可能地避免漏诊的同时,却容易成为精神疾病诊断扩大化的根源。无论是判断刑事法律能力还是民事法律能力,都应始终坚持医学要件和法学要件相结合的基本原则。②

关于强制医疗的运行程序,潘侠认为,当前我国的强制医疗问题重重,除了在强制医疗的输入环节上,作为被强制医疗患者接受监管、治疗基本保障的执行场所和确保患者获得良好医疗服务的经费的承担主体及方式含混不清外,在输出环节,我国亦缺乏可操作的强制医疗解除标准以及患者复归社会的应对机制。在我国强制医疗场所设定上,有必要强调场所的双重属性,实现治疗与监管并重。在暴力型精神病患者基数庞大的当下,应拓展治疗费用的来源,以避免强制医疗国家干预后给财政带来过重负担而影响强制医疗制度的长期有效贯彻执行。完善强制医疗解除之后的应对路径应统筹公安、卫生、民政、残联等部门,明确各自在患者回归社会中的职责。③ 针对强制医疗的救济程序,王君炜认为,在我国强制医疗复议程序中,申请复议在效力上具有滞后性,难以确保对当事人的及时救济,并且复议庭审虚化的现象较为严重,检察机关难以对案件进行实质性审查。在强制医疗定期诊断评估解除制度中,现有法律语焉不详,影响了救济的及时性,并且实践中强制医疗解除案件的审查流于形式。强制医疗裁决异议程序的重构应着眼于变更强制医疗的裁决方式,推动强制医疗上诉审理的实质化。为了更加完整地保护当事人的权利,强制医疗诉讼救济机制的构建不应忽视审前阶段的保护性约束措施,应使其受到司法程序的有效控制,并设置相应的救济机制。④ 王志坤提出强制医疗程序与普通程序的转换问题,他认为强制医疗程序与刑事普通程序不是双向转换的,只能从强制医疗转换到普通程序,而不得进行程序的倒流。普通程序审理过程中可能发现被告人因精神病在行为时没有责任能力,或者在审理时缺乏就审能力,考虑到其肇事肇祸的社会危险性,有必要予以强制医疗。在普通程序中事后发现被告人没有就审能力,应以程序障碍为

---

① 陈绍辉:《论刑事强制医疗程序中人身危险性的判定》,载《东方法学》2016年第5期。
② 李娜玲:《刑事强制医疗程序中"精神病人"之司法判定》,载《法学杂志》2016年第8期。
③ 潘侠:《破解暴力型精神病人管束困局刍议——基于三部法律联动的视角》,载《法学论坛》2016年第3期。
④ 王君炜:《我国强制医疗诉讼救济机制之检讨》,载《法学》2016年第12期。

由终止审理,另行由检察机关提出强制医疗申请。强制医疗的复议程序形似审判监督程序,但更应视之为二审程序。

第二节 核心期刊论文摘要

法官心证与精神病鉴定及强制医疗关系论
元 轶
《政法论坛》2016 年第 6 期
关键词:强制医疗程序 司法精神病鉴定启动模式 法官心证 纵向构造中的因果关系律
摘要:强制医疗程序中存在的核心问题是司法精神病鉴定"启动难"及"重新鉴定难"。对于人身危险性的有效判断,决定着一个国家的保安处分是否能够真正成为一种"刑事司法程序",在我国的精神病人强制医疗程序中,也不存在具体的关于人身危险性的证明标准体系,没有有关人身危险性的明确的证明对象,甚至连证明责任的分配也存在问题。造成法官"完全依赖"以及"盲目折中"的原因,正是因为大部分法官对科学证据的判断力完全丧失。长期的改革目标无疑应当是从各方面提高审查判断证据的能力和机制,而且,这样的改革必须推进,因为包括司法精神病鉴定在内的各类科学证据的"不确定性"始终是客观存在的。

论刑事强制医疗程序中人身危险性的判定
陈绍辉
《东方法学》2016 年第 5 期
关键词:人身危险性 刑事强制医疗 精神病人 刑事诉讼法
摘要:人身危险性概念既具医学属性,又具法律属性,但本质上仍属于法律问题。人身危险性应包括两个要素:危害行为和危害行为的可能性。前者旨在明确何种性质的行为可作为人身危险性的表征,后者旨在如何判定危害行为发生的可能性。人身危险性的认定需综合上述各种因素作出综合评判,而其中的关键是运用科学的预测方法以确保预测的准确性和科学性。鉴定专家对人身危险性预测的准确性很大程度上决定了强制医疗决定的准确性,而提高人身危险性预测的准确性也就显得尤为重要。

破解暴力型精神病人管束困局刍议——基于三部法律联动的视角
潘 侠
《法学论坛》2016 年第 3 期
关键词:暴力型精神病人 强制医疗 强制医疗所 强制医疗解除

摘要: 当前我国的强制医疗问题重重,除了在强制医疗的输入环节上,作为被强制医疗患者接受监管、治疗基本保障的执行场所和确保患者获得良好医疗服务的经费的承担主体及方式含混不清外,在输出环节,我国亦缺乏可操作的强制医疗解除标准以及患者复归社会的应对机制。在我国强制医疗场所设定上,有必要强调场所的双重属性,实现治疗与监管并重。在暴力型精神病患者基数庞大的当下,治疗费用的来源应予多元化,以避免强制医疗国家干预后给财政带来过重负担而影响强制医疗制度的长期有效贯彻执行。完善强制医疗解除之后的应对路径应统筹公安、卫生、民政、残联等部门,明确各自在患者回归社会中的职责。

我国强制医疗诉讼救济机制之检讨

王君炜

《法学》2016 年第 12 期

关键词: 强制医疗　救济机制　庭审实质化　程序性控制

摘要: 在我国强制医疗复议程序中,申请复议在效力上具有滞后性,难以确保对权利的及时救济,并且复议庭审虚化的现象较为严重,难以对案件进行实质性审查。在强制医疗定期诊断评估解除制度中,立法在定期诊断评估周期等问题上语焉不详,影响了救济的及时性,并且实践中强制医疗解除案件的审查流于形式。强制医疗裁决异议程序的重构应着眼于变更强制医疗的裁决方式,推动强制医疗上诉审理的实质化。为了更加完整地保护当事人的权利,强制医疗诉讼救济机制的构建不应忽视审前阶段的保护性约束措施,应使其受到司法程序的有效控制,并设置相应的救济机制。

刑事强制医疗程序适用法律要件探析

黄维智　王沿琰

《社会科学》2016 年第 2 期

关键词: 精神病人　刑事强制医疗　程序适用　三大要件

摘要: 对刑事强制医疗程序三大适用要件的审查,最关键、最核心的阶段是在庭审程序,审判人员在庭审中的主要任务就是对检察官提出的申请进行审查并作出是否适用强制医疗的决定,其核心就是对强制医疗行为、主体、社会危险性等三大要件的审查。但从实践来看,由于立法的缺失,目前刑事强制医疗程序有被虚化的倾向,导致对上述适用要件的审查也出现了审查虚化、流于形式等问题,影响了刑事强制医疗程序适用的正当性。

刑事强制医疗程序中"精神病人"之司法判定

李娜玲

《法学杂志》2016 年第 8 期

关键词：强制医疗　精神病人　鉴定意见

摘要：受审能力是一种接受审查和判决的主体资格，服刑能力是指主体能够通过承受法庭对其处以剥夺部分权益的惩罚，清楚地理解自己的犯罪行为的性质、目的和意义的生理和心理条件，强制医疗的对象应包括无受审能力和无服刑能力的精神障碍者。"有病推定"的临床思维方式在尽可能地避免漏诊的同时，却容易成为精神疾病诊断扩大化的根源。无论是判断刑事法律能力还是民事法律能力，都应始终坚持医学要件和法学要件相结合的基本原则。

刑事强制医疗的程序转换

王志坤

《国家检察官学院学报》2016 年第 5 期

关键词：刑事强制医疗　普通程序　复议程序　转换

摘要：强制医疗程序与刑事普通程序不是双向转换的，只能从强制医疗转换到普通程序，而不得进行程序的倒流。普通程序审理过程中可能发现被告人因精神病在行为时没有责任能力，或者在审理时缺乏就审能力，考虑到其肇事肇祸的社会危险性，有必要予以强制医疗。在普通程序中事后发现被告人没有就审能力，应以程序障碍为由终止审理，另行由检察机关提出强制医疗申请。强制医疗的复议程序形似审判监督程序，但更应视之为二审程序。

第三节　案　例　精　解

强制医疗执行监督问题
——殷某强制医疗案

一、案情介绍

2015 年 4 月 8 日，江苏省滨海县人民法院认定殷某患有精神分裂症，作案时处于发病期，其辨认能力和控制能力丧失，为无刑事责任能力，故决定对殷某进行强制医疗。后其法定代理人吕某向滨海县人民法院申请对殷某解除强制医疗，2015 年 11 月 16 日、2016 年 6 月 18 日滨海县人民法院决定继续对殷某进行强制医疗。

2018 年 3 月初，滨海县检察院检察官在对强制医疗例行检察中发现，被强制医疗的殷某在所在医院食堂帮厨,其精神状态已经明显好转。检察官进一步调查发现,殷某长期滞留在不具备强制医疗资质的医院接受治疗,未被依法送至定点医疗机构执行,且该医院三年来一直未对殷某定期开展评估鉴定。

2018年3月25日,滨海县检察院针对殷某的治疗问题,从法律依据、政治站位、社会效果、人权保障等方面有针对性地向职能部门发出纠正违法通知书和检察建议书。相关职能部门对此进行了专题会商,研究提出15日内将殷某转至定点医院收治,解决医治费用的方案,并以会议纪要形式将方案内容下发至相关单位整改落实。在滨海县检察院的监督推动下,相关职能部门将殷某移送至盐城市第四人民医院进行定点规范治疗。

2018年11月,经盐城市第四人民医院三个多月的评估鉴定,认定殷某接受治疗后,目前处于精神分裂症缓解期,无明显人身危险性,建议解除强制医疗。2018年11月8日,滨海县人民法院作出(2018)苏0922刑医解2号《解除强制医疗决定书》,认定殷某经过强制医疗,目前已无明显人身危险性,不需要继续强制医疗,故解除对殷某的强制医疗措施,但其亲属仍应对其严加看管和治疗。

二、焦点问题

强制医疗是指对依法不负刑事责任的精神病人,在实施了暴力行为,危害公共安全或者严重危害公民人身安全,且有继续危害社会可能的情形下所适用的刑事处分措施。《刑事诉讼法》第307条规定人民检察院对强制医疗程序实行监督,不仅包括对强制医疗的决定阶段进行监督,还包括对强制医疗的执行阶段进行监督。《人民检察院刑事诉讼规则(2019)》第651条也规定,人民检察院发现人民法院、公安机关、强制医疗机构在对依法不负刑事责任的精神病人的强制医疗的交付执行、医疗、解除等活动中违反有关规定的,应当依法提出纠正意见。

实践中,强制医疗程序常常面临资金、场所、人员短缺的问题,导致执行阶段出现各种不规范情况。如案例中,法院决定对殷某进行强制医疗后,因缺乏医疗费用及合适医疗机构,殷某被长期滞留在不具备强制医疗资质的医院接受治疗甚至在厨房劳动,且一直未接受定期评估鉴定,这严重侵犯了殷某的合法权益。检察机构介入后,相关职能部门及时解决了积弊。殷某在接受正规治疗后病情好转,最终被解除强制医疗返回家中。检察机关对强制医疗执行阶段的监督无疑在本案中发挥了重要作用。

但相比于《刑事诉讼法》《人民检察院刑事诉讼规则(2019)》对决定阶段监督的详尽的法律规定,对执行阶段监督的规定则过于原则,缺乏具体规定,这导致实践中各地检察机关在强制医疗执行监督中没有统一的模式,履行监督职责普遍存在这样那样的困难。在监督形式方面,部分检察机关在强制医疗机构设立派驻检察室,确保充分、及时履行监督职责;但更多的检察机关限于人力、物力的不足采取巡回检察监督的方式,这种方式无法充分保障监督的及时性和规范性。另外,由于检察官并不具备专业医疗知识,监督往往是到强制医疗机构,听听专业人员的意见,与医生交流,了解病人的治疗情况,或查看被强制医疗人员是否被虐待、殴打,受理当事人及近亲属的控告申诉等。对于强制医疗机构是否实施了必要的医疗、是否科学地定期诊断评估等检察监督工作容易流于形式,这既影响监督的实效,也不利于维护被强制医疗精神病人的合法权益。

检察机关对强制医疗执行阶段的监督具有重要意义,但其有效实施有赖于配套的制度,以及检察机关与公安、法院、强制医疗机构的充分沟通协作机制,这仍需要检察机关在实践中进一步探索,并由相关法律加以明确规定。

第七章 本编参考书目

何永福:《刑事诉讼涉案财物处置程序研究》,社会科学文献出版社 2020 年版。

赵霞:《刑事申诉制度改革研究》,法律出版社 2020 年版。

张啸宇:《刑事和解程序规范性研究》,河海大学出版社 2020 年版。

吴宗宪主编:《刑事执行法学(第三版)》,中国人民大学出版社 2019 年版。

吕晓刚:《刑事和解制度调解机制研究》,湘潭大学出版社 2019 年版。

雷小政:《未成年人刑事司法风险评估:场域、样本与方法》,对外经济贸易大学出版社 2019 年版。

李卫红:《刑事和解的精神》,社会科学文献出版社 2019 年版。

王广聪:《变迁时代的福利司法——未成年人刑事审前程序的完善》,法律出版社 2019 年版。

宋英辉、何挺主编:《未成年人刑事案件诉讼程序研究综述》,中国检察出版社 2019 年版。

管元梓:《未成年人刑事案件法庭审理制度研究》,法律出版社 2018 年版。

吴斌等:《未成年人刑事司法保护研究——以未成年犯罪嫌疑人附条件不起诉制度为中心》,西南财经大学出版社 2018 年版。

吴光升:《刑事涉案财物处理程序研究》,法律出版社 2018 年版。

胡宝珍等:《刑事涉案财物处置的法律机制研究》,厦门大学出版社 2018 年版。

王鹏飞:《刑事执行一体化研究》,中国政法大学出版社 2018 年版。

乔宇:《刑事涉案财物处置程序》,中国法制出版社 2018 年版。

盛长富:《未成年人刑事司法国际准则研究》,法律出版社 2018 年版。

王贞会等:《未成年人刑事司法社会支持机制研究》,中国人民公安大学出版社 2017 年版。

李华:《我国环境刑事诉讼程序规则研究》,中国政法大学出版社 2017 年版。

罗海敏:《反恐怖主义犯罪诉讼程序研究:以我国反恐刑事特别程序的构建为视角》,中国政法大学出版社 2017 年版。

梅文娟:《少年刑事政策研究》,中国法制出版社 2017 年版。

陈卫东主编:《涉外程序和刑事司法协助:外国刑事诉讼法有关规定》,中国检察出版社 2017 年版。

卞建林主编:《刑事执行程序:外国刑事诉讼法有关规定》,中国检察出版社 2017 年版。

卞建林主编:《未成年人刑事司法程序:外国刑事诉讼法有关规定》,中国检察出版社 2017 年版。

高贞主编:《中国刑事执行理论与实践》,法律出版社 2016 年版。

李静:《刑事诉讼特别程序问题研究》,山东人民出版社 2016 年版。

蒋志如:《刑事特别程序研究》,法律出版社 2016 年版。

袁其国:《刑事执行检察论》,中国检察出版社 2016 年版。

谢丽珍:《违法所得没收特别程序研究》,法律出版社 2016 年版。

邹帆:《中日刑事执行制度比较》,法律出版社 2016 年版。

康海军:《反恐刑事特别程序研究》,南开大学出版社 2016 年版。

周凯东:《谁来打开和解之门:检察环节刑事和解研究》,法律出版社 2015 年版。

第五编 刑事证据法学

第一章 刑事证据法学理论问题

第一节 本章观点综述

证据法学基本问题一直是证据法学者和实务工作者关注的重点,也是证据法研究的基石。在 2016—2020 年间,学者们在证据法基本理论问题上主要聚焦于以下几个领域:

一、证据法的历史发展与体系化建设

对于证据法的历史发展,有学者经过梳理后提出,改革开放以后的刑事证据规范发展历程可以区分为自发生长、艰难酝酿和快速回应三个阶段。证据法及证据法学的改革动力是司法的实际需求,冤假错案的纠正成为了证据法改革的催化剂。当网络时代来临时,媒体的聚焦效应为刑事证据立法获得了话语的正当性,而在党的十八大以后如火如荼的司法改革为证据制度的改革提供了组织条件。改革路径具有针对性强、阻力小、易于借势推动等优点。与此同时,改革也存在宏观设计不足、细节改革穷于应对、与司法改革不协调等问题。[1] 也有学者提出,我国刑事证据法学研究在理论创新和增长知识方面的作用比较有限,甚至没有形成较为成熟的刑事证据法学理论体系。刑事证据法学研究亟待再次转型,在增强刑事证据法学研究的主体性、独立性和科学性的基础上,通过理论创

---

[1] 吴洪淇:《刑事证据制度变革的基本逻辑——以 1996—2007 年我国刑事证据规范为考察对象》,载《中外法学》2018 年第 1 期。

新精确解释我国刑事证据立法与司法存在的真正问题或者独有问题。① 证据法体系的法理问题可以聚焦在三个领域:一是证据法的本体论问题;二是证据法的价值论问题;三是证据法的规范论问题。这些问题可以为证据法提供法理学的整体性视角和反思性理念,为证据法学科与规范体系提供整合平台。②

对于证据法学的发展方向,有学者提出可采性原则与证明原则的内在矛盾、科技的迅速发展都是证据法跨学科发展的趋势或证据科学研究兴起的主要动因。学界应当更加重视证据科学的实践探索和学科建设,并将研究聚焦于狭义证据科学。③

二、证据使用与事实认定

证据使用与事实认定是证据法学理论中的又一个重点问题。不同学者在事实观、证据观以及对辩证唯物主义认识论的认识上常存争议,对于司法中事实的性质、证据与事实的关系等问题依然争论不休。

有观点提出,事实作为证据法的逻辑起点,包含着事实认定中各种问题的胚芽,其固有特性特别是经验性之历史展开,则塑造了证据的基本属性,也决定了事实认定必然是一个经验推论过程。事实认定者所获得的是事实可能性的判断,达不到绝对的确定性,却具有盖然性或似真性。司法证明理论从精确概率走向模糊概率或似真性理论的发展趋势,对我国司法改革和证据法学研究具有借鉴意义。④ 但也有学者提出了反对意见,认为西方国家的盖然性证明标准也是证据法研究的重大盲点。必须彻底清除证据问题上大大小小的盲点,摆正意识和证据、法和证据的关系,全面掌握证据,才能使证据法学向前迈进一步。⑤

在司法认知应当以事实为根据还是以证据为根据的问题上,学者们也提出了不同的意见。一种观点认为,"证据"一词有其松散意义和严格意义。松散意义上的证据是指在法庭上出示的证言(言词证据)和证物(实物证据);严格意义上的证据是指法官作出司法裁决的依据,它是经过法庭辩论环节而被法庭认可和接受的一组事实性陈述。司法审判追求多重目标,追求真相并不是司法审判的唯一目标,有时候甚至不是其首要目标。司法审判还受到很多其他因素的制约,比如保护人权和成本收益等价值,司法审判应该通过设计周全且得到严格执行的司法程序去保证作为判案依据的证据事实的可靠性,去实现对客观真相以

---

① 王超:《中国刑事证据法学研究的回顾与转型升级》,载《法学评论》2019年第3期。
② 吴洪淇:《证据法体系化的法理阐释》,载《法学研究》2019年第5期。
③ 张保生:《广义证据科学导论》,载《证据科学》2019年第2期。
④ 张保生:《事实、证据与事实认定》,载《中国社会科学》2017年第8期。
⑤ 裴苍龄:《彻底清除证据问题上的盲点》,载《现代法学》2017年第5期。

及对公平正义的追求。"以审判程序为中心,以证据为依据,以法律为准绳"应该成为司法审判的指导原则。① 反对观点则认为,一旦放弃"以事实为根据"这种说法,就抛弃了司法活动追求客观真相的价值,而且法律与事实作为大小前提的法律推理模式也无法得到体现。因此应当坚持以事实为根据,增加"事实认定以证据为根据"的说法较为妥当。②

在事实认定的问题上,有学者提出,案件事实可以依据不同阶段的司法过程的性质分为再现事实、证据事实、裁判事实三个层次。再现事实是所有参与诉讼的主体对案件事实的陈述,至少需要满足语义学上的客观性要求。证据事实是以证据为依据被再现的事实,追求的是形而上学的客观性。裁判事实是依据法律对证据事实作出的评价,可以分为程序性裁判事实与实体性裁判事实,追求的是逻辑学上的客观性和论证学上的证成。这三个层次的事实在司法活动中具有不同的位次、属性,对应不同的义务。厘清案件事实的层次,明确不同层次的事实的建构义务,既可以避免理论混淆,也有助于减少冤假错案。③ 也有学者对事实认定中的实质真实主义进行了分析,提出实质真实主义应当从目的和方式两个层面来解读。实质真实主义经历了产生和发展两个阶段,在产生阶段,实质真实主义以追求绝对真实为目的,将被告人视为发现真实的工具,调查手段缺乏规范性。在发展阶段,实质真实主义追求最大化真实,具有审判程序纠问色彩逐渐淡化、被告人的地位主体化、真实查明途径多样化的特点,司法官不是唯一的事实认定主体。④

在事实认定主体问题上,有些学者把注意力聚焦在了陪审员的角度。有学者通过对美国陪审制度的考察指出,美国陪审团事实认知机制与陪审团制度、审判中心模式以及对抗制息息相关,这些因素共同构成陪审团事实认知机制的制度基础,美国陪审团事实认知机制研究也促进美国陪审团制度的改革,使其尽可能地沿着科学化路径进行,尽可能地避免改革的恣意并防范权力对陪审团民主价值的过分侵犯。⑤ 同时,也有学者考察了我国的人民陪审员在事实认定中的作用,指出修改后的《中华人民共和国人民陪审员法》(以下简称《人民陪审员法》)将人民陪审员的职能限定在事实认定上借鉴了英美法系陪审团制度的传统,这种制度是否能够给中国的人民陪审员制度注入活力,值得研究。同时指

---

① 陈波:《以审判程序为中心,以证据为依据,以法律为准绳——答舒国滢、宋旭光的商榷》,载《政法论丛》2018 年第 2 期。
② 舒国滢、宋旭光:《以证据为根据还是以事实为根据?——与陈波教授商榷》,载《政法论丛》2018 年第 1 期。
③ 杨贝:《论案件事实的层次与构建》,载《法制与社会发展》2019 年第 3 期。
④ 王天民:《实质真实主义:两种认知理论下的模式推演》,载《法制与社会发展》2018 年第 3 期。
⑤ 高通:《美国陪审团事实认知机制研究》,载《比较法研究》2018 年第 6 期。

出,从个体角度考察,陪审员并不比法官具有更多优势,反而可能存在判决缺陷。但在司法程序中,陪审员是一个制度构建的角色。陪审团制度以及成功的陪审制移植实践,是通过一些技术性要素,塑造了集体评议和团体决策意义上的事实认定者,区别于法官的合议制模式。陪审员的裁决优势正是源于这种制度建构。中国的陪审制改革应当在现有立法框架下,重构评议程序和操作性规则,将人民陪审员塑造为优秀的事实认定者。①

近五年来,证据法学界在证据本体论方面的研究重点主要是新型证据种类出现后所形成的问题,主要是围绕着电子数据、区块链存证等问题展开。与此同时也存在对传统证据本体论的基本问题如证据概念、证据属性方面的深层次探讨。

在事实认定的方式上,有学者提出构建证据链的观念。基于证据链对司法证明展开的逻辑分析属结构主义路径,相比于证据的实质性意义,结构主义更注重证据的关系性意义。②

三、证据概念与证据属性

在证据概念的问题上,有学者直接提出了证据概念无意义的观点。此种观点认为,在规范法学体系中,证据概念并无存在的必要。现有对于证据概念的定义都在试图创设一个能够统辖不同语境下之证据含义的描述性概念,但这种努力并无价值,而且阻碍了证据法学理论和规范体系的发展完善。证据法所需要的是与不同证据规则之解释适用相关的一系列"有关证据的概念",或曰"证据法基本概念",正是这些概念构成了证据法的基本概念体系。我国证据法基本概念体系应当以证据调查为核心进行相应的构建。③

与此相关,还有学者对传统的证据三性提出了质疑。认为主流的"证据客观说"混淆了证据与事实和存在的关系,不仅压抑了证据法认识论基础的研究,为我国政法战线塑造了一整套传统的司法理念,而且阻碍了我国现代证据制度的构建。应当确立相关性作为我国现代证据制度基本原则的地位,取代客观性成为证据法的逻辑主线,实现证据法理论体系从客观性哲学理念向相关性逻辑证明的观念转型,从而尊重司法具有可错性的规律,完善司法责任制,消除证据裁

---

① 樊传明:《陪审员是好的事实认定者吗?——对〈人民陪审员法〉中职能设定的反思与推进》,载《华东政法大学学报》2018年第5期。
② 栗峥:《证据链与结构主义》,载《中国法学》2017年第2期。
③ 孙远:《证据概念否定论——从证据概念到证据法基本概念体系》,载《中国刑事法杂志》2016年第2期。

判的理论误区与操作障碍。①

四、新型证据类型相关问题

随着互联网技术在实践中的运用越来越重要,电子数据的规范化和体系化研究也逐渐深入,近五年众多学者都着力于电子数据的审查判断与运用规则的研究,产生了很多富有建设性的成果。

有学者着眼于电子数据的基本理论问题研究,认为电子数据的出现使人类的证明模式进入了一个新的时代,是一个需要将技术和证据结合起来研究的领域。② 该学者提出,电子证据必须同时满足内容和载体上的关联性。内容上的关联性要求数据信息要同案件事实有关;载体上的关联性要求虚拟空间的身份、行为、介质、时间与地址要同物理空间的当事人或其他诉讼参与人关联起来。这种变化给传统的证据法关联性理论带来了挑战。③ 也有学者对电子证据的真实性提出了类似的观点,认为电子证据的真实性也包括载体的真实性、数据的真实性和内容的真实性,我国现有的电子证据规则并没有从这三个层面作区分,应当针对不同层面的问题构建相应的规则,实现技术措施与程序规则的有效配置与衔接。④

电子证据的鉴真问题也成为了学者们关注的重点。有学者从快播案出发,认为我国的电子证据鉴真规则缺少"自我鉴真"和"独特特征的确认"方法、较多依靠笔录审查而知情人出庭作证较少、尚未建立证据标签制度和推定鉴真制度以及缺少鉴真不能法律后果的设定等缺陷。⑤ 也有观点提出,需要就原始存储介质的收集方式不同而区分鉴真对象,将鉴真规则定位为技术性操作规范从而排除非法证据排除规则的适用。⑥ 同时,有学者提出电子数据表现出"双重载体"的特点,外在载体主要为承载电子数据的外部存储介质,内在载体则是使其证据事实被人所知悉的各种表达方式。这就意味着在对电子数据进行审查判断时,存在双重鉴真的过程,要对其外在载体和内在载体分别进行鉴真。鉴对证据的同一性加以鉴别的过程就是对证据真实性和相关性的验证。⑦

在电子证据取证方面,近五年的研究成果更加丰富。由于电子证据具有跨

---

① 张保生、阳平:《证据客观性批判》,载《清华法学》2019 年第 6 期。
② 刘品新:《电子证据的基础理论》,载《国家检察官学院学报》2017 年第 1 期。
③ 刘品新:《电子证据的关联性》,载《法学研究》2016 年第 6 期。
④ 褚福民:《电子证据真实性的三个层面——以刑事诉讼为例的分析》,载《法学研究》2018 年第 4 期。
⑤ 刘品新:《电子证据的鉴真问题:基于快播案的反思》,载《中外法学》2017 年第 1 期。
⑥ 谢登科:《电子数据的鉴真问题》,载《国家检察官学院学报》2017 年第 5 期。
⑦ 刘译矾:《论电子数据的双重鉴真》,载《当代法学》2018 年第 3 期。

国境的特点,很多学者研究了跨境取证的问题。跨境取证首先要解决的就是取证管辖权问题,有观点提出,在国家层面取证管辖权形成了数据存储地模式和数据控制者模式两大方案。传统的数据存储地模式以国家疆域为基础,因其适用困难、取证效率低下而有所松动。数据控制者模式则依托跨境云服务提供者,实现了对数据存储地模式的部分取代。我国应当正视国际上的变革趋势,在数据主权国家战略的基础上,着力探索刑事数据取证管辖模式的中国方案,坚持数据存储地模式的同时,设定例外情形,加强与其他国家的平等协商与合作,构建适用于电子数据的刑事取证管辖互惠模式。① 还有观点指出,立足于本国法的"数据本地化"要求不能成为解决跨境电子取证问题的有效方案。传统司法协助途径和非正式的远程(跨境)搜查等方式在跨境电子取证上各存在优势和不足。各国应在国际法与国内法互动的基础上,坚持司法协助的基本框架,探索一种"(相互)尊重主权、重视程序参与者权利保障、高效、便捷"的跨境电子取证新机制。② 还有研究指出,传统跨境电子取证因数据本地化存储和"倒 U 型"取证结构而效率不高。现有的国际司法协助程序繁杂、时间冗长,无法满足打击跨境犯罪和电子证据取证的现实需求。因此跨境电子取证的简易程序构建具有必要性和紧迫性。③

与此相关的是有关电子证据的远程取证的规范问题。有学者提出,远程取证可能导致控辩力量对比失衡和侵犯公民隐私权及个人信息安全的风险。远程在线提取电子数据往往具有侵入性,具有强制侦查的特征,属于广义之搜查,因此应以传统隐私权保护之逻辑对其进行规制,具体而言包括外部的令状主义与司法审查和内部的审批两种类型。④ 也有研究发现,电子数据收集中存在"借远程勘验之名,行刑事搜查之实"的现象;部分侦查机关以网络在线提取来替代网络远程勘验,以在线提取笔录来替代远程勘验笔录作为认定案件的证据;境内远程勘验与境外远程勘验的差别化待遇,导致电子数据收集中权利保障不到位和制度运行失灵。⑤

电子证据审查方面的研究成果相对取证而言较少一些。学者们主要集中讨论认证的程序规范问题及相关认证规则。有学者通过对网络假货犯罪案件裁判文书的分析发现,电子数据在刑事审判实践中存在定位泛化的问题,相关审查判断规则主要围绕电子数据的真实性展开,其关联性审查本质上也是真实性审查,

---

① 梁坤:《基于数据主权的国家刑事取证管辖模式》,载《法学研究》2019 年第 2 期。
② 冯俊伟:《跨境电子取证制度的发展与反思》,载《法学杂志》2019 年第 6 期。
③ 王立梅:《论跨境电子证据司法协助简易程序的构建》,载《法学杂志》2020 年第 3 期。
④ 郑曦:《刑事侦查中远程在线提取电子数据的规制》,载《国家检察官学院学报》2019 年第 5 期。
⑤ 谢登科:《电子数据网络远程勘验规则反思与重构》,载《中国刑事法杂志》2020 年第 1 期。

其合法性审查亦主要是为了保障真实性。电子数据鉴定虽然被广泛适用,却未能发挥预期作用,而专家辅助人的引入尚处于初级阶段,需要构建独立的电子证据审查规则。① 也有学者提出了具体的规则设计,如针对电子证据的孤证禁止规则等。②

此外学界对于电子证据的研究还涉及到大数据③、区块链④、海量证据的抽样取证规范⑤及算法取证⑥等更为前沿的问题。这些问题的探讨仍然处于起步阶段,存在很大的讨论空间。

五、证人证言调查

在传统种类证据的研究中,言词证据得到了更多的关注。当然,相比较过去,这5年间学者们的研究重点并没有太大的变化,最主要的热点仍然是证人出庭及证人证言的审查。有学者对"近亲属证人免于强制出庭"的规定分析后提出,现行条款对于亲属权和被告人辩护权的保障都存在不足,应当基于合宪性解释以及在个案中的法益衡量,在婚姻家庭法益已非常淡漠的具体情境下,可以对该但书条款进行"目的性限缩",从而强制近亲属证人出庭质证。⑦ 对于证人出庭问题,有学者在实证调研后认为应通过重新确定必须出庭证人的范围、明确证人无须出庭的案件类型、加强强制证人出庭制度实施、规定完整的亲属免证特权并允许其自愿作证、完善证人保护和经济补偿等证人出庭保障机制、将伪证罪的适用限于针对故意作出的庭上伪证等六方面改革来推动审判中心主义的深入改革。⑧ 同时,我国还需要经历一个从"庭前证言"被普遍允许进入法庭时期到严格规范"庭前证言"的运用及其限制时期,即在确立直接言词原则的基础上,对证人不出庭情况下的庭前证言和证人出庭情况下的庭前证言的证据资格予以规范,严格限制能够进入法庭的庭前证言范围,以确保法官的心证主要建立在当庭证言的基础之上,才能更好地推进庭审实质化的改革。⑨ 还有学者提出,要改变现在证人出庭难困境的一种选择是从"法官控权"走向"有限的控辩主导",充分

---

① 胡铭:《电子数据在刑事证据体系中的定位与审查判断规则——基于网络假货犯罪案件裁判文书的分析》,载《法学研究》2019年第2期。
② 张可:《论电子数据的孤证禁止规则:一个初步的探讨》,载《中国刑事法杂志》2020年第1期。
③ 刘品新:《论大数据证据》,载《环球法律评论》2019年第1期。
④ 张玉洁:《区块链技术的司法适用、体系难题与证据法革新》,载《东方法学》2019年第3期。
⑤ 杨帆:《海量证据背景下刑事抽样取证的法治应对》,载《法学评论》2019年第5期。
⑥ 何邦武:《网络刑事电子数据算法取证难题及其破解》,载《环球法律评论》2019年第5期。
⑦ 张翔:《"近亲属证人免于强制出庭"之合宪性限缩》,载《华东政法大学学报》2016年第1期。
⑧ 陈光中、郑曦、谢丽珍:《完善证人出庭制度的若干问题探析——基于实证试点和调研的研究》,载《政法论坛》2017年第4期。
⑨ 史立梅:《庭审实质化背景下证人庭前证言的运用及其限制》,载《环球法律评论》2016年第7期。

赋予被告人与证人质证的机会。① 还有学者提出要强化证人出庭的质证权保障功能，实现"事实查明"模式与"权利保障"模式的融合。②

六、鉴定意见与专家辅助人制度

对于鉴定人的研究主要集中在鉴定人出庭的问题上。有学者通过实证调研发现，我国鉴定人出庭率实际上并不低，但鉴定人出庭的必要性却被忽略了。该学者认为，鉴定人出庭不应是常态，应根据诉讼需要，实现"应出尽出"。鉴定人的"应出尽出"应从其参与诉讼全过程的视角进行规制，一方面让当事人更多参与鉴定人介入诉讼的过程，包括对鉴定人的选择和申请出庭的完善，让鉴定人的权利得到更好保障；另一方面减少鉴定人出庭的诉讼需要，在必须要鉴定人出庭时，要确保其出庭的自愿性。③ 也有实证调研发现，鉴定人出庭的效果并不如预期，鉴定人与专家辅助人无法对话，质证效果不明显。鉴定人出庭保障机制仍然不完善，影响了鉴定人出庭的积极性。④

与鉴定相关的是对专家辅助人的讨论。专家辅助人也是2012年《刑事诉讼法》修改后的产物，法律对于专家辅助人的规定比较简单，因此导致实践中适用该制度出现比较多的问题。最关键的就是专家辅助人的诉讼地位问题。有学者提出，我国的刑事专家辅助人具有既类似于律师又类似于鉴定人、证人的多重属性，相应有关专家辅助人的证据地位也形成了质证方式说、鉴定意见说、证人证言说等多种观点。角色定位上的混乱，不仅造成了独具特色的鉴定人与专家辅助人的双轨制，而且常常使专家辅助人意见的法庭采信陷入困境。专家辅助人应当向专家证人转变，消除其质证功能，让质证活动回归律师和检察官，充分发挥专家辅助人的专业作用，充分发挥法官的科学证据"守门人"作用，以适应事实认定科学化的需要。⑤

七、行政执法证据的刑事诉讼使用

2012年修改《刑事诉讼法》后，尤其是2018年监察制度建立以后，监察证据、行政执法证据在刑事诉讼中如何转化使用的问题变得越来越重要。对于行政证据在刑事诉讼法中使用的正当性问题，有学者提出证明对象的重叠性、行政

---

① 尹泠然：《刑事证人出庭作证与庭审实质化》，载《华东政法大学学报》2018年第1期。
② 胡逸恬："事实查明"模式与"权利保障"模式的融合——论证人出庭制度的功能定位》，载《法学杂志》2019年第2期。
③ 陈海锋：《鉴定人出庭的认识误区与规制路径——以刑事诉讼为主要视角》，载《法学》2017年第8期。
④ 陈邦达：《鉴定人出庭作证制度实证研究》，载《法律科学（西北政法大学学报）》2016年第6期。
⑤ 张保生、董帅：《中国刑事专家辅助人向专家证人的角色转变》，载《法学研究》2020年第3期。

程序的先行性、程序运行的保障性决定了行政执法证据可以在刑事诉讼中使用。但由于立法和司法解释在这个问题上存在很多模糊地带,审查判断的程序缺失,导致该制度在司法适用中存在较大争议和困惑。① 但也有观点指出,对行政执法证据在刑事诉讼中准入问题的讨论,应摒弃卷宗笔录式审判的思维方式,而以审判中心主义为视角展开。在审判中心主义之下,法院对行政执法证据的审查应当包含前后相继的两个环节,分别针对证据的合法性与真实性进行。合法性的审查应以刑事诉讼法而非行政法规的要求为依据;真实性的审查则应践行直接审理程序。② 学者们普遍认为,行政证据的证据种类和取证主体并不是行政证据合法性的重要考量因素,行政机关可以作扩大化解释。影响行政证据之证据能力因素的是行政执法程序的合法性。

第二节 核心期刊论文摘要

证据法的理性传统与理论维度——威廉·特文宁的证据理论解读

吴洪淇
《法学评论》2016 年第 5 期
关键词:证据法 司法证明 法理学 特文宁 哲理化
摘要:在过去四十年,英美证据法学研究无论研究重点还是研究方法一直处于深刻的转型之中。在这一转型过程中,威廉·特文宁对证据法长期的法理学追问占据着极其独特的枢纽地位。本文以特文宁的知识活动为主线、以其证据理论思想为样本来加以剖析,厘清法理学本身的反思性机制和整体性视野对于证据法学研究所具有的指引与重构价值。特文宁对证据法的法理学追问既源于宏大时代背景的挑战,同时也与个人学科背景和知识素养密切相关。他所系统总结的英美证据法学的理性主义传统、司法证明的分析方法以及"诉讼中的信息"的系统知识框架都已经成为英美证据法理论的重要贡献。证据法哲理化研究在我国方兴未艾,特文宁的证据理论及其对证据法法律维度的知识活动可以为当前的证据法哲理化研究提供重要的智识资源和示范效应。

---

① 谢登科:《论行政执法证据在刑事诉讼中的使用——基于典型案例的实证分析》,载《华东政法大学学报》2016 年第 4 期。
② 孙远:《行政执法证据准入问题新论——从卷宗笔录式审判到审判中心主义》,载《中国刑事法杂志》2018 年第 1 期。

刑事证据制度变革的基本逻辑——以 1996—2017 年我国刑事证据规范为考察对象

吴洪淇

《中外法学》2018 年第 1 期

关键词： 刑事错案　证据制度改革　权力格局　司法需求　媒体

摘要： 我国过去二十一年的刑事证据规范发展历程可以区分为自发生长、艰难酝酿和快速回应三个阶段。在我国刑事证据规范的发展进程当中，司法需求是刑事证据制度改革的原动力，刑事错案的频频出现是刑事证据立法的催化剂，网络时代媒体的聚焦效应为刑事证据立法获得了话语的正当性，司法改革和政法权力格局变革为刑事证据制度改革提供了组织条件。这种独特的发展逻辑使得我国刑事证据制度改革在改革动力、纵向发展趋势、横向格局、规范范围及规范样式等方面都呈现出独有的特征。这种改革路径具有针对性强、阻力小、易于借势推动等优点。但目前我国的证据制度改革还存在着穷于应对、缺乏通盘考虑、与相应配套司法诉讼制度有待进一步协调等缺陷，需要在未来的刑事证据制度改革中加以改进。

中国刑事证据法学研究的回顾与转型升级

王　超

《法学评论》2019 年第 3 期

关键词： 刑事证据法学　两次启蒙　初步转型　转型升级

摘要： 尽管我国刑事证据法学研究在经过两次启蒙和一次转型之后已经呈现出较为繁荣的学术景象，但是在研究思路不尽合理和研究方法较为陈旧的情况下，我国刑事证据法学研究在理论创新和增长知识方面的作用比较有限，甚至没有形成较为成熟的刑事证据法学理论体系。为了推动刑事证据法学的研究创新，取得刑事证据法学研究的理论突破，促进刑事证据法学的知识增长，进而打造具有中国特色的刑事证据法学理论体系、话语体系和制度体系，我国刑事证据法学研究亟待再次转型，在增强刑事证据法学研究的主体性、独立性和科学性的基础上，通过理论创新精确解释我国刑事证据立法与司法存在的真正问题或者独有问题。

区块链技术的司法适用、体系难题与证据法革新

张玉洁

《东方法学》2019 年第 3 期

关键词： 区块链　电子证据　证据法革新　技治主义

摘要： 区块链技术的证据化应用，改变了传统证据法的证据结构，也促使最

高人民法院审判委员会以司法解释方式认可了区块链证据的合法性。但细观杭州互联网法院审理的信息网络传播权益争议案可以发现,区块链证据的法治意义绝不仅限于"新兴电子证据"这一简单定位,而是对现行证据法体系的一次全面革新,如证据资格认定、原件理论和证明范式等,这是现行证据法体系无法直接回应的。因此,我国的证据法体系在区块链证据的推动下,必将迈向法治主义与技治主义互动的新型证据法治形态,进而分化出"线上证据审查认定规则"与"线下证据审查认定规则"两种证据规则。同时,以区块链为代表的新型科技在证据法体系中受到科技的自我抑制、法律与道德的外部阻却。

证据法体系化的法理阐释

吴洪淇

《法学研究》2019 年第 5 期

关键词:证据法　法理学　证据规范体系化

摘要:我国证据法规范与理论在蓬勃发展的同时,也面临着证据规范欠缺体系性,理论话语来源复杂、彼此杂糅等现实困境。证据法理问题是证据法学的基础性问题,也是证据法学与法理学的交叉地带。系统反思证据法体系化的法理问题,可形成三个相对稳定的问题域:一是证据法的本体论问题,二是证据法的价值论问题,三是证据法的规范论问题;这些问题分别从不同层面系统界定了证据法的整体定位。通过对这三个问题域的梳理与整合,可以为理解与展望中国语境下证据法的现状和走向提供理论上的参照系。法理学的整体性视角和反思性理念,可以为证据法学科与规范体系提供整合平台。

证据法视野下的刑事缺席审判程序

袁义康

《政治与法律》2019 年第 7 期

关键词:缺席审判　证据规则　证据印证　证明标准　自由证明

摘要:刑事缺席审判制度的完善应当兼顾程序设计和证据运用,两者分别以保障人权和发现真实为核心,因此研究的重点不能仅集中于程序设计而忽视证据领域。刑事缺席审判程序立足于有效追逃追赃、及时解决刑事案件的不当拖延,不仅需要证明犯罪嫌疑人实施了犯罪才能进行具有过度"杀伤"性质的缺席判决,而且因案件诉讼构造和证据形式的特殊性,决定了对其适用的证据规则、证明标准和证明方法可以按普通刑事诉讼法规则进行适当调整,可以采取"逻辑相关"的关联性标准以扩大证据来源,严格限制非法证据,并且细化证据印证与补强方式;明确审前程序和审判程序的证明对象,分别采取"原子主义"和"整体主义"证明模式,使统一的证明标准分别针对各自证明对象而非单一的证据;根据案件事实类型分别对应严格证明和自由证明。

辩护律师核实证据问题研究
韩　旭
《法学家》2016 年第 2 期
关键词：辩护律师　核实证据　内容　范围　方式
摘要：2012 年《刑事诉讼法》修改，有关辩护律师核实证据的内容、范围和方式等均不明确，随着《刑法修正案（九）》的实施，律师核实证据还将面临"泄露案件信息"的执业风险。基于价值考量，核实证据内容应限定为客观上矛盾、主观上"存疑"的证据而非全案证据；核实范围上，在确认律师有权对言词证据进行核实的同时，应设置若干例外，并根据不同的诉讼阶段确定不同的核实范围，办案机关可针对个案以"负面清单"形式禁止律师对某些敏感信息进行披露；在核实方式上不宜作出硬性规定，但应注意区分被追诉人是否被羁押的情形，对于未被羁押的，可予以适当限制。此外，尚需完善配套制度：修订律师执业行为规范；确立违法监听排除规则；赋予律师侦查阶段有限的核实证据权。

证据裁判视角下刑事错案的生成与防治
陈　敏
《法学家》2017 年第 6 期
关键词：刑事错案　证据裁判　非法证据排除　排除合理怀疑
摘要：有效防治错案是当前各国立法和刑事司法实践的共同目标。在我国，许多错案生成的主要原因在于证据问题：它们均或多或少地违背、忽视证据裁判原则及相关的证据制度和规则。本文以近 10 年全国范围内改判无罪的 30 起典型刑事错案为研究对象，通过对证据问题的量化分析，找出错案的内在生成机理，并由此探寻错案的防治路径。打破传统的"侦查中心主义"，积极建设"以审判为中心的诉讼制度"，依据相关证据制度和规则，有助于促进错案防治机制的规范化、系统化、实质化。

追诉机关违反证据保存义务的法律后果——以有利于被控方的证据为中心
冯俊伟
《法学杂志》2017 年第 12 期
关键词：追诉机关　证据裁判　证据保存义务
摘要：证据是准确认定案件事实的前提和基础。在刑事诉讼中，追诉机关负有查明真相、实现司法公正的义务，因此，应当妥善保存各项证据，尤其是有利于被控方的证据。追诉机关违反证据保存义务的行为包括隐匿、污损、遗失、不当处理、销毁证据等多种类型，在综合评价相关证据是否有利于被告人、是否系关键证据、追诉机关工作人员是否存在恶意等因素后,应当赋予其一定的法律后果。我国相关立法对追诉机关违反证据保存义务的法律后果应予明确。

基于数据主权的国家刑事取证管辖模式

梁　坤

《法学研究》2019 年第 2 期

关键词:电子数据　数据主权　取证模式　刑事管辖

摘要:关于电子数据的刑事取证管辖,在国家层面形成了数据存储地模式和数据控制者模式两大方案。传统的数据存储地模式以国家疆域为基础,因其适用困难、取证效率低下而已经有所松动。数据控制者模式则依托跨境云服务提供者,实现了对数据存储地模式的部分取代。刑事数据取证管辖模式的变革,从根本上讲,乃是各国立足于自身国家利益最大化而对数据资源实施掌控所致,而数据特例主义的提出也对适用于有形实物的传统管辖模式构成了冲击。我国应当正视国际上的变革趋势,在数据主权国家战略的基础上,着力探索刑事数据取证管辖模式的中国方案。具体而言,在坚持数据存储地模式的同时,有必要设定例外情形;在把握数据控制者模式之优势的同时,亦需针对他国采取该模式给我国带来的危害予以对等回应;在程序主义数据主权的框架下,加强与其他国家的平等协商与合作,构建适用于电子数据的刑事取证管辖互惠模式。

海量证据背景下刑事抽样取证的法治应对

杨　帆

《法学评论》2019 年第 5 期

关键词:海量证据　抽样取证　法治应对

摘要:网络犯罪衍生的批量交易、海量证据加剧了刑事诉讼的证明困难。为解决这一困难,侵犯知识产权刑事案件、网络诈骗犯罪案件开始逐步探索刑事抽样取证。可以说,刑事抽样取证是大数据时代刑事诉讼的必然发展趋势。然而刑事抽样取证当前仍处于理论的模糊和法治的缺失状态,刑事诉讼基本法律至今尚未正式回应刑事抽样取证,行政执法中大量使用的行政抽样取证也遭遇刑事诉讼证据转化的尴尬。社会的发展与变化对刑事诉讼提出了新的要求,当务之急,法学理论界与实务部门应厘清刑事抽样取证的法理定位,进而建构法治体系,以期最大程度地发挥刑事抽样取证对证明负担消减之功效,并防范其先天的局限引发的风险。

事实认定模式与我国刑事防错机制的完善

尚 华

《环球法律评论》2017 年第 3 期

关键词：事实认定模式 刑事错案 防错机制 证明标准 裁判

摘要：刑事错案严重损害了司法公正和司法权威。如何防范事实认定错误已经成为学术界和实务界重点关注的问题。协同型事实认定模式和竞争型事实认定模式是两种基本的事实认定模式。协同型事实认定模式，是以一个"犯罪故事"为主线，检察院的"控诉故事"和法院的"裁判故事"都是对侦查版"犯罪故事"的确认和完善。竞争型事实认定模式，是指在事实认定模式中，存在多个故事版本的比较、选择和竞争，并以此推动事实认定进程。我国刑事诉讼程序虽然具有对抗色彩，但事实认定模式仍属于协同型。为了完善我国的刑事防错机制，有必要改良事实认定模式，允许证据解释和推论存在多样性，鼓励多个故事版本之间的比较和竞争，重视最佳解释和似真推理，落实被告人的对质权，强化辩护方审前获取案件信息和证据的能力，谨慎对待"排除合理怀疑"的证明标准。

事实、证据与事实认定

张保生

《中国社会科学》2017 年第 8 期

关键词：经验事实 证据之镜 事实认定 司法理念

摘要：事实与证据的特性及其关系，是证据法元理论问题。事实作为证据法的逻辑起点，包含着事实认定中各种问题的胚芽，其固有特性特别是经验性之历史展开，则塑造了证据的基本属性，也决定了事实认定必然是一个经验推论过程。事实认定者通过"证据之镜"所获得的事实真相，是对事实之可能性的判断，达不到绝对的确定性，却具有盖然性或似真性。司法证明理论从精确概率走向模糊概率或似真性理论的发展趋势，对我国司法改革和证据法学研究具有借鉴意义。

以证据为根据还是以事实为根据？——与陈波教授商榷

舒国滢 宋旭光

《政法论丛》2018 年第 1 期

关键词：以事实为根据 以证据为根据 事实认定 司法证明 法律论证

摘要：基于其对事实概念的哲学分析，陈波提出"以证据为根据，以法律为准绳"这一新说法，以代替"以事实为根据，以法律为准绳"的传统主张。虽然他正确揭示了事实概念之用法的复杂性，特别是客观事实概念在本体论上进行辩护的困难性，但一旦放弃"以事实为根据"这种说法，那连带其背后隐含的"追求客观真相"的价值意涵也可能被一并抛弃了,而且法律与事实作为大小前提的法律推理模式也无法得到体现。似乎更为妥当的说法应当是"司法裁判以事实为根据,事实认定以证据为根据"。

以审判程序为中心,以证据为依据,以法律为准绳——答舒国滢、宋旭光的商榷

陈 波

《政法论丛》2018 年第 2 期

关键词:司法审判 事实 证据 程序正义 司法裁决 客观真相

摘要:在司法审判中,"证据"一词有其松散意义和严格意义。松散意义上的证据是指在法庭上出示的证言(言词证据)和证物(实物证据);严格意义上的证据是指法官作出司法裁决的依据,它是经过法庭辩论环节而被法庭认可和接受的一组事实性陈述。司法审判属于"社会治理"范畴,有多重目标,如追求客观真相,维护公平正义,解决争议和纠纷,保护公民权利,维持社会的良序运作。追求真相并不是司法审判的唯一目标,有时候甚至不是其首要目标。司法审判还受到很多其他因素的制约,如价值论考虑"保护人权",经济学考虑"成本和效益",时效性考虑"迟到的正义非正义",以及诉讼双方可利用的资源,诉讼参与方的认知能力,等等。司法审判应该通过设计周全且得到严格执行的司法程序去保证作为判案依据的证据事实的可靠性,去实现对客观真相以及对公平正义的追求。"以审判程序为中心,以证据为依据,以法律为准绳"应该成为司法审判的指导原则。

论案件事实的层次与建构

杨 贝

《法制与社会发展》2019 年第 3 期

关键词:案件事实 再现事实 证据事实 裁判事实 法律事实

摘要:作为一种具有程序性的陈述,案件事实可以依据不同阶段的司法过程的性质被分为再现事实、证据事实、裁判事实三个层次。再现事实是所有参与诉讼的主体对案件事实的陈述,至少需要满足语义学上的客观性要求。证据事实是以证据为依据被再现的事实,追求的是形而上学的客观性。裁判事实是依据法律对证据事实作出的评价,可以分为程序性裁判事实与实体性裁判事实,追求的是逻辑学上的客观性和论证学上的证成。这三个层次的事实在司法活动中具有不同的位次、属性,对应不同的义务。厘清案件事实的层次,明确不同层次的事实的建构义务,既可以避免理论混淆,也有助于减少冤假错案。

实质真实主义:两种认知理论下的模式推演

王天民

《法制与社会发展》2018 年第 3 期

关键词: 实质真实主义　认知理论　模式推演

摘要: 作为大陆法系国家刑事诉讼法的根本原则之一,实质真实主义的意涵应当从目的和方式两个层面来解读。实质真实主义的历史脉络可以被划分为产生和发展两个阶段。在产生阶段,实质真实主义以追求绝对真实为目的,在方式上法官是唯一的司法主体,被告人是查明实质真实的工具,证据调查不受任何限制。在发展阶段,实质真实主义以追求"最大化真实"为目标,在方式上具有司法官二元化、审判程序纠问色彩逐渐淡化、被告人的地位主体化、真实查明途径多样化的特点。推动这一演变的哲学基础可以被总结为单向认知理论和双向认知理论,前者以"镜像式"符合论、科学理性主义和价值无涉为特征,后者表现为"匹配式"符合论、人文主义和价值关联。

陪审员是好的事实认定者吗?——对《人民陪审员法》中职能设定的反思与推进

樊传明

《华东政法大学学报》2018 年第 5 期

关键词: 陪审员　事实认定　《人民陪审员法》　公众参审　团体决策

摘要:《人民陪审员法》在新创设的大合议庭陪审模式中,将人民陪审员的职能限缩在事实认定上。该职能设定可溯及英美法系的陪审团制度传统,也与当代许多国家的陪审制移植模式呼应。这一改革能否为中国的人民陪审员制度注入活力,取决于以下问题:陪审员是好的事实认定者吗?在个体参审的视角下,很难证成陪审员相对于法官的裁决优势。现代认知科学和法律实证研究,反而指向了陪审员的裁决缺陷。因此公众参与司法的理念与技术之间产生了悖论。但是司法程序中的陪审员从来不是一个自然意义上的身份,而是一个制度建构的角色。陪审团制度以及成功的陪审制移植实践,都通过一些技术性要素,塑造了集体评议和团体决策意义上的事实认定者,区别于法官的合议制模式。陪审员的裁决优势正是源于这种制度建构。中国的陪审制改革应当在现有立法框架下,重构评议程序和操作性规则,将人民陪审员塑造为优秀的事实认定者。

刑民交叉案件中的事实认定与证据使用

龙宗智

《法学研究》2018 年第 6 期

关键词: 刑民交叉　事实认定　预决效力　证据使用

摘要：生效裁判事实认定的预决性证明效力，与既判力、争点效等概念既有联系又有区别。刑民交叉案件中，预决效力及证据使用制度的设置，应考虑司法的统一性与诉讼的独立性、效率与公正、刑事优先与民事诉讼自身规律等因素，同时注意我国司法制度与诉讼机制的特殊性。应确认刑事生效裁判事实认定的特别效力，但要受制于"必要事实原则"与"确定事实原则"。民事生效裁判可作为书证，交由刑事法庭判断并说明采纳与否的理由。刑事法庭判断民事诉讼判定的同一事实，应慎用"穿透原则"否定其合法性及有效性，即使否定亦应采用适当方式。对于特殊类型案件，刑事法庭应将民事诉讼判定的事实作为预决事实。对于证据交互使用，应区别裁判已生效与未生效、定案根据与非定案根据、人证与物证等不同情形进行处理。民事诉讼使用刑事诉讼中形成的人证，应遵循民事诉讼规律。对讯问、询问笔录、鉴定意见均应依法审查，注意证据方法与证据形成要素而作适当使用。

美国陪审团事实认知机制研究

高　通

《比较法研究》2018 年第 6 期

关键词：陪审团　理性　事实认知　对抗式诉讼制度

摘要：美国学界自 20 世纪中后期起对陪审团事实认知机制进行了大量的实证研究，并提出了诸多陪审团事实认知理论模型。美国陪审团事实认知机制与陪审团制度、审判中心模式以及对抗制息息相关，这些因素共同构成陪审团事实认知机制的制度基础。美国学界对陪审团事实认知机制研究的关注与社会对陪审团的不信任、陪审团改革等有关。美国陪审团事实认知机制研究也促进美国陪审团制度的改革，使其尽可能地沿着科学化路径进行，尽可能地避免改革的恣意并防范权力对陪审团民主价值的过分侵犯。

刑事案件的事实推定：诱惑、困惑与解惑

杨宗辉

《中国刑事法杂志》2019 年第 4 期

关键词：事实推定　经验法则　常态联系　本体构成　完善路径

摘要：刑事案件的事实推定在理论和实践中均极富争议。因为在司法证明中发挥的重要功能，事实推定的客观存在毋庸置疑，但事实推定的正当性、合法性、规范性和适用性问题均存在不同程度的混乱。应从事实推定的独立属性与存在的必要性确定其合理性，明确事实推定构成的本体要素及各要素之间的相互关系。通过在法律中规定事实推定适用的一般原则、统一事实推定的司法文书范式、完善法官适用事实推定的外部约束机制和推动法官职业共同体同质化

思维的形成,共同制约并激励事实推定的良性发展。

司法推定的适用条件与要求
毛淑玲　林　驰
《法学杂志》2019 年第 12 期
关键词:司法推定　法官　适用条件　要求
摘要:推定是诉讼活动中裁判者认定案件事实的有效法律方法和技术手段,对推定作立法推定与司法推定的分类较为合适。在法官进行事实认定的过程中,司法推定适用较多。司法推定的适用条件包括对基础事实严格确证、经验法则准确选择、法律效果明确规定、救济方法科学到位。司法推定的适用主体只能是法官,当事人的推定启动申请权不具有实质意义。适用司法推定要履行告知程序并遵循相关原则,如"裁判者排除干扰原则""在刑事领域保守适用原则""单级推定原则""心证公开原则"等。在实践中要矫正对司法推定的几个误解,实现对推定方法的真正规制,使推定的效力从期待状态达到现实状态。

法学与历史学中的事实、证据与证明
舒国滢　宋旭光
《国家检察官学院学报》2020 年第 6 期
关键词:法律事实　历史事实　证据　证明　真相
摘要:"事实""证据""证明"等是法学与历史学共同的核心概念。对它们的对比分析表明,两个学科在理念和方法论上有着诸多相似。而最大区别在于前者具有制度约束性,例如,在审判中,事实应当与构成要件相一致;证据的收集、审查和判断受到法律规范与时空场景的约束;司法语境要求决定者必须根据概率性的证明结论给出是与否的明确答案;追求真相的目标有时会被其他法律价值所凌驾,等等。不受此种制度约束的历史学,反而有许多理念值得法学学习,诸如重视事实的故事形式、证据的材料本质以及认知主体及其想象力等。

功能主义视角下专家辅助人诉讼地位再认识
李永泉
《现代法学》2018 年第 1 期
关键词:专家辅助人　诉讼地位　功能主义　独立诉讼参与人
摘要:为解决诉讼中对司法鉴定意见的质证及审查流于形式的问题,2012 年《民事诉讼法》正式确立了专家辅助人制度。该制度旨在增强当事人质证能力,弥补司法鉴定制度不足,帮助法官解决专门性问题,进而促进庭审实质化。2015 年《民诉解释》第 122 条规定,具有专门知识的人在法庭上提出的意见,视为当事人的陈述。但这误解了专家辅助人的诉讼地位。从实践角度来看,专家辅助人的当事人化不利于最大限度地发挥专家辅助人的预期作用。专家辅助人所承载的特定功能，使其有别于鉴定人和大陆法系上的诉讼辅佐人。此外，从我国庭审质证模式及与鉴定人的对立关系上而言，专家辅助人兼具从属与独立之双重属性。

刑事诉讼中的专家辅助人：制度变革与优化路径
吴洪淇
《中国刑事法杂志》2018年第5期

关键词： 专家辅助人　司法鉴定　专家证人　刑事错案　证据

摘要： 在我国刑事审判中引入的专家辅助人制度已经在司法实践当中产生重要影响。该制度在我国的引入与确立有着独特的社会历史背景。公权力垄断专业问题判断的传统格局在司法鉴定体制改革中正在逐步瓦解，司法鉴定环节错误的频频发生并最终导致屡屡出现的错案催生了该制度的产生。在既有的制度体系当中，新近嵌入的专家辅助人制度需要与既有制度进行艰难的磨合。中国的专家辅助人制度在准入标准、准入程序、作用范围和意见的效力上都独具特色。在司法实践中，专家辅助人制度基本定位、基础性材料获取、准入标准、专家辅助人在法庭上的基本程序等问题还亟待进一步完善。

中国刑事专家辅助人向专家证人的角色转变
张保生　董　帅
《法学研究》2020年第3期

关键词： 鉴定人　专家辅助人　专家证人　科学证据

摘要： 中国的刑事专家辅助人具有既类似于律师又类似于鉴定人、证人的多重属性，围绕专家辅助人意见的性质，也形成了质证方式说、鉴定意见说、证人证言说等多种观点。角色定位上的混乱，不仅造成了独具特色的鉴定人与专家辅助人的双轨制，而且常常使专家辅助人意见的法庭采信陷入困境。从最高人民法院有关专家辅助人的新近规定看，专家辅助人的角色呈现出向专家证人转变的趋势。这种转变的核心要求，一是实现鉴定人和专家辅助人的诉讼地位平等，专家辅助人意见和鉴定意见在专家证言意义上的证据效力平等；二是使专家辅助人回归专家证人本色，将强加给专家辅助人的不合理的质证职责交还给律师、检察官；三是提高律师、检察官熟练运用交叉询问规则、对科学证据进行质证的能力，充分发挥法官的科学证据"守门人"作用，以适应事实认定科学化的需要。

刑事卷证：以文字为起点的证据分析
牟　军
《法学论坛》2016年第6期

关键词： 文字　卷证　口证　证据能力　证明力

摘要： 在对知识的传播和接纳以及在此基础上做出决策有着较严格要求的领域，文字所具有的记录性、形象性、稳定性和可传递性等外部特征以及内部文法特有的叙事功能，使得文字材料运用的优势得以凸显。人们得以较为便利、经济、完整、准确和有效地接受和读取文字所传达的思想和信息。以文字为载体所体现的刑事卷证内外特征，决定了卷证实际运用中特有的功能和价值，法官对卷证有着一种自然的信赖。然而，文字固有的缺陷以及卷证制作和使用的不当，加之卷证自身功能上的局限性，导致卷证的运用对公正审判可能会产生相应的不利影响。针对卷证自身及运用存在的诸多问题需要通过卷证证据能力与证明力规则的确立加以消解。

言词证据如何得到辩护

杨宁芳

《政法论丛》2016年第6期

关键词： 言词证据　非形式逻辑　论证型式　批判性思维

摘要： 言词证据是他人经验的语言流传物，诉讼需要解决言词证据如何得到辩护的问题。现有的还原论和反还原论理论都无法实现对言词证据的有效辩护，言词证据的辩护理论需要实现向非形式逻辑理论范式、方法的转变。借助于论证型式对言词证据进行辩护，符合人类思维方式，具体化、情景化或合情的论证型式，使得对言词证据的辩护有模式理路可循；再者，论证型式以批判性问题作为评估方法，通过批判性思维来检验言词证据的可靠性是有效的。在法庭论辩中，要对言辞证据的辩护过程加以限定，语用论辩规则对证据的可靠性采用一种新的观察视角，在质证过程中，语用论辩规则要转变为具体的程序规则。言词证据的运用应遵循直接言辞规则、防守义务规则、非法言词证据排除规则、关联性规则和融贯性规则。

"直接证据"真的不存在吗？与纪格非教授商榷

李　浩

《中外法学》2017年第2期

关键词： 直接证据　间接证据　分类标准

摘要： 证据与待证的主要事实之间的联系有直接也有间接，这构成了区分直接证据与间接证据的客观基础。主要事实是与法律要件相当的具体的生活事实，判断、检验是否存在直接证据的标准和依据在于是否存在可以直接证明主要事实的证据。在民事诉讼实务中，一些证据可以用来直接证明主要事实，甚至一个直接证据可以单独证明主要事实的存在与否，因而直接证据是真实存在的。区分直接与间接证据时，采用单一的分类标准，即只是把能否直接证明主要事实作为区分这两种证据的标准,比采用直接、单独双重分类标准更为可取。

审判中心视域下量刑证据相关问题探析
马运立
《法学论坛》2017 年第 3 期
关键词: 审判中心　量刑证据　量刑事实　量刑公正
摘要: 审判中心诉讼制度改革,必将进一步强化庭审对量刑事实、证据的调查和辩论环节。从理论上区分定罪证据与量刑证据,进而厘清量刑证据的含义十分必要。公正量刑基于庭审对证据的充分质证,并运用量刑证据认定量刑事实,由此需要把握好量刑证据的收集运用环节,并坚持科学量刑证据规则的指导。

科学证据质证程序研究——基于中美两国的比较
陈邦达
《现代法学》2017 年第 4 期
关键词: 科学证据　质证程序　证据规则
摘要: 科学证据质证程序是法庭甄别"伪科学"证据的重要途径,也是保障法官采信科学证据程序正当的基石。由于科学证据的专业性极强,其质证是实践的棘手难题。本文通过比较中美两国科学证据质证程序,分析审判中心改革下如何完善我国科学证据质证程序。考察美国科学证据质证程序相关的证据开示、交叉询问两个阶段,从中归纳域外科学证据质证的经验:以科学证据开示为质证的前置程序,由双方聘请专家证人强化质证,以完善的质证规则规范质证,提高专家证人的中立性。新《刑事诉讼法》实施以来,我国科学证据开示的程序功能孱弱,质证效果不理想,与审判中心改革的要求相悖。必须健全与之相适应的科学证据质证程序,强化证据开示服务于庭审质证的功能,规范鉴定意见书披露的信息范围,健全科学证据质证与采信规则指引质证程序,发挥专家辅助人强化质证的积极作用。

论实物证据的鉴真规则
白　冰
《当代法学》2018 年第 1 期
关键词: 实物证据　鉴真　证据保管链
摘要: 实物证据的鉴真要求提出证据的一方能够证明其所提出的证据是其所声称的那份证据,同时该证据的状况未发生实质改变。美国法对实物证据的鉴真确立了丰富的鉴真方法与相应的鉴真程序。从理论上而言,证据保管链是实物证据鉴真的一种方法,二者的侧重点也有所不同。我国司法解释在借鉴的基础上确立了鉴真规则,但存在着鉴真规则形式化、证据保管链缺少保障的问题。鉴真规则的确立有望推进侦查的精密化、丰富证据辩护的内涵、构成一种新形态的程序性制裁。未来,在完善鉴真规则的基础上,鉴真规则的程序意义将得到更为充分的发挥。

社会调查报告之证据效力

自正法

《交大法学》2018 年第 4 期

关键词:社会调查报告　证据效力　证据属性　品格证据　审查程序

摘要:实践证明,社会调查报告对于建构科学化、专业化未成年人刑事诉讼程序具有重要意义,从地方试点到基本法确立,社会调查报告的证据效力不仅体现于其具有完整的证据属性,而且已具备良性的实践场域。而通过问卷调查、座谈访谈等实证分析可知,社会调查报告在司法实践运行中存在调查主体不明、调查内容不一且质量不高、审查程序不规范等问题。要全面发挥社会调查报告的证据效力,调查主体需分工负责、权责明晰,调查内容需全面、科学和专业,审查程序需类型确定、程序规范,并将社会调查报告的运用范围由特别程序拓展至普通程序,使其成为整个刑事诉讼程序改革的切入点。

技术侦查证据使用问题研究

程　雷

《法学研究》2018 年第 5 期

关键词:技术侦查措施　技术侦查证据　监听　证据使用

摘要:2013—2016 年的司法实践状况表明,2012 年《刑事诉讼法》第 152 条规定的技术侦查证据使用条款面临法律适用难题。对中国裁判文书网该期间内 73 例样本案件的分析,揭示了上述法律适用难题。要实现平衡技术侦查权效能与公民权利保障的目标,需完善一系列基本的技术侦查证据使用制度,包括:技术侦查材料用作证据的,必须事先告知辩方并经辩方质证方可作为定案根据;技术侦查证据的形式应当是原始的实物证据,使用传来证据的,应当适用实物证据的鉴真规则;法官可以对技术侦查证据进行庭外核实,但仍应保障辩方的质证权。为保护技术侦查方法与过程不被泄密、国家秘密、公民的人身安全,应允许在证据使用过程中设置若干变通措施,比如:使用证据替代品、衍生品;对证据来源予以保密;设立特定律师代理制度,由特定律师而非被告人本人对证据进行质证。

浅论技术侦查证据的法律实务问题
刘 滨
《法学杂志》2019 年第 6 期
关键词:技术侦查措施　技侦证据　证据的应用
摘要:技术侦查措施在世界范围内的刑事诉讼中都扮演着重要角色。2012 年我国《刑事诉讼法》新增加了"技术侦查措施"的相关法律条文,明确了通过技术侦查措施所获证据的使用问题。但在技侦证据的使用方面,无论是国内的理论研究、法律制度设计,还是司法实践都相对匮乏,存在着立法不完善、获取技术证据的资源不足、对技侦证据的使用不足、对技侦证据的合法性审查及损害救济的规制不明等问题。我国应制定完善技术侦查的相关法律规定、充实基层技术侦查措施力量、明确技侦证据运用规则和保护性措施、建立检法对技侦证据的合法性审查制度、建立技术侦查措施的救济途径。

电子证据的关联性
刘品新
《法学研究》2016 年第 6 期
关键词:电子证据　大数据　关联性　证据规则
摘要:关联性是电子证据在法庭上运用的关键性指标。作为一种虚拟空间的证据,电子证据用于定案必须同时满足内容和载体上的关联性。前者是指其数据信息要同案件事实有关,后者突出表现为虚拟空间的身份、行为、介质、时间与地址要同物理空间的当事人或其他诉讼参与人关联起来。这些关联性的良好实现,有赖于我国电子证据规则、刑事民事取证制度以及司法鉴定技术规范的创新。大数据的出现和发展,为电子证据的关联性理论带来了新的挑战。

寻求有效取证与保证权利的平衡——评"两高一部"电子数据证据规定
龙宗智
《法学》2016 年第 11 期
关键词:刑事诉讼　电子数据　收集提取　法治原则　改革完善
摘要:"两高一部"出台的《电子数据证据规定》,对指导、规范刑事案件中电子数据取证具有积极作用。但在该规定中,强制侦查与非强制侦查的区别不明确,收集、提取电子数据与技术侦查的关系不清晰;初查时允许收集、提取电子数据,但未做出必要限制,实践中可能突破立案前禁止采取强制侦查措施的基本法律原则;与《刑事诉讼法》侦查程序规范的协调还应加强,搜查作为典型的要式侦查行为在电子数据取证中的地位应予注意;关于取证主体的规定,未充分反映现实情况与工作需要,亦可能与相关制度相冲突。文章提出了解决上述问题的一些具体意见,并建议在执行中坚持下位法不得突破上位法的法治原则,在《刑事诉讼法》框架内理解、执行《电子数据证据规定》。同时研究制定执行文件,对部分规范进行限制和细化,并根据实践反应,修改完善该规定。还应反思司法解释以及其他规范性文件的制定机制,应进一步推动"以审判为中心"的诉讼制度改革,探索建立强制侦查的司法审查、司法救济及司法令状制度,落实侦查程序中的司法人权保障。

电子证据的基础理论

刘品新

《国家检察官学院学报》2017年第1期

摘要:"就司法证明方法的历史而言,人类曾经从'神证'时代走入'人证'时代;又从'人证'时代走入'物证'时代。也许,我们即将走入另一个新的司法证明时代,即电子证据时代。"这是我国著名证据法学家何家弘教授在2002年的断言。时光荏苒,电子证据在十多年后正以加速度改变着人们的司法证明观念,推动着司法证明制度的深度变革。从某种意义上讲,电子证据在中国的变化不仅仅是"入法"获得了独立的证据地位,更是呈现出新一代"证据之王"的气象。那么,如何准确认识电子证据?如何有效收集和运用这种证据?这需要从技术与法律相结合的角度,思考和构建电子证据的基础理论。

电子证据的鉴真问题:基于快播案的反思

刘品新

《中外法学》2017年第1期

关键词:电子证据　鉴真　快播案　证据规则

摘要:快播案中,控辩双方的争议主要围绕服务器和淫秽视频这两项关键证据的取证和保管环节展开,其核心是电子证据的鉴真问题,即这两项证据同被告人之间的联系是否是真实的。该案的审理应当适用我国自2010年始建的电子证据鉴真规则。相比于国际上通用规则而言,我国的这项规则存在着缺少"自我鉴真"和"独特特征的确认"方法、较多依靠笔录审查而知情人出庭作证较少、尚未建立证据标签制度和推定鉴真制度以及缺少鉴真不能法律后果的设定等缺陷。快播案中的电子证据鉴真问题在一定程度上乃规则缺陷使然。虽然快播案中,法庭试图通过新委托鉴定进行补强,但这一做法并不能有效地鉴真,也有悖于鉴真规则的本意。新近"两高一部"《电子数据证据规定》在电子证据的鉴真方法、法律后果等方面取得了进步,能够避免快播案的证据问题。同时,也应该认识到,该项规则仍然面临着继续改革的任务。

印证与概率：电子证据的客观化采信

刘品新

《环球法律评论》2017 年第 4 期

关键词：电子证据　证据采信　印证　概率　证明模式

摘要：大规模案例的统计分析表明，司法人员对电子证据的采信水平堪忧。这源于电子证据的专业性同自由心证原则之间的天然冲突。要破解该体制性障碍，应当构建客观化的采信机制。这一要求暗合我国强调印证证明模式的传统，但是必须着手理论再造，即通过创设关于电子证据的"孤证绝对否定""不同节点印证""属性痕迹补强""区间权衡"等规则，打造虚拟空间的印证体系。在数据科学时代，还可以基于概率的乘积规则设计电子证据印证公式，进一步实现电子证据的概率化采信。从注重经验判断转向追求客观量化，是电子证据采信的未来走向。

电子数据的鉴真问题

谢登科

《国家检察官学院学报》2017 年第 5 期

关键词：电子数据　鉴真　保管链条　证据能力　非法证据　瑕疵证据

摘要：电子数据是现代网络信息技术所衍生的新型证据形式，其虚拟性特征使得电子数据鉴真具有重要意义。在电子数据及其原始存储介质的"一体收集"和"单独提取"两种模式下，其鉴真对象存在差异。电子数据鉴真主要包括笔录证据、见证人鉴真、事后鉴定等多种方法，对不同鉴真方法应遵循"强制性适用为主，裁量性适用为辅"原则。电子数据鉴真规则是技术操作规范而不是权利保障规范，违反鉴真规则所收集的电子数据属于瑕疵证据而不是非法证据。对保管链条存有瑕疵的电子数据可进行程序补正，以恢复其证据能力。

虚拟财产的价值证明：从传统机制到电子数据鉴定机制

刘品新　张艺贞

《国家检察官学院学报》2017 年第 5 期

关键词：虚拟财产　价值证明　数额认定　电子数据司法鉴定　电子证据网络服务

摘要：互联网的迅速发展拓展了人类生活的空间，也带来了新的法律问题。虚拟财产犯罪正是网络时代出现的新型犯罪形式，惩治该类犯罪有助于维护网络空间秩序、保护公民虚拟财产权益。如何证明虚拟财产的价值，是虚拟财产犯罪定罪量刑的核心问题。实践表明，司法机关若继续沿用传统的价值证明机制，将遭遇到方法落空等越来越多的挑战。这一问题的深层次原因在于，虚拟财产属于虚拟空间的财产性利益,其价值证明方法必然与物理空间的传统物品存在差异。这就需要引入解决虚拟空间专门性问题的电子数据司法鉴定。无论是从理论上还是从实务上讲,糅合电子数据鉴定知识和物价认定知识的新型电子数据司法鉴定方法,是有效化解虚拟财产价值证明难题的新机制。

电子证据的形成与真实性认定

汪闽燕

《法学》2017 年第 6 期

关键词:电子证据　真实性　认定规则

摘要:我国修订后的三大诉讼法都将电子证据作为一种新的证据,使电子证据在司法实践中日益发挥重要的作用。但是由于没有一个明确的电子证据的概念,在收集、保全、审查、判断、运用电子证据方面也没有统一的标准,因此电子证据在司法实践中受到诸多限制。本文探讨电子证据的概念与特征、考察电子证据的形式及司法实践,从而探索建立和完善电子证据真实性的认定规则体系。

刑事电子证据认证规范之研究

周　新

《法学评论》2017 年第 6 期

关键词:刑事证据　电子证据　认证规则　证据能力

摘要:在信息化、网络化的现代社会,绝大多数的信息都依靠着电子设备与互联网进行记录与传播,这种发展也从客观上导致了证据法领域的重大变革。无论是制定统一的证据法典将所有涉证据之规范纳入,还是沿用现行体例将各证据规范分散规定于程序法中,其模式都各具优劣。仅从电子证据认证规则的微观层面入手,电子证据的认证规则构建须以证据能力为核心,具体构建电子证据关联性、合法性以及真实性的认证规则。

电子数据的取证主体:合法性与合技术性之间

谢登科

《环球法律评论》2018 年第 1 期

关键词:电子数据　取证主体　证据能力　有专门知识的人

摘要:电子数据作为现代网络信息社会的新兴证据种类,具有很高的科技含量,这就对其取证主体的技术资质提出了较高要求。在电子数据"一体收集"和"单独提取"两种取证模式下,对取证主体技术资质的要求也不完全相同。实践中多数侦查人员并不具备电子数据收集的技术知识,他们通常依靠侦查机关以外的相关技术人员收集电子数据,由此产生了取证权限合法性和技术资质合法性相互冲突的悖论。取证主体的取证权限和技术资质会对电子数据的证据能力产生不同影响。取证权限的缺失可能会侵害被调查对象的合法权利,技术资质的缺失则会减损电子数据的真实性。因此,有必要针对具体案件类型、电子数据种类等因素建立科学的电子数据取证主体制度,以防范取证主体不合法而损害电子数据证据能力。

论电子数据的双重鉴真

刘译矾

《当代法学》2018 年第 3 期

关键词: 电子数据　外在载体　内在载体　双重鉴真　同一性　排除规则

摘要: 作为一种对电子数据的同一性加以鉴别的方式,鉴真在涉及电子数据的案件中发挥着日益重要的作用。与物证所具有的"单一载体"不同,电子数据表现出"双重载体"的特点,外在载体主要为承载电子数据的外部存储介质,内在载体则是使其证据事实被人所知悉的各种表达方式。这就意味着在对电子数据进行审查判断时,存在双重鉴真的过程,要对其外在载体和内在载体分别进行鉴真。鉴真在对证据的同一性加以鉴别的过程中,也有助于保障电子数据的真实性和相关性。2016 年出台的《刑事电子数据规定》结合电子数据的特点,发展了针对电子数据双重载体的鉴真方法,初步搭建起了内外载体鉴真不能的排除规则框架。在电子数据鉴真未来的发展中,立法者需要在有效实施鉴真方法、建立完备鉴真排除规则等方面作出进一步的努力。

论电子证据的理性真实观

刘品新

《法商研究》2018 年第 4 期

关键词: 电子证据　电子数据真实性　证据规则　司法鉴定

摘要: 在司法实践中,电子证据面临来自真实性方面的巨大挑战。法律界长期存在"易失真论"与"极可靠论"的争执。案例统计分析和座谈调研发现,传统观念分歧的背后隐藏着重大的偏见与偏差,亟待正本清源。基于法律与技术的交叉研究表明,认识电子证据的真实性应当从原件、具象、整体和空间的理性立场出发,遵循系统性原理、电子痕迹理论与虚拟场理论。同传统证据相比,电子证据具有更良好的真实性保障。这构成电子证据的理性真实观。树立这一新观念,有助于推动配套制度的创新。我国应当构建关于电子证据真实性的具有可操作性的判断标准,改造"谁主张,谁举证"的证明规则;在鉴定制度方面,应当开发超越纯技术领域的溯源性鉴定等新型鉴定方法。

电子证据真实性的三个层面——以刑事诉讼为例的分析

褚福民

《法学研究》2018年第4期

关键词：电子证据　真实性　证据载体　电子数据　证据内容

摘要：电子证据真实性的三个层面是指电子证据载体的真实性、电子数据的真实性和电子证据内容的真实性。从电子证据真实性的三个层面进行分析，可以发现我国法律规定和司法实践中有关电子证据真实性的规则存在四个方面的问题：真实性审查规则没有区分三个层面以及明确三个层面之间的审查顺序；对各个层面的审查规则缺乏系统、明确的规定；对不同层面同类问题的规则没有作出区分；电子证据真实性的保障措施和审查方式亟须完善。未来相关规则的完善，应从以下四个方面进行：区分电子证据真实性的三个层面，并明确审查顺序；针对不同层面建立系统、明确的审查规则；明确区分针对不同层面同类问题的规则；实现技术措施与程序规则的有效配置与衔接，并确保电子证据在庭审中通过直接言词的方式进行质证。

互联网电子证据的收集

冯　姣

《国家检察官学院学报》2018年第5期

关键词：互联网电子证据　网络诱惑侦查　云计算　大数据

摘要：互联网电子证据是指在网络上形成的电子证据。关于互联网电子证据的收集，现有的法律条文不乏冲突、模糊、缺失之处，甚至存在对刑事诉讼法的简单搬用。浙江省的实证研究显示，互联网电子证据在实践中主要有四种收集模式；法官对于被告人提出的异议，主要有五种处理方式；互联网电子证据收集过程中亦存在难以避免的技术性缺陷。互联网电子证据的收集权界限与刑事诉讼目的密切相关。对此，有必要对通过网络诱惑侦查等手段获取的互联网电子证据进行进一步的审查和规制。我国互联网电子证据收集程序的完善，应从原则性规定、程序性规定、技术性规定、后果性规定四个层面着手。

论电子数据与刑事诉讼变革：以"快播案"为视角

谢登科

《东方法学》2018年第5期

关键词：电子数据　取证主体　证据能力　权利保障

摘要：电子数据是网络信息时代刑事诉讼中的"证据之王"，它既不属实物证据也不属言词证据，而是具有独立地位的"第三类证据"。传统刑事诉讼规则是以实物证据和言词证据的收集使用为基础来设置，它们能够对实物证据和言词证据的收集和使用进行有效规制。电子数据的存在形态和取证模式与传统证据存在较大差异,其收集和使用对传统刑事诉讼规则带来了巨大冲击和挑战。在电子数据收集和使用中,存在第三方存储电子数据的常态化与刑事诉讼权利保障的特定化、电子数据存储介质数据的海量性与刑事证据收集的特定性、电子数据所处互联网络空间的交互性与刑事侦查行为的类型化、电子数据及其存储介质的技术性与刑事证据的合法性等矛盾。因此,有必要以电子数据收集和使用为基础对现有部分刑事诉讼规则进行变革。

刑事电子数据的规制路径与重点问题

喻海松

《环球法律评论》2019年第1期

关键词: 刑事电子数据　收集提取　移送展示　审查判断

摘要: 随着现代科学技术的迅速发展,法定证据种类不断扩充完善。作为2012年《刑事诉讼法》新增的法定证据种类,电子数据在证明案件事实的过程中发挥着越来越重要的作用。针对司法实践中产生的新情况和新问题,最高人民法院、最高人民检察院、公安部等部门,通过司法解释、规范性文件等方式,对电子数据的收集与提取、移送与展示、审查与判断作了全面规定,初步构建起了我国刑事电子数据的规制体系。本文对我国刑事电子数据的规制路径进行了梳理,并在此基础上,针对电子数据收集提取、移送展示和审查判断等环节中的重点问题,特别是司法实务中存有一定争议的取证主体与取证方法要求、取证规则、冻结、检查、专门性问题的判断、备份移送与打印件以及真实性与关联性的审查判断等问题进行探讨分析。

论大数据证据

刘品新

《环球法律评论》2019年第1期

关键词: 大数据　大数据证据　鉴定意见　机器证言　证据规则

摘要: 大数据开启了证据法制建设的时代转型。将形形色色的大数据材料用作证据以证明案情,是当下司法实践无法回避的一道题目。该现象的背后存在着重要的价值论和方法论基础。概要地说,大数据证据以海量电子数据凝练的规律性认识发挥证明作用,其主要以分析结果或报告的形式呈现。对于这一证据如何定位,各国法律界存在着不同的理论争论和实务处理,主要包括鉴定意见说、专家辅助人意见说、证人证言说等。考虑到大数据证据具有专业性和科学性,中国现实的便宜选择是将其纳入鉴定意见的证据法定形式。对于这一证据如何审查判断,我国应当聚焦真实性与关联性规则进行创新。具体来说,针对海量数据本身的真实性问题,要建设以"大"真实性为主的真实性规则;针对大数据分析结果的真实性问题,要构建判断机器算法是否可信的真实性规则;针对大数据分析结果所揭示的关联性结论,要构建基于整体数据与具体数据分层的关联性规则,特别是探索超越人类经验判断的关联性规则。

电子数据在刑事证据体系中的定位与审查判断规则——基于网络假货犯罪案件裁判文书的分析

胡 铭

《法学研究》2019 年第 2 期

关键词:电子数据 证据体系 真实性 合法性 关联性

摘要:互联网时代,电子数据在刑事审判中的重要性日益彰显。然而,在规则层面与审判实践层面,对电子数据的定位却呈现显著差异。通过对北大法意中国裁判文书库收录的 2005—2015 年网络假货犯罪案件裁判文书的分析发现,电子数据在刑事审判实践中存在定位泛化的问题,相关审查判断规则主要围绕电子数据的真实性展开,其关联性审查本质上也是真实性审查,其合法性审查亦主要是为了保障真实性。电子数据鉴定虽然被广泛适用,却未能发挥预期作用,而专家辅助人的引入尚处于初级阶段。为了准确定位电子数据并发挥其应有的作用,应在广义理解电子数据的基础上,在真实性与正当程序保障的价值权衡中,构建适应互联网时代需求的电子数据审查判断规则。

电子数据偏在问题之解决——基于书证提出义务规则的思考

高 波

《法律科学(西北政法大学学报)》2019 年第 2 期

关键词:电子数据 提出义务 证据偏在

摘要:在大数据时代,由于结构性偏在致使一方当事人无法取得他方持有的电子数据,有碍其诉讼上的主张与举证。传统书证的提出义务规则是解决书证偏在的有效方式,但书证与电子数据的证据方法存在差异,因此,需要深入分析电子数据的属性与适用的证据方法,借鉴他国或地区解决电子数据偏在的模式,从而明确符合条件的电子数据准用书证的证据规则。只有在完善我国书证提出义务规则的基础上,平衡负有举证责任当事人的"证据声明权"与持有电子数据者的"拒绝提交权"的关系,才能有效避免电子数据偏在导致不公正结果的出现。

刑事立案前后电子取证规则衔接问题研究——以电子数据证据过程性为视角

裴 炜

《当代法学》2019 年第 2 期

关键词:电子数据证据 过程性 信息生命周期 证据规则衔接

摘要：刑事诉讼法及相关司法解释在规定电子数据证据侦查取证规则的同时，对于行政执法阶段以及犯罪初查阶段的证据效力也予以确认，但三阶段在具体取证规则方面存在较大差异。基于电子数据证据效力与证据内容的双重过程性，这种差异不可避免损及电子数据的真实性与完整性，并引发后续刑事司法裁判过程中的审查认定困难。基于信息生命周期理论，通过区分电子数据首次接触行为与后续处理行为，在此基础上明确并协调电子数据在刑事立案前后三阶段的取证、保管与传输规则，有助于弱化取证规则差异对于电子数据证据证明力的负面影响，从而从程序规则层面实现电子取证的不同主体、不同阶段之间的协同运作。

电子数据鉴真规则解构

郭金霞

《政法论坛》2019 年第 3 期

关键词：电子数据　客观真实　鉴真　规则建构

摘要：电子数据证据是以电子形态的数据来证明案件事实的，电子数据的鉴真既包括对源电子数据的鉴真，还包括对目标电子数据和呈述性电子数据的鉴真。源电子数据是直接来源于案件事实的电子数据，即在案件发生、发展过程中产生的电子数据。在诉讼证明中，本源数据是基础性的、不可或缺的。从电子数据的生成过程来看，一个特定的电子数据一般都是由输出数据和附属数据构成，并从不同侧面以其所表征的数据信息合力构成了该电子数据的证据信息。基于输出数据与附属数据的形成与分态，"人的主观意志"和"程序系统的运行"是影响其客观真实性的主要因素，考虑电子数据的完整性反映的不同角度，以及影响电子数据真实性的因素维度，我国应当建立多维度立体式的电子数据鉴真规则。

刑事侦查中远程在线提取电子数据的规制

郑　曦

《国家检察官学院学报》2019 年第 5 期

关键词：刑事侦查　远程在线提取电子数据　隐私权　数据权利

摘要：随着信息时代、网络时代的到来，远程在线提取电子数据已经成为刑事侦查的必要手段，但此种行为可能导致控辩力量对比失衡和侵犯公民隐私权及个人信息安全的风险。远程在线提取电子数据往往具有侵入性，具有强制侦查的特征，属于广义之搜查，因此传统以隐私权保护之逻辑对其进行规制，具体而言包括外部的令状主义与司法审查和内部的审批两种类型。但隐私权保护路径存在不足，可以通过数据权利保护的方式予以弥补，例如区分远程在线提取的一般数据和敏感数据、增强对辩方数据权利的保障、明确有关机关应承担的避免数据滥用之义务等,从而实现刑事侦查中远程在线提取电子数据制度的合理运行。

网络刑事电子数据算法取证难题及其破解
何邦武
《环球法律评论》2019 年第 5 期
关键词:网络犯罪惩治　网络电子数据　算法取证　刑事证明模式
摘要:通过算法取证已经成为网络时代搜集网络电子数据的唯一选择。由于网络电子数据存储和呈现方式的特殊性,算法取证面临着关联性如何界定、可靠性如何保证及合法性如何守护的难题。与此同时,算法取证还遇到传统刑事证明理念及证明模式所形成逆向效应的阻遏。解决上述难题的可行性路径是,本诸法教义学的原理,推求证据关联性及可采性规则的应然法理,重新解读关联性规则中的经验法则,引入科技证据的可采性标准,参酌欧盟《一般数据保护条例》中数据权的规定,确立算法取证中合法性的基本原则和相应规则。算法取证难题的真正突破,还应摒弃印证的理念和惯习,回归现代自由心证,承认并践行案件事实调查的法律论证属性,重新审视法律论证中语言的角色和功能。

跨境电子取证制度的发展与反思
冯俊伟
《法学杂志》2019 年第 6 期
关键词:电子数据　司法协助　数据主权　远程跨境搜查
摘要:在信息化时代,电子数据的跨境流动对各国刑事司法功能的实现有重要意义。立足于本国法的"数据本地化"要求不能成为解决跨境电子取证问题的有效方案。传统司法协助途径和非正式的远程(跨境)搜查等方式在跨境电子取证上都存在优势和不足。各国应在国际法与国内法互动的基础上,坚持司法协助的基本框架,探索一种"(相互)尊重主权、重视程序参与者权利保障、高效、便捷"的跨境电子取证新机制。

论电子数据的孤证禁止规则:一个初步的探讨
张　可
《中国刑事法杂志》2020 年第 1 期
关键词:电子数据　证据数据化　孤证禁止规则　电子数据开示制度　专家参与人制度
摘要:定案证据数据化带来的理论困惑导致了司法实践中孤证禁止规则适用上的排异反应。实践困境呼唤理论支撑。作为电子数据孤证禁止规则的理论基础,电子数据的系统原理、印证主义的证明模式、证据采信的客观量化可以为规则适用的必要性作出说明,并为规则的具体构建提供参考。电子数据孤证禁止规则应当区分"绝对的孤证禁止""相对的孤证禁止"和"孤证禁止的例外"三种情形。同时,有必要结合基础理论的内在原理,分情形展开规则的具体内容。电子数据孤证禁止规则适用的关键在于正确界定电子数据的"孤证"形态,这对于不具备相关专业素养的诉讼三方而言均非易事,需要构建电子数据开示制度和专家参与人制度作为电子数据孤证禁止规则的保障。

论初查中收集电子数据的法律规制——兼与龙宗智、谢登科商榷

梁 坤

《中国刑事法杂志》2020 年第 1 期

关键词:初查 电子数据 任意侦查 强制侦查 基本权利

摘要:根据现有刑事程序规范,初查中只能采取任意侦查措施,而排斥强制侦查措施的运用。然而对于电子数据的收集而言,由于相关程序规范并不完善,初查实践中任意侦查与强制侦查的界限并不分明,呈现出法律适用方面的诸多困境。尽管理论上提出了一些应对方案,例如依据司法解释所列举的电子数据形态划分任意侦查与强制侦查,抑或根据承载不同法律权利的云数据而对调查取证设置法律控制梯度,但是这些方案均存在明显的缺陷和不足。完善初查中收集电子数据的法律规制,应当更为准确地识别可能涉及的基本权利,并具体从"完全不涉及""部分涉及""绝对涉及或推定涉及"基本权利这三个方面对电子数据及相应取证措施进行更为科学和周延的分类。

电子数据网络远程勘验规则反思与重构

谢登科

《中国刑事法杂志》2020 年第 1 期

关键词:电子数据 网络远程勘验 强制性侦查 任意性侦查

摘要:由于网络空间所具有的远程性和互联性,网络远程勘验成为开放式网络环境中电子数据收集的重要途径。网络远程勘验改变了刑事诉讼中亲历式、直接物理接触式的传统侦查取证模式,对现有刑事诉讼制度中的侦查取证规则带来了较大冲击和挑战。我国相关司法解释对网络远程勘验的法律性质定位不清,不同司法解释间对网络远程勘验的法律定位和制度设计甚至相互矛盾。在刑事司法实践中,电子数据收集中存在"借远程勘验之名,行刑事搜查之实"的现象;部分侦查机关以网络在线提取来替代网络远程勘验,以在线提取笔录来替代远程勘验笔录作为认定案件的证据;境内远程勘验与境外远程勘验的差别化待遇,导致电子数据收集中权利保障不平等和制度运行失灵。因此,有必要结合电子数据具体类型来厘清网络远程勘验的法律性质,并以此为基础建立科学的网

络远程勘验规则体系。

论跨境电子证据司法协助简易程序的构建
王立梅
《法学杂志》2020年第3期
关键词： 网络空间主权　跨境电子取证　简易程序构建
摘要： 跨国网络犯罪的增加使得跨境电子取证的实际需求日益旺盛，我国在2018年颁布了《国际刑事司法协助法》，目的之一是加强国际合作打击跨国犯罪，为我国履行国际条约义务提供法律依据。但在司法实践中，我国的跨境电子取证面临着理论困境和实践困境。网络主权、司法管辖权理论使得单边取证存在着非法性可能。传统跨境电子取证因数据本地化存储和"倒U型"取证结构而效率不高。现有的国际司法协助程序繁杂、时间冗长，无法满足打击跨境犯罪和电子证据取证的现实需求。因此跨境电子取证的简易程序构建具有必要性和紧迫性，对现有司法协助程序进行适当简化，遵循合法性原则和效率性原则，推进境内外双方执法者直接合作方式合法化，完善派员调查取证方式，建立个案电子取证协助机制。

电子数据网络在线提取规则反思与重构
谢登科
《东方法学》2020年第3期
关键词： 电子数据　网络在线提取　强制性侦查　任意性侦查　网络空间主权　取证模式
摘要： 网络在线提取成为远程目标系统中电子数据取证的重要方式。电子数据则是犯罪分子在实施犯罪中使用计算机、手机等电子设备在虚拟网络空间留下的痕迹，对于电子数据的收集自然也需要借助相应电子数据提取技术。应将电子数据网络在线提取定性为侦查技术而不是侦查措施。这种定性主要基于电子数据自身性质和取证规则融贯性之考量。按照电子数据是否承载相应权益及其承载权益的重要程度而将其区分为强制性侦查或任意性侦查，当然，强制性侦查和任意性侦查在特定情况下存在转化关系。应协调境内电子数据网络在线提取与境外电子数据网络在线提取的规则体系，实现电子数据网络在线提取境内与境外的平等保护。

跨境电子数据取证规则的反思与重构
唐彬彬
《法学家》2020年第4期
关键词： 跨境　电子数据　取证规则　数据主权

摘要：在刑事司法领域，我国立足于自身利益最大化原则，对侦查机关收集境外数据持主动放宽的态度；同时，为限制他国调取我国境内数据，确立数据本地化存储模式、出境安全评估机制以及刑事司法协助分段式审查模式。然而，由于数据的虚拟性与海量性，导致我国针对境内数据的单边立法难以实现预期目的。基于数据之上的多重利益结构，明确数据主权、强调数据本地化存储具有正当性，但会导致跨境数据调取无法摆脱"缓慢、低效"的困境。综合比较美国长臂管辖模式与欧盟数据分类管理制度的实施情况，在我国国内立法上，应该坚持以数据本地化存储为基础，完善数据分类、分级管理的体系。同时，为解决各国分散式立法带来的混乱局面，我国应当作为积极的规则推动者，构建跨境数据取证的国际统一方案，以实现跨境数据取证兼顾"尊重数据主权"与"快捷、高效"的目的。

我国电子数据证据制度的若干反思

奚玮

《中国刑事法杂志》2020年第6期

关键词：电子数据　证据规则　电子证据调取　电子证据审查　判断规则

摘要：我国现行电子数据证据制度着眼于收集提取和审查判断两个视角，围绕证据的真实性、完整性、合法性、关联性设计了相关规则。但传统的最佳证据规则在电子数据领域是否仍可以无差别地适用，见证制度面对专业性极强的电子数据提取还能否发挥见证作用，电子数据取证措施未加区分而引发非法证据判断的模糊化，关联性判断尚未充分体现电子数据的证据特点，大数据情形下证据审查的颠覆性变化等诸多值得关注的问题，在现行证据制度下还未能很好地解决。故有必要重新建构取证规则，完善排除规则，建立推定规则、失权规则、咨询规则。

再论物证

裴苍龄

《环球法律评论》2016年第1期

关键词：证物　物证　勘验　检查　鉴定　最佳证据

摘要：证物与物证是不同的概念。证物是获得了物证的物，它本身并不是物证。物证是由证物获得的两种事实：物中的事实和物所体现的事实。这两种事实只要与案情或其他待证事实相关联就是物证。勘验笔录不是物证。鉴定结论不是人证。把勘验、检查笔录和鉴定结论看作物证之外与物证平行的两种证据更讲不通。勘验、检查笔录和鉴定结论只是反映了物证的证据资料，可以称之为物证资料。物证是最佳证据。我国刑事司法中，对物证已表现出越来越重视的倾向。由以往看重人证到现在看重物证,这是证据观念上的一次根本性转变。这一转变必将开创我国刑事司法重视物证的新时代。

论物证鉴真的方法与效力——以毒品案件为切入
李锟
《中国刑事法杂志》2019年第2期
关键词:物证鉴真　毒品案件　独特性识别　保管链条完整性　补正或者合理解释
摘要:实物证据鉴真是对证据形式真实性的审查,关涉到证据关联性,属于证据能力范畴。以毒品案件为分析对象,发现我国的物证鉴真以笔录证据为主,存在鉴真程序形式化、方法适用随意、鉴真效力不明等问题,致使毒品同一性及保管链条完整性认定困难。这既与毒品案件侦办困境有关,也与侦查人员取证规范意识薄弱相关,更有我国物证鉴真规则不健全的问题。对此,应当拓宽及改进物证鉴真方法,构建以独特性识别鉴真、笔录证据外部鉴真及视听材料辅助鉴真的方法体系,进而倒逼证据收集、保管及移送程序的规范化,助力法庭证据调查的有效性、实质性。针对毒品案件证据鉴真的效力,存在确认形式真实、补正与合理解释的补救以及无法作为定案根据的排除三种情形,体现了我国立法与司法实践对实物证据持相对宽松的审查态度。

物证的直接式调查:实证研究与理论思考
左卫民　彭昕
《中国刑事法杂志》2020年第6期
关键词:物证调查　直接式调查　庭审实质化
摘要:中国司法实践长期实际奉行间接式物证调查方式,即围绕物证进行的法庭调查往往以宣读、审查案卷中的相关材料方式进行,而直接式物证调查,即在法庭上直接出示物证并采用个别化的证据审查判断方法并不盛行。实证研究显示,在有重大争议的对抗与准对抗式庭审中,直接式的物证调查能促进法官认定与之有关的案件事实,保障庭审在认定证据时发挥关键作用,可以成为实现实质化庭审的重要手段。当前庭审未能充分重视直接式的物证调查方式,且科学化的直接式物证调查方式亦尚未确立,其所能发挥的效果十分有限。为顺利实现庭审实质化的改革目标,未来应明确直接式调查方式的适用条件与适用范围,鼓励直接式物证调查方式在物证存在争议或被告人不认罪的案件中普遍使用,在理顺物证调查逻辑的基础上,打造阶梯式、连贯化的直接式物证调查方式。

"近亲属证人免于强制出庭"之合宪性限缩

张 翔

《华东政法大学学报》2016年第1期

关键词：辩护权 对质权 婚姻家庭保护 合宪性解释 目的性限缩 实践调和

摘要：新《刑事诉讼法》第188条第1款"强制证人出庭"条款及其但书（"但是被告人的配偶、父母、子女除外"）条款，涉及两项基本权利——《宪法》第125条规定的"被告人有权获得辩护"和第49条规定的"婚姻、家庭受国家的保护"——的冲突，实践中该条款的适用也存在争议。该条款体现了刑诉法对宪法规定的具体化，但在两项基本权利的保障上都存在不足，有待法律解释之完善。基于法律的合宪性解释以及在个案中的法益衡量，在婚姻家庭法益已非常淡漠的具体情境下，可以对该但书条款进行"目的性限缩"，从而强制近亲属证人出庭质证。不同学科的法学者应该在宪法与部门法之间"交互影响"的认识下，为了法秩序的整体融贯，相向而行。

未成年证人基本问题研究

王进喜 高欣

《政法论丛》2016年第2期

关键词：未成年人 证人 作证资格 证人保护

摘要：未成年证人相关问题一直是学界关注的焦点。包括我国在内，世界上很多国家和地区立法均对未成年证人的作证资格采取默认的态度。但是，由于证人的感知、表述、记忆等各项能力较弱，法庭需要以未成年人是否具有明辨是非的能力为准则，通过审查智力状况以及与作证相关的基本能力对其作证资格作出判断。法庭还应当从建立证人保护机构、制定保护措施、庭前服务、庭审中减少压力、禁止提出诱导性问题、运用科技手段等方面分别对未成年人的人身安全及心理健康进行保护。

论脆弱证人作证制度

张吉喜

《比较法研究》2016年第3期

关键词：脆弱证人 作证方式 对质权

摘要：脆弱证人是指那些按照通常的方式作证会对自身产生不利影响或不能全面、准确地提供证言的证人。在相关国家，脆弱证人主要包括三类：未成年人，性犯罪案件中的被害人以及按照通常方式作证可能对自身产生不利影响或影响证言质量的其他证人。为了最大限度地保护脆弱证人，提高其证言的质量，相关国家的法律规定了脆弱证人适用特殊的作证方式。虽然这在理论上受到了一些质疑,但是这些质疑并不能否定脆弱证人作证制度。在我国,刑事诉讼法对脆弱证人缺乏相应规定,理论界对脆弱证人作证制度也没有进行系统的研究。"推进以审判为中心的诉讼制度改革"迫切需要我国确立脆弱证人作证制度。

刑事证人证言的可信性问题研究——以美国证据法中的证人弹劾制度为视角

强 卉

《法律科学(西北政法大学学报)》2016 年第 3 期

关键词: 证人证言 可信性 交叉询问 弹劾

摘要: 作为法定证据种类之一的证人证言,不仅可以最直接地反映案件情况,同时也兼具重要性和不稳定性等复杂特点,这些特点可从生物学和认识论等不同角度进行分析论证。保障刑事诉讼中证人证言可信性之必要性则可体现于对其作用、危害及审查难度等方面的论述中。通过阐述中美不同庭审制度下运用证人弹劾规则之基础与可行性,可得出如何运用证人弹劾制度的逻辑视角与具体规则来保障其可信性的具体规则与方法。

完善证人出庭制度的若干问题探析——基于实证试点和调研的研究

陈光中 郑 曦 谢丽珍

《政法论坛》2017 年第 4 期

关键词: 证人出庭 试点调研 改革完善 伪证罪

摘要: 证人出庭制度的完善是全面推进依法治国的重要内容。通过试点和调研发现,我国的证人出庭制度尚有证人出庭率低等问题,导致影响实体错误和程序不公之风险。但通过试点也发现,这些问题可以通过改革加以解决。根据试点和调研的经验,为改变当前证人出庭制度的困境,应通过重新确定必须出庭证人的范围、明确证人无须出庭的案件类型、加强强制证人出庭制度实施、规定完整的亲属免证特权并允许其自愿作证、完善证人保护和经济补偿等证人出庭保障机制、将伪证罪的适用限于针对故意作出的庭上伪证等六方面改革措施对该制度加以完善,从而符合庭审实质化的要求。

庭审实质化背景下证人庭前证言的运用及其限制

史立梅

《环球法律评论》2017 年第 6 期

关键词: 庭审实质化 证人证言 庭前证言 直接言词原则 证据资格

摘要: 自 1979 年起至今,证人在审前向公安司法机关提供的证言在我国法律规定中经历了从"未到庭证人的证言"到"庭前证言"的变化,这种称谓上的变迁体现着我国立法和司法机关在证人出庭作证和证人证言运用方面的态度逐渐趋于合理化。欲推进以审判为中心的诉讼制度改革,真正实现庭审实质化,我国还需经历一个从"庭前证言"被普遍允许进入法庭时期到严格规范"庭前证言"的运用及其限制时期,即在确立直接言词原则的基础上,对证人不出庭情况下的庭前证言和证人出庭情况下的庭前证言的证据资格予以规范,严格限制能够进入法庭的庭前证言范围,以确保法官的心证主要建立在当庭证言的基础之上。

刑事证人出庭作证与庭审实质化

尹泠然

《华东政法大学学报》2018 年第 1 期

关键词: 证人作证　庭审实质化　质证权　法官控权　有限的控辩主导

摘要: 一般认为,证人出庭作证有助于实现庭审实质化。然而,实证研究表明,受制于"法官控权"的消极影响,被告方的质证权难以在庭审中得到充分保障,证人出庭并不必然推动庭审实质化。解决这一困境的现实选择应当是尊重法官的庭审主导权,并给予被告方与证人充分对质的机会——从"法官控权"走向"有限的控辩主导"。

刑事庭审人证调查规则的完善

龙宗智

《当代法学》2018 年第 1 期

关键词: 刑事庭审　人证　证据调查　证据规则

摘要: 我国刑事庭审中的人证调查,虽然采用了控辩方发问的格局,但未能采用交叉询问的技术规则,人证调查规范较为粗疏。推动庭审实质化,需要考虑中国刑事庭审的约束条件,适当借鉴交叉询问技术,包括关于诱导性询问的规范。应实行证人作证后控辩双方评议的制度,同时对证人在场问题作出适当安排。被害人作为诉讼当事人,出庭作证时应协调作证人与当事人身份的冲突。单位犯罪的诉讼代表人不能被作为被告人或证人进行法庭调查,特殊情况下需转换身份。有专门知识的人出庭,可兼为质证人和作证人,允许各方采取适当方式对其发问;如果有专门知识的人出庭询问鉴定人,则应在其询问鉴定人并发表质证意见后再对其发问。庭审规程应增设对法庭决定提出异议的制度。

"事实查明"模式与"权利保障"模式的融合——论证人出庭制度的功能定位

胡逸恬

《法学杂志》2019 年第 2 期

关键词: 证人出庭　庭审实质化　功能定位　事实查明　权利保障

摘要: 证人出庭率低是我国刑事审判实践中的一项顽疾,也是近年来庭审实质化所力图改变的现象。不过,我国证人出庭作证制度历经数次变革,却依然属于一种"事实查明"模式,即证人出庭的功能为增强法庭事实查明的能力,而不关注证人出庭的对质权保障功能。在上述功能导向下,法官任意决定证人不出庭以及庭前证言缺乏法律限制等问题就无法得到根本解决。要想真正地改变证人不出庭的现状,应当调整证人出庭的功能定位,在事实查明这一功能之外,强调其对质权保障功能,以实现"事实查明"模式与"权利保障"模式的融合。

禁止自证其罪与刑事证明妨碍的冲突与衡平
赵信会
《法学论坛》2020年第1期
关键词: 禁止自证其罪原则　证明妨碍　证明妨碍推定
摘要: 新《刑事诉讼法》确立了禁止自证其罪原则,赋予犯罪嫌疑人、被告人证据提出上的自由裁量权,证明妨碍规制制度则限制特定的证据处分行为。划定两者之界限须考量证据处分行为的类型,有些为禁止自证原则覆盖,有些则属证明妨碍行为。对于刑事证明妨碍并非绝对不能适用证明妨碍推定之方法。同时根据追诉事实与证明妨碍事实二元化、差异化之设想,可同时采其他制裁方法。

被害人陈述的证据能力与证明力规则——一个比较证据法的视角
卫跃宁　宋振策
《证据科学》2017年第3期
关键词: 被害人陈述　证据能力　证明力　补强规则
摘要: 基于被害人陈述的独立地位,我国应当探索并确立与被害人陈述的特点相适应的证据能力与证明力规则。被害人辨认属于被害人陈述,可以通过辩护律师在场来监督被害人辨认程序的合法性与结果的准确性。我们需要系统反思对被害人陈述之证据能力的规制,推动非法证据排除规则、传闻排除规则、意见证据规则进一步走向精细化。我们要辩证地评价被害人陈述的证明力,检讨对被害人陈述的补强规则,在建立科学的人证可信性检验机制的基础上,允许单独依靠被害人陈述慎重地定罪。

鉴定意见概念之比较与界定
苏　青
《法律科学(西北政法大学学报)》2016年第1期
关键词: 鉴定意见　概念　特征
摘要: 科学技术的发展使得鉴定意见成为新的"证据之王",而鉴定意见相关制度的建构应基于对鉴定意见的合理界定。在不同的诉讼体制下,对鉴定意见的界定有所不同。本文通过比较"鉴定意见"与英美法系国家的"科学证据""专家意见"及德国诉讼法中的"鉴定结果"等概念，认为界定鉴定意见应紧扣其诉讼关联性、科学性、意见性三个基本属性，科学性与诉讼性的统一、主观性与客观性的统一是鉴定意见的基本特征。由此，对于司法实践中存在的各类"专家意见"，应具体分析其是否具备鉴定意见的特征，进行合理的定性及定位。

鉴定人出庭作证制度实证研究

陈邦达

《法律科学（西北政法大学学报）》2016 年第 6 期

关键词：鉴定人出庭　鉴定意见质证　专家辅助人

摘要：为强化鉴定意见质证，刑诉法规定了鉴定人出庭的情形，加大鉴定人人身安全保护，明确拒不出庭的后果，并通过专家辅助人出庭以加强鉴定意见质证。2012 年《刑事诉讼法》新规定实施的效果值得研究。鉴定人出庭案例的实证分析表明，"有必要出庭"情形的模糊表述造成实践做法不一。鉴定人出庭时控辩质证水平有所提高，但鉴定人与专家辅助人无法对话影响质证效果。鉴定人出庭的成本较大，出庭费用无保障，影响其积极性。应克服专家证人制度移植的张力，重视鉴定人出庭的实质效果，完善鉴定人出庭保障机制以保护当事人的对质权，以庭审中心变革为契机推动鉴定制度完善，降低鉴定人出庭负担，提高其出庭积极性。

DNA 鉴定意见的证明分析与规则创设

吕泽华

《法学家》2016 年第 1 期

关键词：DNA 鉴定意见　证明分析　关联性　可信性　双盲鉴定规则

摘要：从逻辑、经验与科学的视角构建证明分析理论是当前证据法学研究的一个新视角。对 DNA 鉴定意见进行全景透析式的证明分析需要从证明对象、逻辑推导关系、关联关系、关联强度和可信性等五个方面展开。证明对象分析可明晰 DNA 鉴定意见司法证明的效力范围；逻辑推导关系分析可明晰 DNA 鉴定意见的证明机理；关联关系分析可明晰 DNA 鉴定意见的证明属性；关联强度分析可明晰 DNA 鉴定意见的证明功效；可信性分析可在真实性、准确性和可靠性三个方面发现影响 DNA 鉴定意见司法适用的各种因素。从证明角度规范 DNA 鉴定意见的司法应用，有必要确立 DNA 鉴定意见双盲鉴定规则、同步双重鉴定规则和绝对排除规则等新规则。

鉴定人出庭的认识误区与规制路径——以刑事诉讼为主要视角

陈海锋

《法学》2017年第8期

关键词： 鉴定人出庭　鉴定人的选择　鉴定人出庭情形的完善　鉴定人权利的保障

摘要： 在我国，鉴定人出庭率实际上并不低；鉴定人出庭不应是常态，应根据诉讼需要，实现"应出尽出"。从刑事诉讼的角度看，鉴定人的"应出尽出"应从其参与诉讼全过程的视角进行规制，一方面让当事人更多参与鉴定人介入诉讼的过程，包括对鉴定人的选择和申请出庭的完善；另一方面让鉴定人的权利得到更好保障。如此，既减少鉴定人出庭的诉讼需要，又在需要鉴定人出庭时能改善其出庭的自愿性。

自白法则的日本模式及其评价

董林涛

《中国刑事法杂志》2018年第3期

关键词： 自白法则　任意性原则　正当程序　司法判例

摘要： 重视自白是日本刑事诉讼的一贯立场。为了纠正实践中过分倚重自白之惯习，日本在综合考量实体真实、人权保障、正当程序的基础上设置了以任意性原则为核心的自白法则。在制度设置与运行上，司法判例充分发挥了法律解释的功能，不仅对立法条文内容进行了细化与明确，更不断地延展其现实适应性。这也成为日本自白法则的核心特征。自白法则已在日本扎根并日渐成熟。但是，从根本上看，职权主义之下的社会公共利益、实体真实、侦查权力优位等核心内涵在证据禁止中依然发挥着重要乃至主导作用。

论刑事诉讼中勘验、检查笔录的证据能力

宋维彬

《现代法学》2016年第2期

关键词： 勘验、检查笔录　传闻法则　直接言词原则　证据能力

摘要： 刑事诉讼中勘验、检查笔录的应然范围应当仅包括五官感知类笔录，不应包括搜查、扣押类笔录与证据提取类笔录，其在证据属性上应当属于言词证据。国外在勘验、检查笔录证据能力立法模式的设置上，存在传闻证据模式与直接言词模式两类，我国宜选择传闻证据模式，但同时应当借鉴直接言词模式的成功经验。针对我国勘验、检查笔录缺乏证据能力规则约束，勘验、检查人员出庭作证缺乏规制的问题，应当对勘验、检查笔录的证据能力规则予以建构。勘验、检查笔录原则上不具备证据能力，应当要求法庭审判时法官亲自进行勘验、检查

或者侦查人员出庭作证。勘验、检查笔录只有符合以"可信性之情况保障"与"必要性"为设置标准的例外情形时，才具备证据能力。

辨认结论的证据属性与适用
拜荣静
《政法论坛》2017 年第 1 期

关键词：辨认笔录　辨认结论　证明能力　证明力　质证　非法证据排除规则

摘要：辨认是重要的侦查措施，辨认笔录也是重要的证据种类。但是目前，无论立法还是实践，我国的辨认程序设计都存在较多问题需要正视。辨认结论的特征是辨认的存在价值，证据属性是其适用前提。辨认过程中，应坚持必要的基本原则以规范启动程序。提升辨认结论证明作用的理论应对要求诉讼中对于辨认结论的认证应该更加慎重，加强对辨认结论的审查判断和证明力的补强，提高其在认定案件事实方面的作用。

论刑事辨认笔录的证据能力
宋维彬
《当代法学》2017 年第 2 期

关键词：辨认笔录　证据能力　准入规则　排除规则

摘要：辨认人的感知、记忆、辨识以及辨认笔录的制作均可能存在错误，而辨认错误是导致刑事误判的一项重要原因。英美法国家建立了较为完善的辨认笔录证据能力规则，其中，美国以传闻法则、律师帮助权和正当法律程序对审判外辨认进行规制，英国则通过传闻法则与证据排除规则对先前辨认陈述予以规制。我国辨认笔录的证据能力规则极为不完善，辨认人及辨认笔录制作人员出庭作证制度亦极为疏漏。为此，有必要从准入规则与排除规则两个层面对辨认笔录的证据能力规则予以建构。

搜查、扣押笔录的证据能力研究——以美国法为借镜
宋维彬
《中国刑事法杂志》2017 年第 6 期

关键词：搜查、扣押笔录　证据能力　鉴真　证据真实性　程序合法性

摘要：搜查、扣押笔录发挥着证明侦查行为合法性和实物证据真实性的双重功能。美国法以搜查、扣押笔录发挥功能的不同，分别对程序合法性证明功能和证据真实性证明功能下的搜查、扣押笔录建立了不同的可采性规则。我国刑事诉讼法未对搜查、扣押笔录的证据能力作出任何规制，搜查、扣押人员出庭作证制度亦极不完善。为此，我国应当依据传闻法则与非法证据排除规则，构建起完

善的搜查、扣押笔录的证据能力规则。

论笔录证据的功能

王景龙

《法学家》2018年第2期

关键词：笔录证据　证明功能　合法性　可靠性　同一性

摘要：2012年修订的《刑事诉讼法》以"列举未尽"的方式规定了一类独立的法定证据——笔录证据。笔录证据是以书面文字记录取证活动的一种证据形式，也是取证主体固定、保全证据的一种基本方法。笔录证据同时具有证明取证行为合法性和实质证据真实性或相关性的辅助功能，就言词证据而言，记载取证活动的书面笔录与言词证据本身合二为一，当然具有证明犯罪事实成立与否的实质功能。笔录证据的瑕疵会导致所记载的取证行为的合法性受到质疑，还会导致所获证据的真实性或相关性受到影响，但不同缺陷所采用的补救措施自然存在区别。笔录证据证明功能的实现，一方面要对其证据能力和证明力作出某些限制，另一方面要完善其正当性保障措施。

第三节　案例精解

就专门性问题出具的报告（"专家意见"）的可采性问题
——张永明、毛伟明、张鹭故意损毁名胜古迹案[①]

一、基本案情

2017年4月，被告人张永明、毛伟明、张鹭三人通过微信联系，约定前往三清山风景名胜区攀爬"巨蟒出山"岩柱体（又称巨蟒峰）。2017年4月15日凌晨4时左右，张永明、毛伟明、张鹭三人携带电钻、岩钉（即膨胀螺栓，不锈钢材质）、铁锤、绳索等工具到达巨蟒峰底部。张永明首先攀爬，毛伟明、张鹭在下面拉住绳索保护张永明的安全。在攀爬过程中，张永明在有危险的地方打岩钉，使用电钻在巨蟒峰岩体上钻孔，再用铁锤将岩钉打入孔内，用扳手拧紧，然后在岩钉上布绳索。张永明通过这种方式于早上6时49分左右攀爬至巨蟒峰顶部。毛伟明一直跟在张永明后面为张永明拉绳索做保护，并沿着张永明布好的绳索于早上7时左右攀爬到巨蟒峰顶部。在巨蟒峰顶部，张永明将多余的工具给毛伟明，毛伟明顺着绳索下降，将多余的工具带回宾馆，随后又返回巨蟒峰，攀爬至巨蟒

[①]　最高人民法院指导案例147号。

峰 10 多米处,被三清山管委会工作人员发现后劝下并被民警控制。在张永明、毛伟明攀爬开始时,张鹭为张永明拉绳索做保护,之后张鹭回宾馆拿无人机,再返回巨蟒峰,沿着张永明布好的绳索于早上 7 时 30 分左右攀爬至巨蟒峰顶部,在顶部使用无人机进行拍摄。在工作人员劝说下,张鹭、张永明先后于上午 9 时左右、9 时 40 分左右下到巨蟒峰底部并被民警控制。经现场勘查,张永明在巨蟒峰上打入岩钉 26 个。经专家论证,三被告人的行为对巨蟒峰地质遗迹点造成了严重损毁。

二、裁判与理由

江西省上饶市中级人民法院于 2019 年 12 月 26 日作出(2018)赣 11 刑初 34 号刑事判决:(1) 被告人张永明犯故意损毁名胜古迹罪,判处有期徒刑一年,并处罚金人民币十万元;(2) 被告人毛伟明犯故意损毁名胜古迹罪,判处有期徒刑六个月,缓刑一年,并处罚金人民币五万元;(3) 被告人张鹭犯故意损毁名胜古迹罪,免予刑事处罚;(4) 对扣押在案的犯罪工具手机四部、无人机一台、对讲机二台、攀岩绳、铁锤、电钻、岩钉等予以没收。宣判后,张永明提出上诉。江西省高级人民法院于 2020 年 5 月 18 日作出(2020)赣刑终 44 号刑事裁定,驳回被告人张永明的上诉,维持原判。

风景名胜区的核心景区是受我国刑法保护的名胜古迹。三清山风景名胜区列入世界自然遗产、世界地质公园名录,巨蟒峰地质遗迹点是其珍贵的标志性景观和最核心的部分,既是不可再生的珍稀自然资源性资产,也是可持续利用的自然资产,具有重大科学价值、美学价值和经济价值。被告人张永明、毛伟明、张鹭违反社会管理秩序,采用破坏性攀爬方式攀爬巨蟒峰,在巨蟒峰花岗岩柱体上钻孔打入 26 个岩钉,对巨蟒峰造成严重损毁,情节严重,其行为已构成故意损毁名胜古迹罪,应依法惩处。本案对三被告人的入刑,不仅是对其所实施行为的否定评价,更是警示世人不得破坏国家保护的名胜古迹,从而引导社会公众树立正确的生态文明观,珍惜和善待人类赖以生存和发展的自然资源和生态环境。一审法院根据三被告人在共同犯罪中的地位、作用及量刑情节所判处的刑罚并无不当。张永明及其辩护人请求改判无罪等上诉意见不能成立,不予采纳。原审判决认定三被告人犯罪事实清楚,证据确实、充分,定罪准确,对三被告人的量刑适当,审判程序合法。

三、问题与评析

本案焦点问题集中表现为:有专门知识的人就案件的专门性问题出具的报告("专家意见")在刑事诉讼中是否可以作为证据使用?

司法实践中,社会发展日新月异,各种专业性问题层出不穷,司法鉴定的范围却非常有限,无法一一涵盖,允许具有专门知识的人就案件的专门性问题出具报告已不仅仅是应急之策,甚至可以说已经成为了常态。但对于这种"报告"或者说"专家意见"的证据属性,不仅辩护人会质疑,即便司法人员也会感到无所适从。其中,最大的质疑在于上述"报告""专家意见"并不属于《刑事诉讼法》第50条规定的八种法定证据种类。司法实践中,检察官在举证时,经常把它当作书证、证言、鉴定意见。但由此带来的问题就是,辩方按照检察官归类的证据属性进行质证,均会存在一定的问题。

本案中,三被告人打入26个岩钉的行为是否对巨蟒峰造成严重损毁以及造成严重损毁的程度,成为被告人是否构成犯罪的关键。但对此,目前全国并没有法定司法鉴定机构可以进行鉴定。为解决司法实践中的现实问题,2012年11月15日最高人民法院审判委员会审议通过的《关于适用刑事诉讼法的解释》第87条规定:"对案件中的专门性问题需要鉴定,但没有法定司法鉴定机构,或者法律、司法解释规定可以进行检验的,可以指派、聘请有专门知识的人进行检验,检验报告可以作为定罪量刑的参考。对检验报告的审查与认定,参照适用本节的有关规定。经人民法院通知,检验人拒不出庭作证的,检验报告不得作为定罪量刑的参考。"据此,对打入26个岩钉的行为依法聘请有专门知识的人进行检验合情合理合法。本案中的四名地学专家,都长期从事地学领域的研究,都具有地学领域的专业知识,在地学领域发表过大量论文或专著,或主持过地学方面的重大科研课题,具有对巨蟒峰受损情况这一地学领域的专门问题进行评价的能力。四名专家均属于"有专门知识的人"。四名专家出具专家意见系接受侦查机关的有权委托,依据自己的专业知识和现场实地勘查、证据查验,经充分讨论、分析,从专业的角度对打岩钉造成巨蟒峰的损毁情况给出了明确的专业意见,并共同签名。且经法院通知,四名专家中的两名专家以检验人的身份出庭,对"专家意见"的形成过程进行了详细的说明,并接受了控、辩双方及审判人员的质询。"专家意见"结论明确,程序合法,具有可信性。综上,本案中的"专家意见"从主体到程序均符合法定要求,从证据角度而言,"专家意见"完全符合《刑事诉讼法》第197条的规定,以及上述《关于适用刑事诉讼法的解释》第87条关于有专门知识的人出具检验报告的规定,可以作为定罪量刑的参考。

尤其值得一提的是,或许正是缘于在司法实践中大量的关于专门性问题的报告被用于证明案件事实,有些还被用于证明与定罪量刑直接相关的构成要件的事实,发挥着与鉴定意见同等重要的作用。故而在2020年12月7日最高人民法院审判委员会通过的《关于适用刑事诉讼法的解释》对该条进行了修改和完善,将"作为定罪量刑的参考"修改为"作为证据使用",将"检验报告"扩大到在盗窃、诈骗等侵财案件中被广泛运用的价格认定等"报告"。该解释第100条规定:"因无鉴定机构,或者根据法律、司法解释的规定,指派、聘请有专门知识的人就案件的专门性问题出具的报告,可以作为证据使用。对前款规定的报告的审查与认定,参照适用本节的有关规定。经人民法院通知,出具报告的人拒不出庭作证的,有关报告不得作为定案的根据。"

第二章 刑事证明论

第一节 本章观点综述

证据规则是规定如何搜集、核实、运用和判断证据资料的法律准则。就是在司法活动中,运用证据资料判断某种事实真相的过程中所应遵循的程序性准则。为防止刑事证明活动中的主观臆断,保证法官判断的准确性,对于证据的取舍与运用,不能不受某些规则的制约。这些规则在法律上的体现,即为证据规则。

在 2016—2020 年间,学者们对于诉讼证明学的关注依旧热度不减,研究重点主要是证据规则以及证据审查的相关问题。

一、证据规则总论

2010 年起,经过多年的发展,我国在规范层面已经初步建立了一套证据规则。但是,我国刑事证据规则目前面临证据法典缺失、证据规则可操作性不强、精密化程度不高和实施效果不佳等困境与问题。有学者提出,我国刑事证据规则立法应以诉讼认识论和诉讼价值论为理论基础,在立法指导思想上深化对证据规则基础理论的认识,重点规范证据能力、兼顾证明力,推进刑事庭审方式改革,实现证据法价值多元化。我国刑事证据规则框架体系应当由规范证据能力的证据规则、规范证明力的证据规则以及规范证据运用的证据规则组成。还应当构建包括证据裁判原则、无罪推定原则、不得强迫自证其罪原则和直接言词原则,以及程序性制裁制度、庭前证据开示制度、证人出庭作证制度等在内的一系列配套制度。① 对于我国现有的证据规则,有学者认为多数证据规则存在过于绝对化的缺陷,较少采用一般性规定加例外性规定的方式,实施难度较大。应当对现有的证据规则进行改造,对缺少合理性的证据规则创设必要的例外性规定。② 而在证据规则完善的过程中,应尊重立法者所确定的规范目的,但在立法者目的不符合现实需求或者明显不合理时,司法者可以进行一定的修正。要深入发掘证据规则的实质目的,对于具有多元规范目的的证据规则,应合理选择其

---

① 樊崇义:《刑事证据规则立法建议报告》,载《中外法学》2016 年第 2 期。
② 李富成:《刑事证据规则的一般性规定与例外性规定》,载《中国刑事法杂志》2016 年第 5 期。

首要目的或优先目的。①

证据使用的首要问题是证据的资格问题。我国过去比较忽视证据能力规则的构建。有学者指出,随着2017年最高人民法院"三项规程"的出台,我国以往借鉴德国理论引进的证据能力要件体系面临解释力不足的问题。在我国现行法体系下,证据能力要件应当着重于合法性,"经过法庭调查程序"和关联性不应成为刑事证据的证据能力要件。② 这一观点对传统大陆法系证据能力构成要件提出了挑战,存在一定的讨论空间。

还有学者关注刑事司法协助所获证据的可采性问题,认为在跨境追诉过程中,各国在对刑事司法协助所获证据的可采性审查上,逐渐形成了国家主权相互尊重、履行国际条约义务、保障被追诉人权利三项原则。在这些原则的影响下,刑事司法协助所获证据可采性的审查方式、审查依据、审查重心等也都呈现出新的发展趋势。在具体审查上,应当在区分不同司法协助所获证据的基础上,构建一种类型化的判断方法。③ 还有观点提出,我国刑事证据立法已经通过"材料—证据—定案根据"这三个基本范畴确立起证据准入的两道审查门槛,但是证据审查制度还仅仅是一种相对扁平化的线性制度构建,审查范畴上的区分缺乏来自主体分离、程序设置和适用标准层面的支撑与保障。在审判中心主义改革的浪潮下,证据审查规范与相关审查范畴的对接彰显了在新形势下对刑事证据审查的进一步强化。④

二、非法证据排除规则

这五年间,非法证据排除规则吸引了大量的研究目光,成为证据规则中主要的研究对象。关于非法证据内涵解释的问题,有学者指出非法证据排除规则中的不强迫自证其罪的内涵与禁止刑讯逼供等不正当讯问方法的规定并不相同。根据不强迫自证其罪条款,一切以直接或间接手段课以被告人主动配合义务的取证行为将被宣告违法,所获得的证据应根据《刑事诉讼法》第54条分别适用不同的排除标准。不强迫自证其罪条款的规范效力并不仅限于刑事诉讼本身,如果行政机关在行政执法过程中的取证行为违反不强迫自证其罪条款的实质要求,则该证据在刑事诉讼中的准入资格将可能受到限制。⑤ 另一种观点认为,非法证据排除规则的理论基础通常被认为是或应当是遏制刑讯逼供或保障人权。

---

① 纵博:《论刑事证据规则的规范目的》,载《法学论坛》2017年第1期。
② 艾明:《我国刑事证据能力要件体系重构研究》,载《现代法学》2020年第3期。
③ 冯俊伟:《刑事司法协助所获证据的审查:原则与方法》,载《中国刑事法杂志》2017年第6期。
④ 吴洪淇:《刑事证据审查的基本制度结构》,载《中国法学》2017年第6期。
⑤ 孙远:《不强迫自证其罪条款之实质解释论纲》,载《政法论坛》2016年第2期。

但我国并不具备美国那样产生和运作遏制警察违法或人权保障理论的条件。从实践上来看,我国审判阶段非法证据排除规则的实践逻辑亦并非如此。"规范—权衡说"或许是指导我国审判阶段非法证据排除规则的合适理论原则。① 但保障人权仍然是大部分学者认为的非法证据排除规则应有的功能取向。我国目前的非法证据排除的价值取向主要是真实,其预期功能为防止冤错案件,应当将这一取向调整为权利取向与真实取向并重,这样才能使非法证据排除规则取得更好的效果。非法证据排除规则经过十多年的发展,已经从规范硬性刑讯向软性刑讯扩张、从肉体暴力向精神暴力扩张,排除重复供述也逐渐得到了认可。排除证据并不是非法证据排除规则的目的,遏制非法取证才是,"排非制度"应当起到对非法取证釜底抽薪的效果。② 还有学者从非法证据排除规则的历史发展动因出发,分析了"排非制度"的内涵。该研究认为,排除非法证据是英美法系陪审团转型、防止危险信息源和激励对抗式举证与言词辩论的庭审模式的共同作用,我国在发展非法证据排除规则时应当结合我们的发展动因,反思立法的可行性和必要性。③

另有研究认为,我们对待我国非法证据排除规则和刑事诉讼法的关系时应当采用教义学分析的方法,对《刑事诉讼法》有关非法证据排除规则的立法表述与意义空间进行分析与阐述,才能使规则更加明确和具体,从而具有可操作性。比如,解释《刑事诉讼法》第 54 条的"等非法方法"时,应当解释为侵犯了公民基本权利的方法,而不仅仅是"冻、饿、晒、烤、疲劳审讯"等与刑讯逼供在形式上完全类似、性质上同出一辙的方法,这样就能将非法证据排除规则的适用范围和价值目标与理论研究的结果相协调起来。另外,根据《刑事诉讼法》第 54 条的表述,间接渊源于违法行为的证据,也应当予以排除。换句话说,"毒树之果"原理在我国刑事诉讼中同样适用。④ 这种教义学的解释方法为研究非法证据排除规则提供了一条新的思路。

关于我国非法证据排除规则的模式与范式的问题,有学者通过上千个案例分析得出结论认为,绝大多数非法证据排除申请都能启动对证据合法性的审查,其中一成左右的申请得到支持,从而将非法证据排除。在非法证据被排除的案件中,有些被告人被宣告无罪,有些案件被发回重审,有的案件检察院撤回起诉;有些被告人虽被定罪,但其被指控的部分犯罪事实未被认定。司法实践反映出

---

① 林志毅:《论我国审判阶段非法证据排除规则的理论基础》,载《中外法学》2017 年第 4 期。
② 张建伟:《排除非法证据的价值预期与制度分析》,载《中国刑事法杂志》2017 年第 4 期。
③ 樊传明:《证据排除规则的发展动因:制度史解释》,载《中外法学》2018 年第 3 期。
④ 易延友:《非法证据排除规则的立法表述与意义空间——〈刑事诉讼法〉第 54 条第 1 款的法教义学分析》,载《当代法学》2017 年第 1 期。

一些问题,比如毒树之果原理的缺失导致犯罪嫌疑人、被告人的权利不能得到更好保护;部分案件在证据合法性证明问题上出现转嫁举证责任的现象;有些案件法院从内容真实推论程序合法;有些案件因规则模糊导致权利保护不到位。解决这些问题除了要进一步加强相应规则的构建外,更重要的是将我国的非法证据排除规则从"证据分类型"规则转变为"权力分类型规则"。① 还有学者指出,我国目前的非法证据排除规则主要由三个部分组成,这三类排除规则在实践中对非法证据、不可靠证据以及瑕疵证据的排除思路、排除程序、补正或合理解释的方向各有不同,实践中的应用逻辑必须导源于立法目的。"排非制度"的立法需要解决不同排除规则的位阶效力错位、解释造法的问题,让"排非制度"从"探求真相"投向"权利保障"。②

有学者从供述自愿性的角度来研究非法证据排除规则。有研究通过对 400 份有关非法供述排除的裁判文书进行实证研究发现,主观判断模式与客观审查模式在适用供述类型、启动排除条件、证据采信、审查判断方式与结论等方面均有不同。通过结果证据审查供述真实性仍是我国供述自愿性审查的主流方式。客观审查模式在实践中逐渐异化,使得主观审查模式和客观审查模式有同化的趋势,所造成的结果就是供述排除的比例降低,非法供述排除程序形式化。该研究指出,现阶段解决非法证据排除困难的出路是适用综合性审查判断模式,既有效认定供述的自愿性,也准确认定供述的真实性,间接保障客观审查模式的正确适用,从技术层面解决非法供述排除难的问题。③

还有学者通过对规范的分析来解释供述自愿性的判断问题。比如,对于《刑事诉讼法》第 50 条欺骗性取证部分的审查,有研究认为应当将《刑事诉讼法》第 50 条解释成对欺骗性取证予以概括禁止的法律原则,而非刚性的规则,这样可以彰显国家的价值选择、更好地尊重司法经验,也有助于体现刑事诉讼法作为控权法的特性。④

在非法证据排除规则的具体技术性应用方面,研究主要集中在侦查人员出庭、重复供述的排除等方面。

在侦查人员出庭的问题上,有学者提出应当明确侦查人员的程序性被告身份。目前由于法律条文和相关理念的限制,辩方对于侦查人员的当庭质证仍难

---

① 易延友:《非法证据排除规则的中国范式——基于 1459 个刑事案例的分析》,载《中国社会科学》2016 年第 1 期。
② 董坤:《中国化证据排除规则的范性梳理与反思》,载《政法论坛》2018 年第 2 期。
③ 孔令勇:《供述自愿性审查判断模式实证研究——兼论非法供述排除难的成因与解决进路》,载《环球法律评论》2016 年第 1 期。
④ 蒋鹏飞:《〈刑事诉讼法〉第 50 条欺骗性取证部分的学理解释》,载《东方法学》2016 年第 1 期。

以实现，侦查人员依然以代表性身份出庭。特殊的出庭身份为非法取证行为的认定带来了困难，导致了非法证据排除程序的运行不畅。要解决这个问题应当调整真实至上的诉讼观念，并取消被告人申请侦查人员出庭的条件限制，保障法庭质证的有效进行。① 还有学者指出，现行规定是对侦查高负荷工作的关照，将非法证据中的证明定位为自由证明的调查方式。但为了顺应以审判为中心的改革，侦查人员应摒弃既往的威权意识，主动出庭，自证清白，并尽量降低书面"情况说明"的使用频率。对证据合法性的证明模式应当从绝对的自由证明模式转向有层次的自由证明模式。对于证据合法性的异议若无法在"释明"层面澄清争点，所涉证据又关乎案件主要事实的查明或被告人基本权利的保障，应以相对严格的自由证明之证据调查方式递进补足，适时赋予辩方对质诘问权。② 有学者直接提出，侦查办案人员无论以何种证人身份（目击证人、程序证人或辨认鉴真证人）出庭，都应该以"问—答"方式作证，由控方直接询问提供证言，并通过辩护人交叉询问和被告人对质的方式接受辩方质证。③

在排除重复性供述的问题上，有学者提出，重复性供述不包括重复性辩解，与刑讯逼取的首次供述在内容上相同或包容，在表现形式上包括讯问笔录、自书供词以及录音录像等。对于排除重复性供述的例外情形要严格把握。此外，鉴于重复性供述在实践中的复杂样态，对于重复性供述的诱因是否仅限于刑讯逼供一种形式，对刑讯之后多次讯问获取的不同供述，以及重复性的证人证言、被害人陈述等言词证据是否也须设定排除规则仍需进一步研究。④ 还有学者提出，我国的重复性供述排除模式是固定、封闭的分析体系，通过对判决文书的考察，发现该模式和司法实务出现很大的脱节。认为我国应改采"个案分析"模式，要求法官结合个案情形，综合考虑诸多因素来审查判断重复供述。⑤

与非法证据排除规则密切相关的一个问题就是瑕疵证据及其补正。有学者对我国东部地区公安司法系统开展瑕疵证据补正证明的实证分析发现，实践中存在瑕疵证据范畴认识不清、瑕疵情形多样、瑕疵发现主体多元、处理方式随意、规范要求混乱、处理程序失范、去瑕疵机会无限、补证不能处理失范等问题。造成这些问题的原因是多方面的，应当明确消弭证据瑕疵的立法目的、回归诉讼职能本质、协调瑕疵证据立法模式、统一证据资格标准，构建简明规范的筛选机制，

---

① 程衍：《论非法证据排除程序中侦查人员的程序性被告身份》，载《当代法学》2019年第3期。
② 董坤：《侦查人员出庭说明情况问题研究——从〈刑事诉讼法〉第57条第2款切入》，载《法学》2017年第3期。
③ 张保生：《非法证据排除与侦查办案人员出庭作证规则》，载《中国刑事法杂志》2017年第4期。
④ 董坤：《重复性供述排除规则之规范解读》，载《华东政法大学学报》2018年第1期。
⑤ 牟绿叶：《论重复供述排除规则》，载《法学家》2019年第6期。

整合和再构瑕疵证据制度体系。① 还有学者对 799 个瑕疵证据补正与排除的案例研究发现，司法实务中，瑕疵证据补正规则适用的问题主要集中在三个方面：瑕疵证据与非法证据界限不清，导致两者经常混淆；瑕疵证据规则弹性过大，导致适用不统一；瑕疵证据规范不够精致，导致提出瑕疵证据排除申请和决定是否排除的随意性都比较大。② 还有实证分析发现瑕疵证据案件数量逐年上升，案件基本覆盖了所有的证据种类，补救成功的案件占了绝大多数；对具体情况进行分析后发现，瑕疵情形与法律文本规定有所出入，法院对于补救方法的阐述说理明显不足。对瑕疵证据的研究还需要从明确界定标准、细化补救方法、强化说理裁判三个方面入手。③

第二节 核心期刊论文摘要

刑事证据规则立法建议报告
樊崇义
《中外法学》2016 年第 2 期
关键词： 刑事证据规则　证据能力　证明力　证据运用
摘要： 证据规则是证据原则的下位概念，是证据原则的具体体现。无论是立法、司法的实践，还是诉讼理论的完善，都亟需对证据规则予以进一步研究。从规范层面来说，我国已经形成了一定的证据规则体系，为研究和完善证据规则提供了法律范本。但是，我国刑事证据规则目前面临证据法典缺失、证据规则可操作性不强、精密化程度不高和证据规则的实施效果不佳等困境与问题。我国刑事证据规则立法应以诉讼认识论和诉讼价值论为理论基础，在立法指导思想上深化对证据规则基础理论的认识，重点规范证据能力、兼顾证明力，推进刑事庭审方式改革，实现证据法价值多元化。我国刑事证据规则框架体系应当由规范证据能力的证据规则、规范证明力的证据规则以及规范证据运用的证据规则组成。同时，构建我国刑事证据规则立法的若干配套制度，具体包括证据裁判原则、无罪推定原则、不得强迫自证其罪原则和直接言词原则，以及程序性制裁制度、庭前证据开示制度、证人出庭作证制度和扩大刑事法律援助制度范围。

---

① 吕泽华：《我国瑕疵证据补正证明的实证分析与理论再构》，载《法学论坛》2017 年第 4 期。
② 易延友：《瑕疵证据的补正与合理解释》，载《环球法律评论》2019 年第 3 期。
③ 李学军、刘静：《瑕疵证据及其补救规则的适用》，载《环球法律评论》2020 年第 5 期。

刑事证据规则的一般性规定与例外性规定

李富成

《中国刑事法杂志》2016 年第 5 期

关键词：证据规则　一般性规定　例外性规定

摘要：刑事证据规则应具有必要的灵活性，一般性规定与例外性规定相结合是使刑事证据规则保持灵活性的重要方式。在规则结构上，我国证据规则很少采用一般性规定加例外性规定的方式，多数证据规则存在过于绝对化的缺陷。因此，应当对现有的证据规则进行改造，对缺少合理性的证据规则创设必要的例外性规定，使其得以更有效地实施。具体而言，在非法证据排除规则、证明责任分配、证明标准、证明力规则等证据规则中，设置必要的例外性规定，以增强证据规则的合理性和可行性。

论刑事证据规则的规范目的

纵　博

《法学论坛》2017 年第 1 期

关键词：刑事证据规则　规范目的　立法者目的　实质目的

摘要：刑事证据规则的规范目的对于规则适用中的解释、裁量和漏洞填补来说非常重要，因此在证据规则的适用中应探寻其规范目的。在证据规则的规范目的探寻中，应尊重立法者所确定的规范目的，但在立法者目的不符合现实需求或者明显不合理时，司法者可以进行一定的修正。应深入发掘证据规则的实质目的，对于具有多元规范目的的证据规则，应合理选择其首要目的或优先目的。总体上看，我国刑事证据规则的规范目的可分为五种类型，即维护司法正义、保障公民权利；保障证据的客观真实性；对证明力评价进行规范、指引；保障当事人质证、询问等程序性权利；合理设置证明负担。

全案移送背景下控方卷宗笔录在审判阶段的使用

孙　远

《法学研究》2016 年第 6 期

关键词：全案移送　预断排除　庭前审查　庭前准备　直接审理

摘要：2012 年《刑事诉讼法》重新确立了全案移送制度，这表明我国刑事诉讼程序改革的目标向着更为务实的方向调整。但是，2012 年《刑事诉讼法》并未明示控方全案移送的卷宗笔录在审判阶段应如何使用。正确的做法是：庭前审查与庭前准备这两个程序环节，应主要依托控方卷宗材料来展开，强化庭前审查的实质性与庭前准备的充分性；而法庭审判一旦正式开启，则应严格贯彻直接审理原则，控方卷宗笔录仅能在有限范围内发挥作用。当前需要极力避免的一种错误做法是:在开庭之前禁止法官阅卷,在庭审过程中则对包括2012年《刑事诉讼法》第187条第1款在内的诸多彰显直接审理原则之要求的规定作限缩解释,从而将卷宗笔录作为法庭调查的主要对象。

刑事证据审查的基本制度结构
吴洪淇
《中国法学》2017年第6期

关键词:证据准入　证据审查　定案根据　证明力　印证

摘要:现代刑事证据审查体系是以"证据准入—证据评估相分离"为核心特征,由术语范畴、审查主体、审查标准与程序保障等多个维度构成的一个立体制度结构体系。多层次的立体制度结构体系有利于保障证据准入与证据评估的相对分离,从而确保刑事证据规则的有效实施。我国最新的刑事证据立法已经通过"材料—证据—定案根据"这三个基本范畴确立起证据准入的两道审查门槛。证据审查规范与相关审查范畴的对接彰显了在新形势下对刑事证据审查的进一步强化。我国证据审查制度还仅仅是一种相对扁平化的线性制度构建,审查范畴上的区分缺乏来自主体分离、程序设置和适用标准层面的支撑与保障。随着以审判为中心的诉讼制度改革的推进,我国刑事证据审查的制度体系也需要作出相应的调适。

示意证据规则建构
罗维鹏
《清华法学》2019年第6期

关键词:示意证据　展示性材料　调查程序　证据审查　庭审实质化

摘要:现场平面示意图、现场方位示意图、资金走向图、人物关系图、模拟动画等示意材料常见于审判实践,近年国内外法庭上又出现了通过3D打印、VR等新技术获得的材料。这些新材料在学理上称为"示意证据"。然而,关于示意证据的法庭调查和审查判断问题,我国现行刑事诉讼法及司法解释的规定阙如,学界和实务部门也缺乏关注。在庭审实质化背景下,确有必要系统整理并构建中国示意证据规则。一方面,明确法庭对示意证据展开证据调查的基本原则以及举证、质证和认证等方面的具体规则,以更好地发挥示意证据对原证据的解说功能;另一方面,明确示意证据的审查判断规则,包括归纳示意证据审查判断的共性要求、明确示意证据分类审查的重点内容以及相关的证据排除规则。

刑事证据标准与证明标准之异同

熊晓彪

《法学研究》2019 年第 4 期

关键词：证据标准　证明标准　要件证据　统一证据标准

摘要：证据标准用于对案件证据的审查判断，主要包括对证据能力、要件证据及必要附属证据的审查判断。证明标准是对案件事实的综合评价，主要涉及证据标准的审查，证据证明力强弱、要件事实融贯性证成与否以及案件整体论证强度的评估。证据标准虽属证明标准评价的第一项内容，但不能因此将二者等同。证据标准与证明标准在具体内容、是否依存于特定诉讼构造、审查判断主体和评价方式、功能及法律效果等方面都存在实质性区别。为推进以审判为中心的刑事诉讼制度改革，统一证据标准是切实可行且必要的。相反，统一证明标准不但违背了其在不同诉讼阶段的功能和价值，而且这一统一不可能真正实现。未来，应打破证据标准与证明标准一元化格局，构建二元评价模式。

论庭审证据调查安排

万　毅

《中国刑事法杂志》2020 年第 3 期

关键词：庭审证据　庭审实质化　证据调查安排

摘要：庭审中证据调查的方式、顺序安排直接关系庭审的效率和效果，设计庭审证据调查安排的最优流程是提升控、辩、审三方诉讼技能，推动和完善庭审实质化改革的必要举措。庭审中证据调查安排是审判中程序性事项，应由法官享有最终确认和终局决定权，其原则上应在法院正式开庭之前完成，因而需完善辩护人举证期限、庭前会议工作安排等配套措施从而保证庭审证据的调查安排如期完成。在举证方顺序安排方面应当遵循程序发动者先于程序被动接受者、刑事程序先于附带民事程序的原则，同时不应忽视被害人的举证权。此外，在证据出示顺序的安排中应注意逻辑合理性。在证据出示方式中，"一证一举""一组一举""一案一举"各有利弊，因此在实战中应采取灵活多样的"战术"，并对庭前程序、被告方意见以及法官心证形成等因素进行考虑，同时还应当科学适用摘要式举证与详尽式举证两种不同举证方式。

论行政执法证据在刑事诉讼中的使用——基于典型案例的实证分析

谢登科

《华东政法大学学报》2016 年第 4 期

关键词：行政执法证据　证据种类　证据能力　司法审查

摘要：证明对象的重叠性、行政程序的先行性、程序运行的保障性决定了行政执法证据可以在刑事诉讼中使用。由于现有立法和司法解释对行政机关未予明确、转化的行政执法证据种类模糊、审查判断程序缺失等问题,导致该制度在司法适用中存在较大争议和困惑。有必要对行政机关作扩大解释,将法律法规授权的组织、具有双重属性的办案执法部门等纳入行政机关。证据种类并不是行政执法证据在刑事诉讼中使用的关键因素,影响其证据能力的关键因素是行政执法程序。可以在刑事诉讼中使用的行政执法证据,不仅包括物证、书证、电子数据和视听资料,还应包括勘验笔录、现场笔录、鉴定意见以及当事人达成合意的证人证言、当事人陈述等言词证据。需明确行政执法证据转化的司法审查标准和方式,以确保其具有相应的证据能力和证明力。

行政执法证据准入问题新论——从卷宗笔录式审判到审判中心主义

孙 远

《中国刑事法杂志》2018 年第 1 期

关键词: 卷宗笔录 审判中心 直接审理 证据资格

摘要: 对行政执法证据在刑事诉讼中准入问题的讨论,应摒弃卷宗笔录式审判的思维方式,而以审判中心主义为视角展开。在审判中心主义下,法院对行政执法证据的审查应当包含前后相继的两个环节,分别针对证据的合法性与真实性进行。合法性的审查应以刑事诉讼法而非行政法规的要求为依据;真实性的审查则应践行直接审理程序。在这两个环节的审查过程中,证据种类以及取证主体均非所需考量的因素。

行政执法证据进入刑事诉讼的规范分析

冯俊伟

《法学论坛》2019 年第 2 期

关键词:《刑事诉讼法》第 54 条第 2 款 行政执法证据 刑事证据

摘要: 根据《刑事诉讼法》第 54 条第 2 款的规定,部分行政执法证据可以直接进入刑事诉讼中作为证据使用。刑事诉讼中行政执法证据的运用将对犯罪嫌疑人、被告人的实体权利、诉讼权利产生重要影响。因此,应当在"尊重与保障人权"的修法精神与畅通行刑衔接的规范目的下,通过法律解释,阐明这一条款中包含的不确定法律概念的内涵,论证行政执法证据进入刑事诉讼的范围、审查主体、审查内容等,以保障被追诉人受到公正审判。

刑事司法协助所获证据的可采性审查:原则与方法

冯俊伟

《中国刑事法杂志》2017 年第 6 期

关键词: 刑事司法协助 跨境追诉 涉外犯罪 可采性

摘要：在跨境追诉过程中，刑事司法协助是域外取证的最重要方式。其可以分为正式司法协助和非正式司法协助，前者更具有规范意义。从历史角度观察，在绝对主权观松动后，各国在对刑事司法协助所获证据的可采性审查上，逐渐形成了国家主权相互尊重、履行国际条约义务、保障被追诉人权利三项原则。在这些原则的影响下，刑事司法协助所获证据可采性的审查方式、审查依据、审查重心等也都呈现出新的发展趋势。在具体审查上，应当在区分不同司法协助所获证据的基础上，构建一种类型化的判断方法。

我国刑事证据能力要件体系重构研究

艾　明

《现代法学》2020年第3期

关键词：刑事证据　证据能力　消极要件　积极要件　定案根据

摘要：随着2017年最高人民法院"三项规程"的出台，我国以往借鉴德国理论引进的证据能力要件体系面临解释力不足的问题。在我国现行法体系下，"经过法庭调查程序"不应成为刑事证据的证据能力要件。法庭调查程序的真正作用是为法官评价证据的证明力，形成认定事实的心证基础提供程序性保障。此外，如果将关联性作为证据能力要件，既不符合我国《刑事诉讼法》规定，也容易混淆事实考量和规范评价之间的关系。我国刑事证据能力要件只应包括如下内容：未因取证主体不合法而无证据能力，未因取证手段不合法而无证据能力，未因取证程序违法而无证据能力，未因证据的表现形式不合法而无证据能力，未因取证对象不合法而无证据能力。

论刑事证据的同一性审查

孙　锐

《当代法学》2020年第5期

关键词：同一性审查　证据资格　鉴定意见　审查模式　非同一推定

摘要：刑事证据的同一性审查，旨在确定出示证据与主张证据是否同源的问题。若证据不具备同一性，那么，其与案件事实的实质关联将随之割裂，当属证据资格规则范畴。在对证据同一性审查之本质与功能予以反思的基础上，有必要将鉴定意见纳入同一性审查的适用对象。继而根据传统实物证据、视听资料与电子数据、鉴定意见的不同形式及特点，提炼证据同一性审查的三种模式："证据特征与证据来源"模式、"存储载体与存储内容"模式、"鉴定资质与送检材料"模式。非同一推定制度的提出，免除了被告人的初步证明责任，标志着同一性证明的开启。

供述自愿性审查判断模式实证研究——兼论非法供述排除难的成因与解决进路

孔令勇

《环球法律评论》2016 年第 1 期

关键词：供述自愿性　审查判断　非法证据排除　实证研究

摘要：在 2012 年《刑事诉讼法》正式确立非法供述排除规则后，我国的供述自愿性审查模式也呈现出类似其他国家的二元分化状态，包括主观判断模式与客观审查模式。通过对 2013 年至今作出的 400 份有关非法供述排除的裁判文书进行实证研究可以发现，主观判断模式与客观审查模式在适用供述类型、启动排除条件、证据采信、审查判断方式与结论等方面均有不同。但客观审查模式的功能没有发挥，通过结果证据审查供述真实性仍是我国供述自愿性审查的主流方式。因此，两种模式均未解决非法供述排除难的问题。这与两种审查判断模式的趋同化有直接关系。这种趋同化产生的原因包括法官将客观审查模式主观化，以及客观审查模式在实践操作中的逐渐异化。审查判断模式的趋同化不仅使得非法供述排除的比例降低，还使得非法供述排除程序形式化。因此，应当在现阶段的刑事司法实践中适用综合性审查判断模式，既有效认定供述的自愿性，也准确认定供述的真实性，间接保障客观审查模式的正确适用，从技术层面解决非法供述排除难的问题。

《刑事诉讼法》第 50 条欺骗性取证部分的学理解释

蒋鹏飞

《东方法学》2016 年第 1 期

关键词：欺骗性取证　刑事诉讼法　合法性评价　法律原则

摘要：我国《刑事诉讼法》第 50 条严禁司法人员的欺骗性取证行为，但是有些学者会在研究欺骗性取证的合法性评价的问题时，对该规定予以否定或者架空。将《刑事诉讼法》第 50 条解释为刚性的法律规则，是导致这种现象发生的原因。《刑事诉讼法》第 50 条应被解释成对欺骗性取证予以概括禁止的法律原则，这样可以彰显国家的价值选择、更好地尊重司法经验，也有助于体现刑事诉讼法作为控权法的特性。对《刑事诉讼法》第 50 条作这种解释，可以为《刑事诉讼法》第 151 条、第 54 条的合理解释奠定基础。

美国的自白任意性规则及借鉴

王景龙

《环球法律评论》2016 年第 1 期

关键词：自白任意性　米兰达推定　技术性规范

摘要：自白任意性规则，是非法自白排除规则的基础规则与实质性规则。在美国这一规则经历了从普通法向宪法根据的转变，其价值追求从可靠性转向任意性，但自白任意性的判断却始终是横在美国法院面前的一道难题。传统的"综合情况"判断方法存在模糊性、不确定性的缺陷。联邦最高法院不断尝试寻求清楚、明确的简易判断方法，最终创造了举世闻名的"米兰达推定"。但这种自动适用的技术性排除规则经历了从"不可反驳的推定"向"可反驳的推定"的转变，例外的不断增加使它最终沦为新的"综合情况"判断规则。中国自白任意性规则在规范层面上初步形成，但在实施过程中遇到了多重困难和阻力，自白任意性的判断便是其中最为棘手的难题。由此，我们宜借鉴和汲取美国的经验与教训，结合中国具体情况，以法律推定和证明责任规范为技术性措施，降低法官裁判的难度与阻力，增加可操作性。

非法证据排除规则的中国范式——基于 1459 个刑事案例的分析

易延友

《中国社会科学》2016 年第 1 期

关键词：非法证据　非法证据排除　毒树之果　证明责任　人权保障

摘要：中国非法证据排除规则已经从法律文本走向司法实践，并且在保障人权方面发挥了重要作用。在司法实践中，绝大多数非法证据排除申请都能启动对证据合法性的审查，其中一成左右的申请得到支持，从而将非法证据排除。在非法证据被排除的案件中，有些被告人被宣告无罪，有些案件被发回重审，有的案件检察院撤回起诉；有些被告人虽被定罪，但其被指控的部分犯罪事实未被认定。有关非法证据排除的司法实践反映出一些问题，例如"毒树之果"原理的缺失导致犯罪嫌疑人、被告人的权利不能得到更好保护；部分案件在证据合法性证明问题上出现转嫁举证责任的现象；有些案件法院从内容真实推论程序合法；有些案件因规则模糊导致权利保护不到位。应对的举措是确立"毒树之果"规则，杜绝举证责任倒置，逐步实现从证据分类型规则向权利分类型规则的转变。

不强迫自证其罪条款之实质解释论纲

孙　远

《政法论坛》2016 年第 2 期

关键词：不强迫自证其罪　主动基准　直接强制　间接强制

摘要：2012 年《刑事诉讼法》新增不强迫自证其罪条款，禁止以各种强制方法课以被告人主动提供针对自己的归罪信息之义务，该条款与禁止刑讯逼供等不正当讯问方法的规定具有不同规范内涵。根据不强迫自证其罪条款，一切以直接或间接手段课以被告人主动配合义务的取证行为将被宣告违法，所获得的证据应根据《刑事诉讼法》第54条分别适用不同的排除标准。不强迫自证其罪条款的规范效力并不仅限于刑事诉讼本身，如果行政机关在行政执法过程中的取证行为违反不强迫自证其罪条款的实质要求，则该证据在刑事诉讼中的准入资格将可能受到限制。

非法言词证据的解释:利益格局与语词之争

吴洪淇

《法学家》2016年第3期

关键词：非法言词证据　解释　管辖权冲突　定界　错案

摘要：公检法机关在非法言词证据解释上的冲突是一个不断演化的过程。通过引入芝加哥学派的管辖权冲突理论，可以对作为刑事司法系统中行动主体的公检法三机关在不同阶段对非法言词证据作出的不同解释进行清晰地描摹。对非法言词证据排除规则作出客观化的解释从某种意义上来说是非常困难的。在解释的过程中，语词的含义更多地取决于利益的逻辑而非语词本身的逻辑。不同机构各自的利益关注、权力格局、冤假错案带来的舆论环境、政治大环境等一系列因素都会对非法言词证据的解释产生不同程度的影响。

证据排除抑或证据把关:审查起诉阶段非法证据排除的实证研究

吴洪淇

《法制与社会发展》2016年第5期

关键词：非法证据　证据排除　证据把关　审查起诉　震慑效应

摘要：我国已经建立起从侦查到审判的一体化非法证据排除规则体系。在司法实践中，审查起诉阶段的非法证据排除程序的启动频率要高于审判阶段的启动频率，这主要是因为审查起诉阶段的非法证据排除更契合侦查、审查起诉和审判机关三者的职业利益和职业处境。一体化的非法证据排除规则在实际运行过程中被我国当前的刑事司法体制所重新形塑，呈现出一种新的格局。非法证据排除规则在审查起诉阶段的实施其实更多的是发挥证据把关的作用而不是真正意义上的证据排除。证据把关与证据排除之间在主体角色定位、程序效果和正当性基础上都存在着微妙的差别。非法证据排除的这种特殊格局对侦查阶段的震慑效应和被告人、犯罪嫌疑人权利保障都会产生深刻的影响。

米兰达规则五十周年的纪念与省思

刘磊

《比较法研究》2016年第6期

关键词：沃伦法院　震撼良知　米兰达规则　不自证其罪　一次一案

摘要：在米兰达判例之前，美国联邦最高法院虽然已经在个案中解释了

1791宪法修正案中"不自证其罪"及"正当程序"条款的基本内涵,但其所采用"震撼良知"这一标准仍然存在漏洞,导致人权保护的力度有所不足。20世纪60年代,美国联邦最高法院法官以"一次一案"方式对警方讯问的合法性进行逐案审查,通过马普诉俄亥俄、吉迪恩诉温瑞特、埃斯考贝多诉伊利诺伊等数个案件,宣告了沉默权、律师会见权、警方讯问时律师在场权对刑事被告人权利保护的正当性。美国联邦最高法院对宪法第五修正案进行了"造法性解释",在1966年米兰达案明确宣示了沉默权、聘请律师辩护权、非法证据排除规则等诸多权利,该案因此也成为检验警察讯问的法治标准。在后米兰达时代,讯问规则发生了演变,米兰达规则有时被部分扩张适用,有时则被限制适用。正反两种立场进行了交锋后,最终米兰达规则成为美国司法文化的一部分。"一次一案"与"就事论事"的司法审查传统值得我国借鉴,有利于反思欧陆法学思维,亦有利于通过司法个案推进人权保护。

非法证据排除规则的立法表述与意义空间——《刑事诉讼法》第54条第1款的法教义学分析

易延友

《当代法学》2017年第1期

关键词: 非法证据排除　法教义学　立法表述　意义空间　毒树之果

摘要: 认真对待《刑事诉讼法》的方法就是努力把《刑事诉讼法》解释好,而不是一味地批评它,或修改它。对《刑事诉讼法》有关非法证据排除规则的立法表述与意义空间进行分析与阐述,才能使规则更加明确和具体,从而具有可操作性。基于法教义学的方法对我国《刑事诉讼法》第54条进行分析,不难发现,该条规定中的"等非法方法",应当是指侵犯了公民基本权利的方法,而不仅仅是"冻、饿、晒、烤、疲劳审讯"等与刑讯逼供在形式上完全类似、性质上同出一辙的方法。同样地,对于物证、书证等实物证据的排除,传统的裁量排除思维模式并不符合《刑事诉讼法》的立法本意;相反,对于实质性程序瑕疵,立法实际上采取了强制排除的立场。所谓"实质性程序瑕疵",就是指侵犯了犯罪嫌疑人、被告人基本权利的程序瑕疵,具体包括反对强迫自我归罪的权利、获得律师帮助的权利、住宅不受任意侵犯的权利等。除此以外,根据《刑事诉讼法》第54条的表述,间接渊源于违法行为的证据,也应当予以排除。换句话说,"毒树之果"原理在我国刑事诉讼中同样适用。同时,结合《刑事诉讼法》第57条的规定,第54条关于非法证据排除的规则并不适用于辩护方提供的证据。但是,纪委收集的证据却显然受第54条的约束。

指供及其证据排除问题

纵 博

《当代法学》2017年第2期

关键词：指供　冤假错案　排除

摘要：指供是极易导致冤假错案的一种取证方法，在实践中大多与刑讯逼供、威胁、引诱等方法合并使用。指供使虚假口供与其他证据形成印证，因而使虚假口供难以被识别和剔除，同时也导致非法口供更难被排除，所以指供有造成冤假错案的高度危险性。对于指供所获口供，应设置单独的口供排除规则，而不能依附于刑讯逼供等非法方法所获口供的排除。是否可能使无辜嫌疑人承认自己有罪并按照审讯人员意图而作出犯罪事实细节的虚假口供，是指供所获口供的判断标准。具体而言，应当从审讯人员是否透露不应透露的证据或信息、嫌疑人是否会受审讯人员指供内容影响而虚假供述两个方面进行判断。但在一些例外情形下指供所获口供无须排除，如对嫌疑人口供进行了其他途径的验证，或指供内容不会导致错误认定事实。

侦查人员出庭说明情况问题研究——从《刑事诉讼法》第57条第2款切入

董　坤

《法学》2017年第3期

关键词：证据收集的合法性　侦查人员　出庭说明情况　自由证明　严格证明

摘要：从历史谱系梳理、文义分析以及体系解释的比较可以发现，我国《刑事诉讼法》第57条第2款中涉及出庭说明情况的侦查人员并不具有证人身份。立法的这一规定源于对侦查高负荷工作的关照，同时也暗合了自由证明原理中证据调查的基本方式。然而，现有的规范体系对证据收集的合法性事实由侦查人员出庭说明情况的规定仍有需要完善之处。首先，侦查人员应摒弃既往的威权意识，顺应以审判为中心的诉讼制度改革，主动出庭，自证清白，并尽量降低书面"情况说明"的使用频率；其次，应探索自由证明的层次化构建，对于证据合法性的异议若无法在"释明"层面澄清争点，所涉证据又关乎案件主要事实的查明或被告人基本权利的保障，应以相对严格的自由证明之证据调查方式递进补足，适时赋予辩方对质诘问权。

论我国审判阶段非法证据排除规则的理论基础

林志毅

《中外法学》2017年第4期

关键词：非法证据排除规则　理论基础　规范—权衡说

摘要：我国非法证据排除规则的理论基础,通常被认为是或应当是遏制刑讯逼供或人权保障。从理论上而言,我国并不具备美国那样产生和运作遏制警察违法或人权保障理论的条件。从实践上来看,我国审判阶段非法证据排除规则的实践逻辑亦并非如此。从我国非法证据排除规则的实践逻辑出发,以非法证据排除规则的理论要素为基础,结合我国的实际情况,"规范—权衡说"或许是指导我国审判阶段非法证据排除规则的合适理论原则。

论非法证据排除规则和印证证明模式的冲突及弥合路径

牟绿叶

《中外法学》2017年第4期

关键词：原子主义 整体主义 非法证据排除规则 印证证明模式 融贯性的转移

摘要：我国的非法证据排除规则没有关注法官评价证据的心证过程。英美法系国家的排除规则体现了"原子主义"的思维方式,但我国的排除规则却是将"整体主义"和"相互印证"的逻辑表达于规范和实务层面。这种"整体主义"的证据评价方式源自对案件实体真实的追求,其本质是用"印证"思维来解决证据能力问题。这会导致实体事实影响法官准确认定非法证据,也会致使印证证明模式在一定程度上架空排除规则。此外,心理学中"以融贯性为基础"的推理和相关法律实验表明,"整体主义"会引导法官倾向于不排除非法证据。我们应当在以审判为中心的改革中逐步弥合两者冲突,其中,最低限度的改革要求在于,不能以"相互印证"来处理取证合法性的问题。

刑事案件非法证据排除规则的发展——《关于办理刑事案件严格排除非法证据若干问题的规定》新亮点

万 春 高翼飞

《中国刑事法杂志》2017年第4期

关键词：证据收集的合法性 刑讯逼供 非法证据 排除规则

摘要：严格实行非法证据排除规则是党中央在全面依法治国、全面深化改革背景下作出的重大司法改革部署,是推进以审判为中心的刑事诉讼制度改革的配套改革措施。办理刑事案件严格排除非法证据是维护宪法和法律尊严,保障公民合法权利,提高司法公信力,让人民群众在每一个司法案件中感受到公平正义的重要举措,其根本目的在于限制侦查权的恣意行使,禁止那些野蛮、残忍、不人道的非法取证方式和手段,从根本上遏制非法证据产生的诱因。为准确惩罚犯罪,切实保障人权,进一步规范司法行为,促进司法公正特别是程序公正,有效遏制刑讯逼供等非法取证行为,从源头上防范冤假错案的发生,最高人民法院、最高人民检察院、公安部、国家安全部、司法部联合印发了《严格排除非法证据规定》,细化了非法取证方法的认定标准,明确了刑讯逼供后重复性供述一并排除规则及例外情形,对讯问录音录像、讯问笔录、讯问场所等作出规范,进一步落实了提讯登记和收押体检制度,建立了重大案件侦查终结前对讯问合法性进行核查的制度,强化了人民检察院在侦查、审查逮捕和审查起诉期间对证据收集合法性的调查核实,完善了庭前会议对证据收集合法性争议处理的机制、庭审阶段对证据收集合法性的审查与调查程序以及二审程序中对证据收集合法性的调查和处理程序。

非法证据排除与侦查办案人员出庭作证规则

张保生

《中国刑事法杂志》2017 年第 4 期

关键词: 非法证据排除 控辩平等 侦查办案人员出庭 举证质证 常态化

摘要: "两高三部"《严格排除非法证据规定》有关侦查办案人员出庭作证的规定,是对刑事诉讼法证据合法性调查程序的重大发展,有效地促进了控辩平等。根据直接言词原则,侦查办案人员无论以何种证人身份(目击证人、程序证人或辨认鉴真人)出庭,都应该以"问—答"方式作证,由控方直接询问提供证言,并通过辩护人交叉询问和被告人对质的方式接受辩方质证。随着以审判为中心的诉讼制度改革深入推进,侦查办案人员出庭作证应当超越证据合法性调查程序,使警察和办案人员出庭作证成为常态。

排除非法证据的价值预期与制度分析

张建伟

《中国刑事法杂志》2017 年第 4 期

关键词: 非法证据 排除规则 扬汤止沸 釜底抽薪 重复性自白

摘要: 我国非法证据排除的价值取向主要是真实,其预期功能为防止冤错案件,将这一取向调整为权利取向与真实取向并重,有利于在排除非法证据方面扩大范围并取得更好实效。本文分析了新证据排除规定的排除范围从硬性刑讯向软性刑讯扩张、从肉体暴力向精神暴力扩张以及排除重复性自白的内容与意义,以及公安司法机关在排除非法证据中的角色作用和相关制度设计的得失。本文着重指出:排除非法证据不是目的,通过排除证据遏制非法取证行为才是目的,因此排除制度达到的是扬汤止沸还是釜底抽薪的实践效果,值得追问也需要缜密观察。

何为非法 如何排除？——评《关于办理刑事案件严格排除非法证据若干问题的规定》

万 毅

《中国刑事法杂志》2017 年第 4 期

关键词：非法证据 供述 全程录音录像 庭前会议 侦查人员

摘要：《关于办理刑事案件严格排除非法证据若干问题的规定》重点试图解决非法言词证据主要是违法收集的犯罪嫌疑人、被告人供述的可采性问题。但当前实务中亟待解决的一些争议问题，如疲劳审讯、超期羁押以及引诱、欺骗性取供，《严格排除非法证据规定》都未从正面予以明确规定。虽然如此，实务中仍应通过体系解释、目的解释等法解释方法的运用正确解决上述证据的证据能力问题。此外，对于非法证据排除规则的部分程序设计，主要是庭前会议中能否"排非"、如何保障辩护方"排非"的权利以及侦查人员出庭后的身份问题等还存在一些不足或缺憾，需要通过科学、合理的程序设计，使非法证据排除规则真正得以落地。

我国非法证据排除规则的特点与完善

杨宇冠

《法学杂志》2017 年第 9 期

关键词：非法证据排除规则 法治建设 司法改革 听证程序 毒树之果

摘要：我国《刑事诉讼法》和两高三部《严格排除非法证据规定》构建了具有中国特色的非法证据排除规则，其特点为：以排除非法言词证据为重点，以遏制刑讯逼供等非法取证现象为目标，以侦查和司法部门主动排除和被告方申请排除相结合为方法等。该规则的建立与完善是我国法治建设的成果，是司法改革的组成部分，是司法部门自律的体现。展望该规则，在实体和程序方面还可进一步完善的方面包括：确定非法实物证据范围，排除"毒树之果"，建立非法证据排除的听证程序，与刑事司法其他规则相协调。

非法证据排除规则的解释学检视

汪海燕

《中国刑事法杂志》2018 年第 1 期

关键词：非法证据排除规则 解释主体 审判中心 周延性 合法性

摘要：相关解释在我国非法证据排除规则的建构和完善中扮演着重要角色。然而，一些解释不仅在形式上存在合法性问题，而且其中部分条款在内容上有与法律文本冲突之嫌。另外，解释文件之间还存在互相冲突、效力不明的情形。此种状况不仅无益于非法证据排除规则的发展，同时还破坏了法制的统一性和法的权威性。为此,有必要结合解释学原理,从主体、方法、内容、效力、程序等方面对非法证据排除规则相关解释进行检视。

重复性供述排除规则之规范解读
董　坤
《华东政法大学学报》2018年第1期
关键词:重复性供述　非法证据　排除规则　刑讯逼供

摘要:重复性供述不包括重复性辩解,与刑讯逼取的首次供述在内容上相同或包容,在表现形式上包括讯问笔录、自书供词以及录音录像等。《严格排除非法证据规定》第5条规定了在原则上对重复性供述进行排除,但在更换讯问人员,转换讯问情境,充分履行告知义务的情况下不排除的"原则加例外"排除模式。实践中,要对例外情形严格把关,明确转换人员的身份,全面、准确地告知诉讼权利和法律后果。此外,鉴于重复性供述在实践中的复杂样态,对于重复性供述的诱因是否仅限于刑讯逼供一种形式,对刑讯之后多次讯问获取的不同供述,以及重复性的证人证言、被害人陈述等言词证据是否也须设定排除规则仍需进一步研究。

非法证据排除程序的理论展开
陈瑞华
《比较法研究》2018年第1期
关键词:非法证据排除程序　核查程序　先行调查原则　庭前会议　正式调查

摘要:自2010年以来,我国法律逐步确立了一套非法证据排除规则的适用程序。在审判前阶段,检察机关通过侦查监督、核查、审查逮捕和审查起诉来主导着非法证据排除程序。在审判阶段,法律对非法证据排除程序的启动作出了一些限制,确立了程序性审查前置、先行调查以及当庭裁决等原则,对非法证据排除的初步审查和正式调查作出了程序上的规范,强化了庭前会议的诉讼功能,确立了完整的正式调查程序构造,确立了两种程序救济方式。非法证据排除程序的有效实施,取决于一系列制度的保障,其中检察机关的主导地位、律师辩护权的有效保障、法院自由裁量权的限制以及法院审判独立性和权威性的加强,属于其中最为重要的制约因素。

中国化证据排除规则的范性梳理与反思
董　坤
《政法论坛》2018年第2期
关键词:非法证据　不可靠证据　瑕疵证据　证据排除规则　立法规范

目的

摘要：通过立法和司法解释，我国构建起了有中国特色的证据排除规则，包括以执行外部政策，如以遏制刑讯逼供、维护司法公正和保障基本权利为目的而建立的"非法证据排除规则"；以发现案件真相，涤除虚假性证据为目的而设置的"不可靠证据排除规则"；以改进技术性、细节性的不规范取证行为为目的而创设的"瑕疵证据排除规则"。由于立法的规范目的各有侧重，三类排除规则在实践中对非法证据、不可靠证据以及瑕疵证据的排除思路、排除程序、补正或合理解释的方向各有不同，实践中的应用逻辑必须导源于立法目的。虽然中国特色的非法证据排除规则在司法实践中发挥了重要作用，但仍有"硬伤"和"软肋"。未来的非法证据排除规则应当逐步解决不同排除规则的位阶效力错位、解释造法的问题；调整非法实物证据排除规则的适用范围和设置模式；同时，在排除规则的设计上应将更多的目光从"探求真相"投向"权利保障"。

证据排除规则的发展动因：制度史解释

樊传明

《中外法学》2018 年第 3 期

关键词：证据法　排除规则　陪审团　对抗制　司法改革

摘要：落实证据裁判，完善证据制度，是我国司法改革在技术层面的重要议题，其中包括对证据排除规则体系的建构。从比较法和制度史角度观之，排除规则体系主要是英国司法制度变革的产物。18 世纪至 19 世纪初的一些诉讼程序变动为以排除规则筛选庭审证据这种管控方式，提供了发展动因。首先，陪审团的转型造就了二元管控结构和处于信息弱势地位的事实认定者，这为排除规则的发展确立了制度空间。其次，证据成为危险性信息源，产生了排除规则立法的实践需求。最后，激励对抗式举证和支撑言词论辩式庭审的需要，成为排除规则得以长远发展的程序驱动。对这些发展动因的制度史解释，能够为反思当代我国排除规则立法的可行性和必要性提供参照。

监察程序中非法证据的法解释学分析

高通

《证据科学》2018 年第 4 期

关键词：监察机关　非法证据　排除规则

摘要：监察非法证据虽然与刑事非法证据具有密切联系，但二者之间也存在明显分野，监察非法证据排除规则独立于刑事非法证据规则而存在。监察非法证据的设定必须要充分考虑我国监察实践，并在打击腐败与防范权力滥用间达到小心的平衡。监察机关在推进法治化进程中的特殊定位、监察非法证据排除规则在防范监察权力滥用方面的作用、打击腐败行为的需求以及监察权作用领域不同,是界定非法证据时着重考虑的几个因素。可依据权力违法的程度以及公民基本权利被侵犯的程度,来设定监察非法证据的排除标准。

论非法证据排除规则有效适用的三个要素——以侦查追诉阶段排除非法证据为视角

孙 远

《政治与法律》2018年第4期

关键词:非法证据排除规则 问题导向 控诉原则 自由裁量

摘要:问题导向、控诉原则、自由裁量是对于非法证据排除规则有效适用不可或缺的三个要素。我国刑事诉讼法采用的公检法三机关在各自诉讼阶段分别承担排除非法证据义务的方案,在上述三要素上存在缺失。由此导致的后果是:一方面,我国非法证据排除规则的发展被局限在排除刑讯口供这一较初级的层面上裹足不前;另一方面,即使就刑讯所获口供的排除而言,此种方案亦难有实质效果。从刑事诉讼构造角度来看,现行法贯彻的适用方案沿袭了传统"流水作业"的诉讼模式,而具备前述三要素的方案,则是一种"以审判为中心"的模式。非法证据排除规则唯有在"以审判为中心"的模式之下,才能得到严格适用。

刑事非法证据"柔性排除"研究

闫召华

《中外法学》2018年第4期

关键词:柔性排除 职权排除 刚性排除 实效 制度构建

摘要:非法证据排除规则的实施不一定必须通过刚性适用规则、正式作出排除决定这一种方式。专门机关通过主动弃用或者撤回有关证据即所谓的"柔性排除",可柔化"刚性排除"难以克服的若干阻力,保障非法证据排除规则最低限度的实效性。"柔性排除"既是司法实践的产物,又是我国非法证据排除制度的一大特点。它契合我国职权信赖的刑诉理念和对非法证据排除规则的特殊定位,也是层层把关式刑事诉讼构造的必然要求。当然,"柔性排除"的既有优势和正向功能,并不能完全掩盖其对构筑"以审判为中心"的刑事诉讼新格局等可能存在的负面影响。当务之急,应通过合理规制,增强"柔性排除"的程序正当性,避免"柔性排除"的乱用与滥用。

证据合法性证明与程序性证据法理论

彭海青

《法学杂志》2018年第12期

关键词:检察机关 证据合法性证明 程序性证据法理论

摘要：证据合法性证明规范的确立在我国非法证据排除规则发展史上具有重要意义，然而司法实践表明检察机关却因此陷入了证据合法性证明的困境。在局部完善难以奏效的情况下，我国应彻底革新证据合法性证明制度。首先，在证明责任方面，确立由检察机关的主要证明责任、公安机关的连带证明责任与有关知情人员的协助证明责任等构成的共同责任模式；其次，在证明方式方面，分别确立记录类证据与当庭说明类证据的证明规则；最后，在证明标准方面，确立"程序规范标准"作为证据合法性的证明标准。我们应以证据合法性证明制度的革新为契机，在已有程序性裁判的证据理论的基础上进一步探索程序性证据法理论的创设。

英美非法证据排除的中间上诉制度初探

牟绿叶

《环球法律评论》2019年第2期

关键词：中间上诉　非法证据　上诉许可制　上诉权平等

摘要：英美法设有中间上诉制度审查证据的可采性问题。中间上诉有助于及时纠正错误的证据裁定，节省司法资源，保障最终裁判结果的准确性。按照平等武装和公正审判原则，控辩双方都应有权提起中间上诉。同时，为了控制上诉数量、提高审查质量，英美的中间上诉基本采用裁量型上诉和上诉许可制，并设置了严格的上诉条件。当事人首先应向法院申请上诉许可，法院经审查认为符合上诉条件并具有合理理由的，才会批准上诉许可并启动听审程序。法院经中间上诉所作的裁决具有终局效力。研判中间上诉的制度功能，详述上诉程序的具体建构，能凸显"尽早发现、尽早排除"非法证据的重要意义。我国"以审判为中心"的改革为引入中间上诉制度提供了探索空间，但中间上诉不能造成滥用诉权和诉讼拖延，不能危及审判的中心地位。

从排除原则到排除规则——以威胁、引诱、欺骗方法获取口供排除规则的教义学构建

孔令勇

《法律科学（西北政法大学学报）》2019年第2期

关键词：威胁　引诱　欺骗　口供排除规则　法教义学

摘要：站在法教义学的立场上，《刑事诉讼法》第52条相关规范文本的演变、不得强迫自证其罪条款的引入以及司法实践的经验均表明排除以威胁、引诱、欺骗方法获取口供的主要目的已经由防止口供虚假转变为保障口供自愿。威胁、引诱、欺骗取供行为构造的核心是对被讯问人供述自愿性的破坏，可鉴于此类取供行为的特殊性以及与正常讯问策略的相似性，相应口供的排除应符合"破坏供

述自愿性——行为达到特定严重程度或者可能导致口供虚假"这一双阶层标准为宜。此类违法口供达到排除标准后,可类推适用《刑事诉讼法》第 56 条将其排除。证据取得禁止与证据使用禁止的关系为取供违法与口供排除的逻辑关联提供了理论参照。综上,排除目的、行为构造、排除标准与排除方法共同构建出以威胁、引诱、欺骗方法取供排除规则的教义学。

论非法证据排除程序中侦查人员的程序性被告身份

程　衍

《当代法学》2019 年第 3 期

关键词:侦查人员出庭　非法证据排除　情况说明　有效质证

摘要:近年来有关非法证据排除程序的改革频繁发生,侦查人员的出庭身份也经历了由侦查机关代表向程序性被告的转变。在《严格排除非法证据规定》出台之前,侦查人员的法庭职责是代表侦查机关作出情况说明,之后则是陈述取证行为细节并且接受控辩双方的发问。如此的转变被看成是保障非法证据排除程序实质运行的关键。但是由于法律条文和相关理念的限制,辩方对于侦查人员的当庭质证仍难以实现,侦查人员依然以代表性身份出庭。特殊的出庭身份为非法取证行为的认定带来了困难,导致了非法证据排除程序的运行不畅。在今后的改革过程中,应当调整真实至上的诉讼观念,并取消被告人申请侦查人员出庭的条件限制,保障法庭质证的有效进行。

刑事搜查扣押中的被追诉人财产权保障与非法证据排除

王秋玲

《法学杂志》2019 年第 4 期

关键词:财产权利　搜查扣押　程序性制裁　非法证据排除

摘要:财产权是受宪法保护的基本权利,是刑事诉讼人权保障的重要内容。刑事诉讼中最易侵犯公民尤其是被追诉人财产权的是侦查措施中的搜查和扣押。我国依法治国实践的深化要求树立财产权和人身权保障并重的理念,对财产权利易受威胁和侵犯的搜查扣押领域给予更多的关注与研究。程序性保障是刑事诉讼财产权保障的重要方式,非法证据排除规则是重要的程序性制裁措施,搜查扣押应与非法证据排除规则挂钩,申请和审批搜查扣押要达到一定的证明标准,否则所得到的证据可能被排除。如此才能消除和预防非法搜查扣押,减少对被追诉人财产权利非法侵犯情形的发生,同时也完善了我国的非法证据主要是非法实物证据的排除规则。

论刑事诉讼非法证据排除规则的虚置——行政证据与刑事证据衔接的程序风险透视

张泽涛

《政法论坛》2019年第5期

关键词：非法证据排除　虚置　行政证据　刑事证据

摘要：刑事审判实践中，对于物证、书证、视听资料、电子证据等实物类行政证据，尚未出现一起未被采信的实例，言词类证据也是大量被采信。行政执法中，大量存在借助行政程序替代刑事侦查取证的现象。这样势必虚置了刑事诉讼非法证据排除规则。导致上述弊端的成因在于：除最高法刑诉法解释之外，其他司法解释以及行政规章中均对行政证据在刑事诉讼中的使用范围作了扩张性解释，法院采信行政证据时不受刑事诉讼非法证据排除规则的约束；在行政执法和刑事侦查之间公安机关享有过大的自由裁量权；我国特有的行政违法与刑事犯罪的划分标准及其追究模式容易导致公安机关借助行政执法替代刑事侦查；对其他国家和地区的立法经验和理论研究不足。立法上应该明确规定行政证据在刑事诉讼中使用，受刑事诉讼非法证据排除规则的约束；限定行政证据在刑事诉讼中使用时仅限于实物证据；规范公安机关在行政执法和刑事侦查之间的程序转换权；扩大犯罪圈，适当调整违法/犯罪二元一体的追究机制。

论重复供述排除规则

牟绿叶

《法学家》2019年第6期

关键词：重复供述　派生证据　毒树之果　"原则加例外"模式　个案分析

摘要：英美和德国采"个案分析"模式来处理重复供述问题。我国的"原则加例外"模式是一种固定、封闭的分析体系，对裁判文书网上47个案例的考察表明，该模式和司法实务出现了脱节。我国应改采"个案分析"模式，要求法官结合个案情形，综合考虑诸多因素来审查判断重复供述。这些因素包括《严格排除非法证据规定》第5条中列举的违法行为、行为影响、供述内容、主体变更和加重告知义务，以及第5条没有涉及的律师介入、两次讯问的间隔和环境、前后供述的一致性等其他因素。明确考量因素能够指导并监督法官合理进行"个案分析"。此外，不能"推定"重复供述是先前违法行为所得，而应按照"推论关系"建构重复供述的证明机制。

非法证据排除的"例外模式"——重复供述排除规则的教义学展开

孔令勇

《法学家》2019 年第 6 期

关键词：重复供述　非法证据排除　例外模式　法教义学

摘要：非法证据排除的"例外模式"是对例外因素影响非法证据排除这一现象的理论归纳。现行重复供述排除规则具有"原则排除——例外不排除"的构造，但在司法适用中却存在缺陷，这与该规则的理论根据不清、排除的程序与标准不明有关。为此，应当将该规则的理论根据定位为设置例外因素的理论根据，包括自愿性矫正理论、关联性阻断理论与可靠性保障理论。同时还应围绕例外因素构建重复供述排除的程序与标准，在认定先前供述的性质后，综合审查例外因素介入的合理性以及重复供述的合法性，并判断控方能否将此证明至特定标准，最终决定是否排除重复供述。

论监察调查中的非法证据排除

龚举文

《法学评论》2020 年第 1 期

关键词：监察调查　职务犯罪　非法证据排除　应对举措

摘要：《监察法》确认了监察机关依法收集的证据在刑事诉讼中可以作为证据使用的法律地位，同时规定"监察机关在收集、固定、审查、运用证据时，应当与刑事审判关于证据的要求和标准相一致，以非法方法收集的证据应当依法予以排除"，表明了监察机关对职务犯罪的调查所收集的证据必须符合证据裁判原则。随着建设中国特色社会主义法治体系进程的不断推进，不难预见，在今后监察委员会移送检察机关提起公诉的案件中，遇到被告人提出非法证据排除的案件可能会越来越多。为积极应对这一突出问题，本文就监察调查中排除非法证据的现实意义、法律适用、非法言词证据及非法实物证据排除规则进行阐述，进而提出有效应对举措，确保监察调查取得的证据符合刑事诉讼证据标准，实现监察调查与刑事司法的有效衔接。

我国瑕疵证据补正证明的实证分析与理论再构

吕泽华

《法学论坛》2017 年第 4 期

关键词：瑕疵证据　补正证明　定案的根据　诉讼职能　补正责任

摘要：选取我国东部地区公安司法系统开展瑕疵证据补正证明的实证分析，发现存在瑕疵证据范畴认识不清、瑕疵情形多样、瑕疵发现主体多元、处理方式随意、规范要求混乱、处理程序失范、去瑕疵机会无限、补证不能处理失范等问题。这与我国瑕疵证据规范体系逻辑性弱、理论学说的多样性、司法实践经验性认识的顽疾、行政审批式的办案经验、诉讼职能混淆、立法与司法理念错位以及三机关冲突解释有关。应明确消弭证据瑕疵的立法目的、回归诉讼职能本质、协调瑕疵证据立法模式、统一证据资格标准,构建简明规范的筛选机制,整合和再构瑕疵证据制度体系。

瑕疵证据的补正与合理解释

易延友

《环球法律评论》2019年第3期

关键词: 瑕疵证据　证据规则　庭审实质化　非法证据

摘要: 瑕疵证据补正规则的核心目的在于保证裁判中认定事实的精确性,与保障人权等价值目标并无直接关系,因此排除瑕疵证据的法院裁判也不具有道德谴责和程序制裁的意味,仅仅是为了保证真实的发现。对799个瑕疵证据补正与排除的案例研究表明,司法实务中,瑕疵证据补正规则适用的问题主要集中在三个方面:瑕疵证据与非法证据界限不清,导致两者经常混淆;瑕疵证据规则弹性过大,导致适用不统一;瑕疵证据规范不够精致,导致提出瑕疵证据排除申请和决定是否排除的随意性都比较大。另外,各类笔录瑕疵的大量出现,反映了刑事司法表现出书面化特征。针对以上问题,建议对非法证据与瑕疵证据作更明确的区分;通过证据规则法典化,对瑕疵证据规则作更加精密的规范,进一步限缩法官对有关证据资格问题的自由裁量权,并实现司法的精细化和庭审实质化。

瑕疵证据及其补救规则的适用

李学军　刘　静

《清华法学》2020年第5期

关键词: 瑕疵证据　非法证据　实证分析　瑕疵情形　补救方法

摘要: 当前对于瑕疵证据与非法证据之间的关系,存在着"基于法律效力的划分"及"基于排除基点的划分"两大误区。而瑕疵证据与非法证据区别的关键点应在于违法程度的轻重,区分结果影响到关于二者证据能力的判断。本研究对网上公布的1401份与瑕疵证据有关的裁判文书进行了实证观察:从总体情况来看,瑕疵证据案件数量逐年上升,案件基本覆盖了所有的证据种类,补救成功的案件占了绝大多数;对具体情况进行分析后发现,瑕疵情形与法律文本规定有所出入,法院对于补救方法的阐述说理明显不足。此外,还存在着瑕疵补救的扩大化适用、诉讼证据补强规则的异化及部分证据补救规则空缺等问题。结合理论分析与实证观察,完善瑕疵证据补救规则可从明确界定标准、细化补救方法、强化裁判说理三方面着手。

传闻法则与直接言词原则之比较研究
宋维彬
《东方法学》2016 年第 5 期
关键词：传闻法则 直接言词原则 传闻证据 言词证据
摘要：英美法系国家的传闻法则原则上排斥传闻证据的适用，只有符合例外情形时才允许采纳传闻证据。大陆法系国家的直接言词原则要求法官亲自参与审判，不得以间接的证据方法代替直接的证据方法，除非符合法定的例外情形。传闻法则与直接言词原则虽因法律传统的不同而存在差异，但两者所欲达成的目的一致，并非对立的概念。我国由于既没有确立传闻法则，又没有规定直接言词原则，导致言词证据的证据能力不受规制，传闻证据大行其道。这样既侵犯了被告方的诉讼权利，又不利于案件事实的发现。为此，我国宜确立传闻法则，但同时应借鉴直接言词原则的成功经验。

我国刑事诉讼中意见证据规则适用的实证分析
李学军　张鸿绪
《证据科学》2016 年第 5 期
关键词：意见证据 实证分析 感知基础
摘要：实证研究表明，我国法官在刑事诉讼中运用意见证据时存在标准不统一的问题。其主要原因在于，刑事诉讼法针对意见证据采用的"原则＋例外"的体例，使得例外的表述过于笼统。通过实证分析，并借鉴域外意见证据规则的规定，本文主张，只有建立在亲历感知基础上所作出的推断、评论或者猜测，才有可能被采纳为证据使用。因此，应当进一步完善我国现有的刑事意见证据规则。

不可靠证据排除规则的理论逻辑、适用困境及其出路
纵　博
《环球法律评论》2020 年第 3 期
关键词：不可靠证据 排除规则 证据能力 证明力
摘要：我国司法解释中确立了不可靠证据排除规则，认为当证据的取证操作程序或本身存在某种可能影响其真实性的缺陷时，其证明力存疑，对这类证据要求"绝对的排除"，其理论逻辑是希望通过排除不可靠的证据而防止冤假错案，但这部分排除规则在实践中并未被严格适用，法官适用规则时往往在证据能力与证明力之间"往返流盼"，甚至以证据的证明力较大为由而拒绝排除证据。出现这种情况的原因有两方面，在诉讼制度方面，我国的诉讼结构与不可靠证据排除规则难以兼容，无法实现认定事实责任的分散，并且欠缺有效的证据隔离机制；

在证据制度方面,证据能力与证明力并未清晰区分,不可靠证据排除规则缺乏必要的例外。对于我国的不可靠证据排除规则,有几种改革的思路,包括构建一元制审判结构下的证据相对隔离、完善规则的例外性规定、将规则改造为授权式排除规则或证明力判断指导规则,但这几种路径均各有利弊,所以在选择时需要权衡其利弊而谨慎确定改革方向。

论不可靠刑事证据的排除

闫召华

《当代法学》2020年第3期

关键词:不可靠证据 真实性 不能作为定案根据 证据排除规则 瑕疵证据

摘要:证据不可靠是我国刑事诉讼中证据排除的独立根据之一。作为一种基于证据内在属性的排除,不可靠证据排除与基于外部政策的非法证据排除有截然不同的规范目的、启动条件和运用逻辑。不可靠证据排除的规则化不仅可增强证据"两力""三性"理论的弹性和张力,理顺刑事证据真实性审查判断的逻辑顺序,还能满足司法者的多重现实需要,保障事实认定的准确、公正和高效。不可靠证据排除规则在实践中也得到了司法机关的普遍认可和自觉适用,基本实现了其预期功效。但是,由于立法上的付之阙如,司法解释中的定位不清,导致其在规则构建和实施方面存在很多问题。当务之急,应进一步明确不可靠证据排除规则与其他排除规则的关系定位,构建不可靠证据排除的程序保障性规则,并调整和完善不可靠证据排除的范围和标准。

法定证据制度辨误——兼及刑事证明力规则的乌托邦

施鹏鹏

《政法论坛》2016年第6期

关键词:法定证据制度 源起 误解 证明力规则

摘要:自十三世纪起,欧洲各主要国家的立法者相继在刑事证据立法上确立了十分精确的证明力等级体系,详细规定了每种证据形式的可采性、不同种类证据在诉讼中的证明力以及证据间出现证明力冲突时的优先取舍问题,即所谓的法定证据制度。法定证据制度在欧洲运行了数个世纪,受到了诸多质疑和批判,但不少反对意见系建立在对该制度误解的基础之上,应予以澄清。法定证据制度对中国时下的刑事证明力规则建构具有较强的反思意义。在本质上,刑事证明力规则便是将法官对证据的自由评价绝对客观化、立法化,这与刑事犯罪的偶发性及不可预期性有着根本的冲突。历史证明,立法者不可能在刑事诉讼中确立一套普适的证明力规则。

证据证明力评价的似然率模型

杜文静

《华东政法大学学报》2017年第1期

关键词：相关性　证明力　似然率模型　证据评价

摘要：从概率论的视角看，证据与待证命题是否相关，取决于证据能否改变法官对命题为真的概率评价，证明力的大小则取决于这种改变的程度。似然率模型是一种评价证据证明力的量化方法，它可以统一描述证据"能否"以及在"何种程度"上影响人们对待证命题为真的概率评价。似然率模型有助于法官心证形成过程的明示化、规范化和科学化，对防止法官滥用自由裁量权具有重要的现实意义和应用价值。许多国家普遍应用似然率模型以评价 DNA 证据的证明力，但有更多问题尚待进一步研究。

证明力评判方式新论——基于算法的视角

周慕涵

《法律科学（西北政法大学学报）》2020年第1期

关键词：证明力评判　法定证据　自由心证　算法　人工智能

摘要：算法并非仅局限于计算机科学领域，其概念起源于数学领域，并且生命科学领域的研究表明生物本身也包含了一定的算法设计。从以上学科的视角重新审视证明力评判方式时，便会发现法定证据是一种人工算法，而自由心证运用的是"生物算法"。两种证明力评判方式因在许多方面不能满足算法设计目标的要素，且不能调和复杂度、容错性、可读性、确定性与统一性等诸要素之间的矛盾，暴露出各自的局限性。相较之下，人工智能算法在复杂度、容错性、确定性与统一性上具有一定的优越性，在技术呈"指数爆炸"发展的时代，未来将人工智能算法引入证明力评判中具有一定的可行性，这给证明力评判方式的再度转变带来了新的契机，同时也将面临困境与挑战。

刑事隐蔽性证据规则研究

秦宗文

《法学研究》2016年第3期

关键词：隐蔽性证据　隐蔽性证据规则　口供　口供补强规则　虚假补强

摘要：隐蔽性证据规则的确立既有经验层面的支持，也与我国特殊的刑事司法环境有关。隐蔽性证据规则以定罪为导向，相关司法解释虽然设立了严格的保证条件，但仍潜存虚假补强的风险。隐蔽性证据规则的实施情况，一方面证实这一规则确有深厚的经验支持；另一方面显示出实践部分地偏离了规范，如补强程度把握的分化、适用范围的扩张等。同时，口供污染路径的多样化、司法人员的过分自信以及实际发现污染的困难等,挑战着相关规范防范虚假补强风险的保证条件。隐蔽性证据规则在实践中呈现的样态,既有司法人员认识心理方面的成因,也与刑事司法的印证证明模式、规则本身的模糊、录音录像供给与需求的双重动力不足等因素相关。考虑到不同类型案件中防范虚假补强风险与促进效率之间的价值权衡,隐蔽性证据规则的实施应以多元化方式进行。

变迁中的英美补强规则

李训虎

《环球法律评论》2017 年第 5 期

关键词: 补强规则　罪体　证据法　证人证言　庭外陈述

摘要: 尽管英国和美国的补强规则具有同源性,但却演绎出迥异的发展模式。发端于英国普通法实践的补强规则,在当下的英国已基本被废除,裁量性警告作为替代性措施在发挥作用。在美国则发展出两种形态的补强规则,尽管强奸案件的补强规则基本被废除,但针对庭外供述的补强规则依然存在,并深刻影响着当下的司法实践。英美补强规则的变迁对于我们具有重要的启示意义,全景展示、描述完整的英美证据法生态,能够为理论分析和改革建言奠定坚实的基础。研判补强规则变迁背后的原因,挖掘影响变迁的深层因素,能够在平衡公共权力和个人权利以及因应本土刑事司法文化等方面,为我国补强规则的完善提供参考。

"孤证不能定案"规则之反思与重塑

纵　博

《环球法律评论》2019 年第 1 期

关键词: 孤证　证据补强　证据印证　排除合理怀疑

摘要: "孤证不能定案"是我国刑事司法中形成的一项证据潜规则,该规则虽旨在通过证据之间的补强而防止错误采信证据并造成错案,但容易导致证据补强规则成为纯粹的数量规则,从而致使事实认定模式的机械化,同时对我国的刑事证明标准改革造成阻碍。尽管如此,我国仍不具备废除该潜规则的条件,所以需要对其进行合理化重塑。应当将"孤证不能定案"的功能严格限定在证据补强方面,而不是作为单纯的数量规则。对于因存在利害关系或证人本身原因而具有较大虚假风险的言词证据等几类证据,仍需遵循"孤证不能定案"规则。但对于口供之外其他可以确定证明力较强的直接证据等几类证据,无须适用"孤证不能定案"规则。另外,"孤证不能定案"不适用于中间事实、部分事实的认定;有利于被告人的事实不适用"孤证不能定案"规则;在运用孤证定案时,应当注意是否作出了排除合理怀疑的判断。

第三人转述被告人有罪陈述的证据属性及其使用问题
纵 博
《当代法学》2020 年第 1 期
关键词：第三人转述 有罪陈述 口供补强
摘要：第三人转述被告人有罪陈述可以发挥两种证明作用，其一是直接证明被告人的犯罪事实；其二是证明被告人作出有罪陈述时的神态、行为、情境。在直接证明被告人的犯罪事实时，第三人转述的被告人有罪陈述属于一种传来口供；在证明被告人作出有罪陈述的神态、行为、情境时，属于普通的证人证言，但二者有时难以清晰区分。当转述用于直接证明被告人的犯罪事实时，不得作为被告人口供的补强证据，否则就相当于以口供补强口供；第三人证明被告人陈述的情态时，如果这种证明的独立性较强，可以对被告人向该第三人作出的有罪陈述进行补强，但不能用于补强被告人的其它口供。第三人转述被告人有罪陈述是否可以适用隐蔽性证据规则，要根据第三人获知隐蔽性证据的来源、被告人和第三人的陈述是否受到污染而具体判断。当控方第三人通过非法手段让被告人作出有罪供述并进行转述时，对这种转述应当适用与侦查人员非法取证同样的非法口供排除标准；未受国家机关指使或授权的第三人自行通过非法手段逼迫被告人作出有罪陈述，并将有罪陈述向侦查机关转述的，不必适用非法证据排除规则。对第三人转述的证明力应从转述内容本身、与其它证据的印证情况、第三人获取被告人有罪陈述的过程等方面进行判断。对于控方第三人所转述的被告人有罪陈述，必须谨慎判断其真实性，不能轻易采信；而对于普通第三人转述的被告人有罪陈述，则需区分情况判断其真实性。

第三节 案例精解

刑事二审程序中如何审查和认定证据
——卢荣新故意杀人、强奸案[①]

一、基本案情

被告人卢荣新，男，1972 年 8 月 25 日出生，农民。因本案于 2012 年 9 月 30 日被逮捕。云南省西双版纳傣族自治州人民检察院以被告人卢荣新犯故意杀人罪、强奸罪，于 2013 年 4 月 26 日向西双版纳傣族自治州中级人民法院（以下简称西双版纳中院）提起公诉。被告人卢荣新对指控的事实和罪名予以否认，辩称

---

① 《刑事审判参考》第 113 辑。

其没有强奸杀害被害人,案发当天其没有去过案发现场,应宣告其无罪。西双版纳中院于 2014 年 6 月 9 日作出(2013)西刑初字第 213 号刑事附带民事判决,以故意杀人罪判处被告人卢荣新死刑,缓期二年执行,剥夺政治权利终身;以强奸罪判处有期徒刑十年;决定执行死刑,缓期二年执行,剥夺政治权利终身。宣判后,卢荣新提出上诉。云南省高级人民法院于 2015 年 4 月 2 日作出(2014)云高刑终字第 1061 号刑事附带民事裁定,以部分事实不清、证据不足为由裁定发回重审。西双版纳中院经重新审理查明:2012 年 9 月 10 日 18 时 30 分许,被告人卢荣新在勐腊县瑶区乡沙仁村委会补角村看见被害人邓某某(女,殁年 28 岁)在田里劳作,遂通过小路来到李福生家稻田南侧等候邓某某,待邓某某准备回家时,卢荣新尾随邓某某,并强行将邓某某拖至草丛中强奸。在邓某某反抗过程中,卢荣新为掩盖罪行采取用手扼颈、捂口等暴力手段致邓某某死亡,并使用被害人劳作的锄头挖坑将尸体掩埋,后把锄头丢弃在附近小河中逃离现场。同月 19 日 18 时许,卢荣新在家中被公安机关抓获。西双版纳中院认为,被告人卢荣新的供述能够和证人证言、现场勘查笔录、鉴定意见等证据相印证,足以认定其犯罪事实。卢荣新违背妇女意志,采用暴力手段强奸妇女,并在被害人反抗过程中非法剥夺被害人生命,其行为构成故意杀人罪、强奸罪。发回重审一审宣判后,被告人卢荣新再次提出上诉,认为原判认定其犯故意杀人罪和强奸罪的事实不清、证据不足,并请求对非法证据予以排除,宣告其无罪。其辩护人提出相同辩护意见。

二、裁判与理由

云南省高级人民法院在二审审理中发现,原判据以定案的主要证据的收集程序不符合法律规定,可能严重影响司法公正,遂依法向云南省人民检察院提出补正。检察机关、公安机关分别委托司法鉴定机构对相关检材重新进行了鉴定。云南省公安司法鉴定中心经鉴定,从被害人邓某某的阴道、外阴擦拭物上检出了邓某某及其丈夫和第三人的生物物质;公安部物证鉴定中心经鉴定,从邓某某阴道擦拭物上检出邓某某及其丈夫和第三人的生物物质,从邓某某内裤上检出其丈夫和第三人的生物物质,上述鉴定均未检出上诉人卢荣新的生物物质。经上述鉴定机构对现场提取的锄头重新鉴定,均未检出阳性 DNA 扩增产物。

云南省人民检察院出庭检察员认为,上诉人卢荣新没有作案时间,原审指控卢荣新犯故意杀人罪、强奸罪的有罪供述、现场指认记录、从锄头柄上检测出卢荣新 DNA 的鉴定意见三份证据应依法排除,当庭出示的新证据证实犯罪的是卢荣新之外的其他人。建议二审法院依法撤销一审判决,对卢荣新宣告无罪。

云南省高级人民法院经二审审理查明:2012 年 9 月 10 日下午,邓某某在自家地里劳作至 19 时未归,亲属查找后在地里发现被掩埋的邓某某尸体。公安机关现场勘查时在附近小河中发现一把锄头。

云南省高级人民法院认为,原判据以定案的从锄头柄部检出卢荣新 DNA 的鉴定意见、卢荣新的有罪供述、现场指认录像、指认笔录均不能作为定案的根据;其他在案证据均不能证实卢荣新与被害人邓某某被强奸、杀害的事实之间存在关联性;二审期间出现了新的证据,不能排除他人作案的可能。原审认定上诉人卢荣新强奸、杀害被害人邓某某的事实不清、证据不足,不能认定卢荣新有罪,应依法改判。依照《刑事诉讼法》第 225 条第 1 款第 3 项之规定,判决:撤销西双版纳中院(2015)西刑初字第 160 号刑事附带民事判决;上诉人卢荣新无罪。

三、问题与评析

本案主要聚焦为刑事二审程序中如何审查和认定证据。

本案是近年来较为少见的二审法院经严格审查,依法排除原审部分定案证据,并通过补充核实证据发现"真凶"的案件,二审法院依法宣告被告人无罪,并使"真凶"受到法律惩处。案件的审判效果得到业界和社会的认可,被媒体评为"2017 年度人民法院十大刑事案件"。本案在二审程序中要处理的主要问题是如何认定和排除不合法证据,对此作如下分析。

(一)二审法院在依法排除不合法证据后认为本案达不到定案标准,依法改判被告人无罪

本案在二审改判前,经历两次一审、一次二审,相关证据已多次经庭审举证、质证,被告方也提出过非法证据排除的请求,但均未被采纳。云南省高级人民法院在第二次二审中经审查发现,原判依据的锄头柄上提取物的 DNA 鉴定意见、卢荣新的有罪供述、现场指认资料、作案时间、卢荣新身上伤痕等证据均存在重大问题,不足以证实卢荣新实施了故意杀人、强奸行为。鉴于本案证据存在重大问题,特别是关键证据可能系非法证据,二审法院经初步研究,梳理出 25 项证据问题要求检察机关核查补正。检察机关、公安机关为补强证据,委托公安部、云南省公安厅司法鉴定机构对关键检材进行重新鉴定,结果证实不能排除系他人作案。如何有效审查和准确认定原审据以定案的证据,便成为二审法院面临的重大难题。

本案中,原判据以定案的关键证据有三项:锄头柄上提取物的 DNA 鉴定意见、有罪供述、现场指认录像和指认笔录。对这三项证据,被告人卢荣新均不认可,称其未接触过锄头,不可能有其 DNA;有罪供述不是其所作,其只是签过字;现场指认系诱导下进行。云南省高级人民法院在初查中也发现这三项证据存在重大问题,不能作为定案的根据。实践中,刑事案件排除不合法证据的路径主要有两条：一是以程序违法而予以排除，二是以证据实体（内容）矛盾而予以排除。就本案三项关键证据而言，对锄头柄上提取物的 DNA 鉴定意见证实发现卢荣新的 DNA，从内容上无法认定该鉴定意见存在错误；有罪供述的笔录上有卢荣新的签字，且与其他在案证据相印证，很难证实有罪供述不是卢荣新所作；指认现场有录像、笔录等证据证实，指认的真实性也无法直接予以否定。因此，本案要排除不合法证据，只能从取证程序方面着手。

1. 关于 DNA 鉴定意见

本案中，锄头是作案工具，在锄头柄上检出卢荣新的 DNA，也就直接证实卢荣新是重大犯罪嫌疑人，这是本案的核心证据。尽管此前已有相关专家的解释，但二审合议庭仍对原 DNA 鉴定意见存在疑问，遂对 DNA 鉴定的检材提取过程进行审查，发现锄头柄检材的提取存在重大问题。一是，其他 DNA 检材均系 2012 年 9 月 11 日送检，而锄头柄上的检材系 9 月 18 日送检，此前卢荣新血样已送检；二是，鉴定委托书上显示 9 月 11 日对卢荣新血样送检，但公安机关在 9 月 12 日上午才找到卢荣新，公安机关出具情况说明称是记录错误；三是，在案材料中公安机关对锄头擦拭物的提取存在三种以上的不同说法；四是，公安机关对上述锄头柄物证提取的情况说明前后矛盾，且无经办人签字。

根据最高人民法院、最高人民检察院、公安部、国家安全部和司法部 2010 年制定的《关于办理死刑案件审查判断证据若干问题的规定》（以下简称《死刑案件证据规定》）和《关于办理刑事案件排除非法证据若干问题的规定》（以下简称《排除非法证据规定》），对鉴定意见应当着重审查检材的来源、取得、保管、送检是否符合法律及有关规定，与相关提取笔录、扣押物品清单等记载的内容是否相符，检材是否充足、可靠；鉴定意见具有送检材料、样本来源不明或者确实被污染且不具备鉴定条件情形的，不能作为定案的根据；公诉人提交加盖公章的说明材料，未经有关讯问人员签名或者盖章的，不能作为证明取证合法性的证据。根据上述规定，由于原审依据的 DNA 鉴定证据取证、送检情况不明且存在瑕疵，不能作为定案证据，故应将锄头柄上提取物的 DNA 鉴定意见予以排除。

2. 关于有罪供述与指认录像、指认笔录

被告人卢荣新在公安机关共有八次讯问笔录，只在第七次作了有罪供述，随后就翻供，称供述不是其所作。二审法院对其唯一一次有罪供述的内容进行审查时发现，虽然供述表面上与现场情况相符，但综合其他证据加以分析，其明显不合常理，体现在：一是，在锄头上没有检出被害人的 DNA，且从尸检照片来看，两处伤口呈"Y"形开放状，创口较浅且没有骨折，不应是现场发现的那把锄头所形成的，且卢荣新在慌乱的情况下，是否能对打击位置记得那么清楚，不无疑问。二是，卢荣新称其将被害人掐昏后进行了强奸，其间被害人醒过来大叫，其就用锄头打了被害人两下,把被害人打晕继续强奸后就用锄头把被害人埋了,没有再掐,但被害人死因是窒息,即在强奸前被害人就已死亡,被害人中途怎能醒来?三是,作为一个醉酒状态下的中年农民,是否有丰富的DNA知识和逃避打击的意识,从而采取体外射精?既然卢荣新有很强的反侦查经验,为何其案发当天穿着有血迹的长袖T恤直到9月12日被公安机关传唤,都不更换或是丢弃?四是,从现场照片看,犯罪嫌疑人只要再挖几下就可把被害人全部埋起来,其供述的掩埋尸体情况不符合正常人的思维和做法。五是,卢荣新供述在强奸过程中将被害人拖到另一个地方,但尸检报告却反映出被害人全身只有少量皮下出血。六是,现场指认录像、指认笔录作为有罪供述的辅助证据,与有罪供述中的作案细节有很大出入。在指认录像中可明显看出卢荣新在整个指认过程中表情很茫然,指认也比较被动,数次出现指认不下去,经现场人员提醒才继续指认的情况,且指认录像与指认笔录也存在较大差异。

二审中,考虑到法庭无法根据在案证据证实有罪供述不是卢荣新所作,只能从取得供述的程序违法上着手。因案发时间在新《刑事诉讼法》生效前,二审法院的主要依据:一是《中华人民共和国看守所条例实施办法(试行)》第23条的规定,即提讯人犯,除人民法院开庭审理或者审判外,一般应当在看守所讯问室。提讯人员不得少于二人。因侦查工作需要,提人犯出所辨认罪犯、罪证或者起赃的,必须持有县级以上公安机关、国家安全机关或者人民检察院领导的批示,凭加盖看守所公章的《提讯证》或《提票》,由二名以上办案人员提解。二是《排除非法证据规定》第7条第3款的规定,即公诉人提交加盖公章的说明材料,未经有关讯问人员签名或者盖章的,不能作为证明取证合法性的证据。三是《排除非法证据规定》第12条的规定,即对于被告人及其辩护人提出的被告人审判前供述是非法取得的意见,第一审人民法院没有审查,并以被告人审判前供述作为定案根据的,第二审人民法院应当对被告人审判前供述取得的合法性进行审查。检察人员不提供证据加以证明,或者已提供的证据不够确实、充分的,被告人该供述不能作为定案的根据。根据上述规定,二审法院认定卢荣新的有罪供述不能作为定案的依据。

3. 对作案时间和被告人身上伤痕的查证情况

原判据以定案的证据除上述三项关键证据外,还有两项重要依据:一是卢荣新有作案时间,二是卢荣新对其身上的28处伤痕不能作出合理解释。经审查发现,卢荣新供述的当天活动时间、证人看见卢荣新的时间,以及被害人在案发当天的活动时间、死亡时间都是估计所得。根据上述证据推断,卢荣新在18时30分至19时,19时至19时30分都存在时间空档。二审合议庭认为卢荣新在半小时内不可能完成整个作案过程。此外,经过审查,二审合议庭认为卢荣新关于身上伤痕系醉酒后摔跤、碰柱子、摔下床等原因造成的解释具有合理性(被害人指甲内未检出卢荣新的DNA)。不过,鉴于排除锄头柄上提取物的DNA鉴定意见、有罪供述和指认录像、指认笔录后,已切断了卢荣新与被害人被强奸杀害之间的关联性,全案证据链条已经不完整,故关于卢荣新是否有作案时间、身上伤痕究竟如何形成的问题已经不十分重要。

4. 排除非法证据程序启动问题

本案在2016年二审时,最高人民法院制定的"三项规程"尚未出台,关于如何在二审程序中启动排除非法证据程序没有明确的法律规定,合议庭对此进行了探索。一是收到辩护人、检察机关的排非申请后,召开了庭前会议,听取双方的排非要求和争议重点,接收了双方在二审期间提交的新证据。二是在二审庭审中审判长先介绍了庭前会议情况,启动了"排非"调查,在充分听取了检、辩双方的意见后,宣布休庭;随后合议庭对"排非"要求进行合议,决定将原锄头柄上提取物的DNA鉴定意见、被告人的有罪供述、指认录像及指认笔录予以排除。三是继续开庭后审判长宣布排非决定,明确经排除的证据不再进入庭审后续环节;对检方提交的对锄头柄的新DNA鉴定意见、对被害人体内提取物的新DNA鉴定意见,辩护人提交的毛发DNA鉴定意见(未经审判程序举证、质证)作为新证据进行举证、质证;在检察人员和辩护方达成一致意见的基础上,简化了法庭辩论环节。四是,再次休庭后,合议庭进行合议,形成决议并报院审判委员会讨论通过,开庭后对本案进行公开当庭宣判,认定卢荣新无罪、不承担民事赔偿责任并当庭释放。从后来最高人民法院发布的"三项规程"看,本案的"排非"程序完全符合"三项规程"的相关规定。

综上,本案在二审期间通过初审发现问题,在补查补正中查获"真凶",探索、实践了非法证据排除程序在二审程序中的适用,发挥了非法证据排除程序在防范冤假错案方面的重要作用,确保了审判程序公正和案件办理质量,取得了良好的法律效果和社会效果。

(二)关于"真凶"的判决情况

本案二审期间通过重做DNA鉴定,发现被害人体内有同村村民洪树华留下的物质,侦查机关于2016年8月3日晚将洪树华传唤到案,洪树华一开始供称与卢荣新共同实施犯罪,但其所供内容与在案证据存在明显矛盾。洪树华在后续讯问中如实供述了其一个人作案的过程,还主动提出要与上诉人卢荣新见面,向卢荣新道歉。

经指定管辖,洪树华强奸杀人一案由云南省普洱市中级人民法院审理。该院经审理查明:2012年9月10日17时许,被告人洪树华在被害人邓某某家苞谷地西侧的草丛旁,遇到回家途中的被害人,洪树华即产生与被害人发生性关系的冲动,便上前抱住被害人,在遭到被害人反抗后,洪树华将被害人胁迫到一荒废的鱼塘内强行与被害人发生性关系。因害怕事情败露,洪树华先用石头击打被害人头部,接着用自己的裤带勒住被害人的颈部致其死亡,又用被害人的锄头将其尸体掩埋,并采摘旁边的蕨菜盖在被害人的头面部,随后将锄头丢弃在会都河中逃离现场。

普洱市中级人民法院认为,关于被告人洪树华所提被害人邓某某自愿与其发生性关系,公诉机关指控其犯强奸罪不能成立的辩解及其辩护人所提本案事实不清、证据不足的辩护意见,经审查,本案在邓某某体内、体表擦拭物上检出洪树华的生物物质,且邓某某所穿内裤上亦检出精斑反应,混合 STR 峰谱不排除包含洪树华的 DNA 分型,足以认定洪树华与邓某某在案发前有过性行为。据洪树华供述,其因冲动在田间草丛旁搂抱邓某某,后二人发生性行为,结合案发时间及案发地点,洪树华在偏僻地点的搂抱行为足以对邓某某造成胁迫。另据洪树华供述,其为防止邓某某报警而杀人并埋尸,洪树华的杀人灭口行为,足以证实其明知违背邓某某意愿而强行与邓某某发生性行为,应认定洪树华具有强奸故意。洪树华供认采取用石头击打、勒颈的方式杀害邓某某,其供述与尸体检验报告、现场勘验照片等证据相吻合,且洪树华亦辨认出邓某某随身携带的物品,足以证实洪树华实施的杀人行为。综上,洪树华的辩解及辩护人的辩护意见均不成立,不予采纳。被告人洪树华犯故意杀人罪、强奸罪的事实清楚,证据确实、充分,足以认定。

普洱市中级人民法院认为,被告人洪树华使用胁迫手段强行与被害人邓某某发生性关系,其行为构成强奸罪;其故意非法剥夺邓某某生命的行为还构成故意杀人罪。鉴于洪树华犯罪时未满十八周岁(1994 年 12 月 9 日出生),对洪树华应当从轻或减轻处罚。公诉机关指控洪树华犯强奸罪、故意杀人罪的事实清楚、证据确实、充分,罪名成立,予以支持。据此判决:被告人洪树华犯故意杀人罪,判处无期徒刑,剥夺政治权利终身;犯强奸罪,判处有期徒刑七年;决定执行无期徒刑,剥夺政治权利终身。

第三章　本编参考书目

刘品新:《电子证据法》,中国人民大学出版社2021年版。
吴国章:《刑事辩护之道:非法证据有效排除指引》,法律出版社2020年版。
宋维彬:《刑事笔录证据研究》,中国法制出版社2020年版。
房保国主编:《专家证人制度研究》,中国政法大学出版社2020年版。
章武生主编:《个案全过程新论——以集中审理为中心》,复旦大学出版社2020年版。
〔美〕爱德华·J.伊姆温克里德:《科学证据的秘密与审查》,王进喜等译,中国人民大学出版社2020年版。
朱晋峰:《刑事诉讼中鉴定意见证据能力的程序性保障及审查》,法律出版社2019年版。
谢佑平、祁亚平:《诉讼过程中的事实认定》,中国检察出版社2019年版。
李忠勇:《刑事审判问题证据研究》,中国人民公安大学出版社2019年版。
樊学勇等:《刑事证据运用专题研究》,中国政法大学出版社2019年版。
姬艳涛:《审判中心主义下警察出庭作证的落实问题研究》,山西人民出版社2019年版。
段威:《刑事裁判中事实建构问题研究——基于犯罪构成的视角》,中国政法大学出版社2019年版。
陆锋:《司法实践视野下的排除合理怀疑》,法律出版社2019年版。
谢波:《改革进程中的刑事诉讼程序与证据问题研究:基于警察的视角》,中国人民公安大学出版社2019年版。
戴长林主编:《非法证据排除规定和规程理解与适用》,法律出版社2019年版。
宋英辉、刘广三主编:《刑事诉讼法与证据适用》,中国检察出版社2019年版。
孙志伟:《刑事审判中的言词原则研究》,法律出版社2019年版。
黄永:《证明责任分配基本理论:以刑事诉讼为参照的研究》,中国法制出版社2019年版。
郑飞:《证据性权利研究》,法律出版社2019年版。
〔荷〕威廉·A.瓦格纳、彼特·J.范科本、汉斯·F.M.克罗伯格:《锚定叙事理论——刑事证据心理学》,卢俐利译,中国政法大学出版社2019年版。

毛淑玲:《推定原理研究》,中国政法大学出版社 2019 年版。

叶清、秦艳琳、王红霞编:《证据理论拓展及其在信息安全中的应用研究》,电子工业出版社 2019 年版。

张保生:《证据科学论纲》,经济科学出版社 2019 年版。

王学光:《电子证据法律问题研究》,法律出版社 2019 年版。

方玉珍:《电子证据认知新思路:基于实验的直观体现方式》,中国法制出版社 2019 年版。

柴晓宇:《刑事证据开示制度研究》,人民出版社 2018 年版。

陈瑞华:《刑事证据法的理论问题(第二版)》,法律出版社 2018 年版。

赵长江:《刑事电子数据证据规则研究》,法律出版社 2018 年版。

王峥主编:《命案口供治理与错案预防的证据学对策研究》,东北大学出版社 2018 年版。

刘静坤:《证据审查规则与分析方法:原理·规范·实例》,法律出版社 2018 年版。

李训虎:《排除合理怀疑的中国叙事》,法律出版社 2018 年版。

高欣:《未成年人刑事证据问题研究》,中国政法大学出版社 2018 年版。

岳慧青主编:《性侵害未成年人案件证据的运用》,法律出版社 2018 年版。

孙彩虹:《刑事证据制度热点问题研究》,立信会计出版社 2018 年版。

胡宇清:《刑事诉讼中的自由心证研究》,法律出版社 2018 年版。

张云鹏:《刑事推定的理论探究与规则设计》,辽宁大学出版社 2018 年版。

赵培显:《刑事证据关联性研究》,中国检察出版社 2018 年版。

刘为军:《刑事证据调查行为研究——以行为科学为视角》,中国人民公安大学出版社 2018 年版。

程勇:《视频证据的证明力》,吉林大学出版社 2018 年版。

范凯文:《裁判理由的发现与论证》,中国政法大学出版社 2018 年版。

〔美〕亚历克斯·斯坦:《证据法的根基》,樊传明等译,中国人民大学出版社 2018 年版。

刘慧:《英美法系专家证人与专家证据研究》,中国政法大学出版社 2018 年版。

樊传明:《证据评价论——证据法的一个阐释框架》,中国政法大学出版社 2018 年版。

张保生、童世骏主编:《事实与证据首届国际研讨会论文集:哲学与法学的对话》,中国政法大学出版社 2018 年版。

刘铭:《诉讼事实与纠纷事实的关系:基于证据学思想发展脉络的分析》,法律出版社 2018 年版。

何家弘:《司法证明方法与推定规则》,法律出版社 2018 年版。

刘玫等:《传闻证据规则的理论与实践》,中国政法大学出版社 2017 年版。

杨晓秋:《明清刑事证据制度研究》,中国政法大学出版社 2017 年版。

朱梦妮:《证据辩护理论、制度与实践》,中国法制出版社 2017 年版。

郑未媚:《刑事复审程序中的证据规则:以问题和案例为中心》,中国检察出版社 2017 年版。

叶扬:《刑事证人作证论》,中国政法大学出版社 2017 年版。

任卫华:《刑事证据判断》,人民法院出版社 2017 年版。

王跃:《刑事诉讼中的鉴定意见质证制度研究》,法律出版社 2017 年版。

卞建林主编:《刑事证据制度:外国刑事诉讼法有关规定》,中国检察出版社 2017 年版。

〔美〕Chet Hosmer:《电子数据取证与 Python 方法》,张俊译,电子工业出版社 2017 年版。

阮堂辉:《犯罪主观要件的证明问题研究》,中国社会科学出版社 2017 年版。

张南宁:《事实认定的逻辑解构》,中国人民大学出版社 2017 年版。

陈绍松:《司法裁判的合理可接受性》,中国政法大学出版社 2017 年版。

魏斌:《司法证明的逻辑研究》,中国政法大学出版社 2017 年版。

朱卫东、吴勇等:《证据推理理论、方法及其在决策评估中的应用》,科学出版社 2017 年版。

柳波:《证据的脸谱:刑事辩护证据要点实录》,中国法制出版社 2016 年版。

周洪波:《刑事证明中的事实研究》,上海人民出版社 2016 年版。

温克志:《涉外刑事证据规则研究》,中国政法大学出版社 2016 年版。

陈卫东主编:《刑事证据问题研究》,中国人民大学出版社 2016 年版。

秦野:《刑事诉讼中证人证言相关问题研究》,中国人民公安大学出版社 2016 年版。

甘雨来:《非法证据排除规则实施问题研究》,中国人民公安大学出版社 2016 年版。

陈一天:《刑事证据程序控制论》,中国政法大学出版社 2016 年版。

张弘:《刑事证据裁判理论研究》,西安交通大学出版社 2016 年版。

王立梅、刘浩阳主编:《电子数据取证基础研究》,中国政法大学出版社 2016 年版。

周蔚:《证据推理研究——以科学证据为分析视角》,中国人民大学出版社 2016 年版。

附件一 2016—2020年刑事诉讼法年会综述

2016年刑事诉讼法年会综述

常 锋[①]

以审判为中心的诉讼制度改革,是对我国刑事诉讼改革所作的顶层设计和重大制度安排,关涉司法权配置优化、诉讼结构完善以及诉讼程序重构等诸多方面。随着以审判为中心诉讼制度改革的深化,认罪认罚从宽制度、刑事案件速裁程序等制度改革也全面展开,与之相应的理论研究也不断深入。8月13日至14日,由中国刑事诉讼法学研究会主办、辽宁大学法学院承办的"中国刑事诉讼法学研究会第二次会员代表大会暨2016年年会"在辽宁省沈阳市召开。来自高校、科研院所的学者、专家和实务界代表240多人围绕"推进以审判为中心的刑事诉讼制度改革"的主题,分别对"以审判为中心诉讼制度改革的要义和要求""庭审实质化与庭审方式改革""认罪认罚从宽制度的程序与实体设计""刑事案件速裁程序的立法问题"等议题展开了深入探讨。

一、以审判为中心的内涵和要求

多年来,在我国刑事司法实践中,在公检法三机关分工负责、互相配合、互相制约原则下,形成了侦查制约起诉、起诉制约审判的"以侦查为中心"的诉讼格局,导致对定罪量刑起决定性的审判环节被虚置化。以审判为中心诉讼制度改革是对诉讼结构的调整完善,是保证公正司法,提高司法公信力的重要改革举措。

结合国内外刑事诉讼理论与实践,与会人员从不同角度对以审判为中心的内涵进行界定。中国政法大学诉讼法学研究院院长卞建林把以审判为中心的核心内涵概括为以下几个方面:强调法官在定罪科刑方面的唯一性和权威性,强调审判在刑事诉讼中的核心地位,强调法庭审理的实质意义,强调对被告人辩护权的保障,强调律师的辩护作用,强调司法权对侦查权的制约。中国人民大学法学

[①] 常锋:《以审判为中心背景下的刑事诉讼制度改革——中国刑事诉讼法学研究会第二次会员代表大会暨2016年年会综述》,载《人民检察》2016年第17期。

院教授陈卫东提出,以审判为中心不等于以庭审为中心,以审判为中心不是证明标准的统一,以审判为中心不适用于民事行政案件,以审判为中心的诉讼制度改革与"分工负责、互相配合、互相制约"的原则并行不悖。上海大学法律事务办公室主任兰跃军认为,应当从诉讼关系、诉讼构造和诉讼结果三个方面理解以审判为中心的内涵。从诉讼关系的视角来看,在以审判为中心诉讼制度下,侦查、起诉活动都应当按照审判所要求的司法标准进行;从诉讼构造的视角来看,凡是认定事实或者涉及重要权益的处分,都应当采取以裁判为中心的诉讼构造;从诉讼结果的视角来看,审判尤其是庭审是事实认定的中心环节,是决定诉讼结果的实质阶段。

以审判为中心的诉讼制度改革对检察工作、审判工作提出了更高的要求。最高检侦查监督厅厅长黄河提出了侦查监督工作的发展方向:一是明确两个主题:侦查监督的法治化和现代化。二是抓好两个关系:检警关系和捕诉关系。三是实现两个转型:侦查监督诉讼化和重大监督事项案件化。四是建设两个平台:刑事案件信息共享平台和"两法衔接"信息共享平台。最高法审判委员会专职委员刘学文指出,法院落实"推进以审判为中心的刑事诉讼制度改革"任务,要全面落实证据裁判原则,发挥以庭审为中心的决定性作用,严格规范法庭调查程序、完善法庭辩论规则,完善证人、鉴定人出庭制度。要全面优化司法资源配置,推进案件繁简分流,完善刑事案件速裁程序和认罪认罚从宽制度。要全面提高人权保障水平,严格实行非法证据排除规则,完善律师辩护制度,加强刑事诉讼全过程的人权保障。要全面更新刑事司法理念,严格贯彻疑罪从无原则。要全面统筹推进改革工作,严格执行法定证明标准,正确处理公检法三机关互相配合和互相制约的关系。最高检检察理论研究所副研究员董坤认为,在以审判为中心诉审关系下,应从以下方面把握检察机关的职能调整:一是严把证据关,二是做好庭审技能培训,三是做好审前程序分流。江西师范大学法政学院副教授王满生认为,检察机关的审判监督工作应与以审判为中心的诉讼制度改革理念相一致。检察机关的监督要在维护司法权威的前提下进行,检察机关不能在庭审过程中行使监督权,检察机关认为庭审中的行为不符合法律规定,必须依据法定的程序在庭审后提出,对于审判人员的违法行为的监督必须依据合法程序,同时必须遵循事后监督原则。

二、以审判为中心与诉讼结构调整

以审判为中心的诉讼制度改革必须对公检法三机关的性质进行准确定位,对职权进行重新配置,从而形成合理的诉讼结构和科学的司法体制。西北师范大学法学院副教授柴晓宇提出,应当强化公检法三机关相互制约,淡化相互配合,坚决杜绝司法实践中联合办案的不当做法,确保侦查权、公诉权和审判权依法独立行使,发挥检察权对侦查权的引导、监督作用,以及审判权对侦查权和检察权的引导、制约作用,确立审判权在刑事诉讼中的决定性作用,使配合制约原则回归本位,真正发挥其应有作用。安徽大学法学院副教授刘少军认为,应当确立公检法三机关"以反向制约为主,正向配合为辅"的关系模式。由审判环节对侦查、起诉阶段的工作进行全面制约,并在制约体系中占据最为核心的地位。

侦查程序诉讼化改造是适应以审判为中心诉讼制度改革的必然要求。中南财经政法大学副校长姚莉提出设想,应将审判结构中的"三方组合"格局引入侦查程序当中,让法院的居中裁判职能在侦查程序中发挥作用;突出审判对侦查的制衡作用,使法院对侦查机关限制或剥夺公民自由、财产和隐私等权益的行为进行有效的司法审查;强化犯罪嫌疑人的诉讼主体地位,扩大律师在侦查中的参与范围,从而增强辩护方对抗追诉方的能力。山西大学法学院副院长李麟引进协同理论,对健全取证程序主体协同关系提出设想,侦查机关应在侦查取证程序中准确定位,树立协同思想,同时发挥好侦查机关、检察机关、审判机关以及其他主体的能动作用,构建侦查取证各主体之间的协同关系。铁道警察学院副教授刘卉提出以审判为中心视野下侦查法治化的实现路径:确立侦查主体的法律职业共同体发展方向,保障侦查措施的正当性适用,强化侦查权的私权对抗模式,完善侦查程序的公权制约机制。辽宁省检察院侦查监督处处长王雷提出,应构建以人身危险性为中心的逮捕实质要件体系,增加程序性裁判特别程序。中央司法警官学院研究员胡志风认为,应从诉讼程序的角度对辨认实施程序进行规范性改革,从诉讼证据的角度对辨认笔录的审查、判断及运用进行规范。

构建科学合理的控辩诉讼结构是推进以审判为中心诉讼制度改革的应有之义。河南财经政法大学刑事司法学院副教授刘用军认为,指定辩护是维系控辩结构平衡和保障公正审判的核心因素,应进一步扩大其适用范围,具体方案是在现有指定辩护的基础上,将有可能被判处五年以上刑罚的犯罪嫌疑人、被告人都纳入指定辩护范围。北京市朝阳区检察院检察官张云霄提出,结合社会经济发展状况,以审判为中心要求重新审视侦查方和辩护方之间的关系,新型检律关系的实现离不开配套机制的构建,应建立健全检律互相沟通机制、互相监督机制和证据开示机制。

针对撤回公诉代替无罪判决的现象,西北政法大学刑事法学院教研室主任魏虹建议,在立法上严格规定撤回公诉的法定情形及程序,设置合理和便于操作的撤回公诉时间,完善撤回公诉的效力等内容,并加强对撤回公诉决定的监督、救济与制约机制。昆明理工大学教授曾粤兴提出,以审判为中心落实到刑事再审阶段,旨在衡量公、检、法在刑事诉讼各个环节是否围绕审判中事实认定、法律适用的要求开展工作,考虑到权力与权利之间的平衡,我国亟待在以审判为中心视野下完善再审程序,树立以审判为中心的审判理念,并重构启动审判监督程序。

三、以审判为中心与庭审实质化改革

如果说审判是刑事诉讼的核心,那么,庭审则是审判程序的核心,在推进以审判为中心的刑事诉讼改革中,庭审制度的改革具有举足轻重的地位。湖北立丰律师事务所主任汪少鹏在分析庭审实质化的内涵时提出,庭审实质化包含两点基本要求:审判程序是诉讼活动的重心,庭审活动是审判阶段的核心。黑龙江省牡丹江市检察院副检察长张剑秋认为,要实现庭审实质化,首先,应转化司法理念,确立打击犯罪与保护人权并重的理念,确立控辩双方法律地位、诉讼手段平等的理念;其次,应推行直接言词的庭审方式,完善证人出庭机制;再次,应从审判本身固有的理念和原则出发,改革法庭空间布局,这是促进庭审实质化的一个不可或缺的环节。

庭审实质化是推进以审判为中心诉讼制度改革的核心内容,改革审判方式是实现庭审实质化的首要路径。中国社会科学院法学研究所研究员熊秋红指出,审判方式改革需要解决的基础性问题或者审判模式的选择性问题是审判程序的正当化或现代化问题,包括确立、尊重被告人的主体地位,促进控辩平等,塑造独立、公正、权威的法院体制和法官形象,完善刑事证据规则、量刑规则等。吉林大学法学院副教授谢登科探讨了庭审实质化改革的三条路径:在庭审方式上,应从"卷宗笔录审理"向"直接言词审理"转变;在庭审权力结构上,应从"裁判行政化"向"裁判司法化"转变;在审级结构上,应从"以二审为中心"向"以一审为中心"转变。北京天达共和律师事务所合伙人钱列阳从诉讼角度出发,提出通过规范全案移送制度、完善庭前会议制度以及落实非法证据排除制度等实现庭审实质化。广州大学法学院副教授李明对完善庭审质证方式提出建议:优化质证外部条件以确保证据获得质证机会,构建繁简合理的质证程序,完善质证规则、丰富质证方法。

刑事庭前会议作为推动庭审实质化的一个重要路径,其功能是否得到充分发挥,直接关乎庭审实质化改革的成效。对此,中南财经政法大学教授石晓波在分析庭前会议程序审查向实质审查偏离、参与机制缺失、法律效力待定等问题的基础上,提出合理选择庭前会议的模式与施行原则、规范庭前会议制度的基本程序、完善庭前会议制度的监督与救济机制等对策建议。

裁判组织的合理构建及职能发挥,保障法院依法独立行使审判权,是实现庭审实质化的重要前提和重要内容。国家法官学院刑事审判教研部副教授郑未媚

提出,合议庭是最基本的审判组织,其良性运行应该在合理构建繁简分流机制下,完善人民陪审制,理顺合议庭与审判委员会关系,细化合议庭运行具体规则。山东省高级人民法院副院长侯建军建议,对审判委员会案件研究机制进行诉讼化改造,构建起符合现代刑事诉讼理念的制度体系:赋予审判委员会二元制案件审理功能;设立审判委员会研究案件的确定性标准和范围;建立法律适用问题的书面审理机制;建立大合议庭式全面审理机制;建立审判委员会诉讼化管理机制。

庭审录音录像公开制度被称为庭审实质化的外部助推器,厦门大学法学院副院长李兰英提出,庭审录音录像公开制度应当以保护隐私权为基础,应进一步明确申请公开庭审录音录像的主体范围,完善庭审录音录像的公开方式,规范录音录像使用行为并明确责任机制。

庭审实质化对证据制度带来的挑战是显著的,华东政法大学科学研究院助理研究员陈邦达对科学证据如何应对以审判为中心诉讼制度改革作出思考:健全以审判为中心的证据质证程序,强化证据开示服务质证的功能,规范鉴定意见书披露的信息范围,完善科学证据采信规则规范质证程序,发挥有专门知识的人强化质证的作用。江西财经政法大学法学院教授谢小剑对非法证据排除规则提出完善建议:有效区分证明力排除规则与证据能力排除规则,进一步推行程序性预防排除规则,并对瑕疵证据的排除加以限制。

四、以审判为中心与认罪认罚从宽制度、刑事案件速裁程序的协同推进

在以审判为中心诉讼制度改革不断推进的背景下,2016年7月22日,中央全面深化改革领导小组第二十六次会议审议通过《关于认罪认罚从宽制度改革试点方案》,围绕推进此项改革任务,理论界与实务界进行了深入探讨。

(一)认罪认罚从宽制度的实体与程序设计

在解读认罪认罚从宽制度的基础上,中国政法大学终身教授陈光中指出,认罪认罚从宽制度是我国"宽严相济"刑事政策从宽一面的体现;该制度原则上适用于包括判处死刑在内的所有案件,贯穿于侦查、审查起诉、审判阶段;其证明标准应该坚持"案件事实清楚,证据确实、充分";所有认罪认罚案件都应纳入法律援助范围;被害人的意见对从宽处理决定不具有约束性;可以把认罪认罚从宽作为基本制度载入《刑事诉讼法》第一章。

关于如何理解认罪认罚从宽制度与以审判为中心的诉讼制度之间的关系,中国政法大学诉讼法学研究院教授顾永忠认为,两者关系实质上是刑事诉讼中对办理案件的应然要求与实然需要的关系,是相辅相成、互相促进的关系。以审判为中心的诉讼制度实质上包含了认罪认罚从宽制度,前者是对所有案件及被

告人获得公正审判的基础和保障,后者是被告人对前者的自愿放弃和由此产生的结果。

关于如何构建与刑事司法价值相契合同时适应我国刑事司法生态的认罪认罚从宽制度,北京航空航天大学法学院副教授裴炜认为,首先,制度建构需要有顶层视野,从宏观体系入手,避免程序设计过程的碎片化;其次,制度建构必须有明确的价值导向,从而减少各种具体制度之间的重复建设;再次,"认罪认罚"并非一个封闭的制度,而是要与其他诉讼主体、其他诉讼制度产生互动。

关于如何从实体方面完善认罪认罚从宽制度,浙江工商大学法学院院长谭世贵提出构想:改革规范认罪认罚从宽制度的实体文件的制定范式,提高其法律位阶和透明度;将犯罪嫌疑人、被告人认罪认罚作为应当型的法定情节,并更加明确地规定对其减少基准刑的幅度或比例。辽宁罗力彦律师事务所主任罗力彦提出,在认罪认罚从宽制度下,应从完善律师阅卷权规定、保障律师有效会见、明确核实证据材料的法定限度、落实录音录像权利等方面保障律师的有效参与。

关于如何从程序方面完善认罪认罚从宽制度,中央民族大学法学院讲师王一超提出,应在程序设计上坚持两个立场:各程序要素之间应当是或然的逻辑关系,认罪认罚从宽制度不应采取刚性的制度设计。杭州师范大学法学院副教授邵勋提出具体的程序方案:在案件适用范围上,不应有所限制;在对认罪认罚自愿性保障上,应当对办案部门科以告知义务;在行为人作出意思表示之前,允许其获得律师帮助;对行为人同意适用认罪认罚程序的,应该向其说明认罪认罚及选择适用简化程序审理可能引起的风险。海南大学法学院教授王洪宇进一步认为,认罪认罚程序的启动方式可以采取法院决定模式和当事人自主选择的模式,赋予当事人程序选择权,法院如果认为案件不适合适用该程序时,可以决定适用普通程序审理。中国人民公安大学法学院副院长李玉华认为,应当按照认罪认罚案件的难易程度分别适用普通程序、认罪协商程序、简易程序、刑事案件速裁程序和书面审理程序。

(二)刑事案件速裁程序的完善及立法建议

论及刑事案件速裁程序价值根据、未来走向以及与认罪认罚从宽制度的关系时,福建师范大学法学院教授刘方权提出,刑事案件速裁程序作为完善认罪认罚从宽制度的具体措施,其与简易程序最为实质的区别不在于程序更为简易和迅速,而在于明确对认罪认罚被告人在实体上予以从宽处罚,刑事案件速裁程序设计应融合刑事实体法(从宽)量刑规则与程序法(迅速)运行规则。

在刑事案件速裁程序完善方面,中国海洋大学法政学院教授詹建红认为,刑事案件速裁程序试点工作的推进就是为了能更高效地处理轻微刑事案件,程序建构需要在诉讼效率与程序正当性之间找准平衡点,并注重保障被追诉人权利的实现。山东大学法学院副院长周长军提出,需要遵循最低限度的程序正义理念,在当事人诉权保障的理念框架下,强化刑事案件速裁程序的正当化建设。

在刑事案件速裁程序立法方面,武汉大学法学院教授洪浩提出,刑事案件速裁程序立法时应处理好立法生命力与司法经验总结的关系,法益保护类型化与程序设计多元化的关系,审前程序注重公正与审判程序提高效率的关系,认罪认罚真实化与量刑规范化的关系,一审终审制度与当事人权利救济的关系。中国青年政治学院法律系副教授孙远认为,不应限制刑事案件速裁程序适用案件类型,对于犯罪嫌疑人、被告人违反强制措施规定或具有法定从重情节的案件,仍可以适用该程序。辽宁师范大学法学院副院长夏红认为,应建立健全相应的法律法规,扩大刑事案件速裁程序适用范围,增加侦查阶段的相关法律规定,明确规范以"信息安全"为由不公开审理案件范围,明确回转程序中具结书、谅解协议书的效力。

2017年刑事诉讼法年会综述

常 锋[①]

为了推动刑事诉讼理论发展与改革实践,近日,由中国刑事诉讼法学研究会主办、厦门大学法学院承办、厦门大学经济犯罪研究中心协办的"中国刑事诉讼法学研究会2017年年会"在福建省厦门市召开。来自法学理论界、实务界及新闻媒体270多名代表以"司法改革背景下刑事诉讼制度的完善"为主题,围绕"以审判为中心的诉讼制度改革研究""认罪认罚从宽制度研究""缺席审判制度与其他问题研究"等议题展开深入探讨。

一、以审判为中心诉讼制度改革的理论深化与落实

以审判为中心的刑事诉讼制度改革正在深入推进,然而关于以审判为中心的含义、刑事诉讼是否需要统一证明标准等问题仍有争议。在司法体制改革的背景之下,如何正确处理司法效率与司法公正的关系,如何有效推动相应改革举措落地生根,也需要进一步展开研究。

(一)刑事诉讼法学研究方法反思与完善

中国刑事诉讼法学研究会会长卞建林提出,刑事诉讼法学研究要开拓视野,

[①] 常锋:《改革背景下刑事诉讼制度的发展——中国刑事诉讼法学研究会2017年年会观点综述》,载《人民检察》2017年第23期。

深入实践一线,要平衡研究方向,特别是对于刑事缺席审判制度、刑事司法协助等问题应予以更多的关注。中国法学会研究部副主任彭伶认为,应把法学研究与法治实践紧密结合,拓展学术研究的广度和深度,运用历史学、社会学、心理学等多种学科进行交叉分析。大数据和人工智能冲击了我国现行的刑事诉讼制度,应借力大数据推进学术研究并做好基础数据库建设。贵州民族大学法学院副院长宋强提出利用大数据技术创建犯罪构成知识图谱、案件智能研判系统等,客观反映犯罪事实与证据材料之间的关系,证据材料、犯罪事实在侦查机关、检察机关、审判机关之间的采信和认定差异,以及个案与同类案件办理结果的异同,为案例分析提供新的视角、方法和样本。黑龙江大学法学院副教授孙记提出,对诉讼结构的研究不能照搬西方控辩审三方法律地位和相互关系的模式,而应挖掘其中的法制传统和情判因素,与中国文化形成对接。南开大学法学院副教授朱桐辉呼吁纠正当前学术研究中照抄国外法律词汇导致法律语言混乱的现象,认为不经辨析的"法律学辞"甚至"词汇照搬",既伤害我们对汉语的感情也会干扰我们对法律语言所蕴含法理的基本判断。

(二)以审判为中心含义的再认识

中国人民大学法学院教授刘计划对以审判为中心的含义进行辨析:首先,以审判为中心并非就侦查、起诉与审判的关系而言,而是就刑事诉讼结构和诉讼结果而言的。其次,以审判为中心的实质并非以庭审为中心,以审判为中心是要在刑事诉讼中确立裁判形态及树立法院审判权威,而以庭审为中心是指法院对案件的实体审判以庭审为中心,两者是不同层面的问题。再次,以审判为中心并非在诉讼全过程实行以司法审判标准为中心,只是强调审判对案件的决定意义。

(三)以审判为中心下的证明标准和证据规则问题

山西大学法学院副教授原美林提出,我国应当确定以法律真实为价值取向的证据理论学说。我国司法证明标准应当进一步融合排除合理怀疑因素,明确证明标准内涵及适用,增强证明标准可操作性及操作规范性。吉林大学法学院副教授杨波认为,我国已初步形成以"案件事实清楚,证据确实、充分"为标准的证明规则体系,应将印证证据分析方法与裁判者的主观确信分离开来,充分发挥裁判者的主观能动性,并通过庭审的充分展开强化裁判者内心主观信念程度的判断。北京市检察院第一分院未成年人案件检察部处长赵永红建议推动刑事二审证据审查程序模式多元化、结构诉讼化和程序规范化,以此提高检察机关对二审证据的审查质量。郑州大学法学院教授王长水提出构建以证据为核心的刑事指控体系的路径选择:全面贯彻落实证据裁判原则与非法证据排除规则;完善证据审查模式,加强证据收集与审查判断工作;坚持以证据为核心与以庭审为中心齐头并进;坚持结论唯一的刑事证明标准。北京师范大学刑事法律科学研究院副教授雷小政针对少年司法,建议对传统的刑事诉讼规则作一些变通,在证据裁判原则下,把社会调查报告作为量刑证据纳入刑事诉讼制度之中。

(四)庭审实质化的原理、视角和切入点

电子科技大学法律系教授吴卫军提出,对庭审实质化的认识不能局限于一审程序,庭审实质化的核心在于回归庭审的本原意义,对于一审程序、二审程序、死刑复核程序、审判监督程序、刑事诉讼特别程序等都应进行庭审实质化的改革设计。中南财经政法大学法学院副教授陈实认为,对庭审实质化须结合审判基本原理和规律予以审视。从刑事审判基本原理来考察,庭审活动包括三个基本机制,即庭审事实发现机制、裁判心证形成机制和案件裁断审决机制。推进庭审实质化,应从理顺这三个基本机制入手。辽宁罗力彦律师事务所主任罗力彦提出,证人出庭作证制度是庭审实质化的切入点,通过对被告人、辩护人质证权的保护来实现庭审实质化,应从以下方面予以完善:调整出庭证人的范围和标准,明确庭审证言优先原则,完善强制证人出庭作证制度,完善证人保护制度。

(五)侦查工作的定位和转型

江西财经大学法学院教授谢小剑提出,以审判为中心的刑事诉讼制度改革中,侦查机关应实现观念转型,树立动态事实观、多元事实观、客观公正观、服务公诉观、证据裁判观、依法侦查观,并在此基础上调整侦查行为,以适应庭审实质化需要。河南警察学院法律系副教授张桂霞认为,从侦查、起诉到审判,应当设立有层次性的证明标准。侦查取证活动对于案件事实的证明不可能也无须达到判决所需的证明标准,但侦查机关仍然应当尽量参照庭审要求全面审查证据,确保侦查收集证据链条的完整性。

(六)审查逮捕程序和死刑复核程序的诉讼化改造

北京大学法学院博士后杨依认为,审查逮捕的诉讼化模式有司法抑制模式和检察监督模式,我国采取的是检察监督模式,应在审查逮捕程序中强化诉讼化特征,以听证的方式对是否应当逮捕作出客观公正的决定。广西民族大学法学院教授申君贵提出,我国2012年《刑事诉讼法》第240条第1款规定,最高人民法院复核死刑案件,应当讯问被告人,辩护律师提出要求的,应当听取辩护律师的意见。建议在死刑复核裁定书中全面表述律师意见,从而使得死刑复核程序实质上转变为第三审程序。青海海博律师事务所律师马虎成也建议对死刑复核程序作第三审程序改造,允许律师辩护一贯到底。

二、认罪认罚从宽制度的实体与程序完善

认罪认罚从宽制度是当前司法体制改革的热点,应从理论的视角看待实践的问题,以使理论研究更加符合实际需求。

（一）认罪认罚从宽制度的发展路径

中国人民大学法学院教授陈卫东提出，开展认罪认罚从宽制度试点，一个主要目的就是提高诉讼效率，实现繁简分流，但是，现在进行的认罪认罚从宽制度试点只允许对量刑进行协商，实际上成为"坦白从宽"政策的法制化，有必要借鉴国外的辩诉交易制度进一步探索我国认罪认罚从宽制度的发展路径。湖南大学法学院教授张智辉认为，认罪认罚从宽不能等同于辩诉交易，否则与我国当前的社会环境、公众认识不符。实体从宽已经在刑法量刑情节规定中有所体现，认罪认罚从宽的关键在于程序从简、程序从快。因此，需要进一步研究检察机关通过适用不起诉制度来终结认罪认罚从宽案件办理程序的问题。浙江大学光华法学院教授王敏远提出，完善认罪认罚从宽制度应体现在不同的诉讼阶段，刑事诉讼的职能部门应将被追诉人的认罪认罚之实体效果和程序效果法定化，从而使被追诉人认罪认罚所得到的利益具有确定性。在制度设计上，要摒弃"一刀切"的思维。四川大学研究生院常务副院长左卫民提出，必须慎重对待"认罪协商"的试点推广，不宜将控辩双方的协商式认罪量刑视作实现改革目标的最优路径，而应将着力点置于构建和完善与被追诉人认罪认罚相对应的体现差异化的实体法从宽处罚规范以及程序机制。

（二）认罪认罚从宽制度的实体和程序设计

江西省检察院副检察长张国轩提出，从认罪认罚从宽制度的实体法理论上考察，对于认罪的范围原则上不应作出限制，对于认罚的标准和范围也不宜作出限制，从宽的内容应具有终局性、多样性和宽缓性。最高检未成年人检察工作办公室副主任史卫忠提出，在办理未成年人刑事案件时不能因为追求办案效率而忽视法律规定的特殊程序，不能省略法律规定的法律援助、社会调查、合适成年人到场、亲情会见、心理测评与疏导、附条件不起诉、社会观护、帮扶教育、犯罪记录封存等程序。上海大学法学院教授兰跃军提出，认罪认罚从宽要保证认罪的自愿性，要有事实基础；要保障认罚的明知性，探索构建法定职权式协商程序；要合理限制从宽的幅度。西北政法大学刑事法学院教授宋志军提出，被追诉人认罪的最终目的是得到被害人和社会的宽恕，在认罪认罚从宽制度构建中必须赋予被害人话语权，避免以牺牲当事人权利为代价来追求诉讼效率的提高。

西北政法大学刑事法学院讲师步洋洋认为，在被告人自愿认罪的简化审理程序中，为避免"为简易而简易""为认罪而认罪"的机械化司法现象，有必要将被告人认罪之审查以及量刑问题作为法庭审理的核心内容，简化审理程序中的认罪审查、律师帮助、简化审理程序及从宽幅度、简化审理程序中的证明标准。北京理工大学法学院副教授彭海青建议从强制措施轻缓化、完善庭前分流机制、构建层次化的简易程序、构建量刑协商激励机制等方面，构建认罪认罚从宽制度程序激励机制。

（三）认罪认罚从宽制度的案件适用范围、从宽幅度及可协商内容

当前认罪认罚从宽制度试点工作基本上都集中在轻罪案件，究其原因，是由于担心重罪案件协商从宽会损害司法的公正。最高检司法体制改革领导小组办公室副主任高景峰提出，无论是轻罪还是重罪，都应当适用认罪认罚从宽制度。从宽的幅度应当严格遵守法律规定，只要法律作出规定就应按照法律规定执行，从轻肯定没有问题，但减轻与否，要看是否符合法律规定，不能轻易突破。金博大律师事务所主任陆咏歌认为，试点改革中可以对法律作出一定的突破。从轻对犯罪嫌疑人、被告人的鼓励力度不大，只要犯罪嫌疑人、被告人主动对被害人进行赔偿且到位，应当允许"减轻"处罚。陕西恒达律师事务所律师陈贞学提出，要想发挥认罪认罚从宽制度的价值，协商内容不能仅限于量刑部分，还应当包括定罪部分，包括对罪名和罪数的协商，否则对犯罪嫌疑人、被告人认罪认罚的激励程度不高。浙江靖霖律师事务所律师陈沛文认为，在犯罪嫌疑人、被告人有自首、系从犯等从宽处罚情节，认罪与否对量刑几乎没有影响时，可以允许就罪名问题进行协商，同时应拓宽"从宽"的幅度。

（四）认罪认罚的自愿性保障

黑龙江大学法学院教授韩红认为，自愿性是犯罪嫌疑人、被告人在充分知悉相关信息的情况下的真实意思表示，应从赋予并完善沉默权、知悉权等实体权利，完善并加强值班律师制度，坚持以审判为中心的法院审查权，赋予被追诉人获得救济的权利等方面保障认罪认罚的自愿性。安徽大学法学院副教授刘少军提出，从本质上而言，被告人认罪认罚的自愿性属于心理学范畴，可以从认知和意向两个维度对症下药，保障被告人认罪认罚的自愿性：从确立提前告知权利制度、完善辩护制度、完善法官审查制度等认知维度提供保障；从完善证明标准、促进主观客观统一、健全非法证据排除规则等意向维度方面提供保障。武汉大学法学院教授洪浩认为，应建立以保障被追诉人的知悉权和程序选择权为先决条件、以赋予被追诉人反悔权为重心、以禁止控方反悔为补充，重构快速审判程序自愿性保障机制。

基于认罪认罚从宽制度中被追诉人反悔的正当性及程序保障的思考，中国人民公安大学法学院教授马明亮提出，被追诉人的反悔权是其辩护权的重要组成部分，不得限制或者剥夺。在认罪认罚从宽制度完善过程中应当明确规定，被追诉人拥有无条件反悔的权利，应对反悔的次数进行限制，并设置反悔需满足的前提条件。贵州民族大学学报编辑部主任杨正万建议从明确自愿性标准、强化预防机制、建立跟踪机制、健全救济机制等方面完善认罪认罚自愿性保障机制。

（五）认罪认罚从宽案件适用的证明标准

中国政法大学诉讼法学研究院副院长李本森提出，应对认罪认罚从宽制度中的证据运用及其规则进行体系化的严格规范，赋予认罪作为程序性的独立证据功能；完善基于认罚的控辩双方的认罪量刑合意证据；坚持在较高证明标准的基础上简化认罪认罚从宽案件的证据要素。中国政法大学刑事司法学院教授汪海燕认为，认罪认罚从宽案件中的证明标准，不能因为程序简化即有所降低，需要整合审前阶段与审判阶段的诉讼要求，以审判阶段证明标准为指引，发挥证明标准的实体裁判与程序控制功能。认罪认罚从宽制度之程序简化只表明严格证明之形式要求有所降低，并非放弃严格证明原则本身，更非向自由证明模式转化。中国政法大学刑事司法学院博士研究生谢澍提出，证明标准之于程序简化的意义，并非在于证明标准降低与否，而在于如何设计确保待证事实达到证明标准的程序，即如何在不降低证明标准的前提下，促成程序有效简化。北京工商大学法学院教授谢安平建议区分重罪与轻罪，并就重罪与轻罪设立不同的证明标准、强制措施与刑罚的适用原则。

（六）认罪认罚从宽案件的量刑规范与起诉裁量

中山大学法学院副研究员李懿艺提出认罪认罚从宽案件中量刑建议拘束力的规制路径：要确保检察机关客观公正合理地作出量刑建议，就要完善量刑建议的审查与采纳机制，完善与被告人的沟通与协商机制以及与被害人的协商机制，探索量刑建议的撤销和变更等救济机制。西北政法大学刑事法学院副教授刘仁琦提出认罪认罚从宽制度的量刑方案：明确从宽的权利供给模式，明确实体从宽的幅度，明确认罪认罚与自首、坦白等从宽量刑情节的关系。南京农业大学法学院讲师徐磊认为认罪认罚从宽案件可以适用不起诉制度，即使犯罪嫌疑人的犯罪情节严重，可能判处刑罚甚至较重的刑罚，如果犯罪嫌疑人自愿如实供述涉嫌犯罪的事实，有重大立功或者案件涉及国家重大利益，检察机关也可以对其作出不起诉决定，或者对其涉嫌数罪中的一罪或多罪不予起诉。山东大学法学院教授周长军认为，不起诉处理应该是落实认罪认罚从宽制度的重要途径，可通过健全司法责任制、完善检察职业伦理教育和职业惩戒措施、加强检察机关内部和外部监督制约等措施保障不起诉权的依法正确行使。

三、认罪认罚从宽案件律师介入的原理与实务

我国在认罪认罚从宽制度试点改革中建立的值班律师制度，扩大了法律援助的适用范围，可以防范和减少误判，有助于提升认罪认罚从宽案件办理的程序正当性和人权保障。

(一)认罪认罚从宽案件律师介入的理论支撑

对外经济贸易大学法学院教授陈学权认为,提倡普及法律援助制度是基于信息平等权,犯罪嫌疑人或者被告人获得对等信息有利于保障其认罪认罚的自愿性。浙江靖霖律师事务所主任徐宗新肯定律师参与认罪认罚从宽制度的作用与价值,认为在认罪认罚从宽程序中,由于被追诉人对于自己罪责刑的承认,案件办理的对抗性受到一定程度的削减。基于这种非对抗性的状态,律师反而可以更好地运用自己独立的辩护权,将辩护工作延展到庭审之外。考虑到检察机关在认罪认罚从宽程序中的关键地位,以及诉辩协商制度内涵的需求,辩护律师应该重视在审查起诉阶段与检察机关达成认罪协商。四川大学法学院教授韩旭提出,应正视值班律师制度在权利保护方面所固有的局限性,修正值班律师辩护人化的改革思路,重新定位我国值班律师职能,实现值班律师与法律援助律师、委托律师辩护职能的合理分工和有机衔接。深圳大学法学院教授左德起认为,应从细化值班律师的任职条件、强制适用法律援助值班律师制度、健全值班律师服务内容、建立值班律师法律服务记录制度等方面,推进法律援助值班律师制度在刑事案件速裁程序中的运行。

(二)实务中存在的问题与对策

北京市检察院法律政策研究室检察官助理何祎建议进一步明确值班律师的职责定位,避免司法实践中值班律师权利混乱现象;创新值班律师工作方式,采取通过远程视频同步参与、录音录像时参与等方式解决值班律师参与不足的问题;加大法律援助经费投入,加强对值班律师管理,防止值班律师因收入激励不足而不积极履行职责。南京师范大学法学院教授李建明提出,从认罪认罚从宽制度的价值追求来看,主要目的并不是提高诉讼效率,而是在审前阶段减少侦查、控诉的阻力,鼓励被追诉人与司法机关合作。目前认罪认罚从宽制度中的律师帮助是初步的、低层次的,未来应推动侦查阶段值班律师法律帮助人角色转变为辩护律师角色。吉林大学法学院助理研究员贾志强提出,对于值班律师是否具有辩护人的身份,值班律师抑或辩护人称谓并不重要,重要的是律师能够发挥怎样的作用。可以考虑将认罪认罚从宽程序中的值班律师制度与法律援助制度进行重新整合。福州大学法学院讲师李辞认为,可确立律师在第一次讯问时的形式性在场权,在场律师只回答当事人问题,然后提示当事人所拥有的一些诉讼权利,但不得对讯问过程进行打断。

(三)与刑事辩护全覆盖试点工作的衔接

2017年10月11日,最高人民法院、司法部出台了《关于开展刑事案件律师辩护全覆盖试点工作的办法》,要求对于所有的刑事案件,无论一审、二审还是再审,均有律师介入提供辩护。厦门大学法学院副教授陆而启提出,刑事辩护全覆盖有利于破解认罪认罚从宽程序之中有值班律师而普通程序之中无辩护人的"本末倒置"的困境。但在被追诉人申诉控告、提出非法证据排除或者反悔作无罪辩护时,要对值班律师的身份进行转换,或者另行指派辩护律师。浙江大学光华法学院教授胡铭提出,要正确理解刑事辩护全覆盖的本意,法律援助律师不应当异化为"见证人"的角色,应当提高律师参与的程度和效果,将律师法律援助推进到一个新的高度。同时,应采用多元思维解决法律援助经费问题,使之不成为制度推进的障碍。北京工商大学法学院讲师王迎龙建议对刑事法律援助制度进行体系化完善,以实现刑事辩护全覆盖,并主张通过值班律师制度的引入,在法律援助体系之下,对法律援助律师进行二元划分,分为"法律援助值班律师"和"法律援助辩护律师",前者为当事人提供初步的法律咨询服务,后者提供传统意义上的刑事辩护法律援助。浙江工商大学法学院教授吴高庆认为,以法律援助律师替代值班律师的效果可能更好。因为值班律师在犯罪嫌疑人认罪后才介入,时间较晚,能够提供给犯罪嫌疑人的帮助十分有限。

四、认罪认罚从宽视角下的刑事缺席审判制度

我国基于被告人参与刑事审判的程序价值追求未从立法上确立刑事缺席审判制度。2012年修改后的《刑事诉讼法》规定了在犯罪嫌疑人、被告人缺席情况下违法所得没收程序,可视为该制度的具体应用。2017年最高人民法院、最高人民检察院出台了《关于犯罪嫌疑人、被告人逃匿、死亡案件适用违法所得没收程序若干问题的规定》,对违法所得没收程序作出完善,这为立法上确立刑事缺席审判制度进一步奠定基础。随着刑事诉讼制度改革尤其是认罪认罚从宽制度试点改革的逐步深入,科学构建与之相适应的刑事缺席审判制度,符合司法实践的需求。

(一)刑事缺席审判制度的正当性依据及规则设计

当前刑事缺席审判制度尚未形成成熟的理论体系,其正当性的理论依据有待厘清,其如何适配于认罪认罚从宽制度有待进一步考察。对此,北京航空航天大学法学院副教授初殿清提出,建立刑事缺席审判制度的合理性有两个方面值得思考:一方面,认罪认罚从宽案件的诉讼效率是否可能通过刑事缺席审判而获得较大提升,被告人的悔罪态度如何体现。另一方面,在具体规则设计上有三点需要注意:并非所有认罪认罚从宽案件都适宜缺席审判;应保障被告人认罪认罚的自愿性以及选择缺席审判的自愿性;设置程序机制疏解被害人对被告人不到庭受审的负面情绪,帮助其接受诉讼结果。

(二)刑事缺席审判制度的案件适用范围

海南大学法学院教授王洪宇提出,事实清楚、证据确实充分是适用刑事缺席审判制度的前提,案件适用范围可以限定为案情轻微而被告人主动提出适用刑事缺席审判制度的案件,以及被告人死亡或者故意逃避审判而由检察机关启动或者法院自行决定适用刑事缺席审判程序的案件。中央民族大学法学院讲师王一超认为,刑事缺席审判制度具有规范被告人缺席情形下的审判行为、进一步提高诉讼效率、减少被告人讼累等推进诉讼价值实现的制度功能。对于被告人死亡或丧失行为能力的情形,被告人因严重违反法庭秩序被带出法庭的情形,轻罪案件中被告人"缺席"的情形,经被告人申请免除其到庭义务的情形,被告人自庭审开始即"不在场"的情形,可以适用刑事缺席审判制度。

(三)刑事缺席审判程序中适用的证明标准和证明方法

中央司法警官学院教授胡志风认为,刑事缺席审判制度主要适用于违法所得没收程序,且该程序所受制约因素较多,具有较强的不确定性,不能简单地适用"证据确实、充分""排除合理怀疑"等一般刑事案件的证明标准。同时,刑事缺席审判制度虽然是对物之诉,却从属于刑事诉讼程序,不能简单地适用民事诉讼证明标准。所以,刑事缺席审判适用的证明标准应高于民事诉讼证明标准而低于一般刑事案件的证明标准,即应适用高度盖然性证明标准。在证明方法上,采用自由证明即可满足证明标准的要求。

2018年刑事诉讼法年会综述

刘传稿[①]

10月20日,由中国刑事诉讼法学研究会主办、西北政法大学承办的中国刑事诉讼法学研究会2018年年会在陕西省西安市召开,主题为"新时代中国特色刑事诉讼制度新发展",来自刑事诉讼法学理论界和司法实务界近300名代表参加了此次会议。与会代表围绕新时代中国特色刑事诉讼法治理论体系研究、司法体制综合配套改革研究等议题展开深入研讨。

一、新时代中国特色刑事诉讼法治理论体系研究

改革开放四十年来,刑事诉讼法治理论经历了长足的发展,已基本形成新时代中国特色刑事诉讼法治理论体系。中国政法大学终身教授陈光中认为,刑事诉讼法的历次修改总体而言体现了我国刑事程序法治的重大发展和完善,是中

---

① 刘传稿:《新时代刑事诉讼制度的新发展——中国刑事诉讼法学研究会2018年年会观点述要》,载《人民检察》2018年第22期。

国特色社会主义法治建设成就的重要组成部分。四十年来,刑事诉讼法治建设经验可总结为四点:刑事诉讼法治建设是改革开放背景下的产物;刑事诉讼制度改革应遵循司法规律,注意符合国情;刑事诉讼应坚持动态平衡理念;刑事诉讼法律的稳定性与变化性应相协调。中国特色刑事诉讼法治理论体系的形成和完善,离不开法律借鉴和法律本土化。山西大学法学院教授李麒提出,在文化与文化的碰撞中,我国逐渐探索出一条适合中国国情的法文化发展模式。早期借鉴的一些法律制度在实践操作层面出现了困境,从而刺激了中国文化主体意识的发展,在主体意识的引导下司法理论界与实务界开始考量移植法律与本土的适应化问题,逐步发展为法律融合的状态。法律融合的核心是在制度变革与法律文化的冲突、互动之中,形成一整套法律制度和法律文化相互兼容的、和谐共存的法律生态系统。

以审判为中心的刑事诉讼制度改革,丰富了刑事诉讼法治理论,它不仅是对司法办案机制的改革,也是对刑事诉讼理念的更新,既给检察机关的各项工作带来了全面挑战,也使公诉职能迎来了转型升级的机遇。中国社会科学院法学研究所研究员冀祥德表示,检察机关特别是公诉部门应优化工作机制,提升自身业务能力。首先,打造专业化办案部门。通过对专门领域案件的研究和规律探索,培养拥有刑事诉讼专业能力,同时兼具经济、科技等相关领域专门知识和办案经验的专门型公诉人。其次,培养专业化公诉人才。检察机关不仅应通过举办优秀公诉人高级研修班、开展"全国优秀公诉人"业务竞赛等形式培养和挖掘专家型公诉人才,同时还应通过完善案件的繁简分流机制,为专家型公诉人才的培养奠定基础。

以审判为中心的刑事诉讼制度改革对检察机关侦查监督职能发挥也提出新的要求。中南财经政法大学教授姚莉认为,在处理侦诉关系上,检察机关应当充分发挥引导作用,强化侦查监督职能。具体而言,检察机关对侦查活动应当发挥三重作用:一是对侦查取证的引导作用。检察机关根据公诉的证据标准与办案思维,在调查取证、证据能力、证明标准等方面给予侦查机关引导性意见或建议。二是对侦查的监督作用。检察机关应当切实发挥案件审前过滤作用,严格审查侦查机关获取的证据材料的合法性、客观性、关联性,依法排除非法证据。三是对侦查的制约作用。检察机关通过审查逮捕、审查起诉、羁押必要性审查等活动,纠正侦查违法行为,防止侦查权的滥用。

二、司法体制综合配套改革研究

随着司法体制改革的深入推进,中国特色社会主义司法制度的"四梁八柱"已经确立,如何深化司法体制综合配套改革,健全完善综合配套措施,搞好"精装修",成为与会代表重点讨论的话题。

安徽大学法学院教授郭志远认为,司法体制综合配套改革与司法体制改革之间绝不是简单的整体与部分、系统与组成之间的关系,而是相互促进、相互完善的辩证关系。司法体制改革是综合配套改革的基础性工程,综合配套改革是对司法体制改革的夯实和完善,深化司法体制综合配套改革是司法体制改革由点到线、由面成体的必经过程。可以说,综合配套改革是实现司法体制改革的"精装修"。中国社会科学院大学教授王新清表示,在司法体制综合配套改革的推行中,必须坚持创新思维与逻辑思维两种思维方法。在当前司法体制综合配套改革中,尤其应注重以运用理性的精神内核与规范的逻辑范式作为引导,将司法体制改革的成功由近景推向远景。逻辑思维的确定性要求司法体制综合配套改革的目标必须明确,逻辑思维的同一律要求司法体制综合配套改革的措施不能自相矛盾,逻辑思维的规范性要求司法体制综合配套改革必须有依据和需要。

司法体制综合配套改革究竟涉及哪些方面?应该如何科学进行?湖南大学法学院教授张智辉提出,所谓"综合配套",是在推出一项重大改革措施时,应同时考虑理念、制度、人员、保障、纠偏五个方面,并使这五个方面协调一致地推进。其中,理念是改革的指导思想和目标设计;制度是改革措施的具体构建;人员是司法体制改革的主体,也是改革的承受者;保障是推进司法体制改革措施具体实施所必需的条件;纠偏是权力行使中的制约机制。郭志远认为,司法体制综合配套改革的实施路径有四方面:一是完善司法人员选任制度,提升队伍水平;二是优化司法权力运行,发挥整体效能;三是发展多元纠纷解决机制,形成整体合力;四是建立科学评价体系,改善司法效能。

三、刑事诉讼制度新发展的其他问题

(一)认罪认罚从宽制度的优化

认罪认罚从宽制度试点以来,相关配套规定处于不断完善的过程中,如何保障被追诉人认罪认罚的自愿性是认罪认罚从宽制度适用的一个重点问题。西北政法大学刑事法学院教授宋志军建议,在扩大酌定不起诉适用范围的前提下,应赋予被害人知情权与一定的程序参与权。通过让被害人参与到酌定不起诉的程序中,使其在了解检察官裁量依据的同时有机会得到犯罪嫌疑人的赔礼道歉或者获得一定的赔偿,对于保护被害人的参与权、知情权具有重要的意义。实践中,由于检察机关在作出酌定不起诉时往往不征求被害人的意见,而只是简单地将不起诉决定予以告知,这就使得被害人有时难以接受不起诉决定。北京工商大学法学院副教授王迎龙提出,被追诉人认罪认罚的前提是享有充分的知情权,即被追诉人有权知悉其在刑事诉讼中的地位,享有的诉讼权利及获得相关信息。

根据现有的法律规范,对被追诉人的知情权应当从以下方面加以完善:告知被追诉人享有的诉讼权利和认罪认罚后放弃的诉讼权利(实体权利与程序权利);告知被追诉人被指控的具体罪名、刑期、证据、性质;检察机关的量刑建议,应与被追诉人协商;从轻、减轻或者免除等从宽处罚的建议;适用的诉讼程序。最后,被追诉人选择认罪认罚的,应当签署认罪认罚具结书。浙江大学法学院教授胡铭认为,认罪认罚案件中,犯罪嫌疑人、被告人没有委托辩护人,法律援助机构没有指派律师为其提供辩护的,应由值班律师为犯罪嫌疑人、被告人提供法律帮助。这种法律帮助不应当蜕变为律师见证,律师在其中的身份定位更不应当是见证人,而应是享有辩护权的法律帮助人。这种法律帮助应当是实质性的,要求值班律师的权利应当得到充分的保障,包括阅卷权、会见权和调查取证权等关键性的权利。

(二)未成年人刑事诉讼程序的完善

未成年人是社会的一个特殊群体,其人格心智发育尚不健全,需要得到特殊保护。北京师范大学教授宋英辉认为,对未成年人的早期不良行为或违法行为,应当及时进行有效干预。对于中小学生,应当建立中小学相关事件防范和早期干预机制。首先,学校配备专业人员,开展心理健康、法治安全、尊重生命、尊重他人、网络素养等教育。其次,建立校园欺凌和暴力的防范、发现、干预、处置机制。定期对学生开展以校园欺凌治理为主题的专题教育,全面加强教职工特别是班主任专题培训,建立筛查和重点监测评估机制,建立多部门衔接机制,配备专业力量进行心理咨询辅导和跟踪帮教。再次,对重点区域、重点时段应当加强巡查力度,关注重点对象,完善校园及周边区域包括技术措施在内的实时监控体系。发现学生遭受欺凌和暴力,学校和家长应及时相互通知。对严重的欺凌和暴力事件,应向上级教育主管部门报告,并迅速联络公安机关介入处置。最后,健全应急处置预案,明确相关岗位教职工处理校园欺凌事件的职责,妥善安抚和疏导涉事学生家长情绪,保护遭受欺凌和暴力学生以及知情学生的身心安全,防止泄露包括有关学生个人及其家庭的信息。

合适成年人制度,又称合适成年人到场制度或合适成年人参与制度,是未成年犯罪嫌疑人、被告人在侦查讯问审判等刑事诉讼活动中享有应当有合适的成年人到场参与的权利,从而对未成年人实现特别保护的一项制度。基于实践中存在的问题,北京市检察院第一分院未成年人案件检察部主任赵永红倡议,短期内应当建立以专业的社会工作者为主的合适成年人选拔、培训及考核机制。长远来看,如果相关配套条件成熟的话,可考虑建立一支能随叫随到,有固定办公地点、固定人员、固定经费的专业合适成年人社会工作机构。为提高合适成年人的履职能力,合适成年人应接受初任培训、定期培训和专项培训,明确自身职责定位,熟悉相关权利义务,掌握刑事诉讼法律知识。形成涉案未成年人、办案机关和合适成年人聘任单位为考核人的三位一体考核评价机制,共同参与对合适成年人到场工作的考核评价,通过考核监督其依法行使权利并履行相关义务。

（三）其他问题

关于刑事被害人保护。当前,被害人在有效参与诉讼、权益保障方面仍然面临一些问题,有待解决。西北政法大学刑事法学院讲师陈建军认为,应进一步完善刑事案件被害人保护制度,具体而言：一是明晰被害人参加庭审的权限,包括在庭权、质问权、阅览和誊写审判记录的权利、释明权、获得法律援助的权利、知情权等。二是避免被害人受到"二次伤害",包括来自被告人的"二次伤害",来自被害人未获赔偿或赔偿不充分而在损害基础上遭受的"二次伤害"等。三是完善被害人损害赔偿制度。综合运用赔礼道歉、修复损伤方式,使得被害人感受到和解的诚意。因为被告人经济状况确实无法赔偿的,应该通过国家补偿或社会支援等形式对被害人予以补偿。四是构建被害人国家补偿制度。国家补偿应该坚持及时补偿原则、比例原则与平等原则。国家补偿的范围不宜过宽,应该仅限于被害人死亡、残疾、身体有重大伤病的人员。国家补偿的金额应综合考虑被害人或其亲属受侵害的程度、加害人及其他赔偿义务人的赔偿情况、被害人的家庭经济情况、当地消费水平等因素。设立专门机关负责对被害人补偿的决定和执行,这样既可以保障补偿的及时性,也可以减轻司法机关的负担。

关于刑事信息化侦查的相关性评价。网络信息革命正深刻改变社会生活,也对社会生活的规则体系产生深远影响。这种冲击不仅仅表现在技术规则层面,更表现在宏观刑事司法体系运行生态之下侦查活动的逻辑架构层面。

北京航空航天大学法学院副教授裴炜以刑事侦查相关性评价作为切入点,阐述了网络信息革命对于刑事侦查基本模式的深远影响,并探索设计未来刑事侦查规则的一般思路。他认为：首先,网络信息技术的核心问题在于扩张了数据占有者与数据对象之间的信息不对称。在犯罪侦查领域,这种不对称不仅来自大数据本身,还来自法律规范的层层限制,这些限制源于商业秘密、合同自治、个人信息保护等一系列价值衡量。此时,如何能够有效保障侦查相对人的知情权,从而使其能够有效行使辩护权,就成为大数据运用于犯罪侦查过程中必须解决的问题。其次,大数据的过程性特征需要与侦查活动的阶段性进行匹配。这主要涉及两个方面：其一,针对数据本身和数据载体进行侦查规则上的区别对待；其二,针对数据收集行为和数据后台分析行为进行规则上的区别对待。再次,大数据技术与价值是否中立,无法脱离其原始数据集成方式、算法模型和应用人员的主观认识而单独评价,因此未来针对信息化侦查建构规则时,需要对大数据中可能蕴含的偏见保持警惕。

2019年刑事诉讼法年会综述

常 锋[①]

近日,由中国刑事诉讼法学研究会主办,广东外语外贸大学法学院、广东法治研究院承办的中国刑事诉讼法学研究会2019年年会在广东省广州市召开,来自理论界和实务界的300多名代表围绕"法治建设与刑事诉讼——刑事诉讼法40年"这一主题,从刑事诉讼制度与刑事诉讼法学40年、2018年《刑事诉讼法》的实施问题、特定类型犯罪的程序应对、刑事程序法治的其他热点问题等方面展开深入研讨。

一、刑事诉讼制度的变革与发展

(一)刑事诉讼理论研究的回顾与展望

40年来,刑事诉讼法学研究紧跟刑事司法改革步伐,强调惩罚犯罪与保障人权并重、程序正义与实体正义并重,以程序独立价值为本,进而逐步推进以审判为中心的刑事诉讼制度改革、完善认罪认罚从宽制度等,理论指导实践,成效显著。中国政法大学诉讼法学研究院教授卞建林表示,未来刑事诉讼法学研究应当继续为刑事司法改革提供智力支持。结合当前时代背景和现实需求,刑事诉讼法学助力刑事诉讼制度完善的应然方向包括:发展新时代中国特色社会主义法治理论体系,推进我国刑事诉讼制度重大改革实施效果的实证研究,应对大数据、人工智能对刑事诉讼制度带来的挑战。辽宁师范大学法学院教授夏红提出,新中国成立以来,刑事诉讼法学在研究规范性、理论体系构建、研究方法等方面进步明显,但也存在不足,表现为研究方法多元化不足、研究实践导向偏弱、研究视野较为局促、研究内容原创性不足。北京理工大学法学院诉讼法学研究所所长彭海青主张,未来刑事诉讼法的修改可以兼采全国人大全面修改和全国人大常委会部分修改的方式,在修改内容上应充分吸收司法体制改革成果,充分考虑法律内部与法律之间的协调性,新增法律规定应当具有可操作性。西北政法大学刑事法学院讲师步洋洋认为,以刑事和解、认罪认罚从宽为代表的合作型诉讼模式在我国具有深厚的文化心理基础,更容易为民众所广泛接受。合作型诉讼模式为刑事诉讼模式的理论研究提供了一种新的思路和契机。

[①] 常锋:《刑事程序法治的现代化进路——中国刑事诉讼法学研究会2019年年会综述》,载《人民检察》2019年第24期。

(二)刑事程序法治的现代化进程

刑事程序法治现代化的目标是遵循法治的基本价值、原则和规律,促进国家治理现代化与法治化相融合。安徽大学法学院教授郭志远认为,具有中国特色的刑事程序法治理论成果可以概括为四个方面,即程序性制裁理论的提出、刑事和解及认罪认罚从宽制度合作型诉讼模式的本土形态、职务犯罪侦查权的重新整合以及审判权运行的"中国模式"。新时代刑事程序法治在价值取向上,应凸显权利保障与权力约束;在制度设计上,应以审判为中心的刑事诉讼制度改革为指导、以程序正义为标准;在法治保障上,应实现刑事程序法治的横向融合。山西大学法学院教授李麒提出,刑事诉讼制度变革的社会基础是社会变迁,时代主题是法律现代化,基本动力是对秩序与自由的回应,基本方式是国家主导、地方试点,路径模式是从法律移植到实践创新。近年来,推动刑民交叉案件"先刑后民"向"刑民并行"原则的演变体现出刑事诉讼程序的成熟。河北侯凤梅律师事务所首席合伙人侯凤梅认为,刑民交叉案件处理中,在坚持"刑民并行"同时,应兼顾"先刑后民"为补充。同时,应注意刑事和民事裁判结果的统一,避免相互矛盾或冲突。此外,应保持刑法的谦抑性,在无法区分刑事犯罪还是民事纠纷时,应优先选择适用民事程序处理。

(三)程序正义及人权保障的进步

改革开放40年是我国法治不断进步的40年,中国人民公安大学法学与犯罪学院院长李玉华提出,无论从理念、制度还是细节,刑事程序正义及人权保障都发生了巨大变化。理念上从不枉不纵发展到宁纵勿枉;制度上非法证据排除从口号到落实为制度;律师辩护从形式走向实质;诉讼细节上从冷峻转向温暖。

刑事错案防范机制的完善是我国刑事诉讼制度发展及人权保障的"见证者",代表着维护社会公平正义的中国法治进程。内蒙古师范大学法政学院讲师白文静主张,刑事错案防范机制,并不是一部法律,也不是一套制度,而是一套相互配合、层次分明的制度体系。刑事诉讼法从立法的角度规定了预防刑事错案的原则和程序,最高司法机关可对相应的司法制度和法律程序出台有指导意义的规定,下级各办案机关可在实际办案工作中落实这些规定,以构建科学合理的刑事错案防范配套工作机制。法律援助制度及辩护制度对程序正义的实现具有重要的支撑意义,华东政法大学教授叶青提出,当下我国法律援助制度在运行模式上应改阶段式运行模式为个案负责模式,设置综合性审批标准,并应强化政府责任理念,增加财政投入。

二、修改后刑事诉讼法的实施问题

(一) 刑事缺席审判程序的适用

2018年《刑事诉讼法》确立了刑事缺席审判程序,如何让该程序合理嵌入刑事诉讼制度,提升适用效果,亟待探讨。甘肃政法大学法学院教授郜占川认为,刑事缺席审判程序的适用范围应分两个层面理解:针对贪污贿赂及严重危害国家安全、恐怖活动犯罪的缺席审判应严格限缩其适用范围,而且即便符合启动条件也未必一律适用,还应充分考量司法效益等因素;对于提高轻罪案件诉讼效率以及解决审判障碍而适用缺席审判的情形,可在当事人同意的前提下扩大适用范围。当严则严、当宽则宽,才能实现刑事缺席审判程序功能最大化。

关于刑事缺席审判程序适用的完善进路,中山大学法学院副研究员李懿艺认为,应严格刑事缺席审判程序的启动要件,保障被告人诉讼权利的实质化行使,探索诉讼文书送达标准与多元化送达途径,优化刑事缺席审判程序的适用策略。关于缺席审判与违法所得没收程序适用的关系,湘潭大学法学院讲师吕晓刚提出,缺席审判与违法所得没收程序各有明确的立法目标和适用范围,立法效力上本无高下之分,然而为保证实践适用的有序性,必须对竞合情形下的适用位阶进行明确。缺席审判程序的适用位阶优先于违法所得没收程序,当同时符合两种程序的适用条件时,应当适用缺席审判程序。山东大学法学院院长周长军进一步分析认为,缺席审判程序与违法所得没收程序的性质、功能和适用空间均有不同,无法相互替代;缺席审判的提起并非当然地涵盖违法所得没收申请的提出,法院作出无罪判决时不可附带作出没收违法所得裁定;在被告人死亡情形下追缴违法所得,只能启动违法所得没收程序。中南财经政法大学法学院教授石晓波对该制度提出本土化构建思考:一是明确刑事缺席审判的案件范围;二是设置刑事缺席审判的具体程序,包括启动程序、审理程序、宣判送达和执行程序等;三是健全刑事缺席审判的救济措施,赋予被告方异议权和上诉权。

(二) 中国特色认罪协商制度的探索

检察机关的量刑建议是有效促成犯罪嫌疑人、被告人认罪认罚的关键。浙江大学法学院教授胡铭建议制定一部系统的、精细化的认罪认罚从宽量刑指南,确立"逐级折扣"的量刑减让规则,将确定型量刑建议与幅度型量刑建议相结合。安徽大学法学院教授刘少军建议完善相关量刑指导意见,平衡量刑建议权与司法审查权之间的关系,提高律师在量刑协商中的参与度。中南财经政法大学刑事司法学院讲师黎晓露提出,应调整刑事实体法的相关规定,推动立法衔接;统一量刑标准,构建立体化量刑激励模式;优化量刑建议机制,合理选择量刑建议方式;完善量刑程序,优化相关配套措施。

在认罪认罚从宽制度适用中,为保障犯罪嫌疑人、被告人认罪的自愿性与真实性,浙江理工大学教授揭萍提出,应严禁非法讯问,保障犯罪嫌疑人"认罪"的自愿性;坚持口供补强,证明犯罪嫌疑人"认罪"的真实性;客观全面记录,证明讯问过程中"认罪"的有效性;主动真诚沟通,与犯罪嫌疑人及律师建立信任关系。湖北省法学会律师法学会会长汪少鹏认为,辩护律师办理认罪认罚案件在审查起诉阶段的工作重点包括:阅卷并制作阅卷笔录,熟悉案件事实;会见犯罪嫌疑人,核实证据材料与案件事实,征询犯罪嫌疑人是否自愿认罪认罚;确定辩护思路,提出辩护意见,为犯罪嫌疑人争取最大的从宽幅度;见证犯罪嫌疑人签署认罪认罚具结书。西北政法大学教授魏虹建议适度扩大酌定不起诉的适用范围,合理扩大附条件不起诉的适用范围,提高认罪认罚从宽案件不起诉的适用率。

(三)监察法与刑事诉讼法的衔接

对于监察法与刑事诉讼法的衔接问题,广西玉林师范学院讲师杨胜荣提出,应厘清衔接中的相关理念的界限,还应抓住关键点,研究相互关联案件管辖权、监察调查程序和审查起诉以及监察权和法律监督权的衔接问题,以实现监察法与刑事诉讼法的和谐统一。广东外语外贸大学法学院副教授周新提出,监察调查程序与刑事诉讼程序应共同遵循权力制约与人权保障的核心法治理念,这不仅是一种抽象的术语表达,更要具化为相应的程序和规则。铁道警察学院法学系教授刘卉认为,应重新审视监视居住在刑事强制措施体系中的功能,明确指定居所监视居住与监察留置措施的关系,探究其在立法和司法实践方面存在的问题及完善路径,进而在司法体制改革中实现其程序功能的最大优化。

三、特定类型案件的程序应对

(一)新型网络犯罪办案难点及治理路径

随着人工智能、大数据技术的应用,网络犯罪作案手段不断升级换代,如何治理是全新课题。中国人民大学法学院教授陈卫东提出,办理该类案件,如何有效收集并审查运用证据对事实进行认定是办案难点。如何认定客观行为、主观故意及危害结果,当案情涉及成千上万的具体行为时是否需要全面收集证据,能否通过部分行为认定整体行为等,都是理论和实务中的难点,值得进一步探讨。北京德恒律师事务所管理合伙人王兆峰认为,电子证据本身具有特殊性,对该类证据收集、固定、审查、判断有一系列规则,稍有不慎,就难以形成完整的证据链条。建议引入专家力量辅助审查,必要时请专家证人出庭,共同提升抗辩水平和办案质量。北京外国语大学法学院副教授郑曦主张,应从隐私权保护走向数据权利保护,区分远程在线提取的一般数据和敏感数据,增强辩方的数据权利保障,明确有关机关承担避免数据滥用之义务。

网络黑色产业供应链分为上游、中游和下游,对此类犯罪的治理需要互联网行业和公检法司等机关多方联动,形成合力,共建监管机制。广东省检察院第一检察部主任陈岑从检察视角提出网络"黑产链"的惩治路径:检察机关发挥诉前主导作用,合理引导确保提前介入实质化;捕诉一体确保办案延续性;精细审查力求证据体系化;充分拓展检察职能,大力强化部门联动;广泛发动社会力量,构建检企协作平台。广州市法学会新型犯罪研究中心闫雨建议:法律制度方面,刑事立法以及理论研究应加大对网络空间关注力度;经济发展层面,应通过促进经济发展平衡,努力减少经济创新发展中带来的犯罪风险;社会治理层面,应创造更多的就业机会,重视解决罪犯回归社会问题;力量配备方面,应加强各部门之间防控合力及资源配置。

(二) 未成年人刑事诉讼制度的细化与完善

关于完善未成年人犯罪记录封存制度,北京师范大学刑事法律科学研究院教授宋英辉建议采取"原则+例外"的立法模式,设置一定的考察期,若在考察期间未成年人表现良好,不再有人身危险性和社会危险性,可以将其犯罪记录予以消灭。宁夏警官职业学院副教授陡明韬提出构建一元化未成年人犯罪档案封存管理模式,扩大未成年人犯罪记录封存制度的适用范围;建立未成年人犯罪记录封存的保障机制;明确未成年人犯罪记录封存的监督主体;对未成年人犯罪记录封存进行分级管理;完善未成年人犯罪记录的查询程序。关于完善未成年人刑事案件社会调查制度,西北师范大学法学院讲师李瑾建议进一步确立社会调查主体的专业性和中立性,提升社会调查报告质量,同时避免重复调查,建立异地户籍涉罪未成年人社会调查机制,完善社会调查内容,增强社会调查报告适用价值。关于合理适用附条件不起诉制度,北京师范大学刑事法律科学研究院副教授何挺提出拓宽适用案件范围,明确可能判处的刑期条件并适度放宽,强化对涉罪未成年人的风险评估。在监督考察方面,明确检察官在监督考察中的核心地位并实现各方合力,提升未成年人在监督考察过程中的参与程度,对不同层级的违规行为采取分类惩戒方式。在附带条件方面,应明确附带条件的属性,丰富附带条件的内容,提升附带条件的个别化与针对性,强化对附带条件的履行监督与惩戒。关于提升未成年人法律援助效果,西北政法大学刑事法学院教授宋志军建议将强制辩护纳入未成年人法律援助制度中,赋予办理未成年人犯罪案件的律师特殊的诉讼权利,完善法律援助机构指派法律援助律师的条件和程序,在少年司法社会支持体系框架内建立快速指派机制,探索构建未成年人法律援助的专业化路径。广东外语外贸大学法学院副教授孟静进一步建议完善未成年人刑事审判法庭教育,柔性设计法庭教育的情境,善用被害人和解制度,提升法庭教育的效果。

四、刑事程序法治其他热点问题

(一)死刑复核程序及证明标准问题

如何在司法改革背景下完善并切实发挥死刑复核程序功能是法治建设面临的新课题。中国政法大学终身教授陈光中表示,死刑复核程序的改革大致面临两条路径:一是取消死刑复核程序,实行死刑案件三审终审制;二是保留死刑复核程序,在现有框架内加强诉讼化改造,进行自我完善。从构建中国特色社会主义司法制度来看,在死刑复核程序现有框架下进行自我完善和优化具有现实性和可行性。应加快实现刑事辩护法律援助在死刑复核程序中的全覆盖。对死刑案件的证据必须坚持"唯一性"标准,即在死刑案件中,对主要案件事实的认定应当达到唯一性、排他性程度,这是落实人权保障、防范冤假错案的核心要义。而且,我国语境下的"排除合理怀疑"是"事实清楚,证据确实、充分"的内涵之一,某种程度上与"唯一性""排他性"概念并不矛盾。北京交通大学法学院教授郭烁提出,应完善我国死刑复核程序律师参与的制度设计与程序保障,明确律师在死刑复核程序中的权利,确立死刑案件辩护救济机制,确立死刑复核程序"定罪和量刑程序分离"模式,确保律师有充足的参与空间。

(二)对以审判为中心的再思考

以审判为中心是涉及刑事诉讼制度改革方向的根本性问题。中国政法大学诉讼法学研究院教授顾永忠对以审判为中心的应然内涵进行辨析:以审判为中心实质上是以审判活动为中心,是以实质化庭审活动为中心,这是对"为什么刑事诉讼应当以审判为中心"这一问题的实质性回答。中国人民大学法学院教授刘计划提出,以审判为中心关键在于完善审判程序:在一审普通程序中,真正贯彻以庭审为中心,保障不认罪的被告人获得公正审判;二审程序应强化救济功能,实现二审案件全面开庭审理,保障公正裁判、防止司法权异化;死刑复核程序应当具备典型的诉讼化形态,强调控辩双方的参与。关于再审程序,应当规范审判监督程序启动要件,建立有效的申诉程序,完善异地复查、异地再审机制。西北政法大学诉讼法与司法改革研究中心讲师郭航认为,应从指导理念、司法准则及赋权模式三个维度使以审判为中心的刑事诉讼制度改革回归"程序先行"的法治理念。注重实体与程序的价值平衡,构建适用直接言词原则的制度基础,探索保障被告人对质权的改革模式。山东政法学院教授张月满进一步认为,裁判者如何适度行使自由裁量权从而把握好证明标准需要从内在与外在两个方面进行规制。内在规制上,需要理性认识案件事实、正确理解"排除合理怀疑"这一证明标准;外在规制上,需要完善庭审质证程序与规则、完善判决书中证明标准的说理及公开制度、建立相应的程序性制裁机制。

（三）检察机关审前主导作用的发挥

随着改革的深入，检察机关的法律监督地位日益凸显，应切实发挥检察机关在刑事审前程序中的主导作用。武汉大学法学院教授洪浩认为，检察机关内设机构的重塑性改革强化了检察职能在刑事审前程序中的监督力度。检察机关的公诉职能也发生适应性调整，集中表现为诉前阶段中的提前介入、认罪认罚从宽制度中的控辩协商和审查起诉中的程序控制。以审判为中心在强调审判环节核心地位的同时，亦须关注审前程序诉讼格局之构建，明确检察机关的审前主导作用。针对理论界提出的审查逮捕程序独立价值被否定、诉讼监督被削弱、辩护空间被压缩等疑虑，海南大学法学院教授王洪宇提出"捕诉一体"模式的完善进路，建议进一步深化逮捕的诉讼化改革；细化检察机关介入侦查的时间、方式及效果，规范侦查取证行为；扩大检察机关行使审查逮捕权、审查起诉权和诉讼活动监督信息公开范围，强化被追诉人对于逮捕决定的司法救济；完善内部监督制约体系，科学设计内部考评机制。广东外语外贸大学法学院教授杨帆建议扩大检察官对案件的决策自主权；改变现有案件质量评价机制，建立容错机制，允许检察官在专业标准幅度内作出是否逮捕、起诉的决定，构建以专业能力、职业素养、品格、经验、办案质量为要素的检察官履职情况评价机制。关于如何完善侦查终结前讯问合法性核查制度，中国人民公安大学法学与犯罪学学院副教授田力男建议明确非法取证的认定标准，建立健全公检法办案信息共享机制，提高监督的刚性和效力。

2020年刑事诉讼法年会综述

韩东成　徐明敏　程　衍[①]

2020年10月17日至18日，中国刑事诉讼法学研究会2020年年会在山西省太原市召开。本次年会以"刑事诉讼制度与理论的新发展"为主题，围绕"习近平总书记关于司法体制改革的重要论述""刑事诉讼认罪认罚从宽制度的完善""民营经济保护与刑事诉讼""信息时代的刑事证据制度"等议题展开了深入探讨。

---

① 本文系华东政法大学诉讼法学研究中心2020级刑诉法方向博士生韩东成、徐明敏和华东政法大学科学研究院助理研究员程衍所作。

一、习近平总书记关于司法体制改革的重要论述

中国刑事诉讼法学研究会会长、中国政法大学诉讼法研究院院长卞建林教授作了主题为"总书记司法改革的新理念新思想新战略"的报告,围绕创新性、人民性、科学性和实践性四个方面来说明。

（一）创新性

创新性包括三个方面改革的新理念:第一,高度重视司法改革。第二,准确评价现行的司法制度,主要是从定性和问题出发,一方面我国司法制度总体上是适应我国国情发展要求的,同时也存在着许多突出的问题。首先需要深化司法体制改革,科学界定司法的价值和功能。其次要明确司法改革的性质,主要是强调司法制度是上层建筑的重要组成部分,是政治体制的重要组成部分,指出司法公信力不高,很大程度上在于司法体制不完善,要确保依法独立行使审判权、检察权,健全司法权力,完善人权司法保障三个方面,着力解决影响司法公正的问题。第三,制定司法改革新战略,坚持社会主义方向,明确司法改革的目标、路径。

（二）人民性

人民性就是以人为本,努力让人民群众在每一个司法案件中都能感受到公平正义,要从三个方面来理解司法改革思想以人民性为根本的核心要义:一是要着力提升司法的公信力,总书记明确强调,司法公正对社会公正具有重要的引领作用,强调司法为民的本质,要把包括司法改革在内的全面深化改革,作为实现公平正义、维护人民福祉的出发点和落脚点。二是要强调司法为民便民本质,当前主要矛盾可能表现为人民日益增长的司法需求与司法公信力不高、司法公共产品供给不足之间的矛盾,就是要努力让人民群众在每一个司法案件中都感受到公平正义。三是落实尊重和保障人权的理念,如我国已废止了劳动教养制度,健全了刑事错案的预防救助机制,完善了法律援助制度等。

（三）科学性

科学性指的是党的十八大以来,政法队伍认真学习,听党指挥,坚持忠于党、忠于国家,忠于人民,忠于法律的政治本色来打造这个充满党性的政法队伍。解决中国的问题只能在中国大地上探寻适合自己的道路,要始终坚持中国特色社会主义道路。中国特色社会主义,是由我国人民在独特的文化传统、独特的历史命运、独特的基本国情基础上,经过长期奋斗和探索作出的选择,不是偶然的,也不是哪个人、哪个政党简单凭主观愿望来决定的。正如习近平总书记指出的,中国特色社会主义"是植根于中国大地、反映中国人民意愿、适应中国和时代发展进步要求的科学社会主义"。这是其科学性的根本依据所在。

（四）实践性

实践性指的是具体应该怎样指导司法改革的展开，要求强化问题意识，立足中国实际，以实践为导向，不断向纵深发展。包括：一是司法责任制改革全面落实，要让真正的办案人员多办案办好案。二是以审判为中心的改革有序推进，强调审判是保障案件质量和保障司法过程的重要环节。三是对刑事诉讼的证据质量提出了更高的要求，切实贯彻证据裁判原则。四是缓解分流的程序改革，渐次展开，达到法律效果、政治效果和社会效果的统一。

二、刑事诉讼认罪认罚从宽制度的完善

（一）认罪认罚从宽制度的基础理论问题

1. 认罪认罚的价值

有学者提出认罪认罚制度改革包括三方面价值：一是从"宽"的一面对宽严相济、坦白从宽、抗拒从严的刑事政策的制度化、体系化，并从司法层面适应了轻刑化、刑罚和缓的当代刑罚发展趋势；二是塑造了一种新的刑事诉讼模式，也就是从对抗到合意式的诉讼模式，降低了刑事诉讼的对抗性，提高了刑事诉讼效率、节约了司法资源；三是通过一定程度地化解矛盾和轻刑化，提高了国家治理水平。

有专家认为认罪认罚制度是一项重要的司法制度创新，是被追诉人的一项重要权利保障制度。实践中80％的案件适用了认罪认罚程序是有法律依据的，也是可行的，随着认罪认罚制度在实践中逐渐适用，再过三五年时间后，应该不需要任何指标考核，检察官也会自觉适用该制度并达到该比例。

2. 认罪认罚的权利（权力）属性与归属

有学者认为认罪认罚的主体是犯罪嫌疑人、被告人，而非检察院、公安机关，故认罪认罚的权利自然属于被告人。被告人可以选择认罪，也可以选择不认罪；可以选择认罪认罚，也可以选择只认罪不认罚。启动认罪认罚从宽程序的权力属于检察机关，但并不专属于检察机关，法院也有权启动认罪认罚从宽制度。有学者认为，认罪认罚程序启动，既是被告人的权利，也是司法机关的权力。由于认罪认罚从宽在本质上是协商性司法程序，控辩双方都应有权启动，若一方不同意，则不能适用认罪认罚从宽制度。但是，若被告人主动要求适用认罪认罚，司法机关不适用认罪认罚从宽则应释明理由，若缺乏正当理由，则不应拒绝适用认罪认罚从宽制度。有学者认为，认罪认罚从宽是被告人的权利，还是检察机关的权力，涉及刑事诉讼程序基本目的。我国主要将刑事诉讼作为控制犯罪的重要途径，而不是将其仅作为刑事纠纷解决机制，这就决定了我国主要将认罪认罚从宽作为国家专门机关的权力。有学者认为，我国认罪认罚在实践中主要是向公

安机关、检察机关认罪认罚，而不是向法院认罪认罚，这源于我国主要并未将刑事诉讼界定为诉讼程序，而主要是作为打击或者控制犯罪的手段，应当转变刑事诉讼理念，实现法院主导认罪认罚，而不是检察院主导认罪认罚。

3. 认罪认罚案件的事实基础与证明问题

程序和证据制度相互依存，诉讼程序改变会带来事实认定方式和证明方式的改变。在认罪案件中，诉讼程序简化可能会带来证据审查、证明标准等变化。有学者认为，认罪认罚不仅会带来证明标准的变化，也会导致事实认定方式和证明方式的变化。在认罪认罚案件中，法院主要依据被告人口供和案件卷宗来认定案件事实，导致大量卷宗证据的使用，应当注意协调认罪认罚和审判中心主义的冲突，注意防范认罪认罚案件中的冤假错案风险。有学者认为，认罪认罚从宽制度以提高诉讼效率为主要价值功能，可以将速裁程序适用率作为考察认罪认罚程序运行成功与否的重要指标之一。认罪认罚在提高诉讼效率时，可能存在事实基础不牢固的问题。为了保障认罪认罚的事实基础，就应当充分保障被告人认罪认罚的自愿性。

（二）认罪认罚制度改革存在的问题与完善方向

1. 理论准备不足

认罪认罚制度从试点到上升为立法并全面铺开有四五年时间，但是学界和实践部门对该项制度实施的争议很大，很多问题尚未达成共识。认罪认罚制度在基层适用案件的比例已经达到80%，与传统普通程序相比较起来，与认罪认罚制度相适应的证据制度、无罪推定原则的适用、证明标准是否有变化等问题的研究不够。我们在推进认罪认罚制度改革的同时，应该关注到该制度导致的刑事诉讼模式变化，应该展开对我国刑事诉讼模式变化的理论创新研究。

2. 辩护权保障问题

有专家关注认罪认罚案件辩护权的行使问题，认为认罪认罚案件中辩护律师的意见很难受到重视，甚至当事人对于律师的辩护意见也不大在意，越来越多的被追诉人倾向于不请律师。要切实关注认罪认罚案件被追诉人的问题，要更多地重视控辩平等理念，提高认罪案件中辩护人的地位；要确认认罪认罚控辩协商机制；明确控辩协商的范围；实现控辩协商的实质化。

辩护律师在认罪认罚实践运行中仅起到了见证人作用，无法展开实质辩护和有效辩护，司法机关比较排斥辩护律师在认罪认罚案件中提出无罪辩护。也有学者认为，辩护律师在刑事诉讼中具有独立的法律地位，其并不受认罪认罚具结书的约束，其在认罪认罚案件中可以展开无罪辩护。有实务界同志认为庭审实质化包括公诉实质化、辩护实质化和审判实质化。在认罪认罚案件中实现实质辩护、有效辩护，就需要辩护律师的有效参与，法院在裁判中应当对辩护观点予以充分回应。有学者认为我国刑事诉讼中存在控辩关系失衡问题,在控辩失衡的情况下并不存在认罪认罚中的真正合意,辩护律师在认罪认罚案件中不可能展开有效辩护,其主要就是承担见证功能。要在认罪认罚中真正实现控辩合意,应以律师参与为前提、以有效辩护为保障。

3. 认罪认罚从宽的运行环境与配套制度

有学者认为,在审判中心主义和认罪认罚从宽的关系上,认罪认罚从宽是从属于审判中心主义的,若缺乏审判中心主义的保障,则认罪认罚从宽制度很难成功运行。有学者提出,在实践运行中,部分司法人员主要将认罪认罚从宽作为威胁、恐吓手段来适用,从而难以保障被告人认罪认罚的自愿性,故应当建立适用认罪认罚制度时的同步录音录像制度,该录音录像应当允许辩护律师查阅、复制。有学者提出,在认罪认罚实践运行中,被告人反悔之后其认罪认罚供述在司法实践中仍然可以作为定案证据使用,此种情况下应当限定反悔之后被告人认罪供述的证据效力。

(三)关于认罪认罚量刑建议的问题

依据学者们的观点,认罪认罚从宽语境下的精准量刑建议合乎这一基本规律,是刑事诉讼科学性、合理性和正当性的体现。

首先,精准量刑建议是在充分尊重辩护权的基础上提出的,体现了辩护权对公诉权的制约。在认罪认罚从宽案件中,辩护职能的重心前移至审查起诉阶段。在认罪认罚案件中,由于犯罪嫌疑人认罪,围绕是否有罪的根本性对抗性矛盾不复存在,控辩焦点进而转移至可能判处的刑罚问题;而如果犯罪嫌疑人可以接受控诉方提出的量刑建议,就进一步降低了程序的对抗性,在某种程度上体现出一种"合作"的样式。值班律师的介入、辩护人的意见以及犯罪嫌疑人自行辩护意见在合作式的控辩关系中有更多的机会予以充分展开和被控方接受。辩护权得到充分保障,相应地,就能够比较有效地防止公诉权的滥用。

其次,精准量刑建议一方面是行使公诉权的内在要求,另一方面,也不构成对审判权的侵犯。一些地方的认罪认罚从宽精准量刑建议推行比较困难,其中一个重要原因就是对精准量刑在行使公诉权中的重要性认识不足,且存在认为精准量刑建议是对审判权干预、分割和侵犯的认识误区。如有的同志认为,"量刑自由裁量权是刑事审判权的应有内涵和法官的固有权力,是一种法官的裁量选择活动而不是推理判断活动。量刑情节交互、量刑的各种价值目标交织,量刑方法、步骤、幅度等法律规定较为概括,这决定了量刑是一个开放、不确定、有差异性的审判活动。法官的量刑裁决吸收了检察机关量刑建议依据的情节,也考虑了法庭调查中查明的新情况。可以说,精准量刑建议是对法官量刑自由裁量权的一种限制,也与审判为中心和庭审实质化的主旨相背离。"笔者认为,量刑建议权属于公诉权的重要组成部分。公诉权与自诉权、民事诉权一样，本质上都是一种请求权，并不发生终局的效力。精准量刑建议与模糊的量刑建议、相对确定的量刑建议一样属于检察机关行使刑罚请求权的一种方式，并未超越公诉权。刑事审判中的定罪权和量刑权均属于审判权，在本质上都属于判断权，既有自由裁量的空间，也应受到法律和事实、控诉和辩护的限制，判断不是臆断，自由裁量也不是漫无边界、绝对自由。提起公诉引起审判程序，同时也确定了审判对象和范围。审判程序作为一种解决纠纷、判定责任的构造，本身就是一种由控诉、辩护、审判三方共同构筑的程序权力与权利、职责和义务关系结构。精准量刑建议表达了控诉方的诉讼请求，虽然构成对法官自由裁量权的一种限制，但并不具有终局裁决的意义，并未动摇审判的中心地位，也不构成对审判权的侵犯。

最后，《刑事诉讼法》关于量刑建议的采纳规定，合乎认罪认罚从宽案件的特点，也不排斥精准量刑建议的提出和采纳。《刑事诉讼法》第201条规定："对于认罪认罚案件，人民法院依法作出判决时，一般应当采纳人民检察院指控的罪名和量刑建议，但有下列情形的除外：（一）被告人的行为不构成犯罪或者不应当追究其刑事责任的；（二）被告人违背意愿认罪认罚的；（三）被告人否认指控的犯罪事实的；（四）起诉指控的罪名与审理认定的罪名不一致的；（五）其他可能影响公正审判的情形。人民法院经审理认为量刑建议明显不当，或者被告人、辩护人对量刑建议提出异议的，人民检察院可以调整量刑建议。人民检察院不调整量刑建议或者调整量刑建议后仍然明显不当的，人民法院应当依法作出判决。"该条规定建立在对认罪认罚从宽制度价值、功能的科学认知基础上，符合我国刑事诉讼法关于分工负责、互相配合、互相制约的公安、检察、审判机关的三者之间的关系定位，合乎刑事司法实践和刑事诉讼规律，理应得到全面遵守。依据该条之规定，审判机关一般应当采纳公诉机关所指控的罪名和量刑建议，这是因为我国公诉机关提起公诉具有与审判相当的证明标准，而在认罪认罚案件中，量刑建议也充分表达了被告人的辩护意见，与其他案件相比，不再具备强烈的对抗性，也不需要法官在严格的庭审中形成判断。但是，为防止误判或者冤枉无辜，人民法院并非对检察机关指控的罪名和量刑建议照单全收，对于具有法律规定的一些情形的案件，仍然保留了全面审理的权力和机制。对于量刑建议明显不当的，或者被告人、辩护人对量刑建议提出异议的，人民检察院可以调整量刑建议。人民检察院不调整量刑建议或者调整量刑建议后仍然明显不当的，人民法院应当依法作出判决。这种处理既体现了对人民检察院工作的配合，也维护了独立审判的权力。我们认为，这种制度设计有利于发挥认罪认罚从宽制度激励认罪、提高效率、和缓刑罚的刑事政策功能。这是因为，一方面，如果人民法院在一般情形之下对检察机关的量刑建议置之不理，就必然要对量刑的事实依据进行全面调查,这就不可能提高诉讼效率;另一方面,如果检察机关的量刑建议对于法院审判没有任何影响,犯罪嫌疑人在审查起诉时通过认罪认罚对从宽处理的期待就充满了不确定性,这就难以激发认罪认罚从宽制度的活力。依据该条规定,量刑建议的提出和采纳,均不排斥精准量刑建议。

三、民营经济保护与刑事诉讼

（一）民营经济平等保护的重要性

有学者指出,当前经济发展是一个非常关键的时期,全面建成小康社会到了决胜阶段,如何发展经济是一个重要话题。而且全球经济受新冠疫情的影响,处于比较困难的时期。在我国总体经济中,民营经济占了50%的GDP,贡献了60%的税收,占了举足轻重的地位,同样遭遇了困难。企业及其高管人员犯罪比例越来越高,在企业贷款诈骗、p2p、套路贷、非法经营、非法传销、资金的挪用与侵占等方面,企业面临的刑法罪名有60多个。过去企业的违法行为往往通过民事、行政手段,而现在随着刑法典的修订,过去一些行政法规定纳入到刑法的范畴。在这样的情况下,如何保障民营企业是一个重要问题。

（二）民营企业刑事追诉的实践问题

有学者提出,在司法实践中,公安司法机关在处理企业经济犯罪中认定犯罪数额,主要依据审计报告,而对其他证据重视不够。在涉案财产处置中,对被害人权利保障不够重视,财产处置与对被告单位量刑之间缺乏转换衔接关系,处置程序较为封闭导致辩护律师无法介入,对涉案财产的灭失性处置缺乏程序控制导致司法人员自由裁量权较大。

有实务界同志指出,在司法实践中,司法机关对民营企业涉罪案件的刑事立案具有较大随意性,存在以刑事立案侦查插手民事经济纠纷的现象;强制措施适用的随意性较大,查封、扣押企业财产范围较为随意,较多适用羁押性强制措施。裁判结果也具有较大的随意性,对于财产处置不在裁判中予以说理论证。对于民营企业的保护,既需要从刑事实体法角度出发,更需要从刑事程序法角度出发。

有学者提出,民营企业家被错误定罪、错误查封、错误处置频繁发生,源头就在公安机关的刑事立案,如果没有刑事立案,就没有后续的相关的起诉、查封、扣押以及定罪等问题。因此刑事立案环节才是企业家刑事风险的源头。通过考察《公安机关办理刑事案件程序规定》《公安部关于改革完善受案立案制度的意见》,以及最高法最高检和公安部的司法解释,可以发现公安机关对案件尤其是民营企业的案件,享有几乎不受制衡的立案的裁量权和立案的地域管辖权。尤其是因为民营企业的经济纠纷,往往是民刑交叉案件,受案之初难以立即判定究竟是刑事案件、行政案件还是民事案件,从这个角度来说,先刑后民原则一定程度上赋予了公安机关简单机械地适用先刑后民原则的权限。

(二)民营企业刑事追诉相关制度完善

1. 在全国范围内引入企业合规制度

企业合规是涉及交叉学科的问题,它既是政府对企业监管的重要方式,也是预防、控制企业犯罪的重要途径。企业合规既包括境内合规,也包括境外合规。在刑事诉讼领域,企业合规需要与强制措施制度、不起诉制度、刑罚执行制度、认罪认罚从宽制度等诉讼制度紧密结合与衔接。

2. 禁止司法机关将企业之间的民事纠纷作为刑事案件立案处理

对于企业应当优先适用非羁押性强制措施,优先适用不起诉或暂缓起诉,优先适用缓刑、财产刑等轻缓刑罚,禁止超范围、超时限查封扣押涉案企业财产。此外,检察机关需要对涉企业犯罪的刑事立案进行立案监督,对企业犯罪的挂案侦查需要进行清理,挂案侦查会对企业声誉产生消极影响。未来可以考虑建立企业刑事案件附条件不起诉制度,同时需要适当延长监督考察期限。

3. 完善立案管辖制度

对于民营企业的保护应当贯彻到整个刑事诉讼之中,应当重视在立案管辖和刑罚执行阶段保护民营企业。在民营企业刑事案件管辖上,应当对被告单位所在地管辖中的"更为适宜"标准予以细化。在刑罚执行阶段,应当对民营企业家优先适用缓刑,在社区矫正期间,对于民营企业家为开展合法经营活动所享有的行为自由应适当放缓。对民营企业的特别保护并不违反平等原则,它是以类型化处理为基点实现个别化正义的必然要求。

四、信息时代的刑事证据制度

关于电子数据取证程序,有学者认为实践中普遍存在对于侦查权的滥用问题,侦查行为对于被追诉人和第三人合法权益存在极大的侵害。对于云服务器、特定网络空间等虚拟空间进行电子数据提取和网络远程勘验的,是否需要按照搜查手续和程序实施,需要予以明确。现有电子数据取证程序与《刑事诉讼法》缺乏必要的衔接程序,网络在线提取程序与网络远程勘验程序混同、网络技术侦查措施的适用前提和审批程序不明。对此,应当以访问权为导向加强电子数据取证行为与刑事诉讼法的衔接,重新划分远程勘验与在线提取程序。

附件二 刑事诉讼法学教材与资料汇编索引(2016—2020年)

一、刑事诉讼法学教材

樊崇义主编:《刑事诉讼法学(第五版)》,法律出版社2020年版。

梁玉霞、蒋训毅编:《中国刑事诉讼法教程》,暨南大学出版社2020年版。

叶青主编:《刑事诉讼法学(第四版)》,上海人民出版社2020年版。

叶肖华主编:《刑事诉讼法学》,浙江工商大学出版社2020年版。

刘玫主编:《刑事诉讼法(第三版)》,中国政法大学出版社2020年版。

卞建林主编:《刑事诉讼法学(第四版)》,中国政法大学出版社2019年版。

叶青主编:《未成年人刑事诉讼法学》,北京大学出版社2019年版。

阮国平、丁翠英、杨华主编:《刑事诉讼法教程(第四版)》,中国人民公安大学出版社2019年版。

李玉华主编:《刑事诉讼法学》,中国人民公安大学出版社2019年版。

宋英辉、甄贞主编:《刑事诉讼法学(第六版)》,中国人民大学出版社2019年版。

孙长永主编:《刑事诉讼法学(第四版)》,法律出版社2019年版。

洪浩:《刑事诉讼法学(第三版)》,武汉大学出版社2019年版。

陈卫东主编:《刑事诉讼法学(第三版)》,高等教育出版社2019年版。

张兆松、张曙主编:《刑事诉讼法专题研究》,浙江大学出版社2019年版。

程荣斌、王新清主编:《刑事诉讼法(第七版)》,中国人民大学出版社2019年版。

孙彩虹、张进德主编:《新编刑事诉讼法学》,知识产权出版社2018年版。

郑旭:《刑事诉讼法学(第六版)》,中国人民大学出版社2018年版。

郑旭:《刑事诉讼法学(第五版)》,中国人民大学出版社2018年版。

陈瑞华:《刑事证据法(第三版)》,北京大学出版社2018年版。

陈卫东主编:《刑事诉讼法学(第二版)》,高等教育出版社2018年版。

欧阳俊编:《刑事执行学》,中国法制出版社2017年版。

成峰编:《刑事诉讼法》,中国法制出版社2017年版。

刘爱娇、李娜、刘德玉主编:《刑事诉讼法》,吉林大学出版社2017年版。

龙宗智、杨建广主编:《刑事诉讼法(第五版)》,高等教育出版社 2016 年版。

胡铭:《刑事诉讼法学》,法律出版社 2016 年版。

马彬、黄莎主编:《刑事诉讼法》,华中科技大学出版社 2016 年版。

刘东根、谢安平主编:《刑事诉讼法》,法律出版社 2016 年版。

陈光中主编:《刑事诉讼法(第六版)》,北京大学出版社 2016 年版。

宋英辉、甄贞主编:《刑事诉讼法学(第五版)》,中国人民大学出版社 2016 年版。

曾友祥等主编:《刑事诉讼法学》,北京大学出版社 2016 年版。

程荣斌、王新清主编:《刑事诉讼法(第六版)》,中国人民大学出版社 2016 年版。

孙长永主编:《刑事诉讼法学(第三版)》,法律出版社 2016 年版。

二、证据法学教材

李海萍、唐良艳主编:《证据学(第二版)》,法律出版社 2020 年版。

何家弘、张卫平主编:《简明证据法学(第五版)》,中国人民大学出版社 2020 年版。

占善刚、刘显鹏:《证据法论(第四版)》,武汉大学出版社 2019 年版。

卞建林、谭世贵主编:《证据法学(第四版)》,中国政法大学出版社 2019 年版。

魏虹主编:《证据法学(第二版)》,中国政法大学出版社 2019 年版。

何家弘、刘品新:《证据法学》,法律出版社 2019 年版。

陈光中主编:《证据法学(第四版)》,法律出版社 2019 年版。

张保生主编:《证据法学(第三版)》,中国政法大学出版社 2018 年版。

廖永安主编:《诉讼证据法学》,高等教育出版社 2017 年版。

樊崇义主编:《证据法学(第六版)》,法律出版社 2017 年版。

汪振林主编:《电子证据学》,中国政法大学出版社 2016 年版。

何家弘、张卫平主编:《简明证据法学(第四版)》,中国人民大学出版社 2016 年版。

陈卫东、谢佑平主编:《证据法学(第二版)》,复旦大学出版社 2016 年版。

裴大明:《裁判方法的法理重述》,中国政法大学出版社 2016 年版。

唐良艳、李海萍主编:《证据学》,法律出版社 2016 年版。

王彬主编:《刑事证据学(修订版)》,郑州大学出版社 2016 年版。